上海国家会计学院 CFO 丛书

U0791495

财务报告
Financial Reporting

上海国家会计学院　主编

经济科学出版社

图书在版编目（CIP）数据

财务报告/上海国家会计学院主编.—北京：经济科学出版社，2011.6
（上海国家会计学院 CFO 丛书）
ISBN 978-7-5141-0679-4

Ⅰ.①财… Ⅱ.①上… Ⅲ.①会计报表-会计分析 Ⅳ.①F231.5

中国版本图书馆 CIP 数据核字（2011）第 086079 号

责任编辑：白留杰 侯晓霞
责任校对：郑淑艳
技术编辑：李 鹏

财务报告
上海国家会计学院 主编
经济科学出版社出版、发行 新华书店经销
社址：北京市海淀区阜成路甲 28 号 邮编：100142
教材分社：88191354 发行部电话：88191540
网址：www.esp.com.cn
电子信箱：bailiujie518@126.com
北京中科印刷有限公司印装
787×1092 16 开 30.25 印张 730000 字
2011 年 6 月第 1 版 2011 年 6 月第 1 次印刷
ISBN 978-7-5141-0679-4 定价：106.00 元
（图书出现印装问题，本社负责调换）

总　序

我国会计人才占全国人才资源总量的近10%，广泛分布在各行业、各领域、各单位，在经济社会发展中发挥着不可替代的作用。深入贯彻实施人才强国战略和《国家中长期人才发展规划纲要（2010－2020）》，努力为经济社会发展培养造就一大批道德优良、业务精湛、作风过硬的会计人才尤其是高层次、复合型、国际化领军人才，是财政部一直高度重视、着力推动的重大战略和重点工作。

近年来，财政部采取了一系列措施大力推进会计人才建设，在财政系统、会计领域乃至全社会引起广泛关注和较好反响。主要包括：

科学制定一个规划。规划是引导和推动工作开展的战略构想。在总结改革开放以来特别是“十一五”期间我国会计人才队伍建设做法经验的基础上，适应“十二五”时期经济社会发展对会计事业、会计人才提出的新任务新要求，结合学习贯彻党中央、国务院《国家中长期人才发展规划纲要（2010－2020年）》，财政部于2010年9月制定发布了《会计行业中长期人才发展规划（2010－2020年）》，明确了会计人才队伍建设的指导方针、发展目标、主要措施等，强调以培养高端会计人才为突破口，着力抓好会计领军人才、大中型企事业单位总会计师、具有国际认可度的注册会计师、会计名家、应用型高级会计学科带头人、现代农村会计人才等六大重点工程，统筹推进会计人才队伍建设，提高会计人才队伍整体水平，努力为经济社会科学发展提供坚实的人才保障和智力支撑。

推进两手考评人才。人才考评机制是科学引导人才成长的基础性制度安排。财政部以两个抓手为重点不断加强完善了会计人才的考评机制建设：一手抓考试工作的巩固完善，健全了由从业资格、会计员、助理会计师到会计师、高级会计师的较为完备的考试、晋升制度，并全力争取正高级会计师评审由点及面尽早实施；一手抓评价工作的开拓创新，创建了考试成绩“金银榜”发布制度，建立了会计人才信息库，加强了人才市场调研和需求分析，打通了会计人才与用人单位之间的信息通道，促进了会计人才的合理流动和人才资源的有效配置。

建设三大培训基地。国家会计学院是培育会计人才特别是高中级管理人才的重要基地。瞄准“国内一流、国际知名”的发展目标，以市场开拓、课程开发、师资队伍、科研工作和内部管理为主抓手，全面加强北京、上海、厦门三所国家会计学院建设。经过多年辛勤耕耘，国家会计学院已经发展成为我国财会人才继续教育和素质提升的主阵地，成为在经济管理人才教育培训领域的一张靓丽的名片。国家会计学院开发、承办的总会计师、会计领军人才、注册会计师等在职培训，坚持名师名家与名优课程相结合，赢得了广泛盛誉，为各行各业强化财务管理和会计审计监督输送了一大批领导人才和业务骨干。近日，国务院学位委员会第28次会议作出决定，批准国家会计学院为硕士专业学位授予单位，这一国家会计学院发展进程中具有里程碑意义的大事，为今后一个时期实现跨越式发展赋予了新机遇，注入了新活力。

打造四类领军人才。是否培养出人才、培养出多少人才、培养出什么样的人才，是检验人才工作成效的关键。着眼培养一批在市场化、信息化、国际化快速发展中勇立潮头、有效发挥引领带动作用的优秀会计人才，自2005年9月起，财政部相继启动了企业类、行政事业单位类、注册会计师类和会计学术类等四个类别的全国会计领军人才培养工程，并积极推动各省、自治区、直辖市和中央有关主管单位组织实施了本地区、本部门会计领军人才培养项目。会计领军人才培养引入国际先进经验，注重制度机制创新，坚持脱产培训与在职跟踪相结合、会计教学与能力培训相结合、案例教学与交流碰撞相结合、分类培训与联合培训相结合、学员使用与考核淘汰相结合，在国家级专业领军人才培养中闯出了一条新路，成为了一个社会认可度较高、影响力较强的知名品牌。截至2010年底，全国会计领军班共招收学员730名，其中领军一期的50名学员率先完成6年一个周期的系统学习培养，满怀收获、自信和期待迈上新的奋斗征程。

贯穿上述工作的一条红线是加快培养高端会计人才，而与上述各方面工作关联交汇的根本点则是科学界定高端会计人才的知识结构和能力框架。这不仅是一个重要的理论问题，更是一个指导高端会计人才健康成长、更好地发挥会计职能作用的重要实践命题。早在2002年，财政部就委托上海国家会计学院开展了“CFO能力框架”重大课题研究。上海国家会计学院历经近4年艰苦攻关，形成了高质量的研究报告《CFO能力框架》。呈现在大家面前的这套CFO丛书，就是上海国家会计学院依托《CFO能力框架》研究成果，借助世界银行的资金支持，采用国际公开招标方式，委托各专业领域的名师名家编写的。这套丛书以各学科前沿理论指导为基础，运用大量案例探讨各学科的应用实践，较好地回答了为什么要培养高端会计人才、什么是高端会计人才、怎么样培养高端会计人才等问题，是对我国高级经济管理人才培养的一次有益探索和积极创新。

当今世界，经济全球化深入发展，企业跨国经营、资本跨境流动日益频繁，科技进步日新月异，知识经济方兴未艾，会计人才尤其是高端会计人才在经济社会发展中的基础性、战略性、关键性作用将越发凸显。与此同时，不同国度、不同地域、不同经济水平、不同发展阶段、不同经营管理实际可能都会对高端会计人才提出不同的需求和要求。因此，高端会计人才的培养将是一项长期的战略任务和系统工程，对高端会计人才培养、选拔、评价、使用的研究和思考更非一劳永逸。在对这套 CFO 丛书面世给予祝贺和期待的同时，希望籍此引导和推动更多的人来研究它、发展它、完善它，让它吸收更多的养分、汲取更多的智慧、汇聚更多的力量，为推进我国会计人才建设增添新动力，为我国会计事业乃至经济社会发展进步作出新贡献。

是为序。

财政部副部长 

2011 年 4 月

前言

在中国的经济改革大潮中，企业的CFO们是一个特殊的群体，他们既要努力克服几十年来中国计划经济传统模式对当今企业运行的影响，又要积极面对市场经济激烈竞争环境对企业生存发展的挑战；他们既掌控与管理着成千上万亿的巨额资产和财富，但又较少参与和主导企业的战略和经营决策。中国的CFO们是一个充满着机会和希望、但还没有被人们充分认识的群体，包括CFO们自己。

怎样充分发挥中国CFO们的价值和作用，有人提出可就CFO或总会计师的地位进行新的制度安排，修改总会计师条例，将中国总会计师提到与西方CFO一样高的地位，即仅次于CEO。尽管这种可能是存在的，但我们更关注的是CFO们是否具备了这种能力。能力是决定CFO们价值和发展空间的关键要素。为此，财政部在2002年就确立了《中国CFO能力框架》课题，并委托上海国家会计学院进行研究。我们组织了精干的团队，对课题的研究持续了三年多时间，在国务院国资委、证监会、银监会等中央部委和上交所、深交所等单位的支持下，课题组走访了我国36个城市的165家公司的CFO和33家公司的CEO，就CFO的工作环境、工作内容、存在的问题和改进想法等一系列的问题进行了较全面的面对面的访谈，从而获取了大量第一手的资料，整理出近百万字的文档；在此基础上，又设计了较为科学完备的问卷，包括了24个大问题、190个小问题，抽样发放了全国5300多家企业，回收了610份，在480份有效问卷的基础上，结合国际CFO培训经验和中国CFO的现实状况，在2006年初完成了这一课题，并出版了《成为胜任的CFO》的研究报告。

研究报告的完成，使我们对CFO的能力需求有了一个较全面的认识。研究报告认为，一个CFO要能胜任企业最高财务负责人的角色，并成为CEO的得力伙伴，必须具备决策能力、战略规划能力、分析能力、领导能力、协作能力、控制能力和资源管理能力，而决定这些能力的最基本要素是职业知识、技能和职业价值观。其中职业知识是指胜任的CFO必须拥有的与其职能相关的知识，最核心的包括战略管理、公司治理、财务战略、财务报告、成本管理、风险管理、购并与重组、税收筹划、价值管理与全面预算、审计与内部控制、财务分析与预测、财务信息系统、经管责任与资产管理等13个模块；技能是指为支持CFO感知环境、综合运用知识、形成职业能力的软性特长，核心的技能包括沟通与协调、领导与团队建设、系统思维与问题解决；CFO的核心价值观主要是CFO的职业道德。这些认识的取得为我们思考怎样提升CFO的能力及怎样开展培训指明了方向。

在《成为胜任的CFO》研究报告完成的基础上，我们在财政部的大力支持下，决定利用世界银行对"中国会计改革与发展"项目的支持，开发上述与CFO能力相关的全部17门课程教材，这是一项十分繁重和艰巨的任务。上海国家会计学院采用全球公开招标的形式招标课程开发单位，并按照研究能力、实际培训经验（包括MBA与EMBA的教学经验）和低成本的标准评标，最终南开大学、中山大学、同济大学、北京交通大学、中国人民大学、东北财经大学、西南财经大学、上海财经大学等国内知名院校中标。又经过近四年的努力，完成了CFO能力框架指引下的全部17门课程的培训教材，这就是呈现在我们面前的这套丛书。丛书的编写，注重以国际经济环境为视野，以学科理论体系为基础，以解决实务问题为导向，通过大量的案例来帮助理解理论、解决实际问题。丛书的编写得到了各课题负责人和编写人员的高度重视，教材内容经过试讲和反复研讨修改后最终定稿。

丛书的出版是无数领导、专家、学者和编委会成员共同智慧和努力的结晶，虽然还存在不尽如人意的地方，但这至少是一个开创性的工作，为我国CFO的培训提供了一个较为系统并且适应中国企业环境的知识体系，也为落实财政部《会计行业中长期人才发展规划（2010－2020年）》的战略奠定了基础。

衷心感谢所有为丛书的编撰、出版作出贡献的人们！

衷心感谢财政部王军副部长在百忙之中始终关注这项工作并为丛书热情作序！

也衷心希望所有的读者对丛书的内容和形式提出批评和改进建议，以便今后不断提高完善！

编委会

2011年4月

目　录

第一章　资本市场与信息披露 …… (1)

第一节　资本市场与财务信息 …… (1)
第二节　资本市场的参与者与财务信息中介 …… (7)
第三节　财务信息失真与信息管制 …… (13)
第四节　我国上市公司财务信息披露现状 …… (18)
第五节　互联网上的投资者关系管理与财务报告 …… (30)
本章小结 …… (38)
复习思考题 …… (38)

第二章　财务报告基础（上） …… (39)

第一节　财务报告模式 …… (39)
第二节　财务会计的概念框架 …… (57)
本章小结 …… (87)
复习思考题 …… (88)

第三章　财务报告基础（下） …… (89)

第一节　会计准则的定位：如实反映与经济后果 …… (90)
第二节　会计准则的选择：原则导向还是规则导向 …… (96)
第三节　公允价值计量 …… (98)
本章小结 …… (122)
复习思考题 …… (123)

第四章　会计政策选择 …… (125)

第一节　会计政策选择 …… (128)
第二节　盈余管理 …… (136)
第三节　财务舞弊 …… (150)
本章小结 …… (160)
复习思考题 …… (161)

第五章 合并财务报表（上） ……（162）
第一节 长期股权投资 ……（163）
第二节 长期股权投资（续） ……（167）
第三节 合并财务报表初步 ……（175）
第四节 合并日全资子公司的合并 ……（182）
第五节 合并日部分控股子公司的合并 ……（191）
本章小结 ……（199）
复习思考题 ……（200）
第六章 合并财务报表（下） ……（201）
第一节 全资子公司合并日以后的合并 ……（201）
第二节 部分控股公司合并日以后的合并 ……（216）
第三节 公司间交易 ……（232）
第四节 合并报表中的所得税问题 ……（248）
第五节 合并现金流量表 ……（253）
第六节 分期收购控股的合并财务报表 ……（258）
第七节 间接控股及相互持股 ……（261）
第八节 合并财务报表的披露 ……（269）
本章小结 ……（269）
复习思考题 ……（270）
第七章 金融工具会计（上） ……（271）
第一节 市场风险和信用风险 ……（272）
第二节 基本的衍生金融工具——远期和期货 ……（276）
第三节 基本的衍生金融工具——期权 ……（280）
第四节 基本的衍生金融工具——互换 ……（284）
第五节 公允价值与金融工具会计 ……（292）
第六节 金融工具的确认和计量（一） ……（294）
第七节 金融工具的确认和计量（二） ……（303）
本章小结 ……（308）
复习思考题 ……（309）
第八章 金融工具会计（下） ……（310）
第一节 金融机构的资产证券化 ……（311）
第二节 债券回购及其他形式的资产转移 ……（315）
第三节 金融资产转移的会计处理 ……（321）
第四节 套期保值会计初步 ……（327）
第五节 公允价值套期的会计处理 ……（334）

第六节　现金流量套期的会计处理 …………………………………… (338)
第七节　金融工具的披露 …………………………………… (343)
本章小结 …………………………………… (346)
复习思考题 …………………………………… (347)

第九章　外币交易与外币报表折算 …………………………………… (348)

第一节　国际货币体系和人民币汇率改革 …………………………………… (349)
第二节　外汇风险管理 …………………………………… (352)
第三节　外币交易会计 …………………………………… (358)
第四节　外币套期保值业务的会计处理 …………………………………… (362)
第五节　外币折算 …………………………………… (364)
本章小结 …………………………………… (369)
复习思考题 …………………………………… (370)

第十章　破产清算与重组会计 …………………………………… (371)

第一节　企业破产与破产法 …………………………………… (371)
第二节　会计在破产清算中的角色 …………………………………… (376)
第三节　信托人在破产清算中的角色 …………………………………… (379)
第四节　破产重组 …………………………………… (390)
第五节　债务重组的记录和报告 …………………………………… (395)
本章小结 …………………………………… (399)
复习思考题 …………………………………… (400)

第十一章　所得税会计 …………………………………… (401)

第一节　企业所得税法 …………………………………… (402)
第二节　所得税法与会计差异 …………………………………… (406)
第三节　所得税会计处理 …………………………………… (414)
本章小结 …………………………………… (420)
复习思考题 …………………………………… (420)

第十二章　股票期权的会计处理 …………………………………… (422)

第一节　经理人激励与股票权期 …………………………………… (423)
第二节　中国上市公司股票期权与激励效应分析 …………………………………… (430)
第三节　股票期权的会计处理 …………………………………… (442)
本章小结 …………………………………… (457)
复习思考题 …………………………………… (458)

参考文献 …………………………………… (459)
后记 …………………………………… (467)

第一章　资本市场与信息披露

本章目标

通过本章学习，你应该能够：

1. 了解资本市场中会计与信息披露的主要价值与作用。
2. 了解资本市场主要参与者及财务信息中介的角色与功能。
3. 了解财务信息失真的代价及信息管制的重要意义。
4. 了解我国上市公司的信息披露现状及规范体系。
5. 了解基于互联网技术的投资者关系管理和财务报告。

第一节　资本市场与财务信息

案例 1－1

告诉你，公司利润丰厚！

以互联网为基础的新经济促进了业绩计量新方法的发展。Priceline. com 是一个由消费者定价的网站，公司的总裁沃克创造了一种全新的商业模式。该网站的主要业务就是收集人们愿意承担的飞机票、旅馆房间、汽车和房产抵押的价格，在线公布之后等待最合适的卖主。当 Priceline. com 在网络世界光芒四射时，公司声称其发展稳定，前景一片光明，公司进一步解释说，这从股票市场上买者出价持续走高，公司股价暴涨方面可得到部分证明。Priceline. com1999 年 4 月初在华尔街上市，一周之内股价从每股 16 美元上升到 80 美元，市值达到 110 亿美元。又如 Drugstore. com 是药局与保健、美容与保养的信息站，因其强调“独一无二的顾客服务”而名声大噪，该公司通过其互联网的公司主页来吸引投资者购买其股票。最终，新经济（新的商业模式）需要新的业绩评价方法，不是吗？

但是情况未必像公司所宣传的那样。问题是，财务指标所揭示出来的信息与顾客从访问其网页所获知的公司的盈利能力之间不存在任何一致性。实际上，正如图 1－1 和图 1－2 所示，利润从来就是不具体的东西，或者说利润计算从来就不可靠。Priceline. com 的利润虽然从 1999 年每一季度 100 多万美元，猛增至 2000 年 200 多万美元，但其股价还是暴跌，从

1999 年第 2 季度 120 美元的峰值跌落到 2000 年第 4 季度的 2.13 美元。

资料来源：唐纳德·E·基索、杰里·J·韦安特和特里·D·沃菲尔德：《中级会计》（英文版，原书第 12 版），机械工业出版社 2007 年版，第 27 页。

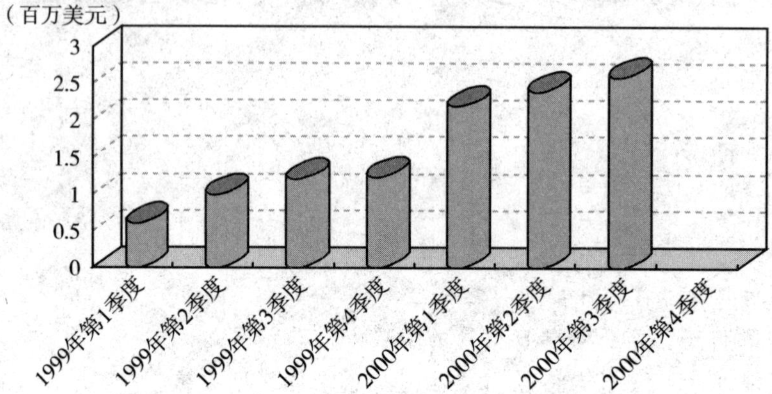

图 1－1 Priceline. com1999～2000 年各季度利润

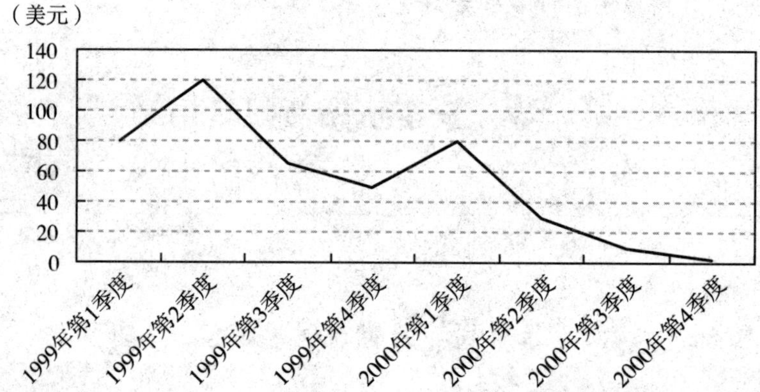

图 1－2 Priceline. com1999～2000 年各季度每股股价

一、企业与财务会计

（一）企业的本质特征

本书主要是讲述企业的会计行为，而要解读会计行为，首先要了解企业的本质特征，即企业是什么？这个问题看似简单，其实不然。全球数以亿计的人天天在企业里工作，却几乎没有人会问这么“幼稚”的问题。但 20 世纪初叶偏偏有这么一个“痴人”问了这么一个如此“简单”的问题——企业是什么？为什么会有企业？而这个“痴人”在若干年后还居然为此获得了经济学界最高奖项——诺贝尔经济学奖。这个“痴人”就是学术界鼎鼎大名的美国经济学家科斯（Coase）。科斯提出了著名的交易成本理论，其核心思想是，市场之所以有效是由于其价格机制的自发作用，但价格的发现和运用也是有成本的（也即交易成本），如果避开市场，通过企业内部运作的方式来部分取代价格机制，则可以节省大量、重复发生的市场交易本身的成本（如了解价格分布、搜寻交易对手、讨价还价、订立合约、履行合约的监督等），因此，为传统理论所忽视的交易成本，可以解释企业的存在。科斯进一步指出，企业的规模并不是无限扩大的，因为企业内部组织交易也会存在组织协调成本，当企业内部组织一笔额外交易的成本，恰好等于在市场上完成这笔交易所需的成本时，企业规模达到最优。

> **原理**
>
> 交易成本理论的核心思想是，市场之所以有效是由于其价格机制的自发作用，但价格的发现和运用也是有成本的（也即交易成本），如果避开市场，通过企业内部运作的方式来部分取代价格机制，则可以节省大量、重复发生的市场交易本身的成本。因此，为传统理论所忽视的交易成本，可以解释企业的存在。

在科斯的理论提出后，出现了大量关于企业理论的学术研究，企业理论也成为一门"显学"。各种理论从不同的视角对企业的本质进行了解释，包括纵向一体化、团队生产、代理理论、契约理论等，其中对会计行为研究具有重大意义的主要是代理理论和契约理论。

詹森和麦克林所发表的关于代理理论的经典论文，是基于人的自利性动机来界定企业的。他们从自利的经济人假设出发，讨论了委托人如何监督代理人、代理人如何取信委托人的委托代理关系。他们此后还专门撰文讨论了人的本质特征，并提出了关于人的 REMM 模型（The Resourceful, Evaluative, Maximizing Model）。[①] 如果我们从人的角度来认识，任何形式的企业实质是由若干人所组成的联合体。如果我们把企业这一利益联合体看作一条船的话，意味着一群"心怀鬼胎"的人凑在一条船上。既然自利的经济人拥有高度智慧，了解自己的自利性特性，也了解其他人的自利性特性，那么，这些人为什么要跳上"贼船"，使自己的利益随时可能被别人侵占？

> **原理**
>
> 企业的契约理论认为企业并非独立存在的主体，而是一种"若干契约的结合"，包括劳资双方的契约、债权债务契约、管理层报酬契约等。

一种合理的解释是，自然和社会环境复杂，单个人无法应对海上突如其来的"狂风大浪"，他们只有坐在一条"船"上，才能生存、发展和获取更多的机会。这条船有多牢固？既然每个人都是为了自我利益最大化而来，那么，他们是否会坚持在这条船上？显然不会。当自利的经济人一旦发现继续待在企业，无法实现自我利益最大化时，他们就会选择"跳船"；甚至预计外面有更好的利益，他们也会"跳船"。企业的绝大多数人都或多或少地呈现出这种心态和行为特征。所以，我们进而将这种联合体界定为"自利经济人的暂时的利益联合体"。

---

① 詹森和麦克林在"The Nature of Man"一文中提出了该模型。该模型主要包括四个核心假设命题：每个人关心和评价的范围几乎涉及一切精神和物质的事物；每个人的欲望都是无限的；每个人都是最大化者；每个人都是足够机智和敏感的。

企业的契约理论认为企业并非独立存在的主体，而是一种“若干契约的结合”，包括劳资双方的契约、债权债务契约、管理层报酬契约等。企业并不是一个“人”，而是由一群人为了各自的产权或利益与企业这个法律主体签订了契约。企业本身是个虚拟物，只有这些契约方才真正拥有自己的利益目标。各契约方都为企业的生产经营投入各种资源，包括人力资本、财务资本等，当然他们不会“只求付出，不求回报”，最终目的还是希望获得一定的投资回报。基本上每个人都有动机从企业获得更多的利益，甚至是不合理或不合法的额外收益，而且都知道其他人拥有类似的动机。契约各方都知道这其中存在着利益冲突，为了减少这些冲突，人们期望通过订立契约来事先约定好各种情况下如何分配责任和权利。这些契约包括公司章程、公司规章、借贷合同、劳资合同等。如何保证契约订立及履行的有效性将决定企业的生存和发展。而会计正是在契约的订立及履行过程中发挥着不可替代的作用。

（二）会计的价值

正由于企业是一个自利经济人的暂时利益联合体或者说契约的结合体，相互之间的信任才是一个问题。试想，自利且聪明的经济人如何信任他人？自利且聪明的经济人如何取信于人？如果没有相互信任，企业就不能生存，更谈不上发展、壮大了。那么，企业如何维系信任？人类社会发展过程中，不断探索新的确立信任的方式与机制，比如，早期人类社会更多的是通过人或组织来控制。实际上，封建社会的皇权制度下，血缘关系就是维持信任的最重要方式之一；封建社会的保甲制度，同样也是维持信任的一种方式。当然，这些方式不仅成本高昂，也不符合人性化要求，逐渐被淘汰了。

从企业运营或经济运行角度看，人类社会也探索、尝试了很多种方法。比如，晋商票号就是用人来控制；风险抵押承包制还是20世纪80年代比较流行的一种制度。但是，这些制度往往受地域限制（比如用人来控制）、规模限制（大规模企业对风险抵押物金额要求非常高）等，不具备普遍适用性。相比而言，通过会计方式，将企业经营活动用货币量化表述，便于汇总、比较，是一种相对有效的方法，也因此而被广泛采用。经济达尔文主义认为物竞天择、适者生存，企业之间的竞争意味着能够生存下来的组织运用的订约技术和管理方法应该是比较有效的。目前，几乎所有的单位——无论是作为营利组织的企业还是非营利组织（如政府、学校等）——都设有会计，这就间接印证了会计是一种比较有效的履约机制。实际上，中国的古语“亲兄弟，明算账”，也能够说明：明明白白地“算账”，有助于更好地维持信任。任何一种方法，都有其相应的成本效益比。而会计是一种低成本、可以普遍应用的信任机制。会计的价值就在于它是维系自利经济人之间相互信任的、成本较低的手段。

案例1－2

地主江正的烦恼

很久以前，在江南住着一个名叫江正的地主。每年春天，他就开始盘算来年的事情。

“50亩土地，每亩能收500斤谷子”，他对管家说，“可是叫谁来种地呢？”，管家叫来了迟明和梅日。

“迟明，你负责种30亩地，梅日负责种20亩地”，地主接着说，“我给迟明900斤谷种和

18 000 斤肥料（10 斤肥料值 1 斤谷子，1 斤谷种值 3 斤谷子），给梅日 600 斤谷种和12 000斤肥料。再给你们每人一头均为三岁的水牛（能耕十年地，一头牛值 10 000 斤谷子）。”

秋收的季节刚过，迟明和梅日回到了地主那里。迟明说，“江老爷，我把这头牛，还有这个破的不能再修的犁和 16 000 斤谷子交给您。但为了这个犁去年春天我欠犁匠的 200 斤谷子现在也没有还。并且我用完了春天时您给我的所有谷种和肥料。还有，您已经从我的收成里拿走了 300 斤谷子自己用了。”

梅日接着说，“老爷，我把这头不常使唤过的牛、这个犁和 12 000 斤谷子交给您，我已经从收成拿出 200 斤谷子给犁匠。我也用光了春天您给我的所有麦种和肥料。还有前几天，您刚刚从我的收成里拿走了 100 斤谷子，我认为这犁至少还可以供您使用两年。”

“你们做得都很好，我会论功行赏的”，江正说，“但是到底他们谁干得更好呢？来年还应继续雇他们吗?”，江正陷入了深思。

资料来源：刘峰、燔琰、林斌：《会计学基础》（第三版）第三章，高等教育出版社 2008 年版。

讨论：

1. 回答江正的问题，并理解实例中的委托代理关系。
2. 在信息不对称的情况下，财务信息在契约签订前和契约执行中的作用。
3. 理解财务信息在评价受托人责任方面的作用。

二、资本市场与财务信息的作用

经济越发展，会计越重要。成思危说，两个东西对国家的改革开放最为重要：一个是法律（没有法律保护，人家不敢投资）；另一个是会计（看不懂报表，资金不会流入，不了解你，怎么会借钱给你?）。随着经济的不断发展，尤其是资本市场的发展，财务信息与会计的功能也与时俱进、日渐丰富。人们不再仅仅局限于在企业内部讨论会计的价值，而是把视角拓展到资本市场，去考虑会计与财务信息的价值所在。

当我们盯着沪深股市 2 000 余家上市公司时刻变化的股价时，我们一定会问一个问题：这个价格究竟是高还是低？我们都非常想知道目前的股价究竟是否反映了该公司的真实价值。理想化的资本市场是其价格能够提供准确的资源配置信号，其前提是股价能够充分及时地反映公司所有信息。如果这个条件成立，我们就说这个市场是有效的，这就是有效资本市场的核心意义。市场有效性是 20 世纪 70 年代初期的一个重要的金融学理论。法玛将证券市场上的信息分为三类：历史信息、公开信息和内幕信息，进而界定了三种不同程度的市场有效性：

第一，弱式有效市场：如果证券的历史价格及交易量等信息对证券价格没有任何影响，也即证券价格已充分反映了这类历史信息，那么证券市场便达到了弱式有效。在此类市场中，任何投资者都无法通过分析历史交易信息获取超额回报。

第二，半强式有效市场：如果证券的所有公开信息对证券价格没有任何影响，也即证券价格已经充分反映了所有公开披露的信息，那么证券市场达到了半强式有效。在该类市场中，投资者无法通过分析公开信息获取超额回报。

第三，强式有效市场：如果证券的所有信息（包括公开的和非公开信息）对证券价格没有任何影响，也即证券价格已充分及时地反映了证券相关的所有信息（包括未公开的内幕信息），那么证券市场则为强式有效。在该类市场中，任何投资者都不可能获取超额回报，即便拥有非公开的内幕信息也只能获得正常回报率。

> **原理**
>
> 市场有效性是20世纪70年代初期的一个重要的金融学理论。法玛将证券市场上的信息分为三类：历史信息、公开信息和内幕信息，进而界定了三种不同程度的市场有效性：弱式有效、半强式有效、强式有效。

自从有效市场假说提出之日起，学术界及证券业界关于该理论的争议便不绝于耳。围绕该理论的正确与否学者们展开了大量的理论及实证研究，研究结论也大相径庭。整体上证券业界人士对该理论表示了较多质疑，比如著名投资家巴菲特和索罗斯都不相信存在所谓有效市场。巴菲特曾指出，劝人相信股价反映了企业的一切信息，就等于叫人打牌时不看牌就出牌一样荒谬。试想如果市场确实达到半强式有效，那么证券分析师将无法通过分析公开信息而获得超额回报，这显然对证券分析行业存在的必要性构成巨大挑战。尽管实务界人士对有效资本市场理论不敢苟同，但学术界通过实证研究还是找到不少半强式有效的证据。从现有证据看，比较一致的意见是强式有效市场基本不存在。那些拥有内幕信息的人仍然可以通过其拥有的非公开信息获取超额回报，比如公司内部高管及大股东拥有公司经营活动及状况的内幕信息，而证券交易所的专业人士拥有股票交易的内幕信息，也正因为如此，各国对证券市场的内幕交易行为都严加监管。

> **原理**
>
> 针对资本市场中财务信息的作用，会计理论界形成了三个重要的理论分支：信息观、计价观和契约观。

有效资本市场理论对理解财务信息及会计行为具有深远影响。一方面，财务信息作为上市公司公开披露的主要信息对于市场达到有效具有至关重要的作用，财务信息披露的数量与质量将直接影响到证券股价的准确性。同时，资本市场上还充斥着其他类型的信息，财务信息只是其中一种，它与其他信息存在某种意义上的竞争与互补关系。如果其他信息渠道可以替代财务信息，那么对于会计从业人员来说无疑是个噩耗。但就目前世界范围内的资本市场而言，财务信息仍然是最为核心的信息来源。另一方面，根据有效资本市场的定义，如果证券市场已达到有效，那么证券价格将不会对那些不影响实际现金流的会计政策改变产生反应，也就是说只要公司充分披露了会计政策，那么不同的会计政策选择将是没有意义的，投资者将不会被选择性会计政策美化后的公司业绩所蒙蔽。但实际上会计政策选择一直是政府监管层、上市公司及各类投资者所共同关注的重要问题。各国都花费了大量人力、财力对会计政策进行研究，并制定出非常复杂的会计准则专门用于规范会计政策选择。究竟是什么原因导致了这一现象的存在，是市场不具有理论上的有效性，还是另有原因？

针对资本市场中财务信息的作用，会计理论界形成了三个重要的理论分支：信息观、计价观和契约观。信息观研究侧重于考察财务信息披露给证券交易带来的影响。研究发现，财务信息一经披露便引起了证券交易价格和交易量的变化，证明了尽管很多人直觉地认为财务信息对于证券投资作用不大，但现实却是财务信息对人们的证券交易行为有着普遍的影响力。计价观的研究则更直接地探讨了财务信息在证券估值中的作用。研究发现，尽管证券估值过程中存在很多种信息、数据来源，但财务信息仍然是最重要的信息来源之一，把财务信息作为估值模型的输入变量可以帮助人们更准确地进行证券定价，尤其是公允价值的采用可以极大提高资产负债类指标的有用性。契约观是从企业契约理论的角度出发，分析企业内外各利益方的行动目标会如何影响到会计行为。研究发现，各利益方对财务信息的生成过程（会计政策选择、披露策略等）以及如何在契约中使用这些信息都会进行积极的干预或影响，使得这些会计与订约活动朝有利于自身的方向发展。这意味着即使资本市场很有效，会计政策的选择仍然具有重要意义。

第二节　资本市场的参与者与财务信息中介

案例 1 – 3

Kenny 卖驴的艺术

一个名叫 Kenny 的男孩花了 100 美元从一个农民那里买了一头驴，这个农民同意第二天把驴给他。第二天农民来找 Kenny，说："对不起，孩子，我要告诉你一个坏消息，那头驴死了。" Kenny 回答："那你把钱还给我就行了！"农民说："不行，我不能把钱还给你，我已经把钱给花掉了。" Kenny 说："好，那么就把那头死驴给我吧！"农民很纳闷："你要那头死驴干吗？" Kenny 说："我可以用那头死驴作为幸运抽奖的奖品。"农民感觉奇怪，叫道："你不可能把一头死驴作为抽奖奖品，没有人会要它的。" Kenny 不紧不慢地说："别担心，我不告诉任何人这头驴是死的就行了，你等着瞧吧！"几个月以后，农民遇到了 Kenny。农民问他："那头死驴后来怎么样了？" Kenny 说："我举办了一次幸运抽奖，并把那头驴作为奖品，我卖出了 500 张票，每张 2 块钱，就这样我收到了 1 000 块钱！"农民好奇地问："难道没有人对此表示不满？" Kenny 回答："只有那个中奖的人表示不满，所以我把他买票的 2 块钱还给了他，还净赚了 998 块钱！"

讨论：

如果被卖的对象不是驴，而是股票，有何异同？该故事给了我们什么启示？

一、资本市场信息不对称问题

假如你拥有一辆二手宝马车，你声称车况很好，要以一个较高的价格售出。会有人相信你吗？答案是否定的。在信息不完全对称时，买主不知道该车质量如何，一个理性的选择是按照某种概率提出一个介于较高和较低出价之间的平均价。在这种情况下，拥有质量好的二手车的你显然不愿出售，只有质量差的车才愿成交。当买主预期到这一情况时，会不断压低出价，最终车的质量会被普遍打一个折扣。真正好的车估价也没人信任，因而好的车主不会委托给该车市，最终变成垃圾车的交易市场。这里描述的市场困境就是信息经济学中常说的

"逆向选择"（Adverse Selection）问题。

解决"逆向选择"难题的一个有效办法是引入一个"第三方"。如果市场上存在着一个能够判断二手车质量并具有普遍公信力的"第三方"，比如公正的机械师，那么拥有质量好的二手车的卖主会主动要求机械师对二手车质量进行评价，将结果予以公布，并据之向买主索取较高的价格。公正的机械师的评价对于买主而言是某种形式的质量"担保"，买主当然愿意支付较高的价格。相反，拥有质量差的卖主则不会主动寻求机械师的质量评价，因为那样做不单单失去了"浑水摸鱼"的好处，还很有可能"搬起石头砸自己的脚"。所以说有了公正的机械师，就可以对车况作出客观评价，提供公正信息，就可以保证二手车顺利交易。

在信息不对称的情况下，股票市场同样可能会呈现出一种类似于"劣币驱逐良币"的怪现象。由于股份有限公司（筹资者）和投资者在公司经营状况信息上存有不对称现象，公司深知自身的经营状况，但投资者无从得知而只能根据以往的经验获悉全体公司的经营状况分布概率，并以此推之全体企业平均经营状况。在此情况下，投资者基于自身利益而只愿意根据公司平均经营状况来确定股价，其结果是大部分高于平均水平的公司会因股价不能体现其内在价值而退出股票市场，而低于平均水平的公司，则因市场评价高于其实际价值而乐于进入股票市场募集资金。这样，真正售出股票的公司实际上低于原有全体公司平均经营状况，投资者在获悉这一经营状况分布概率后，再次购买新股时愿意支付的股价将进一步降低，从而驱使更多相对经营状况较佳的公司相继退出股市，均衡情况下的结果就是股票市场只存留经营状况最差的公司，成为典型的"次货市场"。

同二手车市场引入能够判断汽车质量并具有普遍公信力的机械师类似，我们可以在资本市场引入拥有专业知识并独立的"第三方"——注册会计师来对上市公司的财务信息的可靠性作出分析并提供鉴证。阳光是最好的防腐剂，注册会计师可以提高财务信息的透明度，降低公司控股股东和管理层与投资者之间的信息不对称程度，提高资本市场的效率。

二、资本市场的参与者

资本市场的参与者主要包括需要融资的公司、投资者、经纪人和交易场所。如果说各种金融工具是资本市场的客体要素的话，那么，这些参与者就是资本市场的主体要素，离开了他们，就不可能有资本市场的存在和发展。

（一）需要融资的公司

在资本市场上，信息尤其是会计信息是必不可少的，它是联系上市公司和投资者之间的纽带，是投资者进行投资决策的依据。当然，需要融资的公司也希望通过披露令投资者满意的各种信息，来减少信息不对称，以便在最短的时间内、以尽可能低的成本筹得大量资本。公司主要通过招股说明书、年报、中报、重大事件公告等载体向投资者提供公司财务状况、经营成果、现金流量等诸多对投资决策有用的信息。

2007 年全球 IPO 交易量和筹资额创新高

据世界著名的安永会计师事务所的最新统计，2007 年前 11 个月，全球共有 1 739 项首次公开募股（IPO）交易，共筹得资金 2 550 亿美元，超过了 2006 年全年 1 729 项交易所筹集的 2 460 亿美元，再创新高。

新加坡《联合早报》18 日报道，2007 年 12 月的初步数据也显示，本月前两周就有 91 项 IPO 交易，共筹资 180 亿美元。

2007 年以来，在 20 项规模最大的 IPO 交易中，14 个来自新兴市场，而 2006 年只有 9 个。如果以领域排名，金融机构所筹集的金额占总筹资额的 1/4。2006 年则是工业与房地产领域领先。

另外，2007 年前 11 个月里，在 20 项规模最大的 IPO 交易中有 40% 来自亚太地区，全球所有 IPO 交易中则有 46% 来自亚太地区。安永认为，虽然全球面对信贷危机，但是 2007 年 11 个月的 IPO 交易强劲，说明了亚洲市场尚有许多高素质的公司有待上市。前 11 个月，巴西、俄罗斯、印度和中国的公司在 382 项 IPO 交易中筹集了 1 065 亿美元，其中中国公司的 IPO 交易为 209 项，超越其他三国总和。综观全球，中国、美国、巴西三国公司所筹得资金最多，分别是 526 亿美元、387 亿美元和 290 亿美元。

安永表示，新兴市场的 IPO 交易增加反映了这些市场的经济增长以及资本市场的全球化。中国的 IPO 激增除了反映中国经济蓬勃发展之外，也说明投资者有信心把资金投入中国。

资料来源："今年全球 IPO 交易量筹资额创新高　中国居首位"，《上海证券报》，2007 年 12 月 19 日。

（二）投资者

在股票市场，投资者希望获取信息对股票内在价值作出评价，并将之与该股票发行人的定价或交易市场的流通价相比较，以作出买入、继续持有或卖出股票等决策。对资本市场而言，投资者大致可以分为大额持股股东和中小投资者，他们对信息披露的要求又存在一定的差异。大额持股股东可以通过各种分析，如长期趋势分析、企业核心盈利能力分析，以及一些非财务分析如该企业所生产的产品是否具有技术发展前景等，在一定程度上揭示出企业未来数年内的发展趋势，进而作出理性经济决策。中小投资者可以通过一些当期财务指标如资产收益率、每股盈利、企业净现金流量等，来满足他们对信息的需求。

巴菲特与他的价值投资理论

巴菲特是有史以来最伟大的投资家，他依靠股票、外汇市场的投资成为世界上数一数二的富翁。他倡导的价值投资理论风靡世界。价值投资并不复杂，巴菲特曾将其归结为三点：把股票看成许多微型的商业单元；把市场波动看作你的朋友而非敌人（利润有时候来自对朋友的愚忠）；购买股票的价格应低于你所能承受的价位。"从短期来看，市场是一架投票计算器。但从长期看，它是一架称重器——事实上，掌握这些理念并不困难，但很少有人能像巴菲特一样数十年如一日地坚持下去。巴菲特似乎从不试图通过股票赚钱，他购买股票的基础是：假设次日关闭股市、或在五年之内不再重新开放。在价值投资理论看来，一旦看到市场波动而认为有利可图，投资就变成了投机，没有什么比赌博心态更影响投资。"

资料来源："巴菲特的财富人生"，中金在线（www. cnfol. com）专栏报道。

（三）经纪人

> **原理**
>
> 经纪人是出售信息但不会从客户那里购买金融资产或向客户销售资产的中介，包括把买者和卖者集中起来的搜寻专家、投资分析家、保险经纪人、信用评级机构和金融顾问等。

经纪人是出售信息但不会从客户那里购买金融资产或向客户销售资产的中介，包括把买者和卖者集中起来的搜寻专家、投资分析家、保险经纪人、信用评级机构和金融顾问等。经纪人能够以比客户自身搜寻信息所需成本更低的成本来提供信息，并收取相应的费用。例如，当某个投资者对某项特殊投资很感兴趣，但他毫无相关的专业知识和信息，不知道如何去评估该项投资，此时他就可以聘请专家为他评估。另外，经纪人能够协调搜寻行动，以减少在信息搜寻时可能发生的不必要的重复。如果大量中小投资者正考虑投资于一个公司，每个人都打算亲自去调查该公司，那么就会发生大量的重复搜寻行为。聘请某一方代表其他各方收集信息能够避免重复（Ramakrishnan and Thakor, 1984）。由于协调投资者有明显的问题，例如投资者大多数较为分散并且不了解互相的位置，公司经常会聘请经纪人收集信息并向可能感兴趣的人公布。

（四）交易场所

交易所为证券买卖创造了一个有组织的经常性市场。作为有价证券交易的公开市场，其主要功能有三个：一是，它为交易双方提供一个公开、完备的证券交易场所，使得交易能在短时间内合理地成交，公开制度和集中交易竞价方式的实行，使投资者能够充分了解企业情况及供求关系；二是，它有利于正确引导投资者决策，促进上市公司的经营发展。证券交易所随时公布市场成交数量、价格等行情信息，及时、准确地传递上市公司的财务状况、经营业绩，投资者可以根据这些信息作出决策，上市公司也可以从投资者手中融得资金；三是，证券交易所是组织和调控证券交易活动的重要机构。它依据法律法规的要求，对证券交易中的内幕交易、欺诈、操纵市场等违法违规行为进行有效的防范和处罚，以保护投资者的利益，规范上市公司的行为。

全球三大证券交易所

纳斯达克证交所

纳斯达克股票市场的英文直译名为"全美证券交易商协会自动报价系统"（The National

Association of Securities Dealers Automated Quotations），它是全球第一个电子化的股票市场。作为以扶植处于成长期的高科技企业为己任的创业板市场，纳斯达克不仅上市标准低于主板市场，而且其本身的运作模式和效率就是高科技成果的充分体现。纳斯达克起源于场外交易的自动化发展，逐步演变为与纽约证券交易市场和全美证券市场并立的三大证券市场之一。纳斯达克市场的主要职能是操作并维持纳斯达克市场的运转，并为公司提供各种金融服务，如股票上市和信息服务。纳斯达克股票市场还编制了纳斯达克综合指数。该指数涵盖了其所有上市公司，并以各只股票的市值大小为权数，按其最新的出售价与股票数额进行加权，计算出该指数的具体值。

纽约证交所

美国历史最长、最大且最有名气的证券市场，至今已有208年的历史，上市股票超过3 600种。纽约证券交易所约有3 000家总市值高达1 700万亿美元的大企业挂牌进行买卖，辖下共有400家左右的会员企业，每天约有3 000人在交易场地工作，20个交易地点共400多个交易位。纽约证交所的交易方式也跟传统市场一样，是采取议价方式，股票经纪会依客户所开出的买卖条件，在交易大堂内公开寻找买主卖主，然后讨价还价后完成交易。纽约证交所上市条件较为严格，还没赚钱就想上市集资的公司无法进入纽约证交所。

伦敦证交所

作为世界上最国际化的金融中心，伦敦不仅是欧洲债券及外汇交易领域的全球领先者，还受理超过2/3的国际股票承销业务。伦敦的规模与位置，意味着它为世界各地的公司及投资者提供了一个通往欧洲的理想门户。在保持伦敦的领先地位方面，伦敦证券交易所扮演着中心角色。伦敦证交所运作世界上国际最强的股票市场，其外国股票的交易超过其他任何证交所。来自63个国家和地区的大约500家外国公司在伦敦上市和交易。2000年，伦敦的外国证券交易总额达到约5亿美元。世界上没有其他证交所可与此等数字媲美或在为国际发行者服务方面有如此悠久的历史。超过550家外国银行和170家全球证券公司在伦敦设有办事处，为来自世界各地的发行者提供它们的专业技术服务，成为又一项伦敦可向外国公司提供的优越性。

资料来源：《世界数据报告》，转摘自中国日报网站（www. chinadaily. com）报道“激流暗涌——全球五大证券交易所”（2006年4月18日）。

三、财务信息中介

（一）公司估值与财务信息

在资本市场上，投资者可以通过分红或出售股份的差价来获取收益。据此对公司价值存在不同的评估方法，直接估值方法常见的有三种（三种模型在理论上是一致的）。第一种是股利折现模型，假定公司永续经营，而且股利可以合理确定，决定公司价值的是股利。第二种是自由现金流贴现模型，由于股利难以合理确定，可以转而采用未来自由现金流量进行贴现估算，这里的自由现金流量是指企业在满足了所有以相关的资金成本折现后净现值为正的项目所需资金后剩余的现金流量。第三种是超额盈余模型，将公司的收益分为经济租金和超额盈余两部分，超额盈余创造价值。该模型部分解决了自由现金流的终值太大问题。由上可见，无论哪种估值模型均需以财务数据为依据。

（二）注册会计师市场

公司的估值需基于公司披露的财务信息。而这些信息的可靠性需要注册会计师进行鉴证，并签发标准格式的审计报告。因为注册会计师是了解、熟悉会计语言的专家，有能力对财务信息的可靠性作出分析和判断；同时，他们作为独立的第三方，能站在较为公正、客观的立场上对财务报表进行独立检查。某种程度上来说，注册会计师制度是一种社会权利制衡与经济监督机制，它保护的对象是现代市场运行机制，是名副其实的“经济警察”。1987 年美国注册会计师协会成立 100 周年之际，美国前总统里根评述：“你们协会和注册会计师职业在建立和维持资本市场的完整性方面发挥了至关重要的作用。独立的审计人员为企业和政府的财务报表提供可信性，没有这种可信性，债权人和投资者就难以作出为我们的经济带来稳定和活力的决策。没有注册会计师，我们的资本市场将土崩瓦解。”

注册会计师行业的诞生

世界上第一个会计师协会诞生于英国。1844 年，英国政府颁布的《公司法》规定，公司的报表必须要由董事以外的第三者进行检查。这一制度上的规定催生了注册会计师行业的产生。随着社会需求的不断增加，注册会计师行业逐渐成为一个重要的社会阶层。1853 年，英国成立了世界上第一个会计师专业团体——“爱丁堡会计师协会”，1854 年，该协会被授予皇家特许证，允许它的会计师号称“特许会计师”。

19 世纪末，随着美国经济迅速发展，股份制公司大量出现，美国注册会计师职业逐渐发展起来。1887 年，美国第一个职业会计师团体——美国注册会计师协会前身“美国公共会计师协会”成立。

在其他经济发达国家，如德国、日本、加拿大、荷兰，也出现了庞大的注册会计师制度。毋庸置疑，任何一种适应经济发展的职业产生以后，都会被传播到其他国家。如今，在世界经济一体化的浪潮中，注册会计师的发展已打破国家界限，成为一个世界性的职业。

（三）谁把注册会计师推下了水

近几年一系列巨大的会计丑闻，如安然事件、银广夏事件等，击碎了人们对注册会计师的信任，注册会计师也似乎成了虚假会计信息的同谋犯。是谁把注册会计师推下了水？经过对一系列案件的反思，我们认为，注册会计师制度安排上的先天缺陷是这批“经济警察”下水的重要原因。注册会计师出具的审计报告是为上市公司各利益相关方的决策服务的，但决定如何聘请注册会计师、如何支付审计费用是由上市公司来决定的。也就是说，决定注册会计师是否有客户，能否合理生存的权力，被紧紧握在上市公司手中。这时，注册会计师制度安排上，出现了有悖市场经济规则的怪圈，即审计报告付费者和使用者的角色错位。而且，很大程度上，审计报告付费者和使用者还存在相当大的利益冲突。是以客户利益为重，还是以广大社会公众利益为重，一直是困惑注册会计师行业的难题。一方面，注册会计师的执业道德守则要求注册会计师必须正直、客观、诚实、守信，法律也要求注册会计师顾及“面子”。另一方面，制度上的安排驱使着注册会计师要解决生存压力，填饱“肚子”。找不到客户会挨饿，找到客户但客户不满意，也会挨饿。因此，注册会计师既要讨好“衣食父母”的客户，又要为广大社会公众利益服务。而在二者利益发生明显冲突的时候，注册会计师必须面临着“面子”重要还是“肚子”重要的选择，最后很有可能为作为“衣食父母”的客户服务。

第三节　财务信息失真与信息管制

案例 1－4

1900 年以前的美国会计

1900 年以前，美国工业公司所提供的财务数据则几乎完全由管理者自行处理。他们随意提供自己认为应提供的信息，并按照自己喜欢的方式安排数据。一些企业不能定期地、或者在会计年度过后很久才报送财务报告。许多企业甚至什么也不向股东们报告。由于没有在公布的财务报表中附上独立审计人员的审计证明书的惯例，即使是提供的少量信息，也涂有管理当局的主观色彩。到 1900 年，在约占半数的州里，公司法均要求向股东提供某些类型的报告。但对其内容，却未作具体的规定，也不要求为那些不能参加公司年度股东大会的股东们邮寄报告。会计师也许对这一制度的结果深感遗憾，但由于没有一个强有力的职业组织或一个有效的理论体系，他们无能力反对委托人要求保密的愿望。他们多次努力，希望联邦政府为公开披露立法，但屡遭失败。他们也未能制定一套实务准则。当时会计方法完全由管理者自由选择。

资料来源：迈克尔·查特菲尔德著，文硕等译：《会计思想史》，中国商业出版社 1989 年版。

我们现在所熟知的会计准则、会计制度并不是从来都有的，即使是当今会计发展最为完善的美国，在其《证券法》和《证券交易法》出台以前，也并没有严格的财务信息披露规范。世界范围内的财务信息规范化管制都是在近代才开始的，至今不足百年。我们这一节中将对财务信息从缺少规范到引入管制，再到管制失灵的历史进行简要介绍。

一、没有规范的日子

在美国 1929 年的大萧条到来之前，不同公司采用不同的会计方法进行会计核算和管理，各公司之间的会计信息并没有可比性。由于会计方法的不一致，审计的效率与效果也大打折扣，会计信息的真实性难以保证。许多公司和创业股东"趁浑水摸鱼"。这种会计的不规范起初并没有引起人们足够的重视，因为20世纪20年代的美国呈现出一片繁荣景象：工业化大生产带来经济的繁荣与增长；股票指数从1921年8月起连续上升，至1929年9月3日，升至381点的峰值，美国股票市场进入一个大牛市。当时社会普遍存在一种乐观情绪，比如著名的财经类报纸Barron's在1927年4月的投资周刊上宣称，美国已经进入一个"远离萧条的新时代"；就连著名经济学家费雪（Irving Fisher）也卷入了这种盲目乐观的旋涡中，他在1929年秋天曾宣布：股票价格已经进入了一种永久性的高平台期。

1929～1933年的大萧条，其原因是多方面的。如投机之风日盛，导致企业管理当局各种舞弊行为不断增加；当时尽管已经有相应的法律不允许银行资本介入股市，但很多银行都设法回避这一法律，通过创办子公司的方式进入股票市场，用银行的资本抬高股价，再用更高的股价向银行抵押以借取更多的资本。

在1929年9月3日道·琼斯股票指数达到最高点后，市场不断有各种利空的传闻，比如，英国的一家著名企业倒闭，迫使英格兰银行提高利率，美国市场上的一些外国投资者开始抛售股票，增加了市场资本的压力；市场同时还谣传"做空大王"利五茅（Livermore）准备把指数拉下来；同时，汽车销售下降；市场交投停滞。10月28日星期一，灾难最后终于发生，当天股票一天下跌38点，跌至260点。这场灾难持续了3年，到1932年7月8日，降至41.22点，与1929年9月3日的峰值相比，市场跌幅近90%。1929～1933年的大萧条给美国经济的影响是致命的，大批银行倒闭，连带使得那些普通百姓的生活受到影响，一些上层人士也受到不同程度的牵连。

事后人们在寻找这次危机可能的原因时，会计被认为是罪魁祸首之一。由于存在公司虚夸或编造利润的公司丑闻，舆论普遍认为，市场被这些虚假的盈利记录所欺骗。规范会计行为、提高会计信息的真实性成为朝野上下的共同呼声。这预示着会计信息披露将走向规范化的历史阶段，而美国政府在这一规范化的过程中起着核心作用，成为会计信息披露规范化建设的主要推动者。

二、信息披露的规范化

（一）华尔街的守护者：美国SEC的成立

1929～1933年经济危机给美国带来沉重灾难，而大危机的导火线是证券市场的混乱和崩溃。因此，美国政府先后于1933年和1934年分别通过了《证券法》和《证券交易法》，规定所有证券上市公司都必须提供统一的会计信息，并于1934年专门成立了证券交易委员会（SEC），对市场进行监管，包括负责制定上市公司必须遵守的信息披露规则，进而创立了上市公司强制性披露的相关法律与规定。《证券法》的核心目的是使投资者得到美国证券市场上所发行证券的全面、公正的信息。它提倡充分披露原则，即公司在出售证券给投资者时应当真实详尽地提供本公司的财务状况、经营业绩及相关历史资料，这些资料应该是涵盖了从过去到现在乃至将来的公司详细信息，通过这些信息提供保证投资者能够作出理性的投资决策。《证券交易法》对证券的市场交易行为进行了规范，同时进一步强调了充分披露原则，该法规定当证券在交易所上市时，必须提交年度报告和中期报告，以确保投资者的充分知情。这两部法律不仅强调信息的充分披露，而且专门强调了真实性的重要，规定如果披露了虚假的会计信息，相关人员必须承担相应的法律责任。证券交易委员会的成立以及两部法律的出台成为美国信息披露监管制度的基石，这两部法律成为会计信息规范化的纲领性文件。

SEC成立后便开始通过发布指南手册等形式规范会计信息披露，于1940年将这些指南汇编成《S-X条例》，此后又颁布了一系列的扩充性条例，这些条例主要规定了上市公司财务报表的具体格式和内容，还包括附表、尾注的具体披露方式。从1937年开始，SEC还陆续发布了一系列的《会计系列公告》（ASR），作为《S-X条例》的一般性修订和补充。此外，SEC还专门颁布了《S-K条例》用以规范非财务信息的披露，包括经营业务、已登记证券、管理当局和特定证券持有者、登记表和招股说明书条款、行业指南、重组交易等内容。

（二）会计准则的制定

1. 美国的会计准则制定。1937年，SEC对一重大事项进行了表决——究竟是由SEC制定会计准则还是由会计职业组织制定，最后以3:2的票数支持由会计职业机构制定会计准则。这一表决结果在1938年以第4号《会计系列公告》“财务报表的管理政策”中得以正式公布，明确将制定会计准则的权限转交给美国会计师协会，但SEC仍保留对会计准则的最终决定权。

美国会计实务界在获得了准则制定权之后发生了一系列的变更，先后组建了会计程序委员会（1938~1958年）、会计原则委员会（1959~1972年）和美国财务会计准则委员会（1973年至今），各机构相继颁布了《会计研究公报》、《会计原则委员会意见书》、《财务会计准则公告》等一系列的公认会计原则（GAAP），用以规范会计实务。美国财务会计准则委员会（FASB）所颁布的概念框架公告和具体会计准则成为世界范围内最复杂的会计准则体系，在安然事件之前，规则导向的准则制定模式比较明显，但随着公众对规则导向的制定模式的质疑日益强烈，美国会计准则委员会也逐步开始采用偏向原则导向的准则制定模式。尽管安然事件的发生引发了人们对美国准则体系的不满，但毋庸置疑，美国的会计准则体系仍然是世界上最先进的会计准则体系之一。

2. 资本市场国际化与国际会计准则委员会。随着经济全球一体化的迅猛发展，跨国的融资、兼并、投资业务与日俱增。由于长期以来不同国家施行的是不同的会计准则，作为通用性商业语言的会计信息的跨国可比性受到极大挑战。是否能够在全球采用同一种会计准则呢？国际会计准则委员会（IASC）正是在这一背景下成立的，它成立的初衷就是解决各国间会计信息的国际协调难题。

IASC于1973年由来自澳大利亚、加拿大、法国、德国、日本、墨西哥、荷兰、英国和爱尔兰以及美国的会计职业团体发起成立。中国于1998年5月正式加入IASC和国际会计师联合会。IASC在2001年重组之前，国际会计准则制定工作由国际会计准则委员会理事会（IASC Board）承担（陈毓圭等，2001）。

尽管国际会计准则委员会成立的初衷是增强跨国间的会计信息可比性，但是由于每个国家都有其特定的政治、经济和文化背景，要想让所有国家采用同一种会计准则并没有原先想象得那么简单。许多国家都坚持采用本国的会计准则，而不是轻易接纳国际会计准则。更何况采用不同会计准则对于一国公司的跨国投资及融资将产生非常实质性的影响，究竟采用何种会计准则已不单单是一个会计技术问题，而是一个影响广泛的政治问题。这其中对国际会计准则委员会最为冷淡的当属美国。尽管美国从一开始是国际会计准则委员会的发起国之一，但是其一直坚持认为本国的会计准则才是最完善的准则体系，对国际会计准则委员会一直不予接纳。因此，直至20世纪末，国际会计准则委员会的工作可谓举步维艰。

在这样的背景之下，IASC的改组工作于1997年被提上了议事日程。1999年11月，专门负责改组方案设计的战略工作组向IASC理事会递交了题为《关于重塑IASC未来的建议》的最终报告。根据这一方案，除了设立托管委员会（Trustees）之外，不再分设理事会和制定委员会，而是合并为国际会计准则理事会（IASB）。这个理事会由专职人士组成，对会计准则有最后的决定权（陈毓圭等，2001）。在整个改组过程中，美国由始至终都拥有强大的话语权。这一次改组更像是一次各国准则制定组织间的政治博弈。

三、管制失灵：美国世纪之交的丑闻

自从20世纪美国经济危机以来，世界范围的会计走向了规范化的道路，各国都对会计信息的生成及披露采取了严格的管制政策。长期以来，由于美国拥有世界上最发达的资本市场，无论是美国本身还是世界上其他国家基本上都认可美国会计准则是世界上最复杂、最先进的准则体系之一。

但是21世纪初发生的一件惊天动地的大事却让人们大跌眼镜。曾经是全美第七大公司、放松政府管制的先锋和美国新经济典型代表的安然公司会计造假案事发，于2001年10月31日正式宣布接受美国证券交易委员会的违规调查，并于2001年12月2日申请法庭的破产保护。安然公司的破产不仅使其职工的就业和养老金蒙受损失，而且对各有关的主要金融机构产生重大影响。在安然公司会计造假案之后，又接连发生施乐、世通等大公司会计造假案，美国朝野震动，这一系列危机事件对美国整个经济运行和市场信心都产生了巨大冲击。安然事件在会计界与审计界掀起了轩然大波，引发了一场声势浩大的会计改革运动。

2002年2月14日，国际会计准则基金会主席、原美国联邦储备委员会主席保罗·沃尔克在美国国会参议院银行、住房和城市事务委员会听证会上的讲话稿中指出："困扰会计和审计职业界的明显问题已积累多年，现在已经形成一种危机。这一危机的典型是安然公司，但是安然公司并不是其唯一症状。令我们感到不安的是，我们已经有太多的重报收益，太多的'预报'收益令人生疑，太多上10亿美元的账目突然转入'商誉'，太多伴随着公司破产的审计失败。反过来说，已经明确的是，必须进行一些根本性的变动和改革，以确保我们的财务报告准确、透明和内容清晰。""会计审计职业界的危机不仅仅是一家公司的失败或一次审计中出现问题。它所要求加以注意的，是从根本上反映资本市场日益增长的复杂性和反映对于个人及其公司改进财务成果的压力的根本性的缺陷。"

我们看到，即使是拥有最复杂的会计准则体系的美国也仍然杜绝不了会计造假问题，会计信息管制遭遇了前所未有的巨大失败。全美乃至全世界都在反思究竟已有的会计信息管制方式和手段存在什么弊端。就在安然公司申请破产保护之后的第三天，负责安然公司外部审计的安达信国际会计公司的管理合伙人兼首席执行官在 2001 年 12 月 4 日的《华尔街日报》等媒体上发表文章提出："如果要说从安然公司身上吸取教训，就需要审议一系列更为广泛的问题。例如，反思我们的某些会计准则。我们的会计规则和文献像税法一样，条文复杂、与日俱增，意图把一门艺术变成科学。在这个过程当中，我们倡导了一种技术型、墨守条规的心理定势，使得我们有时更为关注所报告事项的形式而不是其实质。安然公司给出了一个很好的案例，即如此地道的准则如何能够使投资者更加难以理解企业的内情"（潘晓江，2002）。尽管该人此番讲话有为自己辩解的嫌疑，但此后大量关于会计准则合理性的学术争论以及美国政府推出的一系列会计改革举措却也证明这些话确有道理。

四、投资者信心重建：《2002 年萨班斯－奥克斯利法案》

投资者信心是美国经济的基石。安然、世通公司事件使美国投资者信心遭受重创。整个股市哀鸿遍野。美国总统布什也被迫站出来高喊："美国强大的经济需要更高的商业伦理标准。工商业应建立新的个人道德准则，以增强投资者的信心，让员工为自己的公司自豪，并重新获得美国人民的信任。"

为重塑投资者的信心，2002 年 7 月 25 日，美国国会通过了《2002 年萨班斯－奥克斯利法案》(Sarbanes-Oxley Act of 2002)。同年 7 月 30 日，该法案经美国总统布什签署后，正式成为法律并生效。《2002 年萨班斯－奥克斯利法案》提出建立一个独立于美国注册会计师协会的监督机构——公众公司会计监督委员会，实施对注册会计师行业的监管。会计行业的监管权由行业自律组织转向行业外的独立机构。法案要求会计准则制定机构必须为民间机构，应当采纳一套程序，以确保准则制定机构对于紧急会计问题和快速变化的企业实务以及经济环境能够作出迅速反应，并进而及时制定或者修改有关会计原则，同时还应当保持美国准则在高质量会计准则的基础之上与国际相协调。法案还规定，会计准则制定机构的资金将不再来自会计师事务所等的筹款，而是直接来自从每家公开发行证券的公司中收取的"会计支持费"。该法案还要求美国证券交易委员会要具体研究美国采用以原则为基础的会计体系，这预示着美国会计准则的制定将发生的方向性转变（陆建桥，2002)。

值得一提的是，该法案加大了公司高管对会计信息真实性的法律责任，要求公司首席执行官和首席财务官（或者担任相同职务的人员）应当对定期财务报告作出保证，保证定期报告中的财务报表完全遵循了《1934 年证券交易法》的有关规定，以及定期报告中所披露的信息在所有重大方面公允地反映了公司的财务状况和经营成果。该法案对违法行为规定了明确而且严厉的处罚措施。对编制违法违规财务报告的刑事责任，最高可处 500 万美元罚款或者 20 年监禁；篡改文件的刑事责任，最高可处 20 年监禁；证券欺诈的法律责任，最高可处 25 年监禁；对举报者进行打击报复的法律责任，最高可处 10 年监禁（陆建桥，2002)。

《2002 年萨班斯－奥克斯利法案》的出台，对会计准则制定、会计监管、外部审计、公司高管会计责任等多个方面产生了深远影响，对投资者信心的重建起到了至关重要的作用。其他国家监管部门及学术界对该法案的出台展开了一系列研究，并积极借鉴以改进本国的会计信息披露环境和规范制度。

第四节 我国上市公司财务信息披露现状

案例 1－5

中国资本市场上的“打假专业户”

申草，曾经并非是一个人的名字，而是一个群体——上海国家会计学院公司财务舞弊研究中心。这个团体都用申草这个名称对外发表文章。据悉，自 2001 年 8 月至今，该群体根据公开信息，已陆续发现近百家上市公司有舞弊之嫌。他们通过多个媒体，以包括“申草”等在内的笔名，公开“质疑”了数十家上市公司。自 2005 年 9 月以来，“申草”陆续公开发难荣华实业、亚盛集团、西宁特钢、*ST 通金、悦达投资、广东明珠、永生数据、甬成功；2006 年，“申草”连续“扳倒”两只大牛股 G 丰原、G 天威。2007 年，中国股市最牛的一年。经验告诉我们，在股市一派繁荣的时候，上市公司要求改善财务数字的压力更甚于平时，它们更倾向于在牛市布下一个又一个的财务“陷阱”。临近年末，2007 年度的“十大上市公司报表粉饰嫌疑排行榜”也新鲜出炉。十家上市公司被指有粉饰报表嫌疑，这些公司涉嫌粉饰的金额少则上亿，多则百亿，有的公司还是行业龙头，具有很大的市场影响力。榜单的制造者申草，因近年来多次从上市公司公开信息入手发现并披露问题，被称为“资本市场财务杀手”。尽管该榜单被申草称为是一个“草根”排行榜，但依旧引起市场关注。

资料来源：“打假专业户发布十大上市公司‘化妆’报表榜单”，《北京青年报》，2007 年 12 月 24 日。

我国证券市场自 20 世纪 90 年代初设立伊始就大量借鉴英、美等发达国家的信息披露规范体系及会计准则体系。我们前文已指出即使英美等发达国家的信息披露也并非十全十美，安然、世通公司的财务丑闻更是引发了世界范围内的会计大讨论。那么发展尚不足 20 年的中国证券市场的信息披露状况究竟如何？本节将主要介绍我国资本市场现状、上市公司财务信息披露的整体状况、信息披露监管体系、财务舞弊状况以及外部审计的执业状况。

一、我国资本市场现状

伴随着经济体制改革的不断深入，我国资本市场也随之发展壮大。但是，由于它是在向市场经济转轨过程中由试点开始而逐步发展起来的新兴市场，不可避免地积聚了大量的问题和矛盾，如股市发展过于行政化，股市的融资功能被过于强调，股权分置问题被过于忽略等。为了完善资本市场，2004 年 1 月国务院发布《关于推进资本市场改革开放和稳定发展的若干意见》，此后还进行了一系列的改革，包括实施股权分置改革、大力发展机构投资者等。其中，2005 年 4 月开始的股权分置改革，使非流通股股东与流通股股东长期以来利益分割的局面得以纠正，消除了市场股份转让的制度性差异，对于推动资本市场全方位改革具有历史性意义。同时，为了充分发挥资本市场功能，多层次市场体系和多样化产品结构逐步建立和发展起来，如推出中小板市场，交易品种从单一的股票逐渐发展为以股票交易为主，包括债券、投资基金、可转换债券以及权证等多种金融工具。

但我国的资本市场发展仍相对落后，与发达的资本市场相比差距还很大。中国证监会2008年1月发布《中国资本市场发展报告》指出，我国资本市场存在以下几个问题和不足：(1) 资本市场的整体规模偏小，直接融资比例较低，股票市场和债券市场的比例失衡。2001～2007年，我国境内直接融资筹资额与同期银行贷款增加额之比分别为9.5%、4.11%、2.97%、4.99%、2.05%、8.38%和21.95%，虽然逐步提高但仍然偏低。(2) 在市场经济体制不完善、社会信用体系不健全的大背景下，我国资本市场尚未形成真正的资本约束机制，市场价格对于社会资源的引导和企业行为的约束不够有效，市场效率有待提高。(3) 上市公司整体实力有待提高，内部治理和外部约束机制有待完善。如退市机制、市场化的收购兼并机制有待完善。(4) 证券公司规模偏小，综合竞争力较弱。(5) 投资者结构不合理，机构投资者规模偏小，发展不平衡。(6) 法律、诚信环境有待提高，监督有效性和执法效率有待提高。因此，目前我国资本市场还需要在充分考虑我国国情和借鉴国外成熟经验的基础上，进一步发展和完善。

二、上市公司财务信息披露整体状况

随着近年来市场经济的发展和各方面监管力度的加大，企业财务信息的披露，尤其是上市公司财务信息的披露在很大程度上得到了改善。但是，财务信息不真实的情况依然在某种范围内存在。财政部在2007年10月公布的会计信息质量检查结果显示：会计信息质量和会计师事务所执业质量总体上有所提高，但仍有部分企业存在一定程度的会计违法违规问题，会计师事务所的执业质量有待进一步提高。其中，针对上市公司的检查发现，少数上市公司利用少计成本费用、关联方交易等手段粉饰业绩。浏阳花炮股份有限公司为了避免2003年、2004年连续亏损，将以前年度发生的费用1 859万元及欠缴税款786万元推迟记入2005年度。航天通信控股集团股份有限公司2003～2005年划出资金通过其他单位进行周转，虚增利润3 110万元。

2008年4月，深圳证券交易所对488家主板上市公司2007年度信息披露情况进行了考评。考评结果显示，深市主板2007年度信息披露工作整体情况较好，考评结果合格以上的有466家，合格率达到95.5%，超过2006年度的93.6%。在488家公司中，42家公司获评优秀，232家良好，192家及格，另有22家公司的考评结果为不及格，比2006年度的31家略有减少。这一资料表明，考评结果为优秀和良好的公司数量逐步增多，考评结果为不及格的上市公司的数量比例在逐步地降低。由于2007年证券市场行情活跃，购并重组频繁，新《企业会计准则》实施，深交所对上市公司信息披露的监管更加严格，大大提高了对上市公司信息披露的要求和标准。深交所相关负责人表示，尽管考评标准提高，但从考评结果看，上市公司仍然取得了较好的考评成绩，说明相对以往年度，上市公司信息披露质量显著提高。

总的来说，我国的上市公司的会计信息披露的整体水平已经有了明显的提高。这与监管部门的不断努力和市场环境的逐渐改善是分不开的。但同时，我国证券市场上市公司会计信息失真的现象仍然在一定范围内存在，这对证券市场健康发展危害十分严重，例如，继“琼民源”、“红光实业”、“大庆联谊”等造假之后，科龙电器会计造假案又浮出水面，其造假程度之重、影响之坏无疑又是一枚造假“原子弹”。所以说，在目前的国内资本市场不成熟的状况下，我们仍然需要通过加大监管力度来达到约束上市公司披露虚假信息或隐瞒相关信息的行为，以切实保护投资者权益，给投资者“真实、透明的上市公司”。

三、我国上市公司信息披露的规范体系

我国上市公司信息披露的规范体系包括四个层次，即基本法律、行政法规、部门规章和自律性规范，见表 1－1。第一层次为基本法律，主要是指《证券法》、《公司法》等需全国人民代表大会或其常委会通过的国家基本法律，另外还包括《刑法》等法规中的有关规定。第二层次是行政法规，主要包括：《股票发行与交易管理暂行条例》、《国务院关于股份有限公司境内上市外资股的规定》等。第三层次为部门规章，主要是指中国证监会制定的适用于上市公司信息披露的制度规范，包括：《股份有限公司境内上市外资股规定的实施细则》、《公开发行股票公司信息披露的内容与格式准则》、《公开发行证券的公司信息披露编报规则》、《公开发行证券的公司信息披露规范问答》、《证券交易所管理办法》、《前次募集资金使用情况专项报告指引》、《关于进一步提高上市公司财务信息披露质量的通知》、《上市公司信息披露管理办法》和《关于规范上市公司信息披露及相关各方行为的通知》等。第四层次为自律性规范，主要是指上海和深圳证券交易所制定的《上市规则》等。

原理

我国上市公司信息披露规范体系的四个层次：第一层次为基本法律；第二层次为行政法规；第三层次为部门规章；第四层次为自律性规范。

表 1－1　　我国上市公司现行信息披露规范体系

<table>
<tr><th colspan="2">制度体系层次</th><th>内　容</th></tr>
<tr><td colspan="2">基本法律</td><td>《公司法》、《证券法》、《刑法》</td></tr>
<tr><td colspan="2">行政法规</td><td>《股票发行与交易管理暂行条例》、《国务院关于股份有限公司境内上市外资股的规定》</td></tr>
<tr><td rowspan="9">部门规章及规范性文件</td><td rowspan="9">1.《公开发行证券的公司信息披露的内容与格式准则》</td><td>第 1 号：招股说明书</td></tr>
<tr><td>第 2 号：年度报告的内容与格式（2007 年修订）</td></tr>
<tr><td>第 3 号：半年度报告的内容与格式（2007 年修订）</td></tr>
<tr><td>第 5 号：公司股份变动报告的内容与格式（2007 年修订）</td></tr>
<tr><td>第 9 号：首次公开发行股票并上市申请文件</td></tr>
<tr><td>第 10 号：上市公司公开发行证券申请文件</td></tr>
<tr><td>第 11 号：上市公司公开发行证券募集说明书</td></tr>
<tr><td>第 15 号：权益变动报告书</td></tr>
<tr><td>第 16 号：上市公司收购报告书</td></tr>
</table>

续表

制度体系层次		内　容
部门规章及规范性文件	1.《公开发行证券的公司信息披露的内容与格式准则》	第 17 号：要约收购报告书
		第 18 号：被收购公司董事会报告书
		第 19 号：豁免要约收购申请文件
		第 20 号：证券公司发行债券申请文件
		第 21 号：证券公司公开发行债券募集说明书
		第 22 号：证券公司债券上市公告书
		第 23 号：公开发行公司债券募集说明书
		第 24 号：公开发行公司债券申请文件
		第 25 号：上市公司非公开发行股票预案和发行情况报告书
		第 26 号：上市公司重大资产重组申请文件
		第 27 号：发行保荐书和发行保荐工作报告
		第 28 号：创业板公司招股说明书
		第 29 号：首次公开发行股票并在创业板上市申请文件
		第 30 号：创业板上市公司年度报告的内容与格式
		第 31 号：创业板上市公司半年度报告的内容与格式
	2.《公开发行证券的公司信息披露编报规则》	第 3 号：保险公司招股说明书内容与格式特别规定
		第 4 号：保险公司信息披露特别规定
		第 5 号：证券公司招股说明书内容与格式特别规定
		第 6 号：证券公司财务报表附注特别规定
		第 8 号：证券公司年度报告内容与格式特别规定
		第 9 号：净资产收益率和每股收益的计算及披露（2007 年修订）
		第 10 号：从事房地产开发业务的公司招股说明书内容与格式特别规定
		第 11 号：从事房地产开发业务的公司财务报表附注特别规定
		第 12 号：公开发行证券的法律意见书和律师工作报告
		第 13 号：季度报告内容与格式特别规定（2007 年修订）
		第 14 号：非标准无保留审计意见及其涉及事项的处理
		第 15 号：财务报告的一般规定（2007 年修订）
		第 17 号：外商投资股份有限公司招股说明书内容与格式特别规定
		第 19 号：财务信息的更正及相关披露
		第 20 号：创业板上市公司季度报告的内容与格式
		第 26 号：商业银行信息披露特别规定

续表

制度体系层次		内　容
部门规章及规范性文件	3.《公开发行证券的公司信息披露规范问答》	第1号：非经常性损益（2007年修订）
		第3号：弥补累计亏损的来源、程序及信息披露（2006年修订）
		第6号：支付会计师事务所报酬及其披露
		第7号：新旧会计准则过渡期间比较财务会计信息的编制和披露
	4. 其他	《前次募集资金使用情况专项报告指引》、《关于进一步提高上市公司财务信息披露质量的通知》、《上市公司信息披露管理办法》、《关于规范上市公司信息披露及相关各方行为的通知》
自律性规范		《上海证券交易所股票上市规则》（2008年修订） 《深圳证券交易所股票上市规则》（2008年修订）

我国证券市场已经建立了以《证券法》为主体，相关的行政法规、部门规章等规范性文件为补充的全方位、多层次的上市公司信息披露制度框架。该框架从原则性规范到操作性规范，从信息披露的内容、形式到手段，都作出了较为合理的规定。对上市公司监管的重心，已逐步从行政审批过渡到强制信息披露监管，对上市公司等市场运行主体的监管，也更多地表现为事后责任的追究。目前，由中国证监会、证监会派出机构、证券交易所，各司其职、协调监管的信息披露监管体系已初步建立。

1992～2006年中国上市公司业绩分析

1992～2006年，我国上市公司的业绩不断上升，综合实力发生了巨大变化（见表1-2）。

表1-2　　1992～2006年中国上市公司业绩情况统计（平均值）

年份	公司数（家）	资产总额（亿元）	净资产（亿元）	主营收入（亿元）	净利润（亿元）	净资产收益率（%）	每股净资产（元）	每股收益（元）
1992	53	9.08	3.17	4.26	0.45	14.28	2.44	0.35
1993	183	9.95	5.1	5.21	0.75	14.68	2.44	0.36
1994	291	11.37	5.59	5.77	0.74	13.15	2.39	0.31
1995	323	13.3	6.06	6.82	0.65	10.78	2.31	0.25
1996	530	11.98	5.55	6.1	0.53	9.59	2.41	0.23
1997	745	12.97	6.48	6.81	0.63	9.69	2.47	0.24
1998	851	14.58	7.36	7.37	0.55	7.45	2.48	0.19
1999	949	16.97	8.05	8.4	0.66	8.23	2.48	0.2

续表

年份	公司数（家）	资产总额（亿元）	净资产（亿元）	主营收入（亿元）	净利润（亿元）	净资产收益率（%）	每股净资产（元）	每股收益（元）
2000	1 088	19.92	9.26	9.91	0.71	7.63	2.66	0.2
2001	1 160	25.22	11.19	13.34	0.6	5.35	2.49	0.13
2002	1 224	33.93	11.96	15.52	0.68	5.65	2.49	0.14
2003	1 287	41.37	13.24	19.46	0.98	7.37	2.39	0.19
2004	1 377	46.09	13.99	24.74	1.28	9.12	2.71	0.25
2005	1 381	52.65	14.82	29.72	1.21	8.19	2.74	0.22
2006	1 434	152.36	23.3	35.41	2.37	10.18	2.25	0.23

资料来源：中国证监会网站。

从表1－2的统计情况可以看到，近年来中国上市公司业绩的变化主要有以下两个特点：

首先，上市公司的资产总额、主营收入和净利润的平均值都呈现不断上升的趋势。这一特点的产生，可以说离不开积极推动证券市场发展的宏观政策，尤其是一些资产规模较大的大中型国有企业的上市对上市公司平均资产规模的上升起到了决定性的作用。在2006年年底，上市公司的资产总额平均值甚至猛增到152.36亿元。

其次，上市公司的盈利能力先降后升。从表1－2可以看到，上市公司的盈利能力并未与资产规模同步增长，反而呈现先下降然后有所回升的状况。作为反映上市公司盈利能力强弱的重要指标，上市公司的净资产收益率先降后升的趋势十分明显。净资产收益率在1992～1994年三年保持高位，1995～2000年逐渐走低，2001年、2002年两年跌至谷底，2003年反弹至相对高位后，逐渐上升至2006年的10.18%。从每股收益看，虽然每股收益处于不断波动的过程中，但总体上在1992～2002年还是处于下滑过程中，特别是在2001年、2002年两年跌至0.13元、0.14元；和净资产收益率一样，2003年开始反弹至相对高位后，逐渐上升至2006年的0.23元。在1992～2002年期间所呈现的不断下滑的过程，反映了上市公司盈利能力增长缓慢，资产膨胀速度相对过快的矛盾。

按照上市公司信息披露的不同时点，上市公司披露的信息可划分为初次披露和持续披露。图1－3列出了我国上市公司信息披露的形式和主要内容。初次披露的信息包括招股说明书和上市公告书。持续信息披露是指公司上市后所进行的信息披露，包括临时报告和定期报告。其中，定期报告披露的内容包括年度报告和中期报告，临时公告则包括重大事件公告、公司收购公告以及其他事项的披露。

四、我国上市公司财务舞弊

上市公司的财务报告舞弊一直是证券市场的“痼疾”，危害极大。特别是在2001年，

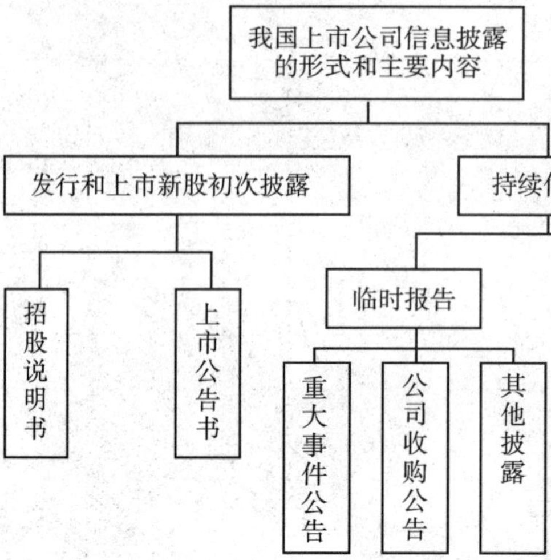

图1－3 我国上市公司信息披露的形式和主要内容

媒体多用"疯狂"二字来形容当时我国上市公司大规模提供虚假信息的行为，从某方面足以说明上市公司信息质量失真的严重性和普遍性。其中最严重的如银广夏疯狂造假案，银广夏在两年内共虚报利润7.45亿元，该案已经涉嫌证券犯罪，公司高管人员等7名涉案嫌疑犯被移交司法机关处理。又如东方电子涉嫌业绩造假使无数投资者信心备受打击，这家多年被全国各权威机构一致评为中国最优秀上市公司居然也加入造假大军的行列，股价被拦腰斩断套住了无数忠实的投资者，更甚的是加剧了投资者对上市公司的信任危机。另外还有ST郑百文、ST黎明为了保壳，极尽造假之能事；环保股份、蓝田股份等也想方设法来虚构其绩优的光环等。

目前我国上市公司财务舞弊的一个特点是现金舞弊的泛滥成灾。以前上市公司财务舞弊的惯用伎俩是通过虚增收入、虚减成本来制造虚假利润，但是中小投资者"久病成医"，病了久了，被骗多了，也逐渐学会去怎么去对付这种把戏。于是，上市公司的"狗皮膏药"被揭了下来，巨额窟窿渐渐浮出水面。正所谓最危险的地方就是最安全的地方，现金由于它的强流动性，一直被监管机构和CPA列为重点观察对象，他们以为现金只会被贪污、挪用，怎料到上市公司已经偷偷把矛头对准了现金，大肆利用现金来粉饰报表。上市公司现金舞弊手段主要有五种，包括高现金舞弊、受限现金舞弊、现金流水舞弊、募集资金使用舞弊、账外资金舞弊。上市公司只要采用其中的一种，甚或是采用其中的几种全部应用到财务报表的编制中去，可怜的投资者也只能"雾里看花、水中望月"，哪能分辨这变幻莫测的数据。

上海国家会计学院财务舞弊研究中心的数据调查报告发现，2005年度自行披露会计重大差错更正的有84家；因涉及财务问题被证监会限令整改的有38家；被证监会立案调查的有50家，其中有2家已经出具调查报告被公开处罚；被证监会公开处罚及两个交易所公开谴责的有58家。其中有一半以上甚至是绝大多数都是因为现金舞弊，也不乏屡教不改，屡查屡犯的主儿。

案例1－6

2005年三大财务舞弊上市公司

（一）偷梁换柱之科龙电器（000921. SZ）

【会计师事务所】德勤华永会计师事务所

【入选理由】“四大”在中国的审计再遭滑铁卢，德勤华永因长期为科龙提供服务而受到各方面广泛关注。

【相关处罚】顾雏军被刑事拘留。

【案例描述】顾雏军从注册成立顺德格林柯尔的那一刻开始，就已经瞄准了科龙。他先是利用从科龙电器划拨的1.87亿元资金，采取反复对倒、反复划账的方式注册顺德格林柯尔，并使其从表面上符合《公司法》的相关出资规定。打造好了顺德格林科尔这一购并平台后，科龙电器的梦魇也开始了。2002年在江西南昌，没有任何实力进行投产的格林柯尔通过信口开河的承诺诈骗国有土地，并骗取了本应由科龙电器全资子公司江西科龙获取的优惠土地使用权利益。2003年开始，顾雏军私自以广东科龙电器名义在广发银行开设秘密账户，并先后违法划转资金高达3.55亿元。2005年没有实际履约能力的深圳格林柯尔通过关联交易从科龙电器中吸取17 560.91万元的销售款，同时强买强卖，以其他公司的名义强行出售制冷剂给科龙电器，诈骗货款4 080万元。

为了掩盖罪行，防止东窗事发，顾雏军开始利用编制虚假银行收付款凭证、银行存款账簿记录、银行对账单等低劣的手段，隐瞒每笔资金的转入转出，同时伪造公司印章，虚构科龙的销售收入，并且通过少提坏账准备，少计诉讼赔偿编制虚假报表。这些行为使得近几年科龙电器的财务报告严重失实：2002年、2003年、2004年分别虚增利润1.2亿元、1.14亿元、1.49亿元；2003年的现金流量表少计“借款收到现金”30.26亿元，少计“偿还债务所支付的现金”21.36亿元，多计经营活动产生的现金流量金额8.90亿元。

【案例点评】科龙电器有太多的故事，情节中交织着“郎顾之争”、国有资产流失、民营企业家崛起、四大会计师事务所是否值得信赖等诸多话题，故事的背景是经济转轨时期的中国企业发展。从顾雏军当初颇具些技术含量的财务运作，到最终赤裸裸的数字造假，以及其自己的身陷囹圄，这条不归路看似偶然，却也有必然的成分。应该说，科龙电器事件背后企业家的理性与欲望，经济环境整合，学者、媒体、监管者、民众在其中的角色等，都值得人们去探究、去深思。从这种角度上看，科龙故事不仅属于典型中的非典型，也属于非典型中的典型。

（二）李代桃僵之G银河（000806. SZ）

【会计师事务所】华寅会计师事务所

【入选理由】资本玩家“造系”工程的又一颗棋子。

【相关处罚】财务人员被吊销执业资格，审计师被暂停执业，会计师事务所被警告。

【案例描述】仅2003年度，G银河（银河科技）就虚增销售收入2.63亿元、隐瞒银行借款2.7亿元。2004年出具重大会计差错更正后，公司账面出现了5.33亿元的巨额窟窿。为了弥补这一窟窿，便将银河集团2003年3.9亿元购入的沃顿国际大酒店95%股权以0.5亿元的价格转让给银河科技，2005年1月18日公告了该关联交易事项，公告显示，该酒店截至2004年年末资产总额4.78亿元、负债4.24亿元、净资产0.54亿元，在这4.24亿元的负债背后，是银河科技将账外的银行借款2.7亿元转给沃顿国际大酒店，银河集团作为银河科技的大股东占用上市公司巨额资金，而银河科技又隐瞒巨额债务，最后通过三方协议，银河集团以股抵债偿还占用资金。迄今为止，虚增的2.63亿元收入，尚未作任何追溯调整。

【案例点评】就上市公司财务舞弊来讲，其金额之大、手法之具欺骗性让人震惊；同时银河科技也留下诸多谜团，比如，就目前处罚对象而言，仅仅是会计师事务所、审计师与公司财务人员。那些幕后的人物在哪里，监管层又是如何考虑的？

（三）围魏救赵之*ST天一（000908.SZ）

【会计师事务所】天职孜信会计师事务所

【入选理由】审计署2004年会计师事务所检查的头号案件，造假团队庞大，造假名目荒唐，造假金额巨大。

【相关处罚】董事长、总经理分别被警告和罚款处分。

【案例描述】在2003年年报中，*ST天一采用银行借款不入账、少计短期借款从而少计财务费用，虚构委托资产管理业务从而虚构投资收益，共计1 993.54万元。各子公司也是八仙过海，各显神通：奥星分公司采用少转销售成本，虚构主营业务利润526.71万元，虚构其他业务利润395万元，虚构借款业务从而虚构资金占用费109.01万元；电器分公司虚构主营业务利润456万元；天一银河通过虚构销售业务、少计费用、虚构投资收益共虚构利润2 746.95万元，按照股权计算，使*ST天一虚增利润2 719.48万元；天一长江通过虚构借款业务使*ST天一虚增利润34.01万元；天一赛马也是通过虚构借款业务使*ST天一虚增利润120.11万元。

2004年半年报中，利用同样的手法虚构利润共计1 575.89万元，硬生生将公司"扭亏为盈"了，并且同样谎报募集资金的使用额度。除此之外，还变本加厉，开始隐瞒存货盘亏和毁损4 453.56万元、虚增无形资产1 232.45万元、虚增应收账款885.69万元。

除此之外，2003年*ST天一还隐瞒22 532万元的应付票据和32 080万元的银行承兑汇票，2004年继续隐瞒这个真相，只是金额稍有变动，都为22 700万元；另外还隐瞒重大诉讼事项，隐瞒利用募集资金和账外贷款进行巨额的股票投资，隐瞒在外的控股子公司等。

【案例点评】人们在唾弃*ST天一恶劣荒唐的同时，也惊叹于其对"聚沙成塔"、"细水长流"、"化整为零"等理念掌握之娴熟。在人们看惯了诸多造假"大手笔"之余，*ST天一这种"不以恶小而不为"的细致，更引起人们对上市公司财务数字的隐忧；当然，也提醒人们，在抓大的同时，也不能放小、忽视小额的舞弊行为。

资料来源："2005年度上市公司十大财务舞弊公司排行榜"，《第一财经日报》，2006年1月17日。

五、我国注册会计师行业及审计报告

会计信息是否客观、公正，是否真实反映公司所发生的经济行为，或者这些经济行为是否违背既定的权利、义务和责任，需要一个客观独立的中介机构——会计师事务所予以评价。审计的存在是资本市场的交换行为赖以正常进行的保证。近几年，有些注册会计师事务所由于利益驱使，协同企业造假，使注册会计师行业遭遇到了严重的信用危机。有关统计数据也显示，近年来国内会计师事务所的审计报告着实堪忧。特别是在2001年，国家审计署共抽查了16家国内会计师事务所出具的32份审计报告，检查发现有14家会计师事务所出具了23份严重失实的审计报告，造成财务会计信息虚假金额71.43亿元，涉及41名注册会计师。

2007年10月，财政部最新公布的会计信息质量检查结果显示，会计师事务所执业质量总体上有所提高，但有待进一步提高。少数会计师事务所特别是一些中小事务所内部质量控制薄弱、审计程序执行不到位、出具不实审计报告的问题仍较突出。吉林省白山华审会计师事务所内部管理混乱，使用已故注册会计师的印章并仿冒其签字出具虚假验资报告。重庆中翰会计师事务所对被审计企业违法提供两套不同会计报表的问题未予指明，为其出具了两份不同结论的审计报告。福建天联会计师事务所未实施必要的审计程序，仅依据被审计企业提供的虚假会计报表，为3户企业出具了不实审计报告。河南百信会计师事务所利用虚假出资骗取了执业资格，内部控制相当薄弱，出具审计报告过程中基本不执行审计报告逐级复核。

事实上，经过这几年的一系列改革措施，我国会计师事务所执业质量总体上有所提高，但与国际会计师事务所相比，仍有不小的差距。主要表现为：

第一，注册会计师自身素质有待进一步提高。注册会计师行业是一个知识、技术高密度行业，市场竞争打的就是知识战、人才战。我国恢复注册会计师制度只有20余年，注册会计师多数从业时间不长，经验不足，再加上近几年我国会计准则、制度改革变化很大，部分注册会计师在执业时往往不能及时、准确地把握。另外，我国目前的注册会计师队伍中很多是未经严格考试的计划经济时代的老会计人员，他们缺乏必要的现代会计知识，执业经验有一定的限制，业务水平也参差不齐。他们大多数仍只会用账表核对这一招来查账，所以审计风险非常高。一旦企业破产，审计风险就暴露无遗。

第二，组织形式存在缺陷。会计师事务所是以“人合”为本质，采用人合组织形式的合伙制既是会计师事务所的自身特点所决定，也是国际上的一般做法。但由于现行法律框架难以突破，在1998年的会计师事务所“脱钩改制”过程中，不得不在组织设计上加入“资合”的成分，所以我国会计师事务所绝大多数改制为有限责任公司，基本套用的是《公司法》。我们知道，公司制源于两权分离，事务所则是两权高度合一，这样就形成了组织形式的两难境地。采用公司制，目前又没有完全抓到公司治理结构的要点，如股权过于向少数集团集中，大股东一手遮天，侵占其他股东利益；股权过于分散，又影响决策效率，造成不稳定因素等。完全按合伙制走，不仅法规不配套，而且由于转轨时期市场风险的高度不确定性，很难为注册会计师所接受。

第三，规模经营水平有待提高。无论是从总收入、执业人数、合作所数量，国内会计师事务所与“四大”会计师事务所比较起来都存在极大差异。在经济全球化、集约化的今天，从事会计信息服务的会计师事务所规模太小，即使倾其全力也难以独立承担企业集团的大型业务，就像小舶板不能与航空母舰对接一样。而四大会计公司之一的毕马威会计公司，在美境内设有140个分支机构，在世界各地设有500多个分支机构，仅在美国境内执业人员就达2.5万人。

正是由于与国际会计师事务所存在的这些差距，以及我们第二节中提到的注册会计师制度安排上的先天缺陷，我国会计师事务所执业质量仍不高。所幸的是，面对这些差距，我国注册会计师行业已经采取了一系列努力。例如，中国注册会计师协会于2005年提出行业人才培养“三十条”，着力于培养行业领军人才和国际化人才；又于2007年在研究借鉴国际组织和境外职业组织经验的基础上，制定发布《中国注册会计师胜任能力指南》，为加强行业人才培养、选拔和继续教育，以及实施会员分级管理，提供了有力的理论基础和实践指导。另外，针对我国会计师事务所规模小、竞争能力弱等特点，中国注册会计师协会在2007年发布《关于推动会计师事务所做大做强的意见》（以下简称《意见》）和《会计师事务所内部治理指南》。《意见》指出，注册会计师行业将用5~10年的时间，发展培育100家左右具有一定规模、能够为大型企业和企业集团提供综合服务的事务所。在此基础上，发展培育10家左右能够服务于中国企业走出去战略、提供跨国经营综合服务的国际化事务所。要实现做大做强，必须以加强内部治理为基础。事务所内部治理应当以维护公众利益为宗旨，以法律法规为依据，以“人合”为基础，以增进内部和谐为重点，以合伙文化为导向，建立风险管理严格、质量控制有效、公开透明、相互制衡的事务所治理结构和治理机制，形成以章程为核心的，完善的内部决策和管理制度体系，积极树立“人合、事合、心合、志合”的事务所治理理念，推动形成诚信、合作、平等、协商的事务所合伙文化。

六、违规者受到惩罚了吗？

我国证券市场发展十余年来，会计造假大案层出不穷，从最早的“原野”、“琼民源”，到“红光”、“大庆联谊”、“郑百文”、“猴王”，无不给投资者造成了巨大的损失。可是违规造假者付出了什么？

——琼民源案。对涉案中介机构的处罚是撤销原海南会计师事务所，吊销其主要负责人的注册会计师资格证书；对中华会计师事务所处以警告，暂停其从事证券业务资格6个月，暂停签字会计师3年的证券业务资格。

——红光案。证监会界定的该公司的涉案结果是：编造虚假利润、骗取上市资格、隐瞒重大事项、挪用募集资金买卖股票等严重违法违规行为。参与造假行为的蜀都会计师事务所及其相关人员受到的处罚是：没收非法所得30万元并罚60万元；暂停该所从事证券业务3年；认定相关签字人员为证券市场永久禁入者。

从以上典型案例的处理结果可以发现，基本上没有对主要当事人进行严厉的处罚，即使案情十分严重、造假手段非常恶劣。在如此严重的造假行为发生之后，如果不合理补偿投资者的损失，何以保护投资者的合法权利；不让造假者付出惨重的代价，何以打击上市公司的违规造假？因此，我国需要建立有效的民事赔偿制度，推进投资者自主参与赔偿诉讼，来保护投资者自身的利益，促进证券市场发展。

2003年1月9日，最高人民法院颁布了《关于审理证券市场因虚假陈述引发的民事赔偿案件的若干规定》，此规定的出台是最高人民法院公布的审理证券市场虚假陈述民事赔偿案件的第一个具有系统性和可操作性的司法解释，它为相关案件的审理、和解或判决提供了法律依据。但它仍然存在着一些缺陷，诸如操作性差，缺乏相配套的诉讼程序等，这些制度上的困境，导致我国证券民事赔偿制度的运行成本极高，最终制约了我国证券民事救济制度功能的发挥。2001～2005年，中国证监会、上海证券交易所和深圳证券交易所等监管机构针对上市公司信息披露违规行为共出具了299次处罚决定，涉及211家上市公司，其中有65家上市公司因为信息披露违规问题受到监管机构的重复处罚。可见，尽管处罚的量有所增加，但处罚的威慑力非常有限，没有对违规受处罚的公司起到下不"违"例的威慑作用。相对于上市公司违规收益而言，其因信息披露违规受到的处罚，是远远不够的。

2006年年初，随着新修订的《证券法》和《公司法》正式实施，中国证券民事赔偿活动进入一个活跃期。我国已经形成证券民事赔偿制度的基本架构，包括虚假陈述民事赔偿制度，内幕交易民事赔偿制度，操纵市场民事赔偿制度、各类股东权益诉讼制度等。目前的问题是如何真正地使这些基本制度发挥作用，因为一旦证券市场内发生违规案件，涉及的可能是千千万万的主体，他们广泛分布在各地、分布于社会各个阶层，要解决纠纷可能难上加难。因此如何通过民事诉讼追究证券市场肇事者的损害赔偿责任，创建诚信的市场环境来保护广大投资者的利益已经迫在眉睫。例如，有专家提出采取集团诉讼，其最大特点是无须组织多人，律师只需以首席原告交涉。这使诉讼过程相对简单，却可以一次解决众多股东的索赔问题。

案例1－7

中国证券民事赔偿第一案落幕

被称为"中国证券民事赔偿第一案"的东方电子民事赔偿案最近尘埃落定，6 000多名投资人获得赔偿。在目前我国证券市场虚假陈述民事赔偿案件中，此案创下了原告人数最多、受案数量最多、涉及金额最大等"第一"。

截止到昨日，记者了解到，福建省可以获赔的182名东方电子股民中，将近160位的股民获得赔付的股票已到位。至于还未到账的20几位股民，福建方圆统一律师事务所律师王建徽表示，具体原因还在查找中，但根据深圳交易所数据显示，股票已经划转到个人名下，可能因为一些股民的账户有变化而导致暂时没收到。

据青岛市中级人民法院民三庭介绍，从2003年2月8日开始，截至诉讼时效到期后的2005年年底，法院共受理了涉及全国20多个省区市的6 989名投资人提出的2 716个案件，涉案标的额为4.42亿元，审理期长达4年半，此案成为名副其实的"中国证券民事赔偿第一案"。

在法院的努力下，原被告双方最终达成一致的调解意见。2006年7月，东方电子借公布股权分置改革方案之机提出了自己的调解意见，并获得股东大会通过。这次赔付确定东方电子集团以其持有的东方电子股票来赔偿原告损失，股票以每股6.39元计价，依据青岛市中院确定的股民的实际差额损失数额确定赔偿股票数量。

截至2007年12月30日，除了134名不在赔偿范围内的投资人主动撤回起诉以及30名因交易资料不齐等原因尚未达成调解协议的投资人外，其余案件全部以调解方式结案，调撤率为99%。

资料来源：《中国证券民事赔偿第一案落幕》，《东南快报》，2008年3月17日。

思考：

1. 东方电子民事赔偿案作为“中国证券民事赔偿第一案”对于中国证券市场有何积极意义？
2. 自证券市场开设起的10余年时间里，投资者合法权益受到侵害却难以获得民事赔偿的原因是什么？

第五节　互联网上的投资者关系管理与财务报告

案例1-8

“金牌董秘”闪亮登场

在美国，基金经理一个电话，上市公司CEO会立即应约。在中国，基金经理要了解企业的情况，想约见上市公司老总却未必能享受这种礼遇。这种情况会改变吗？随着资本市场日渐发育成熟，投资者关系管理的重要性日益凸显。从“金牌董秘”的闪亮登场可略见一斑。

2005年年初，内地首个董秘年会——首届《新财富》上市公司董秘年会在深圳举办，从深沪1 000多家上市公司中精选出的50名董秘当日获颁“金牌董秘”称号。另外50名董秘获“优秀董秘”称号。万科董秘肖莉当选最受机构投资者欢迎的董秘，招商地产的陈宇获最受散户投资者欢迎的董秘，紫江企业的高军获最受媒体欢迎的董秘。这50名“金牌董秘”上市公司分布在全国16个省市自治区，其中，广东省的上市公司董秘当选者最多，达15位，其次是上海，北京和山东省并列第三。从分布的行业来看，制造业作为传统产业以27家的压倒优势居首席。有H股、B股的上市公司董秘口碑好，民企上市公司董秘表现差强人意。在50名“金牌董秘”中，有11名董秘来自B股上市公司，9名来自H股上市公司，总共有23家含B股、H股及在海外上市公司董秘当选，几乎占到一半。

资料来源：“首届《新财富》金牌董秘隆重登场”，《新财富》，2005年第2期。

21世纪人类已步入互联网时代，世界正变得越来越“平”。互联网的发展为投资者关系管理及财务信息披露带来了巨大挑战与机遇。上市公司越来越多地以互联网技术为基础建构投资者关系管理新框架。通过互联网的应用，作为投资者关系管理核心内容的财务信息披露也发生了巨大变革。本节将主要介绍基于互联网技术的投资者关系管理及财务报告。

一、投资者关系管理概述

投资者关系管理（Investor Relations Management，IRM），国际投资者关系协会（IIRF）将之定义为上市公司运用财务、沟通和市场营销等手段，向现有及潜在投资者详尽展示公司经营状况和发展前景的战略管理过程。投资者关系管理于20世纪50年代初在美国最先产生，主要是由于当时美国经济逐渐从危机中复苏，普通大众投资热情日渐高涨，大量中小投资者重新回到证券市场。为了充分吸纳、争夺中小投资者持有的资本，上市公司越来越重视与中小投资者的沟通协调，将投资者关系管理作为日常管理工作的重要内容。通用电气公司主席莱弗·考迪纳（Ralp h Cordiner）于 1953 年首次正式提出了 IRM。此后，随着实务及学术研究的发展，该概念的理论内涵与外延都有很大的充实和发展。

> **原理**
>
> 投资者关系管理是上市公司运用财务、沟通和市场营销等手段，向现有及潜在投资者详尽展示公司经营状况和发展前景的战略管理过程。

近年来在我国，投资者关系管理得到了监管部门的高度关注。为推进公司治理和诚信建设，强化企业股权文化和市场股东意识，中国证监会、深交所和上交所都采取了一系列旨在加强流通股股东利益保护的政策措施，以推动上市公司投资者关系工作的有效开展。中国证监会于 2003 年 7 月发布了《关于推动上市公司加强投资者关系管理工作的通知》。这是我国第一份投资者关系管理方面的指导性文件。根据 2005 年中国证监会发布的《上市公司与投资者关系工作指引》，“投资者关系工作是指公司通过信息披露与交流，加强与投资者及潜在投资者之间的沟通，增进投资者对公司的了解和认同，提升公司治理水平，以实现公司整体利益最大化和保护投资者合法权益的重要工作”。它包括以下内容：公司的发展战略，包括公司的发展方向、发展规划、竞争战略和经营方针等；法定信息披露及其说明，包括定期报告和临时公告等；公司依法可以披露的经营管理信息，包括生产经营状况、财务状况、新产品或新技术的研究开发、经营业绩、股利分配等；公司依法可以披露的重大事项，包括公司的重大投资及其变化、资产重组、收购兼并、对外合作、对外担保、重大合同、关联交易、重大诉讼或仲裁、管理层变动以及大股东变化等信息；企业文化建设；公司的其他相关信息。利用互联网进行投资者关系管理的优点在于公平、便捷、经济、信息量大、易于存储和查寻、可以互动等。

案例 1－9

定价少分歧　中行路演今转战京穗

今日，中国银行初步询价和推介活动进入第三天。在上海、深圳等地受到机构投资者热烈欢迎之后，中国银行管理团队已经火速转战北京等地。

（一）今赴京穗推介

据知情人士透露，今天中国银行董事长肖钢为首的中行管理团队将回到北京开始为期两天的询价推介活动。“按照计划，肖钢这一小组将在北京与众多机构投资者一一面谈，而另一小组（中行行长李礼辉率领）可能会奔赴广州等地。”该人士透露。

此前从 12 日开始，中国银行管理团队已经兵分两路，董事长肖钢为首的团队前往上海，而行长李礼辉所率团队则赶往深圳。通过登门拜访、午餐交流会等形式，中国银行管理团队向数十家机构开展询价推介，其中包括南方基金、景顺长城基金、诺安基金、厦门信托等。

今日在北京，中国银行团队将登门拜访包括长盛基金、华夏基金等在内的多家机构，而湘财荷银等机构则在等待中国银行管理团队周四的访问。

根据中行的计划，三大主承销商中国银河证券、中信证券和国泰君安组织为期 4 天的初步询价和推介工作。2006年6月12日至16日期间，北京、上海、深圳、广州等地的96家机构将接收中行的初步询价。

（二）价格少有分歧　机构更重视成长性

“价格当然是一个敏感的问题，不过据我了解各家投资者对于价格几乎没有太大分歧。”中行推介对象的一位人士称。目前市场传闻价格区间可能定位于3.1元左右，该人士称，两地上市时间如此相近，无疑有利于其A股和H股价格接轨，“价格肯定相差不大，否则对两地投资者不公平。”

“关于价格我们双方不会进行过多讨论，在沟通中我们更希望了解中行日后的业绩保证。”一位基金公司人士透露。昨晚，该基金公司专门小组仍然在就与中行团队的讨论话题进行研究，其中以关于中行未来国际化发展等经营层面的问题居多。

“这次中行的定价应该是比较高的，起码相对于招商银行等内地上市银行来说不低。”一位券商人士认为，招商银行目前的动态市净率在2.2倍左右，如果发行H股之后，可能下降到1.8倍左右。“况且招商等股份制银行的成长性很强，对投资者而言价值更高。”

而近期中信证券的报告则认为，2006年不增资条件下的招商、浦发、民生的市净率分别为2.20倍、2.04倍、1.98倍。全球大银行市净率多在2~3倍，香港上市的建行、交行2006年市净率分别为2.4倍、2.42倍。因此国内上市银行明显被低估，中行上市势必将带动内地银行股上涨。

资料来源：唐昆、王文清：“定价少分歧　中行路演今转战京穗”，《上海证券报》，2006年6月14日。

讨论：

1. 中国银行发行股票前进行路演的主要目的是什么？
2. 为什么路演是投资者关系管理的重要环节之一？

二、基于互联网的投资者关系管理

互联网极大地改变了投资者和公司进行沟通的方式，成为公司实施投资者关系管理的主要渠道。公司可以通过互联网搜索收集信息，作为开展信息调研工作的基础。市场上越来越广泛地使用电子文本披露信息，通过网络披露信息，使证券信息的披露从及时走向实时、从区域化向全球化转变。通过网络进行实时沟通，分析师会议、路演或业绩说明会可采取网上互动方式，投资者可以通过网络直接提问，上市公司也可以在网上直接回答有关问题。公司可以将分析师会议、业绩说明会、路演活动、一对一沟通的影像资料和文字记录公布在公司网站上，供投资者随时点播或查阅。公司还可以在公司网站上开设论坛和建立专门的电子邮箱，通过论坛或邮箱与投资者进行交流。对于论坛及电子信箱中涉及的比较重要的或带有普遍性的问题及答复，公司可以整理后在网站的投资者专栏中以显著方式刊载。

案例 1-10

TF 公司基于互联网的投资者关系管理

TF 是一家总部位于中国北京的独立手机设计研发公司，由一群立志于发展国产手机设计的原摩托罗拉的营销人员、工程师于 2002 年 7 月在北京创建，2005 年 5 月在美国纳斯达克上市。TF 公司基于互联网的投资者关系管理工作主要包括以下几个方面：

第一，公司网站的建设。公司从 2005 年 5 月建立公司的网站（www.techfaithwireless.com），并不断进行更新。公司网页的信息可以分为两大类：一类是内部的、非实时信息，包括公司概况、公司技术和服务介绍、职业发展等；第二类是需要与外部链接的或是实时的信息，如实时的股票信息（通常滞后 20 分钟）和 SEC 备案文件（链接到 SEC 的网站）等。

第二，通过互联网进行法定的信息申报。根据 SEC 的网络信息披露制度，TF 公司所有的法定信息披露全部采用电子化申报方法，委托公司的美国律师和专业的电子数据印刷商将公司的文稿转换为 SEC 的标准格式——EDGAR，通过互联网向 SEC 进行申报。电子申报的内容包括电子招股说明书、季度业绩报告、预测性信息的披露、公司管理层的变动报告等。

第三，通过互联网进行信息发布。TF 采用新华美通作为公司对外发布新闻的代理机构。美通在美国的每一条新闻专线都能够满足美国主要证券交易所的信息披露要求，还能将信息发送到美国主要的媒体披露点。除了通过新华美通发布季度财务报告的新闻稿外，TF 公司还通过 Thomson Financial 提供的 Webcast 服务，举行网络的业绩发布会，由公司的 CEO、CFO 向公众公布季度的财务信息，并现场回答投资者的提问。事后，网络会议的录音会放在公司的网站上供投资者重复收听。

第四，通过互联网收集信息。通过互联网强大的搜索功能，针对与投资者沟通的需要，TF 公司投资者关系管理的人员定期从网络中收集与投资者相关的信息，包括投资者提出的到公司参观的请求、与公司高管会面或进行电话会议的请求等。

第五，通过互联网与投资者进行日常沟通。与投资者日常沟通的方式通常包括电话、电子邮件、接待来访的投资者。其中电子邮件是最常用、最便捷的方式，TF 公司设立了专门的 IR 邮箱，并在公司网页的显著位置、公司发布的新闻稿和 SEC 备案文件中进行披露。安排专人负责每天查阅电子邮件，并回复投资者的询问。TF 的投资者关系管理人员会对沟通的内容进行记录，同时进行总结分析，归纳投资者关心的热点问题，并在公司网站中发布热点问题及答案。

第六，利用电子邮件与外部 IR 代理进行日常沟通。IR 代理每天会向公司内部的 IR 部门提供股市走势、公司股价变动、相关媒体报道、相关的分析师报告等信息，并协助回答投资者的问题，安排公司于投资者的会面等，协助公司向目标投资者发布信息；公司内部的 IR 部门则向 IR 代理提供公司内部的最新消息，接待投资者的会议记录等。同时每年 IR 代理会到公司访问两次，与公司高管及内部的投资者关系管理人员进行面对面的沟通。

资料来源：欧阳豫苹："海外上市公司投资者关系管理的应用研究——以 TF 公司为例"，中山大学硕士学位论文。

三、互联网上的财务报告

投资者关系管理工作的核心是信息披露，而财务报告更是重中之重，财务报告中提供的信息是证券估值及公司管理绩效评价的重要依据。因此，要提高投资者关系管理的效率与效果，改进财务报告披露的方式与质量是必由之路。互联网的应用带来了财务报告的全面变革。

（一）互联网上的财务报告

> **原理**
>
> 互联网财务报告是指公司在其自身网站上发布公司财务信息或其他与投资者关系密切的信息。

在企业信息披露的实践方面，互联网所扮演的角色越来越重要。充分利用网络多媒体技术和互动交流技术的互联网财务报告，具备了改变传统财务报告性质、边界和整个财务报告框架的潜力，被认为在不远的未来会完全取代纸质财务报告，成为传播财务信息的主要渠道。简单地说，互联网财务报告是指公司在其自身网站上发布公司财务信息或其他与投资者关系密切的信息。它具有内容和形式两个方面维度。内容方面是指公司在网站披露的各种信息，包括：传统纸质财务报告的内容，如资产负债表、利润表、现金流量表、报表附注以及以前年度报告和中期报告等；公司公告信息，主要包括当年公司公告和以前年度公司公告等；公司股票价格信息；环境或社会报告；组织结构图和公司经理陈述等。形式方面是指公司采用的各种互联网技术来显示公司在网站上披露的信息，包括：公司报告的 PDF 格式；可加工形式的数据（数据的 Excel 表达）；公司报告的 XBRL 格式；多种语言表达的公司信息；公司信息的视频、音频表达等。

互联网财务报告的主要功能在于为投资者进行服务。比如，按不同的格式、不同的语言表达的财务报告；将多年的历史财务信息重新整理并加以排列；设立网上论坛供投资者相互交流，甚至对投资者的提问加以耐心解答等。公司在网站上通过对这些“二手信息”的归纳或者进一步加工，或者通过各种信息技术（如图像、视频等）以一种令人愉悦的方式重新呈现以前已发布的信息，可以大大降低外部投资者搜寻信息的成本以及降低信息使用时的成本，从而有助于与投资者保持良好的关系，这对于树立公司良好的形象，吸引和留住投资者有一定的帮助。此外，在公司实施融资或再融资时，公司网站上良好的信息披露模式也会导致潜在购买者的增加，从而促进了股票或其他证券的销售。当然，公司在其自身网站上发布信息也需要耗费成本，比如数据的维护和更新、心怀不满的雇员以匿名的方式对公司评论所带来的公司形象受损以及由于信息被恶意篡改等原因而引起的潜在法律风险等。因此，公司会对网上信息披露管理进行设计或选择，以最大化其净效益。

网络财务报告的爆炸性增长反映了通过互联网发布财务信息具有许多优点。无论是对报告公司还是信息用户，互联网作为公司信息披露和交流的平台都是低成本、高收益的。相对于纸质报告而言，互联网财务报告的发布与传递的快捷、低成本无疑是其主要的收益。而互联网技术在财务报告上的具体运用，如报表项目和附注之间的超链接技术、报告内部的搜索技术等，也降低了信息用户的接触和处理财务信息的成本。

互联网财务报告的应用也带来了一系列问题，比如，互联网财务报告可能导致信息超载，网络存在安全问题以及信息操纵等。但技术进步所引起的问题应通过技术的进一步发展来解决。比如，信息超载可以通过良好的网络导航图和精准的检索以及搜索工具来解决，网络的安全问题也可以随着网络认证技术的发展而得到缓解。

（二）网络时代的财务报告语言——XBRL

> **原理**
>
> 可扩展商业报告语言（XBRL）是一个简化财务信息交换的框架，通过给财务信息处理提供一个公用平台，使企业数据很容易地转换成需求者所要的信息。

互联网上的财务报告模式，势必要依赖于网络技术来构建，并且向着实时化、标准化发展。在这方面做得比较成功的一个技术范例，就是基于可扩展商业报告语言（eXtensible Business Reporting Language，XBRL）。XBRL 是一个简化财务信息交换的框架，通过给财务信息处理提供一个公用平台使企业数据很容易地转换成需求者所要的信息，它使财务数据更容易被利用、交换、分析、进一步处理（Neal Hannon，2005）。根据 XBRL 国际组织的定义，XBRL 是因特网企业财务报告编制、发布（可以采用各种格式）、数据交换和财务报表及所含信息分析的一种标准方法。

XBRL 在财务报告中的应用，主要就是从数据库中提取相关的数据到最后生成 XBRL 财务报告，这个过程实际上可分为三个步骤：第一步，从数据库中读取数据，并将数据映射成为 XML 文件格式；第二步，通过解析 XML 文件分解为一系列的事件流，同时根据 XBRL 分类标准和技术规范生成 XBRL 实例文档；第三步，将 XBRL 实例文档转转换成网页形式。

从技术上来说，XBRL 主要具有以下特点：

第一，跨平台使用，充分数据共享。XBRL 信息可以在不同的操作系统、数据库和应用软件之间进行传输和交换，是真正意义上的互联网财务报告通用语言。在不同的操作系统下，如 Windows、Unix 和 Linux 等，XBRL 文件不需要修改就可以直接使用。在不同的应用软件中，即使所用的数据库不同，只要转换成 XBRL 格式，也可以实现数据的交换。不管采用什么样的特殊字符，也不管财务会计应用什么操作系统，因为 XBRL 已经对文件的类型和逻辑信息进行了充分的区分，使搜索文件时能够精确匹配，实现数据的跨平台、数据库的资源共享。

第二，自定义。XBRL 能够针对不同的对象，不同需求产生输出结果。它通过对不同会计系统的整合，对不同信息源的共享，可以分别按照债权人、股东和其他利益相关者的要求，提供打印的输出资料、符合不同会计准则要求的财务数据、提供银行方面的详细资料及企业纳税情况等。

第三，真正的超链接。XBRL 可以帮助我们在浩瀚的信息海洋里，准确地寻到自己所需要的信息。它把同一个文件的类型、格式、标题和内容分别定义，而且语法要求严格。在浏览文件时，实现超级、高效链接，为用户查询信息带来了极大的方便。使用 XBRL，搜索快速、准确，其效率远远高于目前互联网上的 PDF、WORD 和 HTML 等文件格式。XBRL 还可以在不同的信息之间建立链接，自上而下地考察数据源，进行数据跟踪。如在阅读资产负债表时，若想了解应收账款的详细情况，可以进一步通过标签追踪应收账款总账、明细账，直至凭证。

第四，信息的及时性和效率性。当输入新的数据时，由于时间这个信息标签的作用，使不同时期的信息得到及时、有效的区分。从而，使得数据更新变得更加及时、方便。例如，如果财务报告中的部分项目发生变动，需要及时地对相应项目更新就可以了。另外，XBRL格式的财务信息只需输入一次，就可以按照不同要求输出数据，真正实现“数出一处，资料共享”，大大提高了工作效率。

据《财务战略》杂志报道。华科公司运用 XBRL 后，财务系统信息传统做到了完全自动化。避免了原先用手工输入会出现的错误。由于使用了 XBRL 全球分类账目技术，华科公司的财务数据标准化了，并且提高了决策数据的准确性。图 1－4、图 1－5 是华科公司使用 XBRL 前后的财务报告流程图，从两图的对比中可知，使用 XBRL 后报告流程大大地简化了。

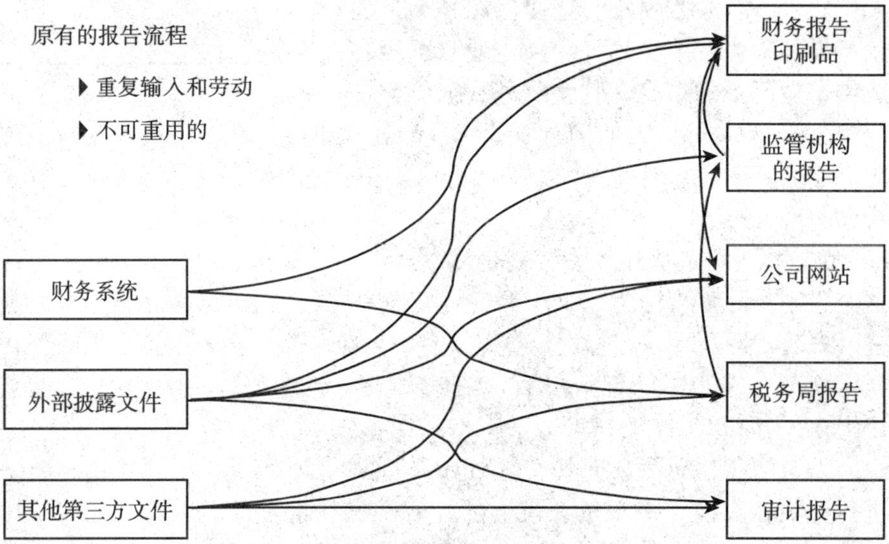

图 1－4　华科公司未使用 XBRL 的报告过程

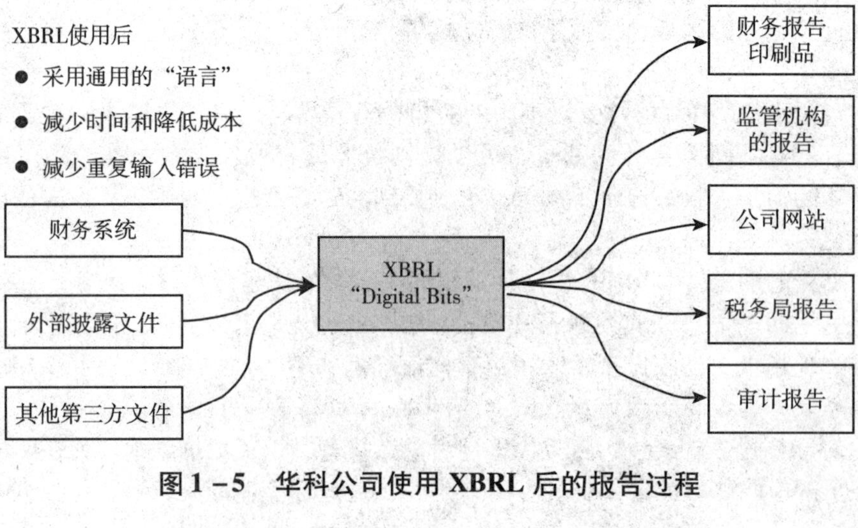

图 1－5　华科公司使用 XBRL 后的报告过程

（三）XBRL 在我国的应用现状

目前 XBRL 在全球已有了很大的发展，我国也开始重视和推广 XBRL 技术和标准。2002 年 5 月，中国证监会开始制定《上市公司信息披露电子化规范》，该标准采用 XBRL，提出建立一套上市公司分类信息披露的电子化解决架构。上海证交所是国内第一家实现 XBRL 应用的证券交易所，它成功地将 XBRL 应用于上市公司 2003 年年报摘要，以及 2004 年季报、中报摘要、年报摘要和年报全文披露。2005 年 3 月，深交所发布“XBRL 应用示范”。2005 年 5 月，上证所正式成为 XBRL 国际组织会员。2005 年 6 月，中国证监会颁布实施《上市公司信息披露电子化规范》和《证券交易数据交换协议》等 8 项证券期货行业标准。经证券业标准化委员会批准，我国已成立“XBRL 及证券市场公司披露信息数据交换规范工作组”。2005 年 9 月 26 日，XBRL 国际组织正式认证通过上证所开发的中国上市公司信息披露分类，它是经 XBRL 国际组织认证的第一个中国分类标准。图 1－6 是上海证券交易所上市公司 XBRL 模块示例。

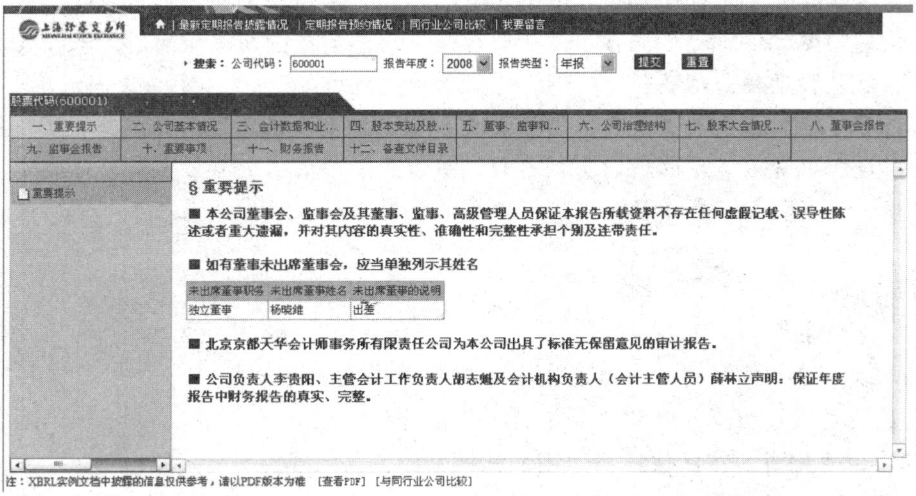

图 1－6 上海证券交易所上市公司“邯郸钢铁”（代码 600001）XBRL 模块

但是在发展 XBRL 的过程中，我国仍然存在以下一些亟须解决的问题，如国内缺乏 XBRL 的专家和众多地区组织，与 XBRL 国际组织交流很少；我国对 XBRL 的研究大多在理论层面，应用 XBRL 标准构建完成的系统还很少；目前国内的会计师事务所采用的财务软件不全部支持 XBRL 标准；财务安全性不高等。面对这些问题，我们可以采取以下对策：首先，制定符合中国会计准则的财务报告分类标准框架。目前在我国推广 XBRL 最困难的工作之一就是定义分类标准，所以，集中政府、企业、学校、会计师事务所、研究机构、软件公司等单位的力量，制定出各行业的分类体系是一项紧迫的任务。其次，成立 XBRL 发展推广组织，鼓励证券监管机构、金融机构、政府部分、上市公司、大型企业集团、有证券资格的会计师事务所等应用 XBRL，强化有关人员的 XBRL 知识培训。再次，促进 XBRL 的学术交流和研究，为 XBRL 在我国的推广提供政策理论、技术和应用支持。最后，保证数据安全与身份认证。网络是个“乱世江湖”，美国政府的一份报告显示，利用病毒进行“职业”攻击，永久性破坏竞争对手信息系统的“数量”每年可达 25 万起。所以，要充分考虑该标准系统的安全问题，实现上市公司身份认证，保证企业发送数据的不可篡改性。

本章小结

本章主要介绍股票市场的各方参与者、财务信息在股票市场中的作用、信息披露规范与监管以及基于互联网技术的投资者关系管理和财务报告模式。

在信息完全对称的情况下，投资者可以对公司的质量作出甄别，进而合理判断公司价值进行投资。但公司总是希望保留私有信息，因为这些私有信息可以为他们带来好处。信息优势可能导致逆向选择和道德风险。财务报告将内部信息转换为外部信息，从而控制逆向选择问题。基于财务业绩的激励可控制道德风险。股票市场如果要有效运行，必须存在公允的财务信息中介和信息披露监管。

在对财务信息没有规范或财务信息失灵的年代，投资者付出了许多代价。美国一直走在信息披露监管的前列，为保护投资者的利益作出了不懈努力。自股票市场在20世纪90年代开市以来，我国曾经出现过一些令人失望的案例。正是在违规和防范的过程中，我国监管部门对信息披露的监管逐步趋于完善。注册会计师市场和财务分析师市场有了长足发展。公司的信息披露规范程度越来越高。

随着证券市场的逐渐发育成熟，投资者关系管理的重要性急速提升。互联网技术已经成为上市公司进行投资者关系管理的基础平台。基于互联网的XBRL技术极大地改变了传统的财务报告模式，有利于证券市场资本配置效率的提高。

复习思考题

1. 简述关于资本市场中会计信息主要作用的三种理论观点。
2. 美国会计信息披露规范化大致经历了哪些过程？
3. 我国上市公司的信息披露规范体系包括哪些主要内容？
4. 我国目前资本市场信息披露现状如何？
5. 可扩展商业报告语言（XBRL）有哪些主要特点？

第二章　财务报告基础（上）

本章目标

通过本章学习，你应该能够：

1. 了解财务报告模式和财务会计概念框架。
2. 掌握目前的财务报告模式及其特点。
3. 了解未来财务报告和概念框架的发展方向。
4. 运用概念框架来解释和评价会计准则和会计实务。

会计是什么?

某大学的MPAcc专业复试（面试）题中的一个考题是："对没有一点会计知识的人，你怎么解释什么是会计？对学会计专业的人，你如何概括会计是什么？要求从财务会计的角度来问答"。考生的回答五花八门，比如会计是一种管理活动、会计是一个信息系统、会计是一门社会科学等。

你认为会计是什么？

第一节　财务报告模式

一、财务会计结构模式

我们通常所说的会计通常是指财务会计，尽管从内容上来看，会计可分为财务会计与管理会计，但由于管理会计主要是组织内部管理提供信息，是一种内部会计，其工作内容难于统一、规范，所以世界各地的会计规范均为财务会计规范（以下若无特别说明，我们所述的会计均为财务会计）。那么什么是会计呢？简单来说，会计（英文叫"Accounting"）就是核算，即记账、算账、报账。从字义来看，"零星之算为会，总合之算为计"。所以，会计即核算，核算即会计。用学术性的语言来表述，会计工作，更准确地说，核算工作就是确认、计量、记录与报告。

现代财务会计是从传统会计模式基础上发展起来的。所谓传统会计，是指现代企业会计发展成为财务会计和管理会计之前的企业会计，在时间上处于20世纪30年代末公认会计原则（Generally Accepted Accounting Principal，GAAP）产生之前。传统会计长期形成并行之有效的概念、惯例和会计处理过程，大部分都由现代财务会计继承下来。例如，在会计确认上，以应计制（权责发生制）为基础，收入的确认必须实现；在会计计量上，主要遵守历史成本原则；在会计记录上，运用复式借贷记账法；在会计报告上，将资产负债表和利润表作为最基本的报表等。厦门大学常勋教授将财务会计的特征概括为“三足鼎立”，即在GAAP约束下，在确认上采用应计制、在计量上采用历史成本、在记录上运用复式记账法。

GAAP的由来和层级

1938年美国SEC决定由职业界挂帅制定会计原则，ASR No.4指出，本委员会只接受具有实质性支持的会计原则，或本委员会的规则、规范或其他官方公告编制的会计报表。1973年12月20日，SEC在ASR 150（会计系列文告）明确指出：由FASB通过它的公告与解释颁布的原则、准则，本委员会认为具有重大权威支持。反之，则认为它们缺乏这种支持。美国的民间会计准则组织发布的会计准则情况如下：会计程序委员会（CAP）在1938～1959年间，共发布51份会计研究公报（ARB's）；会计原则委员会（APB）在1939～1973年间，共发布了38份APB的意见书（APB Opinion's）；财务会计准则委员会（FASB）从1973年至今，共发布了168份Statements和48份Interpretations（所有已发布的GAAP全文可从www.fasb.org/st下载）。

在过去的50年来，美国不同的准则制定机构共制定了2 000多个会计准则。但到底什么叫GAAP？长期以来并无权威的、十分明确的表述。

1992年，AICPA发布了第69号审计准则公告，“在独立审计报告中公允地遵循GAAP的现行含义”（The Meaning of Present Fairly in Conformity with GAAP in the Independent Auditing Report），第一次把GAAP分为由五个不同层次构成的框架：

第一层次：财务会计准则委员会的准则公告和解释；会计原则委员会的意见书；会计程序委员会的会计研究公报。

第二层次：财务会计准则委员会的业务公报（FASB Technical Bulletins）；美国注册会计师协会的行业审计与会计指南；美国注册会计师协会的立场公告（AICPA Statement of Position）。

第三层次：财务会计准则委员会紧急问题工作组的一致意见；美国注册会计师协会的实务公报（AICPA Practice Bulletins）。

第四层次：美国注册会计师协会石油和天然气的会计解释以及被广泛认可和相关的行业实务。

第五层次：其他会计文献：财务会计准则委员会的概念公告；会计原则委员会报告；美国注册会计师协会专题论文；国际会计准则；政府会计委员会准则公告、解释和其他职业团体发布的业务公报。

其中，第一至第四层次为权威文献，第五层次为其他文献。

2003 年 7 月 25 日，美国 SEC 完成并公布一份研究报告“对美国财务报告采用以原则为基础的会计体系的研究”对 GAAP 的级次进行了重新定义。该报告认为，在美国的财务报告中实施更为目标导向体系过程需要对美国公认会计原则的级次进行重新排列：

权威文献

财务会计准则委员会的概念框架（CF）；财务会计准则委员会的准则（包括公告、解释、APB 的意见书和 CAP 的会计研究公报）；紧急问题工作组的一致意见和 FASB 工作人员的立场公告。

非权威文献

可以包括行业团体的立场和熟悉情况的职业组织或主体的立场。

2009 年 6 月 29 日，为了配合 FASB 的会计准则汇编系统的发布，FASB 在发布了 FAS 168“FASB 会计准则汇编和公认会计准则的层级”（The FASB Accounting Standards Codification and the Hierarchy of Generally Accepted Accounting Principles），将 GAAP 划分两个层次：权威性的 GAAP 和非权威性的 GAAP（非权威性会计指南和文献）。

权威的 GAAP

FASB 的 FAS、会计准则解释（FIN）、技术公告（FTB）、工作人员立场公告（FSP）、工作人员立场解答（Q&A）和紧急问题工作小组（EITF）的一致意见和第 138 号准则示例；会计研究公报（ARB）和会计原则委员会的意见书（APB Opinion's）；AICPA 的立场公告（SOP）、审计和会计指南（AAG）、实务公告（PB）和技术咨询服务（TIS）；在联邦证券法下 SEC 发布的规章和解释，包括财务信息披露规则（Regulation S－X），财务报告文件（FRR）、会计公告文件（ASR）、解释文件（IR）和工作人员指南（部分）。

所有包含在汇编中的准则内容具有同等的效力。

非权威的 GAAP

主要包括在社会上或行业中被广泛承认或流行的实务、FASB 的概念框架（CF）、AICPA 发布的文件（Papers）和技术性的实务帮助（Technical Practice Aids）、IASB 的国际财务报告准则和会计教科书、手册和论文等。

目前 FASB 已完成会计准则的汇编工作，成果见会计准则汇编（Accounting Standards Codification，http：//asc. fasb. org/）。汇编将美国会计准则进行了总纂，并重新进行编号。其电子版本类似一个数据库，检索非常方便。由于简化和条理化了以前繁多的准则，汇编在逻辑上更为严谨，更有利于实务操作。现在一般认为，会计准则汇编即为美国权威的 GAAP。

现代财务会计在继承传统会计精华的基础上又有了很大的发展，这主要体现在：

第一，GAAP 的产生与发展。20 世纪初，美国企业的会计处理随意，企业的会计程序方法以及报表的内容主要取决于企业管理当局的意愿和审计师的意见。由于股份公司的所有权与经营权分离，股东对管理当局的“经管责任”（Accountability or Stewardship）的关注加强，出于对自身利益的关注，他们必然要求企业财务报表具有可靠性。其次，随着企业资本结构和筹资方式的改变，客观上要求企业会计不断提高财务报表的真实性和可靠性。此外，自19世纪末美国新大陆的开发，大量欧洲资本涌入美国，伴随而来的主要来自于苏格兰和英国等的欧洲执业会计师，他们具有不同的查账程序和标准。因此，为了改进会计实务，提高财务报表的质量，会计处理的规范化和统一化逐渐显得越来越重要。GAAP的产生和发展，反映了美国工商界和政府有关机构对会计实务统一化的要求，从而使企业会计在传统会计的基础上形成了一个受GAAP所支配的、以提供企业外部利益相关者所需要的通用财务会计报告为主要目标的会计系统（即现代企业会计中的“财务会计”）。

第二，公允价值的采用。历史地看，按照国际惯例，第二次世界大战以前，历史成本是财务会计主要的，甚至是唯一的计量属性，正因为如此，财务会计被称为历史成本会计；第二次世界大战之后至20世纪90年代，随着证券市场的发展，为投资者提供相关的信息成为财务报告的目标之一，这时历史成本、现行成本、现行价格、可实现净值、公允价值在会计中同时并用；此后至今，由于金融创新，衍生金融工具的发展，公允价值计量得到广泛的运用，目前的会计历史成本和公允价值成为主要的计量属性。国际上有不少人似乎更倾向于推广公允价值。一般认为，公允价值计量有助于提高会计信息的相关性，为信息使用者提供更相关的信息，从而有助于更好地保护投资者的利益。但是公允价值的广泛运用也带来信息不可靠等问题。

第三，CF（概念框架）的发展。财务会计概念框架的产生和发展，使得财务会计准则和财务会计实务，有了概念基础、有了依据，从而能有效地减少准则之间的概念冲突，有助于会计在逻辑和理论上更为一致、更为科学。在20世纪70年代以前，会计基本上没有像经济学一样的理论，直到美国从1978年11月开始发布了一系列的财务会计概念框架，会计学才有其理论，它是目标和相互关联的基本概念组成的前后一贯、逻辑严密的理论体系，即CF，目的主要是评估现有的GAAP和发展新的GAAP。

第四，现金流量表的重视。早期，在信用不发达时，会计的记录是以收付实现制（Cash Basis，即现金制）为基础的。随着商业信用的发达，交易发生期与现金收付期往往不一致。在会计上出现了“应收”、“应付”、“预收”、“递延”、“摊销”等程序，于是产生了权责发生制（Accrual Basis，即应计制）。按实现原则确认收入和费用，计算利润已成为一项国际通行的会计惯例。应计制已成为现代财务会计用来反映企业财务状况（资产负债表）和经营成果（利润表）的依据，正是从这个意义上说，财务会计是应计制会计。

但是，随着证券市场的发展和市场竞争的加剧，信息使用者（如管理者和投资者等）也同样关心一个企业的融资能力和偿债能力。世界上有些大公司就是因为没有足够的现金偿还已到期的债务而倒闭（尽管他们可能有不少利润），而现金流量表能使投资者预先意识到这种危机，从而有助于其决策。但是直到1971年，美国都才提出了反映财务状况年度差异的报表要求。1987年，美国FASB发布第95号公告，要求编制现金流量表。

目前以现金收付制为基础的现金流量表逐渐成为财务报告体系中最为重要的报表之一，使得现金制也成为财务会计的确认基础。美国证券交易委员会前主席哈诺德·威廉在《福布斯》强调了现金流量表的重要性时说：“若让我在收益信息和现金信息中选择的话，今天，我将选择现金流量信息”。当然，现金流量信息和收益信息都有用。正如 Loyd Heath 教授所说：“问现金流量还是应计收益哪个更好一些，就好像问你左脚的鞋与右脚的鞋哪个更有用？”

第五，第四报表（全面收益表或所有者权益表）的产生。传统的利润表仅是对某一会计期间主体已经实现的经营成果进行报告。最近十几年来，由于企业经济活动的复杂化，衍生金融工具的发展以及信息使用者需求的不断提高，许多人对传统的业绩报告模式提出了强烈的批评，认为以利润表为代表的业绩报告的相关性正在下降。于是，为了满足信息使用者对全面业绩信息的需要，计量比利润表中列示的利润指标更为广泛的业绩指标，列示那些以前不在利润表述的利得和损失，国际会计界，如英国 ASB（会计准则委员会）、美国 FASB 和 IASB（国际会计准则委员会）都致力于研究企业业绩报告的改进，制定了相应的准则要求报告更为全面的财务业绩信息，并形成了继资产负债表、利润表和现金流量表之后的“第四财务报表”。1992 年 10 月，英国 ASB 发布了第 3 号财务报告准则（FRS 3）“报告财务业绩”，率先要求企业将“全面已确认利得与损失表”作为对外编报的主要财务报表，和利润表一起共同表述报告主体的全部财务业绩。1997 年 6 月，美国 FASB 发布了第 130 公告“全面收益表”，同年 8 月，国际会计准则委员会发布了修订后的 IAS1（财务报表的呈报）要求编制第四财务报表。

2006 年，我国发布企业会计准则第 30 号，要求编制所有者权益变动表。所有者权益变动表反映构成所有者权益和各组成部分当期的增减变动情况，全面反映一定时期所有者权益的变动，不仅包括所有者权益总量的增减变动，还包括所有者权益增减变动的重要结构性信息，特别是要反映直接计入所有者权益的利得和损失，使报表的使用者能准确地理解所有者权益增减变动的根源。所有者权益表能体现企业综合收益的构成（综合收益 = 净利润 + 直接计入所有者权益的利得和损失，其中：净利润 = 收入 - 费用 + 直接计入当期损益的利得和损失）。

利润表与全面收益表（所有者权益表）相比，前者反映了企业的经营业绩，而后者反映的是企业综合业绩；前者的收益确定采用的是传统的收入费用观，而后者所持的是资产负债观。全面收益表更多地采用公允价值计量属性，在收益确认上突出了传统的实现原则，要求报告已确认未实现的利得。

综上所述，我们可以将现代财务会计模式用图 2 - 1 来概括。

我国企业会计准则体系强调会计要素和主要经济业务事项的确认、计量和报告，同时兼顾会计记录的要求。这也就是说，我国的企业会计准则体系规范的是经济业务的确认、计量、记录和报告。我国企业会计模式的主要特点：一是由官方（财政部会计司）制定企业会计准则，也说是中国企业会计准则属于法规体系的组成部分；二是在会计计量上适度、谨慎和有条件地引入公允价值；三是对会计记录进行规范，规定了 156 个会计科目及其主要账务处理；四是与国际会计准则实现了趋同。

二、财务会计模式演变

（一）历史成本模式

历史成本被认为是财务会计最重要的计量属性之一，它也是财务会计可靠性的重要基

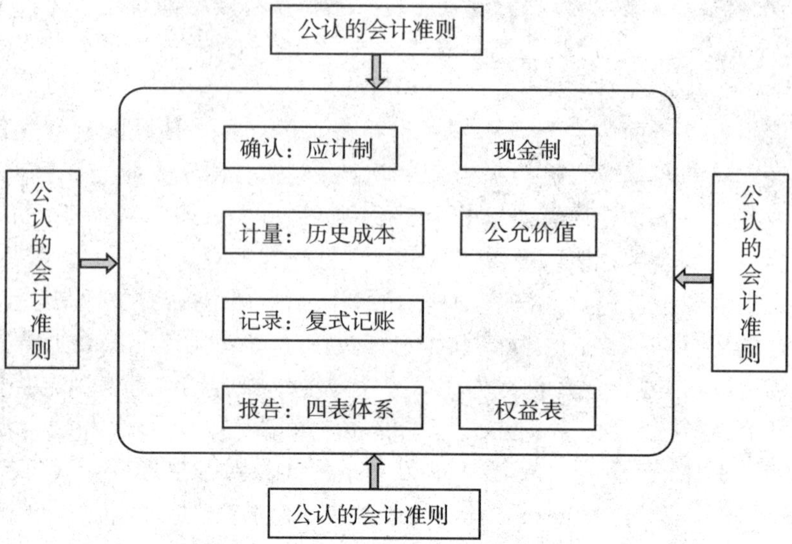

图 2－1　现代财务会计模式

础。历史成本会计的主要优点是客观、可靠和可证实性，但其也有致命的弱点，即决策相关性差。美国前 SEC 主席 Breeden 甚至声称，历史成本模型在我们这个多变的世界里不再具有相关性。Wallman（1996）认为，历史成本财务报告的相关性正逐年下降，传统的历史成本财务报告的一个致命缺陷是它不能全面反映能为企业创造财富的所有资产，如商标、R&D、专利和人力资源等无形资产为企业创造了巨大的财富，在企业中的地位越来越重要，但它们在传统的财务报表中得不到反映，因此，历史成本信息的价值相关性正日益下降。但美国会计学家 Littleton 是历史成本会计的忠实捍卫者，他强烈反对重置成本等一切偏离历史成本会计的计量模式。他指出，“如果客观性被削弱了，那么，这是否意味着有关管理当局可以随心所欲地改变财务报表的数字？”（Littleton，1953）①。联想到证券市场的会计数字游戏和 Watts（2007）等强烈反对公允价值的理由，Littleton 的责难，今天仍值得我们深思。

历史成本会计模式

以历史成本作为计量基础，以名义货币（即面值货币）作为计量单位的会计（计量）模式。这种模式是财务会计传统的、迄今仍在全世界各企业通行的会计（计量）模式。在硬通货（如金本位制）的条件下币值基本稳定，这种会计模式是唯一的会计（计量）模式。但在高通货膨胀条件下，这种会计模式所报告的数字是严重偏离“事实”的无用数字，于是通货膨胀会计应运而生。但在会计实务上，通货膨胀会计只是作为补充资料或表外附注信息，日常的会计记录及调整前的会计报表仍然是历史成本会计模式。

---

① 转引自葛家澍、刘峰：《会计理论》，中国财政经济出版社 2003 年版，第 166 页。

严格的历史成本会计，或者说是“纯”的历史成本会计，要求企业的资产、负债等按原始成本（历史成本）入账，会计数据一经确认就不再进行任何调整。现实会计实务中，很少出现这种纯的、极端的会计模式。如果说有，我国1993年会计改革前的会计有点类似于这种会计模式，例如，应收账款采用直接冲销法，应收账款一经入账就不能变动，不提坏账准备，除非已确认坏账损失（账款不能收回），否则在资产负债表中不能冲减应收账款。尽管目前的会计实务不是纯的历史成本会计，但公认的会计准则仍然要求企业大多数的资产、负债按历史成本入账。

历史成本会计所持的观点是利润表法，即收入/费用观，Scott（2006）认为也可称为“信息观”。在这种方法下，未实现的价值增值不能记入资产负债表，同时净收益的确认也滞后于真实业绩。也就是说，价值的增加要通过实现来加以证明，才能记为销售或现金流量的增加，收益的确定是通过收入与费用的配比来决定的。由于收入/费用观着眼于人们主要对“管理业绩”（也称财务业绩）感兴趣。因此，核心要素就是盈余，而收益表则是最重要的报表。这一观念是配比原则的理论基础，它引起资产负债表上出现不是资产、负债的借贷项余额。从美国会计原则委员会第4号公告的资产和负债定义中可以看到人们接受这一观念的证据。如“资产——包括某些不是资源的递延借项，这些借项的确认与计量符合公认会计原则”；“负债——包括某些不是债务的递延贷项，这些贷项的确认与计量符合公认的会计原则”。与这一观念相符合的具体会计实务包括后进先出法，所得税会计处理的递延法、系统摊配的折旧法等①。历史成本会计采用在一个长期持续的期间内均衡地计量收入与费用的方法来“平滑”本年现金流量（代表长期盈利能力）。为了“平滑”当期的现金流量，会计不得不采用“应计”来配比成本与收入，计算收益。

历史成本会计模式与现值会计模式不同。两者之间的重要差异之一是对资产价值变化确认的时间不同。现值会计所持的是资产负债表观点，也可称为“计量观”（Scott，2006）。在这种方法下，当资产和负债价值发生变化时，就可通过未来现金流量（价值的本质）和资本化将其在资产负债表中加以确认。这时，收益就是当期现值的净变化。

（二）公允价值模式

公允价值的概念有不同的理解：如公允价值是一种计量属性；也有人认为，公允价值不是一种具体的计量属性，而是计量属性的组合，因为它并没有超出通常已有的计量属性（历史成本、重置成本、可变现净值、现值、现行市场等）之外。例如，按国际财务报告准则（IFRS）中公允价值应用的三个层级，以活跃市场中的报价作为公允价值（第一级次），采用的计量属性就是现行市价；不存在活跃市场，参考熟悉情况并自愿交易的各方最近进行的市场交易中使用的价格或者参照实质上相同或相似的其他资产或负债等的市场价格确定公允价值（第二级次），其计量属性可能包括历史成本、现行市场、重置成本等；不存在活跃市场，且不满足第一、第二级次两个条件，应当采用估值技术等确定公允价值（第三级次），其中现值就是一种估值技术。但我国的企业会计基本准则将公允价值归类为一种计量属性。

公允价值的定义也一直在变化和发展之中（详细的讨论见第三章第三节）。我国会计准

① 泽弗等主编，夏冬林等译：《现代财务会计理论——问题与论争》，经济科学出版社2000年版，第105~106页。

则将公允价值定义为"在公平交易中，熟悉情况的交易双方自愿进行资产交换或者债务清偿的金额。"在公允价值计量下，资产和负债按照在公平交易中熟悉情况的双方自愿进行资产交换或者债务清偿的金额计量。在我国公允价值主要应用于交易性金额资产、可供出售金额资产的计量等。

目前，在世界上公允价值计量在财务会计中得到广泛的运用，但即使是在美国，公允价值计量也并不适合所有的经济业务，远远低于历史成本计量。在我国，企业会计准则明确指出，公允价值的运用要适度和谨慎。

在一种完全的公允价值会计模式下，强调的是决策有用性，会计质量的第一标准应该是相关性。这种会计模式类似于现值会计模式，所持的观念是资产/负债观，偏向资产计价，主张通过资产计价来确定收益，赞同取消谨慎性原则和配比原则。若能解决可靠性问题，这种会计模式无疑是一种理想的会计模式，但在目前条件下，我们认为该模式有较大的相关性，但可靠性程度较低（这里我们指的是完全的公允价值模式，即所有经济业务都用公允价值计量的会计模式）。

资产/负债观关注的重点是一个主体拥有什么和欠其他主体什么，并且只有在对期间内的业主投入和分配进行了调整之后，该期间期末的净资产减期初净资产的差额才是收益。因此，资产负债表只应包括真正的资产与负债，以及业主权益，收益表应包括除业主资本性交易之外的所有资产与负债的变动。

（三）混合模式

现行的财务会计计量模式是混合计量模式，即以历史成本为主，以其他计量属性为辅的计量模式，如现行的会计，大多数项目以历史成本来计量，但应收账款采用可实现净值来计量，某些长期负债按现值等。FASB（1985）的 SFAC5 指出，在现行的实务中用于资产和负债的，有 5 种不同的计量属性，即原始成本（历史成本）、现行成本、现行市场、可实现净值和未来现金流量的现值。IASC（1989）的 CF 则列举了 4 种计量属性，即历史成本、现行成本、可变现净值和现值。这些计量属性在信息质量特征方面与可靠性及相关性的关系，可用表 2－1 来表示。

表 2－1　　计量属性在信息质量特征方面与可靠性及相关性的关系

计量属性	时态	类型	交易	可靠性	相关性	可操作性
历史成本	过去	购买	实际	强	弱	强
现行成本	现在	购买	假设	↑	↓	↑
现行市价	现在	出售	假设			
可变现净值	未来	购买	假设			
未来现金流量的现值	未来	使用	假设	弱	强	弱

资料来源：裘宗舜：《财务会计概念研究》，立信会计出版社 2003 年版，第 173 页。

在我国基本会计准则中，将公允价值也列为一种计量属性。财政部会计司在解释基本准则时指出："从会计角度，计量属性是会计要素金额的确定基础，主要包括历史成本、重置成本、可变现净值、现值和公允价值"①。

在会计界，为了提高财务报告的相关性做过许多努力，如在历史成本会计模式下，采用充分披露的办法披露有关现值信息；引入公允价值等（见图2－2）。同样，为了增强会计信息的可靠性，也采取了多种尝试，如制定公允价值计量准则及指南、确定公允价值运用的级次等。那么，在混合计量模式下，到底是应该采用历史成本多一些，还是公允价值多一些？这取决于相关性和可靠性的权衡，而后者又受所在国的经济、政治、法律、文化、技术等环境的影响。正因为如此，各国的会计准则并不完全趋同。

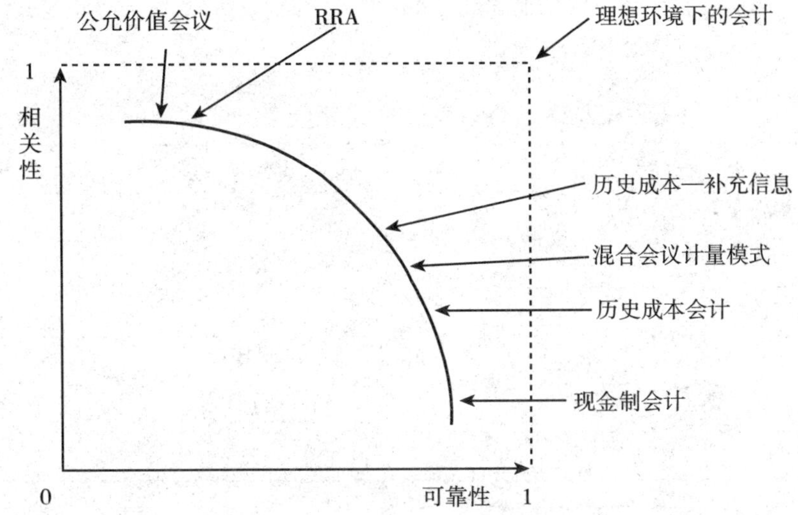

图2－2　财务会计模式选择

Scott认为，在理想环境下（完全充分的市场）②，用现值计价的信息完全相关和可靠，即达到帕累托最优。这时，利润表已没有价值，因为通过资产乘上期望的报酬率，或通过期末净资产减去期初净资产，均可得到利润数。但由于现实世界，不可能是完全充分的市场，不确定性因素多，不可能获得既定的报酬率。因此，理想的会计模式是不存在的。

> **原理**
>
> 储备确认会计FASB要求石油和天然气公司对其已证实的石油和天然气储备所产生的未来现金流量的现值作出估计和披露，以向投资者提供比历史成本为基础的财务报表更相关的信息。标准计量是建立在大量假设基础之上。

1. 储备确认会计。由于石油和天然气公司的历史成本信息价值相关性极低，所以，1982年，FASB发布了SFAS 69"石油和天然气生产活动的披露（对

① 财政部会计司：《企业会计准则讲解》，人民出版社2007年版，第13页。

② 根据Scott（2006）的论述，所谓理想环境，是指企业未来的现金流量和经济环境中的利率是确定的、众所周知的。在理想环境下，采用现值模式时，收益表将没有信息含量。比如，已知某公司只有一项资产，没有负债。假设该资产在未来的一年年末产生100元的现金流入。一年后，该项资产价值为零。同时，经济环境中的无风险报酬率为10%。这样，在0期，公司未来现金流量的现值为90.91元（100÷1.10），由于已知年末的现金流量为100元，因此，可知，净资产的增加为9.09元，即利润可用净资产的增加来表示，为9.09元（也可通过90.91×10%计算出来），收益表没有作用。由于是在理想的环境下，所以，在0期预计的收益（90.91×10%）信息既完全相关又完全可靠。

FASB 准则第 19 号、25 号、33 号和 39 号的修订)”，要求石油天然气公司对其已证实的石油和天然气储备所产生的未来现金流量的现值作出估计和披露，以向投资者提供比历史成本为基础的财务报表更相关的信息。这种按未来现金流量所进行的估计，即标准计量①，实质上就是现值会计，即储备确认会计（Reserve Recognition Accounting，RRA)。标准计量是建立在大量假设基础之上的，它们主要包括：现行的油气价格、现行的生产成本、现行的法定税率、管理当局对未来开发开采时间分布的估计、10% 的折现率。

2. 储备确认会计实例②。

下面以 Chidftain 公司为例说明储备确认会计的应用，先从对其未来现金净流量入手（见表 2 - 2)。

表 2 - 2　　Chidftain 国际公司预计未来现金净流量的现值　　单位：百万美元

项　　目	2000 年	1999 年	1998 年
未来的现金流入	2 096	667	402
未来的生产和开发成本	(329)	(274)	(186)
未来的所得税	(544)	(63)	—
未来的现金净流量	1 223	340	216
10% 折现因子	(374)	(115)	(63)
标准计量	849	225	153

资料来源：Chidftain International 公司 2000 年报告。

在算出年末的标准计量后，表 2 - 3 说明导致标准计量变化的详细项目，为投资者提供更详细、更可靠的会计信息。

表 2 - 3　　Chidftain 国际公司未来现金净流量贴现值的标准计量变化　单位：百万美元

项　　目	2000 年	1999 年	1998 年
标准计量，年初	225	153	200
导致变化的项目：销售、净生产成本	(103)	(61)	(45)
价格与生产成本的净变化	710	83	(80)
扩展与发现，净成本	224	83	30
预计未来开发成本的变化	(39)	(23)	(16)
本所发生的开发成本	28	10	23
前期储量估计的修正	88	(8)	(17)

① FASB 认为，标准计量既不是公允市场价值，也不是未来现金流量的现值，而只是前述计量的粗略替代，是通过使用标准化的计量方法确认数量的、质量的、地理的和时间的特点，来对矿产资源及其变动进行合理比较的一种方法。没有这一方法，比较这些重要资产和业务就没有合理的基础，价值就是不可确定的，数量也不是可比较的。此外，通过标准计量，投资者可自己估计未来的现金流量。

② 案例引自 Scott，W. R. 2006. Financial Accounting Theory. fourth，Pearson Prentice Hall. P. 31.

续表

项　目	2000年	1999年	1998年
折现的增加	22	15	20
由于购买而相应增加的储备	11	—	3
时间分布*及其他变化	14	15	(4)
所得税的净变化额	(331)	(42)	39
标准计量，期末	849	225	153

注：*如预计的储量生产的时间分布、净现金流量预计实现的时间期限等。

资料来源：Chidftain International 公司 2000 年报告。

通过对其未来现金流量的贴现现值的计算，可以为投资者提供更可靠的经营成果（见表2－4）。

表2－4　Chidftain 国际公司 2000 年来自石油和天然气生产活动的盈利

单位：百万美元

项　目	2000年	1999年	1998年
销售收入总额（销售给客户）	117	75	62
生产费用	(17)	(19)	(18)
折旧及折耗	(44)	(68)	(48)
所得税	(20)	6	2
经营成果	36	(6)	(2)

资料来源：Chidftain International 公司 2000 年报告。

3. 对储备确认会计的评价。

（1）管理当局的反应。由于要改变估计数，这可能是 RRA 的致命弱点。因此，石油公司的经理们对 RRA 持保留和怀疑的态度。例如，以下是 Chidftain 2000 年对 RRA 披露的声明：

估计储量、未来的生产量和未来的开发及生产费用存在着不准确性，再加上对未来的生产进行估价时还要运用多种假设，这些显然都会降低数据的可靠性。所以，这样推导出的价值当然不能视为公允的市场价值估计数。因此，我们警告，不能简单化地利用该信息。

既然如此，Chidftain 为什么还要报告 RRA 信息呢？这是因为美国 SFAS 69 的要求。那么该信息对投资者有用吗？

（2）对于投资者的作用。尽管公司管理当局明确地反对 RRA，但这并不表明它不能给投资者提供有用的信息。毫无疑问的是，RRA 比历史成本信息更相关。因此，RRA 信息存在着潜在的有用性。这点通过比较以历史成本为基础的盈利（见表2－3）与以现值为基础的净收益（见表2－4）就很容易理解。

通过比较可以发现，以现值为基础的净收益（624 百万美元）远远大于以历史成本为基础的利润（36 百万美元）。正如表2－5 所指出的，这主要是由于该年已证实储备现值的增加所引起的，所以差异还是合理的。产生差异的根源在于收入确认的基础不同。在 RRA 模式下，只要储备已被证实就可以确认收入，已证实储备的现行市价变化记入收益表。表2－5 已证实储备的现值2000 年增加了 624 百万美元，原因是石油和天然气价格和储量的上升。价格的上升使已证实储备现值增加到 710 百万美元（计算收益时还要减所得税 331 百万美元）。而在历史成本会计模型下，已证实储备价值的增加不能在收益表中列为收益，除非它们已生产出并已出售。所以，现值为基础的收益表，储备现值的增加得到了“及时”的反映，现值信息具有潜在的有用性。

表 2－5　Chidftain 国际公司 2000 年已证实的石油和天然气储备收益表

单位：百万美元

项　目	金　额
经营活动现金流量	103
当年发生的开发成本	(28)
摊销“费用”（本年储备现值的增加额，即 849－225）	624
来自已证实的石油和天然气储备的净收益	699

注：SFAS 69 并不要求提供以价值为基础的收益表。本表是为了说明 RRA 收益表与 Chidftain 真实收益表的区别而特意编制的。

资料来源：Scott，W. R. 2006. Financial Accounting Theory. fourth. Pearson Prentice Hall. P. 33.

收入确认和资产计价是同一枚硬币的两个方面。我们讨论收入确认的期间即硬币的贷方，而储备是按现值计价（RRA）还是按历史成本计价即硬币的借方。相关性和可靠性的权衡也如此。从收入确认来看，更早确认收入会增加相关性，因为它能更早获得未来现金流信息，但它同时会降低可靠性，因为收入是预计的，它必须修正。从资产计价来分析也一样，按现值计量储备增加了相关性但会减少可靠性。

不论投资者关注收入确认还是资产计价，都应该考虑股价对 RRA 信息披露的反应问题。如果 RRA 确实有用，那么当 Chidftain 披露有关 RRA 信息时，其股价应对此会作出相应的反应。由于勘探和生产石油和天然气的公司的价值很大部分取决于储备，这种公司的股票价格尤其对信息不对称问题敏感。因此，证券市场应该会对储备信息特别感兴趣。但遗憾的是 Magliolo（1986）Doran，Collins 和 Dhaliwal（1988），Harris 和 Ohlson（1987，1990），Ghicas 和 Pastena（1989），Lev 和 Thiagarajan（1993）等大量的实证研究并没有支持上述推论。

（3）简单的讨论。2004 年 1 月，由于储量估计的主观性问题，长期享有盛誉的荷兰皇家壳牌（Royal Dutch/Shell）遭受沉重的打击。原因是储备“很可能”减少的再分类，减少了其“已证实储备”20%。事件可追溯到 1997 年，公司为了掩盖其重置储备低于其竞争对手，高估已证实的储备。高估储备是有关含糊不清的 SEC 规则所引起的（壳牌公司声称），因为 SEC 规定，在现行经济和经营条件下，当储备的恢复可合理确定时，就应将其分类为已证实储备，储备量不要求审计。

该丑闻导致了公司总裁和勘探与开发总经理被免职，公司被 SEC 处以 1.5 亿美元的罚款，并导致公司股票的大幅度下跌（由于投资者调低了壳牌公司未来业绩）。由此可知，管理当局的偏见导致了低的可靠性，继而使壳牌公司储备信息的相关性也被淹没了。

综上所述，包括管理当局在内的大多数人都认为 RRA 信息不可靠，其主要原因在于：一是 SFAS 69 规定了一个固定的 10% 的折现率，但现实经济环境中的折现率并不是固定不变的；二是标准计量需要对未来的价格和产量等进行预计，由于石油和天然气经营环境复杂，真实情况很难预计准确；三是由于历史生产及经济因素变化导致出现新情况而需要对前期预计要进行修正，预计和修正均带有较大的主观性。此外，RRA 不需要审计。所以 RRA 信息饱受争议。

但是，尽管 RRA 存在各种各样的问题，FASB 认为标准计量信息还是可能有用的，实际上它也在被使用。从向投资者传递相关信息方面说，RRA 是一个勇敢的尝试。事实上，在非理想环境下，完全的相关性和可靠性是不可同时获得的，一方面的提高必然会使另一方面受损。

（四）财务报告的边界

财务会计通过确认、计量、记录等程序，对数据进行加工，最后形成以财务报表为核心的，以其他财务报告为补充的财务报告体系。人们通常将一家公司的年度报告称为公司的财务报告，实际上这并不完整。FASB 在其第 5 号概念公告中用图示的方式阐述了财务报表、财务报告和其他报告的界限（见图 2－3）。财务报表、财务报告和其他形式的报告之间存在着清晰的界限。并且，FASB 强调，财务报表是财务报告的核心，其他形式的财务报告是财务报表信息的补充。

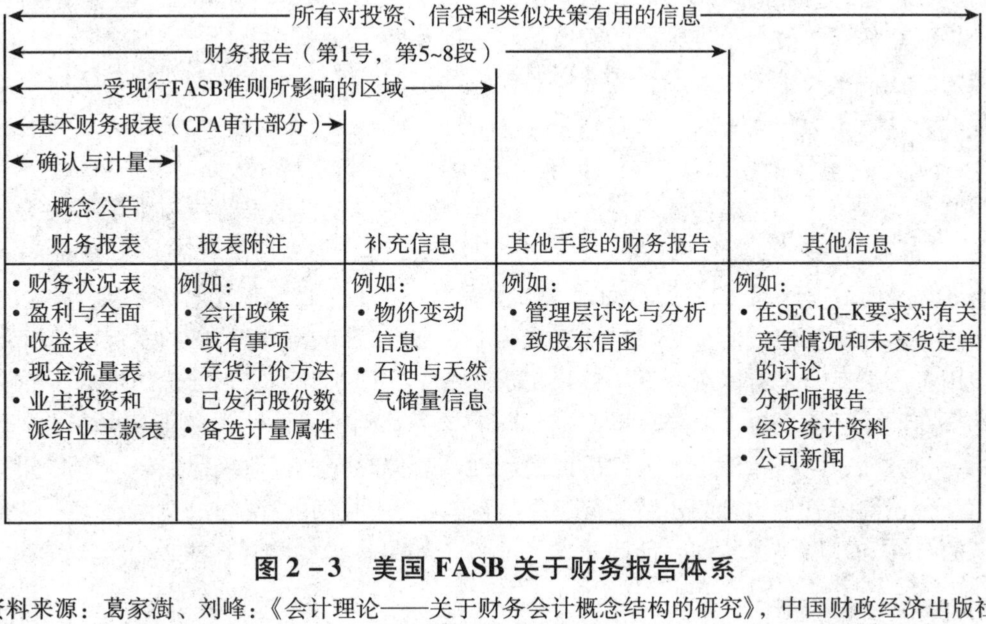

图 2－3 美国 FASB 关于财务报告体系

资料来源：葛家澍、刘峰：《会计理论——关于财务会计概念结构的研究》，中国财政经济出版社 2003 年版，第 192 页。

而公司年度报告的构成及其特点如图 2－4 所示。

公司报告=	财务报表	+ 财务报表附注	+ 其他财务报告	+ 其他非财务报告
信息的特点：	通过确认，只限于财务信息并应遵守GAAP	通过披露，只限于解释说明表内信息	通过披露，可采用附表或其他形式，但主要限于同会计有关的财务和非财务信息	与会计无关，但对决策有用的其他信息
	←审计的范围	→		

图 2－4 公司年报的构成及其信息特点

三、未来的企业报告模式

回顾会计发展的历程，不难发现，由会计信息系统所输出的信息无论是在帮助投资者进行投资决策、促进资本市场上资源的优化配置，还是在强化企业内部控制、提升企业管理水平等方面都发挥了重要的、不可替代的作用。美国证券交易委员会（SEC）委员 Wallman（1996）曾高度赞扬了会计职业对资本市场所作出的贡献，它认为掌握了财务会计工具的会计师一直是资本市场的忠实可靠的主要“守门员”，如果不是有一套连贯的、思想较为完善的会计、审计准则来保证会计信息质量，资本市场效率会低很多。财务会计在过去 60 多年来在维护和发展资本市场，促进各国经济繁荣，作出了不可磨灭的重要贡献。前美国总统里根也高度评价会计行业的作用，他在美国注册会计师协会（AICPA）成立 100 周年的贺信上说，如果没有你们的努力，美国的证券市场将土崩瓦解。

但是，在信息技术正在改变企业的经营模式的网络时代，不少学者认识到适应于工业经济时代的会计竞争力正在衰减，会计的职业基础正遭受着严重的侵蚀（Alles et al.，2000；Kinney，2001）。事实上，自 20 世纪 80 年代末以来，会计职业界就受到了来自信息使用者、学者与监管机构等各方面的广泛批评。批评的焦点包括：公司报告往往与决策不相关，会计信息的有用性正在丧失；公司报告一方面披露不足，而另一方面又存在信息冗余问题；由 19 世纪演变而来的资产负债表和利润表无法适应网络条件下信息使用者需求等①。

信息技术对会计模式的冲击突出地表现为：一方面，随着信息技术的发展，传统环境下信息使用者的潜在需求得以激发，个性化需求成为不容回避的现实，信息需求的多样性与可变性特征在网络环境下更为明显，以用户共同需求为基础的会计模式在网络条件下显得捉襟见肘；另一方面，网络条件下，人们可以便利地从新闻媒介、行业统计报告、财务分析师的分析以及公司高级管理人员的谈话等渠道了解到有关公司发展情况的最新信息，这些竞争性信息源的存在和发展正威胁到会计职业界的地位。如果传统的会计模式不能得到有效改进，

---

① 在网络环境下，信息使用者对会计信息的内容及表达形式都有了新的需求，要求会计信息呈现出实时性、多元性、可定制性、互动性及共享性等特征。网络环境下，会计信息需求者对信息质量提出了更高的要求：要求企业更及时地披露财务报告，最好是实时报告；要求财务报告的内容更全面，最好是用户想知道的一切信息；要求信息个性化，最好是根据其决策模型定制的信息；要求交互性，最好是能主动选择信息，而不再仅仅是被动的信息接受者，同时也可以发布信息，或公布自己的信息请求；要求透明、平等，其他用户可以获取的信息，我也可以获取，要求减少信息不对称现象。

那么，会计行业可能被推到一边，甚至被一个新的信息行业所取代。

会计职业存在的一个重要理由是保护信息不对称下股东的利益，以防止股东们的财产被偷盗、滥用，或者是满足股东决策的需要。在美国经济大危机时期，由于信息不对称而导致股东利益受损的事件屡屡发生，从而导致了人们对面向投资者的财务会计和审计寄予厚望，它们在保护产权方面的重要作用也得到公认。但是，伴随着环境的变化，会计职业如果仅仅关注信息的可靠性，而不发展适合新商业模式下的计量和报告工具，会计职业的核心竞争力将很难保持。

Alles 等（2000）认为，企业的资产负债表和利润表缺乏相关性的部分原因是企业经营模式的改变所引起的，具体来说包括：许多公司只有研究和开发部门，而制造和销售都是外包的[①]；存货的物理控制变得毫无意义，供应链管理成为企业经营的关键；企业采用非正式的所有权结构，强调联盟、跟踪存货、利润共享协议和投机性合营；知识资产成为企业市场价值的主要来源，而传统的会计显然低估了它的价值。

Kinney（2001）认为计量和报告环境的变化对会计的冲击主要表现在：一是今天的会计估计，风险评估和判断比以往更加重要。目前会计还未能对不确定性事项作出最好的评估、计量和报告。二是会计应考虑更新模型来更好地计量无形资产、计量和报告边界模糊的组织。比如一个实体的存货被其他实体拥有，其固定资产被交易伙伴拥有，那么如何去计量这个实体？三是计量和解释财务和非财务业绩的竞争正在加剧，会计较咨询有优势吗？在新技术经济环境下如果决策者相信标准计量不再是与决策相关的、足够精确的或可信的，那么会计就会遭受失败。会计必须在维持和改进标准计量的精确性和标准企业报告可信性的前提下对计量属性进行改进，甚至是发明新的计量方法，因为这事关会计的核心竞争力。

当静态的财务报告日益失去了及时性和相关性时，会计师发现他们不得不发展新的方法来编制财务报告以维持其自身的竞争力。Alles 等（2000）认为，在未来一段时期内，财务报告有两个发展趋势：一个是公司计量的范围将变得更为广泛；另一个是报告将变得日益持续。

我国会计学家葛家澍教授（2002）认为，在竞争、技术和全球化三股力量形成的新经济环境下，对财务报告中的计量属性也可做广义的解释，那就是不以货币度量为限。他认为，这并没有动摇财务会计的基本假设——货币计量假设。因为货币仍然是财务报告特别是其中的财务报表的基本量度。只是，应当同意，甚至应该鼓励同时使用其他量度，作为货币量度的补充。例如，衡量一个企业的竞争能力和发展前景，可以使用下列量度：一是市场占有率，可用百分比衡量；二是顾客的满意程度，可用“很满意”、“满意”、“不满意”等概念加以量化；三是企业面临的风险，可以用概率来量化。

会计的目的在于为管理、投资和融资决策提供信息。当信息工具是纸、笔和算盘时，会计的技术基础是纸质的日记账、分类账和复式簿记。在信息技术已经转变为功能强大的电子计算机和网络之后，会计需要转向关系数据库管理系统和企业资源计划。当静态财务报表的价值下降时，会计职业应该持续地面向更广泛的计量和决策支持。除非会计在计量上能提供适应新经济的计量方法、在披露上能提供实时在线的财务报告，否则会计的核心竞争力就将遭受削弱。

---

① 此种类型企业的一个代表是耐克（NIKE）公司。

在网络环境下，企业竞争的加剧、经营周期的缩短和环境的快速变化迫使决策者需要更为详细和及时的信息。定期提供信息的传统会计模式（包括审计）与随时都能从互联网上获得信息的使用者之间的矛盾越来越大，定期发布的财务报告（包括审计报告）显然不能满足希望知道昨天、甚至是今天上午，而不是一两个月前发生什么的信息使用者的需要。因此，当信息越来越容易通过公共数据库，特别是互联网来获得时，决策者就越习惯于随时应用更及时的信息来进行决策。这样，除非会计报告系统能提供更及时的、持续报告的信息，否则其重要性将日益减弱。

目前定期的、以历史成本为基础的企业财务报告尽管是用户导向的、有一个牢固的理论基础（CF），但它们并不能用于"实时决策"。它们提供给投资者、分析师和监管者的是快照而不是持续的报告。这种报告模式所提供的信息是"表象"的而不是"深层次"的、是统一规则的而不是个性化的，但企业、投资者和监管者所面临的挑战和需求并不一样，他们不可能在任何情况下都需要同样的数据。因此，财务报告的未来发展必须在线、实时，要更具相关性、及时性和更具透明度。

AICPA（2002）① 认为，未来的企业报告（又称扩展的企业报告）模式是以业绩计量为基础的在线、实时的企业信息披露。为了提供可靠的在线、实时报告，未来的企业报告需要具备五个基本要素：一是可靠的系统；二是通用的信息传播手段；三是包括行业特定的财务及非财务数据；四是公司会计责任的承担，包括管理层的诚实和牢靠的企业风险管理；披露和信息是可理解的。

在组织内部，用于收集和分析信息的可靠系统、特定行业的财务与非财务业绩计量、用"通俗语言"所表达的高质量的披露、公司的会计责任和实时的信息传播，这五个要素汇聚在一起，构成了一个完整的提供可靠、实时、在线信息的企业报告体系（见图2-5）。

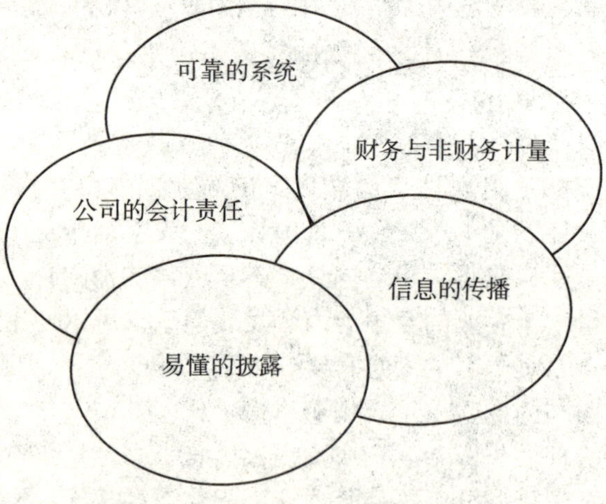

图2-5　扩展的企业报告模型

第一，系统的可靠性。网络时代，企业一方面要提供更多、更及时的信息，同时与以前一样，会计信息必须可靠，企业信息系统必须安全和值得信赖。实际上，每个成功的企业或

① 资料来源：http：//www.aicpa.org/innovation/scebr.htm。

组织都会预先对其信息技术有关的风险进行评估，因为他们知道，保护系统的安全、避免不经允许就进入组织的内部系统并获得数据、保证数据的准确和完整，使信息的使用者确信系统可靠，是企业或组织的竞争优势。扩展的企业报告要向利益相关者保证其所提供信息的系统是可靠的、数据的来源是真实的。目前，会计职业界已经开发出了 SysTrust（系统签证）业务。CPA（注册会计师）通过检验系统的适用性、安全性和系统性等，就可以确定系统是否可靠。

网络签证是会计职业界对有关电子商务市场安全和保密问题的回应，它涉及安全、在线隐私、有效性、处理诚实和机密性等问题。通过网络签证，会计师能提供独立的、经第三方保证的可靠电子商务系统签证服务。在转向在线、实时报告模式过程中，网络签证将扮演重要的角色。当企业从传统的财务报表审计转向更多的持续保证服务时，其成功的根本依赖于可靠的系统。

第二，信息的传播。为了使数据更容易获取和更透明，同时促进信息更直接的传播，许多组织（包括会计公司）正积极参与 XBRL（可扩展企业报告语言）的开发。XBRL 是一种传播信息的标准，在技术上能提供在线的、适合不同客户特定需要的信息，它有利于信息使用者更容易、更快、以更低的成本，并无须使用技术平台就可以编制、发布、交换和分析财务报表。XBRL 促进和加速了不同软件格式和技术的信息之间的交流，它对信息价值链上的所有利益相关者（包括公众和私人公司、会计职业界、监管者、分析师、投资机构、资本市场、贷款人和软件开发商等）都有益。所以，XBRL 是未来企业报告信息传播的最佳手段。

第三，财务与非财务信息。尽管以 GAAP（公认的会计原则）和 SEC 的要求为基础提供财务信息仍然是未来财务报告模型的核心。然而，几乎所有的企业都认为重要的财务和非财务指标对更全面地监控企业业绩同等重要。在企业报告中广泛采用财务与非财务业务计量还有助于提高企业的透明度，因为披露越透明就越有助于理解企业管理者的目标以及与权益及债务相关的风险和机会。价值计量报告协作组织（The Value Measurement Reporting Collaborative，VMRC）① 是全球会计职业界与公司董事、企业、行业协会和组织、机构投资者、投资分析师、软件公司和学术界共同努力的结果。由于以历史成本为基础、定期发布的财务报表不能有效地传递企业价值和风险信息，所以 VMRC 的主要目标是帮助董事会和高管人员使用价值计量和报告的信息来做战略决策。

正确的业绩计量能使各种类型的组织与企业受益。由于缺乏合适的计量工具和方法，实际上许多公司的业绩计量存在着问题。目前这种状况有所改变，在美国，AICPA 已经开发了“业绩视图”来帮助会计师和公司理解业绩计量的标准和方法。这种方法的下一个逻辑发展将是使用实时数据库（包括与公司总分类账连接的 XBRL 数据要素）。通过“业绩视图”，会计师能帮助公司作出最佳的业绩计量。

第四，公司的会计责任。21 世纪初的一系列财务报告丑陋和萨班斯－奥克斯莱法案的发布，使公众更为关注企业的道德行为标准，要求企业承担更多的社会责任。正因为如此，未来的企业报告要求披露企业履行会计责任情况的数据，包括环境、健康、安全、社会责任、公司治理、保密要求和企业风险管理（ERM）等信息。

---

① VMRC 是关注发展“价值计量和报告”（Value Measurement and Reporting，VMR）全球准则的领导者联盟。

随着环境报告的发展，AICPA 认为公司应站在公共利益的立场认识环境问题的重要性，并需相关方面证实责任的履行情况。目前 AICPA 正与 ASB（审计准则委员会）、企业顾问和保证服务执行委员会（Business Advisory and Assurance Services Committee）讨论环境事项的计量、确认与披露问题，最初的议题包括是否需要制定或修订相关的会计准则、与国际合作确定适当的检验和报告环境标准等。

企业风险管理是公司董事会、管理层和其他人员识别和解决组织可能面临的有碍于其业绩和战略目标实现的风险的过程。在美国，AICPA 是赞助组织委员会（Committee of Sponsoring Organizations，COSO）风险管理项目的成员之一。此外，COSO 的成员还包括财务经理协会（FEI）、美国会计学会（AAA）、内部审计师协会（IIA）和管理会计师协会（IMA）。ERM 框架是一份项目研究报告，该项目并不提供产品或服务。然而，现在有的成员正在开发 ERM 产品并提供相应的服务。随着时间的流逝，通过会计组织的全球性合作，这些产品和服务的价值肯定会日益显现出来。

第五，可理解的披露。2002 年，AICPA 与 FASB（美国财务会计准则委员会）合作一起讨论改进财务报表披露的“可理解性”问题，相关的研究项目包括改进现行财务报表中未报告的有关商标名称、智力财产、客户目录、特许协议和专利技术等无形资产的披露，FASB 也在考虑增加负债、权益或兼有两者特征的金融工具的披露，以增加透明度。AICPA 还与 SEC 合作研究简化财务报告、财务报告项目的冗余等问题，目的是增加会计信息的相关性和可理解性。此外，通过业绩视图和 VMRC 对业绩计量的持续改进，将会使信息披露更易理解，从而对投资者、分析师、监管者和其他会计信息供应链上的参与者有所帮助。

实际上，目前有些企业或在某些实务领域已经部分实现了上述目标，如：通过 SysTrust 获得了可靠的系统；应用 XBRL 作为通用的信息传播手段；通过业绩视图、价值计量和报告协同等手段来搜集特定行业的财务及非财务数据；通过诸如在线保密网络签证、COSO 的 ERM 项目、ASB（审计委员会）的舞弊准则、环境报告和审计行为规范等手段或服务来履行公司的会计责任；通过 FASB 的披露项目、SEC 的通俗语言计划和价值计量报告协作（VMRC）联盟的努力来达到“可理解的披露”目标。但是只在某一个方面的成功无法实现未来企业报告的目标，只有上述所有五个方面都满足要求才能产生良好的在线、实时报告。

Alles 等（2000）认为，在未来 15 年内，影响会计变革的信息技术具体包括如下几种：（1）信息捕获技术。包括数码相机、条形码扫描器等电子装备，可以用来获取高精度的数字化信息。在财务报告上，XBRL 作为数字化的数据标签，可以方便地实现信息的加工、传递和检索，对财务报告变革意义深远。（2）接触和监视技术。模仿生物学的电子眼等装置可以安全地保护企业资产和监督企业作业。（3）存储。数字存储能力的增长比芯片计算速度的发展还快。大容量的存储设备使企业经营过程数据的收集、存储和分析等大大加快，有助于为决策者提供更详细的信息。（4）电讯和网络。电讯带宽的增加有助于信息的实时、多媒体传输。（5）计算能力扩展。强大的计算能力和网络将会扩展会计的计算能力。（6）XML标准。XML 标准的完善有助于虚拟企业的发展，最终使互联网上的实时财务报告、数据库报告等变为现实。（7）密码术。密码术的发展有助于企业信息系统的控制和保证企业信息资源的安全。（8）人工智能代理。随着人工智能代理与企业管理系统的无缝结合，能极大地提高企业的管理效率，改进会计与审计工作。

Sutton（2000）认为，未来的信息技术会改变会计所提供服务的方式。信息技术包括的范围广泛，从简单到非常复杂，但应用这些技术的目的只有一个，就是改进信息系统的效率和效益。影响企业信息系统有效性的因素很多，Sutton 认为其中最重要的因素是：一是企业资源规划（ERP）；二是团队支持系统；三是智能辅助决策；四是知识管理系统。

现时的财务报告改革也正向以下方面发展：一是在内容上，包括财务信息和非财务信息，历史信息、现时信息和未来信息；二是在披露形式上，既可以是全面、系统和完整报告，也可以是局部的、部分的报告，或分部报告；三是在报告时间上，既可以是期末、期中，也可以是实时报告；四是在传输方式上，既可以是传统的纸质报告传送，也可以应用现代信息技术（如互联网、多媒体、数据库、宽带远程通讯等）来传送。

第二节 财务会计的概念框架

一、CF 概述

（一）会计是科学还是艺术?

20 世纪初期，在美国，会计界关于会计是一门艺术还是一门科学的争论激烈，没有形成统一的结论。直到 1940 年 George O. May 出版的《财务会计》一书仍认为，会计是一门艺术而不是科学，它是具有广泛而不同用途的艺术。1953 年，美国注册会计师协会（AICPA）的会计名词委员会给会计所下的定义仍认为会计是一门艺术。直到 1963 年 Mautz 所撰写的“作为一门科学的会计”一文才有说服力地提出会计是一门社会科学的观点，他认为“会计处理的对象是企业，企业肯定就是社会的一部分；会计所关注的是其具有社会后果和影响会计关系的交易和其他经济事项；会计所创造的知识对在复杂社会中从事活动的人们是有用的和有意义的；会计从性质上讲主要是思维方法。在现有的指南的基础上，会计是一门社会科学”。[①]

公司赚钱了吗?

某公司开股东会，公司总经理张丰说，我今年利润过亿，赚了不少钱了，形势很好。但公司第一大股东陈梅认为，公司的现金流量表显示现金余额是负数，若债权人逼得紧的话，公司可能面临破产，所以不能说公司真正赚到钱了。第二大股东王林说，ROE 才 2%，还不如将钱存入银行，怎么能说公司赚到钱呢？监事会主席聂芸在分析最近几年的财务报表后说，公司所实现的利润是在减少广告、培训和研发支出（与上一年相比，仅这三项费用的减少就达 1 亿多元），按 EVA 来说，公司的经济增加值是负数，确实不能说公司赚到了钱。公司党委书记说，今天公司的股价比上一年同期增长了 20%，相应的企业价值增值了 20%，怎么能说公司没有赚到钱呢？

他（她）们谁说的有道理？为什么会发生争执？

① 葛家澍：《财务会计理论研究》，厦门大学出版社 2006 年版，第 8 页。

但有人可能会从实务的角度反驳会计是科学的观点，比如什么是真正的利润？会计能计量出真正的利润吗？会计要素是会计语言的词组，是构成财务报表的“积木”或“细胞”，但是作为最为重要财务报表的资产负债表和利润表，其要素定义的概念依据并不一致，如资产负债表要素定义的依据是资产负债观，而利润表所持的是收入费用观。这也就是说，作为财务报表“细胞”的会计要素，有两个逻辑基础，这与会计是科学的观点显然格格不入。此外，在会计计量上，存在多种计量属性，会计实务中允许对同一交易、事项采用不同的会计处理方法，以及会计处理中太多的估计与判断等问题，也使人对会计是科学的观点产生疑问。现有的会计理论结构、会计准则、会计人员行为等都存在“不确定性”，会计，特别是会计准则受政治影响较大，这些会影响会计的科学性。从研究上来说，在 20 世纪 70 年代前，会计研究长期采用规范研究的方法使同一命题有多个结论，也使人对会计研究结论的科学性产生怀疑。那么，会计到底是科学还是艺术？我们认为，首先要界定什么是科学？

科学是一种最接近真理的、尽可能不包含自相矛盾的知识体系。它强调和尊重经验事实对科学理论的检验，可验证性是科学与伪科学的重要区别之一。目前公认的科学本质特征通常包括以下几个方面：一是科学思想是不断发展变化的，即发展性，现存的科学定律、理论和概念可能随着新证据的出现而改变，即科学具有发展性；二是科学需要证据，即可验证性，科学定律、理论和概念必须用可靠的观测结果来做检验；三是科学带有主观性，因而科学家应努力识别并避免偏见，科学知识的实际运用有好坏之分，但其本身无关道德；四是科学是逻辑推理及人类想象力和创造力的结合，因而具有统一性和创造性的特征；五是科学的发展受社会及文化因素的影响。其中，可证实（通过实验、模拟等方式）和逻辑严密（如可用数学语言表达、内容完整且不自相矛盾的知识体系）是最重要的特征。

根据上述的科学特征描述，结合目前的会计现实（包括财务会计概念框架）来分析，如以 CF 指导下的会计准则体系为例，会计的逻辑性越来越强（会计实务以会计准则为指南，而会计准则根据 CF 来制定和修订，CF 本身前后一贯、相互关联、逻辑紧密），会计的可验证性也越来越强（首先，会计信息质量本身就有可验证性的要求；其次，20 世纪 70 年代兴起的以经济学理论和数学为基础的实证会计研究也使得会计具有可验证性）。因此，我们认为，会计这门学科的科学性越来越强，但是作为科学来讲，它还很不成熟。套用萨缪尔森在评价经济学的话来说，就是：“经济学不是一门精密的科学。但它还是要胜过艺术……经济学这门学科是古老的、高尚的学科，还在发展中，而且在接近一门尚好的精确科学状况之前，还有一大段路程要走”，作为以经济学为理论依据的会计学来说，也是如此。

（二）什么叫 CF？

财务报告概念框架是规范会计理论中最实用的部分，其前身是以研究财务会计基本概念、原则为主的会计理论体系。概念框架的全称是“财务会计与报告的概念框架”(Conceptual Framework for Financial Accounting and Reporting，CF)。有的学者认为，在概念框架产生以前，会计没有科学、系统的理论，只有 CF 才能称为科学的会计理论。从这个意义上说，CF 是使会计走向科学的一种努力。

美国最早从事概念框架的研究，早期的研究可追溯到 1907 年 Sprague 的《账户的哲学》、1922 年 Paton 的《会计理论》和 Canning 的《会计工作中的经济学》等，后续的研究成果主要包括：（1）1936 年美国著名会计学家 Paton 和 Littleton 为 AAA（美国会计学会）

草拟的《公司报表的会计原则暂行说明》；（2）1938年 Sanders、Hatfield、Moore 的《论会计原则》；（3）1938年 Paton 和 Littleton 合著的《公司会计准则绪论》；（4）1961 年和 1962 年，AICPA（美国注册会计师协会）会计研究部（ARD）发布的第 1 号和第 2 号会计研究公报（ARS）《论会计基本假设》和《试论企业广泛适用的会计原则》；（5）1966 年 AAA 发表的一份重要研究报告《基本会计理论说明书》；（6）1970 年 AICPA 会计原则委员会（APB）发表的第 4 号研究报告“企业财务报表的基本概念与会计原则”；（7）1973 年 AICPA 发表的《财务报表的目标》等。1973 年，FASB 成立，就从 AICPA 手上接替了 CF 的研究工作，并从 1978 年 11 月开始至 2010 年 9 月共发布了 8 份 CF：

> **原理**
> 概念框架是一部会计宪章，是由目标和相互关联的基本概念组成的一个连贯的理论体系。它能导致相互一致的准则，并对财务会计的性质、作用和局限性作出规定。目标用于识别（财务）会计的目的和宗旨。

SFAC No. 1　企业财务报告的目标（1978 年 11 月）。

SFAC No. 2　会计信息的质量特征（1980 年 5 月）。

SFAC No. 3　企业财务报表的要素（1980 年 12 月）。

SFAC No. 4　非营利组织财务报告的目标（1980 年 12 月）。

SFAC No. 5　企业财务报表的确认与计量（1984 年 12 月）。

SFAC No. 6　财务报表的要素（取代第 3 号，并修订第 2 号）（1985 年 12 月）。

SFAC No. 7　在会计计量中使用现金流量信息和现值（2000 年 2 月）。

SFAC No. 8　财务报告概念框架（第 1 章和第 3 章，分别替代第 1 号和第 2 号[①]，2010 年 9 月，部分完成）。

1976 年 12 月，FASB 在“概念框架项目的范围和含义”的定义是：“概念框架是一部宪章，是由目标和相互关联的基本概念组成的一个连贯的理论体系。它能导致相互一致的准则，并对财务会计的性质、作用和局限性作出规定。目标用于识别（财务）会计的目的和宗旨。基本概念是财务会计的基础概念，如指应入账事项的选择（即确认），对这些事项的计量和将它们总结传递给各利益集团所用手段等方面的概念。之所以说它们是基本概念，是因为其他的（会计）概念产生于这些概念，在制定、解释和应用准则时须反复地参考这些概念”。

1980 年 5 月，FASB 发表了第 2 号概念公告，将概念公告的定义修改为：“概念公告是由目标和相互关联的基本概念组成的连贯的理论体系。这些目标和基本概念能导致前后一贯的准则；通过制定财务会计和报告的结构与方向，促进公正的财务信息和有关信息的提供，以有助于协助资本市场和其他市场的有效运行。这一概念框架将能为公众利益服务……确定目标和识别基本概念并不是为了直接解决财务会计和报告中的各项问题，而不过是要求目标指出方向，将概念作为解决问题的工具”。

---

① FASB 和 IASB 的概念框架联合项目计划分八个阶段，包括目标与质量特征；要素定义、确认和终止确认；计量；报告主体；财务报告的边界、列报和披露；框架的目标和现状；框架在非营利组织的应用；以及其他问题（如果有的话）。该项目旨在建立一套内在一致的财务报告框架，并消除 FASB CF No. 1 ~ No. 7 与 IASB Framwork（1989）的差异。目前仅第一阶段“目标和信息质量”已经于 2010 年 9 月完成并发布，第 4 阶段“报告主体”已经于 2010 年 3 月发布了征求意见稿，随着其他各个阶段的完成，FASB 将对第 8 号 CF 不断进行补充。

2010年9月，IASB与FASB联合发布的第8号概念公告，将CF定义为："一个由相互关联的目标和基本概念组成的前后一贯的系统。这些彼此关联的目标和基本概念决定了财务会计和财务报告的性质、功能和局限性，导致相互一致的指南。"

三者的主要区别是后两个定义删去了"CF是一部宪章"的表述，使CF由以前的（1976年的定义）定位为章程，而变为一种实用性的理论体系，或者说是以目标为导向的基本概念、协调一致的连贯的理论体系。同时，它不仅规范财务会计，也规范财务报告。

（三）CF与GAAP的关系及结构

一般认为，CF是制定会计准则的概念依据，也就是说，CF是纲、是"母法"，GAAP是目、是"子法"。或者说，CF是宪章，而GAAP是章程。通常CF是指导会计准则的制定与修订，不直接作用于会计实务，而会计准则是会计实务的规范。但IASB的概念框架和我国的《基本会计准则》（被称为中国的CF）十分相似，因此CF又是会计准则体系的一部分。在美国，1992年的第69号审计准则公告将CF定义为第5个层次的GAAP；而2003年SEC的职员报告将CF与FASB的财务会计准则公告等一道列为权威文献，即第1层次的GAAP。我们认为，这是广义的GAAP理解，即将公认的会计原则（GAAP）理解为会计准则体系。

概念框架总体上是采用演绎的方法，如以财务报告目标为逻辑起点，起着指引方向的作用，会计信息质量特征则是连接目标与其他概念的"桥梁"，财务报表的要素及其确认与计量，是财务会计财务目标的具体体现。这里，目标、质量特征、要素、要素的确认与计量，一层层地推理，形成了一个结构较为严谨的结构体系（见图2-6和图2-7）。推理的原理是，财务报告的目标是决策有用性，对决策有用的信息是有助于评价报告主体未来现金净流量的金额、时间和不确定性的信息。但遗憾的是，可能是迫于实务界的压力①，概念框架的构建并没有一以贯之地采用演绎的方法。比如，将财务目标具体化为要素，现金与现金流动具体化为资产、负债等要素，显然是考虑到现有的会计实务的归纳；再比如SFAC No.5所提到的5种计量属性，当然是归纳的结果（转引自葛家澍、刘峰，2003）。

（四）CF的作用

FASB为构建CF这一项目已经花费了30余年时间，其中最集中的时期有两个：一是20世纪70年代至80年代；二是SOX后至今（以美国与IASB合作重构CF为例，至今还远未结束，达成最终目标，至少还有10年以上时间）。在花费了大量的时间与金钱后，人们仍未能对CF达成一致意见。一些实务界的人认为已完成的CF不充分，仅仅是理论性的，并且不能付诸实践，甚至有一些赞同构建CF的人也感到目前的CF在有效解决现实会计问题方面步子迈得太小，但也有一些人认为目前FASB与IASB达成一致意见的CF框架走得太远。

CF有什么作用？为什么FASB愿意花大量的资金和投入大量的人力来开发这个项目？Miller（1990）认为，CF是一场在不抛弃财务报告体系的结构或核心目标前提下对其现状进行重大改变的运动。他反对将CF看作只是一套整合的会计理论的观点，而指出CF是一以

① 前FASB主席并负责概念框架项目研究的Don Kirk曾说（Core，1992），工商业界希望会计准则能稳定并确定，任何大的变革都是不合时宜的。

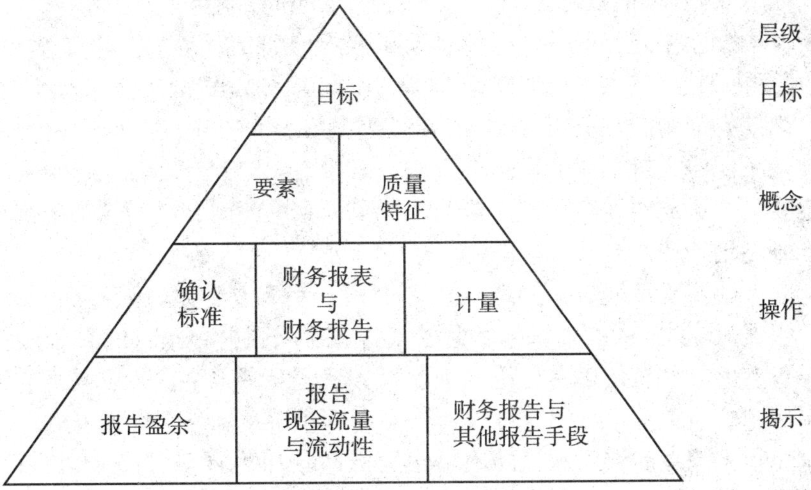

图 2－6 CF 的层级

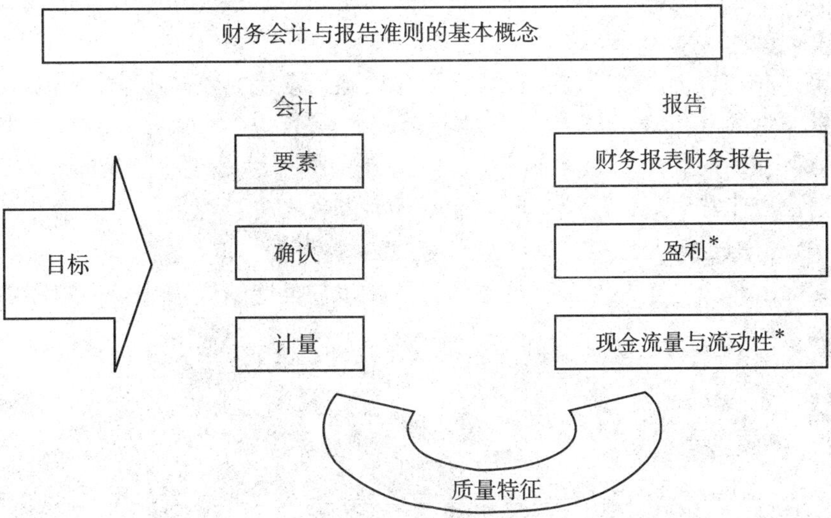

图 2－7 概念框架项目构建方法

注：＊确认不限于盈利（特别是其重要组成——收入）；计量也不限于现金流动和流动性；这里只表示在财务报表中确认与计量的重点与终点。

会计理论形式出的政治宣言书，通过“构建一套权威的演绎性概念”来对具体实务作出规范。从这个角度来看，CF 能使人们更有效地理解财务报告和准则制定中已发生和正在发生的事情、预测并适应财务报告实务的未来变革、参与准则制定过程、应用 CF 去解决实务问题、教别人学习财务报告，以及学习财务报告。

我们认为，CF 的主要作用主要体现在：

第一，为分析、评估和指导会计准则的发展提供一个“规范性”的理论基础，指导准则的制定。没有一系列统一的、内在一致的概念，会计准则的制定者就像暴风骤雨中的船没有锚一样没有依靠，因为面对许多问题，每个人都会有自己内在一套信念，这样将很难达成一致意见。因此，CF 为财务会计和报告提供了框架和结构，为准则制定者的决策提供了方向和指南，这样有助于准则体系的内在逻辑一致性，减少准则之间的冲突，限制会计实务中方法程序选择的多样性。即通过 CF 指导首尾一贯的会计准则，继而导致规范的、良好的会计实务。

第二，可以节省准则制定费用，节省 FASB 制定和修订准则的时间。由于会计准则具有经济后果，加之不同的人有不同的观点和看法，若没有 CF 作为准则制定的基础，就有可能延长准则制定委员会达成一致意见或大多数人意见一致的时间，继而增加准则制定和修订的时间，增加准则制定的费用。

第三，有助于使用者理解财务会计和财务报告，使多方受益。CF 为准则的制定提供了理论的依据，根据 CF 制定的准则来编制财务报告，可增强财务报告的有用性并赢得信息使用者的信任，也有助于信息使用者更好地理解财务报告及其限制性，它同样有助于财务报告的编制者应用准则、审计师审计财务报告，教师和学生讲授和学习会计准则。

第四，避免个人判断的错误和抵制政治集团的政治压力。CF 为会计准则的制定者解决会计和报告问题提供了工具，为会计方法选择提供了统一的判断基础，这样能有效地减少准则制定委员会成员的个人判断的失误。同时由于准则制定过程往往被认为有政治色彩或者是一个政治化的过程，一套能够为各方面利益集团普遍认可、接受的概念框架能缓和或抵消准则制定中各方面的政府压力。

第五，概括性、规范性的概念。概念框架中的概念应当是基本概念，以使其他的概念能从中推演出来。米勒（1985）认为，CF 就是试图对财务报告涉及的原则与准则达成一致。然而，概念框架并不仅仅是努力达成一致意见，它还应阐明财务报告的最终目标及基本概念。同时，它也应非常概括，以使不同企业不同时间在各种环境下均能适用。尽管它要使会计准则达成一致，但也应允许会计准则自身有适当的空间。如同宪法一样，它的广度应使其能经得起时间的考验，并在宽度上有足够的灵活性以使其能适应一些较小的环境变化。

IASB“变脸”

2007 年 12 月 1 日，在杭州富春山居的安永大学咨询论坛上，IASB 委员张为国教授做了题为“会计准则的国际趋同及其对未来会计师的影响”的报告，在谈到 IASB 的技术趋势时说：第一，未来 IASB 的基本趋向是更强调相关性而非可靠性；第二，偏向资产负债观而非收益表观；第三，更强调公允价值而非原始成本。主要措施包括：

（1）概念框架。在目标上更强调投资者和债权人的信息需求，强调更广泛的财务报告概念；在质量特征上，主要变化是强调真实反映而非可靠性，不再提稳健原则；在要素的定义上，不再强调过去的交易、事项和环境，不再强调控制，而强调权利和义务；在计量上，不再强调原始成本，而强调公允价值，在统一用语，缩小各种计量选择可能等。

（2）区分负债和权益。可确认为“所有者权益”的金融工具为：其他权益持有人都可优先获取其在企业中的权益后的剩余权益；不作为“所有者权益”确认的金融工具都将按公允价值在各期重新计量，差异直接确认为当期损益，例如优先股将作为“负债”反映，派发优先股股利将确认为费用等。

（3）营业收入确认。目标是要建立单一而适用所有行业和交易类型的理论模型，消除现行相关准则的弱点，如美国准则涉及200多个准则文件，使美国准则和国际趋同；在营业收入确认上，认为收入来源于资产负债的变化，而不限于赚取概念，不再提实现原则、配比原则等。营业收入确认的改革是为了探索一种收入来自于履行法定业绩义务的模型，如交付商品的义务、担保义务、接受退货义务。营业收入确认有两种模型：一是计量观，即根据公允价值计量履行业绩的义务，其中公允价值等于将来向客户履行的业绩义务转给其他客户时可能收到的价格；二是客户所付对价义务观，即根据客户对价，计量履行业绩义务的进展，如合约价格在履约义务间进行分配（合约形成阶段不确认收入）。

（4）财务报表列示（阶段A）。完整的财务报表包括：财务状况表、综合收益表、现金流量表和股东权益表，允许综合收益在一张或两张报表中反映，上述报表的重要性相同，整套报表至少包括两个会计年度。

（5）财务报表列示（阶段B）。目标是有助于使用者理解：各种计量属性、计量的不确定性和所确认金额变化的原因，有助于使用者评估企业产生未来现金流量的能力；偿付债务、支付股利的能力，以及外部融资的需求；有助于使用者区分现金交易和应计事项。工作原则是区分经营业务（包括投资业务）和筹资业务、管理层决定观、统一三张报表的结构。阶段B的报表体系如表2－6所示。

2008年10月，IASB和FASB联合发布了“财务报表列报的初步观点”（讨论稿），讨论稿认为，新的财务报表模型（见表2－6）的主要优点是：一是刻画了一个主体活动的具有内在一致性的财务图景（三张报表分类一致，项目之间关系清晰）；二是报表中的分解信息有助预测主体的未来现金流量；三是有助于报表使用者评估主体的流动性和财务弹性。但由于项目本身的缺陷，以及征求意见时大多数人的反对，目前IASB暂时中止了该项目的讨论。

表2－6　　　　财务报表体系

财务状况表	综合收益表	现金流量表
业务 经营资产和负债 投资资产和负债	业务 经营收益和费用 投资收入和费用	业务 经营现金流量 投资现金流量
筹资 筹资资产 筹资负债	筹资 筹资资产收入 筹资负债支出	筹资 筹资资产现金流量 筹资负债现金流量
所得税	所得税 持续经营（业务和筹资）的所得税	所得税
终止经营	终止经营 扣除所得税后的金额	终止经营
	其他综合收益 扣除所得税后的金额	
权益		权益

建议的列报模式要求主体将其价值创造方式（业务活动）方面的信息和筹措资金（筹资活动）方面的信息分开列报。一是一个主体应当进一步分解业务活动有关的信息，将经营活动信息与投资活动的信息分开列报。二是一个企业应该根据筹资来源，将筹资活动的信息分解列报，特别是来自非所有者筹资的信息（及其变动）应当与来自所有者筹资的信息分开列报。三是一个主体应当将终止经营的信息与持续性业务和筹资活动的信息分开列报。四是一个主体应当将所得税信息与财务状况表和现金流量表中的其他所有信息分开列报。在综合收益表中，主体应当列报如下方面的有关所得税费用（收益）：来自持续经营活动的信息（来自业务活动和筹资活动的收益或损失的总计数）；终止经营；其他综合收益项目。

二、财务报告的目标

美国会计学者 Most（1982）指出，“在过去 10 年中，似乎普遍接受了这样的看法：只有财务报告准则是以一致的目标为基础，准则才能成为有用的和有效的”[①]。没有目标就没有方向、行动就没有指南。所以，FASB 将财务报告的目标作为 CF 的逻辑起点是非常有道理的。若将财务报告视为一种“产品”的话，那么从供需理论出发就需明白：第一，谁是财务报告的使用者？第二，使用者需要什么信息？第三，财务会计能生产什么信息等问题。

FASB 第 8 号 CF（2010）将通用财务报告的目标表述为：

1. 通用财务报告目标是概念框架的基础。概念框架的其他方面——报告主体概念、有用的财务信息的质量特征及其限制、财务报表要素、确认与计量、呈报和披露——逻辑来自通用财务报告目标。

2. 通用财务报告的目标是向现在的和潜在的投资者、贷款人和其他债权人提供有关报告主体的财务信息，以有助于他们作出提供资源给主体的决策。这些决策包括买、卖、持有权益和债务工具、提供和清算贷款和其他形式的债务。

3. 现在的和潜在的投资者买、卖或持有权益和债务工具的决策，取决于他们期望从所投资的那些工具中所获得的回报，例如：股利、本金和利息支付或市价的增加。与此类似，现在的和潜在的贷款人和其他债权人提供或清偿贷款或其他形式的债务的决策，取决于本金和利息的支付或他们所期待的其他回报。投资者、贷款人和其他债权人的期望回报，取决于他们对主体的未来现金净流量的金额、时间和不确定性（前景）的估计。因此，现在的和潜在的投资者、贷款人和其他债权人需要有助于其评估主体未来现金净流量的前景的信息。

4. 为了评估主体未来现金净流量的前景，现在的和潜在的投资者、贷款人和其他债权人需要有关主体的资源、对资源的要求权的信息，以及主体的管理层和管治委员会如何有效率、有效益地使用主体资源的履责信息。

5. 大多数现在的和潜在的投资者、贷款人和其他债权人并不要求报告主体直接提供信息给他们，他们所需的信息必须取自通用的财务报告。

6. 然而，通用的财务报告并不（实际上也不可能）为现在的和潜在的投资者、贷款人

---

① 葛家澍、林志军：《现代西方会计理论》，厦门大学出版社 2001 年版，第 98 页。

和其他债权人提供所有他们需要的信息。他们需要考虑从其他的渠道获取相关的信息，如总体经济状况和预期、政治事件和政治气氛、行业及公司前景。

7. 通用财务报告并不是为揭示报告主体价值而设计的，但通用财务报告所提供的信息有助于现在的和潜在的投资者、贷款人和其他债权人估计报告主体的价值。

8. 各个财务报告的主要使用者信息需要和愿望各不相同，甚至可能有冲突。财务会计准则委员会在开发财务报告准则时所追求的目标是最大化满足大多数主要使用者的需要。但是，注重通用信息需要并不阻止报告主体提供非常有用的其他信息给特定类型的主要使用者。

9. 报告主体的管理层同样对主体的财务信息感兴趣。但是，管理层的需求依赖于通用财务报告，因为他们能从内部获得其所需的财务信息。其他组织，比如政策制定者和除投资者、贷款人和债权人之外公众成员也发觉通用财务报告有用。但是，财务报告优先提交的对象并不是他们。

10. 财务报告在很大程度上基于估计、判断和模型，而不是精确的描述。概念框架是财务会计准则委员会和财务报告编制的目标和努力的方向。与许多目标一样，概念框架中理想的财务报告使命不可能完全达到，至少在短期内如此。因为理解、接受和采用新方法（分析交易和其他事项）需要时间。但不管怎么说，为了改进财务报告的有用性，制定一个奋斗的目标是必要的。

总而言之，财务报告的目标就是向信息使用者提供对决策有用的信息。这显然是从市场或者客户导向来确定财务报告目标的，但财务报告的使用者很多，如图 2－8 所示。为什么第 8 号 CF 要将投资者、债权人列为最重要的信息使用者呢？一是这是经过大量调查所得的结论，即投资者和债权人是重要的信息使用者；二是信息使用者很多，需求也很可能各不一致，若不突出主要的信息使用者，很难达成一致意见；三是据经过调查，FASB 发现，投资者和债权人所需的决策信息通常也是其他信息使用者决策相关的信息。但实际上，早期美国的会计准则并没有将信息使用者的利益提升到第一位，并以此来约束准则的制定机构，以确保使用者的利益不因该委员会其他成员的利益而损。早期的会计准则制定机构（CAP、APB）都隶属于 AICPA，所以审计师的利益才是第一位的①。

在财务报告主要使用者方面，SFAC No. 1 和 SFAC No. 8 的主要区别是第 1 号概念公告除了包括投资者、贷款人和其他债权人之外，也包括了政府、社会公众，供应商等，而在第 8 号概念公告中，主要信息使用者被界定为现在的和潜在的投资者、贷款人和其他债权人（见图 2－8）。

关于财务报告目标的理论基础，美国在 20 世纪七八十年代形成了两个有代表性的观点，即受托责任观和决策有用观。

受托责任观的受托责任的含义大致包括以下三方面②：一是资源的受托方接受委托，管理委托方所交付的资源。受托方因此承担了合理、有效地管理与应用受托资源，使其尽可能地能够保值、增值；二是作为资源的受托方，承担了如实地向资源的委托方报告其受托责任的履行过程与结果（资源的管理情况与成果）的义务，而这种报告，主要是运用财务报告

① 泽弗等主编，夏冬林等译：《现代财务会计理论——问题与论争》，经济科学出版社 2000 年版，第 104 页。

② 葛家澍、刘峰著：《会计理论》，中国财政经济出版社 2003 年版，第 91 页。

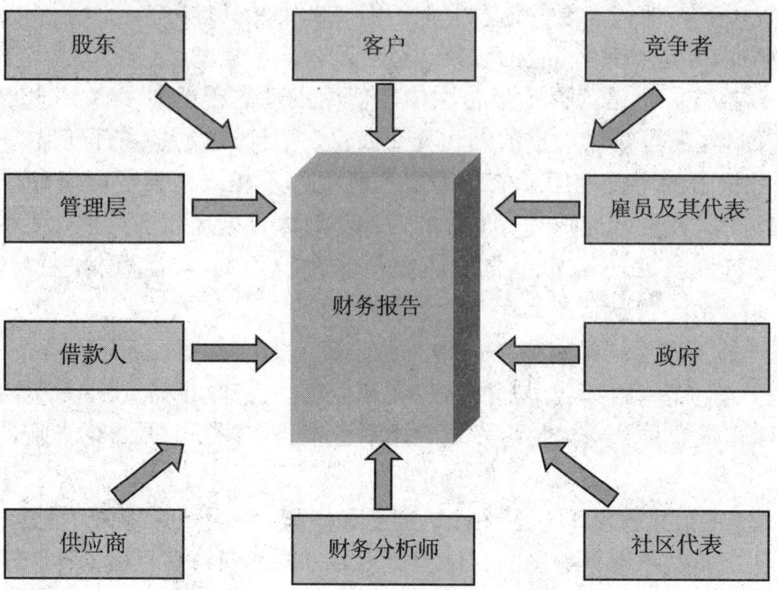

图2-8 财务报告的信息使用者

为手段；三是还有的人认为，由于企业是在一定的外部环境中，企业的很多资源直接取自其所处的环境（如良好的社区环境等），因此，作为资源受托方的企业管理当局，还负有重要的社会责任：最大限度地保持并提高企业所处的社区的良好环境、解决就业问题、披露社会责任报告等。

受托责任观认为，受托责任的存在最重要的原因是所有权与经营权的分离，若两权合并，就不可能产生受托责任的概念。Ijiri（1975）说，“受托责任的关系可因宪法、法律、合同、组织的规则、风俗习惯，甚至口头合约而产生。一个公司对其股东、债权人、雇员、客户、政府或有关联的公众承担受托责任。在一个公司内部，一个总计部门的负责人对分部经理负有受托责任。就此意义而言，说我们今天的社会是构建在一个巨大的受托责任网络之上，毫不过分”。从这句话中可以看到，受托责任实际上就是经济学所指的委托代理关系。从代理理论来分析，财务报告的目的是为了解决由于信息不对称所生产的代理问题。所以，可以说受托责任观有经济学基础。

但从美国的CF构建来看，提出财务报告目标的根据是决策有用观，这在CF财务报告的目标中已表述得十分清楚。决策有用观意义非常明确，即要为信息使用者提供其决策有用的信息。财务会计决策有用观的潜在逻辑是什么呢？FASB在其SFAC No.1中的解释是：会计系统是建立在具体的经济环境之上的，经济环境的特征必然会影响甚至决定了会计系统的特征，包括对外报告的目标。这份公告所界定的企业外部经济环境的根本特征主要是，在美国，生产资源一般都是私人所有，市场，特别是资本市场是资源分配的重要因素。发达的证券市场总是把有限的资源从不能有效地使用它们的企业，引向能够有效地利用它们的企业。在资本市场上社会资源的所有权与经营权一般是分离的（这与受托责任观所述的经济环境一样，但有所不同的是决策有用观所指的社会资源的分配是通过资本市场进行的，即资源的委托与受托关系是通过资本市场建立起来的），而为投资者和债权人提供其决策所需要的信息是资本市场有效运作的基石。

而从历史来看，正是因为20世纪20年代末的经济危机、证券市场的混乱，才导致了美国证券立法（1933年证券法和1934年的证券交易法），继而SEC成立，再下来SEC授权AICPA制定会计准则和审计准则。所以，正是因为有了证券市场才有今天的财务会计，从这个意义上讲，实际上财务会计，包括CF也是证券市场发展的产物。从中也就不难理解，决策有用观为什么会成为财务报告目标的根据和逻辑起点。

SFAC No.1强调财务报告的目的不仅是为了保证决策的有用性，同时也为了评估经管责任不同，SFAC No.8指出，财务报告的目的偏重于突出决策有用性，认为决策有用性虽不是唯一也是最主要的目标。

注册会计师是经济警察吗?

有人认为注册会计师是经济警察，也有的人认为可能将其比喻为产品质量检查人员更合适，还有人将其比为公证人员。你的观点呢，为什么？1998年白云山（0522）修改了会计政策，将坏账损失和存货损失的比例提高，这使得公司当年亏损将近8.2亿元。若你是注册会计师，如何评价白云山的会计信息质量?

三、会计信息的质量特征

SFAC No.8的第1章集中解决了财务报告有哪些使用者，他们需要什么信息以及财务报告能为其决策提供什么有用的信息。但是财务报告的目标不会自动实现，必须要通过具体的会计准则所生成的财务报告才能实现。什么样的信息（财务报告）才能满足信息使用者的需要？会计信息质量要回答的正是这个问题。会计信息质量特征是选择或评价或供选择的会计准则、程序和方法的标准，是对财务报告目标的具体化。通过会计信息质量特征，财务报告目标才能贯穿于财务会计的确认、计量、报告等处理程序和会计选择之中。换言之，会计信息质量特征若不能满足与其目标相一致的质量要求，则会计信息也就不能实现其既定的目标。SFAC No.8第3章“企业会计信息质量的特征”（替代1980年发布的SFAC No.2）阐述了为实现财务报告目标，财务信息应当具有的质量特征。会计信息质量特征在整个CF中占有很重要的地位，它是连接财务报告目标和其他概念公告之间的“桥梁”。

FASB认为，规定会计信息的质量特征具有三个作用：一是为制定与财务报告相一致的会计准则提供指南；二是为财务信息提供者在选择各色经济事件的不同方法时提供指南；三是增进使用者对企业和其他组织提供的财务信息的有用性和局限性的理解，以帮助他们作出更好的有依据的决策。SFAC No.2提出，对决策的有用性应作为最重要的质量特征，如果没有有用性，就谈不上从信息中获得足以抵偿该项信息所花费的成本和利益。会计信息是否有用主要取决于“相关性”和“可靠性”这两个质量。如果完全不具备这两种质量中的任何一种，信息将是无用的，或者说，相关性和可靠性是使会计信息对决策有用的两个主要质量。在这两个质量特征下，会计信息还应具备一系列其他质量特征，它们又可以看成是信息质量的分层级的要求。因此，这些质量特征及其内在关系可用图 2－9 来表述。

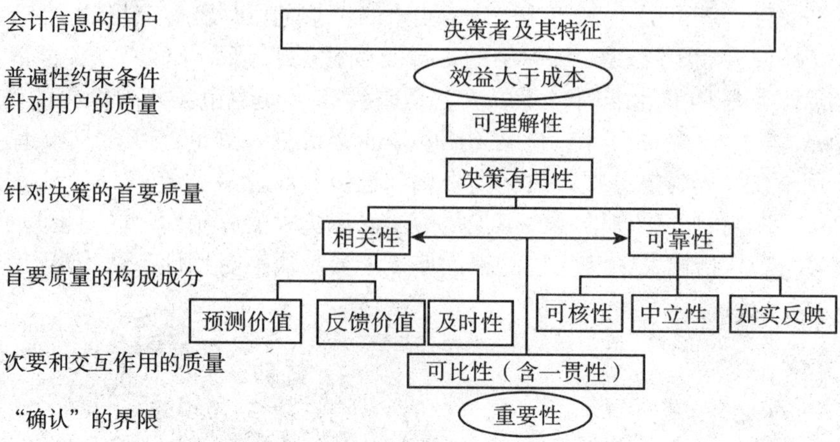

图 2－9 会计信息质量的层次

SFAC No. 8 第 3 章对信息质量特征做了新的表述，将信息特征明确划分为两个层次：第一层次为基本的质量特征，包括"相关性"和"如实反映"两个特征，第二层次为增进的质量特征，包括可比性、可核性、及时性和可理解性等 4 个特征，此外，会计信息质量还受成本约束。新的质量特征层级关系见图 2－10。

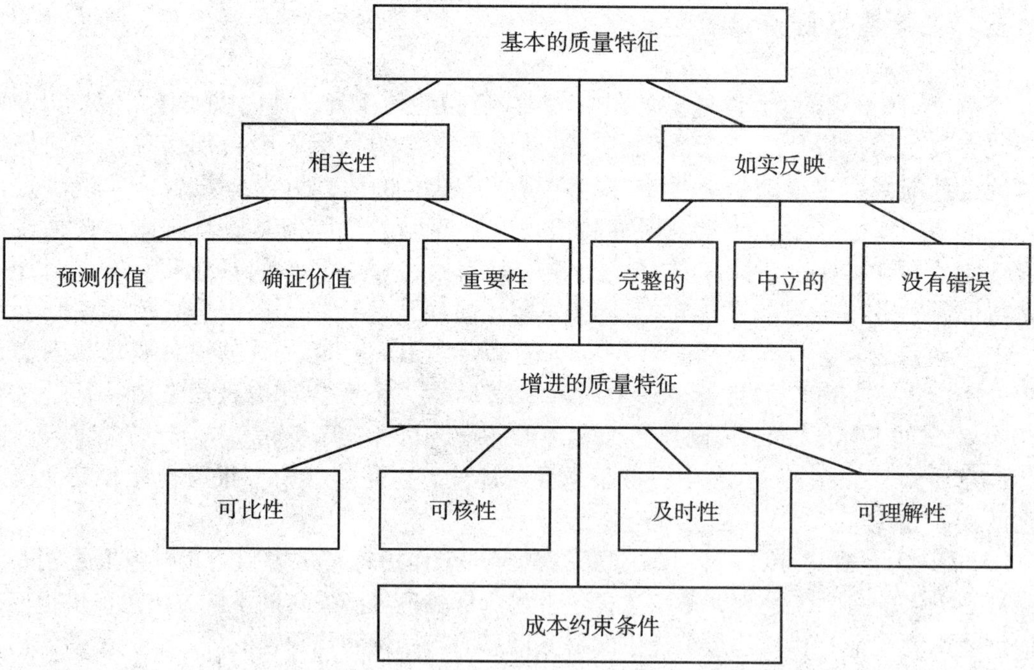

图 2－10 SFAC No. 8 提出的会计信息质量的层次

与旧的信息质量特征框架相比，SFAC No. 8 在信息质量框架方面的变化主要表现在：

（1）将信息质量特征分为两个层次，这既简化又主次分明①。

（2）用“如实反映”代替了“可靠性”。一方面可靠性是一个难以量化的概念，长久以来编制者和使用者对可靠性没有一致的理解（有人侧重于可核性和没有重大错误，也有人更关注如实反映或中立性，还有人认为可靠性就是“精确性”）。其次，如实反映包括了完整、中立和没有错误三个子特征。在SFAC No.2中，中立性是“可靠性”的一个构成要素，而“完整”和“没有错误”是对如实反映的进一步解释。②

（3）SFAC No.2认为“重要性”财务报告的一个约束条件，现在被视为相关性的一个约束特征，原因在于重要性的含义是指，若省略或误报会影响使用者根据特定报告主体的财务信息所作出的决策，则认为该信息是重要的（不能省略或出现误报）。单个主体财务报告的信息是否重要（相关），取决于其来源的项目的性质或数额，或两者的结合。SFAC No.8认为，重要性之所以被视为是一种相关性，是因为不重要的信息不会影响信息使用者的决策。更进一步说，在制定准则时准则制定者并不关注重要性，因为它是特定主体层面要考虑的质量特征。

（4）除重要性外，相关性还包括“预测价值”和“确证价值”。SFAC No.8认为，相关的财务信息能导致信息使用者的决策的差异性，而具备可预测价值或确证价值的财务信息能产生决策的差异性。若财务信息能影响使用者预测未来结果，则认为它具有预测价值；若财务信息能对以前的估计提供反馈（确认或改变），则认为它具有确证价值。财务信息的预测价值和确证价值是相互关联的。信息如果具有预测价值也常常同时具有确证价值。例如，当年的收入信息可作为预测未来年度收入的基础，同样也可与去年的预测值（去年所做的对今年收入的预测）相比较，而比较的结果有助于信息使用者更正或改进以前年度收入预测的程序和方法。因此，收入信息即有预测价值，也同时具有反馈价值（确证价值）。

（5）SFAC No.2认为“及时性”是“相关性”的一个约束，而在SFAC No.8中被纳为第二层次的质量特征，原因在于，及时性并不像“预测价值”、“确证价值”特征那样影响相关性。

（6）为了提高基本质量特征的使用效率和效益，在应用时要注意以下几点：首先，确定经济报告主体财务信息对其使用者是潜在有用的；其次，确认最具相关性的有关经济现象的信息的类型，假如适用；最后，决定上述信息能否获得和被如实反映。

（7）透明度、高质量、内部一致性、真实与公允或公允列报、可信性也是财务信息的质量特征，但它们并没有包括在CF之中。SFAC No.8认为，透明度、高质量、内部一致性、真实与公允或公允列报是相关性、如实反映及其增进的会计信息质量特征（可比性、可核性、及时性和可理解性）的不同表述。可信性也一样，只不过它隐含了报告主体的管理层是可信赖的。

在美国之后（20世纪末），很多国家和组织都着手研究、构建财务会计概念框架，如英国、加拿大、澳大利亚和国际会计准则委员会等，其中会计信息质量已成为一个不可或缺的

① 引自葛家澍：《试评IASB/FASB联合概念框架的某些改进——截至2008年10月16日的进展》，《会计研究》2009年第4期，第3～11页。

② 见FASB SFAC No.8的结论基础，http：//www.fasb.org/project/cf_ phase－a.shtml。

重要内容①。当然，不同的国家或组织的概念框架对信息质量的要求也略有不同。如国际会计准则委员会的《编报财务报表的框架（1989）》提出了4项主要的信息质量要求：可理解性、相关性、可靠性和可比性，其中相关性包括性质②、预测价值和重要性，可靠性包括如实反映、实质重于形式、中立性、审慎和完整性。在4项主要质量之外，还提出3项有关可靠性和相关信息的约束条件：及时性、效益和成本、在不同质量要求之间的权衡，具体见图2－11。

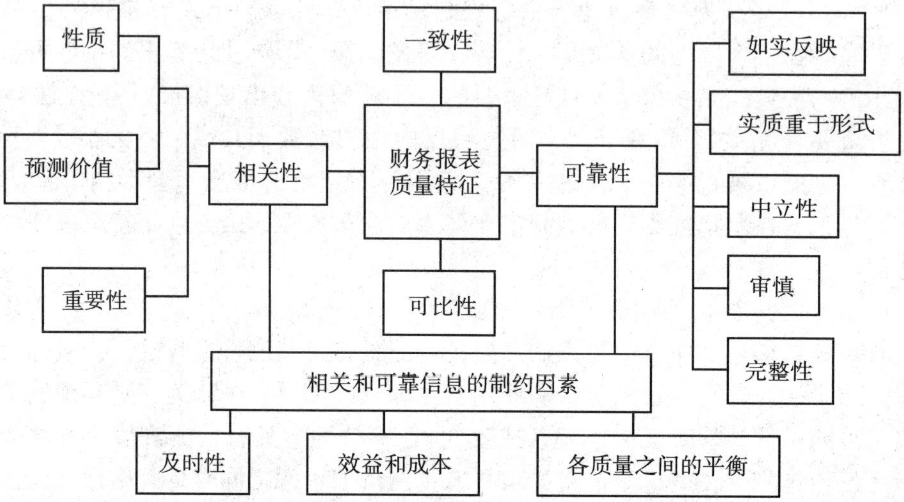

图2－11　国际会计准则的会计质量要求

英国会计准则委员会于20世纪90年代也陆续发布了概念框架——“原则公告”。它将信息质量的特征分为三部分：一是与报表内容有关的质量：相关性和可靠性；二是与披露（呈报）有关的质量：可比性和可理解性；三是对信息的约束：在质量标准之间的权衡、及时性和效益大于成本，具体如图2－12所示。

2000年2月有4万多投资职业人组成的美国投资管理与研究会（AIMR）的一封信写到，美国资本市场的生命之血是如下财务信息：一是企业之间可比；二是与投资及融资决策相关；三是可靠并公允地描述了经济现实；四是中立，既不偏向供应者也不偏向资本的使用者，既不偏向证券的购买者也不偏向证券的出售者。

综上可知，相关性和可靠性（现在是如实反映）是主要的质量，其他是辅助的质量。但在应用这些会计信息质量做会计判断时，应如何在各信息质量之间进行权衡呢？例如，当相关性和可靠性（如实反映）之间产生矛盾时，尽管两者并非是完全排斥的。现行的概念框架并没有提供进一步的指南，但FASB在1980年发表的另一份概念框架讨论备忘录中，对相关性、可靠性和信息的提供费用之间的关系补充了下列图形（见图2－13），这份备忘录认为，三者必须适当权衡，同时兼顾（即图中的画线部分为最佳约束范围），并由此决定其他的质量特征。这为我们的判断和权衡提供了一个新的思路。

---

① 由于IASB和FASB联合概念框架的发布，可以预见其他国家和地区的CF也面临着更新或改变。

② 指当信息要成为有用的，就必须与使用者的决策需要相关联。当信息通过帮助使用者评估过去、现在或未来的事件或通过确证或纠正使用者过去的评价，影响到使用者的经济决策时，信息就具有相关性。

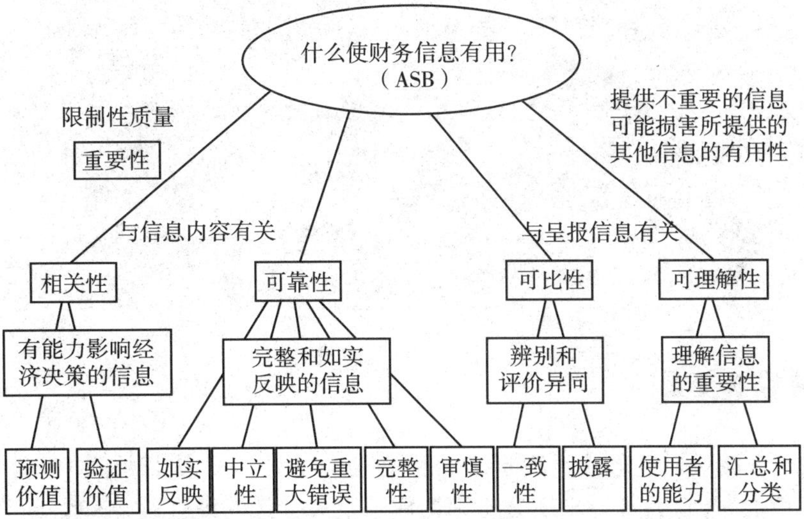

图 2－12　英国的会计信息质量要求

资料来源：Elliott，B. & J. Elliott 著，陈宋生等译：《财务会计与报告》，经济管理出版社 2005 年版，第 135 页。

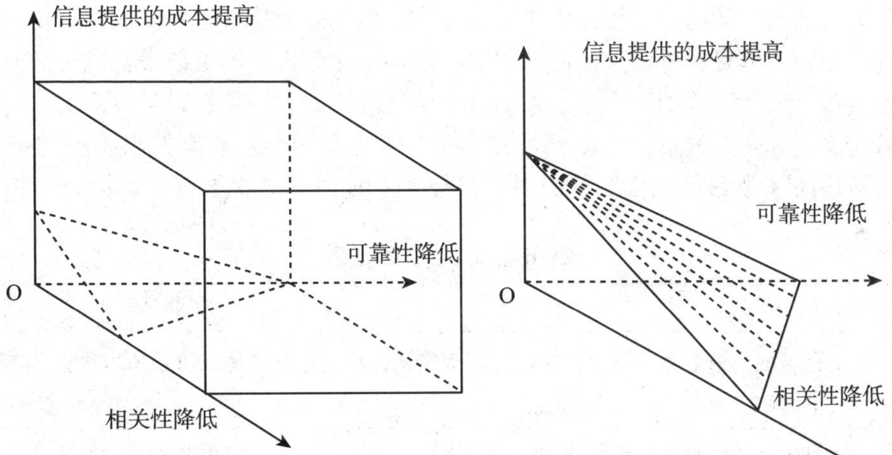

图 2－13　相关性与可靠性的权衡

环境审核费用能否资本化

Chemco 公司生产在当地销售的化学产品。公司希望拓展市场并出口一些产品到海外。财务经理注意到，遵循国际环境的要求是在海外销售产品的重要前提条件。尽管过去公司制定了一系列环境政策，但很清楚的是，进行环境审核也是通常的实务，审核将花费用约 120 000 美元。审计包括：（1）对所有环境政策指令的充分检查；（2）遵循这些指令详细分析；（3）提供报告，包括满足国际要求所必须提交的材料，以及针对政策变化的深层次建议等。

Chemco 公司财务经理认为，120 000 美元的环境审核费用应该资本化为一项资产，然后冲销出口活动产生的收入，使得收入和费用相配比。你赞同该公司财务经理的观点吗？为什么（请从概念框架的角度进行分析）？

资料来源：Hennie van Greuning & Marius Koen 著，财政部会计准则委员会组织翻译：《国际会计准则实用指南》，中国财政经济出版社 2001 年版。

四、财务报表要素

财务报表要素被认为是连接财务报表目标与会计实务（确认与计量）的桥梁，是搭建财务报表的“积木”，它的进一步细分，则构成了财务会计的细胞或 DNA，若将财务会计视为商业语言，则要素就是单词与词组。所以其定义十分重要，因为它是确认与计量的最重要的标准。因此，FASB 在 1980 年发布了 SFAC No. 3 “企业财务报表的要素”（后被 1985 年的 SFAC No. 6）所替代。

构建任何一种理论框架，都需要确定其要素及定义。当前，会计界已普遍使用若干具有特定意义的名词，这些名词构成了会计术语。以资产为例，是否指某个主体所拥有的资源？若答案是肯定的，则该主体是否可以推论任何租赁资产均不应列入资产负债表？或资产意指某主体有权使用的资源？或是企业用以产生收入而具有价值的资源？假如答案是肯定的，那么企业为什么不将管理者视为企业的资产？由此可知，确实有必要对会计要素作出基本的定义。SFAC No. 6 定义了与衡量企业绩效及财务状况最有直接关系的 10 项相关要素，详见表 2 – 7。

表 2 – 7　　财务报表的基本要素

要　素	定　义
资产	是可能的未来经济利益，它是特定个体从已经发生的交易或事项所取得的成本或加以控制的。
负债	是将来可能要放弃的经济利益，它是特定个体由于已经发生的交易或事项，将来要向其他个体转交资产或提供劳务的现有义务。
权益或净资产	是以某一个体的资产减去其负债的剩余部分。非营利组织与企业不同，它不存在业主权益，其净资产根据是否在捐赠人限定的用途，可分为三类：永久限定、暂时限定和未限定。
业主投资	在特定企业里权益的增加，它是由其他个体向企业转交有价值的东西以便在其中取得或增加业主权益的结果。
派给业主款	在特定企业里权益的减少，它是企业向业主转交资产、提供劳务或承担债务的结果。
全面收益	企业在报告期内，从业主以外的交易，以及其他事项和情况中所产生的权益的变化。它包括报告期内除业主投资和派给业主款外，一切权益上的变化。

续表

要素	定义
收入	是某一个体在其持续的、主要或核心业务中，因交付或生产产品，或提供了劳务，或进行了其他活动，而获得的或其他资产的增加，或因而清偿的负债（或两者兼而有之）。
费用	是某一个体在其持续经营的、主要或核心业务中，因交付或生产了产品，提供了劳务，或进行了其他活动，而付出的或其他耗用的资产，或因而承担的负债（或两者兼而有之）。
利得	某一个体除来自营业收入或业主投资以外，来自边缘性或偶发性交易，以及来自一切其他交易和其他事项与情况的权益的增加。
损失	某一个体除出于费用或派给业主款以外，出于自边缘性或偶发性交易，以及出于一切其他交易和事项与情况的权益的减少。

上述会计要素的定义，有两点需要重视。第一，全面收益的内涵比传统的净收益概念要更广，包括除了业主投资及分配外，净收益及其他所有权益的变动。如，不属于净收益的可供出售证券的未实现持有损益等。用公式表示，全面收益 =（收入 - 费用）+ 利得 - 损失。FASB认为，全面收益比“净收益”或“盈利”能更好地反映期间内净资产的全部变动，特别是它可以包括现行收益报告中难以处理或反映的物价变动影响以及期间净收益的确定，因为在现行收益确定模式下，由于价格变动影响或其他一些外在环境事件上所引起的“损益”归于经营收益或盈利在理论上是不充分的，并且一直遭到非议。FASB 提出“全面收益”要素，旨在解决这一难题，即可以把资产因价格变动的持有损益作为全面收益的一个组成部分，同时也为了更确切地反映由于前期调整对本期净收益的影响。为了说明这一问题，SFAC No. 6 还就将全面收益和盈利的关系用公式作出补充说明（即盈利 = 收入 - 费用 + 利得 - 损失；全面收益 = 盈利 - 累计会计调整 + 其他业主权益变动）。表 2 - 8 为全面收益计算过程示例。

表 2 - 8　　全面收益　　单位：元

收入	100	盈利	15
费用	(80)	累计会计调整	(2)
利得	3	其他业主权益变动	1
损失	(8)		
盈利	15	全面收益	14

全面收益要素的提出，对现行收益确定与报告的准则产生了直接的影响，并推动了财务会计理论和实务的发展。例如，FASB 于 1984 年发表的 SFAC No. 5 中正式建议企业在整套财务报表中应报告当期的全面收益，并于 1997 年 6 月正式发布了 SFAS 130《报告全面收益》，要求企业增报第 4 财务报表。英国的会计准则委员会（ASB）于 1992 年发布了第 3 号财务报告准则（FRS 3）《报告财务业绩》，要求企业增报“全部已确认利得与损失表”，以报告企业的全部财务业绩。这张报表也获得了 IASB 的认可，并在 1997 年修订的第 1 号国际会计准则中被正式要求编制①。我国也在 2006 年的企业会计准则第 30 号《财务报表列报》

① 葛家澍、林志军著：《现代西方会计理论》，厦门大学出版社 2001 年版，第 120 ~ 121 页。

中要求编制类似的所有者权益变动表。

财务报表要素的定义中另一点需要注意的是，FASB 将要素分成两大类。第一类包括 3 项要素，即资产、负债及权益。这类要素是描述某一时点，资源及资源要求权的金额。第二类要素是其他 7 个要素：全面收益及其构成要素——收入、费用、利得及损失以及业主投资和派给业主款，则描述在特定期间内影响企业的交易、事项与情况。第一类要素会因第二类要素而变动，并在任一时点反映所有这些变动的累积影响。这种交互作用称为“关联性”，换言之，某份财务报表上的重要数字会与另一份财务报表上的金额相对应。

需进一步指出的是，始于 2004 年 4 月，旨在共同制定一份通用、完整、内在一致的概念框架以作为未来制定会计准则的基础的 FASB 和 IASB 的联合框架研究项目，在 2008 年 10 月发布了一份联合会议资料：概念框架—要素定义中，对资产和负债的定义进行了讨论，最终建议的新定义如下。

（1）资产是一个主体的一项当前的经济资源，主体对其享有他人没有的权利或其他手段。其中：

现时：指财务报表日的经济资源和主体享有他人没有的权利或其他手段。

经济资源：是一项稀缺的东西，能够直接或间接地、单独或连同其他经济资源产生现金流入或降低现金流出。

权利或其他手段：主体使用经济资源并阻止或限制其他人使用。主体享有而他人没有的权利或其他手段是法律或等同法律的手段所强制赋予的。

（2）负债是主体作为债务人的一项现时的经济义务。其中：

现时：指在财务报表日存在的经济义务，同时主体是债务人。

经济义务：是一项无条件的承诺或其他提供或放弃经济资源的要求。

债务人：如果主体被要求承担经济义务，并且承担经济义务的要求是法律或等同的手段所强制的，则该主体是债务人。

由于增加了现时的、经济资源、权力或其他手段等概念，资产的定义与 IASB、FASB 概念框架中的定义有很大的差别。主要体现在：一是资产的新定义强调“现时”的概念，与 IASB、FASB 框架所说的过去的交易和事项可能带来的未来经济利益不同，重点强调财务报表日拥有的经济资源上，而不是面向“过去”。二是强调“经济资源”的概念，而不是“未来的经济利益的取得或控制”。经济资源能更确切地阐述“资产”的性质。三是强调了经济资源是具有“排他性”的，即他人使用是被阻止或限制的，这种说法比之前的“控制”的说法更清晰明了。

与 IASB、FASB 框架中的定义相比，负债的新定义主要有以下变化：一是删除了可能性的评估，用面向现在取代用过去交易或事项来定义负债，强调在资产负债表日经济义务的存在。二是描述了经济义务存在的情景，将负债与合同联系起来，认为分析合同和其他有约束力的协议确认它们是否包含无条件或有条件的义务是很有效的。无条件的义务要求现在或一段时间后履行，而有条件的义务要求在一项不确定的未来事项发生时履行。三是讨论了如何处理不确定性的问题，如果主体不确定资产或负债是否存在，主体应该基于对现实和环境的理解，作出一个中立的判断。

当然，上述资产和负债的新定义还不是最终稿，随着 IASB 和 FASB 概念框架项目的完成，目前的财务报表要素定义很可能都会发生变化。

案例 2－1

戴勒姆－奔驰案例

戴勒姆－奔驰是著名的德国大企业，奔驰汽车的制造商。戴勒姆公司 20 世纪 90 年代初期就已经作为第一家在美国证券市场上市的德国公司进入了美国资本市场。它收购过曾经是美国第三大汽车制造商的克莱斯勒公司。根据德国的会计准则，戴勒姆公司的收益情况一直比较稳定。很多分析师都认为德国的会计处理相对比较保守（德国的会计准则规定，应通过提取准备和确认费用的方式使利润减少到美国同类公司的水平），所以当时有人甚至将德国视为“极端稳健性会计”的国家（当然目前德国会计执行的是国际会计准则）。

在提供给美国证券交易委员会的报告中，戴勒姆公司必须将其按照德国公认会计准则编制的财务报表调整为按照美国公认会计准则编制的报表。根据德国公认的会计准则，1993 年戴勒姆公司报告的净收益为 1.68 亿马克；而按照美国公认会计准则，这一数字变为了亏损 9.49 亿马克（见表 2－9）。差异主要体现在以下项目中：

表 2－9　　戴姆勒公司净收益调整　　单位：百万马克

在德国 GAAP 下合并收益表中报告的净收益	168
减：少数股东相应的收益与损失	(51)
指定用途的留存收益准备金、公积金的变动和价差	(1615)
其他要求的与美国 GAAP 的一致调整：	(1498)
长期合同	30
商誉和企业收购	(33)
退休金和其他退休后津贴	(135)
外币折算	(7)
金融工具	(293)
其他	67
递延税款	920
与美国 GAAP 相一致的净收益	(949)

资料来源：泽弗等主编，夏冬林等译：《现代财务会计理论——问题与论争》，经济科学出版社 2000 年版，第 651～665 页。

显然，德国会计准则并不是我们想象得那么保守。但哪个国家的会计准则更好呢？评价的依据是什么？

五、要素的确认与计量

（一）确认的定义与标准

在解决了财务报表的基本要素的定义之后，接下来的逻辑发展，自然是要解决哪些交易及其影响可以作为基础要素进入财务报表、金额是多少的问题了，即确认与计量问题。在财务会计上，确认对实现财务报告的目标以及具体会计处理程序、规则的选择都有重要的制约作用。因此，FASB 在 1984 年发布了 SFAC No. 5“企业财务报表的确认与计量”。

原理

SFAC No. 5 对确认所下的定义是“指把一个事项作为资产、负债收入和费用等正式加以确认的过程。”

SFAC No. 5 对确认所下的定义是“指把一个事项作为资产、负债收入和费用等正式加以确认的过程。确认包括用文字和数字来描述一个项目，其数额包括在财务报表的合计数之内。对于资产、负债项目的确认，包括获得及产生的记录，也包括记录其后发生的增减变动，以致从报表中清除掉的变化。”SFAC No. 5 指出的确认标准是，在“效益大于成本”和符合“重要性”原则的前提下，所有要素的所属项目都应：

（1）可定义性——应予确认为某一要素所属账户或项目应符合该要素的定义。

（2）可计量性——具有可用货币金额的计量属性并保证充分可靠。

（3）相关性——有关信息对使用者的决策至关重要。

（4）可靠性——信息的反映是真实、可稽核且公允无偏的。

这 4 条标准缺一不可，因为总的确认标准可概括为：一个项目符合会计要素的定义并能可靠地计量，同时对信息使用者有用。

确认是一个从正式记录（即最初进入簿记系统）到计入财务报表的过程。它主要解决应否确认、何时确认和如何确认三个问题。其中，应否确认取决于是否符合基本确认标准和能否可靠地计量；何时确认，原则上应遵循权责发生制原则；如何确认，可分两步进行。第一步是初始确认，即在日常记录时运用账户与复式簿记系统对由交易、事项和情况产生的数据进行向信息转换的初加工；第二步是再确认（即计入报表的过程），根据相关性和重要性进行必要的调整，并在财务报表中将正式记录的账户初加工信息按报表项目重新分类、排列或细化，对当期发生的并确认的全部交易和事项分门别类在不同报表中，既用项目作为文字的汇总说明，又在项目中用金额、小计、合计，作为数字的汇总描述①。

（二）收入和费用的确认

根据 SFAC No. 5，盈利及其组成成分的确认在遵循了 4 条确认标准的条件下，还应作进一步的指南。

1. 收入和利得的确认指南②。

---

① 葛家澍著：《财务会计理论研究》，厦门大学出版社 2006 年版，第 75 页。

② 更进一步的讨论可参阅《美国财务会计准则委员会的公告》，中译本可参阅娄尔行译：《论财务会计概念》，中国财政经济出版社 1992 年版。

（1）已实现或可实现。收入和利得一般要到已实现或可实现时才予以确认。当产品（货物和服务）、商品或其他资产交换现金或现金要求权时，收入和利得才是已实现。可实现则是指，已取得或持有资产已经可以转变为确定数额的现金或现金要求权。

（2）已赚取。收入应在已赚取时予以确认。当企业实质上已经完成了它为取得收入所代表的利益之后，收入才算是已赚取的。

2. 费用和损失的确认指南。费用和损失指南目的是在于确认利益的消耗或利益的丧失及减少。如果一个主体的经济利益已经耗尽，或原确认资产的预期经济利益已经减少或消失时，通常应确认为费用和损失。

（1）利益的消耗。预期的经济利益在某一期间内已消耗，并可以和当期确认的收入直接相关时，应确认为费用。

有些费用，于确认收入时予以确认，如销货成本，是与收入相配比的，它们产生于同一交易或经营过程，所以应根据已确认的收入来确认为费用，即所谓的因果法确认费用；有些费用，于取得货物和劳务时即予耗用，或取得后不久便耗用，应在支付现金或承诺负债的报告期内确认费用，如销售和管理人员的工资等；有些费用，如折旧费、保险费等，应按系统和合理的程序，分配到有关资产预期提供经济利益的各个时期。

（2）利益的丧失及减少。若可以证实资产的原确认未来经济利益已经减少，或者发生了或增加了负债而无相应的经济利益，应当确认为费用或损失。

由于收入与费用是收益（盈利）的组成部分，代表一个公司的经营业绩，是评价管理当局经营业绩的主要指标。在资本市场上，收益是外部信息使用者投资决策的重要依据，特别是在证券市场，每股收益具有信息含量，它与股价正相关，是股票定价的基础。再加上在证券市场上，大部分的财务报告舞弊都与收入有关。在美国，SEC 查处的财务舞弊超过 50% 是由于不恰当的收入确认。前美国证监会主席 Arthur Levitt 说，美国许多公司通过收入确认操纵来虚增利润。这就像酿造一瓶好酒，还没到火候就将塞子打开。但有些公司正是这样做的——在销售还没有完成、产品还没有交到顾客手上，或在客户仍然有权中止、取消、推迟销售业务时就确认收入。因此，他要求 SEC 有关业务部门要在 SFAC No. 5 的基础上改进对收入确认的管理。这直接导致了比 FASB 收入确认标准更为严厉的 101 号立场公告出台，即 SEC 颁布了 SAB 101。公告认为，收入的实现或赚取，要满足以下条件：一是有确凿证据表明订货安排的存在。SEC 指出，使用“订货安排”一词，意在明确买卖双方对订货性质及条款有了最终的理解。二是所订的商品已发送或服务已提供。SEC 认为，只有当企业完成应该完成的工作后才有权利享有收益，比如对于产品，风险和报酬所有权转移后，才能确认收入。三是销售商给购货商的价格是固定的，或是可确定的。价格确定是销售业务的核心。根据美国的 GAAP，若销售在很大程度上存在退款或调整的可能性，就可能满足不了该项标准。四是销售收入的收取有合理的保证。根据美国的 GAAP，若现金支付发生在商品或劳务提供之后，则现金收回必须能够得到合理保证时，才能确认收入。

此外，SAB 101 还要求公司在表外披露预计退货的重大变化并在“管理者讨论与分析”（MD&A）中说明如下三点：一是影响收入的有利或不利事项；二是收入与成本之间的关系；三是影响收入增减原因与事实的分析。

2003 年 12 月，SEC 发布了会计公告 104 号，以取代 SEC 关于收入确认的其他指南。该指南以及 SFAC No. 5 共同构成了美国收入确认领域的会计原则。而 FAS 45“特许经营费收入”、FAS 48“销售退回时的销收入确认”、FAS 66“不动产销售的会计处理”，以及一系列的“立场公告”（SOP）和“紧急问题工作组的一致意见”（EITF）等则提供了更具体的行业指南。目前，美国所有关于收入确认的权威指南均编录在 FASB 发布的《会计准则汇编 605 号——收入确认》[①] 中。

（三）计量的定义与计量属性

> **原理**
>
> 计量就是根据规则对实物或事项的数字分配。

在财务会计中，确认与计量是密不可分的两个概念，确认是计量的前提，计量是将已确认交易加以量化的过程。会计计量是财务会计的核心问题。SFAC No. 5 论述了与确认密切相关的一些计量问题，而 SFAC No. 7（2000）和 SFAS 157（2006）则重点论述了会计计量中的现值技术和公允价值计量问题。

所谓计量，就是根据规则对实物或事项的数字分配。通常一项完整的计量活动包括两个要素：一是选择计量属性，如长度单位、重量单位等（用长度计量还是重量计量）；二是计算和估计数量，没有一种计量能离开数字的计算和不同程度的估计，会计计量也是如此。会计计量有两个要素：计量属性[②]的选择和金额的合理估计。Ijiri（1979）认为：会计计量就是以数量关系来确定物品或事项之间的内在数量关系，而把数额分配于具体事项和过程，他还将这一特点用图 2－14 来描述[③]。

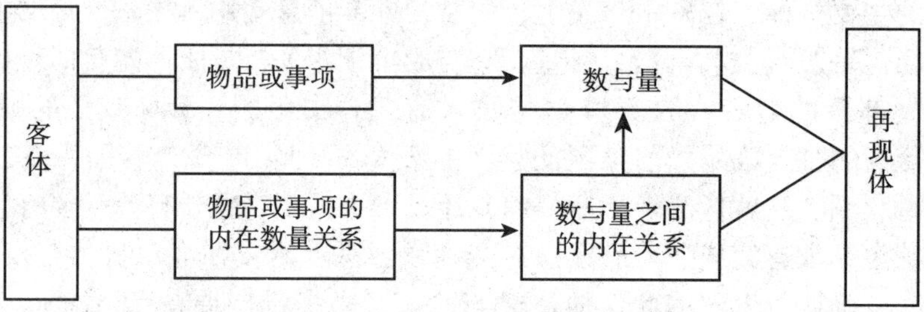

图 2－14 会计计量

SFAC No. 5 指出，当前在财务报表中呈报的各种项目，是用不同的属性来计量的，视项目的性质，以及计量属性的相关性和可靠性而定。FASB 预期，采用不同属性的做法继续下去。现行实务中用于资产（和负债）的有 5 种计量属性：原始成本（原始收入）、现行成本（重置成本）、现行市价、可实现净值和未来现金少量贴现值。

根据会计计量的特征，确定会计计量的质量标准，通常应坚持以下三个原则[④]：

---

① 关于收入确认，2008 年 12 月，IASB 和 FASB 发布了讨论稿（Discussion Paper）“Preliminary Views on Revenue Recognition in Contracts with Customers”，对收入的确认有许多新的观点。

② SFAC No. 5 对属性的解释是，指一个项目要予以量化或计量方面，如原始成本/原始收入，现行成本/现行收入等。属性作为一个概念，比量度（measurement）为狭。量度的含义，不仅包括辩论要予以计量的属性，还包括计量尺度的选择，如货币单位或不变购买力单位。

③ 转引自葛家澍、林志军著：《现代西方会计理论》，厦门大学出版社 2001 年版，第 151 页。

④ 同上，第 152 ~ 153 页。

（1）同质性：再现经济现实。会计计量必须通过再现体（财务报表）来反映客体（财务状况和经营成果，即经济业务的总结），并在再现体和客体之间保持同质性。如果计量所揭示的数量关系不能代表经济业务现实的内在数量关系（经济业务的实质），计量结果无异于一种虚构，至少也可以说是没有如实反映。因此，FASB 指出，比可靠性更具体和特殊的可信赖信息的标准之一是，会计计量必须与所计量客体的属性相一致（或作为一种准确的再现）……数量表现的有用性取决于它们的“再现的准确性——它们必须和被表现的物品和事项保持基本一致”。

（2）可验证性：会计计量通常需要估计和判断，这样就不可避免地面临不确定性问题。为了使计量结果更有效，更如实反映经济业务，计量应具有可验证性，即在给定相同的条件下，不同的会计人员对同一经济业务的计量应得出相同的结果，或者计量的结果可以互为证实。

（3）一致性：在会计实务中，对同一经济业务的计量可能同时存在几种计量方法，如存货计价，可供选择的方法有先进先出法、加权平均法、个别辨认法等，固定资产折旧通常有直线法、余额递减法和年数总和法等。尽管这些方法的运用都有一定的依据，但它们得出的结果却可能完全不同，会影响不同期间或不同主体之间会计信息的可比性。如 1974 年，美国杜邦公司通过从先进先出法转向后进先出法，减少纳税 2 亿多美元①。因此，在计量方法运用上要强调前后期的一致性，以避免信息使用者对会计信息产生误解。

（四）以现值为基础的计量

正如发布 SFAC No. 7 时的 FASB 委员 Messrs Larson 和 Trott 所言，在初始确认和新起点计量②中采用现金流量信息和现值的唯一目的是公允价值。SFAC No. 7 为在计量目标是估计公允价值的条件下采用现金流量信息和现值技术提供了理论框架：阐述了现值在会计计量中的目标；对现值技术的应用，尤其是在未来现金流量数额、时点不确定的情况下现值技术的应用提供了通用规则。

大多数会计计量均采用可观察的市场定价——已收到或已支出的现金，现行成本或现行市价。与需要运用未来现金流量估计的计量方法相比，可观察到的市场定价更可靠、更容易确定。但如果无法取得这一数据，会计人员必须估计现金流量以确定资产、负债的账面价值。由于这些现金流量涉及一个或多个会计期间，从而在计量中提出了问题：会计计量是否应反映现金流量的现值，还是采用其未贴现金额？SFAC No. 7 认为运用现值技术计量能反映出不同未来现金流量的经济差异。比如，下列 5 种资产的未来现金流量都是 10 000 美元：（1）合同约定现金流量 10 000 美元，1 天后到期，现金肯定可以收到；（2）合同约定现金流量 10 000 美元，10 年后到期，现金肯定可以收到；（3）合同约定现金流量 10 000 美元，1 天后到期，无法肯定能否收到，收到金额可能小于 10 000 美元，但不会多于 10 000 美元；（4）合同约定现金流量 10 000 美元，10 年后到期，无法肯定能否收到，收到金额可能小于 10 000 美元，但不会多于 10 000 美元；（5）期望现金流为 10 000 美元，10 年后到期，无法

① 转引自 Horngren，C. T.，G. L. Sundem，J. A. Elliott 著，孙丽军译，陈小悦审校：《财务会计教程》，华夏出版社 1998 年版，第 164 页。

② 对会计项目作初始确认以后的会计期间内所作的计量。

肯定能否收到，估计可收到金额在8 000～12 000美元之间。

在上述资产中有4项的合同约定现金流量相同（10 000美元），另一项的期望现金流量也相同。恐怕不会有人认为它们的经济效益也是相同的。理智的市场交易者不会为它们定出一样的价钱。每一项资产项目在时点、确定性上都各不相同。如果以未折现的现金流量计量，5个资产项目没有区别。相比之下，现值计量就有助于将形似质异的项目区分开来。现值计量考虑到期望现金流量的不确定性，比忽视不确定性，或采用未折现的未来现金流量的其他计量方法更能提供具相关性的信息。

为了能够充分反映未来现金流量间的经济差异，现值计量必须包含以下要素：一是对未来现金流量的估计，或者更复杂的情况是，对一系列不同时点发生的未来现金流量的估计；二是对现金流量的金额、时点各种可能变动的预期；三是用无风险利率表示的货币时间价值；四是内含于资产、负债价格中的不确定性；五是其他难以识别的因素，如企业发生变现困难和市场的不完善。

现值计量的关键是如何估计未来的现金流量和确定用于折现的贴现率。现值的计算通常有两种方法：期望现金流量法（贴现率只考虑用无风险利率表示的货币时间价值，其他因素在确定风险调整期望现金流中作调整）和传统法（通过调整贴现率来反映对现金流量的金额、时点各种可能变动的预期和其他难以识别的因素）。SFAC No. 7对两种计算现值的方法作了比较，认为企业可以根据实际情况选用其中一种方法确定资产、负债的公允价值。但SFAC No. 7推荐使用期望现金流量法。

用传统方法计算现值时，通常只使用单一的一组估计现金流量和“与风险成正比”的单一利率。显然传统法假设一个单一的利率就能够反映对未来现金流量和相应风险溢酬的预期。委员会希望会计人员在某些计量上继续采用传统法，因为在有些情况下，传统法更简便易行。对于只具有合同约定现金流量的资产、负债，传统法和市场人士对资产、负债的表述是一致的，其最终结果并无区别。

传统法在多种计量中是可行的，尤其是对于那些在市场可观察到参照性项目的资产、负债。但委员会发现，传统法无法解决一些复杂的计量问题，比如某项非金融资产或负债没有市场价格，也没有类似的参照物。要选择一个“与风险成正比”的利率至少需要分析两个要素：一是待计量的资产或负债，二是市场中存在的、具有相应可观察利率和相似未来现金流量特征的另一项参照性资产或负债。相关计量必须做到：一是识别将要折现的现金流；二是识别市场上具有相似现金流量特征的其他资产或负债；三是确定两个项目是相类似的项目之前，比较其现金流量（比如，是否两者都是合同约定现金流量，或其中之一是合同约定现金流量，另一项则是期望现金流量）；四是评价其中一个项目是否具备另一项目不具备的特点（比如一项的变现能力强于另一项）；五是评价在经济环境改变时，相关项目的现金流量是否会发生相似或不同的变化。

FASB认为，期望现金流量法在许多计量中比传统法更有效。期望现金流量法考虑了所有可能的现金流量的期望值，而不是只寻找一个最可能的现金流量。一项现金流量有100元、200元和300元3种可能，概率分别是10%、60%和30%。其期望值应为220元[(100×0.1)+(200×0.6)+(300×0.3)]，而传统法下，最可能现金流量或最优估计现金流量是200元。期望现金流量法与传统法的区别在于前者将计量的重心直接放到了对现金流量的分析和计量时所采用的各种假设上。

当现金流的时点不确定时，期望现金流量法可以采用现值计算方法。例如，某项1 000美元的现金流可能在1年、2年或3年后收到，相应概率分别为10%、60%和30%。表2-10为其期望现值的计算。最后结果为892.36美元，若采用传统法，最优估计（概率为60%）为902.73美元。

表2-10　期望现金流量法示例

现金流及利率	现　值	
1年后收到1 000美元的现值，利率为5% 概率	952.38美元 10%	 95.24美元
2年后收到1 000美元的现值，利率为5.25% 概率	902.73美元 60%	 541.64美元
3年后收到1 000美元的现值，利率为5.50% 概率	851.61美元 30%	 255.48美元
期望现值		892.36美元

为了指导现值法在资产与负债计量中的运用，SFAC No.7还提出了以下一般原则：

（1）在可能的范围内，对未来现金流量和利率的估计应该反映出对有关未来事项和不确定性的假设。这些假设是市场人士在决定是否通过公允的现金交易来获取一项资产或一组资产时必须要考虑的。

（2）用来折现现金流量的利率所内含的各种假设应该与估计现金流量时所内含的假设相一致。否则，一些假设的影响将会被重复考虑或被忽略。例如，12%的利率可以被用于贷款时的合同约定现金流量，它反映了这笔贷款未来特有的违约风险；但同样的12%不能用来对这些预期现金流量进行折现，因为这些约定现金流量中已经包含了未来违约相对应的风险溢酬。

（3）现金流量和利率的估计不应受主观偏见和其他与被估资产、负债无关的因素的干扰。例如，如果故意低估净现金流量，以增强某项资产未来表面的获利能力，就会使计量产生偏差。

（4）现金流量和利率的估计应该反映可能结果的范围，而不仅仅是一个单一的最可能、最悲观或最乐观的金额。

用于资产计量的现值的基本概念和原则同样适用于负债。不过，债务计量有时会遇到一些与资产计量不同的问题，需要采用不同的技术和方法才能确定债务的公允价值。使用现值技术估计一项债务的公允价值时，目标是估计当前取得一项资产的价值，以便清偿债务并向资信状况相当的另一实体转让该项债务。为了估计企业应付票据或应付债券的公允价值，会计人员通常需要估计出一个价格，在这一价格水平上，其他实体愿意将该企业的负债作为其资产。这样，问题就和资产计量没有实质性区别了。比如，贷款收入是一种定价，即债权人为将债务人对于未来现金流量的允诺作为资产项目而持有所付出的代价。同样，应付债券的公允价值就是该债券在市场上作为一项资产交易的价格。

对负债最具相关性的计量应该反映出企业的资信状况的变化。把企业的负债作为资产的债权人在决定其愿意支付的价格时必然会考虑该企业的资信状况。当企业为获取现金而借债时，我们很容易观察到企业的资信状况对债务价值的影响程度。在作出同样的支付金额许诺后，资信状况较佳的企业相比资信状况稍差的企业可以获得更多现金。例如，两个企业都承诺在5年后偿还500美元，资信状况好的企业现在就可获得374美元（利率为6%），资信状况差的企业现在只能获得284美元（利率为12%）。两个企业都是以公允价值作为债务确认的基础，其借款所得之间的差额反映了两个债务人不同的资信状况。

企业资信状况对债务公允价值的影响取决于企业按照债务条件付款，以保护债权人利益的能力。由政府机构担保的债务一般不会有违约风险。其他债务可能有偿债基金或抵押资产。这些因素在估计企业资信状况对债务公允价值影响程度时都要予以考虑。

企业的资信状况在清偿债务时的影响不那么直接，但同样重要。债务清偿涉及3个方面——企业、债权人和第三方。例如，企业A对企业B负有债务责任，3年后清偿500美元。企业A的资信状况不佳，故借款利率为12%。清偿债务时，企业B不会同意以资信状况更差的另一企业代替企业A。在其他条件相同的情况下，企业B可能同意以资信状况相似或较佳的另一企业代替企业A。企业C的资信状况良好，故借款利率为6%。它同意按420美元（以6%计算的现值）承担企业A的债务。既然可以按6%的利率贷款，企业C不会同意以更低的金额（较高的利率）承担该债务，因为对同一项支付500美元的允诺，它可以收到420美元。如果企业A借款是为了向企业C还款，它的付款允诺应为590美元（420美元加上按12%计算的3年复利）。

根据上述例子，企业A的债务公允价值大约是356美元（按12%计算的500美元，3年期现值）。企业C要求的420美元中包括了企业A债务的公允价值（356美元），以及该债务的资信质量。也可能出现企业刻意多付款，以吸引其他企业加入到清偿业务中的情况。这种情况类似于购买信用担保，额外支付的金额是对担保的单独购买，而不是企业原有债务公允价值的组成。如上所述，企业资信状况对债务计量的影响通常在利率调整中体现出来。这一点和传统法下对资产计量中的风险和不确定性的处理是完全相同的，尤其适用于产生合同约定现金流量的负债计量。但要反映资信状况对其他类型负债公允价值计量的影响，期望现金流量法更为有效。企业的一项负债意味着该企业将要发生的现金流出，其取值范围可大可小。如果流出额小，违约的概率也小，如果流出额大，违约的概率也大。在这种情况下使用期望现金流量法计算负债的现值，更能反映出企业资信状况对债务价值的影响。

总之，SFAC No. 7 主要说明，如果会计计量无法采用可观察的、由自由市场客观决定的市场价格（其转化形式是历史成本、现行成本和现行市场）信息时，就只能转向采用未来现金流量估计值，但现金流量的简单相加或其现值均不是计量属性，运用未来现金流量的折现值是为了反映资产或负债的公允价值。

六、概念框架总结

财务会计准则概念公告的要点如表2－11所示。

表 2－11　财务会计准则概念公告要点（营利组织）

公告	主要内容
SFAC No. 1	会计应提供有助于信息使用者作出经济决策的信息。 财务报告应关注外部使用者，如投资人和债权人等。 信息应有助于对现金流量的预计。 权责发生制所核算的收益在业绩计量方面比收付实现制更好。
SFAC No. 2	根据信息服务的目的来评价信息是否有用。 不同的信息适用于不同的决策。 决策有用性是首要的质量特征。 对决策有用的信息必须同时具备相关性和可靠性。 相关的信息应当是及时的，并有助于提供预测价值或反馈价值。 可靠的信息必须如实反映所计量的事项，并具有可验证性和中立性。 可比性和一致性有助于信息的有用性。 有用的信息还必须是重要的，即报告数量必须足够大，以对决策产生影响信息使用的收益应当大于信息提供的成本。
SFAC No. 3	构成财务报表的 10 个要素是：资产、负债、权益、业主投资、派给业主款、全面收益、收入、费用、利得和损失。
SFAC No. 5	明确哪些信息应记入财务报表，应在何时记入。 财务报表中的所有项目都是重要的，而不是只有“结果”数是重要的。 反映财务状况的报表应提供关于资产、负债和所有者权益的信息，不需要报告权益的市场价值。 一定时期的经营业绩用收益计量，而全面收益计量的是除业主投资和派给业主款外的所有对所有者权益的影响。 财务报表建立在财务资本保持的概念之上。 计量以货币单位为基础。 收入在赚得并已实现（或可实现）时予以确认。 如果以市场价格计量比其他备选报告方法提供更可靠和更相关的信息，则以市场价格进行计量（只有这样做才不会导致过高的成本）。
SFAC No. 7	只讨论计量，不涉及确认的问题，也不考虑指定初始计量的恰当时间。 用现值进行会计计量是为了尽可能反映未来现金流量之间的经济差异。 现值会计必须反映出资产、负债项目可观察到的计量属性。 用现值进行的会计计量应反映出预期现金流所固有的不确定性。 推荐使用期望现金流量法。 负债的计量与资产不同，但基本目标是一致的。 对债务最具相关性的计量方法应该反映出企业的资信状况。 在确定利息法进行会计摊配和实施摊配时必须考虑到各种因素的影响。 如果期望现金流量的数额、时点发生变化，有关项目又非新起点计量的主体，利息摊销方法应及时调整，将账面金额调整为变动后预期现金流量的现值，再按原实际利率贴现。

续表

公告	主要内容
SFAC No. 8	通用财务报告目标是概念框架的基础。概念框架的其他方面——报告主体概念、有用的财务信息的质量特征及其限制、财务报表要素、确认与计量、呈报和披露逻辑地来自通用财务报告目标。 通用财务报告的目标是向现在的和潜在的投资者、贷款人和其他债权人提供报告主体的财务信息，以有助于他们作出提供资源给主体的决策。 现在的和潜在的投资者、贷款人和其他债权人需要有助于其评估主体未来现金净流入前景的信息。 财务信息必须具有相关性和如实反映的特征才具有用性。财务信息若具可比性、可证实性、及时性和可理解性，可增强其有用性。 基本的质量特征是相关性和如实反映。相关性包括预测价值和确证价值，从单个主体层面来看，相关性还包括重要性。如实反映包括完整性、中立性和无错性。 增进的质量特征包括可比性（一致性）、可证实性、及时性和可理解性。 成本是使用财务报告的广泛约束条件。

注：涉及非营利组织的 SFAC No. 4 和 SFAC No. 6 未在这里总结。

七、CF 的不足

1978 年以来，美国 FASB 共发布了 8 份公告，这些公告堪称经典，对会计准则的完善和会计的科学化作出了重要的贡献。FASB 认为，原 CF（20 世纪 70 ~80 年代）采用的主要是纵向法，金字塔结构（详见图 2 -6）基本上能做到逻辑严谨，前后一贯（财务报告目标、会计信息质量特征、会计要素、确认与计量、财务报表），但在横向（详见图 2 -6）上存在不少问题，其中之一便是信息质量特征的定义、层级及权衡问题。此外，还有未能达到“连贯、协调、内在一致”的要求以及部分概念模糊不清，没有为解决会计与报告提供所有必要的指南等。具体的问题主要有：

（1）CF 第 1 号阐述了财务报告的目标，但随后的几个公告基本上都是阐述财务报表的问题；资产负债的定义与 CF 第 1 号提出的“经济资源”的目标信息前后不连贯。

（2）要素的定义与要素确认与计量也不连贯。

（3）第 2 号概念公告“会计信息的质量特征”在权衡相关性、可靠性、可比性和一致性之间的质量关系时并没有提供必需的概念指南，虽然 SFAC No. 8 第 3 章提供了基本质量特征和增进质量特征应用指引，但当它们之间产生矛盾时，对如何进行权衡并没有详细的指南。

（4）在发布第 5 号概念公告时，由于妥协的需要，企业财务会计报表的确认与计量包括那时所存在的实务的描述，CF 为分析与解决有争议的确认与计量问题所提供的概念依据过少。此外，第 5 号公告并没有为判断某个项目是否应按公允价值计量提供必要的评估工具，如何时计量（有关初始计量及再计量）、总额多少、如何计量。

（5）在第 5 号公告中，收入确认的指南在某些方面与其他概念公告不一致，特别是与第 6 号公告中的资产与负债（以及其他的要素）的定义不一致。更进一步说，第 6 号概念公告要素定义本身不清晰。

（6）概论公告没有包括发展中的披露规范框架。

当然，随着 FASB 与 IASB 联合概念框架的完成，这些不足也许会得到改进。

八、对 FASB 与 IASB 联合概念框架初步意见的评述

2006 年 7 月，FASB 和 IASB 联合发布了“概念框架”（初步意见）的主要观点包括：一是在 CF 中，受托责任和管理层的会计责任不能作为一个主体提供财务报告的目标。CF 应强调会计在投资中所起的作用，即决策有用观。这样财务报告目标的基础就是单一的决策有用观，而不是以前的“受托责任观”与“决策有用观”并重，这在概念依据上似乎更合逻辑。二是更强调“资产负债表观”，弱化“收益表观”，强调会计数字的中立性，主张放弃稳健性原则。三是用“如实反映”替代可靠性。在会计信息质量特征的权衡方面提出的优先顺序是：首先必须考虑相关性、然后再考虑如实反映。但同时认为这并不意味着如实反映次于相关性，因为信息只有如实反映才能是决策有用。四是支持采用不以实际市场交易为基础的公允价值，因为据此所提供的信息更能满足信息使用者投资决策的需要。

针对 FASB 和 IASB 的“初步意见”，美国会计教授会（AAA）的财务会计准则委员会发表了不同的看法，主要观点如下：

（1）财务报告使用者和报告主体。“初步意见”指出，财务报告的主要使用者是现在的和潜在的投资者和债权人，其他使用者是次要的，财务报告反映的是主体整体观而不是唯一的所有者观；财务报告的目标对所有提供报告的主体（包括公众公司和私人公司）都应是相同的。

这里的问题是，企业财务报告的主要使用者是所有者，因为他们承担编制财务报表的成本，负责聘请审计师。所有者实际上愿意企业为其他信息使用者提供信息，因为存在道德风险成本。所以，财务报告应强调为所有者提供信息。此外，每个国家的企业中大部分是非上市公司，但准则通常适用于所有的企业。如美国有 490 多万家企业，发行股票并向美国证券交易委员会（SEC）提供报告的只有约 17 000 家，美国注册会计师协会（AICPA）的规则 203 要求 CPA 根据 GAAP 出具审计意见。因此，CF 应谨慎界定报告主体，因为准则所规范的不是数字，而是通过数字来传递信息。

（2）受托责任观和决策有用观。“初步意见”在论述财务报告作用时，认为它主要是用于投资决策。尽管“框架”也提到受托责任，但只是附带地说，而且强调的也是投资决策（计价）方面的责任。

实际上，对绝大多数的企业而言，信息的“受托责任”作用比“投资决策”作用重要的大。因为对所有企业而言，会计的主要作用是控制并向所有者报告经理处置和使用资源的情况。财务报告反映了管理当局的受托责任，有助于激励管理当局按所有者的利益来管理企业。其次，企业的会计系统同样有助于管理当局评估其下属的责任履行情况，激励其按上司的指令和期望工作。此外，“框架”强调相关性，认为相关的信息是指能有助于使用者预计过去、现在或未来交易或事项的未来现金流（预计价值），或证实、更正他们以前的估计（确证价值）。该定义过分强调投资决策，忽视了有关受托责任决策。

（3）将现金流动作为财务报告的目标。“初步意见”指出，财务报告的目标是提供现

金、现金等价物、能转化为现金的资源或类似的信息。因为投资者和债权人最终最为关注现金信息，现金流动也不像应计制会计那样易于操纵。

但是，现金只是资产的一种。在企业现金交易通常量也比较少，许多资产（如短期投资、应收账款净额等）可以作为现金的替代，所以对信息使用者来说现金信息作用有限。况且，现金流动能避免计量等操纵问题的说法也不符合事实，比如现金流动会随收款和付款而波动。实际上，反而是应计制会计有助于减少这种波动。机会主义的管理者很容易通过推迟购进短期有价证券、递延购进存货和延期偿债等来增加现金流入。因此，财务报告提供的信息应该是现金制和应计制计量的结合，遗憾的是“框架”并未论及此问题。

（4）财务报告的局限性。“初步意见”指出，财务报告的设计不是用来揭示主体的价值，因为估计主体的价值，除了财务报告所提供的会计信息之外，还需要考虑政治、经济状况、行业等信息。但“框架”在解释如实反映时却说，要如实反映真实世界的经济现象，信息必须具备可证实性、中立性和完整性，完整性指在财务报告中的所有项目必须忠实反映经济现象旨在反映的信息，两种表述前后不一。

财务报告具有局限性，所以它所揭示的信息是不完整的。假如资产负债表用来报告资产和负债的价值（持续经营的预计价值，而非清算价），那么“经济现象”应该是使用价值，即预计现金流的净现值。净现值的计算要预计未来的现金流量，包括要考虑影响企业现金流的各种因素、折现率等。这些数字由于取决于管理当局的主观判断，所以也很可能不中立，也很难验证。更进一步说，即使预测的数字是可信的，并能可靠地计量未来事项的经济结果，但报告的内容很可能已过时，因为股价反映了所有公开的信息（包括预计的信息）。

（5）相关性和如实反映。“初步意见”强调，应在其他质量特征之前先考虑相关性，因为它决定了财务报告中描述的经济现象，其次考虑的是如实反映，但这并不说如实反映次于相关性。

CF 中相关性和如实反映的次序排列很重要，因为它决定了会计计量模式的选择。财务报表应反映受托资源及其使用情况，尽管资源的耗用很难确切计量。比如，房屋的原价减折旧并不等其经济价值（使用价值）或市场价值（交换价值），但它反映了资源的消耗和成本的分配，数字尽管粗糙，但与经济使用成本的计量相比至少不容易操纵。实际上，对所有信息使用者而言，财务报告数字只有可信，才对投资决策有用。会计数字只有以实际市场交易为基础，审计意见才准确、可信。历史成本数字转变为现行价值会提高信息的相关性，如有价证券按市价重述、存货按重置成本计价，再将原始价格与重置成本的差异记为持有利得或损失，信息可能更有用。而公允价值由于要估计净现金流量和折现率，因此容易被管理当局操纵，信息很难说是可信的。所以，CF 应在相关性和如实反映之间认真权衡。

（6）审计与数据的可信性。如前所述，会计数字具有相关性的前提是可信的。通常认为，传统的历史成本会计数字容易被操纵，一旦资产与负债期末均按使用价值计量，许多操纵会被消除。但前提是重新估价的资产和负债数字要可信，否则问题是一样的。实际上，对不诚实和机会主义的管理者来说，公允价值会计和历史成本会计数字一样都是可操纵的，但后者通常更容易被审计发现和证实，而以现值、模型和预计脱手价为基础的公允价值的操纵，审计师很难证实。因此，不以实际和相关市场数字为基础的公允价值会计很可能导致不正确的财务报表、降低审计师的价值和影响会计师诚实和专业的声誉，这对会计界来说无疑是一个灾难。

（7）稳健性原则。“初步意见”认为应放弃稳健性原则，因为中立性与稳健性相矛盾，稳健性原则会导致财务报告信息有偏见，而有偏见的信息当然是不能接受的。

事实上，所有的计量都或多或少地包含某些偏见。诚实的管理者往往过于乐观，否则他们就不是成功的管理者。不诚实的管理者往往选择高估有利事项（如收入）、低估不利事项（如费用）的计量手段。而投资者和所有者趋向处罚那些高估收益的报告者。所以，鼓励尽早披露“坏消息”，推迟报告“好消息”的稳健性原则的偏见，可抵消管理当局的报喜不报忧，得出中立性的信息。

（8）资产负债表观与收益表观。“初步意见”强调资产负债表观，但相对于传统上重视收益表观，资产负债表观由于需要重估价（如按现值），所以所得的会计数字可信性差。尽管期末按可信的数字重估资产和负债的价值会改进收益表，但是大多数资产和负债不存在可信的价格，所以重估价是不完整的。基于配比原则和稳健性原则的收益表能提供企业业绩的有用信息。

“初步意见”认为，递延费用和递延贷项在财务报告之外的真实世界根本不存在，所以它们不能如实反映经济现象。但是，它们确实是资产和负债，递延费用是预期收入的现值，递延贷项是预收现金等负债的现值，将其作为当期的损失或利得处理未必正确。

本章小结

本章重点介绍了财务报告模式和财务报告的概念框架。首先，在阐述财务会计概念的基础上，总结了现行的财务报告模式并论述了其未来可能的发展；其次，对目前的财务报告概念框架（财务报告的理论基础）及其发展进行了系统性的介绍和评价。

现代财务会计是在GAAP的约束下，确认上采用权责发生制、计量上主要采用历史成本（近年来公允价值的采用逐渐增加），记录上应用复式借贷记账法，报告上提供有关企业财务状况、经营成果和现金流量信息的财务信息系统。

AICPA（2002）认为，未来的企业报告（又称扩展的企业报告）模式是以业绩计量为基础的在线、实时的企业信息披露。IASB和FASB认为，现行的财务报表列报允许过多的可选择列报类型，同时财务报表信息高度汇总，而且不同报表未能一致列报，这使信息使用者很难完全理解报表之间的关系和主体的财务业绩。因此，建议信息应当以如下方式列示：一是刻画了一个主体活动的具有内在一致性的财务图景。一幅内在一致的财务图景意味着不同报表项目的关系是清晰的，主体的财务报表尽可能相互补充。二是报表中的分解信息有助预测主体的未来现金流量。为评估未来现金流量的金额、时间、不确定性而进行的财务报表信息分析要求将财务信息合理分解为包含类似项目的组。如果项目的经济性质不同，报表使用者在预测未来现金流量时会对其采取不同的态度。三是帮助报表使用者评估主体的流动性和财务弹性。有关主体流动性的信息能帮助报表使用者评估主体在财务承诺到期时兑现其承诺的能力。有关财务弹性的信息能帮助报表使用者评估主体投资商业机会以及对非预期需求的能力。

财务报告概念框架是由目标和相互关联的基本概念组成的一个相互关联、前后一致、逻辑紧密的理论体系。从长远的观点来看，一个完善的概念框架能为制定以原则为导向的会计准则提供合理的基础。目前IASB与FASB正在进行的“概念框架”联合项目，其目的是建立一个既完整又内在一致的通用概念框架，这对于发展未来的准则以及为完成两个理事会以原则为基础、内在一致、国际趋同来建立准则的目的是必需的，并引导财务报告向投资、信贷和类似决策提供所需要的信息，提供了一个合理的基础。可以预计，随着IASB与FASB"概念框架"联合项目的完成，必将对现行的会计准则产生重大的影响。

复习思考题

1. 财务报表的目的是拍照还是价值预测？为什么？

2. 会计是一门科学还是一种艺术？请用实例加以说明。

3. 什么叫确认？什么叫计量？什么叫披露？

4. 现代财务会计的主要特征是什么？

5. 什么叫CF？它有什么作用（请举例说明）？

6. 假设某地政府无偿向A公司提供一块土地，条件是公司必须将该土地用于工业生产并保证在若干年内雇用不少于200名本地员工。

（1）根据财务会计理论框架的精神和财务报告的原则，你认为土地的公允价值应作为收入还是直接计入权益？两种做法各有什么利弊？

（2）假设本地员工的工资和福利大大高于从外地招聘员工的水平，你认为会计处理是否应有所不同？

（3）又假设该政府规定在若干年后政府可选择收回土地及建筑，或让公司继续有偿或无偿使用，这一假设对你的答案有何影响？

（4）再假设公司如在规定期限内中止在本地区的经营活动将被处以巨额罚款。该公司处于高科技行业，目前经营前景良好。这一规定对会计处理有何影响？为什么？

7. 什么叫GAAP，其特点是什么？试述GAAP的层级。

8. GAAP与CF是什么关系？你认为我国是否应该制定CF？为什么？

9. 有人认为收益质量是指报告收益反映公司真实收益的能力，以及报告收益预测未来收益的效用。也有人认为收益质量是指报告收益的稳定性、持续性和平滑性。基于资本市场，你认为应如何界定收益的质量？

第三章　财务报告基础（下）

本章目标

通过本章学习，你应该能够：

1. 了解会计准则的性质及其定位。
2. 熟悉原则导向和规则导向会计准则的优缺点。
3. 把握未来会计准则的发展方向。
4. 掌握公允价值的计量。

案例 3－1

你喜欢公允价值吗？

有人认为历史成本会计提供的财务信息是真实但无用甚至是有害的信息。就如你拿了一张 18 岁时的伊丽莎白·泰勒（Elizabeth Taylor）照片（历史成本），但约会时来的却是 81 的泰勒（公允价值）。

而麦金尼斯和卡泰尔多（2007）却对公允价值会计提出了尖锐的批评：许多在其他方面广闻博学的会计和财务人员似乎并不了解公允价值对我们的财务报告系统的颠覆性影响。按照公允价值愿景，以交易为基础的权责发生制会计的整个框架，都会被一种按时“公允价值”估计值计量每项资产和负债的制度所代替。传统的收入、费用概念和配比原则在这个愿景中毫无立足之地。我们现在所理解的“净收益”，将被重新定义为账面权益的变化，即调整基本资本流量后的资产和负债的估计公允价值之差。这种全面公允价值会计制度被称为资产—负债法。所有资产和负债均采用全面公允价值会计……无论是对财务报告的编制者，还是使用者，都带来了挑战，或许所带来的好处不足挂齿，但带来巨大危害的可能性绝对不容小觑。

资料来源：鲁思·安·麦克尤恩著，朱晓辉译：《财务报告的透明度》，中信出版社 2010 年版，第 17～18 页。

第一节 会计准则的定位：如实反映与经济后果

最近几年资本市场的一系列财务报告丑闻引起了美国社会对会计准则有效性的全面反思。许多人认为，除了那些舞弊者外，会计准则本身可能在促进或鼓励这些违规行为方面扮演了一个不好的角色。有的人甚至质疑在技术上遵循 GAAP（公认的会计准则）是否必然会导致财务报告公允地反映报告主体的经济事实。他们认为现行的 GAAP 存在着三个重大的缺陷：一是有太多的界线检验，使准则的执行者不太关注会计准则的“精神”实质（如实反映）；二是有众多的原则例外，从而导致具有类似经济实质的交易或者事项的会计处理截然不同；三是繁杂的操作指南造成了准则应用中的复杂性，继而弱化了会计的“判断”职能，而会计职业的精髓在于真实与公允地作出判断。

GAAP 的缺陷以及证券市场上不断曝出的侵犯 GAAP、审计及公司治理失败、投资银行家的伪造虚构交易等财务报告问题，引发了人们对公司报告系统的各个方面（包括会计准则本身及其制定过程）的关注，也引起了人们对会计准则制定本源问题——如实反映还是经济后果的进一步思考。

一、如实反映观的理论渊源：技术观

> **原理**
>
> 如实反映观认为，会计就像绘制财务地图，地图的绘制应该准确（如实反映）。

如实反映观认为，会计就像绘制财务地图，地图的绘制应该准确（如实反映）（Ruland，1984）。尽管地图的设计是有意图的（如高速公路地图是为了帮助人们驾车从某地到达另一个地方），并且可以用看图驾车抵达目的地来评估其有用性，但不应该用最终结果来评判地图。换句话说，高速公路地图的质量在于被描述物位置的准确度，地图的有用性在于正确的地理现象描述，而不是选择去哪里或选择哪条路抵达目的地。根据使用者的需要，可以绘制不同的地图，如军用地图、城市交通图、旅游地图等，同样根据使用者的需要也可编制不同的财务报表，如企业对外报送的分别反映企业财务状况、经营成果和现金流量的资产负债表、利润表、现金流量表和供内部信息使用者使用的各种成本报表、责任报告等。地图的好坏在于其描绘地理位置、地理环境等的准确性，财务报告的好坏也应根据其反映经济交易的准确性来进行判断。这样，根据如实反映观，财务报告应像地图反映地理位置一样，如实地再现企业经济活动的全貌。Ruland 还认为，财务报告本身隐含了一个允诺，即“说实话”，通过会计信息来反映客观存在（事实）。这样，将财务报告与客观事实比较，就可衡量信息的质量或准确性。这种地图绘制更多地体现了一种技术，因此制图说又称为技术观。葛家澍教授（1988）认为会计就像摄影，会计报表（照片）应如实再现经济活动的全貌。所以，从会计作为准确计量经济事实的工具这个方面来分析，技术观是如实反映观的理论渊源。

从技术的角度分析，会计核算可分解为确认、计量、记录和报告 4 个环节。纵观会计的发展，在这 4 个方面一直强调如实反映，如确认时强调可靠性（含如实反映），计量上偏重实际成本；计量属性选择时要求遵循符合实物流动的同质性原则，使计量真实可靠；记录上强调反映经济活动全貌（来龙去脉），进入复式簿记等系统的会计事项已经发生，有真实凭据为证；在报告方面，要充分披露，真实公允地反映等。从这个角度说，会计核算的每一过程都体现了会计的如实反映观①。如实反映是会计的本质属性，也是会计信息的生命。正因为如实描绘在财务报告中的经济现象非常重要，SFAC No.8 才将其列为两项基本的质量特征之一。

如实反映观得到了早期许多学者（如 Solomons，Ruland 等）的支持，但最明显的支持是 FASB（Gellein，1978；Kirk，1981 和 FASB，1978，1980）。FASB 尝试发展概念框架来指导会计政策的制定，这可视为使如实反映具有操作性的一种努力。它将财务报表的目标定义为向信息使用者提供有用的信息，信息只有如实反映才可能有用。当然，它包括如实反映过去、现在和未来的会计事项。至于在什么情况下选择哪个时态的会计事项作为如实反映的对象，这是 CF 应解决的问题。FASB 的新主席 Herz（2003）强调：第一，中立的财务报告是美国制度的基础；第二，不受选举人的不适当影响或免除政治压力及在系统、完全和公开的适当程序保证下独立地制定会计准则是达到第一目标的基本要素。Herz（2003）认为，中立的会计准则制定过程是制定良好会计准则的前提，而这些良好准则的如实应用就能生产出资本市场满意的财务报表信息。

二、如实反映观的制度解释

（一）美国 CF 中的如实反映观

FASB 在 SFAC No.2《会计信息的质量特征》中指出，相关性与可靠性是会计信息的首要质量特征。相关性是指与决策相关，所提供的会计信息要具有揭示差异、影响决策的能力。一项信息是否具有相关性，主要由 3 个因素决定，即预测价值、反馈价值和及时性。我们认为只有如实反映过去会计事项的信息具有可反馈价值，只有如实反映现有和未来会计事项（如盈余预测）才具有预测价值。可靠性可由 3 个标准加以衡量，即如实反映、可核性和中立性。我们认为中立性和可核性是一种派生的，或者说是近似的如实反映，是在特定情况下达到如实反映的必要手段。SFAC No.8 则直接用如实反映代替了可靠性，并且将完整性、中立性和没有错误作为如实反映的 3 个二级质量特征，与 SFAC No.1 中可靠性的二级质量特征亦有所区别。此外，在美国注册会计师协会（AICPA）的审计准则中，要求公司的财务报告作“真实与公允”的反映。

SFAC No.8 第 3 章“有用的财务信息的质量特征”对如实反映的解释是：财务报告用文字和数字描绘经济现象。财务信息要对决策有用，所描绘经济现象不但必须具有相关性，而且还必须如实反映。要做到完全地如实反映，描述应具备 3 项特征，即描述应该是完整的、中立的和无差错。完整地描述包括，使用者理解已描述的现象需要的所有信息（含所有必需的描述和解释）。中立的描述是指在选择或列报财务信息时的无偏性，中立的描述不

---

① 这里，我们将反映交易的客观现实，即会计记录与客观事实完全相符的反映视为本源的如实反映。反映交易的经济实质视为派生的如实反映，即在由于客观或主观条件的制约，无法完全再现经济现象时的一种替代要求。因此，只要是公允、中立、可验证的反映可视为派生的如实反映。此外，我们还认为如实反映包括如实反映过去、现在和未来的经济事实。

能有偏见性、有倾向性、强调或不强调，或为满足使用者的偏好进行操纵。中立的信息并不意味着信息是无目的的，或对行为没有影响。相反，根据定义可知，具有相关性的财务信息能使决策者的决策产生差异性。如实反映不表示在所有的方面都是准确的，无差错的意思是，在描述经济现象时不能有错误或遗漏，以及已确定或选择的编制财务信息的过程和程序没有错误。无差错并不等于在所有方面都完全准确。

（二）英国对如实反映观的解释

英国会计的立法依据主要是公司法。公司法的基本原则是适用于在管辖区内组建的所有股份有限公司。1948 年颁布的公司法为英国会计模式奠定了重要的基础。它不但规定了公司（包括公开招股和不公开招股）必须公布资产负债表和损益表，而且第一次提出了关于财务报表和会计信息披露的指导思想——“真实与公允”的观点。其后英国一直强调企业全部账目应按“真实与公允”的观点予以提供。但“真实与公允”在英国并无官方的确切定义。一般认为，“真实与公允”是指以诚实的态度披露所有真实的、可信的重要信息，不抱偏见，不隐瞒或忽略重大事实；从操作层面上说，遵循了 ASB 被认为做到了“真实与公允”的反映，但必要时也可超出规定要求披露有关细节（葛家澍、刘峰，1998）。

英国会计准则制定机构——会计准则委员会（Accounting Standards Board）发布的财务报告的原则公告将可靠性分为如实反映、实质性、中立性、谨慎性和完整性等，并以“真实与公允”即如实反映作为会计行为规范的核心原则。无论是公司法或会计原则的执行，都不允许背离这一原则，不仅如此，这一原则已超出国界而被欧共体和某些英联邦国家所接受并成为本国的重要会计规范。但是，值得注意的是“真实与公允”、原则并没有明确的界定和内容，而要靠会计人员的理解和判断。这固然有利于应付错综复杂的实际情况，但也难免带来不确定因素，造成实务处理中一些认识和判断上的分歧。

（三）国际财务报告准则的解释

1989 年，国际会计准则委员会（IASC）① 在《编制和列报财务报表的框架》中将如实反映解释为：“真实反映其所拟反映或理当反映的交易或事项”，其发布的《国际会计准则第 1 号——财务报表列报》（简称 IAS1），第 10 条规定：“财务报表应公允地反映企业的财务状况、经营业绩和现金流量”。具体的解释是：要使信息可靠，信息就必须如实反映其所拟反映或理当反映的交易或其他事项。因此，资产负债表就应如实反映在报告日期符合确认标准的那些形成企业资产、负债和权益的交易和其他事项。IAS1 认为，企业应根据 IAS 来编制财务报表，但在相当少数情况下，遵循某项 IAS 将导致误解，则有必要背离该项准则以实现公允列报。

另外，如果信息要想如实反映它所应反映的交易或其他事项，那就必须根据它们的实质和经济现实，而不是仅仅根据它们的法律形式进行核算和反映。交易或其他事项的实质，不总是与它们的法律或设计形式的外在面貌相一致的。例如，企业将一项资产处理给另一单位，可以在文件中声称将法律所有权转让给该单位。然而，还可能存在协议，可以保证企业继续享有该项资产所包含的未来经济利益。在这种情况下，报告一项销售就不可能如实反映

---

① 国际会计准则委员会（IASC）重组后的新名称为国际会计准则理事会（IASB）。

所达成的交易（如果确有交易存在的话）。

三、如实反映观的维度分析

（一）历史观

据郭道扬教授（1984）分析，会计从字义来看："会，合也"。"会"有汇总（收入）、会合、聚积之意。

"言"、"十"为计。西汉学者杨雄在《法言》中称"言，心声也"；许慎在《说文解字》中称："直言曰言"。言的意思为：正确无误、真实无欺。"十，数之具也"。

"十"的含义为：零星计算，四方汇总。所以，从字义来看，会计含有准确、正确、如实汇总的意思。清代数学家焦循注释《孟子·万章下》有"会计当而已矣"，据郭道扬（1984）解释，这个"当"字具有正确如实反映的意思。历史地看，如实反映是会计存在的基石。人们普遍认为，如实反映是会计与生俱来的功能，只有如实反映的信息才是可靠的。若要求会计实现超出单纯如实计量的目标，将会使会计失去可信度，从而影响会计自身存在的价值。人们对会计的信任来自会计的历史和会计的公众形象（会计信息是对经济活动的如实反映）。这种公众的良好印象从过去到现在一直存在，并为会计职业界所提倡。从技术观来看，在会计规则的发展过程中，无论是GAAP，还是CF，都在技术上强调如实反映的思想。因此，从这个意义上可以说，会计信息内含的功能赋予会计政策制定者奉行如实反映的宗旨。

（二）伦理观

伦理观也称道德观，会计伦理观要求按照一定道德标准如实地反映会计信息，其核心的道德标准是真实、公允和公正。Ruland（1984）认为，不论是会计准则制定者还是会计工作者，都将追求如实反映视为其本源的职业道德。如实反映是主动的责任，经济后果是被动的责任，被动责任的品质弱于主动责任，这对准则的制定是非常重要的。因为若要承担责任的话，它表明会计准则的制定者对其政策的经济后果仅负被动的责任（次要的责任）。伦理哲学的道义学派认为，行为是否正确有时至少应不考虑行为导致的结果而独立确定。所以，在会计政策制定过程中，政策制定者的义务是在准则的制定过程中追求如实反映。换言之，根据伦理观，在会计政策制定时，政策制定者不需要对经济后果承担责任，他们仅需要对偏离如实反映负责。当会计政策的制定者在一定条件下（如债务危机）按经济后果的利益干预和修订其政策时，他们便践踏了如实反映的义务与职责，同时还弱化了其他团体本身应承担的责任。如有人指责严厉的贷款备抵会计处理减少了银行利润，继而可能造成挤兑，最终可能影响银行系统的稳定性和国家金融体系的安全。若因此要求会计准则制定者对该经济后果承担责任，这实际上是推卸了中央银行（如我国的中国人民银行，美国的联邦储备银行）等组织应承担的主动责任。另外，对会计师、注册会计师职业道德的规范（如客观、独立、诚实等）在一定程度上也体现了真实、公允和公正的伦理观。

（三）法律观

在法律上，由于有些经济现象事实上并不"真正"存在（不像地图上用图例描绘的江河、道路、建筑物等)，如理论上的“经济收益”就是一个主观和难于把握的概念。为了解决这个问题，“法律真实说”认为：所谓法律真实是指人们在司法实践活动中对案件事实符合法律所规定的或认可的真实，是在具体案件中达到的法律标准的真实。因此，判断会计信息真实性的现实标准只能是法律真实，即会计信息的生产和报告只能符合会计法、会计准则、会计制度制定的真实标准，追求会计法律、法规规定的程序标准（蒋尧明，2004）。Ruland 也主张必须通过“立法”的方式来规范“真实”，“……在定义概念（如资产）时考虑使如实反映具有可操作性。会计政策制定者仅需制定与概念相一致的公告就履行了如实反映的义务”。英国《公司法》中的“真实与公允”明确规定了会计的“程序真实”与“结果真实”。我国法学界坚持以“客观真实说”作为诉讼的证明标准。“客观真实说”在操作层面用法律的形式要求会计人员必须以如实反映作为最高原则，尽管这在我国备受争议，特别是受到许多会计学者的反对。但从另一角度看，作为治理我国目前较为严重的会计信息失真市场的一种手段，也不失为一个合理的选择。这表明，会计人员的反映只要违背事实，即使遵循了会计制度（准则），也要承担法律责任。此外，诚信原则作为民法的一项基本原则，被学者誉为“帝王条款”。会计的如实反映要求人们在市场活动中讲究信用，恪守诺言，诚实不欺，在不损害他人利益和社会利益的前提下追求自己的利益最大化。

（四）经济观

会计应反映主体（企业）的经济成果（如实反映收益）。利润表目前是财务会计的第一大报表。在证券市场，收益被认为是最具有信息含量的信息。一般认为，收益的概念起源于经济学。亚当·斯密（1890）最早将收益定义为“财富的增加”。马歇尔指出收入必须是已实现的概念。到了 20 世纪，费雪（Fisher）认为真实收益是指一定期间经济财富的增加。而会计收益的概念是建立在应计制的基础上，强调收入与费用配比。但在一般意义上，人们普遍接受的收益概念是更易理解的经济收益而非会计收益概念。经济学是会计的理论基础，会计不能漠视经济收益，它应该反映企业的经济现实，按经济收益报告经济成果。近年来，会计界对如何报告业绩展开了广泛的讨论，较为一致的看法是在保留会计收益的基础上，认可并接受更易理解和更接近“真实”收益的经济收益概念。美国的全面收益表和英国的已实现未确认利得和损失表可视为是会计遵循经济收益（真实收益）的一种做法。其次，如实反映在委托代理中有着重要的作用。从信息经济学角度看，只有高质量的如实反映的会计信息才能有效地减少逆向选择和败德行为，减少委托人与代理人之间的信息不对称，以达成良性的公司治理。如何使契约得到有效的履行，如何客观地评价代理人的业绩，均有赖于如实反映的会计。

总之，从经济学上看，会计之所以存在，之所以重要，正因为它的如实反映提供了真实的收益信息，有助于减少信息不对称，有助于减少道德风险和逆向选择，有助于投资决策。

（五）计量观

500 多年前，现代会计的创始人巴其阿勒（1494）在其“簿记论”中，谈到记账是记录商业活动的最有效方法时写道：“这对商人来说是非常重要的。因为如果没有系统的记录而仅凭商人的记忆，那将不胜其烦，也会遇到困难，以致无法从事经营”。不言而喻，如实反映企业经营状况，使人们了解经济真实是创造簿记和会计并使其不断完善和发展的初衷，也是对会计核算的一项基本要求（葛家澍、黄世忠，1999）。

从理论上来讲，会计计量如果不能真实反映其要计量的经济事项，就不具有可靠性。要反映真实，必须选用正确的计量方法或计量制度。如果所选用的计量方法不适当，不论会计人员如何审慎无误地计量，所得出的结论仍是不正确的。反映真实性的品质，旨在减少计量方法的偏差，它会使信息更能表达经济活动的真实情况，从而使其更具可靠性。如实反映观更强调会计信息的可靠性，强调如实反映经济收益（真实收益）。对收入的确认，则倾向于资产负债观，倾向于通过“定义”的方式推导出确认净收益的具体标准。FASB 尝试发展概念框架来指导会计政策的制定，这是使如实反映具有操作性的一种做法。FASB 在第 5 号概念框架中列举了 5 种可能的计量属性：历史成本、现行成本、现行市价、可变现净值和未来现金流量现值。2000 年，FASB 在第 7 号概念框架中又增加了公允价值和现值的概念。我们认为，公允价值是一种用来如实反映未来事项较好的计量方法，能较好衡量现在，特别是未来事项的经济实质。客观地说，以上所有的计量属性，具有本源的目标，均是为了更好地反映经济实质，为会计核算的过程——确认、计量、记录和报告提供真实可靠的会计信息。至于在什么情况下选用哪种计量属性才能更好地如实反映经济业务的实质，这是具体会计准则应解决的问题。

四、经济后果

> **原理**
>
> 经济后果是指财务报告对企业、政府、工会、投资者和债权人的决策行为的影响。

所谓“经济后果”是指财务报告对企业、政府、工会、投资者和债权人的决策行为的影响。1978 年，美国会计学家 Zeff 在其所发表的论文“经济后果学说的兴起”一文指出“可能早在 1941 年，美国政策制定者的公告中就第一次出现了经济后果的说法。在第 11 号会计研究公告（普通股股利的公司会计处理）中，会计程序委员会要求在派发股票股利时，当市场价值超过票面价值时要采用公允价值记账”。这样做的目的部分地是为了影响公司的股票股利政策。美国会计职业界早在 20 世纪 60 年代就注意到，在准则制定过程中“外部力量”影响日益增强。

Zeff 认为“经济后果学说代表了会计思想真正的革命。直到最近，会计政策的制定还在假设其效果是中性的，或者即使不是中性的，它也不能为自己的后果向公众负责。今天，这些假设很值得怀疑，社会和经济后果已成为当今会计的中心问题”。美国会计准则制定机构的历史实际上就是一部连续不断的经济后果干预的历史。在 20 世纪 70 年代以前，美国会计准则的制定更多地被限制在技术性的会计问题（有时被称之为会计原则或概念性问题）上，如资产、负债和收益的计量，以及财务报告的“公允披露”。这时，准则的制定者唯一关心的是向现在的和潜在的投资者传递财务信息，70 年代，美国社会强调制度（包括会计准则）应对其造成的社会、环境和经济后果负责，经济和社会影响作为会计准则制定中一个独立问题已不会再被忽视。会计职业界在其专业技能领域发挥重要作用的同时，也必须对时代的发展变化作出反应。于是，经济后果说也最终被认为是一种有充分根据的独立政策观。

Scott（2006）认为，准则的制定不能使每个人都满意，因而就需要在经济（利益大于成本）之外立足于政治解决。经济后果直接导致了准则制定的最后一个标准，即政治背景。

第二节　会计准则的选择：原则导向还是规则导向

一、美国会计准则导向转变的背景

安然事件等一系列会计丑闻的发生，引发了美国社会对会计职业及其制度规范的全方位反思。其中最引人注目的是2002年7月30日美国总统布什签署的以美国参议院银行委员会主席、民主党人萨班斯（Sarbanes）和美国众议院财务服务委员会主席、共和党人奥克斯利（Oxley）命名的《2002年萨班斯—奥克斯利法案》（the Sarbanes-Oxley Act of 2002）。法案的第108段要求美国证券委员会（SEC）主持对采纳以原则为基础（也有人称之为原则基础法、概念基础法或经济学基础法）的会计模式展开研究，并将研究结果在2003年7月30日前提交给美国国会。SEC的研究内容包括以下4个方面的问题：美国现今的会计准则在多大程度上是以原则为基础的；从规则为基础的会计准则过渡到以原则为基础的会计准则需要多长时间；采纳以原则为基础的会计准则的可行性以及如何实施；执行以原则为基础的会计准则的经济分析①。

基于SEC的压力，作为美国会计准则制定机构的财务会计准则委员会（FASB）于2002年9月召开理事会，对以原则为基础还是以规则为基础制定会计准则进行了讨论，并于当年10月21日对外发布了"用原则基础法制定会计准则的建议书"（以下简称建议书），向社会征求意见。由此在会计界引发了对会计准则的定位——是以规则为基础还以原则为基础的广泛讨论。

建议书的主内容包括：一是美国财务会计及其报告，主要讨论财务报告目标和新概念、例外原则、解释及实施指南等问题；二是以原则为基础制定美国的会计准则，主要分析用原则基础法制定会计准则及其相应的收益与成本问题，具体包括应用CF（概念框架）开发准则、尽可能减少例外原则、解释与实施指南以及接受原则基础法的收益与成本与问题；三是要求对6个方面的问题进行评论。此外，建议书还包括两个附录，即原则基础法对FASB 133号公告"衍生工具与套期活动的会计处理"某些特定方面影响的讨论和以原则为基础修订FASB 34号公告"利息费用资本化"的具体内容。

建议书要求评论的内容是：（1）你支持美国采用以原则为基础的方法吗？该法是否会改进美国财务会计与报告的质量和透明度？（2）FASB应开发IAS1那样的总体报告框架吗？若需要，它应否以真实与公允为指导思想？（3）采用原则基础法，在什么情况下需要解释与实施指南？作为主要准则制定者的FASB应对提供指南作出回应吗？（4）报表编制者、审计师、SEC、投资者、债权人和其他财务信息使用者能将美国会计准则的制定方法变更为原则基础法吗？若不能，需要做什么？谁来做？（5）什么是美国准则制定者接受原则基础法的成本（包括过渡成本）和收益，成本与收益如何量化？（6）在评估美国采用原则基础法制定准则方面，FASB还应考虑其他什么因素？

---

① SEC已于2003年7月25日向国会提交了名为《美国财务报告采用原则基础会计》的研究报告，该报告认为美国会计准则的制定应采用"原则基础"模式，或更准确地说是"目标导向"模式。

二、原则导向法和规则导向法概念分析

FASB认为[①]，原则导向法的方法有一个完整、内涵一致、清晰的若干基本原则，同时有较少的解释与实施指南，执行准则过程中更多的依赖职业判断。美国社会较为一致的看法是：原则导向法有一个基本内涵一致、清晰完整的基本原则，较少原则以外的例外情况和较少的解释执行导向，执行更依赖于职业判断；原则导向法遵循实质重于形式的原则，由繁到简、简单明了、重点突出，便于理解和操作。Nelson（2003）认为，假设原则导向法仍沿用以规则为导向的概念框架，则原则导向法较少有解释与实施指南。Schipper（2003）认为，原则导向法要求相关人员运用合适的职业判断处理经济事项，并要求所有的财务资产都能计量其公允价值。Bartov，Fairfield，Hirst etc（2003）认为，原则为导向法主要有以下几个特征：一是由若干基本原则引导对具体业务的操作。二是反映经济事件实质而非形式，即遵循实质重于形式的原则。三是更多的依赖会计职业界的职业判断。四是包含较少的例外原则。五是较少的解释与实施指南。

FASB认为，规则导向法是由详细、具体、复杂的规则对经济事项的处理加以引导，其可操作性较强。Schipper（2003）认为：规则导向法有大量详细、复杂的规则解释帮助准则的执行，但规则导向法容易被企业精心策划的某种安排所规避。Bartov，Fairfield，Hirst etc（2003）认为：以规则为导向允许较多的例外情况和可供选择的交易处理方法存在，同时为公司提供构造交易满足特殊会计处理要求的机会。

FASB认为二者的主要区别在于：原则导向法比以规则为导向应用的层面更广，因而前者很少有准则以外的例外情况。原则导向法在应用准则时会较少有解释和执行的导向，从而促进更多与准则的内涵和精神相一致的职业判断。

基于以上各方的观点，我们认为以原则导向法应有以下基本特征：一是有一个基本、内涵一致、清晰完整的若干基本原则对经济事项的分类和计量等加以引导。二是较少的解释与实施指南。三是强调相关人员运用合适的、与准则的内涵和精神相一致的职业判断处理经济事项。四是较少准则外的例外情况。五是原则导向法更注重反映经济事件的实质而非形式。

而规则导向法较多地针对了具体的经济业务，由较多的详细、具体、复杂的规则组成，其操作性较高，职业判断的空间也较小，在某些时候更倾向于反映经济事件的形式而非实质。

例如，第39号国际会计准则《金融工具：确认与计量》（IAS39）。该准则主要包括以下几个基本内容：一是基于衍生金融工具的本质特征对其进行了定义；二是初始确认与计量、后续确认与计量和终止与计量的基本原则；三是给出了确定公允价值的指南；四是明确了金融资产减值的处理原则；五是将套期分为三类，即公允价值套期、现金流量套期和国外主体净投资的套期，并就不同类型的套期活动形成的利得或损失如何处理规定了具体原则。该准则主要由几项基本原则组成，包含较少的解释与实施指南（确定公允价值的指南）。在几个基本原则下，强调会计人员的职业判断。因此，可以认为该准则是原则导向的。

又如，美国财务会计准则公告第133号《衍生金融工具和套期保值活动会计》

---

① “Proposal principles-based approach to US standard setting”征求意见稿，2002年10月。

(SFAS133)。该准则除了包括4项基本的原则外，还包括大量详细、具体、复杂的规则。这些规则解释了在各种情况下如何进行会计处理，以及如何运用例外原则（这些规则共涉及近180种情况下的具体会计处理问题）。该准则包含大量详细、具体、复杂的规则，针对不同情况下给出了实施指南，具有较强的可操作性。因此，可以认为该准则是规则导向的。

原理

1973年以前，美国会计准则体系奉行的是“原则导向法”，它倾向于如实反映观。

三、目标导向的会计准则

1973年以前，美国会计准则体系奉行的是“原则导向法”，它倾向于如实反映观。但20世纪60年代后期，随着实证会计的兴起，美国会计职业界已经意识到在会计准则制定中来自外部势力的影响越来越大，产生了所谓的“经济后果观”（Zeff，1978）。因而，1973年以后美国采用的主要是“规则导向法”的会计准则，强调的是经济后果。我们认为，原则导向与规则导向之争实质上是如实反映观和经济后果观之争的扩展和继续。《2002萨班斯—奥克斯利法案》的出台迫使SEC和FASB必须在“原则导向”与“规则导向”之间作出“权衡”。目前美国的会计准则正向“原则导向”回归的趋势。当然这种回归不是简单地重复，而是有升华（以原则导向为主，以规则导向为辅，即所谓的“目标导向”）。

第三节　公允价值计量

一、公允价值的定义

（一）美国的公允价值定义

FASB关于公允价值的探索，正如葛家澍教授所总结的那样：“第一，从时间上看，不论在早期和现代，对公允价值的研究，美国都是最早；第二，从研究的深度看，FASB对公允价值的研究一直处于世界最前列；第三，当前，唯一发布单一的、连贯的、内在一致的公允价值计量会计准则只有FASB”①。

2006年9月，FASB发布了第157号公告“公允价值计量”（简称SFAS 157），该准则是第一项专门针对公允价值计量和披露的准则，具有里程碑的性质（此前，FASB的多项会计准则均涉及公允价值计量，但是对公允价值的界定并不一致，见表3-1）。SFAS 157将公允价值定义为“在计量日市场参与者之间的有序交易中，出售资产收到的或转让负债支付的价格”。该定义强调了下面几个概念：

---

① 葛家澍：“关于在财务会计中采用公允价值的探讨”，《会计研究》，2007年第11期。

表 3－1　　美国当前生效的会计准则中公允价值定义比较

准则	公允价值定义
SFAS13	租赁资产的公允价值是在熟悉情况、非关联的交易中出售财产的价格
SFAS35	一项投资的公允价值是指现时能够通过自愿买卖这项投资所收回的款项，而不是强行出售或是清算能够收回的款项
SFAS60	在抵押担保保险索赔和产权索赔过程中获得的不动产应以公允价值计量，即当前能够在自愿的买家和卖家之间达成交易所得到的合理金额
SFAS67	在买卖双方自愿、非强制销售或清算销售时，销售不动产所产生的现金和现金等价物的金额
SFAS87	养老金计划的公允价值是在自愿交易的买家和卖家之间的当前销售中，一项投资能预期合理收到的金额，即不是在强迫或清算出售中获得的金额
SFAS106	福利计划的公允价值是在自愿交易的买家和卖家之间的当前销售中，一项投资能预期合理收到的金额，即不是在强迫或清算出售中获得的金额
SFAS115、124	公允价值是指在双方自愿的当前交易中买卖一项资产的金额，即不是在强迫或清算出售中获得的金额
SFAS133、140、141、144、150	在当前交易中，在自愿，即在非强制、清算销售的情况下，进行资产（或负债）的买卖（或发生与清算）的金额
SFAS143	一项资产退出使用后义务负债的公允价值是在自愿双方的当前交易中清偿该负债的金额，即不是在强迫或清算出售中获得的金额
SFAS146	一项负债的公允价值是在自愿双方的当前交易中清偿该负债的金额，即不是在强迫或清算出售中支付的金额
公允价值计量 ED	在熟悉情况、非关联的自愿各方之间的当前交易中资产或负债能够被交换的价格
SFAS157	指在计量日市场参与者之间的有序交易中，出售资产收到的或转让负债支付的价格

资料来源：于永生著：《IASB 与 FASB 公允价值计量项目研究》，立信会计出版社 2007 年版，第 32 页。

第一，计量日。在会计计量时，若采用其他计量属性，计量日通常就是主体的交易日和报告日。但 FASB 159 号公告“金融资产与金融负债公允价值的选择权”公允价值计量的对象是代表假想（虚拟）交易的一种双方意欲成交的承诺，其专用术语计量日，是指确定承诺①的那一天或那一天的某一时点，以及嗣后的各个报告日。

第二，市场参与者。市场参与者是指主市场或最有利市场上该项资产的购买方或销售

① 所谓“确定承诺”，是指主体与非关联方之间确定性的协议，对双方均具有约束力，法律可以强制实施。它具有以下两项特征：一是协议对所有重要条款都作了安排，包括交易的数量、确定的价格以及交易的时间。确定的价格可以用主体的功能货币或外币的一定金额表示。也可用某一特定的利率或特定的实际利率表示；二是协议包括不执行承诺的惩罚因素，这一因素足够重大，使得履约成为可能（葛家澍，2007）。

方，或负债的转出方与转入方。其特点包括：它们是独立的主体，不是关联方；它们是知情的，熟悉交换的资产和负债情况的，即只要通过适当努力就可合理地了解该假想交易的特征与情况；它们能够并愿意就该项资产或负债进行交易，交易是主动而不是被动的。

第三，有序交易。有序交易是指在计量日之前，此类资产或负债已在市场展开一段时间交易，并证明已展开的交易活动是正常的遵循惯例的，而且是自愿即非强迫的（如不是强制性清算等）。

第四，脱手价格。公允价值计量的目标是确定计量日市场参与者通过有序交易销售资产收到的价格或转移负债支付的价格，两者均为脱手价。

（二）IASB 的公允价值定义

目前已颁布 IFRS 中对公允价值定义是“在公平交易中熟悉情况的当事人自愿据以进行资产交换或负债清偿的金额”。根据该定义，公允价值应当具有以下特征：

第一，公平性，形成公允价值的交易公平。公允价值的定义中的“公平交易、自愿和熟悉情况”等词语都体现了强调交易的公平性特征。一是在公平交易中，交易双方应该是持续经营的企业，不打算或不需进行清算、大幅度缩减经营规模，或在不利情况下被迫进行交易；二是在公平交易中，交易双方是非关联方，不存在特别或特定的关系，买卖双方都是独立发生的行为；三是在公允价值定义中强调“自愿和熟悉情况”的目的是，保证买卖双方能够运用公允价值计量双方意欲成交某项业务而不使任何一方吃亏。

第二，广泛性，指计量对象的广泛性。公允价值的计量对象既包括资产，也包括负债，以及某些具有所有者权益特征的特定项目，如可转换公司债等。

第三，虚拟性，即交易和交易各方的假定性。公允价值定义中所描述的交易及相关交易各方不一定是特定的或现实的，可能是假定或虚拟的。因此，在确定公允价值，不是依据交易本身来确定公允价值，而是要按照符合公允价值定义的交易条件下可能发生的金额来确定公允价值。

将该定义与 SFAS157 中的公允价值定义比较，我们不难发现，二者之间具有明显差异（见表 3－2）。

表 3－2　IASB 现有 IFRSs 与 FASB SFAS157 的公允价值定义差异

公允价值要素	IASB	FASB
日期	无明确规定	计量日
交易或市场	公平交易	主市场或有利的市场
市场参与者	熟悉情况、自愿的当事人	市场参与者
交易性质	无明确规定	有序交易
达成金额（公允价值计量的目标）	资产交换或负债清偿的金额（未提出计量的目标）	销售资产收到的价格或转移负债支付的价格（提出计量的目标）

注：IASB 认为，“公平交易中，熟悉情况的、自愿的当事人”（IASB）与“市场参与者”（FASB157）这两个概念是一致的（葛家澍，2007）。

第一，IASB 的公允价值，既不是指脱手价格，也不是指入账价格（entry price，也译作买入价格），而 FASB 的 157 号公告定义的公允价值明确指出是指脱手价格。

第二，IASB 的负债交易价格是清偿一项负债的支付价格，但 FASB 的 157 号公告所述的负债价格则指转移一项负债应支付的价格。

第三，IASB 在公允价值定义中所述的交易参与者是在一项公平交易中熟悉情况的双方，而 FASB 中用市场参与者来概括（IASB 认为这两种不同提法的本质是一致的）。

第四，IASB 虽然对公允价值面向市场的观点与 FASB 是一致的，但 FASB 明确提出，在计量日并不存在一项实际交易而存在假想交易，后来在 FASB159 中又补充说，存在着确定承诺。但始终明确公允价值是估计价格。

第五，FASB 非常明确公允价值计量的目标是确定资产销售或负债转移脱手。之所以强调脱手价，是因为这脱手价格代表未来现金流入或流出，从而符合 SFAC 6 中关于资产和负债的定义，而 IASB 并不是这样。

IASB 和 FASB 是国际两大最具影响力的准则制定主体，而公允价值计量又是会计准则和实务中最重要的议题之一，两大准则制定主体关于公允价值计量的分歧不利于全球会计准则的趋同。2006 年 2 月，IASB 和 FASB 共同发表的一份谅解备忘录，再次确认双方致力于 GAAP 与 IFRS 的趋同，其中就包括“公允价值计量”这一项目。IASB 认为，FASB 的公允价值计量是一个进步，并表示 IASB 也要制定一份公允价值计量公告。IASB 正在制定的公允价值计量准则以 SFAS157 为起点，已经于 2009 年 5 月发布了《公允价值计量》的征求意见稿，该征求意见稿完全接受了 SFAS157 对公允价值定义的表述，即公允价值是“计量日市场参与者之间的有序交易中出售资产收到或转移负债支付的价格”。

此外，在 2010 年 6 月，IASB 专门就第三层次的公允价值计量的披露发布了《公允价值计量中不确定性分析的披露》征求意见稿，同时，FASB 也发布了旨在对 Topic 820[①] 进行修订的征求意见稿。预计在 2011 年第 1 季度，IASB 将发布与 US GAAP 趋同的公允价值准则，FASB 也将发布修订后的 Topic 820，二者除了在适用范围、披露要求和措辞风格方面略有差异外，将完全一致。

二、公允价值计量

（一）公允价值计量的目标

FASB 认为公允价值信息是相关的，财务报表使用者也认同这种观点。因为公允价值信息能够在决策中发挥作用，即帮助使用者对主体过去、现在和未来事项的结果作出预测以及帮助使用者证实或更正对主体的预期。但是，如何可靠地计量公允价值是一个问题。SFAC2 第 59 段指出：“一项计量的可靠性在于它既能真实地反映其所拟反映或理当反映的交易或

---

① 2009 年 7 月 1 日，FASB 发布了根据现有公认会计原则（GAAP）发布的会计准则汇编（Accounting Standards Codification，ASC），汇编包括了美国会计准则指定机构发布的所有 4 个层次的 GAAP，并且不断更新。到目前为止，汇编的“专题 820（ASU Topic 820）：公允价值计量和披露”包括了 FAS157、关于 FAS157 的 4 份工作人员立场公告、一份紧急问题工作组公告以及对该专题的 3 次修订。同时，2010 年 6 月，FASB 发布了对该专题再次进行修订的征求意见稿，以便与 IASB 即将颁布的公允价值计量和披露准则相一致。

事项又可以为使用者提供某种形式的保证，这种保证就是可以通过核查来证明该计量具有真实反映的特征”。所以，在没有市场报价时如何确保公允价值计量的可靠性以及如何验证这种计量则成为公允价值计量关注的焦点。在 SFAS157 之前，尽管有不少 GAAP 涉及公允价值计量，但总体来说，GAAP 指导实施公允价值计量的指南并不充分，主要的问题在于：一是有关公允价值的指南内容零散、时间跨度长，使它们被肢解在多个不同的会计公告中；二是指南之间由于概念、方法等的差异造成实务运用混乱，也增加了 GAAP 的复杂性；三是概念框架对计量问题（特别是公允价值）的论述不充分，对公允价值计量指导性不强。

为了解决上述问题，2003 年，FASB 将公允价值计量项目列入议程，开始全面讨论公允价值计量问题。2006 年 9 月，FASB 的七位委员一致同意发布了 157 号公告“公允价值计量”，公告于 2007 年 12 月 15 日以后的财务报告年度生效。SFAS157 的目标是定义公允价值、构建公允价值计量的框架，并扩展对公允价值计量的披露。从应用角度看，该准则通过简化和规范了 GAAP 中的相关的公允价值指南，达到了改进公允价值计量、消除其在 GAAP 中的差异的目的。

（二）适用范围

如前所述，FASB 和 IASB 制定专门的公允价值准则的目的，都是为了构建一个统一的内在一致的公允价值计量框架，以规范公允价值的计量和披露。原则上，公允价值准则适用于所有要求或允许以公允价值计量的会计文告①。但是，也有一些例外情况，例如，FASB 的会计准则汇编 Topic 820 就指出，该专题提供的指南不适用于下列情况：一是以股份为基础支付的交易；二是要求或允许类似公允价值的计量，但其意图并不是以公允价值计量，如允许根据或直接使用“公允价值的特定供应商客观证据”的会计文告；三是租赁会计中，公允价值计量的目的是对租赁进行分类或计量，此时适用于 Topic 840“租赁”准则。

此外，Topic 820 在应用时也有一些例外，如：在初始确认时用交易价格（一种进入价格）计量公允价值，包括受“担保”准则（Topic 460）和“金融资产转移和服务及负债清偿”准则（Topic）规范的公允价值计量和披露；无法确定公允价值或者无法获得充分可靠的证据来计量公允价值的情况；根据相关准则，在企业合并中允许对某些资产和负债采用公允价值以外的计量属性的情况。

（三）计量

> **原理**
>
> 公允价值：计量日市场参与者之间的有序交易中出售资产或者转让负债支付的价格。

1. 公允价值的定义。如前所述，IASB 与 FASB 对公允价值的定义达成了一致，即“公允价值是计量日市场参与者之间的有序交易中出售资产或者转让负债支付的价格。”

2. 资产或负债。公允价值计量对象是某一特定的资产或负债②。因此，计量应当考虑到资产或负债的属性，如资产或负债的具体情况和/或

---

① 即 IASB 的 IFRSs 和 FASB 的 GAAP。

② 公允价值的定义强调资产或负债是因为它们是会计计量的首要对象。然而，公允价值的定义也可以用于被归为所有者权益工具的公允价值计量。

位置，以及资产在计量日的出售或使用方面的限制。某一属性对计量的影响取决于市场参与者在对资产或负债进行估价时是否可能考虑到该属性。计量的资产或负债可能是独立的资产或负债（如一项金融工具或者经营资产），也可能是一组资产或负债（如一个资产组、一个报告主体或一个企业）。判断资产或负债是单项还是一组取决于计量时所使用的记账单元，而记账单元的确定应遵循其他准则的相关规定。

3. 价格。公允价值计量假定，市场参与者在计量日出售资产或者转移债务的资产或负债交换是有序交易。有序交易是假定在计量日之前一段时间在市场上已经公开的、经常和习惯性市场活动允许的涉及该资产或负债的交易。它不是一项强迫交易（如被迫清算或抵押拍卖）。该出售资产或转让负债的交易是计量日的一项虚拟交易，它是站在持有资产或者承担债务的市场参与者角度来确定的。因此，公允价值计量的目的是确定在计量日出售资产收到或者转让债务支付的价格（脱手价格）。

4. 主要市场或最有利市场。公允价值计量假定出售资产或转让债务的交易发生在资产或负债的主要市场，或者在没有主要市场时是发生在资产或负债的最优市场中。主要市场是指报告主体出售资产或者转让负债数量最大、交易活动最稳定的市场。最有利市场是指，在考虑了交易成本后，报告主体出售资产收到的金额最高或转让负债支付的金额最低的市场。在任意一种情形下，主要（或最有利）市场（进而，市场参与者）应当从报告主体的角度来考虑确定，因此，它会因报告主体或报告主体的交易活动不同而不同。如果存在资产或负债的主要市场，即使计量日在另一个市场上的价格可能更有利，公允价值计量也应反映主要市场的价格（不管该价格是直接可观察还是通过估价技术来确定）。

> **原理**
>
> 主要市场是指报告主体出售资产或者转让负债数量最大、交易活动最稳定的市场。最有利市场是指，在考虑了交易成本后，报告主体出售资产收到的金额最高或转让负债支付的金额最低的市场。

用来计量资产或负债的公允价值的主要（或最有利）市场的价格不需要因为交易成本而调整①。交易成本代表了在主要（或最有利）市场出售资产或转让负债的而增加的直接成本②。交易成本不是资产或负债的一个属性，相反，它们是视具体交易而定的并且随报告主体的交易方式不同而不同。但是，交易成本不包括将资产或负债运至主要（或最有利）市场发生的成本。如果地理位置是资产或负债（如某商品）的一个属性，那么用来计量该资产或负债公允价值的主要（或最有利）市场价格应对所发生的运输成本（若有的话）进行调整。

5. 市场参与者。市场参与者是在主要市场（或最有利市场）交易资产的买方和卖方，他们具有以下特征：

（1）独立于报告主体，即他们不是报告主体的关联方。

（2）熟悉情况，对交易的资产或负债有合理的理解，并且交易是建立在所有可得信息

---

① 交易成本应根据其他会计公告的规定来进行处理。

② 出售资产或转移负债而增加的直接成本是指直接产生于交易过程并且对交易过程很重要的支出，如果报告主体不作出出售负债（或转移资产）的决定，该部分成本就不会发生。（类似于 FASB 第 144 号公告“长期资产减值或处置的会计处理”中定义的出售成本）。

的基础之上，包括通过勤奋努力可以获得的信息。

（3）具备交易资产和负债的能力。

（4）有交易资产或负债的意愿，即他们自愿而不是被迫进行交易。

资产或负债的公允价值的确定应当与基于市场参与者在对资产或负债进行估价可能使用的假设。报告主体在作出这些假设时并不需要辨别具体的市场参与者，但通常应考虑如下具体因素来识别市场参与者的特征：需要计量的资产或负债；该资产或负债的主要市场（或最有利市场）；与报告主体在该市场交易的市场参与者。

6. 应用于非金融资产。非金融资产的公允价值计量需要考虑市场参与者通过使用该资产获得经济效益的能力，在确定公允价值时假定市场参与者对该资产作出了最有效的利用。广义地说，最有效的利用是指市场参与者能够使某项资产或其所在资产组的使用价值最大化。最有效的利用取决于市场参与者对资产的使用，而不是报告主体对资产的使用（即使两者使用资产的目的不同）。在假定市场参与者对资产的最有效利用时，需考虑到该资产：物理上是否可能；法律上是否许可；以及经济上是否可行，即是否能够带来预期收益。

原理

最有效的利用是指市场参与者能够使某项资产或其所在资产组的使用价值最大化。

但是，除非有相反的证据①，否则我们通常假定报告主体对资产的当前利用已经是最有效利用。

非金融资产的最有效利用的概念为计量该资产的公允价值确定了估价前提。具体来说：

（1）有的非金融资产主要是通过与其他资产或资产与负债结合成资产组（安装或装配使用的资产）的方式，来给市场参与者带来最大价值。如果资产的最有效的利用是通过与其他资产或资产与负债组合来实现，应当假定该资产将与该组合中的其他资产或资产与负债被一道使用，且该组合是市场参与者可获得的，这样，该资产的公允价值就可依据当前交易中出售它所收到的价格来确定。一般情况下，资产的最有效利用假设应与组合中要用到的所有资产或资产与负债保持一致。

（2）有些非金融资产资产主要以单独的方式为市场参与者带来最大价值。如果非金融资产的最有效的利用是单独实现，那么该资产的公允价值依据当前交易中单独出售该资产所收到的价格确定。

由于资产的最有效的利用是以市场参与者的使用为基础的。因此，不论是组合的方式还是单独的方式实现其最有效利用，公允价值计量都要考虑市场参与者在资产定价过程中可能使用的假设②。

7. 应用于负债。

（1）负债的转移限制。公允价值计量假定负债在计量日转移给某个市场参与者（负债没有被清偿，接受方继续承担偿债义务），如果存在负债的活跃市场，那么活跃市场上的报

① 例如，报告主体为避免竞争对手使用某无形资产而购入该无形资产，但并没有积极地使用它，那么该无形资产的公允价值应当基于市场参与者对其的最有效利用。

② 使用中的资产（基于使用的资产）的公允价值取决于该资产与资产组中的其他资产的利用情况（与市场参与者角度的最有效利用是一致的），即使在应用其他会计公告时，作为计量对象的资产的汇总（或分解），程度与此不同。

价就是负债的公允价值。然而，由于合同或者法律限制，负债很少被转移，此时，负债的公允价值需要通过下面的估值技术来获得：相同负债作为资产交易时的报价；类似负债的报价或者类似负债作为资产交易时的报价；使用其他估值技术，如市场法或收益法，以确定需要计量的负债或者该负债作为资产交易时的价格。

（2）违约风险。公允价值计量还假定与负债有关的违约风险在转让前后没有发生变化。违约风险是指不履行偿债义务且影响负债转让价值的风险。因此，负债的公允价值应反映与负债相关的违约风险。违约风险包括但不局限于报告主体自身的信用风险。所有期间的负债按公允价值计量时，报告主体都应要考虑其信用风险（信用等级）对负债的公允价值的影响。这种影响因负债的类型不同而不同，例如，负债是偿付现金的义务（金融资产），或是提供商品或服务的义务（非金融资产）。这种影响也因该负债有关的信用保证条款的不同而不同（若有的话）。

FASB 认为，公允价值计量提供了一种市场基准，它是评价报告主体履行偿债义务或清偿负债时相对于市场的优势（或劣势）的基础。具体来说，当使用公允价值计量某一负债时，报告主体利用自己资源清偿负债的相对效率就会体现在收益上，但这种相对效率是在负债清偿的整个过程中体现出来的，而不是在清偿之前。SFAC7 第 33 段在讨论公允价值计量时，也曾指出，如果主体使用公允价值计量资产或负债，当主体变卖资产获得的金额或清偿负债支付的金额与公允价值不同时，其比较优势（或劣势）将在收益中体现出来。当主体利用节约成本（或因劣势增加成本）时，这种对收益的影响便会显现出来，反之，其比较优势（或劣势）就会隐藏在资产或负债初始确认时的计量中。

负债的公允价值计量应在其公允价值计量的所有期间内考虑主体信贷风险的影响，因为那些可能持有主体负债作为资产的人在确定其愿意支付的价格时也会考虑主体信贷的影响。例如，主体 A 和主体 B 分别与主体 C 签订了一项借款合同，均为 5 年后向主体 C 支付现金 500 万元。主体 A 的信用等级是 AA，能以 6% 的利率获得借款，而主体 B 的信用等级是 BBB，可以 12% 的利率借款。主体 A 借款日能收到的金额是 374 万元（500 万元、5 年、折现率为 6% 的现值），主体 B 借款日能收到的金额是 284 万元（500 万元、5 年、折现率为 12% 的现值）。这项负债对每个主体的公允价值（收到的款项）包含了对主体信用等级的考虑。

很明显，主体信用等级会影响它在市场中借款的利率，因此，贷款的首期款项总是能反映主体当时的信用等级。同样，其他人买卖主体贷款的价格中包含了他们对主体偿付能力的评价。但也有人认为，如果新起点计量反映信用等级的变化，那么这种计量所产生的会计结果使人很难理解。因为在主体资信状况恶化时，其负债新起点计量的金额会下降，而随着主体负债金额的下降，其所有者权益金额会随之上升。他们认为这种结果与常理不符，因为资信状况恶化却产生了一个好的结果（所有者权益增加）。

但 FASB 认为，主体信用等级的变化反映了两类权益人（股东和债权人）对主体资产索取权相对状况的变化。若资信状况恶化，债权人索取权的公允价值就减少。股东对对主体的资产剩余索取权就会加大，但其所增加的金额可能会被某些损失所抵消，而且正是因为这些损失导致了主体资信状况的恶化。而且，如果在负债计量中不考虑信用等级的变化，那么就难以反映不同负债之间的经济差异。例如，某主体有两种负债：一种是在主体的信用等级很好的时候发生的，所以利率很低；另一种是在当前信用等级较差情况下发生的新负债。在主体当前的信用等级下，这两种负债都在市场中进行交易。若对这两种负债进行新起点计量，在不考虑主体信用等级变化的情况下，即使市场对这两种负债各自现金流量的质量评价相似，但两种负债的计量结果却是不同的。正因为如此，IASB 要求金融负债的计量要考虑与其相关的信贷风险。IAS39 指出“信贷风险影响负债重新购买或清算时的价值，因此一项负债的公允价值要反映与该负债相关的信贷风险”。SFAS157 强调，资信状况是公允价值计量要考虑的重要因素。一项计量如果没有考虑报告主体资信状况的影响，它就不是公允价值计量。

为了解释在初始确认和后续期间中信用等级对金融工具公允价值的影响，下面以结构性票据（Structured Note）① 为例作进一步的说明。

2008 年 1 月 1 日，一家信用等级是 AA 的投资银行主体 A，向主体 B 发行了一张 5 年期的固定利率票据。票据到期日主体 A 支付的约定本金金额与标准普尔（S&P500）指数挂钩。合同中没有信誉保证、条款和其他相关规定（即没有抵押或第三方担保）。主体 A 根据 SFAS155“某些混合金融工具的会计处理”，选择对整个票据按公允价值进行会计处理。该票据 2008 年内的公允价值（主体 A 的义务）用期望现值法进行计量。其公允价值的变化说明如下：

第一，2008 年 1 月 1 日的公允价值。采用期望现值法计量，其公允价值为：期望现金流量按无风险利率（采用 2008 年 1 月 1 日国库券收益率曲线上的收益率）贴现，再加上用主体 A 特定信贷风险（信贷调整后的无风险利率）② 调整的当前市场可观察的 AA 级公司债券与国库券的息差（调高或调低）。所以，在初始确认时主体 A 负债的公允价值计量要考虑违约风险，包括其信贷风险（假定通过收益反映出来）。

第二，2008 年 3 月 31 日的公允价值。在 2008 年 3 月期间，AA 级公司债券的信贷息差加大，但主体 A 的特定信贷风险没有变化。采用期望现值法计量，3 月末的公允价值为：期望现金流量按无风险利率（采用 2008 年 3 月 31 日国库券收益率曲线上的收益率）贴现，再加上用主体 A 特定信贷风险（信贷调整后的无风险利率）调整的当前市场可观察的 AA 级公司债券与国库券的息差（调高或调低）。从初始确认至此，主体 A 的信贷风险没有变化。因此，主体 A 该项负债的公允价值基本上是随着信贷息差的变化而变化。信贷息差的变化通常也反映了当前市场参与者对违约风险变化所做的假设。

第三，2008 年 6 月 31 日的公允价值。在 2008 年 6 月 30 日，AA 级公司债券的息差没有变化。然而，根据被其他定性信息证实的结构性票据的发行情况，主体 A 确定其特定信誉在 AA 级公司债券息差中得到提高。采用期望现值法计量，6 月末的公允价值为：期望现金流量按无风险利率（采用 2008 年 6 月 31 日国库券收益率曲线上的收益率）贴现，再加上用主体 A 特定信贷风险（信贷调整后的无风险利率）调整的当前市场可观察的 AA 级公司债券与国库券的息差（调高或调低）③。因此，主体 A 该项负债的公允价值随着其特定信誉在

① 指含有可调整证券风险/回报状态的组成部分和特点的中期限合成债务，是价值取决于相关资产价格变动的金融工具，使投资者可从有利的价格变动中获利。它又称为连动债券或结构式商品，理论上，它是一种债券加选择权的商品，利用部分资金去买高息债券以达到长期保本的功能，另外利用其他部分的资金进行选择权或权证的操作，利用杠杆属性获取最大利益。因为是博弈性质的商品，所以大多会提供高额的利息，在美国大多 6% ~13% 不等。

② credit-adjusted risk-free rate，作为 A 主体证券贝塔系数。

③ 从 2007 年 3 月 31 日至 6 月 30 日，AA 级公司债券与国库券的息差没有变化。

AA级公司债券息差中的变化而变化。

零售方与主体B（证券交易商）在零售市场上签订一项没有初始金额（交易价格为零）和利率互换合同。主体A仅在零售市场上交易，主体B既在零售市场上与零售方交易，又在交易商内部市场中与证券交易商交易。

（四）初始计量

在交易中取得一项资产或者承担一项债务时，交易价格代表的是进入价格，即购入资产所支付的或承担负债所收到的价格。与此相反，一项资产或负债的公允价值代表的是出售资产收到或转移负债支付的价格，即脱手价格。从概念上说，进入价格与脱手价格是不同的。因为主体不一定要以取得资产时的价格出售资产，也不一定要以承担债务时的价格转让负债。

但是，在许多情况下，交易价格等于脱手价格，因而它可以作为资产或负债初始确认时的公允价值。在确定一项资产或负债的交易价格能否代表其公允价值时，报告主体应考虑与交易及资产或负债有关的具体因素。例如，在以下情况下，交易价格可能不代表资产或负债初始确认时的公允价值：一是交易发生在关联方之间。二是交易是被迫发生的，或出售方被迫接受交易价格。例如，出售方遭遇财务困难时就可能是这种情况。三是交易价格所代表的记账单元与按公允价值计量的资产或负债的记账单元不同。例如，资产或负债的公允价值计量可能只计量了交易的一部分，而交易还包括应单独计量的某种未申明权利和特权，或交易价格还包括交易成本。四是交易发生的市场与报告主体将出售资产或转让负债的市场不同，即交易发生的市场与资产或负债的主要市场或最有利市场不同。例如，报告主体是一家在不同市场交易的证券交易商：若交易对方是零售商，则交易市场是零售市场；若交易对方是另一家证券交易商，则交易市场是交易商之间的内部市场。

如果交易价格不能代表资产或负债的公允价值，那么报告主体应当将二者的差额确认为利得或损失（其他准则有特别规定的情形除外）。

（五）估价方法

估价方法与公允价值计量所使用的市场法、收入法和/或成本法是一致的。这些方法的要点如下：

1. 市场法。市场法采用市场交易所产生的价格及市场交易中其他相同或类似资产或负债（包括一家企业）的相关信息来进行估价。例如，符合市场法的估价技术常采用市场倍数来估价，市场倍数根据一系列可比项目计算。倍数可能是一个区间，在该区间内每个可比项目有不同的倍数。选择合适的倍数区间需要进行判断，判断要考虑计量的具体因素（定性的和定量的）。与市场法相符的估价技术包括矩阵定价。矩阵定价是一种主要用于债券估价的数学方法，该方法的估价与其说是依赖于特定证券的报价，还不如说是取决于这些证券与其他基准报价证券的关系。

应用市场法的难点在于发现相同或类似资产或负债的市场信息。例如，当报告主体采用未来现金流量法来计量金融工具的公允价值时，应当使用合同条款和特征在实质上相同的其他金融工具的市场收益率和折现率。金融工具的条款和特征包括其本身的信用质量、合同规定采用固定利率计息的剩余期间、支付本金和剩余期间以及支付时采用的货币等。

市场法的关键假设是被选择的可比企业或交易要“真正可比”。尽管市场法在许多情况下是被优先使用的方法，但由于较难找到真正可比的企业或交易，因此，估值专家需要通过比较所选择企业或交易与被评估企业或交易之间某些重要方面或其他方面之间的重大差异，对初始估值进行调整。

2. 收益法。收益法利用估价技术将未来金额（如，现金流量或盈余）转换成单一现值（折现）。这种计量以当前市场对未来金额期望值为基础。估价技术包括：现值法；期权定价模型，如与现值法相结合 Black – Scholes – Merton 公式（封闭模型）和二项式模型（格点模型）①；以及用于计量某些无形资产公允价值的多期超额盈余法②。

收益法是指通过估测资产或负债未来预期现金流量的现值来判断其公允价值的方法。收益法的基本原理是价值来源于预期的未来收益和现金流。企业应当选择市场参与者普遍认可，且被以往市场实际交易价格验证具有可靠性的估值方法来确定资产或负债的公允价值。例如，采用估价技术计量金融工具的公允价值时，应尽可能使用市场参与者在金融工具定价时考虑的所有市场参数，尽量不使用与企业特定相关的参数。

3. 成本法。成本法以当前重置一项资产的服务能力所需支付金额（常被称为现行重置成本）为基础来估价。从市场参与者（卖方）的角度看，出售资产所收到的价格取决于另一个市场参与者（买方）获得或者建造具有类似用途的替代资产调整毁损后的成本，毁损包括物理损耗，功能（技术）老化和经济（外部）损失，它比基于财务报告目的（分配历史成本）或税收目的（取决于设定的服务期限）的折旧概念更为宽泛。

成本法是通过确定资产或企业净资产的重置成本来进行公允价值估值的。一项资产的重置成本是指现在获得一项具有可比效用的替代性资产所费的成本。通常确定重置成本的方法包括：一是持续在用的公允市场价值，指自愿交易各方就所计量项目确定的公允市场价值，包括使该项目达到预定可使用状态前发生的费用；二是更新成本，指在估值日与被估值项目效用最接近的新资产的现行成本；三是折旧后更新成本，指扣除由于物理损坏、功能退化和经济绩效低下等三项因素导致的折旧后的更新成本。此外，在实务中，还存在使用现时指数法、功能价值法和规模经济效益指数法等方法来评估重置成本。

成本法的关键假设主要是：形成资产价值的耗费是必需的；资产存在废旧问题；截止计量日资产的所有成本均已发生。因此，货币时间价值和通货膨胀都是不相关的，估值时无需考虑这些因素的影响。

应采用适合环境、数据充分的估价方法来计量公允价值。在某些情况下，运用一种估价方法是合理的（例如，利用活跃市场相同资产或负债的报价来计量资产或负债的价值）；而在另外一些情况下，则需要运用多种估价方法（例如，给一个报告单位估价时）。如果运用多种估价方法来计量公允价值，则需要对每个公允价值计量结果进行恰当地评价和权衡，考虑这些结果的范围的合理性。公允价值是当前环境下估价区间中最具有代表性的一个值。

用来计量公允价值的估价方法应当保持一致性。但是，如果估价方法及其应用的改变（如运用多种估价方法时改变权衡结果的方式）使得计量结果等于或更能代表当时情况下的

---

① 不适用于采用期权定价模型计量公允价值的公告 123（修订）。

② AICPA Practice Aid“企业合并中取得的用于研发活动的资产：针对软件、电子设备和医药行业”，讨论了利用多期超额盈余法来计量进行中的研究和开发项目的公允价值问题。

公允价值，那么改变就是合适的。例如，新市场的出现、新信息的获得、以前所用信息不再适用，或者估价方法的改进等。

［**例3-1**］某报告主体对经营中持有并使用的一个资产组进行减值测试。该资产组已经发生减值。根据长期资产减值会计准则（如SFAS144“长期资产减值或处置的会计处理”），报告主体要计量资产组中一台机器的公允价值，并将其作为分摊资产组减值金额的根据。该机器最初从外部供应商处购入，并在经营活动中投入使用（已专用化），但使用中的专业化程度不高。报告主体确定，该机器与其他资产构成资产组的方式能给市场参与者提供最大化价值。因此可以认定该机器的最有效的利用是与其他资产组合使用。

由于没有可识别的单独收益，再加上预测该机器收益（剩余使用年限内的租金收入）的相似旧机器的短期和中期租赁价格信息也无法获得，因此，无法对该机器的未来现金流量进行可靠地估价，即不能用收益法对该机器进行估价。因为该机器的专用化程度不高，报告主体有足够的数据确定该机器的成本，所以可以应用市场法和成本法来估计其公允价值。

市场法。市场法以相似机器的报价为基础并根据该机器（已专用化）与市场相似机器的差异情况对报价进行调整，以此确定该机器的公允价值。这种计量反映了该机器在当前条件下（旧的）、当前状况（已经安装和装配）中报告主体所能收到的价格，因此，其公允价值计量应包括安装和运输成本。市场法表明该机器的公允价值区间是50 000～58 000美元。

成本法。采用成本法估计公允价值，就是在当前情况下估计制造类似服务能力的替代机器（已专用化）所需金额。这种估计要考虑该机器的当前情况（如物理损坏、功能退化和经济绩效低下）和安装成本，成本法表明该机器的公允价值区间是50 000～62 000美元。

考虑到估价参数的可靠性和该机器与市场相似机器的可比程度，并重点考察了以下因素：一是与成本法使用的参数相比，市场法所使用的参数主观性较少；二是采用市场法估计的公允价值区间与成本的区间交叠，但前者的区间更窄；三是在市场法下的公允价值区间中，不存在任何不清楚的差异（在该机器和市场相似机器之间）。因此，报告主体认为，采用市场法得出的公允价值比成本法的公允价值更具有代表性（更倾向于市场法的计量结果）。

报告主体认为，市场法下的公允价值区间的较高点最能代表该机器的公允价值，因为市场法中大多数相关数据支持较高点或接近较高点的金额。最终，报告主体确定该机器的公允价值为58 000美元。

［**例3-2**］某企业购置了一个资产组，其中包括一项能带来收益的软件资产（含关联数据库）。为了将资产组的购置成本分摊给资产组中的各个单项资产，需评估这项软件资产的公允价值。企业认为这项软件资产及其关联数据库的联合使用会给市场参与者带来最大价值。因此，认定其最有效的利用为与其他资产组合使用。

由于可比较的软件资产的市场交易信息无法获得，所以不能用市场法对该软件资产进行公允价值计量。企业可获得的软件资产数据主要有收益和成本数据，因此，可供选择的估价方法包括成本法和收益法。两种方法的应用如下：

收益法。通过预计年限内从该软件资产使用中获得的期望（向顾客收取的授权费用）可得到现金流量数据，继而使用现值法可得出软件资产的公允价值为16 000 000美元。

成本法。在考虑了物理损耗、功能退化和经济绩效低下等因素后，估计开发具有可比服务能力的替代软件资产当前所需的金额为11 000 000美元。

由于该软件资产是通过一些专用信息开发出来的，在某些方面具有其特有的功用，并不容易模仿。因此，可以确认该软件资产的公允价值是16 000 000美元。

（六）估值方法的参数

参数一般指市场参与者在对资产或负债定价时所采用的假设，包括有关风险的假设，例如，用于计量公允价值的特定估价方法（如定价模型）的固有风险和/或估价方法参数的固有风险。参数可分为可观察的参数和不可观察的参数：可观察的参数反映这样的假设即市场参与者在对资产或负债估价时是根据市场数据推断出来的，而市场数据来自独立于报告主体的渠道；不可观察的参数反映报告主体自己的假设，它们是根据特定环境下可得的最佳信息对市场参与者在资产或负债估价时所采用的假设进行判断得出的。

在运用估价方法来计量公允价值时应最大限度使用相关的可观察的参数（即不需要重大调整的第一层次和第二层次信息），最小限度地使用不可观察的参数。

在下列市场中的一些资产和负债（如金融工具）的参数可能是可观察的：

第一，交易市场。在活跃的市场中（如深圳证券交易所），收盘价一般代表公允价值而且也容易获得。

第二，交易商市场。在交易商市场中，通常情况下交易商愿意出售或支付的价格（要价与出价）比收盘价更容易获得。在美国的场外交易市场就是交易商市场，其价格通过全国证券交易商协会自动报价系统的公开报价进行发布。美国的国库券市场也是一个交易商市场。其他金融资产、商品和实物资产（如旧设备）也可能存在交易商市场。

第三，经纪人市场。在经纪人市场，经纪人了解各方的出价和要价，而交易中通常一方并不了解其他方的价格要求，因此，交易商的作用就是努力寻找匹配的买家和卖家，促成交易。在交易结束后，交易价格有时可以获得。经纪人市场包括匹配买卖指令的电子商务网络、商用和居住不动产市场等。

第四，当事人对当事人市场。在当事人对当事人市场中，直接出售和转销都是在脱离任何中介机构的情况下独立协商完成的，因此交易价格信息很少会公开发布。

（七）公允价值的层级

为增加公允价值计量与相关披露的一致性和可比性，公允价值层次将用于公允价值计量的估价方法参数划分为三大层级：将相同资产或负债在活跃市场上的公开报价（没有被调整）划分为最高层级（第一层次），将不可观察的参数划分为最低层级（第三层次）。在某些情况下，用于计量公允价值的参数可能归属于不同的公允价值层次。这时，公价值计量整体上属于哪一个层级取决于对公允价值计量整体影响重大的最低层级参数。评估某一特定的参数对公允价值计量整体是否有重大影响，需要在考虑资产或负债的具体情况后加以判断。

与资产或负债相关的参数的可获得性及可靠性可能会影响适当估价方法的选择。但是，公允价值层次强调的是估价方法所运用的参数，而不是估价方法本身。例如，运用现值法计量公允价值可能属于第二或第三层次，这取决于参数对计量整体的影响是否重大以及参数归属于公允价值层级的哪个级别。

1. 第一层次参数。第一层次参数（Level 1 Inputs）是报告主体在计量日能获得的相同资产或负债在活跃市场上的报价（未调整）。活跃市场意味着该资产或负债必须有足够的交易频率和成交量从而产生持续的价格信息。除了下述两种情况外，活跃市场的报价提供了最可靠的公允价值证据，因此只要可以获得，就应当用其来计量资产或负债的公允价值。一种情况是如果报告主体持有大量类似资产或负债（如债券），这些项目需要用公允价值计量，虽然在活跃市场的报价可能获得但不能直接用于每项单个资产或负债。在这种情况下，作为权宜之计，公允价值的计量可采用不完全依赖于报价的其他定价方法（如矩阵定价）。但是，与直接运用市价相比，采用替代的定价方法将会降低公允价值计量的级次。另一种情况是在有些情况下，活跃市场的报价并不能代表计量日的公允价值。比如，在收市后至计量日之前的时间里发生重大事项（无中间商的直接交易①、经纪人之间的交易②或发布公告），报告主体需要估计这些重大事项对公允价值的影响，这时往往需要采用其他的估值方法③。当然针对这种情况，报告主体需要制定相应的政策并前后一贯地使用。但是，如果根据新的信息对报价作出调整，那么公允价值计量的级次会因调整而下降。

如果报告主体持有某一金融工具（包括大宗）头寸，并且该金融工具在活跃市场上交易，则该头寸的公允价值应当按第一层次（Level 1）计量，即某一金融品的报价乘以持有数量。不需要因为头寸的数量比市场交易大而调整报价（大额折扣系数）。禁止使用大额折扣系数，即使市场的日常交易量不足以吸收报告主体的持有数量报告主体一次性出售该头寸会影响市场报价也不例外。

由于许多金融资产和金融负债的一级参数可以直接获得，在有些情况下还可能在多个活跃市场中获得（如不同的交易所中）。因此，在一级参数内重点是确定以下两个因素：一是从报告主体的角度出发，确定资产或负债的主要市场，在没有主要市场的情况下，确定资产或负债的最有利市场；二是确定报告主体在计量日是否有能力使用资产或负债主要市场或最有利市场中的价格。

［**例 3－3**］某报告主体的一项金融资产在两个不同的交易所中交易，交易价格不一样：在 X 市场，出售该金融资产能够收到的价格是 28 美元，交易成本为 5 美元，即报告主体能收到的净额为 23 美元；在 Y 市场，能够收到的价格是 27 美元，交易成本是 3 美元，报告主体能收到的净额是 24 美元。

如果 X 市场是该资产的主要市场（即该市场是报告主体出售该资产金额最大、交易活动最频繁的市场），这项资产的公允价值将使用 X 市场中能够收到的价格进行计量（28 美元）。

如果 X、Y 市场都不是该资产的主要市场，该资产的公允价值将使用最有利市场中的价格进行计量。最有利市场是指在主体扣除了各市场的交易成本后，出售该资产收到价格最高的市场。因为在扣除交易成本之后，Y 市场的价格是报告主体能够收到的最高价格（24 美元），该资产的公允价值将使用 Y 市场中的价格（27 美元）进行计量。尽管在确定最有利市场时要考虑交易成本，但在使用 Y 市场中价格计量这项资产的公允价值时，不能因存在交易成本而调整该资产的金额。

---

① Principal-to-principal transactions。

② Brokered trades。

③ 在 A 股市场上这种例子很常见。2007 年 7 月 3 日公用科技停牌时的价格是 9 元，随后公司公布了即将置入广发证券 15% 股权的消息，根据同样持有广发证券股权的上市公司交易价格推算，其价值已达 20 元以上。

2. 第二层次参数。第二层次参数是指不同于第一层次参数报价的、可直接或间接观察的资产或负债参数。如果资产或负债存在约定期间（合同期间），第二层次参数必须实质上在资产或负债的整个合同期间内是可观察的。第二层次参数包括：活跃市场上类似资产或负债的报价；非活跃市场上相同或类似资产或负债的报价，即，市场上只有很少的资产或负债交易、价格不是当前的、或报价因时间或市场交易商（如某些经纪人市场）不同而差异显著、或公开披露的信息很少（例如，无中间商的直接交易市场）；可观察的非报价资产或负债参数（例如，在通常的报价期间内可观察的利率和收益曲线、波动性、预付款的进度、损失程度、信用风险和违约率等）；参数主要采用相关性或其他手段（市场已证实的参数）从可观察的市场数据中推导出来。

对第二层次参数的调整取决于与资产或负债有关的具体因素。这些因素包括资产或负债的状况和/或位置、与参数相关的资产或负债项目的可比性，以及可观察到的参数所在市场的交易量和活跃程度。如果调整对公允价值计量整体产生重大影响，则可能会使该计量降至第三层次，这取决于用来调整的参数本身所属的公允价值级次。

从性质上来说，第二层次参数是第一层次参数之外的其他可观察参数，它们直接或间接地得到可观察市场数据的支持。如果资产或负债有确定的合同期限，第二层次参数总体上必须是可观察的，否则就应该将其降至第三层次的参数。以下是特定资产和负债的第二层次参数的例子：

基于 LIBOR①利率互换的收款固定、付款变动的利率互换。如果在利率互换合同的整个期限内都能以常规定期报价的形式观察到，则其第二层次参数可能包括 LIBOR 利率互换。

基于外币标价收益率曲线的收款固定、付款变动的利率互换。如果利率在互换合同的整个期限内都可以常规定期报价的形式观察到，那么第二层次参数可能包括以外币标价的收益率曲线为基础的利率互换，如互换合同的期限是 10 年，其中 9 年该互换的利率能以常规定期报价的形式观察，并且对第 10 年收益率曲线的合理推断表明，第 9 年的利率对该互换公允价值计量整体的影响不大。

基于特定银行基准利率的收款固定、付款变动的利率互换。如果通过推算获得的银行基准利率得到可观察市场数据的证实（该互换在整个合同期限内大体上与某一可观察利率相关联），那么第二层次参数可能包括通过推算获得的银行基准利率。

基于交易性股票的三年期期权。如果，在前两年该股票的期权价格都是可观察的，并且通过推算得到的三年期期权所隐含的波幅在整个期限内基本上能得到可观察的市场数据的支持，那么，第二层次参数可能包括通过对三年期股票期第三年的价格进行推算出来的隐含波幅。

授权安排。对企业合并过程中购买的授权安排来说，若该授权安排是被购买企业（授权安排的一方）近期与某一非关联方通过谈判购置的，那么第二层次参数包括该项授权安

① 伦敦银行同业拆放利率（London Inter bank Offered Rate，LIBOR）已成为全球贷款方及债券发行人的普遍参考利率，是目前国际间最重要和最常用的市场利率基准。伦敦银行同业拆放利率是英国银行家协会根据其选定的银行在伦敦市场报出的银行同业拆借利率，进行取样并平均计算成为基准利率。是伦敦金融市场上银行之间相互拆放英镑、欧洲美元及其他欧洲货币资金时计息用的一种利率。

排开始生效的特许权使用费的价格。

零售店的产成品存货。对于企业合并过程中购买的产成品存货，第二层次参数既包括零售市场上出售给顾客的价格，也包括批发市场上出售给批发商的价格。当然要进行公允价值计量时要对该参数进行调整，即要根据该存货与可比或相似存货的差异进行调整，以反映该存货出售给另一零售商所能收到的价格。从概念上来说，不论是对零售价格的向上调整，还是对批发价格的向下调整，公允价值计量都应该使用主观性最小的调整价格。

持有和用过的建筑物。第二层次参数包括从可观市场中获得的该建筑物每平方尺的价格（估价倍数）。例如，从相似地点可比建筑物的可观察交易价格中获得的价格（倍数）。

报告单位。第二层次参数包括从可观察市场数据中得到的估价倍数（如收益或收入倍数或类似的业绩计量倍数）。例如，从可比企业的可观察交易价格中获得的倍数。需注意的是，在选择这些倍数时要考虑经营、市场、财务和非财务等因素的影响。

3. 第三层次参数。第三层次参数是资产或负债的不可观察的参数。只有在可观察的参数无法取得的情况下，才可运用不可观察的参数计量公允价值，因此仅在资产或负债计量日的市场交易活动极少时才使用。但是，公允价值计量的目标并未因此而改变，即仍然是从市场参与者的角度出发估计其持有资产或承担负债的脱手价格。所以，不可观察的参数应反映报告主体根据自己的假设来判断市场参与者对资产或负债估价可能采用的假设（包括有关风险假设）。推算不可观察的参数应基于当时的环境所能提供的最佳信息，这可能包括报告主体自身的数据。在推算不可观察的参数时，尽管报告主体不必竭尽全力地获得有关市场参与者假定的信息。但是，报告主体也不应忽略无需额外成本和努力就可正常获得的有关市场参与者假定的信息。因此，如果无需额外的成本和努力就可合理得到的信息表明市场参与者将采用不同的假设，应对用于推算不可观察的参数的报告主体自身的数据进行调整。

资产与负债的第三层次参数的例子有：

长期货币互换。第三层次参数包括从相应国家收益率曲线中推算出来的互换利率，该利率既不可观察，也不能获得以常规定期报价方式发布的可观察数据的支持。

基于交易性股票的三年期期权。第三层次参数包括从股票的历史价格中获得的波幅。即使该历史波幅（historical volatility）是期权定价的唯一可获得的信息，一般也不代表当前市场参与者对将来波幅的期望。

利率互换。第三层次参数包括依据非直接可观察且不可能得到可观察市场数据支持的数据作出的，对互换市场一致中间价（无约束力的）的调整。

初始确认的资产退出负债。如果不需要额外成本和努力即可获得的信息表明市场参与者不会使用与此不同的假设，第三层次参数包括根据报告主体自己的信息推算出来的风险调整后的期望现金流量。

报告单位。如果不需要额外成本和努力即可获得的信息表明市场参与者不会使用与此不同的假设，第三层次参数包括根据报告主体自己的数据进行的财务预测，如对现金流量或收益的预测。

4. 基于出价和要价的参数。如果用来计量公允价值的参数基于以出价与要价（如在交易商市场中），那么无论公允价值层次归属哪个级次（1 级、2 级或 3 级），公允价值计量都应采用买卖价差之间的价格，因为它是最能代表当时情况的公允价值的价格。FASB 的公允价值准则并不排除使用中间市场定价或其他定价方法作为一种实用、变通的买卖价差之间的公允价值计量。

综上所述，美国关于计量公允价值的方法是通过阐明一个原则和构建一个“层级”来实现的。SFAS 157 字里行间都体现了公允价值计量的基本原则——公允价值应该基于市场参与者所采用的对资产或负债进行定价的各种假设之上。为增加公允价值的计量和有关披露的一致性和可比性，依据用于计量公允价值估价技术所需要的市场参数的主次顺序，可以将公允价值层级分为三个广义的层次。公允价值层级将用于计量公允价值的估价技术所需的参数按优先次序分为三个广义的层次。可概括如下：第一层次的参数为报告个体在计量日能够进入的活跃市场中相同资产或负债的报价（未调整的）；第二层次的参数为不同于第一层次中所包括的资产或负债的报价的参数，可直接或间接被观察到；第三层次的参数为资产或负债不可观察的参数（见图 3－1）。

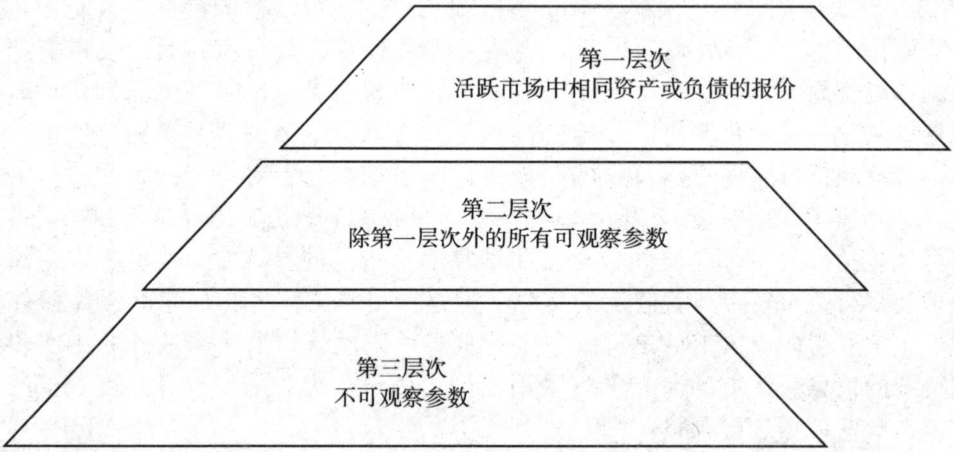

图 3－1　公允价值的层次

对于在初始确认后的期间还需持续进行公允价值计量的资产或负债（如交易性证券），报告主体应披露信息以有助于财务报表使用者评估：一是用于公允价值计量的参数和估值技术；二是如果运用重要的不可观察的参数（第三层次），该计量对当期损益或其他综合收益的影响（如净资产的变化）。为此，报告主体应当在期中和年度报表中，对用公允价值计量的每类资产和负债应至少披露下列信息。一是报告日的公允价值计量。二是公允价值计量整体所属的层次（第一、第二或第三层次）。三是对于报告日持有的资产和负债，披露确认的在公允价值级次的第一层次和第二层次之间转换的金额、转换原因以及报告主体用以确定何时对级次之间的转换进行确认的政策，分别披露和讨论每一层次的转入和转出。四是对于第二层次和第三层次的公允价值计量，描述使用的估价技术和参数。如果估价技术发生变化，还应披露这些变化及其原因。五是第一层次、第二层次对于主要采用不可观察的参数（第三层次）进行的公允价值计量，应揭示其期初和期末余额变化，分别列示报告期间以下项目的变化：本期在盈余/其他综合收益[①]中确认利得或损失总额（已实现的和未实现的），并

① 财务报表列报准则正在修订，若该准则完成，则很有可能用综合收益表替代原来的损益表，未实现的公允价值变动损益将归入“其他综合收益”。

说明其在收益表/其他综合收益的哪部分报告；购买、出售、发行和结算（每一种变化分别披露）；转入或转出第三层次计量的金额、原因及主体用以确定何时对级次之间的转换予以确认的政策（如，由于主要参数的可观察程度发生变化而发生的转入或转出）。六是上述本期利得或损失总额①中，与报告日仍持有的资产和负债相关的未实现利得或损失的变化，以及对那些未实现利得或损失在收益表的那部分报告的说明。七是对归为第三层次的公允价值计量的计量不确定分析。如果改变使用的某个参数的值会导致一个显著更高或更低的公允价值计量，并且这种改变是合理的，那么，报告主体应当披露这些不同取值的影响以及如何计算该影响。八是如果最有效利用不同于其当前利用，报告主体应披露不以最有效利用的方式使用该资产的原因。

对于初次确认的后续期间不经常进行公允价值计量的资产或负债（如资产减值），报告主体应披露能有助于财务报表使用者评价计量所用参数的信息。为此，报告主体应当在每个中报和年报中对主要的资产和负债项目单独披露下列信息（另有规定的除外）：一是本期记录的公允价值计量及计量的原因。二是公允价值计量整体所属的层次；使用活跃市场上相同资产或负债的报价（第一层次）进行的公允价值计量、主要采用其他可观察的参数（第二层次）进行的公允价值计量和主要采用不可观察的参数（第三层次）进行的公允价值计量。三是主要采用不可观察的参数（第三层次）进行的公允价值计量，要揭示参数以及推算参数所用信息的说明。

[例3-4] 经常进行公允价值计量的资产。对于报告期内经常进行公允价值计量的资产和负债，SFAS157 要求分别披露每一主要类别资产和负债的数量信息。对于资产，披露的信息可以以表3-3形式列示（负债可以相似的表格列示）。

表3-3　报告主体在报告日对经常进行公允价值计量的资产所使用的公允价值计量方法

单位：千美元

描　述	××年12月31日	活跃市场中相同资产的报价（一级）	主要使用其他的可观察参数（二级）	主要使用不可观察参数（三级）
交易证券	115	105	10	
准备出售证券	75	75		
衍生工具	60	25	15	20
创业基金投资	10			10
合　计	260	205	25	30

[例3-5] 非经常性按公允价值计量的资产。对于当期内非经常性按公允价值计量的主要类别资产和负债，SFAS157 要求披露这些公允价值计量的信息。这些信息可以以表3-4

① 盈利（或净资产变动）中的本期利得或损失总额。

形式列示。

表3-4　　报告主体在报告日对非经常进行公允价值计量的资产所使用公允价值计量方法

单位：百万美元

描　述	××年12月31日结束的年度	活跃市场中相同资产的报价（一级）	主要使用其他的可观察参数（二级）	主要使用不可观察参数（三级）	利得（损失）总额
持有并已使用的长期资产	75		75		(10)
商誉	30			30	(35)
持有待售的长期资产	26		26		(15)
合计	131		101	30	(60)

案例3-2

中信证券（600030）案

最赚钱的券商——中信证券2008年1月31日公布了亮丽的2007年度财务报表。2007年的大牛市让中信证券实现净利润134.46亿元，每股收益高达4.01元。同时，公司还送出了10转增10股派5元（含税）的“大红包”。公司股票开盘价从2007年年初的28元上升到2007年年末的90元。

分析中信证券2007年年报，发现净利润中公允价值变动收益达33.5亿元，资本公积达331.1亿元，这些大都是由于应用公允价值计量产生的，而这一时刻，中信证券公允价值的上升使公司股价大幅上升。

然而，到2008年中期，根据2008年8月份最新披露的中信证券半年报显示，上半年该公司公允价值变动损失超过35亿元，成为已披露半年报的上市公司中该项损失最大的一家。由于2008年以来市场未能延续2007年的大牛行情，上市公司交易性金融资产公允价值大幅缩水，股票投资的浮盈化为泡沫。如表3-5所示，2008年中期主营业务利润率与2007年末相差不多，分别是95.45%和95.72%，但主要由于公允价值的变动损失，每股收益从2007年的3.3737元下降为2008年中期的0.719元。净资产收益率从2007年的24.01%下降为2008年中期的9.18%，相应地，股票开盘价从2008年年初90元下跌到2008年中期的24元（见图3-2）。安永华明会计师事务所对中信证券2007年年报出具了标准无保留意见。

表3-5 中信证券2007年报和2008年中报重要指标比较

指 标	2008中报	2007年报
每股收益（元）	0.719	3.737
每股资本公积金（元）	4.11	10.01
净资产收益率（%）	9.18	24.01
主营业务利润率（%）	95.45	95.72

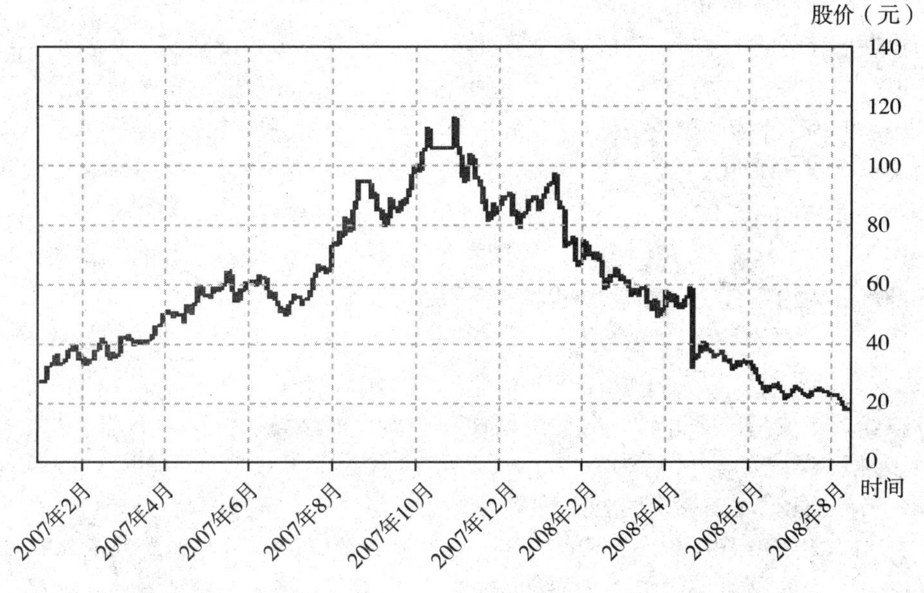

图3-2 中信证券2007年~2008年8月股价走势

资料来源：Wind资讯。

三、问题与挑战

SFAS157的发布，引发了实务界和学术界的广泛讨论，其中不乏反对的声音：一是公允价值能否可靠计量；二是公允价值的波动对财务报表的影响。2007年金融危机爆发后，对公允价值计量的指责尤为尖锐。美国国会一度要求SEC停止使用公允价值，而FASB也迫于压力在2008年10月发布了SFAS157的第3号工作人员立场文件《当市场不活跃时金融资产公允价值的确定》，允许在极端情况下不采用公允价值计量金融资产（后来被2009年4月的第4号立场文件《资产或负债的交易量或交易水平显著下降时公允价值的确定，以及非有序交易的识别》所取代）。

金融危机引发了全球对公允价值的进一步反思，IASB和FASB也加紧了对公允价值计量框架的完善。截至2010年年底，FASB已经对公允价值计量准则进行了多次修订，例如：为负债的公允价值计量提供更多指南（ASU 2009-05）；为某些无法直接取得公允价值的权益工具的公允价值计量（如对套期基金、私募基金、风险投资基金的投资）提供了指南

(ASU 2009－12)；改进工具价值计量的披露（ASU 2010－06）等。这些修订在很大程度上弥补了 SFAS157 的不足，也反映了这几年在公允价值理论和应用方面的进步。然而，还有一些固有问题是难以解决的，例如，公允价值对传统会计可靠性和稳健性的挑战，以及公允价值助涨助跌的天性对金融市场的影响。

1. 公允价值与会计稳健性。财务报告演进说明其作用主要在于提供有助于评估权益、负债和其他要求权的信息，以及基于公司治理和契约需要的信息。实证会计证明会计信息在公司治理和契约签订、企业估值、法规和政策制定、诉讼和税务等方面起到重要的作用。而强制性的公允价值报告的影响是，信息的可验证性差、不稳健，从而不利于公司治理和契约签订、诉讼时法院的采信和纳税管理。

由于管理层与外部权益者之间的信息不对称，要求财务报告变得更加稳健。实际上，假如不维持现行的财务报告而是转向公允价值报告，那么它会减弱市场效率（至少短期会这样）（Watts，2007）。为了避免政治和管制成本，SEC 持稳健的财务报告政策。例如，SEC 的收入确认标准（SAB 101）① 要比 GAAP 严格。由于 SEC 的法规，美国财务报表比较稳健（Holthausen and Watts，2001）。今天美国的报告更加稳健（Basu，1997；Holthausen and Watts，2001），有证据显示，英国和其他国家的财务报告也趋向于稳健（Ball，Kothari & Robin，2000）。契约签订、公司治理等都需要稳健性。

资产负债表的本质是稳健的净资产估计而不是企业估价，利润表的本质是要得出可验证的、"操纵少"净利润，以估计净资产的增加。而公允价值会计可能有助于证券估价，但这不是财务报告的主要目的。此外，公允价值使利润易于被操纵，使舞弊增加，并会导致诉讼增加。由于准则制定的经济后果，Watts（2007）认为，SEC 和 PCAOB（Public Company Accounting Ove rsight Board，美国公众公司会计监督委员会）将会干预公允价值的采用以减少舞弊，若 SEC 和 PCAOB 的干预不能废除公允价值，美国国会最终会否决 FASB 和 IASB 的公允价值会计。实际上，美国的 SEC 和 PCAOB 已经开始干预公允价值计量。

2. 公允价值计量的操作难点。

第一，市场基础和估值技术。公允价值会计本质上是一种市值会计，需要有发展良好的、比较成熟的金融市场和产品市场，然而，即使是欧美等发达国家，金融资产或负债的市场报价也不是常常能够获得。国际货币基金组织 2008 年发布的《全球金融稳定报告》显示，2007 年年底，美国金融机构的公允价值计量中，第一至第三层次公允价值的占比分别为 6%、72% 和 22%，而欧洲金融公允价值计量中这三个层次的占比分别为 5%、67% 和 8%。可见，按活跃市场上的公开报价进行公允价值计量的并非常态，绝大多数金融资产和金融负债的公允价值需要参照相似资产过去的市价进行调整（第二层次）或采用估值模型加以确定（第三层次）。发达国家的金融机构尚且如此，新兴和转轨经济国家的报告主体将更难获得金融资产和非金融资产的活跃市场报价。他们将不得不转向第二层次和第三层次的估价参数，需要使用更多的假设和估计，而新兴和转轨经济国家在使用复杂的估值技术和进行专业的会计判断方面往往缺乏必要的知识和经验，这也使得不少国家对公允价值会计的应用非常谨慎。

---

① [SAB 101]（Securities Exchange Commission，Staff Accounting Bulletin No. 101）在美国，SEC 查处的财务舞弊超过 50% 是由于不恰当的收入确认。

第二，脱手价格。FASB认为，采用脱手价是恰当的，因为它反映了当前情况下市场参与者对资产未来现金流入和负债未来现金流出的预期。FASB强调现金流入和流出的重要性与资产和负债定义一致，这也符合资产负债观的理念。对于一些持有待售的金融工具而来说，脱手价确实可能会更好地反映其现金流入与流出的市场预期，但是对于其他一些资产和负债，可能其他的计量属性更为适合。例如制造业企业生产经营用的机器设备，买入价（重置成本）可能更好代表现金流量的预期。

但是，由于脱手价只有在活跃市场上才具有可操作性。脱手价是一种基于市场的计量方法，它假定所有资产和负债都存在活跃市场且这些市场都是高度有效的。即使不存在活跃的市场，脱手价计量仍要求报告主体从市场参与者的角度寻找数据、设计模型，这种做法显然会影响信息的可靠性，且难于操作（包括审计）。

此外，脱手价可能不适用于大多数的负债。FASB认为，公允价值计量假定负债在计量日转让给某一市场参与者（注意负债是转让，不是被清偿，即接受方继续承担偿还义务），与该负债有关的违约风险在转让前后没有发生变化。从市场参与者的角度看，无论报告主体打算如何清偿负债，其公允价值是相同的。FASB进一步指出，公允价值计量提供了一种市场基准，当使用公允价值计量某一负债时，报告主体利用自己资源清偿该负债的相对效率就会体现在收益上，但这种相对效率是在负债清偿的整个过程中体现出来的，而不是在清偿之前。FASB的有关负债的公允价值计量是基于“转让”，而不是“清偿”，这样做的目的是与资产的公允价值计量保持一致。资产出售后仍然存在，负债清偿后就不存在，但“转让”则会使其继续存在。这从理论上来说是合理的，因为负债转让和资产出售是对称的，用脱手价计量负债能使其公允价值计量目标与资产保持一致。但是，基于“转让”的负债计量可能仅适用于衍生和某些流动性强的非衍生金融负债，因为现行会计实务中的负债（特别是非金融企业）被转让的毕竟有限，而且有些负债的转让还受有法律及监管机构的限制。因此，通常要依据模拟的转让交易估算脱手价的负债的公允价值计量结果，其所反映的现金流量信息并不会比实际清偿价相关性更强。

第三，第三层次参数的可靠性。由于第三层次的参数是不可观察的参数，其可靠性受到广泛质疑。尽管SFAS157强调，不可观察参数应在可观察参数无法获得的情况下使用，以便于在计量日计量市场活动较少的资产或负债的公允价值；不可观察参数应反映报告主体根据当时可获得的最佳信息，对市场参与者在资产或负债计价时可能使用假设的推测（包括对风险的假设）。但是，在许多情况下推导不可观察参数的最佳可获得信息是报告主体自己的数据，这样，依靠不可观察数据来模拟公允价值计量能否如实反映真实的经济现象，对信息使用者来说就是一个令人质疑的问题了。

3. 公允价值的顺周期效应。顺周期效应是指在市场繁荣时，交易价格上涨的诱因导致相关产品价值的高估；市场低迷时，交易价格下跌的诱因导致相关产品价格的低谷。公允价值计量以市场价格为基础，因此，在市场繁荣时，必然会确认较高的资产价值和公允价值收益；而在市场低迷时，确认较低的资产价值和损失。公允价值在金融资产的计量中应用得尤为广泛，在金融危机加剧、市场流动性不足的情况下，公允价值会计将迫使金融机构确认巨额的投资损失和贷款减值，从而降低银行的资本充足率、信贷和投资能力，使本来恶化的经济状况雪上加霜；而在经济繁荣时期，公允价值会计的运用将导致金融机构确认更多的投资收益和计提更少的减值准备，使已经过热的经济环境火上浇油，这就是公允价值的顺周期效应（黄世忠，2009）。

虽然公允价值本身不是金融危机或资产泡沫存在的根源，但是因为顺周期效应的存在，公允价值可能起到了加速器的作用（Landesmann，2006）。公允价值计量意味着市场流动性的变化和价格波动会立刻影响金融机构的净资产价值和损益，从而影响监管资本水平。以2007 年爆发的次贷危机为例，危机爆发后，市场流动性不足，资产价格迅速下跌，迫使金融机构减记资产并确认相关损失，而盈利水平的降低使得金融机构的信用水平降低，从而需要计提更多准备金和资产减值。流动性不足使得这些金融机构很难从外部获得资本补充，它们不得不低价抛售持有的风险资产，这加剧了市场恐慌，使得相关证券的价格进一步下跌，危机加剧。金融危机的根源在于经济的周期性、金融工具复杂化以及金融监管缺陷，而公允价值计量的应用加剧了当经济环境处于高峰或低谷时的资产价格波动。国际货币基金组织(2008)《全球金融稳定报告》对美国和欧洲 5 家大型银行的资产负债在经济周期的不同阶段的波动性进行了模型，结果发现，无论是在经济周期的高峰、低谷还是正常阶段，采用公允价值计量其金融资产和负债都会引起银行净资产的大幅波动，并且高峰和低谷期的波动尤为明显。颇有预见性的是，欧洲央行在其 2004 年的研究报告《公允价值计量与金融稳定》中指出，扩大公允价值的应用将加剧银行资产负债表的波动，减弱银行应对不利经济环境的能力，随之而来的信贷紧缩又反过来加剧宏观经济恶化。

四、我国公允价值计量问题的思考

（一）准则层面

我国于 2006 年发布了新会计准则，与当时的国际会计准则基本实现了趋同。新会计准则的一个鲜明特点是扩大了公允价值计量属性的运用。《企业会计准则——基本准则》明确将公允价值列为计量属性之一，《企业会计准则第 1 号——存货》、《企业会计准则第 2 号——长期股权投资》、《企业会计准则第 3 号——投资性房地产》、《企业会计准则第 22 号——金融工具确认和计量》等准则均允许或要求使用公允价值计量。但是《企业会计准则——基本准则》也指出，“企业对会计要素进行计量时，一般应采用历史成本”，即仍然以历史成本为主导，公允价值计量的应用将比较有限。

新会计准则为公允价值计量的应用设定了较为苛刻的条件，如《企业会计准则第 3 号——投资性房地产》指出，“企业应在资产负债表日运用成本模式对投资性房地产进行后续计量，但如果有确凿证据表明其公允价值能够持续可靠地取得，应当运用公允价值计量属性”；并且，运用公允价值计量应同时满足两个条件：一是“必须有活跃的房地产交易市场”；二是“企业能够从房地产交易市场上取得同类或类似房地产的市场价格及其他相关信息”。又如，《企业会计准则第 12 号——债务重组》明确规定了公允价值的运用前提是公允价值应当能够“可靠计量”。类似的，《企业会计准则第 7 号——非货币性资产交换》也规定，可以运用公允价值的非货币性交换必须具有商业实质并且换入资产或换出资产的公允价值能够可靠计量。

但是，在涉及公允价值的 17 项具体准则中，《资产减值》、《企业年金基金》和《金融工具确认和计量》准则提供了比较详细的指南，但这些指南并不一致。例如，在《资产减值》中资产公允价值的确定首选销售协议价格，其次才是活跃市场报价，而在《金融工具确认和计量》中，金融工具公允价值的确定则首先考虑活跃市场上的报价。

（二）应用层面

我国准则强调适度、谨慎地引入公允价值，原因是，我国作为新兴市场经济国家，许多资产还没有形成活跃市场，无法获得第一层次的估价参数，而第二层次和第三层次参数不仅存在可靠性的问题，相关的估值技术也尚未成熟。

根据财政部会计司的调查报告，我国 2007 年，上市公司可供出售金融资产公允价值变动增加了净资产，同比增加了 1 491.23 亿元，占净资产增加额的 9.22%，表明上市公司 2007 年划分为可供出售金融资产的股票价格大幅上涨，导致可供出售金融资产公允价值变动计入资本公积。2007 年我国上市公司以公允价值计量且其变动计入当期损益的金融资产以及可供出售金融资产共 454 家，金额为 795.04 亿元，项目的调整金额占按旧准则编制的股东权益占的 1.92%，公允价值变动收益为 117.23 亿元，占利润总额的 0.86%。

2008 年年末，624 家上市公司持有交易性金融资产和可供出售的金融资产合计为 39 664.01亿元，占资产总额的 8.14%。其中，27 家金融类上市公司持有的交易性金融资产、衍生金融资产、可供出售的金融资产合计为 38 862.59 亿元，占金融类上市公司资产总额的 10.44%。2008 年，1 624 家上市公司交易性金融资产公允价值变动计入当期损益的金额为 -501.33 亿元，可供出售的金融资产公允价值变动计入股东权益的金额为 -2 206.65 亿元。相对于发达国家，我国金融产品交易规模较小，虚拟经济发展还不很成熟。

我国执行公允价值会计所存在的问题：部分公司公允价值的确定存在一定的随意性。新准则规定企业应当根据不同情形分别采用同类资产活跃市场报价、类似资产活跃市场报价和估价技术等确定公允价值。同一交易事项，公允价值的计量方法应当相同。但在实际执行中，对于同一交易事项，有的按照活跃市场报价确定公允价值，有的按照交易双方协议价格确定公允价值，有的按照评估价格确定公允价值，从而影响了公允价值信息的可靠性和相关性①。

（三）未来展望

我国的公允价值计量指南极不完善，新会计准则颁布后，监管层也不提倡企业大范围地使用公允价值计量。然而，公允价值在理论上具有天然的优越性，能够与决策有用观下的财务报告目标完美契合。虽然公允价值在应用中还存在着许多困难，但各国准则制定机构正在努力解决这些问题，并且也取得了丰硕的成果（FASB 对 SFAS157 的改进及 IASB 公允价值计量准则的即将诞生就是证明）。正如监管层和学术界所预言的：公允价值运用势不可挡，重返历史成本一统天下已不可能。

我国 2006 年颁布的企业会计准则没有为公允价值计量提供单一的、比较完整并且内在一致的指南。一方面，我国长时间以历史成本为主导，公允价值计量的应用不可能一蹴而就；另一方面，IASB 和 FASB 正在对财务会计报告体系进行反思和修订，我们有必要借鉴其修订。经过几年的酝酿，理论界和实务界对公允价值计量都有了更深刻的认识，IASB 和

---

① 引自财政部会计司发布的《关于我国上市公司 2007 年执行新会计准则情况的分析报告》。

FASB趋同的公允价值计量准则也即将诞生，我国也亟须在借鉴IASB和FASB的公允价值计量准则的基础上，结合我国的市场环境制定一项单独的公允价值计量准则。2010年4月1日，财政部发布了《中国企业会计准则与国际财务报告准则持续全面趋同路线图》，确定了中国完善企业会计准则改革的时间和重要任务。根据路线图的规划，中国财政部计划根据IFRS的最新变化，于2010年开始启动企业会计准则体系的修订工作，2011年年底前完成，力争与国际准则的修改保持同步，计划于2014年在所有大中型企业全面实施。可以预见，届时我们的公允价值计量指南将更加完善，其应用范围也将进一步扩大。

本章小结

本章重点介绍了决定财务报告导向的会计准则的导向和公允价值计量。首先，介绍了会计准则的定位问题（如实反映还是经济后果）；其次阐述了原则导向和规则导向的会计准则的选择。最后，系统性地介绍了美国SFAS157“公允价值计量”准则及其最新发展，并对其进行了评述。

会计要如实反映（内在本源的反映），但由于会计信息有经济后果，它也必然受各种政治力量的干扰（外部环境的影响）。会计正是在这两种力量影响下一步步走来的。2002年SOX法案发布后，美国的会计准则开始与国际会计准则趋同（尽管进展缓慢），其GAAP也由原来的规则导向逐渐向原则导向转变。原则导向的会计准则强调概念基础的指导作用。

公允价值计量是IASB和FASB多年来一直倡导的会计计量基础。FAS157“公允价值计计量”和FAS159“公允价值期权”的发布，极大地提升了公允价值计量的地位。尽管目前它还限于在活跃市场上可取得市场价格的金融资产和金融负债的计量，但在发达国家将其应用于非金融资产与负债的提议也得到一些人的支持。

目前IASB和FASB对公允价值的定义基本趋同，即指计量日市场参与者之间的有序交易中出售资产收到或转移负债支付的价格。在这个定义中，FASB认为公允价值是基于市场参与者角度而不是基于特定主体角度对销售资产收到或转让负债付出价格的一种估计。市场参与者是指资产或负债主市场（或最有利市场）的买者或卖者，具有以下特征：一是独立于报告主体，即他们不是关联方；二是对资产或负债交易有合理的理解；三是有能力对资产或负债进行交易；四是有意愿对资产或负债进行交易，即他们是主动的交易者。FAS157规定：公允价值计量假设出售资产或转让负债的交易发生在资产或负债的主市场，在没有主市场的情况下，则假设发生在最有利的市场。主市场是指报告主体出售资产或者转让负债数量最大、交易活动最稳定的市场。最有利市场是指在考虑了各自市场的交易成本后，报告个体在该市场出售资产或转让负债能最大化从资产出售中收到的金额或最小化因转让负债而支付的金额。主市场（或最利市场）应该从报告主体角度来考虑。因此，允许从事不同活动的报告主体之间存在差异。

公允价值计量的方法主要有三种：即市场法、收益法和成本法。通常情况下，首选的方法是市场法，因为一个公开的市场价格通常是最为令人接受的，从而也是最公允的。若找不到所计量项目的市场价格的情况下，往往采用成本法，即通过按照一定的严格条件选取的类似项目的市场价格来决定所计量项目的公允价值。而当所计量的项目不存在或只有很少的市场价格信息，从而无法运用市场法和成本法时，则需采用收益法，即考虑运用估值技术对所计量项目的公允价值进行估值。

2008年的金融危机使FASB的公允价值计量受到了激烈的批评，一些认为公允价值会计的运用引发并加剧了金融危机。2008年10月3日，美国国会通过了《2008年紧急经济稳定法》，要求SEC在90天内，就是否暂停公允价值会计和FAS157向国会提交一份研究报告。SEC于2008年12月30日向美国国会提交的研究报告认为，运用公允价值会计并非金融危机和多家美国倒闭的原因，报告肯定了公允价值会计在财务报告中的作用，并有针对性提出了改进公允价值计量的建议①，如：一是FAS157应该改进，而不是暂停使用；二是不应该暂停使用现行公允价值和市值规定；三是应采取额外措施，以改进现行公允价值会计要求的应用；四是金融资产减值的会计处理应重新评估；五是为使用合理判断提供进一步的指南；六是会计准则的制定应继续满足投资者的需求；七是应采取其他的正式措施，以解决现行会计准则在实务中的执行问题；八是阐明简化金融资产投资会计处理的必然性。

在我国，2006年2月发布的新企业会计准则中引入了公允价值会计，但由于我国当前的资本市场和生产要素市场不很活跃，相关的公允价值难于取得，所以准则强调适度、谨慎地运用公允价值会计。

复习思考题

1. 老子说，道可道，非常道？你认为会计应该是以道为本，以术为用，还是以术为本，以道为用？武侯孔明，道及孔孟，术过神鬼；精于术而以道为本，守于道而以术御事，会计能做到吗？请结合本章会计理论知识讨论上述问题。

2. 据我国会计准则规定，商业银行应当根据贷款未来现金流量现值低于其账面价值的差额部分计提贷款损失准备。但监管部门要求金融机构按照一般准备、专项准备和特种准备计提，对于专项准备，还进一步分为正常类、关注类、次级类、可疑类和损失类五类，并分别规定了计提贷款损失准备的比例。实际执行中，有的金融企业执行会计准则规定，同时考虑了监管要求；有的按监督部门的规定进行会计处理。你认为应采用哪种会计处理方法，为什么？

3. 计量是财务会计的基本问题。财务会计当前的趋势是在条件许可时大量采用公允价值。公允价值的采纳既提高了会计信息的相关性，也带来了会计计量中的主观判断成分。试回答如下问题：

（1）讨论财务会计采纳公允价值需要具备哪些环境条件？这些条件如不具备对会计信息会产生什么影响？

（2）列举说明目前会计实务中有哪些是采用公允价值处理的？就你所了解的国际会计准则以及美国财务会计准则，举例说明允许采用公允价值的准则（准则号数、准则所约束的内容）或具体规定（比如，对具体某一类资产或负债可以采用公允价值）。

（3）我国会计准则曾经允许采用公允价值，后又取消，最新发布的准则又有部分允许采用。请你简要分析我国公允价值在我国应用的利与弊。

---

① 详见财政部会计准则委员会译的美国SEC研究报告《市场会计研究——遵照“2008年紧急经济稳定法”第133节的报告和建议》，中国财政经济出版社2009年版。

4. 什么是原则导向的会计准则？什么是规则导向的会计准则？目标导向的会计准则又是什么意思？

5. 美国FAS157中的主市场、最有利市场、市场参与者、公允价值级次参数是什么意思？请举例说明。

6. 资料：

广州市长降价承诺初见成效一手楼均价降700元

广州市长张广宁2月起就强调广州中小户型房价一定降，接着出台“广七条”力控房价，“降价承诺”终于初见成效。昨天（4月13日），广州市国土房管局发布的《2007年3月广州市房地产市场分析》（简称《报告》）显示：上月，广州十区一手住宅首次出现最大降幅，每平方米下跌700元，而中小户型方面更是比2月下降887元/m^2。

《报告》显示：上月，广州十区批准预售商品房项目共107个，与去年同期相比增长365.22%，其中供货量排前三名的是花都、海珠、番禺，而老城区越秀、荔湾新货供量缩为零。1~3月，十区批准预售商品房项目166个，可预售商品房16 267套，与去年同期相比减少8.79%。

上月，广州十区一手楼除海珠上涨120元/m^2外，其他“降”声一片，均价为7 029元/m^2，降700元/m^2。这是继去年以来最大降幅，约达9%。而十区90平方米以下的中小户型方面，降887元/m^2，均价5 476元/m^2。二手住宅价格基本保持稳定，每平方米小升14元，为3 936元/m^2。

成交量方面，上月十区一手住宅成交面积为59.75万平方米，降幅近两成，是今年以来楼市成交量首度下滑。中心城区（越秀、荔湾、海珠、天河、白云、黄埔）新建商品住宅交易面积为35.8万平方米，同比减少41.6%。

请你联系会计理论的作用，从会计角度对上述新闻报道进行评论。注意评论用语尽量学术化，不要使用带感情色彩的修饰词。

资料来源：中国新闻网2007年4月14日。

第四章　会计政策选择

本章目标

通过本章学习，你应该能够：

1. 了解会计政策选择的动因和空间及其与盈余管理、财务舞弊之间的关系。
2. 了解盈余管理的概念、动机及手段。
3. 掌握盈余管理的特征、计量及其后果。
4. 了解财务舞弊的概念、动因和条件。
5. 掌握财务舞弊的识别，以及如何对舞弊进行预防和治理。

案例 4－1

招聘会计师

ABC 公司是一家业内乃至全国知名的行业领军企业，这一天 ABC 公司对外宣布招聘会计师，只要求具有会计从业资格证、学历不限，待遇优厚。应聘者蜂拥而至，既有专科学历也有博士学历的，既有只具从业资格者也有高级会计师职称者，既有刚从校园毕业出来的学生也有相关工作经验十多年的会计师。负责本次招聘活动的 David 和 Micheal 一视同仁，安排所有人进行笔试测验。试卷只有一页，题目只有一个：1 + 1 等于？

面对题目，所有人一开始都大吃一惊，很大部分人立刻写下“标准”答案 2。而其他人却不敢轻举妄动，开始苦苦思索，一段时间后其中有几个人会心一笑写下一答案，而剩余人直到交卷前才不敢确定的写下一数字。David 和 Micheal 开始审查试卷，一张张试卷过去，David 和 Micheal 都不置可否。突然，David 对 Micheal 一笑，将两张试卷递给他，一张上面的答案是 ±20 000，另一张是“你说多少就是多少”。Micheal 满意地点点头说：“我想我们找到需要的会计师了。”

讨论： David 和 Micheal 为什么对上述两个答案感到满意，又是谁在选择会计师？该故事给了我们什么启示？

---

1 + 1 等于 2 还是多少呢？一般人必然会给出“2”的答案。然而，在会计上，1 + 1 等于正负 20 000 都是有可能成立的。一般来说，财务报告的信息大多数是反映企业“真实收

益”的，具有客观公正的特点。但是，财务报告的信息在很大程度上还受到会计人员的职业判断的影响，甚至常常由其所决定。SEC 前主席 Arthur Levitt 在评价安然等一系列财务舞弊事件时尖锐地指出：“美国现行的财务报告制度并不能向投资者提供关于上市公司健康状况的信息，在许多方面已演化为了一种数字游戏”。

如果假设人是道德意义上的人，或者说，每个人都是利他主义者，那么管理层（以及受管理层控制的会计人员）应该会选择一种最能反映企业“真实收益”的会计政策。因为这样最能够满足信息使用者了解企业“真实收益”的需求。尽管道德意义上的人是历代先贤圣哲所憧憬和追求的境界，但它毕竟不是一种现实。按照本书的讨论，我们进一步放宽假设，引入经济人聪明狡黠的特性。例如，管理层如果是聪明狡黠的经济人，他就会选择有利于管理层个人利益的会计政策，因为会计政策往往会直接或间接地影响管理层利益。

与会计政策选择有关的几个名词是盈余管理、财务舞弊等。盈余管理、财务舞弊实际上也与管理层的机会主义行为有关。

会计政策选择

会计政策选择（或会计选择）是指基于一定的目的，选择一定的方法（包括按照 GAAP 规定、税务规定和有关管制的规定）影响会计信息系统产出。一般而言，会计政策选择相关理论观点主要有以下三种：

- 机会主义观：指经理人员按照与其个人效用最大化的原则选择会计政策。
- 有效契约观：由于企业的一些显性的、隐性的契约与会计数字有关，由此而引发了各种代理成本。企业会选择最小化代理成本的会计政策。
- 信息观：如果管理层在提供企业信息方面具有比较优势，他们更有能力披露关于企业未来现金流的信息。信息观认为管理层会选择会计政策，该会计政策有助于反映他关于企业未来现金流的预期。

盈余管理

盈余管理就是企业管理当局在遵循会计准则的基础上，通过对企业对外报告的会计收益信息进行控制或调整，以达到私人集团利益最大化或企业利益最大化的行为。魏明海（2000）认为，盈余管理有以下基本特征：

- 从一个足够长的时段（最长也就是企业的整个生命期）来看，盈余管理并不增加或减少企业实际的盈利，但会改变企业实际盈利在不同的会计期间的反映和分布。
- 盈余管理必然会同时涉及经济收益和会计数据的信号作用问题。
- 盈余管理的主体是企业管理当局。
- 盈余管理的客体主要是公认会计原则、会计方法和会计估计。
- 盈余管理的目的既明确又非常复杂。所谓明确是指盈余管理的主要目的在于获取私人利益，这点是可以充分加以肯定的。盈余管理是与公众利益、中立性原则相矛盾的。

财务舞弊

财务舞弊是指通过遗漏或故意行为从而导致重大的财务报告误导。可能涉及以下阴谋：伪造、更改或操纵重大财务记录、支持性文件或商业交易，对有关事项、交易、账户或其他从正在编制的财务报表中分离出来的重要信息的故意重大遗漏或不当陈述，或故意错误地应用会计原则、政策和被用于计量、确认、报告、披露经济事项和商业交易的具体程序，以及故意遗漏或不充分披露有关会计原则、政策和相关财务金额的列报。

会计政策选择、盈余管理、财务舞弊的关系与界限

实际上，关于会计政策选择、盈余管理、财务舞弊的关系与界限有两种主要观点，可以分别用图 4 - 1 和图 4 - 2 来表示。

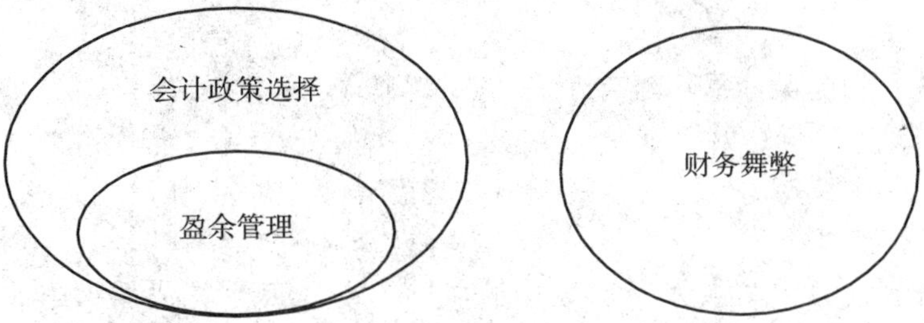

图 4 - 1　理论上会计政策选择、盈余管理、财务舞弊的关系

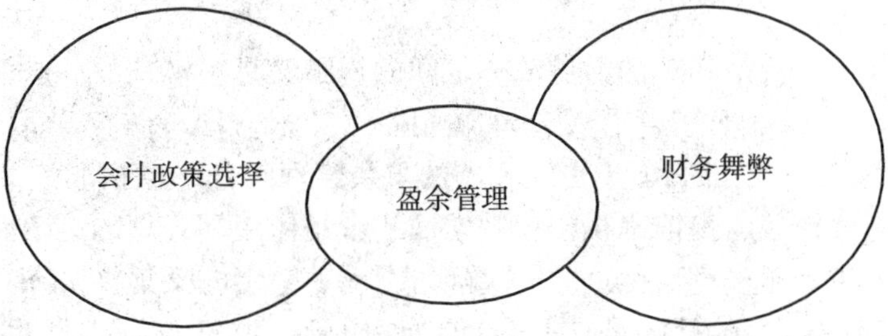

图 4 - 2　实际上会计政策选择、盈余管理、财务舞弊的关系

会计政策选择的行为影响着会计信息系统的最终输出结果。这种结果可能是某一个或某一组特定的会计数据，也可能是适当的披露内容与时机。而盈余管理的最终目的是对会计盈余信息的控制与调整。从内容上看，两者具有很大的共性。因为盈余管理的一个重要方式就是会计选择，而会计政策选择的主要目的之一则在于影响公司的盈余。然而两者的差异也是明显的。特意构造某种形式的交易与会计选择无关，却也是盈余管理的一种重要方式；同时，会计选择的目的很多时候也会超出盈余管理的范畴，比如上市公司对财务报告披露时机的选择，盈余管理这时更可能是一种原因，而不是目的。盈余管理的主要目的在于获取私人利益，这实际上背离了中立性原则；而会计政策选择则既可能是基于中立性原则的，也可能是基于私人利益。从这个意义上来说，盈余管理应是会计政策选择的一个组成部分（见图 4 - 1）。

财务舞弊是指那些明显违背会计原则、政策，或故意遗漏或不充分披露有关会计原则、政策，重要信息的故意重大遗漏或不当陈述。由于财务舞弊明显违背了会计政策、原则，而会计政策选择、盈余管理并未违背会计政策、原则。因此，会计政策选择、盈余管理与财务舞弊之间应当存在明显的界限。

案例 4－2

这种观点还可以以一个足球比赛为例加以说明。设 A 队与 B 队进行一场足球比赛。足球裁判在判罚的过程中包含着很多主观判断，如果他（她）根据有利无利的原则，合理的选择判罚的尺度。他（她）可以选择较严的执法尺度，也可以选择较宽松的执法尺度。只要他（她）不偏袒，他（她）就符合基本的规则，选择何种尺度就是一个类似与会计上合理的会计政策选择的过程。

如果他（她）因为某些原因违背了中立性原则，有意识地偏袒 A 队。对 A 队的可吹也可不吹的犯规，均不判罚；对 B 队的可吹也可不吹的犯规，均进行判罚。此时，他（她）的行为并未违反足球规则，但他（她）的行为明显违反了中立性原则。他（她）的偏袒行为就类似于会计上的盈余管理行为。

如果他（她）收取了某一方（A 队）的贿赂，或者因为其他原因违背了中立性原则，明目张胆地进行错判、误判、漏判，他（她）的行为违反足球规则，其行为就类似于会计上的财务舞弊行为。

然而，在实际中，盈余管理和财务舞弊之间的界限又是很模糊的。这就好比裁判一旦违背了中立性原则，就很难不违背有关足球规则。近年来，国外许多著名的财务舞弊案件（如朗讯、尚彬、安然等）都归因于更大范围的盈余管理实务，包括非法的收入确认、不恰当的费用递延、虚假销售、提前确认销售、转回或者是使用不合理的准备。这使得盈余管理与财务舞弊的边界越来越模糊，而这之间实际上存在着一定的交集（如图 4－2）。

大多数盈余管理行为，只要是在一定的会计原则、政策范围内，运用涉及判断和估计的选择权，都是可以接受的，都属于会计政策选择的范畴，即图 4－2 中盈余管理与会计政策选择的交集部分。而旨在欺骗投资者和债权人等信息使用者的蓄意盈利操纵则属于非法的盈余管理，这种非法的盈余管理则构成了财务舞弊，即图中盈余管理与财务舞弊的交集部分。

第一节　会计政策选择

会计政策选择是企业在编制财务报告的过程中，对会计原则、方法、程序和惯例等作出选择的一种决策行为，其主要目的在于影响会计信息系统的产出，最大化目标主体的利益。由于会计计量属性的多样性，会计实物的复杂性和多变性，会计准则发展的滞后与职业判断的不确定性等一系列客观因素的存在，会计政策选择便成为一种必然。

> **原理**
>
> 会计政策选择是指基于一定的目的，选择一定的方法（包括按照 GAAP 规定、税务规定和有关管制的规定）影响会计信息系统产出。

如果把现代企业理解为由股东、经理人员、政府、职工、债权人、供应商以及社会公众等利益相关方参与的一系列契约的联结（包括显性的和隐性的契约），其结果必然是利益相关方均会关注会计政策的选择，也会试图影响会计政策的选择。为形成一致会计政策的契约安排，各利益主体双方或多方之间存在着一个博弈的过程，也就是通过对会计政策进行选择来实现对于自己有利的经济后果的过程（宋在科和王柱，2008）。因此，管理当局在面临会计选择时，势必会根据各个利益主体的博弈结果，选择“最优的”会计政策。

一、会计政策选择的动因

早期学术界对会计政策选择动因的研究多从契约理论出发，并对会计政策选择的经济动机提出了两大假设：一是报酬契约假设。指在其他条件相同的情况下，基于会计信息报酬激励的公司经理为扩大个人效用，更可能选择将未来的盈余转移到现在的会计程序，以便提高其报酬的现值。二是债务契约假设。指在其他条件相同的情况下，越接近违反债务契约条款的公司，为避免违约成本，越可能选择将未来的盈余转移到现在的会计程序。对于报酬契约假设，实际上是从经理人员利益角度来谈会计政策选择；债务契约假设则是从债权人角度来分析会计政策选择。

有些学者从利益相关者的理论框架下研究会计政策选择的动机。利益相关者的动机考虑了会计信息的外部使用者：潜在投资者，税收机构，政府等。比如，学者们通常认为，政治成本是公司选择会计政策的动因之一，在其他条件相同的情况下，公司规模越大，越可能选择将现在的盈余递延到将来的会计程序，以避免因高额利润而受到政府的管制。下面我们将从股东、经理人、债权人以及其他利益相关者对会计政策选择的考虑出发，分析他们对会计政策的偏好或选择。

（一）股东价值最大化

股东会关注会计政策的选择，因为会计政策选择关系到他们财富的多寡。企业的财务报告和会计信息是股东了解企业经营状况的一个重要渠道。会计政策选择直接关系着会计信息的真实可靠程度，其对股东的影响显而易见。有实证研究表明，与旧会计准则相比较，采用新会计准则，我国上市公司的股东权益明显增加，原因之一是新会计准则降低了企业的资产负债率，进而提高了股东的财富水平。比如，资产减值准备通常是企业管理层依据有关因素对资产的可回收程度作出的一种估计，这里存在着较大的利润调节空间。而新的会计准则不再允许大多数资产减值的转回，这在一定程度上抑制了管理层利用资产减值操控盈余的可能性，维护了股东的利益。

> **原理**
>
> 股东价值最大化：1999 年，经合组织（OECD）发表了《经合组织公司治理原则》的文件，强调公司应当首先并最终依据股东的利益加以管理。
>
> 该理论认为公司治理的目的在于创造股东价值，在过去20 年间成为美国公司治理的主导原则。

在一个不完全有效的资本市场下，市场并不能有效识别不同的会计政策，同时，不同会计政策下的不同会计数据会产生不同的市场反应，这必然会影响股东财富的变化①。在公司即将上市时，股东约束会计政策选择的动机越强烈。因为股东在发售股份时的定价往往与财务业绩有着很密切的关系，上市公司就有动机选择那些能使公司上市前财务指标提高的会计政策，以获得更多的募集资金。公司上市后，控股股东的掏空行为，使得我国上市公司业绩普遍存在着“变脸”现象，公司业绩“一年优、二年平、三年亏”。

案例4－3

中国上市公司发行后的变脸现象

变脸是川剧中的一招绝活，戏角儿的脸谱可在瞬间由红变黄，由黄变黑容不得观众眨一眨眼。每每在戏角儿抖出这一绝活时，场下的观众总要报以喝彩。然而，变脸的绝活不知从什么时候开始已被移植到股市被许多上市公司熟练地掌握着。如今，上市公司变脸的花样在不断地翻新已非“一年绩优、二年绩平、三年亏损”所能概括。“上市一年就亏，配完股就死”正成为一种新趋势。

根据李东平（2005）的统计，上市公司IPO当年净资产收益率（ROE）平均为0.136，IPO后1年末ROE平均为0.126，IPO后1年末ROE平均为0.091，业绩滑坡现象十分明显。

一些公司甚至是在上市当年就出现了亏损。如ST黎明是1998年年底发行1999年年初上市的公司，但是该公司1999年就出现了亏损，2000年继续亏损，而且该公司通过弄虚作假手段资产虚增8 996万元；负债虚增1 956万元；所有者权益虚增7 413万元；主营业务收入虚增15 277万元；利润总额虚增8 679万元，后被有关部门查处，并对该公司1999年的经营业绩进行了重新调整，最终该公司因为两年亏损被戴上了ST帽子。广州冷机是1998年12月上市的公司，尽管1999年微利，但2000年便出现了较大幅度的亏损，2000年亏损总额达到9 229万元，每股净亏损0.416元。

讨论：谁在主导中国上市公司发行后的这种变脸现象？如果投资者可以预期这种现象，那么对上市公司IPO定价与其后股价有何影响？

股东影响会计政策选择的方式主要有两种：一是大股东或控股股东通过对管理层的任免实现自我利益最大化的会计政策选择。现代企业中，两权分离（所有权与经营权）产生了股东与管理层之间的代理问题。一般来说，在企业中，管理层往往拥有会计政策的选择权。股东为了使管理层与自身利益趋向一致，有效约束管理层对会计政策的选择，他们往往会通过投票权任命“听话的”管理层，或者通过其他监督和激励手段，迫使管理层采取利于股东的会计政策。二是中小股东或新股东的“用脚投票”方式对会计选择的约束。其实，对于中小股东或者新股东来说，他们对会计政策的约束往往不会产生实质上的影响。因为，相

① 当然，在完全有效市场条件下，如果会计政策的不同不会带来未来现金流的不同，不同会计政策下的会计报告的市场反应是没有差异的。

对于“内部控制人”，中小股东或新股东处在信息上的劣势，并且不具备强有力的话语权，管理层在选择会计政策时，更可能照顾老股东的利益。但是，如果中小股东选择“用脚投票”，即通过抛售股票，放弃对公司的关注来表达自己的话语权，公司也可能因股价下跌蒙受相应的损失。

（二）激励契约

股东为了让管理者勤勉尽责，往往让经理享受一定的回报或奖金，以激励他们努力工作。这种契约往往与财务数据有关，如利润指标等。当以利润指标作为一种激励契约时，如果利润数据提高，经理就可以从中提取分成，这在一定程度上激励了经理人努力工作。给定经理人报酬契约，经理人如何得到这些报酬就是一个激励相容的问题。通俗地说，激励相容就是“上有政策，下有对策”。它是指一种契约不可能强迫人家干什么，只能诱导人家干什么。因此，在任何报酬契约下，经理人总会选择对自己最有利的行动。报酬契约的导向不一样，经理人的对策也不一样。比如说，如果按照当年利润给经理人提成，那么经理人就会采取各种方法把企业当年利润搞上去，而不关心企业未来的利润。在激励契约的作用下，经理人可能会选择有利于提高自身收益的会计政策。

Healy（1985）的研究

Healy 发现，一般企业奖金计划都存在一个盈余下限（L），也有一些企业奖金计划存在一个盈余上限（U）（一些则不存在一个盈余上限）。当企业盈余低于盈余下限时，经理人无法得到提成；当企业盈余高于盈余下限，低于盈余上限时，经理人可以按比例提取奖金。对于存在盈余上限的企业，当企业盈余高于盈余上限，经理人奖金不再增加；对于不存在盈余上限的企业，当企业盈余高于盈余上限时，经理人奖金持续按比例增加。

Healy 预测，若企业的实际利润低于分红计划中的下限，则经理有动机利用可行的会计程序，如提前确认费用或递延确认收入，以进一步地降低当期收益，这样做有望提高下一年度的收益从而提高了经理在下一年度获得分红的概率；若当期的收益高于上限，则这一部分利润可望形成的分红将会永久性地丧失，则企业的经理也会采取能降低当期收益的会计程序；仅当企业的实际利润界于分红计划的上限与下限之间时，经理方有动机采取增加当期利润的会计政策以提高其分红的现值。基于这样的看法，Healy 以那些报酬方案仅包括了以当期收益为基础的分红计划的企业为样本，以净应计项目经营现金流量与净收益之间的差额为判断的标准，发现收益介于分红计划上限与下限的企业较其他企业更多地采取了增加收益的会计政策；而收益高于（低于）上限（下限）的企业则普遍地采取了减少收益的会计政策。

（三）债务契约

许多契约都备有借款人在契约期间必须遵守的保护性条款，如保持一定标准的权益负债率、利息保障倍数等。如果违反这些条款可能遭受分红限制等惩罚性措施。为了避免或拖延这种违约，经理人可能会进行会计政策选择以满足这些条款。

Sweeney（1994）的研究

Sweeney 选择 1980～1989 年第一次违反债务契约的 130 家制造业公司为样本，另外又选择了 130 家同行业规模相同未违反债务契约的公司作为控制样本。

Sweeney 发现，在违反债务契约的 130 家公司中，普遍选择了自发性增加收益的会计政策变动；而在未违反债务契约的 130 家公司中，选择了自发性增加收益的会计政策的公司却极少。这种会计政策的变动导致违约公司会计收益变动幅度也明显高于未违约公司。这些变动主要包括养老金计划、失业抚恤金、存货计价等会计政策变动。

（四）其他动机

1. 政治动因。很多公司由于自身特点导致公司会受到明显的政治关注，包括与人民生活息息相关的巨型企业、战略性生产行业（如石油和天然气企业等）和那些垄断或接近垄断的企业（如飞机制造、能源、电信等）。这些公司希望通过一定的会计政策选择来降低人们的关注，降低人们认为他们可能利用垄断等行业特征来牟取暴利的判断。特别是在公司前景光明时，公司的盈利状况可能很好，这些公司希望通过一定的会计政策选择来最小化净收益，以避免公众压力。否则，公众压力可能会促使政府通过加强管制或采取其他方法来降低公司盈利能力。

2. 税收动因。会计政策选择的另一个明显动因是所得税的因素。然而，由于税务部门是采用税务会计的规定来计算应缴纳税额，这实际上大大限制了基于所得税因素的会计政策选择行为。然而，一些会计政策的选择也可以避开有关税务政策。例如，Dopuch 和 Pincus（1988）研究发现，为了节约税负，所得税的筹划影响了企业对存货发出成本计算方法的选择。

3. 高管变动。CEO 等高级管理人员的变动时常会影响会计政策的选择。在主要高级管理人员变动的时期，企业选择会计政策或进行盈余管理的动机会纷纷出现。例如，奖金计划假设预计，当主要高级管理人员退休时，他们会有动机选择使报告收益最大化的会计政策，以增加他们的奖金。至于他们这种选择是否会对企业未来产生影响，已经与他们没有直接的联系了。同样，企业效益差的企业的高级管理人员也会使报告收益最大化，以防止他们被解雇。

二、会计政策选择的空间

那么，为什么会计准则给予了经理人员大量会计政策选择的空间呢？对这个问题的解释可以从以下几个角度展开：一是会计准则作为一种契约，必然具有不完全性；二是职业判断过程的不完美；三是市场有效性对会计政策选择的影响。

（一）会计准则作为一种契约，必然具有不完全性

契约一旦建立，必然不可能是十全十美的，即契约具有不完全性。这是因为：签约人是有限理性，由于签约人的有限理性，对外在环境的不确定性是无法完全预期的，不可能把所

有可能发生的未来事件都写入契约条款，更不可能制定好处理未来事件的所有具体条款，因而这种事前所签订的契约必然是不完备的。

同样的道理，会计准则（制度）一旦建立，必然也存在着不完全性与一些不完善的地方，它显然不可能预期到未来经济环境的发展与变化，也不可能把所有可能发生的未来事件都写入条款，更不可能制定好处理未来事件的所有具体条款。实践证明，即使是会计制度最发达的国家，会计准则（制度）的不完全性也是通常存在的状态。美国可谓高度法制的国家，其证券交易法规和会计准则也称得上是全世界的典范。可近年美国安然公司、世界通讯等连爆会计造假丑闻后，美国政府和公众开始对美国现行的会计准则提出指责。当时的“五大”也联合发表声明，认为需要改进现有的会计准则制订。

以配比原则为例，为使收益能准确的得到计量，成本需要和收入配比。然而，在实务操作中，配比原则往往是比较难遵循的，因为配比需要会计估计和判断，如成本结转和分摊。比如公司的广告费用，从理论上讲，广告费的支出会影响公司较长时间的销售收入，好的广告甚至会提高公司的商誉，从这个角度来看，广告费用应该资本化。但是这种未来的收入很难估计和判断，所以在实务以及现行会计准则中，一般都直接在发生期予以费用化，也就遵循另一会计原则——稳健性原则。

简单而言，稳健性原则是指企业对交易或者事项进行会计确认、计量和报告应当保持应有的谨慎，充分估计可能的损失，但对预期的收入则不作预计。由于无法对当期会计盈余作出准确估计，导致管理层有机会操纵盈余，使得会计数字出现噪音和偏差而对各利益集团产生影响。为了抵消这种影响，就有了稳健性原则。稳健性原则是对会计准则制定影响极大的原则（Watts，2003）。然而恰当地运用稳健性原则需要会计人员大量的职业判断和良好的职业道德，在稳健性原则的应用过程中要注意一个“度”的问题。只有适度地应用稳健程序和方法，才能真正揭示稳健会计的本质。“极端”的稳健原则会导致“秘密准备”和“隐匿资产”，从而使企业的财务状况和经营成果得不到准确地揭示，损害报表使用者的利益。

案例 4-4

嘉瑞新材洗大澡

2005 年 3 月 21 日，作为鸿仪系的一员嘉瑞新材公布的 2004 年年度报告显示，公司 2004 年净利润为亏损 29 398.59 万元，同比下降 733.84%。

根据深圳证券信息有限公司统计，截止 2005 年 3 月 22 日，嘉瑞新材亏损金额在已公布年报的 479 家上市公司中居第二，仅次于银广夏，并且一度雄居亏损第一名。不过，如果以每股收益计算，2004 年嘉瑞新材每股亏损 3.05 元，稳居第一。

仔细分析可以发现，2004 年嘉瑞新材净利润亏损 29 398.59 万元，主要由以下几个原因造成：一是公司 2004 年计提了 1.2 亿元的坏账准备。如，嘉瑞新材提高对关联方往来款项坏账计提的比例，单这一项会计估计变更便影响 2004 年度净利润 6 192.28 万元。年报称，根据关联方目前的情况，决定对应收关联方往来款项坏账准备的计提采取更加稳健的会计政策，关联方往来款项账龄在 1 年以内的，原计提比例为 5%，现计提比例变更为 15%；关联方往来款项账龄在 1~2 年的，原计提比例为 10%，现计提比例变更为 15%；其余坏账准备计提比例不变。本会计估计变更自2004年1月1日起执行。此项会计估计变更影响本年度净利润6 192.28万元。二是公告所说的因对外担保而计提的预计负债，查询年报可知，公司计提的预计负债高达8 478.80万元。坏账准备与预计负债两项金额加起来高达2 0478.80万元，占该年净亏损的69.66%。

讨论：嘉瑞新材大额计提坏账准备与确认预计负债是否符合会计准则规定？嘉瑞新材洗大澡的动因与好处？

另外一个有关会计准则选择的例子是资产以历史成本或公允价值计价的问题。历史成本计量好还是公允价值计量好？理论与实务界都还没有形成一个统一的认识。一般而言，历史成本表明的是会计要素的实际资金耗费，它更具有客观性和可验证性。而公允价值以现行市价或未来现金流入现值来计量资产或负债，比历史成本计量更具有相关性。反过来说，历史成本计量具有不相关性，公允价值计量也有不确定性的缺点。

（二）职业判断过程的不完美

财务报告的产生过程中蕴含了大量的职业判断。究其主要原因如下：

会计以权责发生制为基础，会计原则之间本来也存在一定的矛盾（如配比原则与稳健性原则），会计准则通常包括一定的备选方案（如存货的多种计量方法），应计、估计、合计、分配、披露、会计政策选择等主观的概念都是财务报告不可或缺的组成部分。

会计不仅具有主观的一面，而且其所处的环境和财务报告所应对的环境总是在不断地变化。要解决的问题总是在不断地变化，解决方法可能是既不确定又不稳定的。在这种环境下，几乎没有客观“正确的”答案。因此，必然需要一定的职业判断。

可以说，财务信息编制者和审计师的职业判断是财务报告的核心。如果没有职业判断所带来的灵活性和智慧，财务会计程序、准则和规则所组成的财务会计信息系统就会是笨拙的、反应迟钝的。因此，有的研究认为：职业判断是财务报告的精髓①。

通常来说，职业判断有两个重要的特点：一是职业判断必须是在法律、会计原则、会计准则和职业道德所组织的庞大的框架下展开。这样，作为财务报告系统的组成部分，职业判断与会计准则相互支持，同时又相互制约。职业判断如果离开了准则所提供的原则，那么它将是不一贯的、没有指导的，甚至是理由不充分的。二是职业判断过程是不完美的。它不仅受到逻辑缺陷的影响，而且受到时间压力、知识不足和其他人类弱点所影响职业判断的过程。

案例4-5

足球裁判与会计师

北京时间2006年7月10日凌晨，世界杯决赛在德国柏林世界杯球场进行，法国与意大利向冠军发起最后的冲击。比赛刚刚开始第6分钟，马卢卡为法国队创造了一粒宝贵的点

---

① 加拿大特许会计师协会职业判断研究项目。

球，齐达内以一记巧妙的“勺子”命中点球，将比分改写为1比0，18分钟时意大利“罪人”马特拉齐头球扳平比分。当比赛进入加时赛，场上风云突变，齐达内极不冷静的举动染红离场。在加时赛下半时第3分钟时场上忽然出现混乱，齐达内失去冷静，在无球情况下一头顶在马特拉齐胸口，后者顺势倒地，这也使得比赛陷入中断。冲突前不知马特拉齐对齐达内说了些什么，激怒了这位足球艺术大师。主裁判与助理裁判简单交流之后，出示红牌将齐达内罚出场外，足球艺术大师以这种遗憾的方式告别最后的演出，最终法国队点球决战不敌意大利队痛失冠军。

正如前面提到的，足球裁判在判罚的过程中包含着很多主观判断，他（她）可以在判罚中，选择较严的执法尺度，也可以选择较宽松的执法尺度，但足球裁判这种主观判断选择必须是在足球比赛竞赛规则所赋予的范围内进行的。主裁判选择将齐达内红牌罚出场，不论轻重，都正是在足球比赛竞赛规则所赋予的范围内。这就正如会计师进行财务报告的编制中的职业判断，必须是在法律、会计原则、会计准则和职业道德所组织的庞大的框架下展开。

另一方面，事后全世界媒体都在解析猜测，马特拉齐究竟对齐达内说了些什么。但不管马特拉斯是爆粗或侮辱齐达内为恐怖分子，当场主裁判都无法对其作出处罚，因为他无法了解真正原因，这就是职业判断过程是不完美的。

讨论：从道德和规则角度分析该故事，并将之联系到会计师乃至审计师等职业的职业判断。

同时，会计准则的制定也包含着职业判断，而这种职业判断也是不完美的，因此准则总是不可避免地有着这样或那样的缺陷。在依据准则，编制财务报告的过程中，也存在不完美的职业判断。因此，准则必须允许职业判断的空间，这种职业判断的空间在一定程度上即体现为会计政策选择的空间。

（三）市场有效性对会计政策选择的影响

市场有效性程度对财务报告有很大的影响。一个有效的市场能识别不同会计政策选择下输出的会计信息的差异，并对相应的会计信息及时作出反应和调整。Beaver（1973）在文章《FASB的目标应该是什么?》中指出：如果会计政策的选择没有导致现金流量的差别，公司所采用的会计政策并不影响股票的价格。即由于投资者能够识别不同会计政策所导致报告净收入的差距[①]，故不管公司如何选择会计政策，只要不影响公司现金流量，就不会影响股价。

然而，实际上并不是所有市场的市场有效性程度都很高，一些新兴市场的市场有效性程度普遍较低。即使在成熟市场，市场被盈余数据、被会计政策所误导的例子也是比比皆是。市场在一定程度上无法识别不同会计政策所导致报告净收入的差距，这就既给经理人提供了选择会计政策的动机，也给经理人提供了空间。我国学者[②]曾结合中国特有的经济环境，对公司的三大减值政策（短期投资减值，长期投资减值和存货减值）的选择行为及其经济动机进行研究，发现选择与未选择减值政策的公司在资产负债率、配股现象、扭亏现象、公司

---

① 即使部分投资者不能够识别不同会计政策所导致报告净收入的差距，从而导致对股票的错误估价。只要有部分投资者不能够识别不同会计政策所导致报告净收入的差距，市场也能够纠正这种错误估价。

② 王跃堂：《会计政策选择的经济动机》，《会计研究》，2000年12期。

治理结构、经营状况以及审计意见等方面存在着系统性的差异。这也就意味着会计选择行为常被用作公司盈余管理的手段，公司对会计政策的选择动机大都是基于经济因素，如迎合证券市场监管的政策（如配股和特别处理政策），在本章盈余管理一节中，对这部分内容将会有详细介绍。

会计政策选择虽然有一些弊端，它给予了经理人操纵会计信息的空间。因为让经理人自由地选择会计政策，就给经理人机会主义行为打开了方便之门。但会计政策选择并非一无是处：实际上，企业的经营状况不断地在发生改变，如果严格限定会计政策，那么会计信息可能很难随着时间、经济环境的变化及时反映企业真实的经营状况。给予经理人会计政策选择的空间，能让经理人根据不同的经济环境的变化，选择符合企业契约成本最小化的会计政策，从而为企业节约成本。

结合我国的实际情况，若能有效约束管理层通过会计选择进行盈余操纵，使会计政策选择达到节约企业成本的有利效果，还需要付出很多的努力。首先，需要完善上市公司的治理结构。公司治理结构是企业发生行为的约束框架，自然包括会计政策选择行为。优化股权结构，建立科学的高管激励机制，充分发挥董事会的决策和监督功能等均能限制管理层无限度的运用会计选择行为。比如，若董事会能有效监督管理层所选择的会计政策，并对会计政策变更的原因及由此产生的会计影响有充分的理解和认识，就会促使管理层在选择会计政策时尽量“合情合理”，有准则可依。其次，需要加强上市公司的外部约束机制，包括不断改进会计准则的制定，加强会计人员的培训以及强化政府或独立第三方的外部监管力度等。

第二节　盈余管理

近年来，随着公司丑闻和财务舞弊及欺诈行为日趋频繁，人们对会计信息失真及操纵会计盈余的行为逐渐关注，盈余管理成为学术界研究和讨论的热点问题。从20世纪80年代开始，学者们对盈余管理的研究便不曾间断，但至今，学术界对盈余管理的定义尚未形成统一的认识。目前，我国学者普遍接受的一种观点是：盈余管理是企业管理当局在遵循会计准则的基础上，通过对企业对外报告的会计收益信息进行控制或调整，以达到私人集团利益最大化或企业利益最大化的行为。

原理

盈余管理就是企业管理当局在遵循会计准则的基础上，通过对企业对外报告的会计收益信息进行控制或调整，以达到私人集团利益最大化或企业利益最大化的行为。

有学者认为，盈余管理不同于单纯的盈余造假，它是企业管理层在遵法守法的前提下，对现行制度所存在漏洞的最大限度的利用。从这个角度来看，盈余管理是“中性”的，它可以激励管理者通过利润调整实现自我价值的最大化或企业价值的最大化。但是，凡事都有一个度，盈余管理的行为程度更是难以把握。现实中，很多企业为达到特定的目的而过度地进行盈余管理行为，这样不但会使会计信息失真，扰乱投资者的决策，影响资本市场的资源配置，从长远来看，最终也会损害企业自身的利益。

一、盈余管理的动机

已有的文献将盈余管理的动机总结为以下三个方面：资本市场动机；基于会计盈余信息的契约动机；迎合或规避政府监管的动机。

（一）资本市场动机

> **原理**
>
> 资本市场亦称“长期金融市场”，是指期限在一年以上各种资金借贷和证券交易的场所。资本市场上的交易对象是一年以上的长期证券。因为在长期金融活动中，涉及资金期限长、风险大，具有长期较稳定收入，类似于资本投入，故称之为资本市场。

在西方国家，资本市场动机主要体现在上市公司通过盈余管理影响公司股价、迎合分析师或管理者自己的预测。由于我国和西方国家的资本市场环境差异巨大，特别是与证券分析师行业相关的体系差别迥异，在资本市场中，企业为迎合分析师预测而进行盈余管理的动机并不强。影响我国盈余管理的资本市场动机主要体现在以下几个方面：

1. 通过盈余操纵抬高公司股价，不但可以改善公司形象，内部持股人还可以趁机获得股价溢价的收益。相对于外部投资者，公司管理层人员拥有更多的信息，更清楚公司的资产质量和未来前景，通过盈余管理，将“优秀的”经营业绩传递给外部信息使用者，可以赢得投资者的信任和支持，改善公司的市场形象，同时，拥有内部消息的内部持股人通过抛售股票获得最大化的私人利益。

2. 收益平滑。具体做法是，在“丰年”采取收益减少的选择性应计处理（比如计提大量的坏账准备），而在“歉年”采取收益增加的选择性应计处理（比如完工百分比法），从而达到使各年收益平稳或平滑的效果。收益平滑的主要目的在于提高公司市场形象。公司通过平滑后的财务报表，向市场传递一个公司经营业绩平稳乃至稳步增长的信号，并以此来提高公司市场形象，增强投资者对公司的信心，降低融资成本。

3. 降低被并购的风险。很多非上市公司都希望通过并购上市公司，达到借壳上市的目的。为了防止被并购，上市公司通过盈余管理调高利润，增加了并购方的并购成本，让对方知难而退。

4. 特定制度背景诱发的盈余操控。由于历史原因，在我国资本市场成立之初，便存在非流通股和流通股这两类股份。两类股份的持股成本与流通权的不同，造成了同股不同权，同股不同酬的严重不公。2005 年的股权分置改革是我国资本市场的一项重要的制度改革。该制度彻底解决了我国股票市场的全流通问题。然而，在达成对非流通股的股改方案中，非流通股股东为降低股票的流通成本，往往会采取一些盈余管理的手段调低股改年度的经营利润。

（二）契约动机

当会计数据被用于约束上市公司与相关利益人之间的契约时，便产生了盈余管理的契约动机。这里的契约主要包括管理报酬契约和债务契约。

1. 管理报酬契约。现在已有许多上市公司为高级管理人员提供了与公司业绩挂钩的高额年终奖金或股权激励政策，而用来反映企业经营业绩的最直观和最综合的指标便是会计盈余。企业高管为了高薪报酬，或职位升迁，有动机通过管理盈余而使公司的业绩达到预期目标。有研究发现，当上市公司高管的薪酬与经营业绩挂钩时，高管操纵盈余的动机就会显著增强。

2. 债务契约。债务契约是债权人为了限制企业进行某些以损害债权人利益为代价而最大化自身利益的行为，而在债务合同中签订的一些保证条款或约束条款，如对分发股利的限制、对增加债务的限制、对营运资本的保持等。因此，当企业意识到本年度的财务指标有偏离债务条款的趋势或已偏离债务条款的要求时，就有强烈的动机进行盈余管理，从而获得继续贷款或取得更多贷款的资格。

（三）监管动机

在西方国家，行业监管会诱发盈余管理的需要，比如，美国有些行业可在一定时期申请出口减免税，减免条件与企业的财务数据密切相关，在被调查期间，整个行业为了获得减免资格，有强烈的盈余管理动机。对于金融行业，基于规避监管动机而进行盈余管理的需求也很强烈，因为监管部门对这些行业的最低资本要求、最低财务质量标准要求及确定收费率等方面都有着详尽的规定。另外，避税需要也是公司进行盈余管理的动机之一。由于税负的增加会直接减少企业的净利润，管理当局往往也会利用会计政策选择进行节税的盈余管理活动。

1. 在我国，迎合证券市场监管政策的盈余管理动机最为强烈，因为它直接关系到上市公司的切身利益。证券市场的监管主要体现在对公司融资与上、退市方面进行的管制，具体表现如下：上市（IPO）和避免退市动机。我国《公司法》明确规定，公司向社会首次公开发行新股或上市，必须最近 3 年内连续盈利。不难看出，公司过去的经营业绩决定着其能否顺利上市，为了取得上市资格，企业有动机进行盈余管理。研究发现，在 IPO 前 2 年和 IPO 当年，企业普遍存在着严重的盈余管理。企业上市后，如果经营业绩不佳，会面临退市风险。因为《公司法》规定，上市公司如果连续3 年亏损，并在限期内未能消除的，将终止上市。事实上，在正式退市之前，这些公司就开始受制于一些特殊管制，比如，上市公司一旦连续 2 年亏损或者每股净资产低于股票面值，交易所将对其股票实行“特别处理”（ST），这种“带帽”的结果不仅会严重有损公司形象，而且不利于公司的再融资和配股。为了摆脱“带帽”的命运，脱离被退市的风险，上市公司会选择进行“突击性”的盈余管理，以保住重要的上市“壳”资源。

> **原理**
>
> ST 是 Special Treatment 的缩写。在上市公司的股票交易被实行特别处理其间，其股票交易应遵循下列规则：（1）股票报价日涨跌幅限制为5%；（2）股票名称改为原股票名前加“ST”；（3）上市公司的中期报告必须审计。

2. 配股动机。配股是公司上市后筹集长期资金的主要渠道。但是，配股也需要满足一定的条件和要求。其中一个重要的指标是净资产收益率（ROE），规定要求凡是配股的公司，最近 3 个年度的净资产收益率不能低于 10%。为了达到配股要求，一些上市公司积极利用各种盈余操控的手段以期达到预期的净资产收益率水平。

二、盈余管理的手段

会计方法的选择、运用和会计估计的变动、对会计方法的运用时点和交易事项发生时点的控制都是典型的盈余管理手段。例如，折旧年限、残值、坏账准备率等的选择和确定。即使在会计准则规定得相当明确，不给企业以任何变通或判断的机会时，企业仍然可以利用对其生产经营活动的调控，在一定程度上实现对利润进行管理控制的目的。例如，通过提前确认收入、推迟购买固定资产、降低应收账款信用标准等手段增加利润；通过推迟确认收入、租赁代替购买固定资产等手段减少当期利润等。

（一）收益确认

提前或推迟确认收益是最直接的盈余管理手段。按会计惯例，收入应在收入的赚取过程已经完成和交易已经发生以后才予以确认和记录收入，但企业管理当局往往在过程完成之前就确认和记录收入，进而达到用将来收入增加本期收入的目的。具体方法有：一是提前开具销售发票。二是存在重大不确定时确认收益。三是在仍需提供未来服务时确认收入。其中，第三种盈余管理方法在劳务提供中更加容易发生。

另外，相对于提前确认收入，企业还往往推迟收入的确认，目的是使公司收益呈现一种稳定的、有规则的上升趋势即收益平滑。而类似的，企业可以通过提前或推迟确认费用来进行盈余管理。

案例 4－6

圣方科技的年底巨额收入

圣方科技（000620）于1999年12月15日与黄山有线电视台签订《关于应用超能电器技术于黄山宽频网络改造项目的合作协议》，协议规定黄山有限电视台向圣方科技一次性支付专有技术使用费5 000万元，价款于2000年6月30日前付清，该公司将其列入1999年度其他业务收入。

尽管圣方科技将5 000万元作为专利技术使用费，但超能电器技术是依附于超能设备上的，也就是说，只有将超能设备提供给黄山有线电视台并安装完毕验收合格后，才可以认为合作协议执行完毕，专利技术使用权转让活动完成。圣方科技在协议没有完全执行的情况下就将5 000万元全部确认为收入，显然是不合理的。对此，担任该公司审计的注册会计师出具了带解释说明段的审计报告。

（二）资本化还是费用化

研究开发费、利息等均涉及资本化还是费用化问题。利用权责发生制、收入和成本配比等会计原则，对已经实际发生的费用或损失，本应为收益性支出，却通过待摊费用、长期待摊费用、开办费、在建工程、待处理流动资产损失或待处理固定资产损失等科目予以资本化，形成大量虚拟资产。现行会计制度规定，企业为在建工程和固定资产等长期资产而支付的利息费用，在这些长期资产投入使用之前，可予以资本化，计入这些长期资产的成本。然而有不少上市公司滥用利息资本化的规定，在项目投入使用后仍然予以资本化。利用利息资本化调节利润更隐蔽的做法是，利用自有资金和借入资金难以界定的事实，通过人为划定资金来源和资金用途，将用于非资本性支出的利息资本化。

（三）折旧与摊销

固定资产在企业的资产总额中占有非常大的比例，且固定资产的使用具有长期性，因此固定资产折旧政策的确定与变更能极大影响企业利润。所以，正确计算固定资产折旧是正确核算企业利润的基础。尤其是那些固定资产占资产总额较大比例的企业，固定资产折旧的计算左右着企业的利润。但是，固定资产折旧政策的确定具有许多不确定因素，例如折旧期限的确定需要人为估计、折旧计算方法多种多样。虽然投资者很容易判断折旧和摊销政策给收益带来的影响。但在竞争升级和产品更新速度很快的公司，折旧的问题还很容易被忽略。因此，变更固定资产折旧政策就成为一些企业进行盈余管理的重要方式。

（四）资本重组

在西方资本市场上，资产重组主要是公司基于优化资源配置而作出的战略选择，但在我国常常用来作为盈余管理的手段。主要方法是违背市场原则，不考虑资产真实质量和获利能力，不分具体情况采用符合盈余管理目标的方法（例如成本法）进行价值评估而并不反映资产的实际价值。此外，上市公司往往通过购买母公司优质资产的款项挂往来账，不计利息或资金占用费，或者将不良资产和等额的债务剥离给母公司或母公司控制的子公司来操纵公司利润。

（五）关联交易

我国关联交易之所以成为盈余管理的手段，有其特殊的经济和政治背景。我国最早的上市公司往往通过国有企业改组而成，改制后的上市公司与改组前的母公司及母公司控制的其他子公司之间存在着错综复杂的关联关系。基于集团整体的利益，上市公司可以通过这些关联方很方便地调节公司利润。

案例 4－7

匪夷所思的资产转让

同达创业（600647）2004 年三季度季报披露的每股收益为－0.11 元，而 2004 年年报的每股收益竟然高达 1.02 元。该公司 2004 年实现的净利润为 5 477 万元，其中非经常性损益高达 5 263 万元。在非经常性损益的构成中，有 5 600 万元是转让上海同达创业置地有限公司（以下简称“同达置地”）55% 股权的收益。

这一交易的过程为：2004 年 3 月，同达创业与其关联方海南万泉投资有限公司（以下简称“海南万泉”）签订合同，以低于评估价（2 011 万元）的 1 650 万元受让同达置地55%的股权，当时同达置地的另一股东海南兴隆华侨开发总公司（以下简称“海南兴隆”）放弃优先受让权，8 个月后，即 2004 年 11 月，同达创业却以高达 7 250 万元的价格，将这部分股权又转让给了海南兴隆。短短 8 个月的时间，这笔股权增值了 5 600 万元，就算上海的房价飞涨，同达创业的该笔交易也有点匪夷所思了。

而更令人费解的事，海南兴隆何以在评估价为 2 011 万元的时候，放弃行使优先受让权，而其后却以高达 7 250 万元的价格受让该项股权。我们不难看出，海南兴隆是在与海南万泉联手为上市公司同达创业创造利润。

讨论：为什么海南兴隆与海南万泉要联手为上市公司同达创业创造利润？关系交易如何进行利益输送？

（六）会计政策变更

由于在同一交易或事项的会计处理中，人们通常很难判断哪一种更能公允地反映企业的财务状况、经营成果和现金流量，于是一些企业就利用会计政策变更的这一特征调节盈余。从实务中看，主要包括：折旧政策变更、存货计价方法变更、坏账损失核算方法改变、合并政策的改变等。

（七）真实的经营活动

相对于以上手段，管理层也许更倾向于通过真实的经营活动来进行盈余管理，比如通过商品折扣短期提高销售、过度生产降低销售成本以及削减研发费用等。至少有两点理由来解释：首先，比起其他手段，商品的生产与定价显然更具安全性和隐蔽性，既没有违反法律或法规的风险，也不易引起审计师或监管者的关注；其次，未操控盈余与期末需要达到的盈余目标的差额，有可能超过应计项目操控可实现的盈余变动，而经营活动却不能在期末进行操控，所以单纯地进行应计项目操控会导致管理层期末无法实现盈余管理目标的风险增大。Roychowdhury（2006）实证研究发现，管理层有动机操纵真实经营生产活动来进行盈余管理，以避免报告损失。而管理层的操纵手段主要有，通过商品折扣短期提高销售、过度生产降低销售成本以及减少主观性费用等。

三、盈余管理的计量

盈余管理的计量问题一直是学术界讨论的热点问题。结合理论支持和研究角度的不同，现已形成众多盈余管理的计量模型。总体而言，研究盈余管理的方法主要有：应计利润分离法、特定应计利润法、盈余分布法，以及衡量盈余质量的 DD（Dechow & Dichev，2002）模型。

在一一介绍这些方法和模型之前，我们先引入一个案例，再使用部分计量模型对盈余管理进行检验和分析。

案例4－8

宝钢权证——制度安排下的盈余管理

1. 背景介绍。2005年开始的股权分置改革是我国资本市场发展的重要里程碑之一。它不仅解决了股票全流通的问题，而且在支付对价的过程中出现了一些金融创新。其中，宝钢股份将阔别多年的权证与股权分置改革方案结合在了一起，引起了资本市场的广泛关注。宝钢权证更是一度成为市场的焦点，经历了从上市最初的疯狂炒作到最终不能行权而黯然退市的悲惨命运。

2. 宝钢股份的股权分置改革。上海宝钢股份有限公司是中国最大、最现代化的钢铁企业。宝钢股份的唯一大股东——宝钢集团，是一家由国家授权的投资机构和国家控股的公司。为解决国有股的流通问题，宝钢股份在2005年6月28日公布了股权分置改革方案，并于2005年8月18日正式实施。股权分置改革的具体方案[①]如下：

上海宝钢集团为使其持有的宝钢股份的非流通股获得流通权而向宝钢股份流通股股东支付的对价为：流通股股东每持有10股将获得2.2股股份和1份行权价为4.50元的存续期为378天的认购权证。于对价支付到账日，上海宝钢集团公司持有的非流通股即获得上市流通权。

其中，认购权证的主要条款设置如下：

- 发行人：宝钢集团公司。
- 权证类型及行权方式：欧式，仅在存续期间的最后一个交易日行权。
- 权证发行数量：38 770万份。
- 行权价：4.50元。
- 行权比例：1比1，即1份认购权证可按行权价向宝钢集团购买1股宝钢股份A股股票。
- 权证存续期间：2005年8月18日至2006年8月30日，共计378天。

3. 盈余管理的动机。宝钢股份股改的方案中，由流通股股东直接获得股份的方式是宝钢集团为股份流通承担的现时对价成本，而权证的发行则意味着宝钢集团将来可能承担的一种“未来对价成本”。

宝钢权证类似于有一种有担保的看涨期权，权证在到期日的行权与否由宝钢股份的未来股价水平决定，并关系着宝钢集团是否需要承担额外的对价成本。那么，宝钢股份就有动机进行盈余管理操控宝钢股份未来股价的走势，进而影响权证的行权结果。原因分析如下：

（1）看涨期权的特征决定了权证的不能行权才能最大化宝钢集团的利益。宝钢集团作为看涨期权的发行人，如果到期日股票下跌，低于行权价与权证理论价值（即投资人购买权证的权证费）之和，权证在到期日将不会被行权，宝钢集团可获得固定收益，即权证费的收入；如果在到期日，股票价格远远高于股票行权价与权证理论价值之和，权

① 资料来源：搜狐财经网，“宝山钢铁股份有限公司股权分置改革说明书”，2005年6月8日。

证持有人将选择行权，宝钢集团需要支付给权证持有人股价上涨部分的收益。从宝钢股份发行权证前4年（2001~2004年）的综合业绩各项指标来看（见表4-1），宝钢股份未来股价下跌幅度较大的可能性并不大。显然，宝钢集团也并不愿意看到权证存续期间股价的大幅上涨，因为宝钢集团并不能直接获得由股价上涨而带来的收益。权证的行权只会让宝钢集团被迫“让渡”股价上涨的收益给投资者，这部分“让渡”的利益也便形成了宝钢集团获得流通权的额外成本。因而在权证行权期间，宝钢集团有动机向下调整宝钢股份的盈余。同时，在权证到期后的以后期间，这些向下调整的收益得以转回，此时，宝钢集团便可以从中直接获利。

表4-1　　宝钢股份2000~2004年综合业绩评价　　单位：%

年度	盈利能力（净资产收益率）	营运能力（总资产周转率）	发展能力（可持续增长率）
2001	0.097421	0.039444	0.095509
2002	0.151567	0.067308	0.067308
2003	0.196687	0.145739	0.055666
2004	0.224438	0.176846	0.127218

（2）宝钢股份的控制权主要集中于宝钢集团，这种一股独大的股权结构，弱化了公司治理的效果，也使得以大股东利益为中心的盈余管理成为了可能。宝钢集团控制着宝钢股份的董事会，同时决定着宝钢股份高管的任免。宝钢股份的11名董事中有6人曾在宝钢集团出任高级职务，6名其他高级管理人员中有4人曾在集团公司任职。这些人事安排也间接映射出了宝钢集团与宝钢股份这种“非同一般”的关系。

股权分置改革下权证的出现为宝钢股份提供了盈余管理的可能性，如何甄别和衡量企业的盈余管理呢？

资料来源：新浪财经，网易财经，国泰安信息技术有限公司（CSMAR）数据库，邓传洲等“制度安排与盈余管理：宝钢权证的案例分析”，工作稿，2010。

在盈余管理的计量方法中，应计利润分离法是国内外实证研究中最常用的方法，主要原因在于，该方法易于理解、数据可得、可从总体上把握盈余管理，并对研究企业没有特殊要求。因此，在宝钢权证盈余管理的案例中，我们主要应用应计利润分离法中的模型检测和衡量盈余管理的程度。

在接下来的检验中，我们将主要关注宝钢股份2005年第2季度报告到2006年第3季度报告期间的盈余管理水平，该期间包含了权证的存续期以及存续期的前后一个报告期，目的在于观察权证存续期前后宝钢股份是否也有盈余管理行为。我们用到的财务报表数据有净利润（NI）、经营现金流量净额（CFO）、总资产（A）、固定资产原值（PPE）、主营业务收入变化（ΔREV）以及应收账款变化（ΔREC）等。具体检验用数据如表4-2所示。

表 4－2　宝钢股份 2005 年第 2 季度至 2006 年第 3 季度相关财务数据　单位：万元

季度	净利润（NI）	经营活动现金流量（CFO）	上一期资产总计（A）	固定资产合计（PPE）	主营业务收入变化（ΔREV）	应收账款净额变化（ΔREC）
2005 第 2 季度	421 930.88	628 513.99	6 866 289.695	8 679 596.79	1 353 993.26	263 537.05
2005 第 3 季度	313 198.27	397 660.29	15 023 170.57	8 642 235.85	316 291.79	－38 522.24
2005 第 4 季度	209 048.32	681 782.83	14 632 351.02	8 855 757.30	851 230.35	30 861.26
2006 第 1 季度	137 634.30	763 430.84	14 202 423.63	8 864 037.03	－1 050 925.26	－28 688.26
2006 第 2 季度	315 923.54	893 461.28	14 394 641.80	8 858 506.88	614 230.92	86 488.24
2006 第 3 季度	489 518.28	318 475.83	14 233 692.43	9 023 024.54	346 565.94	－24 325.43

（一）应计利润分离法

应计利润分离法的核心思想是将企业报告的盈余（一般为净利润，NI）分为经营活动现金流量（CFO）和总应计利润（TACC）两部分，即：NI＝TACC＋CFO。由于经营现金流量对应于现金的收付而与会计政策的选用、会计方法的选择无关或关系不大，研究者普遍认为企业对这部分盈余的操控成本较高，并且操控空间不大，因此，企业一般会通过总应计利润部分来操控盈余。总应计利润内生于权责发生制，会计方法的选择和会计估计的变更都可以给企业的管理者一定的操控盈余的空间，这种方法不但操控成本小，应用起来也较为隐蔽。后来，有学者又将总应计利润进一步分为操控性应计利润（DA）和非操控性应计利润（NDA），即：TACC＝DA＋NDA，而前者（DA）经常被用作衡量企业盈余管理水平的重要指标。这种衡量盈余管理的方法就是应计利润分离法，在其应用和发展的过程中，诸多学者对其进行了多次改进和修正，在学术界先后出现过以下几种著名的计量模型。

1. Healy 模型。Healy（1985）是最早用实证方法研究盈余管理的学者之一，他假定在企业中，系统性的操控性应计利润不可避免，但在事件期前后，这种系统性的操控性应计利润的均值等于零。因此，他直接用过去几年的平均总应计利润代表当前年度的非操控性应计利润，进而估算出操控性的应计利润。具体公式如下：

$$NDA_t/A_{t-1} = \frac{1}{T}\sum_{i=1}^{T} TACC_i/A_{i-1} \qquad (4-1)$$

式中，NDA_t 为第 t 年非操控性应计利润，$TACC_i$ 为第 i 年总应计利润，T 是估计期的年数，A_{i-1} 为第 $i-1$ 年的总资产，公式左右同除以上一年末的总资产是为了消除企业规模变化的影响。以后的盈余管理计量模型均基于这种原因做了这种处理。

下面我们就用 Healy 模型来检验宝钢股份的盈余管理行为。在宝钢股份的案例中，由于选用的是季度数据，因此，我们用过去 5 个季度（从 2003 年第 4 季度到 2005 第 1 季度）的应计利润均值作为检验期各个季度的非操控性应计利润的估计值。

数据检验，以 2005 年第 3 季度为例：

$$NDA_{检验期} = \frac{1}{5}\sum_{i=2003年第4季度}^{2005年第1季度} TACC_i/A_{i-1} \times A_{检验期资产平均水平}$$

$= -0.03382 \times 13\ 225\ 428$

$= -447\ 283$（万元）

其中，$A_{检验期资产平均水平}$等于4－2中6个季度上一期总资产的平均值。公式中的第1项的数据计算过程未列示，数据取自CSMAR数据库。

由此得出宝钢股份检验期各个季度的操控性应计利润$DA_{检验期季度}$为：

$$DA_{检验期季度} = TACC_{检验期季度} - NDA_{检验期}$$

以2005年第3季度为例：

$$DA_{2005第3季度} = TACC_{2005第3季度} - DNA_{检验期}$$

$$= 313\ 198.27 - 397\ 660.29 - (-447\ 283)$$

$$= 362\ 820.98\text{（万元）}$$

因此，可计算出检验期各个季度的应计利润如表4－3所示。

表4－3　宝钢股份2005年第2季度至2006年第3季度操控性应计利润1　单位：万元

季度	2005年第2季度	2005年第3季度	2005年第4季度	2006年第1季度	2006年第2季度	2006年第3季度
应计利润	240 699.89	362 820.98	－25 451.51	－178 513.55	－130 254.75	618 325.44

宝钢股份在2005年的第2和第3季度的可操控性应计利润为正，而在2005年第4季度、2006年第1和第2季度的操控性应计利润均为负值，由于净利润等于经营活动现金流量加上应计利润，负的操控性应计利润反映出企业向下调整了利润，而在2006年第3季度，操控性应计利润又转化为正值。这也验证了之前宝钢权证案例中宝钢集团在权证存续期向下调整盈余的假设。在权证结束交易之后，这些向下调整的利润又在后期得以转回。

2. DeAngelo模型。DeAngelo（1986）从总应计利润变化的角度来研究盈余管理，他假定非操控性的应计利润的平均变化为零，因此，他用上一年度的总应计利润代表本年度非操控性应计利润，本年度总应计利润与上一年度总应计利润的差额部分即为本年度的操控性应计利润，其模型可以表述如下：

$$NDA_t / A_{t-1} = TACC_{t-1} / A_{t-2} \tag{4-2}$$

式中，NDA_t为第t年非操控性应计利润，$TACC_{t-1}$为第$t-1$年总应计利润，A_{t-1}和A_{t-2}分别为第$t-1$和$t-2$年期末总资产。

数据检验，以2005年第3季度为例：

$$NDA_{2005年第3季度} = TACC_{2005年第2季度} / A_{2005年第1季度} \times A_{2005年第2季度}$$

$$= (421\ 930.88 - 628\ 513.99) / 6\ 866\ 289.695 \times 15\ 023\ 170.57$$

$$= -45\ 199.6\text{（万元）}$$

由此得出宝钢股份2005年第3季度的操控性应计利润$DA_{2005年第3季度}$为：

$$DA_{2005年第3季度} = TACC_{2005年第3季度} - NDA_{2005年第3季度}$$

$$= 313\ 198.27 - 397660.29 - (-45\ 199.6)$$

$$= 367\ 533.7\text{（万元）}$$

因此，可计算出检验期各个季度的应计利润如表 4 – 4 所示。

表 4 – 4 宝钢股份 2005 年第 2 季度至 2006 年第 3 季度操控性应计利润 2 单位：万元

季度	2005 年第 2 季度	2005 年第 3 季度	2005 年第 4 季度	2006 年第 1 季度	2006 年第 2 季度	2006 年第 3 季度
应计利润	65 892.49	367 533.7	–390 470	–166 952	56 728.4	742 122.6

注：计算 2005 年第 2 季度的操控性应计利润时，需要用到 2005 年第 1 季度的总应计利润 –254 985.39 万元，2004 年第 4 季度的总资产 6 425 542.456 万元。

宝钢股份在权证存续期的可操控性盈余水平也满足先正后负再正的规律，检验结果同 Healy 模型。

Healy 模型和 DeAngelo 模型均简单易懂，对数据的要求低而易得，只要计算出企业过去一年或几年的总应计利润即可带入模型检验。两个模型的最大贡献在于提出了对总应计利润的分离，但它们均假定非操控性盈余在连续的会计期间内不会发生改变，这与实际情况不太相符。

3. Jones 模型。Jones（1991）对以上两个模型做了进一步的改进，他提出了著名的 Jones 模型，被广泛应用于盈余管理的研究中。Jones 认为操控性应计利润会随着公司主营业务收入和固定资产的变化而变化。公司主营业务收入的增长会导致企业的应计利润的自然增长。随着公司规模的扩大，相应的应收、应付项目以及折旧额等非付现金额也会自然增加。因此，Jones 在模型中加入两个反应企业经济环境变化和自身增长的变量：主营业务收入的变化和固定资产总额，来估计非操控性的应计利润，这两个变量不能反映的部分则是被企业管理当局操纵的盈余。Jones 模型可以表述如下：

$$\frac{NDA_t}{A_{t-1}} = \alpha \frac{1}{A_{t-1}} + \beta_1 \frac{\Delta REV_t}{A_{t-1}} + \beta_2 \frac{PPE_t}{A_{t-1}} \tag{4-3}$$

式中，ΔREV_t 为第 t 年主营业务收入变化，PPE_t 为第 t 年固定资产原值；α，β_1，β_2 为被考察企业的系数值，可根据企业的历史数据，由下式的回归模型得到。

$$\frac{TACC_t}{A_{t-1}} = \alpha \frac{1}{A_{t-1}} + \beta_1 \frac{\Delta REV_t}{A_{t-1}} + \beta_2 \frac{PPE_t}{A_{t-1}} + \epsilon_t \tag{4-4}$$

事件期（或检验期）的操纵性应计利润就可以表示为：

$$DA_t = TACC_t - NDA_t$$

Jones 首次提出用线性回归模型的方法衡量盈余管理的程度，同前两个模型相比，该方法对数据的样本量有着一定的要求①。

数据检验：使用统计软件 Stata 10 对宝钢股份 2005 年第 1 季度至 2006 年第 3 季度的相关数据进行回归，样本量 $n=15$，属于小样本数据的分析，此处并不进行统计上的检验。可

① 一般来说，对于普通的多元线性回归分析来说，样本量 $n>=k+1$ 时就可以得到参数估计值，其中 k 为线性回归模型中参数的个数，比如，Jones 模型中便有 α，β_1 和 β_2 三个参数。但从参数估计量的有效性来讲，即为了达到统计检验的有效性，应使 $n>=30$，或 $n>k+5$，或 $n>2k$，其中，后两个样本量又属于小样本分析的统计检验问题。

得：$\alpha = 0.0027$，$\beta_1 = 0.1277$，$\beta_2 = -0.0442$，分别代入下式

$$NDA_{2005年第3季度} = \left(\alpha \frac{1}{A_{2005年第3季度}} + \beta_1 \frac{\Delta REV_{2005年第3季度}}{A_{2005年第3季度}} + \beta_2 \frac{PPE_{2005年第3季度}}{A_{2005年第3季度}}\right) \times A_{2005年第3季度}$$
$$= -341\ 596\ (万元)$$

由此得出宝钢股份2005年第3季度的操控性应计利润 $DA_{2005年第3季度}$ 为：

$$DA_{2005年第3季度} = TACC_{2005年第3季度} - NDA_{检验期}$$
$$= 313\ 198.27 - 397\ 660.29 - (-341\ 596)$$
$$= 257\ 134.34(万元)$$

因此，可计算出检验期各个季度的应计利润如表4－5所示。

表4－5　宝钢股份2005年第2季度至2006年第3季度操控性应计利润3　单位：万元

季度	2005年第2季度	2005年第3季度	2005年第4季度	2006年第1季度	2006年第2季度	2006年第3季度
应计利润	4 150.12	257 134.34	－190 012.15	－99 802.96	－264 429.04	525 603.66

案例小结： 以上分析显示，用应计利润分离法的3个模型对宝钢股份盈余管理的检测结果颇为相似。宝钢股份在权证发行前一期和发行后第一期的操控性应计利润为正，而在权证存续期间，净利润"非正常性"的有所降低，随后，在权证结束交易后，净利润又得以转回。宝钢股份进行盈余管理的目的在于通过公司业绩影响宝钢股价的走势，在权证存续期，调低利润水平，股价下跌，权证不能被行权，进而降低了股改过程中非流通股股东的对价成本。

4. 修正Jones模型。Dechow等人（1995）认为Jones模型中的主营业务收入变化仍然忽视了企业管理当局对收入进行操纵的因素。他们认为，企业管理当局可以利用应收账款来对主营业务收入进行操纵，从而达到操纵报告盈余的目的。因此，Jones模型低估了盈余管理的水平，应该在主营业务收入中剔除应收账款的变化。其模型为：

$$\frac{NDA_t}{A_{t-1}} = \alpha \frac{1}{A_{t-1}} + \beta_1 \frac{\Delta REV_t - \Delta REC_t}{A_{t-1}} + \beta_2 \frac{PPE_t}{A_{t-1}} \qquad (4-5)$$

式中，ΔREC_t 为第 t 年应收账款变化。

数据检验方法和结果均与Jones模型类似，此处不再赘述。

不管是Jones模型还是修正后的Jones模型，其估算参数时选用的数据都是时间序列数据，后又有学者用截面数据对参数进行了检验，提出了截面数据的Jones模型，除了数据选用外，模型结构未有改进。我国学者在对盈余管理进行研究时，多数使用的是修正后的Jones模型，也有部分学者尝试着对Jones模型进行了改进，如在模型4－5中加入了经营期现金净流量CFO，滞后一期的净资产收益率ROE等变量来控制经营现金流量和公司业绩对非操控性应计利润估计的影响等。

5. 行业模型。对特定的行业来说，影响非操控性应计利润的因素是一致的，因此，Dechow等人（1995）又按照行业特征进一步改进了盈余管理计量模型。他们认为，非操控

性应计利润也可以用同行业的其他没有盈余管理动机的企业（控制样本）的应计利润来估计。由此他们提出了下面的模型：

$$\frac{NDA_t}{A_{t-1}}=\alpha\frac{1}{A_{t-1}}+\beta\times median_j\left(\frac{TACC_t}{A_{t-1}}\right) \tag{4-6}$$

式中，$median_j\left(\frac{TACC_t}{A_{t-1}}\right)$表示$j$行业所有非样本公司总体应计利润的中位数。行业模型的α，β求法也与Jones模型类似，这里也不再举例检验。

虽然应计利润分离模型在衡量盈余管理时应用广泛，但也不乏各种质疑。究其主要原因有：一是该方法模型众多，各种模型对数据的选择和要求存在偏差，因此检验出的结果也不尽相同。实证发现，现有的各种总应计利润分离模型检测盈余管理的能力普遍偏低。二是对非操控性应计利润的衡量存在噪音。现有的模型仍不能完全控制住影响企业应计水平的所有因素。

（二）特定应计利润模型

总应计利润分离模型是将企业的所有应计利润项目纳入研究模型中，其研究的结论是评述企业的总体盈余管理水平。而在实务操作中，针对某一特定行业，在该行业中，某一项或某一组具体的应计项目的金额相当大，并且管理者对该项目进行计量时格外谨慎，并需要作出很大程度的判断，在这种情形下，衡量盈余管理的水平可用特定应计利润模型。特定应计利润模型是通过一个具体的应计利润项目或者一组具体的应计利润项目来建立计量模型，以此来检测是否存在盈余管理。运用特定应计项目法对盈余管理进行的研究多数集中在银行业、保险业等金融行业，比如研究银行业的贷款损失准备项目和保险公司的财产与意外事故损失等。

在学术界，最早运用特定应计利润模型的是McNichols和Wilson（1988），他们用下面的模型对上市公司利用坏账准备进行盈余管理问题进行了研究。

$$\Pr ov_t=\alpha+\beta_1 BgBl_t+\beta_2(Write-off)_t+\beta_3(Write-off)_{t+1}+\text{Re}\ sprov_t \tag{4-7}$$

式中，$\Pr ov_t$为第t年的坏账准备，$BgBl_t$为第t年年初的坏账准备，$(Write-off)_t$为第t年年初的坏账注销，$Re\ sprov_t$表示误差项，运用$Re\ sprov_t$来检测是否存在盈余管理。

（三）盈余及应计利润分布法

实务中，也可以通过研究管理后的盈余分布来检测公司是否存在盈余管理行为。这种方法是假定未经操控的盈余大致呈现正态分布趋势，如果管理后的盈余明显不符合这一分布形势，就说明公司存在盈余管理的可能性。

该方法有两个显著的优点：一是该方法避免了复杂的计量模型，不需要事先去估计非操控性的盈余，进而减少了估计操控性盈余的噪音。研究者只需要通过盈余的分布密度来检测公司是否存在盈余管理行为；二是这种方法在估计公司的盈余管理时具有一定的普遍性。但其显著的缺点是不能度量盈余管理的程度。

（四）Dechow & Dichve（DD）模型

Dechow & Dichve（2002）从应计利润与现金流量之间的关系出发，结合严谨的逻辑推导，提出了衡量盈余质量的 DD 模型。他们认为，应计项目的一个主要作用在于，它们能够调整连续会计期间现金流量的确认，进而更好地反应企业的绩效水平。然而，应计项目需要会计假设和对未来现金流量的判断，从而导致短期内的会计盈余与现金流量发生必然的偏离，这种偏离既有非故意的企业特征或行业因素造成，也可能是由管理者的盈余管理行为所致。Dechow & Dichve 用过去，现在和将来期间的现金流量去预测应计项目，不能预测的残差项就代表了应计项目或盈余质量的高低。具体用公式表示如下：

$$Accruals_t = CF_{t-1}{}^{t} - (CF_t{}^{t+1} + CF_t{}^{t-1}) + CF_{t+1}^{t} + \epsilon_{t+1}^{t} - \epsilon_t{}^{t-1} \quad (4-8)$$

式中，$Accruals_t$ 表示 t 期的应计项目，它等于 t 期的净利润减去 t 期的经营现金流量。CF 代表经营现金流量，其下标表示现金实际收付的期间，上标表示引起现金变动的事项或交易的会计确认期间。ϵ_{t+1}^{t} 代表在 t 期用 $t+1$ 期的经营现金流量估计应计项目产生的误差，而 $\epsilon_t{}^{t-1}$ 代表在 $t-1$ 期形成的估计误差而在 t 期转回的数额①。

为了便于实证研究，Dechow & Dichve 又将公式（4－8）转化成实务中容易衡量的公式：

$$\Delta WC_t = b_0 + b_1 \times CFO_{t-1} + b_2 \times CFO_t + b_3 \times CFO_{t+1} + \epsilon_t \quad (4-9)$$

式中，ΔWC_t 代表 t 期营运资本的变化值，CFO 表示经营现金流量，下标代表的是具体期间，b_i 表示常数项，残差 ϵ_t 的方差即反映了盈余质量的程度。

DD 模型有个严格的假设，现金收付时点同会计确认时点的时间差距仅有一个会计期间，即在 t 期发生的应计项目，在 $t+1$ 期就能得到确认（产生现金的收付）。从公式（4－8）和公式（4－9）中可以看出，在 $t-1$ 期之前和 $t+1$ 期之后形成的现金流量并不会对当期的盈余产生影响。因此，该方法适用于在各个会计期间保持稳定应计比率或经营周期短的企业。同时，与 Jones 模型类似，DD 模型对数据样本量的要求也较高。

四、盈余管理的经济后果

盈余管理之所以能够产生经济后果，主要在于它可以影响会计信息质量的高低，导致公司股价发生非合理的波动，影响公司各个利益相关者的投资决策行为，进而影响整个资本市场的资源配置。随着资本市场的发展，会计信息也变得越来越重要，盈余管理的经济后果不可忽视。

（一）对股价的影响

股票价格与会计信息存在着天然的关系。提高公司股价不仅可以改善公司形象，提高公司的知名度，更为那些急需配股融资和挣扎在亏损边缘的公司带来了希望。有研究表明，过度使用盈余管理的上市公司在盈余管理期间比其他公司发行了更多的证券。在这种动机驱使下，公司通过操控盈余影响股价，股价上涨后，公司的管理层取得了提高公司和公司管理层在资本市场的知名度、改善公司形象等隐性报酬。而外部投资者处于信息劣势，高价购买了股票。这种被操控的盈余不可能保持持续的高增长，一旦盈余出现下降，股价开始下跌，造

① 具体推导过程可参见 Dechow & Dechive. 2002. The Quality of Accruals and Earnings: The Role of Accrual Estimation Errors. The Accounting Review.

成投资者的损失。

（二）对利益相关者决策的影响

盈余管理的根本原因在于契约理论下的信息不对称，使得企业内部人与利益相关者（包括债权人、投资人、供应商、客户等）的利益不一致。上市公司通过盈余管理歪曲了真实业绩，影响了利益相关者的决策判断。比如，债权人因无法正确判断企业的真实情况，继续为企业放贷，最终导致贷款无法及时收回而蒙受巨额损失；公司往往在IPO前两年的净资产收益率很高，而在IPO当年业绩明显下滑，"不明真相"的投资者在评估新上市的公司时由于会计信息的失真而作出了错误的决策。

（三）对资本市场资源配置的影响

我国的资本市场有效性程度普遍偏低，市场并不能辨认和惩罚"坏"的盈余管理行为。这也鼓励了更多的企业通过操控盈余获得更多的首次发行股票或增发配股的好处，并最终影响了资源的有效配置。同时，在我国，上市公司的收益率分布存在着"微利现象"，"微利"现象的存在，导致一些应该被ST的公司，甚至应被摘牌的公司仍在正常交易，结果加剧了市场风险，影响了投资者决策，使得有限的市场资源被无效占用和浪费。

第三节 财务舞弊

案例4-9

达尔曼财务舞弊被查处

西安达尔曼实业股份有限公司于1993年以定向募集方式设立，主要从事珠宝、玉器的加工和销售。1996年12月，公司在上交所挂牌上市，并于1998年、2001年两次配股，在股市募集资金共计7.17亿元。西安翠宝首饰集团公司一直是达尔曼第一大股东，翠宝集团名为集体企业，实际上完全由许宗林一手控制。从公司报表数据看：1997~2003年间，达尔曼销售收入合计18亿元，净利润合计4.12亿元，资产总额比上市时增长5倍，达到22亿元，净资产增长4倍，达到12亿元。在2003年之前，公司各项财务数据呈现均衡增长。然而，2003年公司首次出现净利润亏损，主营业务收入由2002年的3.16亿元下降到2.14亿元，亏损达1.4亿元，每股收益为-0.49元；同时，公司的重大违规担保事项浮出水面，涉及3.45亿元、133.5万美元；还有重大质押事项，涉及5.18亿元。

2004年5月10日，达尔曼被上交所实行特别处理，变更为"ST达尔曼"，同时证监会对公司涉嫌虚假陈述行为立案调查。2004年9月，公司公告显示，截至2004年6月30日，公司总资产锐减为13亿元，净资产-3.46亿元，仅半年时间亏损高达14亿元，不仅抵消了上市以来大部分业绩，而且濒临退市破产。此后，达尔曼股价一路狂跌，2004年12月30日跌破一元面值。2005年3月25日，达尔曼被终止上市。

2005年5月17日，证监会公布了对达尔曼及相关人员的行政处罚决定书（证监罚字[2005] 10号），指控达尔曼虚构销售收入、虚增利润，通过虚签建设施工合同和设备采购合同、虚假付款、虚增工程设备价款等方式虚增在建工程，重大信息（主要涉及公司对外担保、重大资产的抵押和质押、重大诉讼等事项）未披露或未及时披露。同时，证监会还处罚了担任达尔曼审计工作的3名注册会计师，理由是注册会计师在对货币资金、存货项目的审计过程中，未能充分勤勉尽责，未能揭示4.27亿元大额定期存单质押情况和未能识别1.06亿元虚假钻石毛坯。

调查表明，达尔曼从上市到退市，在长达8年之久的时间里都是靠造假过日子的。这场造假圈钱骗局的"导演"就是公司原董事长许宗林。经查明，1996~2004年期间，许宗林等人以支付货款、虚构工程项目和对外投资等多种手段，将十几亿元的上市公司资金腾挪转移，其中有将近6亿元的资金被转移至国外隐匿。监守自盗了大量公司资产后，许宗林携妻儿等移民加拿大。到2004年初公司显现败落时，许宗林以出国探亲和治病的借口出国到加拿大，从此一去不回。2004年12月1日，西安市人民检察院认定，许宗林涉嫌职务侵占罪和挪用资金罪，应依法逮捕。2005年2月，证监会对许宗林开出"罚单"：给予警告和罚款30万元，并对其实施永久性市场禁入的处罚。但直到今天，达尔曼退市了，许宗林依然在国外逍遥。

资料来源：上海国家会计学院反舞弊研究中心舞弊案例《达尔曼财务舞弊案例剖析与启示》，http://fcwwb.ztwz.gdcc.edu.cn/read.asp?id=180。

讨论：为什么达尔曼可以舞弊长达8年才被发现？注册会计师以及其他机构或部门在预防和揭露舞弊中应扮演的角色？

随着经济的发展与科技的进步，企业舞弊也以空前的规模在蔓延。20世纪90年代以来，企业舞弊现象已日益成为严重影响经济发展的全球性焦点问题。2001年，安然公司财务丑闻被揭发，这家在顶峰时期市值超过600亿美元的能源巨鳄不得不以破产收场（黄琦，2004）。在我国，银广夏造假事件的爆发，导致其股价连续15个交易日跌停，市值缩水60多个亿①。从深原野到琼民源，从麦科特到蓝田股份，从德隆系到飞天系，从东方电子到西安达尔曼，一幕幕舞弊大案接连上演，严重损害了市场的公平和效率，给投资者造成了深重的伤害，财务舞弊已成为资本市场的一大"毒瘤"。

本节将介绍财务舞弊的动因、手段、典型案例以及如何预防和发现财务舞弊。

一、舞弊的动因

国外和国内的学者对企业舞弊的动因做了大量的研究，迄今为止，企业舞弊的著名理论主要有：冰山理论、三角形理论、GONE理论和风险因子说理论。

---

① 资料来源：《银广夏连续15个跌停》，《信息时报》，2001年10月9日。http://www.dayoo.com/gb/content/2001-10/09/content_238559.htm。

（一）冰山理论（二因素论）

冰山理论把舞弊比喻为海平面上的一座冰山，露在海平面上的只是冰山的一角，更庞大的危险部分隐藏在海平面以下。冰山理论认为，一个公司是否可能发生会计舞弊，不仅取决于其内部控制制度的健全性和严密性，更重要的是取决于该公司是否存在财务压力，是否有潜在的败德可能性。该理论强调，在舞弊风险因素中，个性化的行为因素更为危险，必须多加注意。

（二）三角形理论（三因素论）

美国注册舞弊审核师协会创始人 Albrecht 博士（1995）认为舞弊的产生由压力、机会和借口三要素共同作用。舞弊压力包括经济压力、恶癖压力、其他压力等。形成舞弊的机会主要有以下几种：内部控制不健全；无法判断工作的质量；缺乏惩罚措施；信息不对称；无知、能力不足；规范舞弊行为的法律系统不完善等。舞弊者常用的借口有：我们只是为了暂时度过困难时期；没有人会因此受到伤害；凭自己的贡献应获得更多的报酬；我的出发点是为了一个很好的愿望等。因而，防范与治理会计舞弊既要通过加强内部控制消除舞弊机会，还应通过消除“压力”和“借口”来抑制舞弊。

（三）GONE 理论（四因素论）

GONE 理论是由 Bologua 等人在 1993 年提出的。该理论认为，舞弊由 G（Greed：贪婪）、O（Opportunity：机会）、N（Need：需要）、E（Exposure：暴露）4 因子组成，它们相互作用，密不可分，并共同决定舞弊风险程度。GONE 理论实质上表达了会计舞弊产生的 4 个条件，即舞弊者既有贪婪之心，且又十分需要钱财时，只要有机会，并被认为事后不会被发现，他就一定会舞弊。

（四）风险因子理论

Bologua 等人在 GONE 理论基础上发展形成了较完善的舞弊动因理论，它把舞弊风险因子分为个别风险因子与一般风险因子。个别风险因子是指因人而异，且在组织控制范围之外的因素，包括道德品质与动机。一般风险因子是指由组织或实体来控制的因素，包括舞弊的机会、舞弊被发现的概率以及舞弊被发现后舞弊者受罚的性质和程度。当一般风险因子与个别风险因子结合在一起，并且被舞弊者认为有利时，舞弊就会发生。

上述 4 种理论侧重于个体行为的心理学分析，对环境因素的考虑较少。瑞扎伊教授（2005）使用了一个用以解释舞弊动机、机会和借口的三“C”模型，即“条件、公司结构与选择”（Condition，Corporate Structure and Choice）。条件包括不负责任的公司治理、无效的董事会、审计委员会不存在或无效等；公司结构特征或属性包括激进、机会主义、合谋、忠诚等；选择指的是在环境压力和公司结构都不存在突出的影响下，舞弊与否就仅仅是管理层的一个选择问题。该模型认为，当条件、机会和选择都具备的时候，舞弊就很可能发生。

在我国财务舞弊的研究中，有学者结合了我国特有的文化特征对财务报告的影响，指出了舞弊的两种主要动机为：契约动机（分红计划、管理收购等）和资本市场动机（财务压力、行业特征，监管指标驱动等）；并认为信息不对称，契约不完全、公司治理失效以及监管不力等为财务舞弊提供了机会，当舞弊收益大于成本时，舞弊行为就发生了。

二、财务舞弊分类

不管采用什么样的作假手法，不管是虚构经济交易、编造销售合同、虚开发票等赤裸裸的业务作假，还是钻准则的空子、找监管要求的漏洞或者直接违背准则、制度、规定进行会计处理、隐瞒重大信息，财务舞弊最终都会体现为财务报表的虚假、会计信息的失真，如虚构资产、夸大收入、不计或者延迟确认费用、隐匿负债等。

（一）不恰当的收入确认

收入一直是最危险的科目之一，因为它最容易操纵（申草，2007）。无论是在国外还是在国内的造假大案中，收入舞弊都是最常用的造假手法。COSO（1999）针对被指控的财务报表舞弊的研究报告发现：那些舞弊中有一半以上涉及收入和资产的夸大，且大多数涉及通过提前确认收入或虚假收入来夸大当期收入。黄世忠（2003）在分析美国案例的基础上，指出了收入操纵的九大陷阱，即寅吃卯粮，透支未来收入；以丰补歉，储备当期收入；鱼目混珠，伪装收入性质；张冠李戴，歪曲分部收入；借鸡生蛋，夸大收入规模；瞒天过海，虚构经营收入；里应外合，相互抬高收入；六亲不认，隐瞒关联收入；随心所欲，篡改收入分配。

案例 4-10

东方电子的“主营业务收入”

东方电子上市后，每年初都制定一个年增长速度在50%以上的发展计划和利润目标，而按公司的实际生产情况，却是不可能完成的。为了实现这一“不可能完成的任务”，在每年中和年底，东方电子根据实际完成情况与计划目标的差异，由抛售股票收入来弥补。为此，公司形成了一个在董事长隋元柏指挥下的由证券部、财务部和经营销售部门协同合作的“造假小组”。其中，证券部负责抛售股票提供资金。该公司董秘高峰当庭供述，公司从1998年开始抛售持有的内部职工股，一直到2001年8月份，每年抛售的时间大约都集中在中期报告和年度报告披露前，每次抛售的数量由公司业绩的需要而定。隋元柏每次告诉高峰需要多少资金，并限定在一定的时间和指定的价位范围内卖出；高峰再给证券部的两名工作人员下指令，在证券公司抛售股票，并将所得收入转入公司在银行的账户。公司经营销售部门负责伪造合同与发票。隋元柏指使销售部门人员采取修改客户合同、私刻客户印章、向客户索要空白合同与粘贴复印伪造合同等4种手段，从1997年开始，先后伪造销售合同1 242份，合同金额17.2968亿元，虚开销售发票2 079张，金额17.0823亿元；同时为了应付审计，销售部门还伪造客户的函证。公司财务部负责拆分资金和做假账。为掩盖资金的真实来源，财务总监、总会计师方跃等人通过在烟台某银行南大街分理处设立的东方电子户头、账户，在该行工作人员配合下，中转、拆分由证券公司所得的收入，并根据伪造的客户合同、发票，伪造了1 509份银行进账单，以及相应的对账单，金额共计17.0475亿元。为了把假象做得更真实，隋元柏还指使销售部门人员与个别客户串通，通过向客户汇款，再由客户汇回的方式，虚增销售收入。

讨论：为什么东方电子要制定并进行财务舞弊来达到一个不可能完成的目标？

（二）少计费用、延期计入费用及滥用资本化

常见的费用舞弊手段有少计资产减值准备/坏账准备，准备金转回，滥用费用资本化等。例如，美国手术医疗器械公司将发生的与专利权有关的诉讼费用约370万美元进行了资本化，并在10年以上的期限进行摊销，而相关的专利权在诉讼发生后3年内就会到期作废。该公司还将大量生产费用计入到长期资产——模具账户，以达到夸大资产和低估销售成本的目的（Knapp，孟焰，2006）。又如，在美国资本市场的“9.11事件”——世界通信的财务造假丑闻中，世通主要的造假手法就是将经营费用资本化和将大额坏账准备转回，以此虚增利润38.52亿美元（当年7月和9月，世通又分别承认了34.5亿和20亿美元的虚假利润）（黄世忠，2003）。在我国，浏阳花炮股份有限公司为了避免2003年、2004年连续亏损，将以前年度发生的费用1 859万元及欠缴税款786万元推迟计入2005年度①。

世界通信的资本化支出

与安然利用复杂衍生金融工具相比，世界通信（以下简称“世通”）的作假手法非常直接，它把支付给其他网络公司和电信公司的线路成本由经营费用转作资本性支出。从2001年开始，世通公司与扩建电信系统工程有关的大量费用没有被作为正常成本入账，而是作为资本支出处理，这一会计“技巧”为世通带来了38亿美元的巨额“利润”。美国公认会计原则（GAAP）对于资产相关的支出应当资本化还是费用化有明确规定，如果某项支出是用于扩容或取代现有设备，从而相应增加现有设备的使用寿命，则将该项支出作资本性支出；如果只是维护现有设备，则应列为当期费用。世通的首席财务官ScottSullivan曾辩解说，那些线路成本是世通在1999年预期电信服务需求将大幅增长而与电信公司签订的租赁合同（“预付容量”），但2001年实际需求大量下降，考虑到几年之后电信业可能恢复景气，他下令将原来已经确认为经营费用的线路成本转入资本化支出科目，待以后收入增加时再进行摊销。但面对内审部门和审计委员会的质疑时，他自己也承认这样做完全没有相关的准则支持。

（三）虚构或夸大资产

收入和利润的增加必须要反映为资产的增加。早期的造假手段往往采取虚构销售，同时

---

① 《*ST花炮会计造假逆市涨停》，在新浪财经（转载自南方都市报），2007年11月9日。http://finance.sina.com.cn/roll/20071109/00501780122.shtml。

增加应收账款进而虚构应收账款的收回等方式。随着财务分析师和投资者对应收账款的真实性的质疑加深，以及对现金流的高度关注，流行的造假方式已经转变成对现金流的操纵，即真金白银的欺诈。例如ST圣方在2003年和2004年，通过其与大股东、子公司及兄弟公司间关联资金往来及重复质押贷款，制造出虚假的资金流，并掩盖了大股东占用资金、违规担保及高管挪用资金的事实（梁开竹，2007）；ST天海连续两年伪造银行存款1.5亿元，以隐瞒大股东占用上市公司资金的问题；航天通信控股集团股份有限公司2003~2005年划出资金通过其他单位进行周转，虚增利润3 110万元①。

即使无法虚增或虚构现金资产，越来越多的上市公司将虚构资产放在投资、固定资产或无形资产上（申草，2007），如以投资损失来掩盖经营损失（意大利帕玛拉特、甬成功），将经营性支出资本化为固定资产（美国世界通信）或无形资产（美国手术医疗器械公司），将废弃物、陈旧品和低价值的原材料当做真实的存货或不结转已售商品成本来虚增存货（美国疯狂艾迪公司）以及无中生有虚构存货（ST黎明、美国法尔莫公司）。

案例4－11

成功通信频繁的会计差错

成功通信（000517，S*ST成功）于1993年在深圳上市，上市前由宁波机床总厂股份改制而来，由宁波财政税务局控股；1999年华远集团旗下的深圳市新海投资股份有限公司入主成功，主业也转向通信技术。新海投资入主后，1999~2002年，成功的业绩一路飙升，并在2002年成功增发，募得资金近5亿元。更正前的2003年年报报告了轻微盈利，但在证监会2003年、2004年的巡检，2005年立案调查，以及多家金融机构联合逼债的巨大压力下，成功通信进行了自查和整顿，并在2005~2007年间多次发布补充更正及风险提示公告，从而该上市公司在公司治理、大股东占资、违规担保以及账务处理等方面的诸多问题也逐一浮出水面。真实的情况是，该上市公司“自1999年重组以来，因管理不善，投资、经营失误及经营环境变化、市场竞争、主业不突出等多种主客观原因，实际上存在着较大的经营亏损。”而“为了维护公司对外形象，保持公司一个良好的业务经营环境，公司以多种方式进行资金运作和利润包装”，重大会计差错更正后，公司2003年、2004年、2005年实际上已经连续3年亏损，并于2006年3月暂停上市。

成功通信的重大会计差错涉及货币资金和应收账款的严重失实，包括虚增应收账款，虚构应收账款收回并少记坏账准备，虚构货币资金，隐瞒资金受限，隐瞒关联方占用资金等。例如②：

（1）公司2003年度智能化楼宇系统集成等项目收入确认差错共计220万元。相应调减期初未分配利润220万元，调减期初应收账款220万元。（虚增收入，虚增应收账款）

（2）2003年度将政府补贴收入2 600万元转至账外后汇入深圳市成功通信技术有限公司，账面虚作应收账款收回。（虚构应收账款收回，少记坏账准备，混淆销售商品、提供劳

① 《中国证券报》，2007年11月8日，http://news.10jqka.com.cn/html/2007/11/08/241.shtml。

② 资料来源：成功通信（000517）2005年1月30日、8月31日，2006年4月28日，及2007年4月30日的公告，Wind数据库。

务收到的现金与政府补贴收到的现金）

（3）2003 年度账面支付给宁波建工集团股份有限公司工程款 3 200 万元，其中实际支付 200 万元，其余 3 000 万元系虚增在建工程成本，款项的真实用途为冲减账面的应收账款。（虚构应收账款收回，少记坏账准备，虚增利润，虚增在建工程等资产）

（4）2004 年 3 月 ~5 月子公司成功通信向银行贷款共 1 亿元，都于当日转汇给控股股东关联方深圳汇通发实业公司，在资金划拨时仅通过“银行存款”借贷方反映，未在短期借款和应收款项反映。（隐瞒关联方占用资金）

（5）截至 2004 年年末公司原未入账银行账户涉及资产共计 8 990 万元。其中期间费用 944 万元、冲销控股子公司账面应收款项及为控股子公司垫付款项共计 7 414 万元、关联方占用资金 3 000 万元、涉及证券资金 –2 368 万元。（隐瞒资金使用，隐瞒关联方占资，虚增货币资金，虚构应收账款收回）

不胜枚举！

讨论：分析成功通信财务舞弊的手段和动机。

（四）隐匿负债

出现财务危机的公司往往面临着资金紧缺、无力偿债的压力，为了持续获得融资，舞弊公司常常会竭尽所能少计或隐藏负债。例如安然在 1996 ~ 2001 年间通过特殊目的实体（SPE）隐匿了约 120 亿美元负债。而帕玛拉特通过在海外设立一些资金中转站性质的财务公司，利用关联交易隐匿的负债高达 124.82 欧元，折合约 156 亿美元（黄世忠，张胜芳，2004；顾兵、刘丽莹，2004）。

安然的特殊目的实体

20 世纪 90 年代，美国数以百计的大公司都开始创设特殊目的实体（SPE），其目的在于获取某项特定资产、建设特定项目及其有关活动所需的资金，但内在动机几乎都是“规避负债”。SPE 的创建为大公司不同目的的资金需求提供了一种融资体制，在这种体制下，大公司只需提供特殊目的实体所需资金的 3%，其余 97% 的资金可以向外部贷款人借入，或者通过抵押贷款取得，在合并财务报表时，大公司可以不将特殊目的实体纳入合并范围。在整个 20 世纪 90 年代，许多公司充分利用了 SPE 的这一合法会计原则（即投资额不高于 3%，可以不纳入合并报表）来转移大量负债，使负债不在合并资产负债表中反映。安然就是充分地甚至是扭曲地利用了这一激进和具有创新性的工具为其隐匿了大约 120 亿美元的负债，以及虚构了大部分的利润。多数情况下，安然利用特殊目的实体就是为了将其不良资产转移至有关联但无须并入安然公司报表的 SPE。例如，安然通过安排一个第三方提供设立 SPE 所需资金的 3%，然后再将资产以高昂的价格出售给该 SPE，为公司制造巨额的“账面”收益，并在定期的损益表中发布这些收益。

资料来源：迈克尔·C·克纳普著，孟焰等译：《当代审计学：真实的问题与案例》，经济科学出版社 2006 年版。

三、财务舞弊的识别

舞弊的侦察与反侦查是一个互相促进的过程。随着舞弊的不断揭露，审计师、监管机构、财务专家以及普通的资本市场参与者识别舞弊的能力也不断提高，但新的造假手法也不断涌现。例如台湾博达科技不但虚构了会计信息流还构造了真实的货物流，安然公司的“特殊目的实体”和施乐公司的“利润标准化”更是将会计的“艺术性”发挥得淋漓尽致。我国资本市场建立时间还不长，上市公司的舞弊还停留在初级阶段，多是通过虚增收入、少计费用进行利润操纵，隐瞒重大的交易事实来逃避监管要求和骗取投资者和金融机构的信任以达到融资、推动股价等目的。

要侦查舞弊，就要了解舞弊公司的特征及惯用的造假伎俩，识别可能发生舞弊的信号。很多针对财务舞弊的权威研究报告和实证研究成果发现了一些预示财务舞弊的警示信号，它们为董事会、内外部审计师以及监管部门监控和发现舞弊提供了线索。笔者总结了5个方面的警示信号，即：

1. 高层基调。权威报告（COSO报告、美国审计准则公告）和经验研究（Daboub，1995）都表明，财务舞弊总是因高层管理队伍的参与、发起或支持而发生（转引自瑞扎伊，2005）。高层基调决定了管理层的态度（三因素理论）/选择（三“C”模型）和舞弊的动机。激进、独断的管理风格容易设定不符合公司实际的利润目标，管理层的机会主义行为容易促使公司在陷入财务困境时采取违背公认会计原则和相关法律法规的财务报告手段，大大增加了舞弊发生的几率。与高层基调有关的舞弊信号有：对达到盈利预测和期望的过度强调；内部或“灰色”董事占据董事会的多数席位；经营决策由个别人或小集团把持；为达到不现实的企业目标的激进管理态度；管理层不愿与审计师进行坦诚、充分的沟通；关键管理人员道德水平低下或有不诚信的记录；管理层对内部监督机制极不尊重及对内部控制的逾越等。

2. 内部控制。不健全和无效的内部控制为管理层舞弊提供了机会（三因素理论）/条件（三“C”模型）。内部控制包括从董事会到各个部门及每个职员的自上而下的一系列制度、规则和措施，其目标是提高财务报告的可靠性，保证公司的规范运作和促进公司经营的效率和效果。COSO报告就是针对财务舞弊提出的解决方案，即建立健全公司的内部控制体系。审计师被要求对公司的内部控制进行重点关注以评估财务舞弊风险。与内部控制有关的舞弊信号很广泛，如：虚弱的内部控制环境；缺乏一个机警的董事会的监督；无效的、不能胜任或不充分履职的审计委员会；公司行为准则的不存在；频繁的人事变更；内部审计功能的不存在或无效；公司自上而下没有建立有效的沟通机制等。

3. 行业和市场环境。行业和市场环境对公司的行为选择有着重要影响。已有研究表明，特定行业的公司更有可能犯下违法行为，如Persons（1995）的研究发现，计算机及数据处理服务行业、科学和医药仪器制造行业和家庭用具及电气设备制造业和计算机制造业等行业的公司财务报告舞弊比较集中。一个可能的解释是“组织同形”的概念（DiMaggio&Powelll，1983，转引自瑞扎伊，2005），即公司倾向于依据所处行业的成功公司的行为来确定自己的模式，包括对违法违规活动的模仿；另一方面，所处行业环境的同业压力也可能激励管理层从事财务舞弊。历史经验表明，在经济繁荣时期可能隐藏着巨大的泡沫，而一旦经济走向衰退，隐藏在繁荣下的舞弊、欺诈、虚假等罪恶也更可能暴露出来，加速泡沫的破灭。

4. 企业经营状况。糟糕的企业经营状况或快速增长的压力为企业进行财务舞弊提供了驱动力。经营不善引发的财务困境以及激进的扩张策略导致的融资需求是促使企业进行财务舞弊的重要因素。与企业经营状况有关的舞弊信号有：基于新业务或新产品线的高速扩张；过剩的生产能力；主要的供应商或客户为关联公司；重大新产品或服务的引入未能取得预期收益；主业不突出，非主营业务收入是企业收益的重要来源；对兼并的恐惧等。

5. 财务指标。财务指标一直是舞弊判别研究中最为关注的方面。通过对比舞弊与非舞弊公司的财务特征、进行数据挖掘建立财务预警的判别模型，研究者们找出了不少可用于识别上市公司违规/舞弊的财务指标。例如，Persons（1995）通过对比发现，舞弊公司比非舞弊公司有更高的财务杠杆、更低的资本周转率、其流动资产的比例更高，其中绝大部分是存货和应收账款。黄学敏（2006）实证研究发现，期间费用_行业指数、毛利率指数、折旧_行业指数、非经常性损益_行业指数和应收账款_行业指数①等财务指标在舞弊侦查模型中有较好的显著性，可以作为财务欺诈预警信号。叶华（2008）也发现，舞弊公司与非舞弊公司的盈利指标、偿债能力指标、存货管理指标、现金指标等财务指标有明显差异。

四、舞弊的预防和治理

财务舞弊的危害极大，对付财务舞弊，下下之策是舞弊后的惩处，但不管怎么惩罚舞弊行为人都难以挽回已经给投资者、债权人及其他利益相关方造成的损失，因此，最好的策略只有防患于未然。无论是经验研究，还是典型的舞弊案例分析都表明，财务舞弊与公司治理的不完善和无效有着密切的联系。公司治理的参与者，包括董事会、审计委员会、高层管理团队、内部审计师、外部审计师和监管部门都应对财务报告过程的质量、诚正性和可靠性，以及不存在因差错和舞弊导致重大错报的公开财务报表的确信程度负责（见图4－3）。负责任的公司治理，在预防和发现财务报表舞弊方面扮演着重要角色。

董事会是公司治理的重要组成部分，虽不涉足日常管理决策活动，却被赋予独一无二的检查、监督和控制管理活动的职能。董事会应当设定包含对高质量的财务报告有清晰预期和承诺的“高层基调”，重视建立诚信的企业文化，避免设定过于激进的企业目标或默许管理层草率的决策。董事应当正直、勤勉、专业并有足够的时间和精力以保证其职责的履行。董事会应当监督评估内部控制、风险管理、财务报告过程和遵守情况，并确保审计委员会是独立的、胜任的，能够有效履行其对财务报告质量和诚正性的职责。审计委员是由董事会中的独立董事主导的，专注于履行董事会在监控财务报告过程和质量方面的责任的机构，它与内部审计师之间应当有客观、独立的沟通和信息流，能够与内、外部审计师及管理层就公司治理及财务报告过程进行持续有效的讨论。

权威研究报告和经验研究发现，董事会中内部或“灰色”董事占据较多席位，不设立

---

① 期间费用指数为当期的期间费用主营业务收入比与上期的期间费用主营业务收入比的比值，期间费用_行业指数则是公司的期间费用指数与行业期间费指数的比值，其他指标类似。

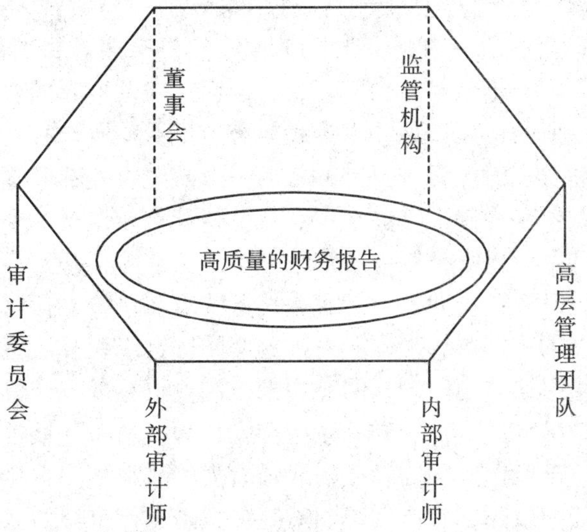

图4－3　预防和治理舞弊的“六脚凳”

资料来源：［美］瑞扎伊著，朱国泓译：《财务报表舞弊：预防与发现》，中国人民大学出版社2005年版，第28页、第126页。

或者审计委员会无效将加大公司财务报表舞弊的概率。这些研究建议加强董事会的独立性，正视审计委会在监督财务报告过程和审计过程中的重要角色和功能，增强董事会和审计委员会的专业性及其在协调审计师与管理层的沟通方面的作用。

管理层往往是财务报表舞弊的倡导者、参与者或支持者。管理层经常在合法与违法、合乎伦理与违背伦理的边界经营，个别经理人或管理团队甚至跨越这个边界，以寻找相应的利润机会。管理层背负着满足分析师盈利预测、满足投资者盈利期望的压力，同时为了薪酬和分红，其舞弊动机也变得更强烈。董事会必须设定诚正的高层基调，并尽量协调管理层与股东的利益，通过制定合理的薪酬方案和施加有效的监督来使管理层遵循既定的行为准则行事。内部审计师的持续监控、审计委员会的勤勉督察以及机警和负责任的外部审计能够减少管理层进行财务报表舞弊的机会。

内部审计师应该持续地监控财务报告过程，并寻找那些显示可能存在犯罪行为和违法行为的红色警报，如大额关联交易，激进的财务政策，缺乏准则支撑的会计处理方法，会计政策和会计估计的不合理变更等。内部审计师拥有信息优势、专业技能及较充裕的工作时间和精力保证，使得他们能够在舞弊预防和发现中发挥前慑作用。然而，现实中，内部审计师常常会受制于管理层（内审部门常常是在总经理及财务总监的管辖之下）、与审计委员会的沟通不足以及内审人员不够、授权受限等，严重阻碍了其监控功能的发挥。

外部审计师一直被认为在发现财务报表舞弊方面承担着重要责任，他们应当看穿管理层的“舞弊伎俩”并要求纠正，否则便加以揭露。从经济学的角度看，企业是否进行财务报表舞弊，取决于舞弊的成本收益。舞弊的收益主要是取得各个利益相关方的信任，以较低的成本获得更多的财务资源，管理层还可以获得薪酬、奖金及股权升值等私人利益。舞弊的成本由舞弊被发现的概率以及舞弊揭露后受到的惩罚来决定。外部审计因其专业性和独立性，以及高昂的审计费用的“物有所值”，理应担负起使财务报表免于因舞弊或遗漏引起的重大差错，保证其（真实和）公允表达的责任。注册会计师应当发现和揭露舞弊，或者至少应当提高舞弊被发现和揭露的概率，从而对财务报表舞弊产生威慑。然而，舞弊事件频频发生，很多时候注册会计师并不是舞弊的揭露者，反而是被蒙蔽者或者合谋者，这极大地损害了公众对注册会计师职业的信任，独立审计的权威正遭受前所未有的挑战！

监管机构是预防和发现财务报表舞弊的最后一道防线。外部监管包括会计准则、审计准则和信息披露规范的制定和为保证这些准则和规范得到有效执行而采取的各种措施。我国的会计准则、审计准则和企业内部控制基本规范①由财政部制定，上市公司信息披露的内容和格式准则由证监会制定，证监会和财政部都是国务院直属单位，代表了政府监管。另外，证券交易所是接受证监会的监督和管理，并对证券交易进行组织和监管的机构。证券交易所发布上市公司信息披露指引、公司治理指引、内部控制指引等规范，督促上市公司信息披露义务人依法及时、准确地披露信息。准则的制定和完善为提高财务报告信息质量、审计质量和信息披露质量奠定了基础，但好的制度还需要强有力的监督和管理才能得到有效的执行，审计技术在发现舞弊方面的成熟度、监管部门对财务报告进行审查的详细程度以及被查处的舞弊受到的处罚力度，决定了财务报表舞弊的成本，当舞弊的成本大于可能的收益时，诚正的财务报表才是最优的选择。

本章小结

本章分析了会计政策选择的动因和空间，盈余管理的动机、手段、计量和后果，以及财务舞弊的动因、机会、手段、征兆和防治。

会计政策选择是企业各个利益相关者相互博弈的结果。激励契约、债务契约以及政治监管动因是会计政策选择的主要动机，此外，管理层与控股股东的利益比与中小股东或新股东的利益更紧密，这也使得管理层倾向于选择对控股股东有利的会计政策。

存在会计政策选择空间的主要原因源于财务会计的固有局限及会计政策的多样性。会计准则的不完善，职业判断过程的不完美和会计政策选择的多样性为管理层进行会计政策选择提供了广泛的空间。证券市场的不完美和不完善为管理层进行会计政策选择来实现特定利益提供了条件。利用会计政策选择可以进行收益平滑、报表粉饰，为企业及管理层个人实现各种目的铺平到路。

盈余管理是管理层在遵循会计准则的前提下，通过一系列手段调整会计盈余，进而最大化自身利益或企业利益。资本市场动机、债务契约动机以及迎合或规避监管的动机是诱发企业盈余管理行为的主要原因。会计政策选择、会计估计变更以及真实的盈余管理都是盈余管理的主要手段。在实务界，多数采用总应计利润分离法的模型对盈余管理进行计量，其中，最常用的模型是修正的Jones模型。过度或恶意的盈余管理通过左右会计信息质量的高低，影响公司各个利益相关者的投资决策行为，进而影响整个资本市场的资源配置。

财务舞弊是恶意的财务信息操纵，它已经超出了会计准则、制度和相关法律允许的范

① 财政部等五部门于2008年6月28日联合发布了《企业内部控制基本规范》，在企业执行内部控制披露规定的同时要求接受企业委托从事内部控制审计的会计师事务所，应当根据规范及其配套办法和相关执业准则，对企业内部控制的有效性进行审计，出具审计报告。

畴，是一种犯罪行为。对这种操纵的打击不力会给资本市场和投资者个人带来极大的损失和危害，严重影响社会资源分配的公平和效率。从理论上说，遏制财务舞弊应使财务舞弊的期望收益为零，即提高财务舞弊被发现和揭露的概率和增加对财务舞弊的惩罚力度。

公司治理的各个方面在财务报告的编制和报告过程中负有重要责任。高质量的财务报告离不开从内到外的董事会、管理当局、审计师和监管机构的共同努力。董事会和高级管理者应当树立诚正的高层基调，建立和完善一套行之有效的内部控制系统，保证财务报告的编制过程的诚实和合法。审计委员会和内、外部审计师应保持合作与沟通，从而大大降低财务错报和舞弊的概率。监管机构在完善准则、制度以缩小操纵空间和加强监督检查以确保制度执行方面负有最终责任。

复习思考题

1. 会计政策选择、盈余管理和财务舞弊的边界是什么？
2. 为什么会计准则具有不完全性？
3. 盈余管理必然是坏的吗？市场能否识别管理层的会计政策选择？
4. 如何理解管理当局既是财务舞弊的“作案者”，又是财务舞弊防治的重要一环？
5. 为减少盈余操纵、报表粉饰应发布更多、更细的会计准则吗？审计师的专业判断和职业操守正遭遇怎样的挑战？
6. 请简述盈余管理的特征。
7. 请谈谈你对上市公司盈余管理动机的认识与看法。
8. 请分析讨论财务报表舞弊的分类。
9. 哪几个方面的警示信号可帮助我们识别财务舞弊？
10. 简述财务舞弊预防和治理的“六角凳”。

第五章　合并财务报表（上）

本章目标

通过本章学习，你应该能够：

1. 掌握长期股权投资的初始计量。
2. 掌握长期股权投资的成本法和权益法。
3. 掌握合并财务报表的合并范围。
4. 掌握全资子公司购买日（合并日）的合并财务报表编制。
5. 掌握部分控股子公司购买日（合并日）的合并财务报表编制。

案例 5－1

会计准则带来免费午餐吗？

新的会计准则被许多投资者视为利好，媒体的引导功不可没。一些媒体认为，不仅是投资性房产和金融工具准则的运用会使公司的净利润和净资产增加，合并财务报表的准则也是股票上涨的催化剂。某专业人士撰文说："新合并财务报表准则中，要求子公司所有者权益中不属于母公司的份额在合并资产负债表中所有者权益项目下以'少数股东权益'列示，也就是说上市公司净资产中将包含少数股东权益。如果少数股东权益为正，那么公司的净资产将增加，如果少数股东权益为负数，净资产将减少。利润表中子公司当期净损益中属于少数股东权益的份额，在合并利润表中'净利润'项目下以'少数股东损益'项目列示。这些也是新合并财务报表准则中最大的不同。对控股型的上市公司净利润、净资产影响十分明显。因为少数股东权益并入所有者权益中将会大大增加控股型公司的每股净资产。当然对于同属控股型的上市公司来说影响也不尽相同。比如，对于控股子公司盈利能力强的公司而言净利润将大幅增长，因为子公司实现的当期净利润中属于少数股东损益的份额会如同'天上掉下来的馅饼'一般体现在合并报表当期的'净利润'项目中，使得合并报表更加亮丽，也会使部分公司业绩大幅增长，部分公司实现扭亏为盈。由此，有可能会鼓励控股型公司的发展。通过前面分析可知，对于非100%控股的子公司来说当期所实现的损益，会全部体现在合并报表的'净利润'项目中，与《暂行规定》相比有一种放大的杠杆效应。"

类似的观点为许多媒体断章取义地解释为合并报表准则对股市的利好。天上真的会掉馅饼吗？

第一节 长期股权投资

本节将要讲述母公司如何在其账上记录“长期股权投资”，这一项投资一直保持在母公司账上直至处置，在每一期期末均要按准则进行后续计量。在编制合并报表时，该长期投资余额将与子公司的权益进行抵消。合并时采用何种抵消的程序，还要视母公司长期股权投资的核算方法而定。

当然，长期股权投资的准则不仅仅规范母公司对子公司的投资，还包括具有重大影响但没有形成控制的投资、没有重大影响的投资。本节将讲述长期股权投资初始投资成本的确定，下一节将讲述后续计量问题。

长期股权投资的初始成本确认区分合并和非合并两种不同的情况。在控股合并中，母公司取得了对子公司的控制权，在母公司账上将记录“长期股权投资”。如果母公司和子公司均属相同的一方或多方控制，准则将其定义为同一控制下的合并，母公司长期投资的初始成本在同一控制下与非同一控制下的情况采用的会计处理方法不一样。

一、合并中形成的长期股权投资

（一）同一控制下的合并形成的长期股权投资

根据第2号企业会计准则《长期股权投资》的规定，同一控制下的企业合并，合并方以支付现金、转让非现金资产或承担债务方式作为合并对价的，应当在合并日按照取得被合并方所有者权益账面价值的份额作为长期股权投资的初始投资成本。长期股权投资初始投资成本与支付的现金、转让的非现金资产以及所承担债务账面价值之间的差额，应调整资本公积；资本公积不足冲减的，调整留存收益。若取得投资时，被合并方已宣告现金股利或利润分配方案但尚未发放，则应将应享份额记入“应收股利”。支付对价与长期股权投资初始成本和应收股利之差，调整资本公积，资本公积不足冲减的，调整留存收益。

[例5-1] 维维公司和汇远公司是同一集团下属的二级公司和三级公司。20×2年12月31日，维维公司支付现金500万元，以及一块土地（账面值为3 000万元），交换了汇远公司75%的股份。维维公司的账面权益为20 000万元，其中：股本10 000万元、资本公积2 000万元、留存收益8 000万元。汇远公司的账面权益为8 000万元，其中：股本4 000万元、资本公积2 000万元、留存收益2 000万元。假定没有发生合并费用，合并协议中也没有或有条款。

维维公司按取得被合并方所有者权益账面值的份额6 000万元（8 000×75%）作为初始投资成本，初始投资成本与支付对价面值之差2 500万元，调整资本公积。长期股权投资的初始确认如下：

借：长期股权投资——投资成本	6 000	
贷：银行存款		500
无形资产——土地使用权		3 000

资本公积 2 500

如果土地的面值是9 000万元，则将冲减资本公积2 000万元，由于资本公积不足冲减，继续冲减留存收益1 500万元。分录如下：

借：长期股权投资——投资成本 6 000
　　资本公积 2 000
　　留存收益 1 500
　　贷：现金 500
　　　　无形资产——土地使用权 9 000

同一控制下的合并，合并方以发行权益为合并对价的，在合并日按照取得合并方所有者权益账面价值的份额作为长期股权投资的初始投资成本。按发行股份的面值作为股本，长期股权投资初始成本与发行股份面额之间的差额，调整资本公积。资本公积不足冲减的，调整留存收益。

[例5-2] 太铝公司和山铝公司同属某省国资委直接和间接控制，为做大做强目的，该省国资委决定将两个公司进行整合。两个公司的股票均在交易所上市交易。20×2年12月31日，太铝公司发行5 000万股面值为1元的股票，交换山铝公司3 000万股面值为1元的股票。该换股方案由国资委指导，两公司的控股股东讨论初步方案，最终提交双方股东大会通过，当时太铝公司和山铝公司的股价分别为每股20元和每股35元。山铝公司总股本为4 000万股，太铝公司购买了山铝公司75%的股份，并获得了要约收购豁免。假定没有合并费用，合并协议也不涉及或有条款。20×2年12月31日合并前的资产负债表如表5-1所示。

表5-1　　20×2年12月31日太铝与山铝公司合并前的资产负债表　　单位：万元

项　目	太铝公司	山铝公司
现金	2 000	1 000
存货	8 000	5 000
固定资产	30 000	10 000
负债	25 000	8 000
股本——面值1元	10 000	
股本——面值1元		4 000
资本公积	1 500	2 000
留存收益	3 500	2 000

20×2年12月31日，太铝公司按取得山铝公司股东权益账面值的份额6 000万元[(4 000+2 000+2 000)×75%]作为初始投资成本，发行股份的面值5 000万元作为股本，差额1 000万元作为资本公积。相应的分录如下：

借：长期股权投资　　6 000

　贷：股本　　5 000

　　资本公积　　1 000

如果太铝公司发行的是8 000万股面值1元的股票，则需冲减资本公积1 500万元，不足冲减部分冲减留存收益。相应的分录如下：

借：长期股权投资　　6 000

　资本公积　　1 500

　留存收益　　500

　贷：股本　　8 000

这种处理方法的结果是长期股权投资的初始成本盯死取得净资产份额的账面值，无论是支付实物对价（现金、非现金资产等）还是发行权益，均按面值记录，差额调整资本公积或者留存收益，从而操纵的余地不大，与当期收益更无关联。这种方法避免了同一控制下采用操纵对价的方式进行会计操纵。

（二）非同一控制下的合并形成的长期股权投资

非同一控制下的企业合并，购买方在购买日应当按照第20号企业会计准则《企业合并》确定的合并成本作为长期股权投资的初始投资成本。其原则如下：一是一次交易实现的合并，初始投资成本为购买方在购买日为取得对被购买方的控制权而付出的资产、发生或承担的负债以及发行的权益性证券的公允价值。二是通过多次交易分步实现的合并，初始投资成本为每一单项交易成本之和。三是购买方为合并而发生的各项直接相关费用也计入初始投资成本。四是在合并协议中对可能影响购买成本的未来事项作出约定的，购买日如果未来事项很可能发生并且影响购买成本的金额能够可靠计量，购买方应将该金额计入初始投资成本。

［例5－3］ 在［例5－2］中，假定太铝公司和山铝公司不属同一方或相同的多方控制，两个公司的股票均在交易所上市交易。20×2年12月31日，太铝公司发行6 000万股面值为1元的股票，交换山铝公司3 000万股面值为1元的股票。该换股方案由太铝公司与山铝公司的控股股东经讨价还价后提出方案，最终提交双方股东大会通过。换股时确定的太铝公司和山铝公司的股价分别为每股20元和每股35元。山铝公司总股本为4 000万股，太铝公司购买了山铝公司75%的股份，并获得了要约收购豁免。假定没有合并费用，合并协议也不涉及或有条款。20×2年12月31日合并前的资产负债表不变。

20×2年12月31日，太铝公司将按发行权益的公允价值120 000万元（6 000×20）作为长期股权投资的初始投资成本。并以发行股份的面值作为股本，差额计入资本公积。太铝公司将作如下记录：

借：长期股权投资　　120 000

　贷：股本　　6 000

　　资本公积　　114 000

其结果就好像以每股20元向市场公开发行，然后以募集现金再去收购股权一样。

二、非合并形成的长期股权投资

根据第2号企业会计准则《长期股权投资》的规定，除企业合并形成的长期股权投资以外，其他方式取得的长期股权投资，应当按照下列方式确定其初始投资成本：

1. 以支付现金取得的长期股权投资，应当按照实际支付的购买价款作为初始投资成本。初始投资成本包括与取得长期股权投资直接相关的费用、税金及其他必要支出。

2. 以发行权益性证券取得的长期股权投资，应当按照发行权益性证券的公允价值作为初始投资成本。

3. 投资者投入的长期股权投资，应当按照投资合同或协议约定的价值作为初始投资成本，但合同或协议约定价值不公允的除外。

4. 通过非货币性资产交换取得的长期股权投资，其初始投资成本应当按照第7号企业会计准则《非货币性资产交换》确定。

5. 通过债务重组取得的长期股权投资，其初始投资成本应当按照第12号企业会计准则《债务重组》确定。

现金取得长期股权投资的初始成本包括购买成本、费用和税金，以发行权益取得的，应按发行权益的公允价值作为初始投资成本。企业取得长期股权投资，实际支付的价款或对价中包含的已宣告但尚未发放的现金股利或利润，作为应收项目处理，不构成取得长期股权投资的成本。

[例5-4] 鸿达公司以现金3 000万元以及200万份鸿达公司认股权证取得了宁德公司35%的股权。评估费、过户费、契税等共支付60万元。每份鸿达公司转认股权证的公允价值为10元。

鸿达公司需记录的长期股权投资初始成本包括现金3 000万元、认股权证2 000万元、各种直接税费合计60万元，并做如下记录：

借：长期股权投资	5 060	
贷：银行存款		3 060
资本公积——其他资本公积		2 000

投资者投入的长期股权投资，应当按照投资合同或协议约定的价值作为初始投资成本，但如果合同或协议约定价值明显不公允，则应以公允价值作为投资初始成本。

[例5-5] 甲、乙、丙三方合资成立丁公司，甲、乙各以现金100万元投入，丙以一项股权投入。根据合同，丙投入的该项股权作价100万元，三方各占1/3的股份。

如果丙投入股权的公允价值基本上相当于100万，则丁公司需作如下记录：

借：长期股权投资	100	
银行存款	200	
贷：股本		300

如果丙投入股权的公允价值为200万元，则多余的100万元计入资本公积，相当于做了贡献。丁公司需作如下记录：

借：长期股权投资	200	
银行存款	200	

贷：股本　　300

　　资本公积　　100

通过非货币性资产交换取得的长期股权投资，如果交换具有商业实质，而且所交换的非货币性资产或者取得的长期股权投资的公允价值能可靠计量，应以公允价值作为长期股权投资的初始投资成本；如果换入股权和换出资产的公允价值均能可靠计量，则以换出资产的公允价值作为初始投资成本，除非有确凿证据表明换入股权的公允价值更为可靠。长期股权投资初始投资成本与所交换非货币性资产账面价值的差额，作为非货币资产交换利得或损失计入“营业外收入”或“营业外支出”。如果交换不具备商业实质，或是虽然有商业实质，但换入股权和换出资产的公允价值均难以计量，则以换出资产的账面价值和相关税费作为长期股权投资的初始投资成本。

在债务重组中，债权人如果将债务转换为股权，应将享有股份的公允价值作为对债权人的投资。重组债权的账面余额与所享股份公允价值之间的差额，计入当期损益。债权人已计提减值准备的，应先冲减减值准备。

[例5-6] 南风集团因债务危机于20×7年3月31日发生债务重组。经重组后，南风集团的银行债权转换为南风集团的股权，并折算为45%的股份。南风集团控股一上市公司47%的股权，锁定期至20×8年12月31日。南风集团除投资外的其他资产均变现用以偿还债务，在偿还银行以外的其他所有债务后，尚余现金1 000万元。在债转股后，该集团没有任何负债。南风集团所持47%股权按目前市价计算的市值为12 000万元。南商银行是南风集团唯一的贷款银行。截止20×7年3月31日，南商银行对南风集团的贷款本息为9 600万元，已计提减值准备5 000万元。

南商银行该项股权的公允价值为5 850万元[（12 000+1 000）×45%]，对该项股权的记录如下：

借：长期股权投资　　5 850

　　贷款损失准备　　5 000

　　贷：贷款　　9 600

　　　　营业外收入——债务重组利得　　1 250

第二节　长期股权投资（续）

长期股权投资根据持股比例和对被投资方的影响程度可以分为四类：第一类是能够对被投资方实施控制的权益性投资，即对子公司投资；第二类是能够与其他合营方一同对被投资方实施共同控制的权益性投资，即对合营企业投资；第三类是能够对被投资单位施加重大影响的权益性投资，即对联营企业投资；第四类是对被投资方不具有控制、共同控制或重大影响的权益性投资；第四类权益性投资如果在活跃市场上有报价，或者公允价值能可靠计量，则应按第22号准则《金融工具确认和计量》的规范，采用公允价值计量，公允价值变动计入当期损益或者权益。

关于长期股权投资的后续计量，我国会计准则规定，第一类权益性投资，母公司采用成本法核算；第二类和第三类权益性投资，投资方采用权益法核算；第四类由于公允价值难以可靠计量，因此投资方采用成本法核算。

一、控制、共同控制和重大影响

（一）控制

控制[①]，是指有权决定一个企业的财务和经营政策，并能据以从该企业的经营活动中获取利益。投资企业能够对被投资单位实施控制的，被投资单位为其子公司，投资企业应当将子公司纳入合并财务报表的合并范围。

> **原理**
>
> 控制、共同控制与重大影响
>
> 控制是指有权决定一个企业的财务和经营政策，并能据以从该企业的经营活动中获取利益。
>
> 共同控制是指按照合同约定对某项经济活动所共有的控制，仅在与该项经济活动相关的重要财务和经营决策需要分享控制权的投资方一致同意时存在。
>
> 重大影响是指对一个企业的财务和经营政策有参与决策的权力，但并不能够控制或者与其他方一起共同控制这些政策的制定。

（二）共同控制

共同控制[②]，是指按照合同约定对某项经济活动所共有的控制，仅在与该项经济活动相关的重要财务和经营决策需要分享控制权的投资方一致同意时存在。共同控制分为共同控制经营、共同控制资产和共同控制实体三类。长期股权投资仅涉及共同控制实体，当投资方与其他方对被投资方实施共同控制的，被投资方为其合营企业。

我国企业会计准则和相关指南并未就共同控制作更为详细的解释，第 31 号国际会计准则（IAS 31）认为，共同控制一般由契约约定来约束[③]。投资方在被投资企业的权益是属于共同控制还是重大影响，关键取决于契约约定的存在。如果没有契约的约束，就不是国际会计准则意义上的合营企业。契约有很多种方式，可以是投资方之间的合同，也可以是讨论备忘录，也可能是企业章程的一部分。无论采用何种方式，契约通常是以书面的方式，并约定类似如下的事项：一是合营企业的经营、期限、和报告责任；二是董事会成员或类似权力机构的任免，投资方的表决权；三是投资方的缴入资本；四是投资方对产出、收益、费用或合营成果的分享。

契约建立了合营企业的共同控制关系，该契约确保任何无法单边地控制企业的经营活动。契约可能指定一方作为合营企业的经营者或管理者，经营者并不控制合营企业，而是在双方共同制定的财务或经营政策指导下经营，经营者只是作为代表在授权下经营。如果经营者有能力控制企业的财务或经营政策，那么它就控制了该企业，并需视之为子公司而进行报表合并。

由于我国企业会计准则并不要求对共同控制下的企业采用比例合并法，而是采用权益法，从而共同控制和重大影响之间的区分已没什么必要。其实，国际会计准则也允许对共同

---

① 详见《企业会计准则第 2 号——长期股权投资》和《企业会计准则第 33 号——合并财务报表》。

② 详见《企业会计准则第 2 号——长期股权投资》。

③ 详见 IAS 31 “Interests in Joint Ventures” 9 ~ 12 段。

控制企业的投资采用权益法，而且倾向于在未来取消比例合并的方法，因而，共同控制的定义也无需特别清晰。

（三）重大影响

重大影响[1]，是指对一个企业的财务和经营政策有参与决策的权力，但并不能够控制或者与其他方一起共同控制这些政策的制定。投资企业能够对被投资单位施加重大影响的，被投资单位为其联营企业。对存在重大影响的长期股权投资应采用权益法进行后续计量。

我国企业会计准则并未明确划定投资比例以确定重大影响的界限。直至2005年12月31日修订前的国际会计准则还是以20%作为明线[2]，如果投资直接或间接地持有另一个企业20%以上、50%以下的表决权，就可推定为重大影响，除非有证据表明重大影响不存在；低于20%的持股比例可推定为不具备重大影响，除非有证据表明重大影响存在[3]。

根据国际会计准则，投资方具有重大影响的证据表现在以下的一个或多个方面[4]：一是在被投资方的董事会或类似权力机构中有代表；二是参与决策制定程序，包括参与股利分配或其他分配方案的决策；三是在投资方与被投资企业之间有重大交易行为；四是管理层人事的交换；五是提供核心的技术信息。

（四）潜在表决权

在确定能否对被投资单位实施控制或施加重大影响时，需考虑投资企业和其他方持有的被投资单位当期可转换公司债券、当期可执行认股权证等潜在表决权因素。

[**例5－7**] 假定甲公司持有乙公司15%的股份。乙公司发行了转股价格为5元的可转债。乙公司总股本为10亿股，共发行可转债10亿元。甲公司持有乙公司可转债5亿元。现市场价格为5.1元。甲公司是否对乙公司存在重大影响?

在可转债转为股份之前，甲公司持有乙公司1.5亿股，并占15%股权，一般认为不存在重大影响，除非有证据表明存在重大影响。可转债的转股价为5元，市场价格为5.1元，高出转股价2%，转股的可能性极大。如果债券全部转为股本，乙公司总股本将扩大至12亿股，甲公司持股增加1亿股至2.5亿股，甲方持股将超过20%，一般认为存在重大影响，除非有证据表明不存在重大影响。

二、成本法

我国企业会计准则规定，下列长期股权投资采用成本法核算：一是投资企业能够对被投资企业实施控制的长期股权投资。二是投资企业对被投资企业不具有共同控制或重大影响，并且在活跃市场中没有报价、公允价值不能可靠计量的长期股权投资。

---

① 详见《企业会计准则第2号——长期股权投资》。

② 原则导向下的准则不倾向于设置一些明线（如投资比例低于20%采用成本法，高于50%合并财务报表等），规则导向下的准则倾向于设置明线以增强操作性。原则导向下的准则给管理层判断以更多的权重，但操作性差，规则导向下的准则规定得更细致，但容易产生形式交易。自安然事件以后，准则界对原则导向更为倚重。

③ 详见IAS 28 "Investments in Associates" 第6段。

④ 详见IAS 28 "Investments in Associates" 第7段。

对于能实施控制的长期股权投资，无论母公司采用成本法还是权益法，对合并财务报表均没有影响，因为在合并消除时会根据成本法或权益采用不同的消除程序，这一程序会使最终结果一致。在我国采用成本法，是为了简化工作量。但采用成本法对母公司的报表具有一定影响，因为母公司利润表不包括子公司的当期利润。如果以母公司的报表作为融资的评级依据，将对母公司的信用评级产生影响，从而影响融资成本。公开融资时的信息披露一般以合并财务报表为主，母公司的财务报表只是作为一个参考。

采用成本法核算的长期股权投资按初始成本计价，被投资单位宣告分派的现金股利或利润确认为当期投资收益。确认投资收益仅限于接受投资后的累计净利润。超过数额的部分视为初始投资成本的收回。

[**例5-8**] 为民公司于20×1年2月1日以现金1 500万买入为华公司10%股权，为华公司1月实现净利润200万元，1~6月实现净利润800万元。为华公司于7月1日宣布现金股利900万元。为华公司20×1年1月31日资产负债表的权益如表5-2所示。

表5-2 **为华公司股东权益**

20×1年1月31日 单位：万元

项目	金额
股本	10 000
资本公积	2 000
盈余公积	500
未分配利润	500
股东权益合计	13 000

为华公司2~6月实现的净利润为600万元，7月1日宣布的现金股利包括了以前的留存收益。为民公司投资以后应享有的净利润为60万元，记录现金股利时，超过60万的部分应视为投资成本的收回。为华公司对分红的记录如下：

借：应收股利 90
　　贷：投资收益 60
　　　　长期股权投资 30

三、权益法

投资企业对被投资方具有共同控制或重大影响的长期股权投资，应采用权益法核算。

（一）权益法下取得投资的核算

长期股权投资的初始投资成本大于投资时应享有被投资单位可辨认净资产公允价值份额的，不调整长期股权投资的初始投资成本；长期股权投资的初始投资成本小于投资时应享有被投资单位可辨认净资产公允价值份额的，其差额计入当期损益，同时调整长期股权投资的成本。

[**例5-9**] 兰田公司于20×2年1月1日出资12 000万元，取得好家当公司30%权益。

好家当公司 20×1 年 12 月 31 日的财务状况如表 5－3 所示。假定除购买成本外没有发生其他费用。

表 5－3　　好家当公司资产负债表

20×1 年 12 月 31 日　　单位：万元

项　　目	账面价值	公允价值
现金	2 000	2 000
存货	6 000	10 000
应收账款	2 800	2 400
固定资产净值	20 000	32 000
资产总计	30 800	46 400
短期借款	8 000	8 000
应付账款	1 600	1 600
股本	20 000	20 000
资本公积	2 000	2 000
盈余公积	1 200	1 200
未分配利润	－2 000	－2 000
按公允价值增值	0	15 600
负债和股东权益总计	30 800	46 400

兰田公司取得权益的公允价值为 11 040 万元［(20 000＋2 000＋1 200－2 000＋15 600)×30%］，出资额为 12 000 万元。初始投资成本超过所取得公允价值的份额，按初始投资成本记录投资，分录如下：

借：长期股权投资　　12 000
　　贷：银行存款　　12 000

假定兰田公司出资额为 8 000 万，则所取得公允价值的份额 11 040 超过了初始投资成本。此时，按所享公允价值份额确认长期股权投资，差额计入投资收益。相应的记录如下（金额单位：万元）：

借：长期股权投资　　11 040
　　［(5 000＋500＋300－500＋3 900)×30%］
　　贷：银行存款　　8 000
　　　　投资收益　　3 040

（二）投资收益的确认

投资方取得长期股权投资后，按应享被投资方实现净损益的份额，确认投资损益并调整长期股权投资的账面价值，按照被投资方宣告分派的利润或现金股利计算应分得的部分，相应减少长期股权投资的账面价值。在确认投资收益前，如果被投资方的会计政策在会计期间与投资方不一致，应先按投资方的会计政策及会计期间进行调整。

投资方在确认应享有被投资方净损益的份额时，以取得投资时被投资方各项可辨认资产等的公允价值为基础，对被投资方的净损益进行调整后确认。比如，投资方取得投资时以被投资方固定资产的公允价值为基础计算其应享净资产的公允价值份额，在此基础上计提的折旧额，与被投资方已计提的折旧额之间会存在差额，应按该差额对被投资方净损益进行调整，并按调整后的净损益和持股比例计算确认投资损益。无形资产的摊销与固定资产的折旧类似，以公允价值为基础计算的摊销与按账面值计算的摊销之间存在的差额，在摊销期内完成调整，存货的公允价值调整发生在存货售出时，应收账款的公允价值调整发生在账款收回时，其他资产的公允价值调整也发生在其终止确认时①。

存在下列情况之一的，可以按照被投资方的账面净损益与持股比例计算确认投资损益（但需在附注中说明这一事实及其原因）：一是无法可靠确定投资时被投资方各项可辨认资产等的公允价值；二是投资时被投资方可辨认资产等的公允价值与其账面价值之间的差额较小；三是其他原因导致无法对被投资方净损益进行调整。

[例 5－10] 承上例，兰田公司于 20×2 年 1 月 1 日出资 12 000 万元，取得好当家公司 30% 权益。好当家公司 20×2 年实现净利润 4 200 万元，其年度损益表如表 5－4 所示。好当家公司 20×1 年年末存货已于 20×2 年全部售出；应收账款尚未收回，其公允价值仍为 2 400万元；固定资产折旧年限均为 10 年，无残值。好当家公司于 20×3 年 1 月 1 日宣布分派红利 2 000 万元。

表 5－4　　好当家公司损益表

20×2 年度　　单位：万元

项　目	金　额
收入	40 000
成本	28 000
管理费用	2 000
销售费用	3 200
财务费用	800
税前利润	6 000
所得税（30%）	1 800
税后利润	4 200

兰田公司相应的分录如下：

（1）出资 12 000 取得投资。

借：长期股权投资——投资成本　　12 000

　　贷：银行存款　　12 000

---

① 这一调整可与老准则下的投资价差摊销类比，差异在于两点：一是现行准则的差额调整很清楚地将投资溢价分为公允价值与账面值的溢价和投资额与公允价值的溢价两部分，公允价值的溢价在个别资产的成本分期转移到损益表时同步调整，投资额与公允价值的溢价在处置投资或计提减值准备时调整。老制度下的摊销不知摊销的为何物，成为一个垃圾桶装了所有的溢价，统一按一个期限摊销。二是现行准则以公允价值为基础，老准则的价差以账面价值为基础。

（2）按出资比例分享被投资公司收益（还未考虑公允价值增值部分的消化）。

借：长期股权投资——损益调整　　1 260

　　贷：投资收益　　1 260

（3）存货公允价值增值消化。

借：投资收益　　1 200

　　贷：长期股权投资——损益调整　　1 200

（存货公允价值溢价 4 000，存货已售出，兰田公司应消化存货溢价 4 000 ×30%）

（4）固定资产公允价值增值折旧。

借：投资收益　　360

　　贷：长期股权投资——损益调整　　360

（固定资产公允价值溢价 12 000，按 10 年折旧，兰田公司应消化固定资产公允价值部分折旧 1 200 ×30%）

（5）记录分红。

借：应收股利　　600

　　贷：长期股权投资——损益调整　　600

（三）超过投资账面值的亏损

投资方确认被投资方发生的净亏损，应当以长期股权投资的账面价值以及其他实质上构成对被投资方净投资的长期权益减记至零为限，投资方负有承担额外损失义务的除外。其他实质上构成对被投资方净投资的长期权益，通常是指长期应收项目。比如，对被投资企业的长期债权，该债权没有明确的清收计划、且在可预见的未来期间不准备收回的，实质上构成对被投资企业的净投资。

在确认应分担被投资方发生的亏损时，首先，冲减长期股权投资的账面价值；其次，长期股权投资的账面价值不足以冲减的，以其他实质上构成对被投资方净投资的长期权益账面价值为限继续确认投资损失，冲减长期应收项目等的账面价值。最后，经过上述处理，按照投资合同或协议约定企业仍承担额外义务的，应按预计承担的义务确认预计负债，计入当期投资损失。

如果被投资方以后期间实现盈利，投资方应先扣除未确认的亏损分担额，然后，按与上述相反的顺序，减计已确认预计负债的账面余额、恢复其他实质上构成对被投资方净投资的长期权益、恢复长期股权投资的账面价值，同时确认投资收益。

（四）被投资方净损益以外的权益变动

投资方对于被投资方净损益以外所有权益的变动，应调整长期股权投资账面值，同时调整“资本公积——其他资本公积”。

[**例 5 -11**] 甲公司与乙公司合资成立丙公司，甲公司以现金 3 000 万元出资，占 30% 股份。乙公司以土地厂房作价 7 000 万元出资，占 70% 股份。假定丙公司当年没有损益，也没有影响权益的其他交易或事项。一年以后，丁公司以现金 10 000 万元入股，占 30% 股份。丁公司加入后，甲公司占 21%，乙公司占 49%。

甲公司相应的记录如下：

（1）记录初始投资。

借：长期股权投资——投资成本　　3 000

　　贷：银行存款　　3 000

（2）记录新股东入股。

借：长期股权投资——所有者权益其他变动　　1 200

　　贷：资本公积——其他资本公积　　1 200

（丁公司投资后，丙公司所有者权益总额为20 000，甲公司占21%，应享权益为4 200，相对于初始投资增值了1 200）

四、权益法和成本法的转换

（一）成本法转换为权益法

长期股权投资的核算由成本法转为权益法时，应区别两种情况进行处理：一种情况是因追加投资所导致；另一种情况是因处置投资从控制转为重大影响所导致。

原持有的对被投资单位不具有控制、共同控制或重大影响按成本法反映的长期股权投资，因追加投资导致持股比例上升，自成本法转为权益法时，应区分原持有的长期股权投资以及新增长期股权投资两部分分别处理：一是原持有长期股权投资的账面余额与按照原持股比例计算确定应享有原取得投资时被投资单位可辨认净资产公允价值份额之间的差额，前者大于后者的，不调整长期股权投资的账面价值；前者小于后者的，根据其差额分别调整长期股权投资的账面价值和留存收益。二是对于新取得的股权部分，应比较追加投资的成本与取得该部分投资时应享有被投资单位可辨认净资产公允价值的份额，前者大于后者的，不调整长期股权投资的成本；前者小于后者的，根据其差额分别调整长期股权投资的投资成本和当期的营业外收入。对于原取得投资后至追加投资的交易日之间被投资单位可辨认净资产公允价值的变动相对于原持股比例的部分，属于在此期间被投资单位实现净损益中应享有份额的，一方面应调整长期股权投资的账面价值，同时对于原取得投资时至追加投资当期期初按照原持股比例应享有被投资单位实现的净损益，应调整留存收益，对于追加投资当期期初至追加投资交易日之间应享有被投资单位的净损益，应计入当期损益；属于其他原因导致的被投资单位可辨认净资产公允价值变动中应享有的份额，在调整长期股权投资账面价值的同时，应当计入其他资本公积。

因处置投资导致对被投资单位的影响能力由控制转为具有重大影响或者与其他投资方一起实施共同控制的情况下，首先应按处置或收回投资的比例结转应终止确认的长期股权投资成本。在此基础上，应当比较剩余的长期股权投资成本与按照剩余持股比例计算原投资时应享有被投资单位可辨认净资产公允价值的份额，属于投资作价中体现的商誉部分，不调整长期股权投资的账面价值；属于投资成本小于原投资时应享有被投资单位可辨认净资产公允价值份额的，在调整长期股权投资成本的同时，应调整留存收益。对于原取得投资后至处置期间被投资单位实现净损益中应享有的份额，一方面应当调整长期股权投资的账面价值，同时对于原取得投资时至处置投资当期期初被投资单位实现的净损益（扣除已发放及已宣告发放的现金股利和利润）中应享有的份额，调整留存收益，对于处置投资当期期初至处置投资之日被投资单位实现的净损益中享有的份额，调整当期损益；其他原因导致被投资单位所有者权益变动中应享有的份额，在调整长期股权投资账面价值的同时，应当计入其他资本公积。

（二）权益法转换为成本法

因追加投资原因导致原持有的对联营企业或合营企业的投资转变为对子公司投资的，长期股权投资账面价值的调整应当按控股情况下长期股权投资初始确认的原则记录。

因减少投资导致长期股权投资的核算由权益法转换为成本法的，应以转换时长期股权投资的账面价值作为按照成本法核算的基础。

五、长期股权投资的减值和处置

如果投资方在被投资方的持股比例低于20%，且没有证据表明能对被投资方施加重大影响，而且该投资在活跃市场中没有报价、公允价值不能可靠计量，应对其采用成本法核算。该类投资的减值适用第22号企业会计准则《金融工具确认和计量》，在确定有减值迹象后，按照类似金融资产当时市场收益率对该投资未来现金流量折现确定一个现值，再比较该现值和投资的账面价值，差额确认为减值损失，计入当期损益。除此之外的长期股权投资，其减值适用第8号企业会计准则《资产减值》。

处置长期股权投资时，其账面价值与实际取得价款的差额，应当计入当期损益。采用权益法核算的长期股权投资，因被投资企业除净损益以外所有者权益的其他变动而计入所有者权益的，处置该项投资时应将该变动部分（计入所有者权益的部分）按相应比例转入当期损益。

第三节 合并财务报表初步

合并有三种形式，吸收合并、新设合并和控股合并。吸收合并中被合并方（或被购买方）解散，合并方（或购买方）是存续实体；新设合并中一个新的实体成立，参与合并的各方净资产为新实体所接收，参与合并各方解散。控股合并是合并方（或购买方）取得了被合并方（或被购买方）的控股权，参与合并的各方仍然是独立存续的法律主体。合并方（或购买方）成为母公司，被合并方（被购买方）成为子公司，母公司记录对子公司的长期股权投资。前两节介绍了母公司如何反映对子公司的长期股权投资，在接下去的章节里将逐步介绍如何将母公司和子公司的报表合并，编制合并财务报表。

> **原理**
>
> 吸收合并、新设合并与控股合并。吸收合并是指被合并方（或被购买方）解散，合并方（或购买方）是存续实体。
>
> 新设合并是指一个新的实体成立，参与合并的各方净资产为新实体所接收，参与合并各方解散。
>
> 控股合并是指合并方（或购买方）取得了被合并方（或被购买方）的控股权，参与合并的各方仍然是独立存续的法律主体。

一、合并财务报表的实质

在控股合并中，投资方和被投资方形成了母公司和子公司的关系，虽然被投资公司成为子公司，但仍然是一个独立的法律主体。严格地按照法律上的定义，母公司和子公司应该独立地报送报表。但这种法律形式往往忽视了母子关系的经济实质，即实际上它们是一个经济实体，反映在会计上，即为一个会计主体。为体现这一经济实质，在会计上需要编制合并财务报表，反映母公司及其子公司的财务状况和经营成果。所以，合并报表的实质是跨越法律主体形成会计主体，汇总报告财务信息。

合并财务报表的结果类似于吸收合并。假定在吸收合并中，被吸收的一方形成一个分部，在编制吸收合并后的报表时，分部的资产、负债（如果存在）、收入、费用也将汇总到总部。合并财务报表也是如此，母公司和子公司的资产、负债、收入、费用汇总在一起，公司间的交易和往来款余额要消除，最终的结果反映为合并资产负债表、合并利润表、合并所有者权益（股东权益）变动表和合并现金流量表。差异在于，吸收合并不会形成母、子公司之间的长期投资关系，分部也没有权益，因而不涉及长期股权投资和子公司权益的消除；分部不存在少数股东，因而不存在少数股东权益和少数股东损益的问题。

二、合并范围

（一）控制

控制，是指有权决定一个企业的财务和经营政策，并能据以从该企业的经营活动中获取利益。母公司直接或通过子公司间接拥有被投资企业半数以上的表决权，表明母公司能够控制被投资企业，应当将该被投资企业认定为子公司，纳入合并财务报表的合并范围。但是，有证据表明母公司不能控制被投资企业的除外。

母公司直接拥有被投资企业半数以上表决权可以形成控制，也可以间接拥有被投资企业半数以上表决权形成控制。比如A公司拥有B公司60%股权，B公司拥有C公司51%股权。A公司在C公司中的股权比例虽然只有60%×51%＝30.6%，但由于A公司控制了B公司，B公司控制了C公司，所以A公司间接控制了C公司。母公司也可通过直接和间接方式合计持有被投资企业半数以上的表决权形成控制。比如A公司分别持有B公司和C公司70%和35%股权，B公司又持有C公司20%股权。A公司直接持有C公司35%股权，通过B公司间接拥C公司20%股权，合计拥有55%的权益性资本，如果权益比例与表决权比例一致，则可认为A公司控制了C公司。

[**例5－12**] A、B、C三公司均是P公司的全资子公司，这三个公司均在S公司持有18%的表决权，并在S公司各委派了一名董事会成员，S公司共有5名董事会成员。

A、B、C三个公司在S公司均有董事会成员，表明存在重大影响，因而各自要采用权益法反映在S公司的投资。P公司控制了S公司54%的表决权，并通过A、B、C公司在董事会里拥有多数席位，因而对S公司形成控制，应将其作为子公司合并其财务报表。

表决权比例不等同于股权比例，有时即使直接和间接持有的股权比例超过50%，也未必具有半数以上的表决权。比如A公司和B公司合资成立C公司，A公司在C公司中拥有40%的股权，A公司再与C公司合资成立D公司，A公司在D公司中拥有40%股权。如果简单计算股权比例，A公司在D公司中占了64%的权益，但D公司半数以上的表决权在于C公司，C公司半数以上的表决权在B公司，即D公司的实际直接控制方为C公司，并间接为B公司所控制。

新准则的控制概念是实际意义上的控制，而不是仅仅法律形式的控制。有时即使持有超过半数的表决权，在行使控制权受阻碍的情况下，也不能认为对被投资企业实施控制。

案例5－2

A-B（Anheuser－Busch）公司2003年年报（节选）

1993～1998年，A-B公司斥资16亿美元，通过直接和间接方式在Diblo公司（Diblo, S. A. de C. V.）累积了50.2%的权益，Diblo公司在经营上属于Modelo集团（Group Modelo, S. A. de C. V.）的子公司。Modelo集团是墨西哥最大的啤酒生产商，拥有Corona品牌。公司在Modelo集团的19个董事会席位中拥有9席（控股股东具有另外的10个席位）并在审计委员会中有成员。A-B公司对Modelo集团和Diblo公司均没有表决权上的或者其他方式上的控制权，因而对二者的投资均采用权益法。

资料来源：转引自Floyd A. Beams，Joseph H. Anthony，Robin P. Clement，and Suzanne H. Lowensohn编著的“Advanced Accounting”，Prentice Hall出版社，2005年第9版，第45页。

［**例5－13**］申达公司于20×0年上市。20×1年，申达公司利用募集资金与黄华香料公司合资成立申黄香油联合公司。申达公司以现金出资5 100万元，占51%股份，黄华公司以车间、厂房和专有技术使用权作价4 900万入股，占49%股份。由于黄华公司不愿意专有技术外泄，要求完全行使该公司的经营权，并保证公司年收益率不低于20%。申达公司委派董事长，并在5名董事会成员中占有3席，黄华公司委派总经理，在董事会成员中占有2席。但合资合同约定，如果公司经审计的年收益率不低于20%，董事会不得干预公司的经营。董事会可以就利润分配、合并、分立、减资等事宜进行决策。申达公司控制了合资公司吗？

由于申达公司并不能控制合资公司的经营政策，所以不能认为实施了控制。这是一种行使控制权受阻碍的情况。从例中可见，拥有半数以上表决权并非是母公司实施控制的充分条件。

拥有半数以上表决权也不是实施控制的必要条件。有时母公司拥有被投资单位半数或半数以下的表决权，如果满足以下条件之以一，也视为母公司能够控制被投资企业（除非有证据表明母公司不能实施控制），即：一是通过与被投资企业其他投资者之间的协议，拥有被投资企业半数以上的表决权；二是根据公司章程或协议，有权决定被投资企业的财务和经营政策；三是有权任免被投资企业的董事会或类似机构的多数成员；四是被投资企业的董事会或类似机构占多数表决权。

注意，这些条件只是判断实施控制的线索，控制的实质还是财务政策和经营政策的决策权，以及据以获利的权力。在［例5－13］中，即使申达公司有权任免合资企业董事会的多数成员，但有证据表明它不能控制经营政策，也不能称之为控制。

［**例5－14**］A公司在B公司中拥有40%的有表决权股份，银行C也在B公司中拥有15%的有表决权股份。银行C将其股权委托给A公司代管，根据协议，银行C在任何需要

投票表决的时候均与A公司保持一致。银行C和A公司达成协议一致投票，形成一个控制集团并根据A公司指令行事。A公司和银行C的协议使A公司在B公司中拥有了55%的表决权，从而控制了B公司，应将其作为子公司，并合并其报表。

（二）潜在表决权

在确定能否控制被投资单位时，应当考虑企业和其他企业持有的被投资单位的当期可转换的可转换公司债、当期可执行的认股权证等潜在表决权因素。

［例5-15］甲公司持有乙公司46%的股份，乙公司第二大股东持股25%。乙公司发行了行权价格为5元的认股权证3 000万份，甲公司持有乙公司认股权证2 000万份，已到行权期。乙公司总股本为1亿股，其股票的交易价格为每股5.4元。甲公司对乙公司实施了控制吗？

由于乙公司的股价已达每股5.4元，认股权证行权的可能性极大[①]。假如认股证行权，乙公司的股本将变为1.3亿股，甲公司的持股将增加2 000万股至6 600万股，持股比例将超过50%，如果没有相反证据，则可认为甲公司对乙公司实施了控制。

在考虑可转换公司债、认股权证等潜在表决权因素时，必须是当期可转换的或可执行的。对于一项认股权证，即使现行股价大大超过认股权证的行权价，如果行权期未到，在决定当期是否实施控制时也不能作为潜在表决权考虑。可转换公司债也一样。即使到了可转换期或行权期，如果价格不利，即转股价高于现行价格或者认股证是价外期权，也不能作为潜在表决权考虑，即使未来股价很有可能大大超过行权价或转股价。

（三）例外情况

新会计准则明确规定，母公司应当将其全部子公司纳入合并财务报表的合并范围[②]。财政部在《关于合并会计报表合并范围请示的复函》（财会二字［1996］2号）中曾经规定："对于子公司的资产总额、销售收入及当期净利润小于母公司与其所有子公司相应指标合计数的10%时，该子公司可以不纳入合并范围。同时，对于银行和保险业等特殊行业的子公司，也可以不纳入合并范围"。在新准则中，根据控制原则，无论是小规模公司还是经营业务性质特殊的子公司都应纳入合并范围，不能因子公司的经营活动与其他子公司的经营活动不同而将其排除在外。

《合并财务报表》应用指南对特殊目的实体的合并[③]也做了相应规定[④]，母公司控制的特殊目的主体也应纳入合并财务报表的合并范围。判断母公司能否控制特殊目的主体应当考虑如下主要因素：一是母公司为融资、销售商品或提供劳务等特定经营业务的需要直接或间接设立特殊目的主体。二是母公司具有控制或获得控制特殊目的主体或其资产的决策权。比如，母公司拥有单方面终止特殊目的主体的权力、变更特殊目的主体章程的权力、对变更特

---

① 即使股价大大超过了行权价，甲公司也未必立即行权。如果对未来的股价继续看涨，持有认股权证的收益率更高，即无需支付购买价格，就获得了上涨的好处。但如果涉及控制权之争，甲很可能马上行权。

② 详见《企业会计准则第33号——合并财务报表》第10条。

③ 若想要了解更多的特别目的实体合并的问题，可阅读FASB的解释公告FIN 46 "Variable Interest Entity"。本书将不讨论这一内容。

④ 详见"《企业会计准则第33号——合并财务报表》应用指南"。

殊目的主体章程的否决权等。三是母公司通过章程、合同、协议等具有获取特殊目的主体大部分利益的权力。四是母公司通过章程、合同、协议等承担了特殊目的主体的大部分风险。

[例5-16] A公司是一家制药商，B公司是一家新药研发企业，A公司在B公司中拥有45%的表决权股份，其余表决权股份为10位管理层成员及研发骨干持股。A公司与B公司的其他股东达成协议，所有B公司开发的新药A公司均有优先购买权，购买价格参照市场价格按一定计算公式计算而得。A公司还担保了B公司90%的借款。由于A公司吸收了B公司主要的收益和风险，因而控制了B公司，需要合并B公司的财务报表。

2005年修订的第27号国际会计准则《合并财务报表》也明确母公司需合并所有子公司的报表，即使母公司是风险投资机构、共同基金、信托机构或其他类似机构也不例外。子公司不能因为其业务特殊而不合并，因为这些特殊的业务可通过分部报告加以披露，因而合并不同类业务误导投资者的说法是站不住脚的。即使子公司长期在高管制的主权国经营，而且资金的汇出受到极大限制，也不可不合并，除非控制发生变化。有时政府在某些特殊事项具有否决权，只要不影响财务和经营政策，不影响控股方从经营中受益，也应该纳入合并范围。

[例5-17] A公司原是一家政府控制的铁路公司。近期政府对其进行了改组，除了保留一股金股外，将其他的全部股权售于公众或其他公司。在认为对国家有利的情况下，政府凭其持有的金股有权在必要时更换所有的董事会成员。B公司是一家大型的保险公司，通过投标取得了A公司55%的表决权股份，政府继续持有其金股，并认为A公司事关国家经济命脉。在其他行业，政府曾通过金股干预过公司的新股发行和将控股权售于外国投资者。

尽管政府可以通过金股干预公司的新股发行或控股权转让，但并不干涉B公司对A公司财务和经营政策的控制，也不影响B公司从中获得经济利益。因而A公司仍然为B公司所控制，并需作为B公司的子公司编制合并财务报表。

唯一的例外原则是，国际会计准则允许不合并临时控制的子公司。但必须有证据表明，有意将所取得子公司在未来的12个月内出售，而且母公司在积极地寻找买家。如果在12个月内没有出售，就必须自购买之日起开始合并①。

国际会计准则认为，母公司只有在失去控制财务政策和经营政策的能力，从而无法据以获取收益时才失去控制。控制的失去可能因为绝对或相对所有权比例发生变化，也可能在所有权比例不发生变化的情况下发生，比如，当子公司由政府、法院、行政部门或监管部门控制时，或者契约约定时②。

三、合并财务报表观念③

关于合并财务报表的理论，大致有三种不同的观念，分别基于母公司理论（Parent - Company Theory）、主体理论（Entity Theory）和当代理论（Contemporary Theory）。不同合并

---

① 详见 International Accounting Standards 27 "Consolidated and Separate Financial Statements" IN7。

② 详见 International Accounting Standaras 27 "Conslidated and Separa Financial Statements" 第21段。

③ 该部分参照了 Floyd A. Beams，Joseph H. Anthony，Robin P. Clement，and Juzanne H. Lowenschn 编著的"Advanced Accounting"，Prentice Hall 出版社，2005年第9版。

理论的比较见表5-5。母公司理论从母公司股东的角度出发，主体理论注重整个合并主体。现在各国的准则并不完全基于母公司理论或主体理论，而是采用介于两者之间的观念，称之为“当代理论”。当代理论既认为合并财务报表的目的是为了给母公司的股东和债权人提供信息，又认为应将母公司和子公司作为一个主体报告财务状况和经营成果。

表5-5　　不同合并理论的比较

项　目	母公司理论	主体理论	当代理论
合并目的和合并报表的使用者	合并报表是母公司报表的延伸，主要为母公司的股东编制，并从他们的角度出发	合并报表着眼于合并主体，为在主体中有利益的全部利益方服务	合并报表展现的是单个经营主体的财务状况和经营成果，但主要为母公司的股东和债权人服务
合并净收益	合并净收益是母公司股东应享的净收益	合并净收益是合并实体全部权益持有人的净收益	合并净收益是母公司股东应享的净收益
非控制股东利益	从控制股东的角度而言，非控制股东应享收益是一项费用	非控制股东应享收益是合并净收益对非控制股东的分摊	非控制股东在决定合并净收益时是一个减项，但并非费用，而是实现收益在多数股东和非控制股东之间的分摊
非控制股东权益	从控制股东的角度而言，非控制股东权益是一项负债	非控制股东权益是合并股东权益的一部分，与大股东权益应该同等列示	非控制股东权益是合并权益的一部分，但应该单独列示，因为非控制股东不会从信息披露中受益
子公司净资产的合并	母公司应享子公司净资产的部分以支付对价为基础合并，非控制权益部分按账面值合并	所有子公司的资产均按公允价值确定，公允价值根据母公司支付的对价确定，多数股东和非控制股东在子公司应享的净资产采用一致的计量方法	所合并子公司的净资产，按可辨认净资产公允价值加上母公司投资成本超过应享可辨认净资产公允价值的部分确定
公司间未实现损益	顺流交易100%消除，逆流交易消除母公司应享部分	在确定合并净收益时，100%消除公司间交易未实现损益，逆流交易的未实现损益在多数股东和非控制股东之间分摊	100%消除公司间收入和费用，逆流交易的未实现损益在多数股东和非控制股东之间分摊

（一）收益报告和非控制股东权益

在母公司理论和当代理论下，合并净收益主要是反映母公司的股东应享部分。基于主体理论，则需计算报告主体全体权益所有者的合并净收益，然后在多数股东和非控制股东之间分摊。基于母公司理论则需将非控制股东应享收益作为一项费用。我国第 33 号企业会计准则《合并财务报表》要求先在损益表中计算合并净损益，然后扣除少数股东损益，最后是多数股东应享利润。

按我国会计准则，非控制股东的权益既不是作为一项负债，也不是与多数股东权益并列或合二为一，而是将非控制权益作为单独一项“少数股东权益”反映在权益项下，这也是各国通用的惯例。

由于在新的会计准则下，少数股东权益不再与负债、股东权益并列，而是并入股东权益，因而，有多家媒体提出：新准则的实施不仅增加了上市公司整体的净资产，也增加了整体的净利润水平。对此，接受证券时报记者采访的专家坚决予以否认。

“尽管从报表上来看，净资产是增加的，但增加部分并没有实际经济意义。”北京工商大学注册会计师王纪平表示，少数股东权益仍属于少数股东，并不会因此将少数股东权益合并入上市公司净资产中而使可比净资产增长。也就是说，少数股东权益为正或者负，上市公司净资产并不会因此增加或者减少。

与《合并会计报表暂行规定》财会字［1995］11 号相比，企业会计准则第33 号中新的合并报表准则所依据的基本理论已发生变化——从侧重母公司理论转为侧重实体理论。合并报表范围的确定更关注实质性控制，母公司对所有能控制的子公司均需纳入合并范围，而不一定考虑股权比例。

根据财政部原先的规定，子公司所有者权益各项目中不属于母公司拥有的数额，应当作为少数股东权益，在合并资产负债表中所有者权益类项目之前，单列一类，以总额反映，也就是说“资产 = 负债 + 股东权益 + 少数股东权益”，在母公司理论下编制合并报表时，股东权益就是净资产。

根据 WIND 资讯统计，截至 20×5 年 12 月 31 日，所有 A 股上市公司（含 20×6 年新上市公司）少数股东权益合计为 2 512 亿元，有媒体据此认为上市公司整体净资产将新增 2 512 亿元。专家纠正指出，这个 2 512 亿元的少数股东权益并不会并入上市公司，导致净资产提高。

除少数股东权益发生变化之外，少数股东损益在合并利润表中的列示也发生了实质性变化。根据财政部之前的规定，子公司净利润项目扣除母公司投资收益后的余额，即为少数股东本期损益。也就是说，“净利润 = 利润总额 – 所得税 – 少数股东损益”。

而在新的会计准则下，净利润表中少数股东损益不再扣除，而是放入净利润后面以少数股东损益单独列式，从报表上来看，少数股东损益列式的改变使上市公司的净利润增加或减少。“但在做实际价值评估时，增加或者减少的净利润部分要扣除，因为这部分并不属于合并方所有，所以上市公司的净利润并不会因此发生改变。”大信会计事务所注册会计师陈星辉表示。

因而，根据统计得出 20×5 年所有 A 股上市公司（含 20×6 年新上市公司）少数股东损益合计为 212 亿元，净利润合计为 1 890 亿元，按照新会计准则模拟计算，似乎 A 股上市公司 20×5 年净利润增至 2 102 亿元，但在实际价值评估中，少数股东损益部分仍然扣除，即 A 股上市公司的净利润并没有增加。

资料来源：《证券时报》2006 年 9 月 4 日。

（二）子公司的资产估值

母公司理论和主体理论最大的差异可能在于对子公司的估值上。根据母公司理论，收益子公司的溢价是收购方的事，跟非控制股东无关。从而，在合并子公司的净资产时，先按账面值合并，再加上母公司支付的那部分溢价。换言之，子公司的非控制股东既不承担公允价值的增值，也不承担商誉。主体理论倡导者认为这样处理必然导致同样的资产采用两种不同的计量属性。主体理论认为对子公司的净资产应采用同样的计量基础，无论是多数股东还是非控制股东所享的净资产均应按公允价值计量，并且承担同样的商誉。当代理论认为，无论是多数股东还是非控制股东所享的净资产，均应采用公允价值计量，这样避免了计量基础的不一致，但收购商誉是收购方的事，跟非控制股东无关。各国的准则一般是基于公允价值对子公司的净资产进行计量，然后加上母公司收购的商誉。

（三）未实现损益的消除

尽管母公司理论和主体理论对顺流交易①导致的损益应 100% 消除，但对逆流交易②却有不同意见。母公司理论认为逆流交易所包括的未实现利润，应按母公司在子公司所持的比例进行消除，即属于子公司非控制股东所享的那部分已经实现了，因为子公司的非控制股东属于母公司之外的第三方。根据主体理论，逆流交易也应 100% 消除，但是需要根据在子公司的股权比例，将消除损益在多数股东应享收益和非控制股东应享收益之间分摊。

我国《合并财务报表》准则未作顺流交易和逆流交易的具体规定，国际会计准则也未涉及。根据美国公认会计原则③，公司间顺流交易和逆流交易所形成的未实现损益需 100% 消除，但消除的损益可以按比例在多数权益和少数权益之间分摊。言下之意，消除的损益全部由多数股东承担也未尝不可。

第四节　合并日全资子公司的合并

对于全资子公司，当然不存在是否控制的问题。由于不存在非控制权益，也就不存在少数股东权益的确认。从全资子公司入手，可以很快地掌握合并财务报表的基本流程。由于权益结合法的处理相对简单，购买日合并所举例子均以购买法为基础。

---

① Downstream Transactions，指母公司向子公司出售的交易。

② Upstream Transactions，指子公司向母公司出售的交易。

③ 见 FAS160，Noncontrolling Interests in Consolidated Financial Statements—an Amendment of ARB No. 51，第 28 段。

［**例 5-18**］20×7 年 12 月 31 日，代尔蒙珠宝公司发行了 650 000 股面值 10 元的股票交换了朱生生公司的全部外发股份，代尔蒙公司的股价为每股 45 元，朱生生的股票面值为 5 元。代尔蒙公司支付的费用包括与合并直接相关的律师费、投行中介费、会计师尽职调查费等计 3 250 000 元，以及股票发行和注册费用 2 275 000 元。整个交易不存在或有条款。暂不考虑所得税影响。

朱生生公司被收购后，仍然作为独立的公司经营，独立报告报表。朱生生公司和代尔蒙公司的财务年度均截至每年的 12 月 31 日，两个公司的会计政策基本一致。20×7 年 12 月 31 日的资产负债表、股东权益变动表和 20×7 年年度的利润表分别如表 5-6、表 5-7 和表 5-8 所示。

表 5-6　　代尔蒙公司和朱生生公司资产负债表（合并前）

20×7 年 12 月 31 日　　单位：元

项　　目	代尔蒙公司	朱生生公司
银行存款	6 500 000	2 600 000
存货	9 750 000	7 150 000
其他流动资产	7 150 000	4 550 000
其他应收款——朱生生	1 625 000	
固定资产净额	29 250 000	19 500 000
无形资产——专利		1 300 000
资产总计	**54 275 000**	**35 100 000**
其他应付款——代尔蒙		1 625 000
应付所得税	1 690 000	650 000
其他负债	21 125 000	7 475 000
负债合计	22 815 000	9 750 000
股本（面值 10 元）	19 500 000	
股本（面值 5 元）		13 000 000
资本公积	3 250 000	3 770 000
留存收益	8 710 000	8 580 000
股东权益合计	31 460 000	25 350 000
负债和股东权益总计	**54 275 000**	**35 100 000**

表 5－7　　代尔蒙公司和朱生生公司股东权益变动表（合并前）

20×7 年 12 月 31 日　　单位：元

一、年初余额	代尔蒙公司	朱生生公司
股本（面值 10 元）	19 500 000	
股本（面值 5 元）		13 000 000
资本公积	3 250 000	3 770 000
留存收益	4 225 000	6 500 000
期初股东权益合计	26 975 000	23 270 000
二、本年增减变动		
（一）净利润	6 110 000	3 380 000
（二）分红	（1 625 000）	（1 300 000）
（三）本年增减变动净额		
留存收益净变动	4 485 000	2 080 000
三、年末余额		
股本（面值 10 元）	19 500 000	
股本（面值 5 元）		13 000 000
资本公积	3 250 000	3 770 000
留存收益	8 710 000	8 580 000
期末股东权益合计	31 460 000	25 350 000

表 5－8　　代尔蒙公司和朱生生公司利润表（合并前）

20×7 年 1～12 月　　单位：元

项　目	代尔蒙公司	朱生生公司
营业收入	64 350 000	39 000 000
减：营业成本	41 275 000	26 650 000
营业利润	23 075 000	12 350 000
减：管理费用和营业费用	10 291 645	4 766 645
财务费用	2 600 000	1 950 000
利润总额	10 183 355	5 633 355
减：所得税	4 073 355	2 253 355
净利润	6 110 000	3 380 000

20×7年12月31日，除了存货、固定资产和无形资产外，朱生生公司其他资产的公允价值与账面值相同。存货、固定资产和无形资产的公允价值分别为（单位：元）：

20×7年12月31日公允价值

存货	8 775 000
固定资产净额	23 725 000
无形资产（专利）	1 625 000
合计	34 125 000

现在进行合并日合同财务报表的编制。在编制合并报表之前，需记录母公司的长期股权投资。合并报表的第一步是编制消除分录，然后是编制合并工作底稿，最后形成合并报表。

1. 记录母公司的长期股权投资和普通股发行。代尔蒙公司取得朱生生公司股权后，需按发行权益的公允价值记录长期股权投资，而朱生生公司持续经营，只是股东的更换，无需做任何记录。代尔蒙公司的记录如下：

（1）借：长期股权投资——朱生生公司　　29 250 000
　　贷：股本　　6 500 000
　　　　资本公积　　22 750 000

（按发行权益的公允价值记录长期股权投资，共发行650 000股，每股市价为45元。按面值记录股本，每股面值为10元，总股本为6 500 000。溢价22 750 000为资本公积）

（2）借：长期股权投资——朱生生公司　　3 250 000
　　资本公积　　2 275 000
　　贷：银行存款　　5 525 000

（合并的直接费用3 250 000元计入长期股权投资初始成本，股票发行和注册费用2 275 000元冲减溢价收入）

记录完上述交易后，代尔蒙公司的相关余额变化如表5－9、表5－10、表5－11和表5－12所示。

表5－9　　代尔蒙公司“银行存款”科目余额

20×7年12月31日　　单位：元

银行存款

日　期	摘　要	借　方	贷　方	余　额
20×7年				
12月31日	接上期			6 500 000
31日	合并费用		5 525 000	975 000

表5-10　　代尔蒙公司"长期股权投资"科目余额

20×7年12月31日　　单位：元

长期股权投资——朱生生公司

日　期	摘　要	借　方	贷　方	余　额
20×7年				
12月31日	发行新股购买朱生生股权	29 250 000		29 250 000
31日	直接合并费用	3 250 000		32 500 000

表5-11　　代尔蒙公司"股本"科目余额

20×7年12月31日　　单位：元

股　本

日　期	摘　要	借　方	贷　方	余　额
20×7年				
12月31日	接上期			19 500 000
31日	发行普通股650 000股		6 500 000	26 000 000

表5-12　　代尔蒙公司"资本公积"科目余额

20×7年12月31日　　单位：元

资本公积

日　期	摘　要	借　方	贷　方	余　额
20×7年				
12月31日	接上期			3 250 000
31日	发行普通股每股溢价35元		22 750 000	26 000 000
31日	发行成本	2 275 000		23 725 000

2. 编制合并抵消分录。编制合并财务报表时，一般需要通过合并工作底稿。合并工作底稿主要用以将母公司和子公司的报表余额合并，并消除母公司对子公司的投资以及相关的内部交易。报表余额的合并只是简单的相加，消除分录的编制才是报表合并中最核心的内容。

（1）消除母公司长期股权投资和子公司权益。正如前所述，合并子公司的财务报表类似合并一个分部的资产和负债，但总部无需反映对分部的投资，分部也不是独立的公司，不存在权益。合并财务报表则有所不同，日常母公司反映了对子公司的长期股权投资，子公司是独立的法律主体，有自己的权益。当母公司和子公司合并变为一个报告主体时，就不能出现母公司对子公司的投资科目，这是自己对自己的投资，如果不消除将虚增资产和权益。代尔蒙公司长期股权投资科目和朱生生公司权益科目的抵消分录如下（括号内注明的是消除科目所属公司，下同）：

借：股本（朱生生公司）　13 000 000
　资本公积（朱生生公司）　3 770 000
　留存收益（朱生生公司）　8 580 000
　贷：长期股权投资——朱生生公司（代尔蒙公司）　25 350 000

（2）确认可辨认净资产公允价值的增值。根据购买法的合并原则，母公司取得子公司股权后，建立了一个新的基础，即子公司在合并报表中需按公允价值记录，正如吸收合并一样。母公司所支付的购买成本一部分与账面权益对应，另一部分购买的是公允价值的溢价部分。代尔蒙公司存货、固定资产和无形资产的溢价如表 5－13 所示。

表 5－13　代尔蒙公司存货、固定资产和无形资产的溢价比较

20×7 年 12 月 31 日　单位：元

项　目	账面价值	公允价值	公允价值超过账面价值
存　货	7 150 000	8 775 000	1 625 000
固定资产净额	19 500 000	23 725 000	4 225 000
无形资产（专利）	1 300 000	1 625 000	325 000
合　计	27 950 000	34 125 000	6 175 000

抵消分录如下：

借：存货（朱生生公司）　1 625 000
　固定资产（朱生生公司）　4 225 000
　无形资产——专利（朱生生公司）　325 000
　贷：长期股权投资——朱生生公司（代尔蒙公司）　6 175 000

（3）确认商誉。母公司的购买成本除了账面值和可辨认净资产的公允价值增值部分外，还为被收购公司的超额盈利能力支付了代价，这个代价就是商誉。与公允价值的增值类似，商誉也确认于合并财务报表中。在吸收合并中，存续公司的报表中反映了这一收购商誉。

商誉是母公司长期股权投资和子公司可辨认净资产公允价值的差额。例中，长期股权投资成本为 32 500 000 元，子公司可辨认净资产的公允价值为 31 525 000 元（2 600 000 + 8 775 000 + 4 550 000 + 23 725 000 + 1 625 000 － 1 625 000 － 650 000 － 7 475 000），从而商誉的金额为 975 000 元，计算过程如下：

代尔蒙公司的长期股权投资	32 500 000
减：子公司可辨认净资产公允价值	31 525 000
商誉	975 000

抵消分录如下：

借：商誉（朱生生公司）　975 000
　贷：长期股权投资——朱生生公司（代尔蒙公司）　975 000

根据上述分析，也可将 3 笔分录合成 1 笔，变成消除母公司长期股权投资和子公司权益、按公允价值反映子公司资产并在合并报表中确认商誉的分录：

(a) 借：股本（朱生生公司） 13 000 000
资本公积（朱生生公司） 3 770 000
留存收益（朱生生公司） 8 580 000
存货（朱生生公司） 1 625 000
固定资产（朱生生公司） 4 225 000
无形资产——专利（朱生生公司） 325 000
商誉 975 000
贷：长期股权投资——朱生生公司（代尔蒙公司） 32 500 000

(4) 消除公司间往来。母公司和子公司之间的往来也需一并消除，合并之后母公司与子公司之间的欠款是内部欠款，反映在合并报表中将虚增资产和负债。代尔蒙公司应收朱生生公司 3 250 000 元，消除分录如下：

(b) 借：其他应付款——代尔蒙公司（朱生生公司） 3 250 000
贷：其他应收款——朱生生公司（代尔蒙公司） 3 250 000

3. 编制合并工作底稿。根据上述分录，以及母公司和子公司的个别报表，就可编制如表 5 - 14 所示的合并工作底稿了。

表 5 - 14　　代尔蒙公司及其子公司合并工作底稿

20×7 年 12 月 31 日　　单位：元

项　目	代尔蒙公司	朱生生公司	合并消除借方	合并消除贷方	合并金额
银行存款	975 000	2 600 000			3 575 000
存货	9 750 000	7 150 000	(a) 1 625 000		18 525 000
其他流动资产	7 150 000	4 550 000			11 700 000
其他应收款——朱生生	1 625 000			(b) 1 625 000	
长期股权投资——朱生生	32 500 000			(a) 32 500 000	
固定资产净额	29 250 000	19 500 000	(a) 4 225 000		52 975 000
无形资产——专利		1 300 000	(a) 325 000		1 625 000
商誉			(a) 975 000		975 000
资产总计	81 250 000	35 100 000			89 375 000
其他应付款——代尔蒙		1 625 000	(b) 1 625 000		
应付所得税	1 690 000	650 000			2 340 000
其他负债	21 125 000	7 475 000			28 600 000
负债合计	22 815 000	9 750 000			30 940 000
股本（面值 10 元）	26 000 000				26 000 000
股本（面值 5 元）		13 000 000	(a) 13 000 000		

续表

项　目	代尔蒙公司	朱生生公司	合并消除借方	合并消除贷方	合并金额
资本公积	23 725 000	3 770 000	（a）3 770 000		23 725 000
留存收益	8 710 000	8 580 000	（a）8 580 000		8 710 000
股东权益合计	58 435 000	25 350 000			58 435 000
负债和股东权益总计	81 250 000	35 100 000			89 375 000

从上面的合并工作底稿，可以看出以下几点：

第一，合并消除分录只是编制合并财务报表的分录，不记录于母公司，也不记录于子公司。

第二，子公司在合并报表中以公允价值记录，只是为以后的合并建立一个基础，这个基础假定母公司收购了子公司的资产、负债并在有超额盈利能力的情况下支付商誉，合并后的报告主体需反映这个基础。子公司仍然在持续经营的基础上按账面价值记录①。

第三，编制合并消除分录时，虽然也用“借”、“贷”，乃至在工作底稿中也用“借方”和“贷方”，但此时的“借”、“贷”跟常规的意义已不一样，只是“增加”或“减少”的一个代名词而已，不涉及来龙去脉的含义。

第四，合并后的股本、资本公积、留存收益只包括母公司的金额，子公司的权益已被消除。

第五，合并金额反映的是一个报告主体的财务状况，所有公司间的往来及投资均已消除。

4. 编制合并财务报表。根据合并工作底稿，就可以编制合并财务报表了。代尔蒙公司及朱生生公司合并日的合并资产负债表如表 5－15（a）所示。

表 5－15（a）　　代尔蒙公司及其子公司合并资产负债表 1

20×7 年 12 月 31 日　　单位：元

项　目	金　额
银行存款	3 575 000
存货	18 525 000
其他流动资产	11 700 000
固定资产净额	52 975 000
无形资产——专利	1 625 000
商誉	975 000
资产总计	**89 375 000**
应付所得税	2 340 000

① 如果子公司也按公允价值记录，就是所谓的下推会计。

续表

项　目	金　额
其他负债	28 600 000
负债合计	30 940 000
股本（面值10元）	26 000 000
资本公积	23 725 000
留存收益	8 710 000
股东权益合计	58 435 000
负债和股东权益总计	89 375 000

如果不通过工作底稿，直接根据直观分析，也能编制合并资产负债表，其结果一致，但这种方法只能适应较简单的情况。

在合并财务报表中，母公司的资产、负债按账面值反映，子公司的资产、负债（除公司间往来款外）按20×5年12月31日的公允价值反映。母公司的长期股权投资32 500 000元和子公司的权益25 350 000元互相抵消了，因为它们是互相对应的账户，但7 150 000元无法抵消，其中6 175 000元为存货、固定资产和无形资产上的增值，还剩余975 000元，这个差额就是商誉，即母公司长期股权投资和子公司可辨认净资产公允价值的差额。然后，可获得的合并资产负债表如表5-15（b）所示。

表5-15（b）　　代尔蒙公司及子公司合并资产负债表2

20×7年12月31日　　单位：元

项　目	计算过程	合并金额
银行存款	975 000+2 600 000	3 575 000
存货	9 750 000+8 775 000	18 525 000
其他流动资产	7 150 000+4 550 000	11 700 000
其他应收款——朱生生		
固定资产净额	29 250 000+23 725 000	52 975 000
无形资产——专利	1 625 000	1 625 000
商誉		975 000
资产总计		89 375 000
其他应付款——代尔蒙		
应付所得税	1 690 000+650 000	2 340 000

续表

项 目	计算过程	合并金额
其他负债	21 125 000 +7 475 000	28 600 000
负债合计		30 940 000
股本（面值10元）	26 000 000	26 000 000
股本（面值5元）		
资本公积	23 725 000	23 725 000
留存收益	8 710 000	8 710 000
股东权益合计		58 435 000
负债和股东权益总计		89 375 000

第五节 合并日部分控股子公司的合并

全资子公司的合并和部分控股子公司的合并有一个显著的差异，即少数股东利益的确认。少数股东利益，或者非控制股东利益，指子公司中母公司以外的股东在子公司应享的损益和净资产。合并利润表包括了少数股东损益，合并资产负债表包括了少数股东权益。

［例5－19］ 20×7年12月31日，雷凯公司收购夏工公司95%的股份。雷凯公司发行13 509 000股普通股交换夏工公司90 060 000股普通股。夏工公司的总股本为94 800 000股。雷凯公司和夏工公司股本的面值均为1元，雷凯公司股票的市价为每股20元。雷凯公司为此次合并支付的直接费用（会计师、律师、投行等与目标寻找、估值、尽职调查相关的费用）为12 383 250元，股票发行费用和注册费用为17 241 750元。两个公司的所得税税率均为40%。暂不考虑所得税影响。

雷凯公司和夏工公司20×7年12月31日的资产负债表、股东权益变动表和20×7年年度的利润表分别如表5－16、表5－17和表5－18所示。合并前没有任何公司交易。

表5－16　　雷凯公司和夏工公司资产负债表（合并前）

20×7年12月31日　　单位：元

项 目	雷凯公司	夏工公司
银行存款	47 400 000	23 700 000
存货	189 600 000	118 500 000
其他流动资产	130 350 000	50 955 000
固定资产净额	829 500 000	260 700 000

续表

项　　目	雷凯公司	夏工公司
商誉	23 700 000	
资产总计	1 220 550 000	453 855 000
应付所得税	23 700 000	3 792 000
其他负债	580 650 000	220 410 000
负债合计	604 350 000	224 202 000
股本（面值 1 元）	237 000 000	94 800 000
资本公积	130 350 000	55 695 000
留存收益	248 850 000	79 158 000
股东权益合计	616 200 000	229 653 000
负债和股东权益总计	1 220 550 000	453 855 000

表 5－17　　雷凯公司和夏工公司股东权益变动表（合并前）

20×7 年 12 月 31 日　　单位：元

一、年初余额	雷凯公司	夏工公司
股本（面值 1 元）	237 000 000	94 800 000
资本公积	130 350 000	55 695 000
留存收益	191 970 000	68 730 000
期初股东权益合计	559 320 000	219 225 000
二、本年增减变动	0	0
（一）净利润	92 430 000	19 908 000
（二）分红	（35 550 000）	（9 480 000）
（三）本年增减变动净额	0	0
留存收益净变动	56 880 000	10 428 000
三、年末余额	0	0
股本（面值 1 元）	237 000 000	94 800 000
资本公积	130 350 000	55 695 000
留存收益	248 850 000	79 158 000
期末股东权益合计	616 200 000	229 653 000

表5－18　　雷凯公司和夏工公司利润表（合并前）

20×7年1～12月　　单位：元

项　　目	雷凯公司	夏工公司
营业收入	1 303 500 000	237 000 000
减：营业成本	912 450 000	154 050 000
营业利润	391 050 000	82 950 000
减：管理费用和营业费用	219 225 000	40 290 000
财务费用	17 775 000	9 480 000
利润总额	154 050 000	33 180 000
减：所得税	61 620 000	13 272 000
净利润	92 430 000	19 908 000

夏工公司的存货、固定资产公允价值如表5－19所示，另有一项6年期的房屋租赁权，估计公允价值为7 110 000元。夏工公司除存货、固定资产和租赁权之外的资产、负债均与账面值一致。

表5－19　　夏工公司存货、固定资产、租赁权的公允价值和账面值

20×7年12月31日　　单位：元

项　　目	账面价值	公允价值	公允价值增值
存货	118 500 000	124 662 000	6 162 000
固定资产净额	260 700 000	305 730 000	45 030 000
无形资产——房屋租赁权	0	7 110 000	7 110 000
合　　计	379 200 000	437 502 000	58 302 000

同样，在编制合并报表之前，母公司需记录长期股权投资。合并报表的主要工作还是编制消除分录，再据以编制合并工作底稿，最后形成合并财务报表。

1. 记录母公司的长期股权投资和普通股发行。夏工公司只是股东变换，对公司的持续经营没有影响，无须就合并作任何记录。雷凯公司取得夏工公司股权后，需按发行普通股的公允价值记录长期股权投资。

（1）借：长期股权投资——夏工公司　　270 180 000

　　　贷：股本　　13 509 000

　　　　　资本公积　　256 671 000

（雷凯公司按发行权益的公允价值记录长期股权投资，共发行13 509 000股，每股市价

为20元；按面值记录股本，每股面值为1元，总股本为13 509 000元；溢价256 671 000元为资本公积）

（2）借：长期股权投资——夏工公司　　12 383 250
　　资本公积　　17 241 750
　　贷：银行存款　　29 625 000

（合并直接费用12 383 250元计入购买成本，股票发行和注册费用17 241 750元冲减资本公积）

记录完股权购买和普通股发行后，雷凯公司的相关余额变化如表5－20、表5－21、表5－22和表5－23所示。

表5－20　“银行存款”科目余额

银行存款

日期	摘要	借方	贷方	余额
20×7年				
12月31日	接上期			47 400 000
31日	合并费用		29 625 000	17 775 000

表5－21　“长期股权投资”科目余额

长期股权投资——夏工公司

日期	摘要	借方	贷方	余额
20×7年				
12月31日	发行新股购买夏工公司95%股权	270 180 000		270 180 000
31日	直接合并费用	12 383 250		282 563 250

表5－22　“股本”科目余额

股本

日期	摘要	借方	贷方	余额
20×7年				
12月31日	接上期			237 000 000
31日	发行普通股13 509 000股		13 509 000	250 509 000

表 5－23 “资本公积”科目余额

资本公积

日期	摘要	借方	贷方	余额
20×7 年				
12 月 31 日	接上期			130 350 000
31 日	发行普通股，每股溢价 19 元		256 671 000	387 021 000
31 日	普通股发行费用	17 241 750		369 779 250

2. 编制合并抵消分录。在合并部分控股的子公司时，抵消分录与合并全资子公司基本类似，同样要消除母公司对子公司的投资、子公司的权益以及相关的内部交易。不同的是，合并部分控股的子公司需要确认“少数股东权益”。

（1）消除母公司长期股权投资和子公司权益。雷凯公司长期股权投资科目和夏工公司权益科目应相互抵消，但雷凯公司只占了夏工公司 95% 的权益，因而只是抵消 95% 部分。抵消分录如下（括号内注明的是消除科目所属公司，下同）：

借：股本（夏工公司）　（94 800 000 ×95%）　90 060 000
　　资本公积（夏工公司）　（55 695 000 ×95%）　52 910 250
　　留存收益（夏工公司）　（79 158 000 ×95%）　75 200 100
　　贷：长期股权投资——夏工公司（雷凯公司）　218 170 350

（2）确认可辨认净资产公允价值的增值。根据购买法的合并原则，母公司取得子公司股权后，子公司在合并报表中需按公允价值记录。因而需在合并报表中确认公允价值。只有 95% 的公允价值增值与母公司长期股权投资对应，抵消分录如下：

借：存货（夏工公司）　（6 162 000 ×95%）　5 853 900
　　固定资产（夏工公司）　（45 030 000 ×95%）　42 778 500
　　无形资产——租赁权（夏工公司）　（7 110 000 ×95%）　6 754 500
　　贷：长期股权投资——夏工公司（雷凯公司）　55 386 900

（3）确认商誉。根据现行准则，少数股东并不承担商誉，因而商誉只是控股股东收购成本高于其应享有形净资产公允价值部分的差额。雷凯公司收购夏工公司的商誉计算如下：

雷凯公司的长期股权投资	282 563 250
减：夏工公司账面权益（95%）（229 653 000 ×95%）	218 170 350
夏工公司可辨认资产增值（58 302 000 ×95%）	55 386 900
夏工公司可辨认净资产公允价值	273 557 250
商誉	9 006 000

抵消分录如下：

借：商誉（夏工公司） 9 006 000

　　贷：长期股权投资——夏工公司（雷凯公司） 9 006 000

（4）确认少数股东权益。合并不完全控股公司与合并全资子公司的最大不同，在于要在合并财务报表中确认少数股东权益。当代理论认为应合并子公司的全部资产和负债，也就是需合并子公司的全部净资产，这也是各国普遍采用的惯例。子公司的净资产中有一部分属于少数股东所有，当然应分割反映。当代理论认为子公司的资产、负债应全部按公允价值反映，这样避免了少数股东和多数股东所享净资产按不同的计量属性计量，但商誉与少数股东无关。这表明，少数股东应享份额是应享可辨认净资产公允价值的份额。夏工公司中的少数股东权益计算如下：

夏工公司账面权益（100%）	229 653 000
夏工公司可辨认资产增值	58 302 000
夏工公司可辨认净资产公允价值	287 955 000
少数股东权益（5%）	14 397 750

确认少数股东权益的分录如下：

借：股本（94 800 000×5%） 4 740 000

　　资本公积（55 695 000×5%） 2 784 750

　　留存收益（79 158 000×5%） 3 957 900

　　存货（6 162 000×5%） 308 100

　　固定资产（45 030 000×5%） 2 251 500

　　无形资产——租赁权（7 110 000×5%） 355 500

　　贷：少数股东权益 14 397 750

以上4笔分录汇总成1笔，即为消除母公司长期股权投资的完整分录，同时消除了子公司权益，并按公允价值反映了子公司资产，也确认了商誉和少数股东权益。

借：股本（夏工公司） 94 800 000

　　资本公积（夏工公司） 55 695 000

　　留存收益（夏工公司） 79 158 000

　　存货（夏工公司） 6 162 000

　　固定资产（夏工公司） 45 030 000

　　无形资产——租赁权（夏工公司） 7 110 000

　　商誉 9 006 000

　　贷：长期股权投资——夏工公司（雷凯公司） 282 563 250

　　　　少数股东权益 14 397 750

3. 编制合并工作底稿。根据上述消除分录就可编制合并工作底稿了。雷凯公司和夏工公司的合并工作底稿如表5-24所示。从合并工作底稿可以看出，子公司在合并报表中以公允价值记录，合并后的股本、资本公积、留存收益只包括母公司的金额，子公司的权益已被消除。合并后的股东权益包括母公司的股东权益和子公司少数股东的权益。合并金额反映母子公司作为一个报告主体的财务状况。

表 5－24　　**雷凯公司及其子公司合并工作底稿**

20×7 年 12 月 31 日　　单位：元

项　目	雷凯公司	夏工公司	合并消除借方	合并消除贷方	合并金额
银行存款	17 775 000	23 700 000			41 475 000
存货	189 600 000	118 500 000	6 162 000		314 262 000
其他流动资产	130 350 000	50 955 000			181 305 000
长期股权投资——夏工	282 563 250			282 563 250	
固定资产净额	829 500 000	260 700 000	45 030 000		1 135 230 000
无形资产——租赁权			7 110 000		7 110 000
商誉	23 700 000		9 006 000		32 706 000
资产总计	1 473 488 250	453 855 000			1 712 088 000
应付所得税	23 700 000	3 792 000			27 492 000
其他负债	580 650 000	220 410 000			801 060 000
负债合计	604 350 000	224 202 000			828 552 000
股本（面值 1 元）	250 509 000	94 800 000	94 800 000		250 509 000
资本公积	369 779 250	55 695 000	55 695 000		369 779 250
留存收益	248 850 000	79 158 000	79 158 000		248 850 000
少数股东权益				14 397 750	14 397 750
股东权益合计	869 138 250	229 653 000			883 536 000
负债和股东权益总计	1 473 488 250	453 855 000			1 712 088 000

4. 编制合并财务报表。根据合并工作底稿，可轻松地编制出合并财务报表。雷凯公司及夏工公司合并日的合并资产负债表如表 5－25 所示。

表 5－25　　雷凯公司及其子公司合并资产负债表

20×7 年 12 月 31 日　　单位：元

项　目	合并金额
银行存款	41 475 000
存货	314 262 000
其他流动资产	181 305 000
固定资产净额	1 135 230 000
无形资产——租赁权	7 110 000
商誉	32 706 000
资产总计	1 712 088 000
应付所得税	27 492 000
其他负债	801 060 000
负债合计	828 552 000
股本（面值 1 元）	250 509 000
资本公积	369 779 250
留存收益	248 850 000
少数股东权益	14 397 750
股东权益合计	883 536 000
负债和股东权益总计	1 712 088 000

在合并资产负债表中，少数股东权益被作为一个单独的项目列示在股东权益项下，部分地体现了合并理论的主体观，即少数股东权益也是报告主体净资产的一部分，但又不完全等同主体观，少数股东权益分开列示表明它与多数股东的权益还是有差别。股东权益主要揭示的还是归属多数股东的“股本”、“资本公积”和“留存收益”。

雷凯公司在购买日（20×7 年 12 月 31 日）无须编制合并利润表和合并现金流量表，因为购买法下的利润表项目和现金流量表项目是从购买日开始算起。20×7 年 12 月 31 日，雷凯公司需报告的财务报告包括合并资产负债表和母公司的利润表、现金流量表。从下一年开始，雷凯公司需要同时编制合并资产负债表、合并股东权益变动表、合并利润表和合并现金流量表。如果合并日在年中，在当年年末需编制合并利润表和合并现金流量表。如何编制合并日以后的合并财务报表将在下一章论述。

本章小结

本章讲述了母公司长期股权投资的核算、合并报表的基本原理以及合并日合并财务报表的编制。

长期股权投资的初始成本确认区分合并和非合并两种不同的情况。对于合并中形成的长期股权投资又分为同一控制和非同一控制两种情况。

同一控制下的企业合并，按照取得被合并方所有者权益账面价值的份额作为长期股权投资的初始投资成本。合并方以支付实物为对价的，长期股权投资初始投资成本与支付的现金、转让的非现金资产以及所承担债务账面价值之间的差额，应调整资本公积；资本公积不足冲减的，调整留存收益。合并方以发行权益为合并对价的，按发行股份的面值作为股本，长期股权投资初始成本与发行股份面额之间的差额，调整资本公积。资本公积不足冲减的，调整留存收益。

非同一控制下的企业合并，购买方在购买日一般应按支付对价或发行权益的公允价值作为长期股权投资的初始投资成本。除企业合并形成的长期股权投资以外，其他方式取得的长期股权投资，一般也应按支付对价或发行权益的公允价值作为长期股权投资的初始投资成本。通过非货币性资产交换或债务重组取得的长期股权投资，从其规定。

长期股权投资的后续计量，对于形成控制的权益性投资，母公司采用成本法核算；对于具有重大影响或形成共同控制的权益性投资，投资方采用权益法核算；对于没有重大影响而且公允价值难以可靠计量的权益性投资，投资方采用成本法核算。

在权益法下，长期股权投资的初始投资成本小于投资时应享有被投资单位可辨认净资产公允价值份额的，其差额计入当期损益，同时调整长期股权投资的成本。投资方取得长期股权投资后，按应享被投资方实现净损益的份额，确认投资损益并调整长期股权投资的账面价值，按照被投资方宣告分派的利润或现金股利计算应分得的部分，相应减少长期股权投资的账面价值。投资方在确认应享有被投资方净损益的份额时，以取得投资时被投资方各项可辨认资产等的公允价值为基础，对被投资方的净损益进行调整后确认。

在控股合并中，投资方和被投资方形成了母公司和子公司的关系，在合并日及以后的会计期末，需要编制合并财务报表，反映母公司及其子公司的财务状况和经营成果。合并范围是母公司及其所控制的企业。控制是指有权决定一个企业的财务和经营政策，并能据以从该企业的经营活动中获取利益。

关于合并财务报表，有三种不同的理论，即母公司理论、主体理论和当代理论。母公司理论从母公司股东的角度出发，主体理论注重整个合并主体。现在各国的准则并不完全基于母公司理论或主体理论，而是采用介于两者之间的当代理论。当代理论既认为合并财务报表的目的是为了给母公司的股东和债权人提供信息，又认为应将母公司和子公司作为一个主体报告财务状况和经营成果。

在当代理论下，合并净收益反映了全体权益所有者的合并净收益，然后在多数股东和非控制股东之间分摊。非控制股东的权益既不是作为一项负债，也不是与多数股东权益并列或合二为一，而是将非控制权益作为单独一项“少数股东权益”反映在权益项下。无论是多数股东还是非控制股东所享的净资产，均应采用公允价值计量，但非控制股东没有收购商誉。公司间未实现损益，无论是顺流交易还是逆流交易，均100%消除。

购买日全资子公司的合并，主要是消除母公司的长期股权投资和子公司的权益。母公司的长期股权投资对应的除了子公司权益之外，还包括子公司可辨认净资产公允价值的溢价，以及购买商誉，因而除了消除子公司权益之外，在合并报表中还要确认公允价值的溢价以及商誉。对于部分控股子公司的合并，在购买日还要确认少数股东权益。少数股东权益所享净资产也按公允价值计价，但没有商誉。同一控制下的合并报表中，既不存在公允价值的溢价，也没有商誉。

复习思考题

1. 同一控制下的控股合并中，母公司如何计量长期股权投资的初始成本？
2. 长期股权投资的权益法与成本法有何差异？
3. 如何界定合并财务报表的合并范围？公司可以将业务完全不同的公司排除于合并范围之外吗？
4. 在购买日（合并日）编制合并财务报表时，如何确认商誉？
5. 在购买日（合并日）编制合并财务报表时，如何消除母公司的长期股权投资和子公司的权益？
6. 少数股东权益如何确定？

第六章　合并财务报表（下）

本章目标

通过本章学习，你应该能够：

1. 掌握全资子公司购买日（合并日）以后的合并财务报表编制。
2. 掌握部分控股子公司购买日（合并日）以后的合并财务报表编制。
3. 掌握公司间交易的消除。
4. 掌握合并中的所得税问题。
5. 熟悉合并现金流量表的编制。
6. 了解分期取得控制权的合并。
7. 熟悉间接控股和交叉控股的合并。

第一节　全资子公司合并日以后的合并

合并日以后，母公司将以“长期股权投资”科目反映子公司的经营成果。母公司可以采用权益法，也可以采用成本法。母公司采用不同的后续计量方法对合并流程有影响。母公司采用权益法，报表合并是基于权益法的消除；母公司采用成本法，可以在合并前先调整为权益法①，然后再消除，也可以不调整为权益法，直接消除。对母公司长期股权投资的核算，我国会计准则规定，投资企业能够对被投资单位实施控制的长期股权投资，采用成本法核算②。针对合并财务报表，我国会计准则规定，合并财务报表应当以母公司和其子公司的财务报表为基础，根据其他有关资料，按照权益法调整对子公司的长期股权投资后，由母公司编制③。显然，我国采用的是母公司股权投资以成本法为基础，合并时调整为权益法的方法。

一、合并后第1年的示例

[例6-1] 承接［例5-18］，20×7年12月31日，代尔蒙公司发行了650 000股面值

---

① 注意不是调整母公司的账，而是合并分录。

② 详见《企业会计准则第2号——长期股权投资》第5条。

③ 详见《企业会计准则第33号——合并财务报表》第11条。

10 元的股票交换了朱生生公司的全部外发股份，收购后朱生生公司成为代尔蒙公司的全资子公司。20×8 年朱生生公司实现净利润 3 900 000 元，并于 20×8 年 12 月 28 日宣布现金分红 1 560 000 元。20×8 年代尔蒙公司实现利润 6 760 000 元并宣布分红 1 950 000 元。两个公司的所得税税率均为 40%。代尔蒙公司需编制 20×8 年的年度合并财务报表。暂不考虑所得税的影响。

20×7 年 12 月 31 日合并时，朱生生公司的固定资产构成如表 6－1 所示，专利的摊销期还剩 5 年。朱生生公司对存货采用先进先出法，20×7 年年末朱生生的存货在 20×8 年全部售出。朱生生公司办公用建筑物公允价值增值部分的折旧为 65 000 元，除办公用建筑物外，其他固定资产均为生产设施。20×8 年年末代尔蒙公司对合并商誉进行减值测试，没有发现减值迹象。

表 6－1　　20×7 年 12 月 31 日朱生生公司固定资产的构成

项　　目	账面净值（元）	公允价值（元）	公允价值增值（元）	经济寿命（年）
土地使用权	500 000	1 475 000	975 000	30
建筑物	8 000 000	9 950 000	1 950 000	20
设备	11 000 000	12 300 000	1 300 000	10
固定资产合计	19 500 000	23 725 000	4 225 000	

代尔蒙公司和朱生生公司 20×8 年 12 月 31 日的资产负债表、股东权益变动表和 20×8 年年度利润表如表 6－2、表 6－3 和表 6－4 所示。

表 6－2　　代尔蒙公司和朱生生公司资产负债表（合并前）

20×8 年 12 月 31 日　　单位：元

项　　目	代尔蒙公司	朱生生公司
银行存款	1 033 500	4 686 500
应收股利——朱生生	1 560 000	
存货	8 840 000	7 475 000
其他流动资产	5 720 000	8 515 000
长期股权投资——朱生生	32 500 000	
固定资产净额	28 600 000	22 100 000
无形资产——专利		1 040 000
资产总计	78 253 500	43 816 500
应付股利——代尔蒙		1 560 000

续表

项　目	代尔蒙公司	朱生生公司
应付所得税	2 600 000	1 300 000
其他负债	12 408 500	13 266 500
负债合计	15 008 500	16 126 500
股本（面值 10 元）	26 000 000	
股本（面值 5 元）		13 000 000
资本公积	23 725 000	3 770 000
留存收益	13 520 000	10 920 000
股东权益合计	63 245 000	27 690 000
负债和股东权益总计	78 253 500	43 816 500

表 6－3　　代尔蒙公司和朱生生公司股东权益变动表（合并前）

20×8 年 12 月 31 日　　单位：元

一、年初余额	代尔蒙公司	朱生生公司
股本（面值 10 元）	26 000 000	
股本（面值 5 元）		13 000 000
资本公积	23 725 000	3 770 000
留存收益	8 710 000	8 580 000
期初股东权益合计	58 435 000	25 350 000
二、本年增减变动		
（一）净利润	6 760 000	3 900 000
（二）分红	（1 950 000）	（1 560 000）
（三）本年增减变动净额		
留存收益净变动	4 810 000	2 340 000
三、年末余额	0	0
股本（面值 10 元）	26 000 000	0
股本（面值 5 元）	0	13 000 000
资本公积	23 725 000	3 770 000
留存收益	13 520 000	10 920 000
期末股东权益合计	63 245 000	27 690 000

表 6－4　　代尔蒙公司和朱生生公司利润表（合并前）

20×8 年 1～12 月　　单位：元

项　　目	代尔蒙公司	朱生生公司
营业收入	71 500 000	44 200 000
减：营业成本	45 500 000	29 250 000
营业利润	26 000 000	14 950 000
减：管理费用和营业费用	14 148 355	4 550 000
财务费用	3 185 000	3 900 000
加：投资收益	1 560 000	
利润总额	10 226 645	6 500 000
减：所得税	3 466 645	2 600 000
净利润	6 760 000	3 900 000

朱生生公司在 20×8 年宣布现金分红时，已做如下分录：

借：利润分配——应付利润　　1 560 000

　　贷：应付股利——代尔蒙公司　　1 560 000

代尔蒙公司对控股子公司的投资采用成本法，在朱生生公司宣布 20×8 年现金分红时，已做如下分录：

借：应收股利——朱生生公司　　1 560 000

　　贷：投资收益　　1 560 000

母公司所反映的来自于子公司的投资收益，以及子公司对母公司的分红都属于一个报告主体的内部事项，在合并时必须消除。根据我国会计准则规定的程序，先把母公司的长期股权投资调整为权益法，然后再分步消除。

1. 将母公司的成本法记录调整为权益法基础。

（1）冲回成本法下的记录。

借：投资收益　　1 560 000

　　贷：应收股利——朱生生公司　　1 560 000

（2）按应享子公司利润反映投资收益。

借：长期股权投资——朱生生公司　　3 900 000

　　贷：投资收益　　3 900 000

（3）摊销朱生生公司公允价值的溢价。其中：

存货（当期全部售出）　　1 625 000

土地使用权摊销（975 000/30）　　32 500

建筑物折旧（1 950 000/20）　　97 500

设备折旧（1 300 000/10）　　130 000
无形资产专利摊销（325 000/5）　　65 000
合计　　1 950 000

借：投资收益　　1 950 000
　　贷：长期股权投资　　1 950 000

（4）记录朱生生公司分红。

借：应收股利——朱生生公司　　1 560 000
　　贷：长期股权投资——朱生生公司　　1 560 000

经过上述调整，代尔蒙公司长期股权投资和投资收益的余额分别为 32 890 000 元和 1 950 000元，科目余额如表 6－5 和表 6－6 所示。

表 6－5　　按权益法调整后代尔蒙公司“长期股权投资”科目余额　　单位：元

长期股权投资——朱生生公司

日　期	摘　　要	借　方	贷　方	余　额
20×7 年				
12 月 31 日	发行新股购买朱生生股权	29 250 000		29 250 000
31 日	直接合并费用	3 250 000		32 500 000
20×8 年				
12 月 28 日	朱生生公司分红		1 560 000	30 940 000
31 日	反映所享朱生生公司当年净收益	3 900 000		34 840 000
31 日	摊销朱生生公司公允价值和账面价值差异		1 950 000	32 890 000

表 6－6　　按权益法调整后代尔蒙公司“投资收益”科目余额　　单位：元

投资收益——朱生生公司

日　期	摘　　要	借　方	贷　方	余　额
20×8 年				
12 月 28 日	成本法反映朱生生公司分红		1 560 000	1 560 000
31 日	冲回成本法下记录	1 560 000		0
31 日	反映所享朱生生公司当年净收益		3 900 000	3 900 000
31 日	摊销朱生生公司公允价值和账面价值差异	1 950 000		1 950 000

2. 编制消除分录。在购买日，代尔蒙公司对朱生生公司的投资包括两部分：一是朱生

生公司可辨认净资产的账面值，二是购买成本超过账面值的溢价（包括商誉）。所以购买日的合并消除分录，是长期股权投资和子公司账面净资产消除，并在合并报表中确认公允价值溢价和商誉的过程。

购买日之后的第1年，代尔蒙公司调整为权益法之后，长期股权投资的余额同样包括两部分（见表6-7）：一是朱生生公司可辨认净资产的账面值，但此时的账面值包括了当期实现的利润，也需扣除分红；二是购买成本超过账面值的溢价（包括商誉），但需减去当期消化的部分（包括商誉的减值）。

表6-7　　代尔蒙公司“长期股权投资”余额分析

20×8年12月31日

单位：元

项　目	朱生生账面净值	购买溢价	合计
20×7年			
12月31日余额	25 350 000	7 150 000	32 500 000
20×8年			
净收益	3 900 000		3 900 000
公允价值溢价摊销		（1 950 000）	（1 950 000）
朱生生公司分红	（1 560 000）		（1 560 000）
期末余额	27 690 000	5 200 000	32 890 000

表6-7中朱生生公司的账面净值与朱生生公司的股东权益是对应的。朱生生公司的股东权益表如表6-8所示。

表6-8　　朱生生公司股东权益

20×8年12月31日

单位：元

项　目	金　额
股本（面值5元）	13 000 000
资本公积	3 770 000
留存收益	10 920 000
期末股东权益合计	27 690 000

表6-7中购买朱生生公司的溢价（包括公允价值溢价和商誉）与朱生生公司可辨认资产公允价值的溢价和商誉（扣除摊销和减值部分）也是一致的。朱生生公司的购买溢价表如表6-9所示。

表 6-9　　购买朱生生公司的溢价摊销表

20×8 年 12 月 31 日　　单位：元

项　目	公允价值增值	20×8 年摊销	公允价值增值余额
存货	1 625 000	1 625 000	0
固定资产——土地使用权	975 000	32 500	942 500
——建筑物	1 950 000	97 500	1 852 500
——设备	1 300 000	130 000	1 170 000
无形资产——专利	325 000	65 000	260 000
商誉	975 000		975 000
合计	7 150 000	1 950 000	5 200 000

从代尔蒙公司投资账户的分析可以发现，要消除投资，必然同时涉及资产负债表、损益表和股东权益变动表的科目，消除分录涉及的项目包括：朱生生公司期初的股东权益和代尔蒙公司的投资账户，以及分红记录；代尔蒙公司记录的公司间投资收益；未摊销的公允价值溢价（包括商誉）；由于公允价值溢价形成的成本和费用。

假定建筑物的折旧中有65 000 元属于办公楼部分折旧，并计入管理费用，其他固定资产折旧均为生产设施的折旧。公允价值溢价部分摊销在管理费用和销售成本中的分配如表6-10所示。

表 6-10　　购买朱生生公司公允价值溢价摊销的分配

20×8 年 12 月 31 日　　单位：元

项　目	销售成本	管理费用
存货销售	1 625 000	
固定资产折旧	195 000	65 000
无形资产摊销	65 000	
合计	1 885 000	65 000

从而，可以编制如下的分录：

（5）抵销投资和权益、确认公允价值增值及摊销。

借：股本（朱生生公司）　　13 000 000
　　资本公积（朱生生公司）　　3 770 000
　　留存收益（朱生生公司）　　8 580 000
　　投资收益（代尔蒙公司）　　1 950 000

固定资产（朱生生公司） 3 965 000
无形资产——专利（朱生生公司） 260 000
商誉 975 000
营业成本 1 885 000
管理费用 65 000
贷：长期股权投资——朱生生公司（代尔蒙公司） 32 890 000
利润分配（朱生生公司） 1 560 000

长期股权投资中，32 500 000 元对应于期初权益，期初权益的消除不仅影响资产负债表，也影响股东权益变动表；1 950 000 元对应于对内的投资收益；32 500 000 元和 1 950 000元之和与32 890 000 元的差额，消除的是对内的分红，消除后，使合并股东权益变动表的期初余额与20×7 年年末余额一致。固定资产增值的折旧、存货增值的处理、专利增值的摊销对应的是新增的销售成本和管理费用。

公司间的往来可以通过合并工作底稿自然消除，也可通过编制分录的方式消除。

（6）借：应付股利——代尔蒙公司 1 560 000
贷：应收股利——朱生生公司 1 560 000

3. 编制合并工作底稿。经过上述（1）~（6）笔分录，就将母公司长期股权投资的成本法在合并时调整成了权益法，并完成了基于权益法的消除。根据上述消除分录就可编制合并工作底稿了。代尔蒙公司和朱生生公司的合并工作底稿如表 6 – 11 所示。

表 6 – 11　代尔蒙公司及其子公司合并工作底稿　单位：元

项　目	代尔蒙公司	朱生生公司	合并消除借方	合并消除贷方	合并金额
资产负债表（20×8 年 12 月 31 日）					
银行存款	1 033 500	4 686 500			5 720 000
应收股利——朱生生	1 560 000	0	（4）1 560 000	（1）（6）3 120 000	0
存货	8 840 000	7 475 000			16 315 000
其他流动资产	5 720 000	8 515 000			14 235 000
长期股权投资——朱生生	32 500 000	0	（2）3 900 000	（3）（4）（5）36 400 000	0
固定资产净额	28 600 000	22 100 000	（5）3 965 000		54 665 000
无形资产——专利		1 040 000	（5）260 000		1 300 000
商誉			（5）975 000		975 000
资产总计	78 253 500	43 816 500	10 660 000	39 520 000	93 210 000
应付股利——代尔蒙		1 560 000	（6）1 560 000		0
应付所得税	2 600 000	1 300 000			3 900 000

续表

项　　目	代尔蒙公司	朱生生公司	合并消除借方	合并消除贷方	合并金额
其他负债	12 408 500	13 266 500			25 675 000
负债合计	15 008 500	16 126 500			29 575 000
股本（面值10元）	26 000 000				26 000 000
股本（面值5元）	0	13 000 000	（5）13 000 000		0
资本公积	23 725 000	3 770 000	（5）3 770 000		23 725 000
留存收益	13 520 000	10 920 000	10 530 000**		13 910 000
股东权益合计	63 245 000	27 690 000			63 635 000
负债和股东权益总计	78 253 500	43 816 500	28 860 000	0	93 210 000
股东权益变动表（20×8年12月31日）					
一、年初余额					
股本（面值10元）	26 000 000				26 000 000
股本（面值5元）		13 000 000	（5）13 000 000		0
资本公积	23 725 000	3 770 000	（5）3 770 000		23 725 000
留存收益	8 710 000	8 580 000	（5）8 580 000		8 710 000
期初股东权益合计	58 435 000	25 350 000	25 350 000	0	58 435 000
二、本年增减变动					
（一）净利润	6 760 000	3 900 000	3 510 000*		7 150 000
（二）分红	-1 950 000	-1 560 000		（5）1 560 000	-1 950 000
（三）本年增减变动净额					
留存收益净变动	4 810 000	2 340 000	3 510 000	1 560 000	5 200 000
三、年末余额	0	0			
股本（面值10元）	26 000 000	0			26 000 000
股本（面值5元）	0	13 000 000	13 000 000		0
资本公积	23 725 000	3 770 000	3 770 000		23 725 000
留存收益	13 520 000	10 920 000	12 090 000	1 560 000	13 910 000

续表

项　目	代尔蒙公司	朱生生公司	合并消除借方	合并消除贷方	合并金额
期末股东权益合计	63 245 000	27 690 000	28 860 000	1 560 000	63 635 000
利润表 （20×8 年 1～12 月）					
营业收入	71 500 000	44 200 000			115 700 000
减：营业成本	45 500 000	29 250 000	（5）65 000		74 815 000
营业利润	26 000 000	14 950 000			40 885 000
减：管理费用和营业费用	14 148 355	4 550 000	（5）1 885 000		20 583 355
财务费用	3 185 000	3 900 000			7 085 000
加：投资收益	1 560 000		（1）（3）（5） 5 460 000	（2） 3 900 000	0
利润总额	10 226 645	6 500 000			13 216 645
减：所得税	3 466 645	2 600 000			6 066 645
净利润	6 760 000	3 900 000	7 410 000	3 900 000	7 150 000

注：* 源于净利润调整额（7 410 000 – 3 900 000）。

** 源自股东权益变动表留存收益净调整额（12 090 000 – 1 560 000）。

从上面的合并工作底稿，可以看出以下几点：（1）合并消除实际上消除的是公司内部的交易或事项，对内投资、对内分红及内部往来等。（2）公允价值溢价及商誉的摊销是在合并过程中完成的，因为子公司仍然保留原历史成本的记录基础，但其结果相当于子公司采用公允价值基础记录，并据以进行成本结转和折旧、摊销，导致真正合并的子公司的利润是扣除溢价部分后的利润 1 950 000 元（3 900 000 – 1 950 000），加上母公司扣除投资收益后的利润 5 200 000 元就是合并净利润 7 150 000 元。（3）母公司报表上的净收益、留存收益和股东权益（没有经过权益法的调整）和合并金额不一致。但经过权益法调整后，母公司报表上的净收益、留存收益和股东权益和合并金额将保持一致。

母公司的净利润 6 760 000 元加上权益法调整后的金额 390 000 元（3 900 000 – 1 950 000 – 1 560 000）后，即与合并金额 7 150 000 元保持一致。母公司的留存收益 13 520 000元加上权益法下净收益的调整 390 000 元后，即与合并留存收益 13 910 000 元保持一致。

由于合并股东权益中的股本和资本公积是母公司的金额，而母公司的留存收益经权益法调整后与合并金额一致，从而，母公司的股东权益将与合并金额一致。

4. 编制合并报表。从表 6 – 10 的合并工作底稿，可以很容易地编制出合并财务报表，如表 6 – 12、表 6 – 13、表 6 – 14 所示。

表 6-12 **代尔蒙公司及其子公司合并资产负债表**

20×8 年 12 月 31 日 单位：元

项目	金额
银行存款	5 720 000
应收股利——朱生生	0
存货	16 315 000
其他流动资产	14 235 000
长期股权投资——朱生生	0
固定资产净额	54 665 000
无形资产——专利	1 300 000
商誉	975 000
资产总计	93 210 000
应付股利——代尔蒙	0
应付所得税	3 900 000
其他负债	25 675 000
负债合计	29 575 000
股本（面值 10 元）	26 000 000
股本（面值 5 元）	0
资本公积	23 725 000
留存收益	13 910 000
股东权益合计	63 635 000
负债和股东权益总计	93 210 000

表 6-13 **代尔蒙公司及其子公司合并股东权益变动表**

20×8 年 12 月 31 日 单位：元

项目	金额
一、年初余额	
股本（面值 10 元）	26 000 000
股本（面值 5 元）	0
资本公积	23 725 000
留存收益	8 710 000
期初股东权益合计	58 435 000
二、本年增减变动	
（一）净利润	7 150 000

续表

项　目	金　额
（二）分红	-1 950 000
（三）本年增减变动净额	
留存收益净变动	5 200 000
三、年末余额	
股本（面值 10 元）	26 000 000
股本（面值 5 元）	0
资本公积	23 725 000
留存收益	13 910 000
期末股东权益合计	63 635 000

表 6-14　　代尔蒙公司及其子公司合并利润表

20×8 年 1~12 月　　单位：元

项　目	金　额
营业收入	115 700 000
减：营业成本	74 815 000
营业利润	40 885 000
减：管理费用和营业费用	20 583 355
财务费用	7 085 000
加：投资收益	0
利润总额	13 216 645
减：所得税	6 066 645
净利润	7 150 000

二、合并后第 2 年的示例

[例 6-2] 承接［例 6-1］，20×9 年朱生生公司实现净利润 5 850 000 元，并于 20×8 年 12 月 27 日宣布现金分红 2 600 000 元。年度终了，代尔蒙公司需编制 20×9 年的年度合并财务报表。暂不考虑所得税的影响。

20×7 年 12 月 31 日合并时，朱生生公司的固定资产构成如表 6-1 所示，专利的摊销期还剩 5 年。朱生生公司对存货采用先进先出法，20×7 年年末朱生生的存货已在 20×8 年全部售出。20×9 年，朱生生公司办公用建筑物公允价值增值部分的折旧为 65 000 元，除办公用建筑物外，其他固定资产均为生产设施。20×9年年末代尔蒙公司对合并商誉进行减值测试，没有发现减值迹象。

朱生生公司在20×9年宣布现金分红时，已做如下分录：

借：利润分配——应付利润	2 600 000	
贷：应付股利——代尔蒙公司		2 600 000

代尔蒙公司对控股子公司的投资采用成本法，在朱生生公司宣布20×9年现金分红时，已做如下分录：

借：应收股利——朱生生公司	2 600 000	
贷：投资收益		2 600 000

根据我国会计准则规定的合并程序，母公司先将长期股权投资调整为权益法后，再编制合并财务报表。下面是购买日后第2年的合并程序。

1. 将母公司的成本法记录调整为权益法基础。由于母公司在账面上采用的是成本法记录，要调整为权益法，涉及2年的调整。20×8年涉及的损益调整为“留存收益”。

（1）冲回成本法下的记录。

借：投资收益	2 600 000	
留存收益	1 560 000	
贷：应收股利——朱生生公司		2 600 000
现金		1 560 000

（2）按应享子公司利润反映投资收益。

借：长期股权投资——朱生生公司	9 750 000	
贷：投资收益		5 850 000
留存收益		3 900 000

（3）摊销朱生生公司公允价值的溢价。其中：

存货	1 625 000
土地使用权摊销（每年975 000/30）	65 000
建筑物折旧（每年1 950 000/20）	195 000
设备折旧（每年1 300 000/10）	260 000
无形资产专利摊销（每年325 000/5）	130 000
合计	2 275 000

借：投资收益	325 000	
留存收益	1 950 000	
贷：长期股权投资		2 275 000

（4）记录朱生生公司分红。

借：应收股利——朱生生公司	2 600 000	
现金	1 560 000	
贷：长期股权投资——朱生生公司		4 160 000

经过上述（1）~（4）的分录调整后，长期股权投资的余额为35 815 000元，如表6－15所示。

表 6－15　按权益法调整后代尔蒙公司"长期股权投资"科目余额　单位：元

长期股权投资——朱生生公司				
日　期	摘　　要	借　方	贷　方	余　额
20×7 年				
12 月 31 日	发行新股购买朱生生股权	29 250 000		29 250 000
31 日	直接合并费用	3 250 000		32 500 000
20×9 年				
12 月 27 日	朱生生公司分红		4 160 000	28 340 000
31 日	反映所享朱生生公司当年净收益	9 750 000		38 090 000
31 日	摊销朱生生公司公允价值和账面价值差异		2 275 000	35 815 000

这一余额与假定母公司一直采用权益法核算的"长期股权投资余额"是一致的。假定母公司一直采用权益法核算的余额如表 6－16 所示。

表 6－16　假定代尔蒙公司采用权益法核算的"长期股权投资"科目余额　单位：元

长期股权投资——朱生生公司				
日　期	摘　　要	借　方	贷　方	余　额
20×7 年				
12 月 31 日	发行新股购买朱生生股权	29 250 000		29 250 000
31 日	直接合并费用	3 250 000		32 500 000
20×8 年				
12 月 28 日	朱生生公司分红		1 560 000	30 940 000
31 日	反映所享朱生生公司当年净收益	3 900 000		34 840 000
31 日	摊销朱生生公司公允价值和账面价值差异		1 950 000	32 890 000
20×9 年				
12 月 27 日	朱生生公司分红		2 600 000	30 290 000
31 日	反映所享朱生生公司累计净收益	5 850 000		36 140 000
31 日	摊销朱生生公司公允价值和账面价值差异		325 000	35 815 000

经过上述（1）～（4）的分录调整后，代尔蒙公司 20×9 年年初的留存收益为 13 910 000 元（见表 6－16），这一调整使母公司 20×9 年年初的留存收益与 20×8 年 12 月 31 日的合并报表数保持一致（见表 6－17）。

表 6－17　　按权益法调整后代尔蒙公司“留存收益”科目余额　　单位：元

留存收益				
日　期	摘　　要	借　方	贷　方	余　额
20×8 年				
12 月 31 日	余额			13 520 000
20×9 年				
12 月 31 日	冲回 20×8 年成本法下的记录	1 560 000		11 960 000
31 日	反映所享朱生生公司 20×8 年净收益		3 900 000	15 860 000
31 日	摊销朱生生公司公允价值和账面价值差异	1 950 000		13 910 000

经过上述（1）~（4）的分录调整后，代尔蒙公司 20×9 年的投资收益为 5 525 000 元，如表 6－18 所示。

表 6－18　　按权益法调整后代尔蒙公司“投资收益”科目余额　　单位：元

投资收益				
日　期	摘　　要	借　方	贷　方	余　额
20×8 年				
12 月 28 日	成本法反映朱生生公司分红		2 600 000	2 600 000
31 日	冲回成本法下记录	2 600 000		0
31 日	反映所享朱生生公司当年净收益		5 850 000	5 850 000
31 日	摊销朱生生公司公允价值和账面价值差异	325 000		5 525 000

2. 编制消除分录。

购买日之后的第 2 年，在调整为权益法之后，代尔蒙公司的长期股权投资余额同样包括两部分（见表 6－19）：一是朱生生公司可辨认净资产的账面值，包括了收购以来累计的留存收益；二是购买成本超过账面值的溢价（包括商誉），但需减去 2 年的摊销。

表 6－19　　代尔蒙公司“长期股权投资”余额分析

20×9 年 12 月 31 日　　单位：元

项　　目	朱生生账面净值	购买溢价	合　计
20×7 年			
12 月 31 日余额	25 350 000	7 150 000	32 500 000
20×8 年－20×9 年			
净收益	9 750 000		9 750 000
公允价值溢价摊销		（2 275 000）	（2 275 000）
分红	（4 160 000）		（4 160 000）
余额	30 940 000	4 875 000	35 815 000

根据与合并后第1年同样的原理，可以编制如下的分录：

（5）抵销投资和权益、确认公允价值增值及摊销。

借：股本（朱生生公司）	13 000 000	
资本公积（朱生生公司）	3 770 000	
留存收益（朱生生公司）	10 920 000	
投资收益（代尔蒙公司）	5 525 000	
固定资产（朱生生公司）	3 705 000	
无形资产——专利（朱生生公司）	195 000	
商誉	975 000	
营业成本	260 000	
管理费用	65 000	
贷：长期股权投资——朱生生公司（代尔蒙公司）		35 815 000
利润分配（朱生生公司）		2 600 000

长期股权投资中，27 690 000元对应于朱生生公司的期初权益；5 525 000元对应于对内的投资收益；27 690 000元和5 525 000元之和与35 815 000元的差额，消除的是对内的分红2 600 000元。固定资产增值的折旧、存货增值的处理、专利增值的摊销对应的是新增的销售成本和管理费用。当然，最后还要消除公司间的往来。

（6）借：应付股利——代尔蒙公司	2 600 000	
贷：应收股利——朱生生公司		2 600 000

编制合并工作底稿和合并报表的流程与合并后第1年类似，为节省篇幅，在此不再赘述。

第二节　部分控股公司合并日以后的合并

如果母公司并没有全部持有子公司的权益，则在合并报表时需计算少数股东损益和少数股东权益。在主体观下，少数股东权益构成合并主体权益的一部分，因而“少数股东权益”作为一个单独的项目列在权益项下，与归属于母公司的所有者权益并列。少数股东损益也作为少数股东对合并净利润的分享，在利润表中单独反映，净利润在“归属于母公司所有者的净利润”和“少数股东损益”之间分摊。

一、合并后第1年的示例

[例6-3] 承接［例5-19］，20×7年12月31日，雷凯公司发行13 509 000股普通股，交换夏工公司90 060 000股普通股，收购了夏工公司95%的股份。夏工公司的总股本为94 800 000股。20×8年夏工公司实现净利润21 330 000元，并于20×8年12月28日宣布现金分红9 480 000元。20×8年雷凯公司实现利润108 546 000元并宣布分红37 576 350元。暂不考虑所得税影响。

20×7 年 12 月 31 日合并时，房屋租赁权的摊销期还剩 6 年。夏工公司对存货采用先进先出法，20×7 年年末存货在 20×8 年全部售出。20×8 年年末雷凯公司对合并商誉进行减值测试，没有发现减值迹象。夏工公司相关资产公允价值溢价摊销情况如表 6－20 所示。夏工公司办公用建筑物公允价值增值部分的折旧为 237 000 元，除办公用建筑物外，其他固定资产均为生产设施。

表 6－20　　20×9 年夏工公司相关资产公允价值溢价摊销表　　单位：元

项　目	公允价值溢价	年限	出售、折旧或摊销	公允价值溢价余额
存货	6 162 000		(6 162 000)	0
固定资产	45 030 000		(3 318 000)	41 712 000
其中：土地使用权	7 110 000	30	(237 000)	6 873 000
建筑物	14 220 000	20	(711 000)	13 509 000
设备	23 700 000	10	(2 370 000)	21 330 000
无形资产——房屋租赁权	7 110 000	6	(1 185 000)	5 925 000

雷凯公司和夏工公司 20×8 年 12 月 31 日的资产负债表、股东权益变动表和 20×8 年年度利润表如表 6－21、表 6－22、表 6－23 所示。雷凯公司需编制 20×8 年的年度合并财务报表。暂不考虑所得税的影响。

表 6－21　　雷凯公司和夏工公司资产负债表（合并前）

20×8 年 12 月 31 日　　单位：元

项　目	雷凯公司	夏工公司
存货	204 057 000	104 043 000
其他流动资产	151 443 000	87 927 000
长期股权投资——夏工	282 563 250	0
固定资产净额	853 200 000	272 550 000
无形资产——租赁权	0	0
商誉	22 515 000	0
资产总计	1 513 778 250	464 520 000
负债	573 670 350	223 017 000
股本（面值 1 元）	250 509 000	94 800 000
资本公积	369 779 250	55 695 000
留存收益	319 819 650	91 008 000
少数股东权益	0	0
股东权益合计	940 107 900	241 503 000
负债和股东权益总计	1 513 778 250	464 520 000

表 6－22 雷凯公司和夏工公司股东权益变动表（合并前）

20×8 年 12 月 31 日

单位：元

项　　目	雷凯公司	夏工公司
一、年初余额		
股本（面值 1 元）	250 509 000	94 800 000
资本公积	369 779 250	55 695 000
留存收益	248 850 000	79 158 000
期初股东权益合计	869 138 250	229 653 000
二、本年增减变动	0	0
（一）净利润	108 546 000	21 330 000
（二）分红	（37 576 350）	（9 480 000）
（三）本年增减变动净额	0	0
留存收益净变动	70 969 650	11 850 000
三、年末余额	0	0
股本（面值 1 元）	250 509 000	94 800 000
资本公积	369 779 250	55 695 000
留存收益	319 819 650	91 008 000
期末股东权益合计	940 107 900	241 503 000

夏工公司在 20×8 年宣布现金分红时，已做如下分录：

借：利润分配——应付利润　　9 480 000

　　贷：应付股利——雷凯公司　　9 006 000

　　　　　　　　——其他股东　　474 000

雷凯公司对控股子公司的投资采用成本法，在夏工公司宣布 20×8 年现金分红时，已做如下分录：

借：应收股利——夏工公司　　9 006 000

　　贷：投资收益　　9 006 000

表 6－23 雷凯公司和夏工公司利润表（合并前）

20×8 年 1～12 月

单位：元

项　　目	雷凯公司	夏工公司
营业收入	1 329 807 000	258 093 000
减：营业成本	930 225 000	165 900 000

续表

项　　目	雷凯公司	夏工公司
营业利润	399 582 000	92 193 000
减：管理费用和营业费用	131 772 000	30 573 000
财务费用	101 910 000	26 070 000
加：投资收益	9 006 000	0
利润总额	174 906 000	35 550 000
减：所得税	66 360 000	14 220 000
净利润	108 546 000	21 330 000

母公司所反映的来自于子公司的投资收益，以及子公司对母公司的分红都属于一个报告主体的内部事项，在合并时必须消除。根据我国会计准则规定的合并财务报表程序，应先把母公司的长期股权投资调整为权益法基础，然后再消除母公司投资和子公司权益、母公司投资收益和子公司分红。

1. 将母公司的成本法记录调整为权益法基础。

（1）冲回成本法下的记录。

借：投资收益　　9 006 000

　　贷：应收股利——夏工公司　　9 006 000

（2）按应享子公司利润反映投资收益。

借：长期股权投资——夏工公司　　20 263 500

　　贷：投资收益　　20 263 500

（3）摊销夏工公司公允价值的溢价。其中：

存货（6 162 000 ×95%）　　5 853 900

土地使用权摊销（237 000 ×95%）　　225 150

建筑物折旧（711 000 ×95%）　　675 450

设备折旧（2 370 000 ×95%）　　2 251 500

房屋租赁权摊销（1 185 000 ×95%）　　1 125 750

合计　　10 131 750

借：投资收益　　10 131 750

　　贷：长期股权投资——夏工公司　　10 131 750

（4）记录夏工公司分红。

借：应收股利——夏工公司　　9 006 000

　　贷：长期股权投资——夏工公司　　9 006 000

经过上述调整，雷凯公司长期股权投资和投资收益的余额分别为 283 689 000 元和 10 131 750元，科目余额如表 6 – 24 和表 6 – 25 所示。

表 6－24　　按权益法调整后雷凯公司“长期股权投资”科目余额　　单位：元

长期股权投资——夏工公司

日　期	摘　　要	借　方	贷　方	余　额
20×7 年				
12 月 31 日	发行新股购买夏工公司股权	270 180 000		270 180 000
31 日	直接合并费用	12 383 250		282 563 250
20×8 年				
12 月 28 日	夏工公司分红		9 006 000	273 557 250
31 日	反映所享夏工公司当年净利润	20 263 500		293 820 750
31 日	摊销夏工公司公允价值和账面价值差异		10 131 750	283 689 000

表 6－25　　按权益法调整后雷凯公司“投资收益”科目余额　　单位：元

投资收益——夏工公司

日　期	摘　　要	借　方	贷　方	余　额
20×8 年				
12 月 28 日	成本法反映夏工公司分红		9 006 000	9 006 000
31 日	冲回成本法下记录	9 006 000		0
31 日	反映所享夏工公司当年净利润		20 263 500	20 263 500
31 日	摊销夏工公司公允价值和账面价值差异	10 131 750		10 131 750

2. 编制消除分录。购买日之后的第 1 年，调整为权益法之后，雷凯公司长期股权投资的余额包括 3 个部分（见表 6－26）：一是夏工公司可辨认净资产的账面值，但此时的账面值包括了当期扣除分红后的留存收益；二是公允价值溢价，减去当期消化的部分；三是雷凯公司收购厦工公司的商誉，扣除减值。

表 6－26　　长期股权投资余额分析

20×8 年 12 月 31 日　　单位：元

项　　目	夏工公司账面净值	公允价值溢价	商　誉	合　计
20×7 年				
12 月 31 日余额	218 170 350	55 386 900	9 006 000	282 563 250
20×8 年				

续表

项　　目	夏工公司账面净值	公允价值溢价	商　誉	合　计
净利润	20 263 500			20 263 500
公允价值溢价摊销		(10 131 750)		(10 131 750)
分红	(9 006 000)			(9 006 000)
期末余额	229 427 850	45 255 150	9 006 000	283 689 000

雷凯公司只收购了夏工公司95%的股权，还有5%属于少数股东拥有。注意少数股东（见表6－27）不分担商誉，从而少数股东权益只包括：夏工公司可辨认净资产的账面值，但此时的账面值包括了当期扣除分红后的留存收益；公允价值溢价，减去当期消化的部分。

表6－27　　少数股东应享权益分析

20×8年12月31日　　单位：元

项　　目	夏工公司账面净值	公允价值溢价	合　　计
20×7年			
12月31日余额	11 482 650	2 915 100	14 397 750
20×8年			
净利润	1 066 500		1 066 500
公允价值溢价摊销		(533 250)	(533 250)
分红	(474 000)		(474 000)
期末余额	12 075 150	2 381 850	14 457 000

表6－26中“长期股权投资”所对应夏工公司账面净值229 427 850元加上少数股东所享账面净值12 075 150元后（见表6－27），与夏工公司的股东权益是对应的。夏工公司的股东权益如下（见表6－28）。

表6－28　　夏工公司股东权益

20×8年12月31日　　单位：元

项　　目	金　　额
股本（面值1元）	94 800 000
资本公积	55 695 000
留存收益	91 008 000
期末股东权益合计	241 503 000

表6－26中“长期股权投资”所对应公允价值溢价45 255 150元加上表6－27中少数股权的公允价值溢价2 381 850元，与公允价值溢价的余额也是一致的，公允价值溢价的余额为47 637 000元，包括固定资产溢价余额41 712 000元和房屋租赁权溢价余额5 925 000元（见表6－20）。

从雷凯公司投资账户的分析可以发现，要消除投资，要同时消除子公司的期初权益和雷凯公司当期所享收益；要确认少数股东权益，也要涉及夏工公司的期初权益和少数股东所享收益。消除分录涉及的项目包括：夏工公司期初的股东权益和雷凯公司的投资账户，以及分红记录，同时确认少数股东权益；雷凯公司记录的公司间投资收益；未摊销的公允价值溢价（包括商誉）；由于公允价值溢价形成的成本和费用。

公允价值溢价当期共消化10 665 000元，建筑物的折旧中有237 000元属于办公楼部分折旧，应计入管理费用，其余的10 428 000元均计入销售成本。

根据上述分析，可以编制如下的消除分录：

（5）抵销投资和权益、确认公允价值增值及摊销。

借：股本（夏工公司） 94 800 000
　　资本公积（夏工公司） 55 695 000
　　留存收益（夏工公司） 79 158 000
　　投资收益（雷凯公司） 10 131 750
　　固定资产（夏工公司） 41 712 000
　　无形资产——租赁权（夏工公司） 5 925 000
　　商誉 9 006 000
　　营业成本 10 428 000
　　管理费用 237 000
　　少数股东损益 533 250
　　贷：长期股权投资——夏工公司（雷凯公司） 283 689 000
　　　　利润分配（夏工公司） 9 480 000
　　　　少数股东权益 14 457 000

当然，最后还要消除公司间的往来：

（6）借：应付股利——雷凯公司 9 006 000
　　　　贷：应收股利——夏工公司 9 006 000

3. 编制合并工作底稿。上述分录（1）~（4）将母公司长期股权投资的成本法调整成了权益法，分录（5）和（6）完成了基于权益法的消除。根据这些分录，就可编制雷凯公司和夏工公司的合并工作底稿（见表6－29）了。

表6－29　　雷凯公司及其子公司合并工作底稿　　单位：元

项　目	雷凯公司	夏工公司	合并消除借方	合并消除贷方	合并金额
资产负债表 （20×8年12月31日）					
存货	204 057 000	104 043 000			308 100 000

续表

项　　目	雷凯公司	夏工公司	合并消除借方	合并消除贷方	合并金额
其他流动资产	151 443 000	87 927 000	（4）9 006 000	(1)(6) 18 012 000	230 364 000
长期股权投资 ——夏工	282 563 250	0	(2) 20 263 500	(3)(4)(5) 302 826 750	0
固定资产净额	853 200 000	272 550 000	(5) 41 712 000		1 167 462 000
无形资产——租赁权	0	0	（5）5 925 000		5 925 000
商誉	22 515 000	0	（5）9 006 000		31 521 000
资产总计	1 513 778 250	464 520 000	85 912 500	320 838 750	1 743 372 000
负债	573 670 350	223 017 000	（6）9 006 000		787 681 350
股本（面值 1 元）	250 509 000	94 800 000	(5)94 800 000		250 509 000
资本公积	369 779 250	55 695 000	(5)55 695 000		369 779 250
留存收益	319 819 650	91 008 000	89 882 250**		320 945 400
少数股东权益				(5)14 457 000	14 457 000
股东权益合计	940 107 900	241 503 000	240 377 250	14 457 000	955 690 650
负债和股东权益总计	1 513 778 250	464 520 000	249 383 250	14 457 000	1 743 372 000
股东权益变动表 (20×8 年 12 月 31 日)					
一、年初余额					
股本（面值 1 元）	250 509 000	94 800 000	（5）94 800 000		250 509 000
资本公积	369 779 250	55 695 000	（5）55 695 000		369 779 250
留存收益	248 850 000	79 158 000	（5）79 158 000		248 850 000
期初股东权益合计	869 138 250	229 653 000	229 653 000		869 138 250
二、本年增减变动					
净利润	108 546 000	21 330 000	19 671 000*		110 205 000
少数股东损益			（5）533 250		(533 250)

续表

项　目	雷凯公司	夏工公司	合并消除借方	合并消除贷方	合并金额
分红	(37 576 350)	(9 480 000)		(5) 9 480 000	(37 576 350)
本年增减变动净额					
留存收益净变动	70 969 650	11 850 000	20 204 250	9 480 000	72 095 400
三、年末余额					
股本（面值1元）	250 509 000	94 800 000	(5) 94 800 000		250 509 000
资本公积	369 779 250	55 695 000	(5) 55 695 000		369 779 250
留存收益	319 819 650	91 008 000	99 362 250	9 480 000	320 945 400
期末股东权益合计	940 107 900	241 503 000	249 857 250	9 480 000	941 233 650
利润表 (20×8年1～12月)					
营业收入	1 329 807 000	258 093 000			1 587 900 000
减：营业成本	930 225 000	165 900 000	(5) 10 428 000		1 106 553 000
营业利润	399 582 000	92 193 000			481 347 000
减：管理费用和营业费用	131 772 000	30 573 000	(5) 237 000		162 582 000
财务费用	101 910 000	26 070 000			127 980 000
加：投资收益	9 006 000	0	(1) (3) (5) 29 269 500	(2) 20 263 500	0
利润总额	174 906 000	35 550 000			190 785 000
减：所得税	66 360 000	14 220 000			80 580 000
净利润	108 546 000	21 330 000	39 934 500	20 263 500	110 205 000
归属于母公司所有者的净利润					109 671 750
少数股东损益			(5) 533 250		533 250

注：* 源于净利润调整额（39 934 500 – 20 263 500）。

* * 源自股东权益变动表留存收益净调整额（99 362 250 – 9 480 000）。

从上面的合并工作底稿，可以看出：

（1）公允价值溢价及商誉的摊销是在合并过程中完成的，真正合并的子公司的利润是扣除溢价部分后的利润 10 665 000 元（21 330 000 - 10 665 000），加上母公司扣除投资收益后的利润 99 540 000 元就是合并净利润 110 205 000 元。合并净利润中，归属于母公司所有者的利润为 109 671 750 元，归属于少数股东的利润为 533 250 元。

（2）母公司对长期股权投资采用成本法反映，其报表上的净利润、留存收益和股东权益和合并金额不一致。但经过权益法调整后，母公司报表上的净利润、留存收益和股东权益和合并金额将保持一致。

母公司的净利润 108 546 000 元加上权益法调整后的金额 1 125 750 元（20 263 500 - 10 131 750 - 9 006 000）后，即与合并后归属于母公司的净利润 109 671 750 元保持一致。

母公司的留存收益 319 819 650 元加上权益法下净利润的调整 1 125 750 元后，即与合并后属于母公司股东的留存收益 320 945 400 元保持一致。

由于合并股东权益中的股本和资本公积是母公司的金额，而母公司的留存收益经权益法调整后与合并后归属于母公司股东的留存收益一致，从而，母公司的股东权益将与合并后归属于母公司的股东权益一致。

（3）少数股东权益可以采用如下的方法复核：

夏工公司股东权益（20×8 年 12 月 31 日）	241 503 000
加：公允价值溢价余额	47 637 000
调整后的股东权益	289 140 000
少数股东所享权益	14 457 000

4. 编制合并财务报表。根据上述的合并工作底稿，可编制出合并财务报表。雷凯公司及夏工公司的 20×8 年 12 月 31 日的合并资产负债表、合并股东权益变动表和 20×8 年年度的利润表如表 6-30、表 6-31 和表 6-32 所示。

表 6-30　　雷凯公司及其子公司合并资产负债表

20×8 年 12 月 31 日　　单位：元

项　　目	金　　额
资产负债表	
存货	308 100 000
其他流动资产	230 364 000
长期股权投资——夏工公司	
固定资产净额	1 167 462 000
无形资产——租赁权	5 925 000
商誉	31 521 000
资产总计	1 743 372 000
负债	787 681 350
股本（面值 1 元）	250 509 000

续表

项　　目	金　　额
资本公积	369 779 250
留存收益	320 945 400
少数股东权益	14 457 000
股东权益合计	955 690 650
负债和股东权益总计	1 743 372 000

表 6－31　　雷凯公司及其子公司合并股东权益变动表

20×8 年 12 月 31 日　　单位：元

项　　目	金　　额
一、年初余额	
股本（面值 1 元）	250 509 000
资本公积	369 779 250
留存收益	248 850 000
期初股东权益合计	869 138 250
二、本年增减变动	
（一）净利润	110 205 000
（二）少数股东损益	－533 250
（三）分红	－37 576 350
（四）本年增减变动净额	
留存收益净变动	72 095 400
三、年末余额	
股本（面值 1 元）	250 509 000
资本公积	369 779 250
留存收益	320 945 400
期末股东权益合计	941 233 650

表 6－32　　雷凯公司及其子公司合并利润表

20×8 年 1～12 月　　单位：元

项　　目	金　　额
营业收入	1 587 900 000
减：营业成本	1 106 553 000
营业利润	481 347 000

续表

项　　目	金　　额
减：管理费用和营业费用	162 582 000
财务费用	127 980 000
加：投资收益	0
利润总额	190 785 000
减：所得税	80 580 000
净利润	110 205 000
归属于母公司所有者的净利润	109 671 750
少数股东损益	533 250

二、合并后第2年的示例

[例6-4] 承接[例6-3]，20×9年夏工公司实现净利润24 885 000元，并于20×8年12月27日宣布现金分红11 850 000元。雷凯公司应享夏工公司净利润23 640 750元，应享分红11 257 500元。年度终了，雷凯公司需编制20×9年的年度合并财务报表。暂不考虑所得税的影响。

20×9年12月31日，夏工公司相关资产公允价值的溢价摊销如表6-33所示。夏工公司对存货采用先进先出法，20×7年年末存货已在20×8年全部售出。20×9年，夏工公司办公用建筑物公允价值增值部分的折旧为237 000元，除办公用建筑物外，其他固定资产均为生产设施。20×9年雷凯公司对合并商誉进行减值测试，没有发现减值迹象。

表6-33　　20×9年夏工公司相关资产公允价值溢价摊销表　　单位：元

项　　目	公允价值增值	年限	20×9年摊销	累计摊销	公允价值余额
存货	6 162 000		(6 162 000)		0
固定资产净额	45 030 000		(3 318 000)	(6 636 000)	38 394 000
土地使用权	7 110 000	30	(237 000)	(474 000)	6 636 000
建筑物	14 220 000	20	(711 000)	(1 422 000)	12 798 000
设备	23 700 000	10	(2 370 000)	(4 740 000)	18 960 000
无形资产——房屋租赁权	7 110 000		(1 185 000)	(2 370 000)	4 740 000

夏工公司在 20×9 年宣布现金分红时，已做如下分录：

借：利润分配——应付利润　　11 850 000

　　贷：应付股利——雷凯公司　　11 257 500

　　　　　　　　——其他股东　　592 500

雷凯公司对控股子公司的投资采用成本法，在夏工公司宣布 20×9 年现金分红时，已做如下分录：

借：应收股利——夏工公司　　11 257 500

　　贷：投资收益　　11 257 500

按我国会计准则规定的合并程序，母公司先将长期股权投资调整为权益法后，再编制合并财务报表。下面是购买日后第 2 年的合并程序。

1. 将母公司的成本法记录调整为权益法基础。

（1）冲回成本法下的记录。

借：投资收益　　11 257 500

　　留存收益　　9 006 000

　　贷：应收股利——夏工公司　　11 257 500

　　　　现金　　9 006 000

（2）按应享子公司利润反映投资收益。

借：长期股权投资——夏工公司　　43 904 250

　　贷：投资收益　　23 640 750

　　　　留存收益　　20 263 500

（3）摊销夏工公司公允价值的溢价。其中：

存货（6 162 000×95%）	5 853 900
土地使用权摊销（每年 237 000×95%）	450 300
建筑物折旧（每年 711 000×95%）	1 350 900
设备折旧（每年 2 370 000×95%）	4 503 000
房屋租赁权摊销（每年 1 185 000×95%）	2 251 500
合计	14 409 600

借：投资收益　　4 277 850

　　留存收益　　10 131 750

　　贷：长期股权投资——夏工公司　　14 409 600

（4）记录夏工公司分红。

借：应收股利——夏工公司　　11 257 500

　　现金　　9 006 000

　　贷：长期股权投资——夏工公司　　20 263 500

经过上述（1）~（4）的分录调整后，雷凯公司长期股权投资的余额为 291 794 400 元，如表 6－34 所示。

表 6-34　按权益法调整后雷凯公司“长期股权投资”科目余额　单位：元

长期股权投资——夏工公司				
日　期	摘　　要	借　方	贷　方	余　额
20×7 年				
12 月 31 日	发行新股购买夏工公司股权	270 180 000		270 180 000
31 日	直接合并费用	12 383 250		282 563 250
20×9 年				
12 月 27 日	夏工公司分红		20 263 500	262 299 750
31 日	反映所享夏工公司当年净利润	43 904 250		306 204 000
31 日	摊销夏工公司公允价值和账面价值差异		14 409 600	291 794 400

这一余额与假定雷凯公司一直采用权益法核算的“长期股权投资余额”是一致的。假定雷凯公司一直采用权益法，其账户如表 6-35 所示。

表 6-35　假定雷凯公司采用权益法核算的“长期股权投资”科目余额　单位：元

长期股权投资——夏工公司				
日　期	摘　　要	借　方	贷　方	余　额
20×7 年				
12 月 31 日	发行新股购买夏工公司股权	270 180 000		270 180 000
31 日	直接合并费用	12 383 250		282 563 250
20×8 年				
12 月 28 日	夏工公司分红		9 006 000	273 557 250
31 日	反映所享夏工公司当年净利润	20 263 500		293 820 750
31 日	摊销夏工公司公允价值和账面价值差异		10 131 750	283 689 000
20×9 年				
12 月 27 日	夏工公司分红		11 257 500	272 431 500
31 日	反映所享夏工公司当年净利润	23 640 750		296 072 250
31 日	摊销夏工公司公允价值和账面价值差异		4 277 850	291 794 400

经过上述（1）~（4）的分录调整后，雷凯公司 20×9 年年初的留存收益为 320 945 400 元（见表 6-36），这一调整使母公司 20×9 年年初的留存收益与 20×8 年 12 月 31 日合并报表中归属于母公司的留存收益保持一致。

表 6－36　　按权益法调整后雷凯公司“留存收益”科目余额　　单位：元

留存收益				
日　期	摘　　要	借　方	贷　方	余　额
20×8 年				
12 月 31 日	余额			319 819 650
20×9 年				
12 月 31 日	冲回 20×8 年成本法下记录的投资收益	9 006 000		310 813 650
31 日	反映所享夏工公司 20×8 年净利润		20 263 500	331 077 150
31 日	摊销夏工公司公允价值和账面价值差异	10 131 750		320 945 400

经过上述（1）～（4）的分录调整后，雷凯公司 20×9 年的投资收益为 19 362 900 元，如表 6－37 所示。

表 6－37　　按权益法调整后雷凯公司“投资收益”科目余额　　单位：元

投资收益				
日　期	摘　　要	借　方	贷　方	余　额
20×9 年				
12 月 27 日	成本法反映夏工公司分红		11 257 500	11 257 500
31 日	冲回成本法下记录	11 257 500		0
31 日	反映所享夏工公司当年净利润		23 640 750	23 640 750
31 日	摊销夏工公司公允价值和账面价值差异	4 277 850		19 362 900

2. 编制消除分录。购买日之后的第 2 年，在调整为权益法之后，雷凯公司的长期股权投资余额同样包括三个部分（见表 6－38）：一是夏工公司可辨认净资产的账面值，但此时的账面值包括了当期扣除分红后形成的留存收益；二是公允价值溢价，减去累计消化的部分；三是雷凯公司收购厦工公司的商誉，扣除减值。

表 6－38　　长期股权投资余额分析

20×9 年 12 月 31 日　　单位：元

	夏工公司账面净值*	公允价值溢价*	商　誉	合　计
20×7 年				
12 月 31 日余额	218 170 350	55 386 900	9 006 000	282 563 250
20×8 年				
雷凯公司所享净利润	20 263 500			20 263 500
公允价值溢价摊销		（10 131 750）		（10 131 750）

续表

	夏工公司账面净值*	公允价值溢价*	商 誉	合 计
分红	(9 006 000)			(9 006 000)
期末余额	229 427 850	45 255 150	9 006 000	283 689 000
20×9 年				
雷凯公司所享净利润	23 640 750			23 640 750
公允价值溢价摊销		(4 277 850)		(4 277 850)
分红	(11 257 500)			(11 257 500)
期末余额	241 811 100	40 977 300	9 006 000	291 794 400

注：* 均只占95%。

雷凯公司只收购了夏工公司95%的股权，还有5%属于少数股东拥有。合并后的第2年，少数股东权益（见表6－39）包括：夏工公司可辨认净资产的账面值，但此时的账面值包括了当期扣除分红后形成的留存收益；公允价值溢价，减去累计消化的部分。

表6－39　　少数股东应享权益分析

20×9年12月31日　　单位：元

	夏工公司账面净值	公允价值溢价	合 计
20×7 年			
12月31日余额	11 482 650	2 915 100	14 397 750
20×8 年			
净利润	1 066 500		1 066 500
公允价值溢价摊销		(533 250)	(533 250)
分红	(474 000)		(474 000)
期末余额	12 075 150	2 381 850	14 457 000
20×9 年			
净利润	1 244 250		1 244 250
公允价值溢价摊销		(225 150)	(225 150)
分红	(592 500)		(592 500)
期末余额	12 726 900	2 156 700	14 883 600

根据“长期股权投资”余额分析（见表6－36）和少数股权余额的分析（见表6－39），

就可以编制如下的分录：

（5）抵销投资和权益、确认公允价值增值及摊销。

借：股本（夏工公司）	94 800 000	
资本公积（夏工公司）	55 695 000	
留存收益（夏工公司）	91 008 000	
投资收益（雷凯公司）	19 362 900	
固定资产（夏工公司）	38 394 000	
无形资产——租赁权（夏工公司）	4 740 000	
商誉	9 006 000	
营业成本	4 266 000	
管理费用	237 000	
少数股东损益	1 019 100	
贷：长期股权投资——夏工公司（雷凯公司）		291 794 400
利润分配（夏工公司）		11 850 000
少数股东权益		14 883 600

当然，最后还要消除公司间的往来：

（6）借：应付股利——雷凯公司	11 257 500	
贷：应收股利——夏工公司		11 257 500

根据分录（1）~（6）即可编制合并工作底稿和合并报表，其流程与第1年类似，此处省略编制过程。

第三节　公司间交易

母公司和子公司之间，以及子公司相互之间往往会产生关联交易。这些关联交易统称为公司间交易，它包括两类：第一类交易涉及公司间损益，如公司间商品的销售；第二类交易不涉及公司间损益，如往来款的发生。同一报告主体的公司间交易必须消除，以确保合并报表所包含的交易和事项仅是合并集团与外界发生的交易。一般而言，企业会单独设立账户以反映公司间交易涉及的资产、负债、收入和费用。通过这些分开设立的账户可以确定需要消除的项目。

> **原理**
>
> 公司间交易主要是指母公司之间以及子公司之间的关联交易。它分为涉及公司间损益的交易和不涉及公司间损益的交易。其中后者是指无需涉及未实现利润消除的交易。

一、不涉及损益的公司间交易

此处所指不涉及损益的公司间交易，是指无需涉及未实现利润消除的交易。比如母公司和子公司之间的融资，当然会涉及利息收入和利息费用，但是一方的利息收入和另一方的利息费用是对等的，收入和费用的消除和往来款的消除并没有什么不同。不涉及损益的公司间交易包括公司间往来、经营租赁、公司间劳务的提供等。由于这些交易所涉及的收入或费用是对等的，在合并时自然抵销了，因而合并消除不涉及所得税的调整问题。

（一）公司间往来

一般而言，母公司具有更便利的融资渠道，或者更多的授信额度，母公司融资往往比子公司成本要低廉，子公司占用母公司的资金较为常见。许多企业集团成立了资金池，各个公司的存款和用款相互计息，如果资金池在母公司，便会发生母公司给子公司融资的情况。许多集团甚至成立了内部银行或者财务公司，公司间的资金融通就更为常见。一般而言，母公司给子公司提供资金的利率要高于银行贷款利率，既可促使子公司节约资金，也可避免一些低收益率的项目。

［**例6－5**］20×9年12月31日，雷凯公司向其控股子公司夏工公司提供借款，夏工公司出具如下条款和金额的票据（见表6－40）。

表6－40　　夏工公司向雷凯公司出具票据期限及利率

出票日	期限（月）	利率（%）	金额（元）
20×9年2月1日	6	10	2 370 000
20×9年4月1日	6	10	3 555 000
20×9年9月1日	6	10	4 977 000
20×9年11月1日	6	10	5 688 000

雷凯公司记录的应收票据、确认的利息收入和应收利息如表6－41、表6－42、表6－43所示。

表6－41　　雷凯公司“公司间应收票据”　　单位：元

公司间应收票据——夏工				
日期	摘要	借方	贷方	余额
20×9年				
2月1日	夏工出具借款票据	2 370 000		2 370 000
4月1日	夏工出具借款票据	3 555 000		5 925 000
8月1日	收回夏工借款		2 370 000	3 555 000
9月1日	夏工出具借款票据	4 977 000		8 532 000
10月1日	收回夏工借款		3 555 000	4 977 000
11月1日	夏工出具借款票据	5 688 000		10 665 000

表 6－42　　雷凯公司"公司间利息收入"　　单位：元

公司间利息收入				
日　期	摘　　要	借　方	贷　方	余　额
20×9 年				
8 月 1 日	收到夏工借款利息		118 500	118 500
10 月 1 日	收到夏工借款利息		177 750	296 250
12 月 31 日	应计夏工利息		260 700	556 950

表 6－43　　雷凯公司"公司间应收利息"　　单位：元

公司间应收利息——夏工				
日　期	摘　　要	借　方	贷　方	余　额
20×9 年				
12 月 31 日	应计夏工利息	260 700		260 700

相应地，夏工公司将记录应付票据、确认利息费用和应付利息。其记录如表 6－44、表 6－45、表 6－46 所示。

表 6－44　　夏工公司"公司间应付票据"　　单位：元

公司间应付票据——雷凯				
日　期	摘　　要	借　方	贷　方	余　额
20×9 年				
2 月 1 日	出具借款票据		2 370 000	2 370 000
4 月 1 日	出具借款票据		3 555 000	5 925 000
8 月 1 日	偿还借款	2 370 000		3 555 000
9 月 1 日	出具借款票据		4 977 000	8 532 000
10 月 1 日	偿还借款	3 555 000		4 977 000
11 月 1 日	出具借款票据		5 688 000	10 665 000

表 6－45　　夏工公司"公司间利息费用"　　单位：元

公司间利息费用				
日　期	摘　　要	借　方	贷　方	余　额
20×9 年				
8 月 1 日	支付借款利息	118 500		118 500
10 月 1 日	支付借款利息	177 750		296 250
12 月 31 日	应付雷凯利息	260 700		556 950

表 6－46　　夏工公司"公司间应付利息"　　单位：元

公司间应付利息——雷凯				
日　期	摘　　要	借　方	贷　方	余　额
20×9 年				
12 月 31 日	应付雷凯利息		260 700	260 700

上述公司间的交易，可编制如下的消除分录消除：

借：公司间应付票据——雷凯　　10 665 000

　　公司间利息收入　　556 950

　　公司应付利息——雷凯　　260 700

　　贷：公司间应收票据——夏工　　10 665 000

　　　　公司间利息费用　　556 950

　　　　公司应收利息——夏工　　260 700

也可不编制消除分录，直接在合并工作底稿消除（见表 6－47）。

表 6－47　　直接在工作底稿中消除　　单位：元

	雷凯公司	夏工公司	合并消除借方	合并消除贷方	合并金额
资产负债表					
……					
公司间应收（付）款	10 925 700	（10 925 700）			0
……					
利润表					
……					0
公司间利息收入（费用）	556 950	（556 950）			0
……					

如果雷凯公司将上述票据在银行贴现，则夏工对雷凯公司的内部债务将变为外部债务。雷凯公司确认相应的现金和利息费用，并通知夏工公司。夏工公司则将这部分债务转为对银行票据。在合并时，无需再进行消除。

（二）公司间经营租赁

母公司和子公司以及子公司之间发生了经营租赁，则出租的一方记录公司间租赁收入，承租的一方确认租赁费用。在合并时相互抵销。

［**例6-6**］20×9年2月1日，雷凯公司将一部分大楼出租给夏工，租期5年，每月租金592 500元，每月1日支付。

20×9年，雷凯公司将记录6 517 500元的租金收入，夏工公司也将记录6 517 500元的租金费用。在编制合并工作底稿时，作为公司间交易被自然抵销了。由于租赁每月月初支付，所以不涉及应收应付款。

（三）公司间劳务的提供

国内上市公司相互之间劳务的提供相当普遍。由于多数公司上市时，只是集团的一部分业务或者核心业务，不可避免地发生集团给上市公司提供劳务的情况。如五粮液集团公司给五粮液股份有限公司提供的水、电、汽等，中化集团给中化国际股份有限公司提供贸易代理等。在上市公司内部，母公司向子公司提供劳务的情况也很普遍。

在跨国公司中，母公司向各国公司收取管理费是一个普遍的惯例。管理费的收取依据可以是子公司的净资产、员工数、总资产或销售收入。

公司间劳务的提供在合并工作底稿中也可以自然抵销，前提是公司间交易要以单独的账户反映。

二、涉及损益的公司间交易

母公司和子公司之间以及子公司相互之间可能会发生商品销售、固定资产或无形资产的转让、融资租赁等交易，若将母子公司作为一个报告主体，购买的一方其资产将包含未实现的利润，除非这些商品已出售给外部、固定资产或无形资产已折旧或摊销完毕。在编制合并报表时，这些未实现的利润需要消除。

如果母公司或子公司在公开市场购买其联属公司①发行的债券，将会形成已经实现的利润或损失，虽然在单个公司的账上并不会出现损益。比如子公司以每份120元溢价发行5年期、10%的债券，债券发行后央行连续加息，导致该债券价格下跌，若母公司以115元买入这些债券，每一份将有5元的利得，该利得已经实现，但不会实现在单个公司账上，只会实现在合并报表中。

上述提到的未实现利润必须消除，否则合并报表不仅包含了对外部交易所实现的损益，也包括了内部交易所实现的损益。假如不严格地消除这些未实现利润，将给公司操纵收益大开方便之门。像从市场购回子公司所发行债券这一类交易，则必须在合并报表中确认相应的损益，否则合并利润将不能如实反映经营成果。

（一）公司间商品的销售

公司间商品的销售可分为顺流交易、逆流交易和平行交易，顺流交易是指母公司给子公司出售商品，逆流交易是指子公司出售商品给母公司，平行交易是指子公司相互之间的交易。这些交易所形成的未实现损益均需100%消除，但消除的损益可以按比例在多数权益和少数权益之间分摊。

---

① 这里的联属公司指属于同一个合并主体的公司。

[**例 6－7**] 20×9 年雷凯公司按成本出售商品给夏工公司，总价[①]为 35 550 000 元，夏工公司的年末存货中尚有 5 925 000 元来源于雷凯公司。20×9 年年末，夏工公司尚欠雷凯公司 3 555 000 元。

雷凯公司将做如下记录：

（1）借：公司间应收款	35 550 000	
贷：公司间营业收入		35 550 000
（2）借：公司间营业成本	35 550 000	
贷：存货		35 550 000
（3）借：银行存款	31 995 000	
贷：公司间应收款		31 995 000

夏工公司将做如下记录：

（1）借：存货	35 550 000	
贷：公司间应付款		35 550 000
（2）借：公司间应付款	31 995 000	
贷：银行存款		31 995 000

这是一项顺流交易，而且不涉及未实现利润。合并报表时，由于母公司的存货只是按原价值转移到子公司，对合并利润没有影响。公司间应收款和公司间应付款的余额分别为 3 555 000元，在编制合并工作底稿时自然消除。母公司记录的公司间营业收入和公司间营业成本在合并时也需消除，否则会虚增营业规模，影响财务分析的指标。消除分录如下：

借：公司间营业收入	35 550 000	
贷：公司间营业成本		35 550 000

[**例 6－8**] 20×9 年，夏工公司按成本加价 25% 出售一批存货给雷凯公司，销售金额为 28 440 000 元，雷凯公司已将其中的 18 960 000 元以 23 700 000 元出售给集团以外的其他公司。雷凯公司的年底存货中尚有 9 480 000 元来自于夏工公司。年末，雷凯公司尚欠夏工公司 7 110 000 元。暂不考虑所得税的影响。

这是一项逆流交易，而且涉及公司间未实现的利润。雷凯公司将做如下记录：

（1）借：存货	28 440 000	
贷：公司间应付款		28 440 000
（2）借：公司间应付款	21 330 000	
贷：银行存款		21 330 000
（3）借：应收账款	23 700 000	
贷：营业收入		23 700 000
（4）借：营业成本	18 960 000	
贷：存货		18 960 000

夏工公司将做如下记录：

（1）借：公司间应收款	28 440 000	
贷：公司间营业收入		28 440 000

① 为简化原理，本书所涉及的交易均未考虑增值税。

（2）借：公司间营业成本　22 752 000
　　贷：存货　22 752 000
（由于成本加价25%后的销售金额为28 440 000元，销售成本为销售金额的80%）
（3）借：银行存款　21 330 000
　　贷：公司间应收款　21 330 000

合并消除时，公司间应收应付的余额7 110 000元自然抵销了，公司间的营业收入28 440 000元和营业成本22 752 000元也应消除，其差额5 688 000元是公司间交易的利润，其中1 896 000元还包括在雷凯公司的期末存货中（见表6－48），3 792 000元已实现，应冲减销售成本。从而消除分录如下：

借：公司间营业收入　28 440 000
　贷：公司间营业成本　22 752 000
　　营业成本　3 792 000
　　存货　1 896 000

表6－48　雷凯公司公司间交易的销售成本及期末存货未实现毛利

20×9年1～12月　单位：元

项　目	按夏工公司售价	按夏工公司成本	公司间毛利
从夏工公司采购	28 440 000	22 752 000	5 688 000
减：期末存货	9 480 000	7 584 000	1 896 000
已出售存货成本	18 960 000	15 168 000	3 792 000

公司间未实现利润的消除也可以采用还原法，即将母公司和子公司与公司间交易有关的记录全部冲回，然后假定子公司直接对外交易。本例中，公司间往来已自然消除，合并消除分录不包括往来款的消除。

第一步，先将母公司和子公司的记录全部冲回。

（1）借：公司间应付款　28 440 000
　　贷：存货　28 440 000
（2）借：营业收入　23 700 000
　　贷：应收账款　23 700 000
（3）借：存货　18 960 000
　　贷：营业成本　18 960 000

分录（1）～（3）冲回雷凯公司关于公司间交易的记录。

（4）借：公司间营业收入　28 440 000
　　贷：公司间应收款　28 440 000
（5）借：存货　22 752 000
　　贷：公司间营业成本　22 752 000

分录（4）～（5）冲回夏工公司关于公司间交易的记录。

第二步，假定子公司直接对外交易。

（6）借：应收账款　　23 700 000

　　贷：营业收入　　23 700 000

（7）借：营业成本　　15 168 000

　　贷：存货　　15 168 000

整理上述分录（1）~（7）即为合并消除分录。本例中，公司间往来已自然消除，合并消除分录不包括往来款的消除。这个过程看似复杂，但在实务中具有一定的可操作性，即编制合并消除分录时，只需把与内部交易有关的分录消除，再假定子公司直接对外销售。但若存在半成品的销售，或者商品难以辨认来源时，就很难处理了。

由于上述交易是逆流交易，所消除的期末存货未实现利润应在母公司和少数股东之间分摊，在计算20×9年年度少数股东应享损益及20×9年年底少数股东权益时，均要按少数股东所持比例消除未实现利润。

如果年初的存货还含有未实现的利润，其消除要更为复杂一些。一般是假定公司采用先进先出法，即假定年初的存货在当期全部售出，这样期末存货就只包括当期公司间交易所形成的未实现利润。

［例6－9］ 承接［例6－8］，假定2×10年夏工公司又按成本加成25%的方式出售35 550 000元的商品，期末存货中尚有14 220 000元未售出。暂不考虑所得税的影响。

雷凯公司2×10年公司间交易的销售成本及期末存货未实现毛利如表6－49所示。

表6－49　　雷凯公司公司间交易的销售成本及期末存货未实现毛利

2×10年1~12月　　单位：元

项　　目	按夏工公司售价	按夏工公司成本	公司间毛利
从夏工采购存货期初余额	9 480 000	7 584 000	1 896 000
加：本期从夏工公司采购	35 550 000	28 440 000	7 110 000
减：期末存货	14 220 000	11 376 000	2 844 000
已出售存货成本	30 810 000	24 648 000	6 162 000

从上表可以得出以下结论：（1）期末存货包括的未实现利润为2 844 000元，应消除。（2）已出售存货的销售成本实际为24 648 000元，而雷凯公司记录为30 810 000元，虚增6 162 000元，应消除。（3）公司间销售收入35 550 000元和销售成本28 440 000元要消除，其毛利7 110 000元也要消除。（4）期初存货所包括的未实现利润1 896 000元，与当期公司间交易形成的毛利7 110 000元，有两个去向，一是在期末存货（2 844 000元）中，二是虚增了销售成本6 162 000元。（5）由于期初存货已售出，所以夏工公司出售给雷凯公司的公司间销售毛利已经实现了。换言之，在合并报表上，公司间交易有一部分毛利在2×10年才实现，而在单个公司报表上，夏工公司在20×9年就实现了。2×10年，雷凯公司和夏工公司的报表均不反映期末存货未实现毛利。这样就形成了合并报表和单个报表的一个时间差。因而，在以单个公司报表为基础进行合并时，需要调整期初留存收益和当期销售成本。（6）期初存货的未实现毛利，少数股东应按比例分摊。

经过上述分析，可编制消除分录如下：

借：公司间营业收入　　35 550 000
　　留存收益（1 896 000 的 95%）　　1 801 200
　　少数股东权益（1 896 000 的 5%）　　94 800
　　贷：公司间营业成本　　28 440 000
　　　　营业成本　　6 162 000
　　　　存货　　2 844 000

（二）公司间固定资产及无形资产的转让

公司间可能发生固定资产或无形资产的转让。在转让的当年，如果存在转让差价，合并时当然应该消除。在转让后期，购入方按转让价格记录固定资产或无形资产成本，转让差价要持续抵销，并同时调整留存收益；按购入成本进行折旧超过按转出方账面成本折旧的差额，在合并时也要消除。在处置时，需将留存收益的调整额转出。注意，上述调整均是合并时所做分录，与单个公司的记录无关。

1. 公司间固定资产的转让。

［**例 6－10**］20×9 年 12 月 31 日，夏工公司将购入成本为 11 850 000 元的设备，以 14 220 000元售与雷凯公司。暂不考虑所得税的影响。相关信息如表 6－50 所示。

表 6－50　　夏工公司向雷凯公司出售设备信息

项　目	雷凯公司	夏工公司
取得时间	20×9 年 12 月 31 日	20×7 年 1 月 1 日
取得成本（元）	14 220 000	11 850 000
预计使用寿命（年）	5	10
预计残值（元）	948 000	948 000
年折旧费用（直线法）（元）	2 654 400	1 090 200

（1）取得固定资产当年的合并消除。

20×9 年 12 月 31 日，雷凯公司将做如下记录：

借：固定资产　　14 220 000
　　贷：银行存款　　14 220 000

20×9 年 12 月 31 日，夏工公司将做如下记录：

借：银行存款　　14 220 000
　　累计折旧　　3 270 600
　　贷：固定资产　　11 850 000
　　　　公司间销售利得　　5 640 600

雷凯公司取得固定资产的当年，在合并时需要消除公司间固定资产销售的利得，分录如下：

借：公司间销售利得　　5 640 600
　　贷：固定资产　　5 640 000

其结果就像夏工公司将一台设备按账面净值转给雷凯公司，雷凯公司不过是调整了折旧年限并重新折旧。

由于该交易是逆流交易，在计算20×9年的少数股东应享损益和20×9年年末的少数股东权益时，该部分利得的消除应在控股股东和少数股东之间分配。

（2）取得固定资产以后年度的合并消除。2×10年，雷凯公司将按14 220 000元的原值进行折旧，年折旧费为2 654 400元。但在合并报表上，经过公司间销售利得的消除，折旧的原值为8 579 400元，年折旧费为1 526 280元。差额抵销当期的折旧费用（从合并报表的角度是多提了）。期初固定资产所包括的未实现利得在合并时要继续消除，此时夏工公司已将该部分利得转为留存收益，因而要消除留存收益5 358 570元（5 640 600元的95%），同时计算少数股东应分享部分（5 640 600元的5%）。消除分录如下：

借：留存收益	5 358 570	
少数股东权益	282 030	
贷：固定资产		5 640 600

（反映期初固定资产所包括的公司间未实现利得）

借：累计折旧	1 128 120	
贷：折旧费用		1 128 120

（消除从合并报表角度多计提的折旧，这个金额刚好是雷凯公司所记固定资产原值与夏工公司账面净值之差5 640 600元按5年折旧的金额）

与逆流交易的利得在控股股东和少数股东之间分配对应，该折旧费用也应在二者之间分配；在下一年合并报表时，该金额将在控股股东的年初留存收益和少数股东权益之间分配。

（3）第2年（2×11年）的合并消除。由于已经计提了一年折旧，到2×11年年初，雷凯公司支付的溢价实际只剩4 512 480元（5 640 600－1 128 120），这一利得在控股股东的留存收益和少数股东权益之间分摊。合并消除时，调整年初留存收益的分录如下：

借：留存收益	4 286 856	
少数股东权益	225 624	
累计折旧	1 128 120	
贷：固定资产		5 640 600

消除2×11年多提折旧的分录如下：

借：累计折旧	1 128 120	
贷：折旧费用		1 128 120

2×12～2×14年的分录与2×11年的分录类似（如表6－51所示），只是留存收益和累计折旧的金额有所不同。

等到折旧提完之后，一直到固定资产处置或报废，无需在合并报表中计提折旧，只需将虚增的原值和累计折旧对抵即可：

借：累计折旧	5 640 600	
贷：固定资产		5 640 600

表 6－51　　2×11～2×14 年的消除分录　　单位：元

科目	2×11 年*	2×12 年	2×13 年	2×14 年
借：留存收益	4 286 856	3 215 142	2 143 428	1 071 714
少数股东权益	225 624	169 218	112 812	56 406
累计折旧	2 256 240	3 384 360	4 512 480	5 640 600
贷：固定资产	5 640 600	5 640 600	5 640 600	5 640 600
折旧费用	1 128 120	1 128 120	1 128 120	1 128 120

注：＊2×11 年的分录是上面两个分录的汇总。

2. 公司间无形资产的转让。公司间无形资产的转让与固定资产的转让类似，公司间交易的利得也要在合并时消除。所不同的是，无形资产的摊销是直接冲减无形资产成本，不通过类似累计折旧的科目。

［**例 6－11**］2×10 年 1 月 1 日，雷凯公司向夏工公司出售一项专利。该专利在雷凯公司账上的净值为 7 584 000 元，出售给夏工的金额为 9 480 000 元。该专利的经济寿命还有 4 年。暂不考虑所得税影响。

编制 2×10 年的合并报表时，需消除内部交易利得 1 896 000 元，同时当期摊销 474 000 元。所以消除分录为：

借：公司间销售利得　　1 896 000

　　贷：无形资产　　1 896 000

借：无形资产　　474 000

　　贷：无形资产摊销费用[①]　　474 000

也可将上述分录合二为一。由于是顺流交易，所以公司间交易利得无需在少数股东和控股股东之间分摊。以后各期的消除基本类似，编制 2×11～2×13 年的合并消除分录如表 6－52所示。

表 6－52　　2×11 年至 2×13 年的消除分录　　单位：元

科目	2×11 年*	2×12 年	2×13 年
借：留存收益	1 422 000	948 000	474 000
贷：无形资产	948 000	474 000	0
摊销费用	474 000	474 000	474 000

注：＊2×11 年的分录是上面两个分录的汇总。

① 实际上是消除管理费用或者营业成本，这里采用"无形资产摊销费用"只是为了便于理解。以后可能会遇到类似情况，科目的采用主要是为了讲述原理，可能与会计准则指南中的科目不相符。

（三）在市场上购买联属公司的债券

母公司和子公司之间、或子公司相互之间销售商品、转让固定资产或无形资产、发生融资租赁等交易，可能产生未实现的损益。这种未实现的损益若不消除可能增加合并报表的虚假成分。在另一种情况下，可能从整个合并主体的角度，损益已实现，但母公司或子公司的单个报表并未能反映这一已实现损益的状况，比如在市场上购买联属公司发行的债券。由于发行价与购买价格不一致，就会产生损益。如果直接从联属公司购买发行的债券，这与公司间发生借贷的处理类同，不会产生损益。

有多种原因会导致对联属公司债券的购买，比如联属公司发行债券时限定了不允许回购的条款，如果判断市场利率会持续下跌，就可回购一部分债券；或者联属公司的信用等级被严重低估，导致债券价格下跌；或者有大量闲散资金，因为对联属公司比较了解，不会冒很大的信用风险，但到期又能获得超过国债的回报。

从市场上购买联属公司的债券，购买时只是做一个债券购买的记录，联属公司只是在发行时做发行的记录。但是购买时的价格与联属公司的发行价有差价，从合并报表的角度，就意味着损益已经实现，应该在合并时调整。

[**例 6－12**] 20×9 年 1 月 1 日，夏工公司向公众发行了面值 118 500 000 元、利率为 10%、5 年期可上市交易的公司债。利率每年支付一次，于 1 月 1 日支付。当时同等信用级别的市场利率为 12%。不考虑发行费用。20×9 年 12 月 31 日，雷凯公司在市场上以总价 68 060 475元购买了含利息的面值 71 100 000 元夏工公司债，应计利息为 7 110 000 元。暂不考虑所得税影响。

1. 夏工公司的记录。夏工公司发行的净现金流入计算如下：

118 500 000 元、利率 10%、5 年期到期本金现值	67 240 100
(折现率 12%，折现因子 0.567427)	
每年付息的年利率 11 850 000 年金现值	42 716 596
(折现率 12%，折现因子 3.604776)	
合计	109 956 695

发行的折价为 8 543 305 元（118 500 000－109 956 695）。各年的利息费用及折价摊销如表 6－53 所示。表中第 5 年年末的摊余成本与最后一期的还本相等。

表 6－53　　应付债券利息费用及折价摊销表　　单位：元

年　度	期初摊余成本	支付利息	实际利息费用	折价摊销	期末摊余成本
20×9 年	109 956 695	11 850 000	13 194 803	1 344 803	111 301 499
2×10 年	111 301 499	11 850 000	13 356 180	1 506 180	112 807 678
2×11 年	112 807 678	11 850 000	13 536 921	1 686 921	114 494 600
2×12 年	114 494 600	11 850 000	13 739 352	1 889 352	116 383 952
2×13 年	116 383 952	11 850 000	13 966 048	2 116 048	118 500 000

20×9 年 1 月 1 日，夏工公司发行时的记录如下：

借：银行存款	109 956 695	
应付债券——利息调整	8 543 305	
贷：应付债券——面值		118 500 000

20×9 年 12 月 31 日，夏工公司计提利息的记录如下：

借：财务费用——利息	13 194 803	
贷：应付利息		11 850 000
应付债券——利息调整		1 344 803

20×9 年 12 月 31 日，夏工公司在收到雷凯公司在市场上购买本公司债券的通知后，将做如下记录：

借：应付债券——面值	71 100 000	
公司间应付债券——利息调整	4 319 101	
应付利息	7 110 000	
贷：公司间应付债券——面值		71 100 000
应付债券——利息调整		4 319 101
公司间应付利息		7 110 000

（雷凯公司购买了债券的60%，面值为 118 500 000 元的 60%；利息调整为扣除第一年摊销后折价余额 7 198 501 元的 60%；应计利息为 11 850 000 元的 60%）

2. 雷凯公司的记录。雷凯公司在购入债券后，将做如下记录：

借：公司间债券投资	60 950 475	
公司间应收利息	7 110 000	
贷：银行存款		68 060 475

3. 购买债券当年合并消除分录。从合并报表的角度，雷凯公司购入夏工公司的债券，相当于夏工公司以 60 950 475 元回购了摊余成本为 66 780 899 元（第 1 年年末摊余成本 111 301 499的 60%）的应付债券，从而实现了利得：

应付公司债摊余成本	66 780 899
购买价格	60 950 475
债券回购利得	5 830 424

因而，在合并报表中需要确认该项利得。公司间应收利息和应付利息已在工作底稿中自然抵销。调整分录如下：

借：公司间应付债券——面值	71 100 000	
贷：公司间债券投资		60 950 475
公司间应付债券——利息调整		4 319 101
投资收益——债券回购利得		5 830 424

该项合并报表的调整实际上是将雷凯公司的债券购买当成是夏工公司的回购行为，雷凯公司不过是作为代理中介。由于我国会计准则并未对这类利得如何记录进行规范，在合并报表中，一般可作为投资收益处理。由于该项利得视同为子公司的回购利得，因而要在控股股东和少数股东之间分摊。

4. 以后年度的合并消除分录。

从雷凯公司到期收回的债券本金 71 100 000 元和连续 4 年的利息 7 110 000 元，以及购买成本 60 950 475 元，可以计算出雷凯公司该项投资的实际利率约为 15%，相应的利息收入和折价摊销如表 6－54 所示。

表 6－54　　债券投资利息收入及折价摊销　　单位：元

年　度	期初摊余成本	收到利息	实际利息收入	折价摊销	期末摊余成本
2×10 年	60 950 475	7 110 000	9 142 597	2 032 597	62 983 072
2×11 年	62 983 072	7 110 000	9 447 487	2 337 487	65 320 560
2×12 年	65 320 560	7 110 000	9 798 112	2 688 112	68 008 671
2×13 年	68 008 671	7 110 000	10 201 328	3 091 328	71 100 000

2×10 年，雷凯公司将做如下记录：

2×10 年 1 月 1 日

借：银行存款　　7 110 000

　　贷：公司间应收利息　　7 110 000

2×10 年 12 月 31 日

借：公司间应收利息　　7 110 000

　　公司间债券投资　　2 032 597

　　贷：公司间投资收益——债券利息收入　　9 142 597

以后各年，雷凯公司将作类似的记录，“公司间债券投资”和“公司间债券投资收益”的账户资料如表 6－55 和表 6－56 所示。

表 6－55　　雷凯公司“公司间债券投资”

公司间债券投资				
日　期	摘　　要	借　方	贷　方	余　额
20×9 年 12 月 31 日	购买夏工债券	60 950 475		60 950 475
2×10 年 12 月 31 日	折价摊销	2 032 597		62 983 072
2×11 年 12 月 31 日	折价摊销	2 337 487		65 320 560
2×12 年 12 月 31 日	折价摊销	2 688 112		68 008 671
2×13 年 12 月 31 日	折价摊销	3 091 328		71 100 000

表 6－56　雷凯公司“公司间投资收益”　单位：元

公司间投资收益——债券利息收入

日期	摘要	借方	贷方	余额
2×10 年 12 月 31 日	计提利息		9 142 597	9 142 597
12 月 31 日	结账	9 142 597		0
2×11 年 12 月 31 日	计提利息		9 447 487	9 447 487
12 月 31 日	结账	9 447 487		0
2×12 年 12 月 31 日	计提利息		9 798 112	9 798 112
12 月 31 日	结账	9 798 112		0
2×13 年 12 月 31 日	计提利息		10 201 328	10 201 328
12 月 31 日	结账	10 201 328		0

夏工公司将雷凯公司所购买债券转为“公司间应付债券”后，每年均需记录公司间的计息和公司间应付债券折价的摊销，其公司间应付债券的本金、折价摊销和计提利息费用的记录如表 6－57、表 6－58、表 6－59 所示。

表 6－57　夏工公司“公司间应付债券——面值”　单位：元

公司间应付债券——面值

日期	摘要	借方	贷方	余额
20×9 年 12 月 31 日	雷凯购买本公司债券		71 100 000	71 100 000

表 6－58　夏工公司“公司间应付债券——利息调整”　单位：元

公司间应付债券——利息调整

日期	摘要	借方	贷方	余额
20×9 年 12 月 31 日	雷凯购买本公司债券	4 319 101		4 319 101
2×10 年 12 月 31 日	折价摊销		903 708	3 415 393
2×11 年 12 月 31 日	折价摊销		1 012 153	2 403 240
2×12 年 12 月 31 日	折价摊销		1 133 611	1 269 629
2×13 年 12 月 31 日	折价摊销		1 269 629	0

表 6－59　　夏工公司“公司间财务费用”　　单位：元

公司间财务费用——债券利息

日期	摘要	借方	贷方	余额
2×10 年 12 月 31 日	计提利息		8 013 708	8 013 708
12 月 31 日	结账	8 013 708		0
2×11 年 12 月 31 日	计提利息		8 122 153	8 122 153
12 月 31 日	结账	8 122 153		0
2×12 年 12 月 31 日	计提利息		8 243 611	8 243 611
12 月 31 日	结账	8 243 611		0
2×13 年 12 月 31 日	计提利息		8 379 629	8 379 629
12 月 31 日	结账	8 379 629		0

比较表 6－56 和表 6－59 可以发现，每年雷凯公司计提的公司间利息收入和夏工公司计提的公司间利息费用有差额（见表 6－60），这一差额是由于发行时的利率和购买时的利率环境不同所导致的。雷凯公司购买债券时，市场利率上涨了，所以夏工公司的债券价格下跌了。这一差额反映的是夏工公司少付的利息（12% 和 15% 的利差）。这一利差在编制 20×9 年的合并报表时，已经资本化为投资收益了（金额为 5 830 424 元）。

表 6－60　　夏工公司利息费用和雷凯公司利息收入差额　　单位：元

日期	雷凯公司利息收入	夏工公司利息费用	差额
2×10 年 12 月 31 日	9 142 597	8 013 708	1 128 889
2×11 年 12 月 31 日	9 447 488	8 122 153	1 325 335
2×12 年 12 月 31 日	9 798 112	8 243 611	1 554 500
2×13 年 12 月 31 日	10 201 328	8 379 629	1 821 700
合计	38 589 525	32 759 101	5 830 424

由于差额 5 830 424 元在 20×9 年的年度合并利润表中已反映为合并利润，所以以后各期要将雷凯公司的利息收入调整到夏工公司的水平，并冲减当期利息收入。

编制 2×10 年的合并报表时，将编制如下消除分录（注意期初购买债券利得应在控股股东和少数股东之间分摊）：

借：公司间应付债券——面值　　71 100 000
　　公司间投资收益——债券利息收入　　9 142 597

贷：公司间债券投资 62 983 072
公司间财务费用——债券利息 8 013 708
公司间应付债券——利息调整 3 415 393
留存收益 5 538 902
少数股东权益 291 522

雷凯公司反映的投资收益 9 142 597 元和夏工公司反映的利息费用 8 013 708 元相互抵销，差额冲减当期合并利润 1 128 889 元。经过 4 年，最终冲减的合并利润与购买当年在合并报表中确认的投资收益 5 830 424 元完全一致。其效果是将收益先确认，然后再减少各年的投资收益。2×11 年的消除分录类似，留存收益和少数股东权益之和 4 701 535 元为 5 830 424元冲减 1 128 889 元后的金额。2×11 年合并报表的消除分录如下：

借：公司间应付债券——面值 71 100 000
公司间投资收益——债券利息收入 9 447 488
贷：公司间债券投资 65 320 560
公司间财务费用——债券利息 8 122 153
公司间应付债券——利息调整 2 403 240
留存收益 4 466 458
少数股东权益 235 077

2013 年做消除分录时，公司间投资收益和财务费用之间的差额 1 821 700 元，将与留存收益和少数股东权益的合计金额一致，当夏工公司完全偿还债券时，无须再做消除分录。

第四节 合并报表中的所得税问题

前面的章节中回避了所得税的影响，本节开始探讨这一问题。合并报表中的所得税问题在国际上引起了很大的关注，但在国内由于税法相关的规定还不是很完善，目前并没有引起重视。很多公司在编制合并财务报表时，根本不考虑所得税问题，只是将母子公司的所得税简单相加，这导致了损益和所得税的不匹配。

根据国内的纳税环境，合并报表中的所得税调整主要涉及两个方面：一是购买时公允价值和账面价值存在差额导致的所得税问题；二是已实现或未实现公司间损益所导致的所得税问题。

一、与被收购方可辨认净资产公允价值有关的所得税

所得税的计税基础往往与财务会计的账面值有所不同，这就产生了所得税会计。在企业合并中，财务会计的购买法是对被购买子公司的净资产采用公允价值计量。但在纳税中，可能符合免税重组的定义，即不需要改变计税基础。这样，在会计上和纳税上就会产生暂时性差异。

第 18 号企业会计准则《所得税》应用指南规定：“由于企业会计准则规定与税法规定对企业合并的处理不同，可能会造成企业合并中取得资产、负债的入账价值与其计税基础的

差异。比如非同一控制下企业合并产生的应纳税暂时性差异或可抵扣暂时性差异，在确认递延所得税负债或递延所得税资产的同时，相关的递延所得税费用（或收益），通常应调整企业合并中所确认的商誉。”

［**例6－13**］20×8年5月1日，西飞公司以现金6亿元吸收合并了洪都公司。该项合并符合税法规定的免税改组条件，西飞公司的适用所得税率为30%。购买日各项可辨认资产、负债的公允价值及其计税基础如表6－61所示。

表6－61　　西飞公司公允价值及计税基础比较　　单位：万元

项　目	公允价值	计税基础	暂时性差异
固定资产	27 000	15 500	11 500
应收账款	21 000	21 000	0
存货	17 400	12 400	5 000
其他应付款	(3 000)	0	(3 000)
应付账款	(12 000)	(12 000)	0
合计	50 400	36 900	13 500

固定资产的经济寿命为20年，存货采用先进先出法，20×8年存货在20×9年均已售出。其他应收款和其他应付款均在下一年结清。20×9年西飞公司实现净利润5 000万元。西飞公司对商誉进行减值测试，商誉没有减值。除上述差异外，不存在其他的暂时性差异。

该项交易中应确认递延所得税负债为4 050万元（13 500×30%），商誉金额计算如下：

购买成本	60 000
可辨认净资产公允价值	50 400
减：递延所得税负债（1 350×30%）	4 050
可辨认资产、负债的公允价值	46 350
商誉	13 650

购买日，西飞公司所做的记录如下：

借：长期股权投资——洪都公司（过渡科目）　　60 000
　　贷：银行存款　　60 000

借：固定资产　　27 000
　　应收账款　　21 000
　　存货　　17 400
　　商誉　　13 650
　　贷：其他应付款　　3 000
　　　　应付账款　　12 000
　　　　递延所得税负债　　4 050
　　　　长期股权投资——洪都公司（过渡科目）　　60 000

当财务记录基础（公允价值）和计税基础（原洪都公司账面值）的差异逐步消失时，递延所得税贷项也将被逐步结转。20×9年各项资产（负债）公允价值的溢价摊销情况如下：

存货	5 000
固定资产	575
应付账款	(3 000)
转回暂时性差异	2 575
所得税影响（2 575 ×30%）	772.5

20 ×9 年年底，西飞公司所做的计提所得税分录如下：

借：所得税　　1 500
　　（5 000 ×30%）
　　递延所得税负债　　772.5
　　贷：应交税费——所得税　　2 272.5
　　　　[（5 000 +2 575）×30%]

递延所得税负债的余额为 3 277.5 元，正是未折旧完的固定资产公允价值溢价的所得税影响[（11 500 −575）×30%]。

新设合并和吸收合并的所得税影响极为类似。如果不是吸收合并或新设合并，递延所得税的影响不会出现在母公司或子公司的报表上，而会出现在合并报表中。一般而言，商誉是允许分期税前抵扣的，如果税法不认可商誉的税前抵扣，则会产生永久性的差异。

二、公司间交易损益的所得税影响

国内许多集团公司是可以合并纳税申报的。如果是合并纳税，则公司间交易的损益在合并纳税时与合并财务报表一样，被消除了。但也有一些集团是分开纳税的，即子公司和母公司是独立的所得纳税申报主体，这样就产生了所得税的调整问题。

（一）期末存货未实现利润的所得税调整

[例 6 −14] 承接 [例 6 −8]，20 ×9 年，夏工公司按成本加价 25% 出售一批存货给雷凯公司，销售金额为 28 440 000 元，雷凯公司已将其中的 18 960 000 元以 23 700 000 元出售给集团以外的其他公司。雷凯公司的年底存货中尚有 9 480 000 元来自于夏工公司。假定夏工公司独立纳税，所得税率为 40%。

在 20 ×9 年合并消除时，做了如下的消除分录：

借：公司间营业收入　　28 440 000
　　贷：公司间营业成本　　22 752 000
　　　　营业成本　　3 792 000
　　　　存货　　1 896 000

该分录使雷凯公司的存货账面值（计税基础）与存货的合并报表金额产生差异 1 896 000元，计税基础大于财务记录，将产生可抵扣差额，形成递延所得税资产。因而在编制合并报表时，应做如下消除：

借：递延所得税资产　　758 400
　　贷：所得税　　758 400

在计算 20×9 年少数股东损益时，也应考虑该所得税的影响，并反映在下一年度合并报表的留存收益和少数股东权益中。

[例 6－15] 承接 [例 6－14] 和 [例 6－9]，假定 2×10 年夏工公司又按成本加成 25% 的方式出售 35 550 000 元的商品，期末存货中尚有 14 220 000 元未售出。

在 2×10 年合并消除时，做了如下的消除分录：

借：公司间营业收入	35 550 000	
留存收益（1 896 000 的 95%）	1 801 200	
少数股东权益（1 896 000 的 5%）	94 800	
贷：公司间营业成本		28 440 000
营业成本		6 162 000
存货		2 844 000

首先，20×9 年以合并报表为基础少计算的所得税费用在 2×10 年作为已实现利润需多计所得税费用，因而需增加一笔消除分录，调整 20×9 年所得税的影响：

借：所得税	758 400	
贷：留存收益		720 480
少数股东权益		37 920

然后，应消除期末存货计税基础和合并报表金额的差异 2 844 000 元所产生的纳税影响，做如下消除：

借：递延所得税资产	1 137 600	
贷：所得税		1 137 600

在计算 2×10 年少数股东损益时，也应考虑该所得税的影响，并反映在 2×11 年度合并报表的留存收益和少数股东权益中。

（二）公司间固定资产转让的所得税问题

[例 6－16] 承接 [例 6－10]，20×9 年 12 月 31 日，夏工公司将购入成本为 11 850 000 元的设备，以 14 220 000 元售于雷凯公司。相关信息如表 6－50 所示。

在编制 20×9 年的合并财务报表时，已做如下消除：

借：公司间销售利得	5 640 600	
贷：固定资产		5 640 000

这使得固定资产的计税基础和合并报表的金额存在 5 640 000 元的差异，将产生递延所得税资产。在合并时，还应编制如下合并调整分录：

借：递延所得税资产	2 256 000	
贷：所得税		2 256 000

在计算 20×9 年少数股东损益时，也应考虑该所得税的影响，并反映在下一年度合并报表的留存收益和少数股东权益中。

2×10 年在编制合并财务报表时，已做如下分录：

借：留存收益	5 358 570	
少数股东权益	282 030	
累计折旧	1 128 120	

贷：固定资产　　5 640 600

　　折旧费用　　1 128 120

为消除所得税的影响，还需做如下记录：

借：所得税　　451 248

　　（1 128 120 ×40%）

　　递延所得税资产　　1 804 752

　　（2 256 000 －451 248）

　贷：留存收益　　2 143 200

　　　少数股东权益　　112 800

2 ×11 年以后直至固定资产折旧完毕或处置的分录类似。

（三）在市场上购买联属公司债券的所得税问题

正如上一节所讲述的，当购买联属公司已发行债券时，从购买方和发行方的角度，都不会有损益的调整，但从合并报表的角度，可能实现了一定损益，这时需要同时调整所得税。

[例 6 －17] 承接［例 6 －12］，20 ×9 年 1 月 1 日，夏工公司发行了面值 118 500 000 元、利率为 10%、5 年期可上市交易的公司债。利率每年于 1 月 1 日支付。当时市场利率为 12%。同年 12 月 31 日，雷凯公司在市场上以含利息价格 68 060 475 元购买了面值 71 100 000元的夏工公司债。夏工公司所得税率为 40%。

在编制 20 ×9 年合并报表时，已做如下消除：

借：公司间应付债券——面值　　71 100 000

　贷：公司间债券投资　　60 950 475

　　　公司间应付债券——利息调整　　4 319 101

　　　投资收益——债券回购利得　　5 830 424

同时应考虑该投资收益的所得税影响：

借：所得税　　2 332 170

　贷：递延所得税负债　　2 332 170

由于该项利得视同为母公司代子公司注销实现的利得，计算少数股东应享损益或少数股东权益时，也要考虑该所得税的影响。

在 2 ×10 年编制合并财务报表时，已做如下调整分录：

借：公司间应付债券——面值　　71 100 000

　　公司间投资收益——债券利息收入　　9 142 597

　贷：公司间债券投资　　62 983 072

　　　公司间财务费用——债券利息　　8 013 708

　　　公司间应付债券——利息调整　　3 415 393

　　　留存收益　　5 538 902

　　　少数股东权益　　291 522

雷凯公司反映的投资收益 9 142 597 元和夏工公司反映的利息费用 8 013 708 元相互抵销，差额冲减当期合并利润 1 128 889 元。合并报表上应确认的所得税费用减少了 451 556 元（1 128 889 ×40%），应调整如下：

借：递延所得税负债　　451 556
　　贷：所得税　　451 556

同时，确认上一年的递延所得税影响：

借：留存收益　　2 215 562
　　（2 332 170×95%）
　　少数股东权益　　116 608
　　（2 332 170×5%）
　　贷：递延所得税负债　　2 332 170

以后各年的合并消除对所得税的调整类似，至2×13年，合并报表中的递延所得税负债将为零。

第五节 合并现金流量表

前面讲述了合并资产负债表和合并利润表的编制，合并股东权益变动表可以根据合并资产负债表和合并利润表编制。本节介绍如何编制合并现金流量表。

合并现金流量表可以按直接法、也可以按间接法编制，在直接法下，是通过母公司和子公司个别现金流量表加以合并，再做类似于编制合并利润表时的消除分录。间接法则是通过分析资产负债表的期初期末余额，从合并利润开始调整。本节主要讲述间接法下的合并现金流量表。

无论是直接法下，还是间接法下，编制合并现金流量表有以下几点值得注意：

第一，计算经营活动的现金流量时，少数股东损益应加回合并净利润，因为合并现金流量表是整个合并主体的现金流量表。

第二，计算经营活动的现金流量时，折旧费和摊销费要加回，但折旧费和摊销费基于被购买方折旧或摊销资产公允价值基础之上。

第三，只有母公司的分红，以及子公司对非控股股东的分红才被视为筹资活动的现金流出。子公司给母公司的分红，或者联属公司相互之间的分红对现金流没有影响。

第四，母公司以现金对子公司增加投资不会改变整个合并主体的现金流量，因而不会体现在合并现金流量表中。

第五，母公司从子公司的少数股东购买股份，将会减少合并主体的现金流量，该类交易将体现在筹资活动的现金流量中。

第六，母公司出售子公司的股份会同时增加合并现金流，以及子公司的少数股东权益。母公司出售股份的损益需调整合并净利润，出售的净现金流将反映在投资活动的现金流量中。

［例6－18］ 江南公司拥有沪南公司100%的股份，20×7年12月31日沪南公司的股东权益为20 600 000元。20×8年1月2日，江南公司将其所持的沪南股份中的30%以8 446 000元售于其他外部股东，比其所享沪南公司账面净值多2 266 000元。沪南公司20×8年净收益为4 120 000元，并发现金红利2 472 000元。20×8年江南公司以每股4元发行了面值2 060 000元的股份，融资8 240 000元，主要用于购买公允价值为20 188 000元的

设备，另以自有资金支付了 11 948 000 元。江南公司及其子公司 20×8 年新增贷款 3 831 600 元，当期支付利息（亦即利息费用）2 554 400 元，当期支付所得税 9 640 800 元。

江南公司及其子公司的合并报表如表 6－62、表 6－63、表 6－64 所示。

表 6－62　　江南公司及其子公司合并资产负债表

20×8 年 12 月 31 日　　单位：元

项　目	20×8 年 12 月 31 日	20×7 年 12 月 31 日
现金及现金等价物	12 360 000	9 888 000
其他流动资产	37 080 000	27 192 000
固定资产	123 600 000	103 412 000
减：累计折旧	53 560 000	45 320 000
固定资产净额	70 040 000	58 092 000
无形资产净额	9 888 000	10 300 000
资产总计	129 368 000	105 472 000
流动负债（没有应付票据和借款）	20 806 000	20 188 000
长期借款	28 551 600	24 720 000
负债合计	49 357 600	44 908 000
股本（面值 1 元）	22 660 000	20 600 000
资本公积	18 540 000	12 360 000
留存收益	32 136 000	27 604 000
少数股东权益	6 674 400	0
股东权益合计	80 010 400	60 564 000
负债和股东权益总计	129 368 000	105 472 000

表 6－63　　江南公司及其子公司合并股东权益变动表

20×8 年 12 月 31 日　　单位：元

项　目	普通股（面值 1 元）	资本公积	留存收益	合计
年初余额	20 600 000	12 360 000	27 604 000	60 564 000
加：发行 2 060 000 股普通股交换设备	2 060 000	6 180 000	0	8 240 000

续表

项 目	普通股（面值1元）	资本公积	留存收益	合计
净收益			11 124 000	11 124 000
减：分红			（6 592 000）	（6 592 000）
年末余额	22 660 000	18 540 000	32 136 000	73 336 000

表6-64　　江南公司及其子公司合并利润表

20×8年1~12月　　单位：元

项 目	金 额
营业收入	100 940 000
减：营业成本	66 332 000
营业利润	34 608 000
减：管理费用和营业费用	11 948 000
利润总额	22 660 000
减：所得税	10 300 000
净利润	12 360 000
归属于母公司所有者的净利润	11 124 000
少数股东损益	1 236 000

根据上述信息，并分析资产负债表的期初期末余额，可以编制如下的现金流量表（间接法）合并工作底稿（见表6-65）。

表6-65　　江南公司及其子公司现金流量表合并工作底稿　　单位：元

项 目	20×7年12月31日	20×8年交易（借方）	20×8年交易（贷方）	20×8年12月31日
现金及现金等价物	9 888 000	2 472 000		12 360 000
其他流动资产	27 192 000	(5)9 888 000		37 080 000
固定资产	103 412 000	(6)20 188 000		123 600 000
减：累计折旧	45 320 000		(3) 8 240 000	53 560 000
固定资产净额	58 092 000			70 040 000

续表

项目	20×7年12月31日	20×8年交易（借方）	20×8年交易（贷方）	20×8年12月31日
无形资产净额	10 300 000		（3）412 000	9 888 000
资产总计	105 472 000			129 368 000
流动负债（没有应付票据和借款）	20 188 000		（5）618 000	20 806 000
长期借款	24 720 000		（7）3 831 600	28 551 600
负债合计	44 908 000			49 357 600
股本（面值1元）	20 600 000		（6）2 060 000	22 660 000
资本公积	12 360 000		（6）6 180 000	18 540 000
留存收益	27 604 000	（8）6 592 000	（1）11 124 000	32 136 000
少数股东权益			（4）6 180 000	
		（8）741 600	（2）1 236 000	6 674 400
股东权益合计	60 564 000			80 010 400
负债和股东权益总计	105 472 000	39 881 600	39 881 600	129 368 000
经营活动产生的现金流量				
净收益		（1）11 124 000		
少数股东损益		（2）1 236 000		
加：折旧和摊销		（3）8 652 000		
减：出售子公司股权损益			（4）2 266 000	
运转资本净增加			（5）9 270 000	
投资活动产生的现金流量				
出售子公司股权		（4）8 446 000		
购买设备			(6)20 188 000	
筹资活动产生的现金流量				
发行新股		（6）8 240 000		
增加长期借款		（7）3 831 600		

续表

项　　目	20×7年12月31日	20×8年交易（借方）	20×8年交易（贷方）	20×8年12月31日
分红（包括子公司分给少数股东红利）			（8）7 333 600	178 000
现金增加合计		41 529 600		
现金减少合计			39 057 600	
现金净增加			2 472 000	

注：（1）来自于利润表“归属于母公司所有者的净利润”。

（2）来自于利润表“少数股东损益”。

（3）来自于累计折旧的增加8 240 000元和无形资产的减少412 000元。由于当期固定资产的增加并未使累计折旧增加，也没有折旧政策的变更，所以累计折旧增加系当期折旧。当期没有购入新的无形资产，也没有减值，所以无形资产的减少就是摊销所致。

（4）出售子公司股权的净损益2 266 000元。收到现金8 446 000元。由于投资活动需全额反映出售股权的现金流，所以在经营活动的现金流中扣除出售股权损益。

（5）非现金流动资产增加9 888 000元，流动负债增加618 000元。

（6）购置设备，一部分来自于新股发售8 240 000元，一部分来自于自有资金11 948 000元。

（7）增加长期借款3 831 600元。

（8）包括母公司分红6 592 000元和子公司分红少数股东的红利741 600元（2 472 000元的30%）。

根据表6－65即可编制江南公司及其子公司直接法下的合并现金流量表（见表6－66）。

表6－66　　江南公司及其子公司20×8年度合并现金流量表　　单位：元

项　目	金　额
一、经营活动产生的现金流量	
净收益	11 124 000
少数股东损益	1 236 000
折旧和摊销	8 652 000
出售子公司股权损益	（2 266 000）
运转资本净增加	（9 270 000）
经营活动产生的现金流量净额	9 476 000
二、投资活动产生的现金流量	
出售子公司股权	8 446 000
购买设备	（20 188 000）
投资活动产生的现金流量净额	（11 742 000）
三、筹资活动产生的现金流量	
发行新股	8 240 000

续表

项　目	金　额
增加长期借款	3 831 600
分红（包括子公司分给少数股东红利）	(7 333 600)
筹资活动产生的现金流量净额	4 738 000
四、现金及现金等价物净增加额	2 472 000
加：期初现金及现金等价物余额	9 888 000
五、期末现金及现金等价物余额	12 360 000

第六节　分期收购控股的合并财务报表

前面的例子均是假定母公司一次性收购了子公司的股权，有时母公司可能采用逐步收购的方式取得子公司的控股权。这种分期收购的方式带来一个会计难题：因为涉及不同的时点，公允价值的确定到底以哪一个时点为准？可操作性的方案是以母公司取得子公司控制权的时点作为公允价值的确认时点，因为企业合并是在那一天完成的。

根据《企业会计准则解释第 4 号》的规定，企业通过多次交易分步实现非同一控制下企业合并的，在合并财务报表中，对于购买日之前持有的被购买方的股权，应当按照该股权在购买日的公允价值进行重新计量，公允价值与其账面价值的差额计入当期投资收益；购买日之前持有的被购买方的股权涉及其他综合收益的，与其相关的其他综合收益应当转为购买日所属当期投资收益。购买方应当在附注中披露其在购买日之前持有的被购买方的股权在购买日的公允价值、按照公允价值重新计量产生的相关利得或损失的金额。

[例 6－19] 众大公司于 20×1 年 1 月 1 日以 14 000 000 元取得蓝联公司 20% 股权。购买日，蓝联公司可辨认净资产的公允价值是 40 000 000 元，账面值是 32 000 000 元。蓝联公司没有负债及或有负债，表 6－67（a）和表 6－67（b）是蓝联公司 20×1 年 1 月 1 日和 20×1年 12 月 31 日的账面价值及公允价值：

表 6－67（a）　　蓝联公司账面价值及公允价值

20×1 年 1 月 1 日　　单位：元

项　目	账面价值	公允价值
现金及现金等价物	2 000 000	2 000 000
应收账款	6 000 000	6 000 000
无形资产——土地使用权	24 000 000	32 000 000

续表

项　　目	账面价值	公允价值
资产总计	32 000 000	40 000 000
股本（20 000 000 股普通股）	20 000 000	
资本公积	8 000 000	
留存收益	4 000 000	
负债及股东权益	32 000 000	

表 6－67（b）　　蓝联公司账面价值及公允价值

20×1 年 12 月 31 日　　单位：元

项　　目	账面价值	公允价值
现金及现金等价物	14 000 000	14 000 000
应收账款	18 000 000	18 000 000
无形资产——土地使用权	24 000 000	44 000 000
资产总计	56 000 000	76 000 000
股本（20 000 000 股普通股）	20 000 000	
资本公积	8 000 000	
留存收益	28 000 000	
负债及股东权益	56 000 000	

20×1 年 12 月 31 日，蓝联公司报告了 24 000 000 元的净利润，但未分红。土地进一步增值 12 000 000 元，变为 44 000 000 元，账面值仍然为 24 000 000 元。20×1 年，蓝联公司 20% 股权的公允价值为 28 000 000 元。

20×2 年 1 月 1 日，众大公司再次支付 84 000 000 元现金，按公允价值购买了蓝联公司 60% 的股权，并取得了控制权。在取得控制权之前，众大公司对蓝联公司没有重大影响，其 20% 的股权系作为交易性金融工具按公允价值计量，其公允价值的变动已计入当期损益。

20×1 年 1 月 1 日，众大公司的股本是 120 000 000 元，没有发行溢价，也没有留存收益，对应的资产全部是现金等价物 120 000 000 元。20×1 年众大公司除了收购股权外，没有发生其他的经营活动，也没有其他的费用亏损。收购股权后，众大的资产除了股权投资就是现金。

众大公司相关的会计记录如下：

（1）20×1 年 1 月 1 日，取得投资。

借：长期股权投资　　14 000 000

　　贷：银行存款　　14 000 000

（2）20×1 年 12 月 31 日，按公允价值调整长期股权投资。

借：长期股权投资　　14 000 000

　　贷：投资收益——公允价值变动损益　　14 000 000

众大公司 20×1 年 12 月 31 日的资产负债表如表 6－68 所示。

表 6－68　　众大公司资产负债表

20×1 年 12 月 31 日　　单位：元

项　　目	账面价值
现金及现金等价物	106 000 000
长期股权投资	28 000 000
资产总计	134 000 000
股本	120 000 000
留存收益	14 000 000
负债及股东权益	134 000 000

（3）20×2 年 1 月 1 日，取得 60% 蓝联公司股权。

借：长期股权投资　　84 000 000

　　贷：银行存款　　84 000 000

再次取得 60% 股权后，众大公司的报表如表 6－69 所示。

表 6－69　　购买日众大公司资产负债表

20×2 年 1 月 1 日　　单位：元

项　　目	账面价值
现金及现金等价物	22 000 000
长期股权投资	112 000 000
资产总计	134 000 000
股本	120 000 000
留存收益	14 000 000
负债及股东权益	134 000 000

众大公司在合并日（20×2 年 1 月 1 日）需编制合并财务报表。首先需确定购买成本，然后确定商誉，再据以编制消除分录进行合并消除：

1. 对于购买日之前持有的被购买方的股权，应当按照该股权在购买日的公允价值进行重新计量，公允价值与其账面价值的差额计入当期投资收益。由于 60% 的公允价值为

84 000 000元，所以80%的购买成本为112 000 000元（80%×84 000 000/60%）。

2. 确定商誉，系购买成本与购买日应享控股子公司可辨认净资产公允价值之差51 200 000元（112 000 000－76 000 000×80%）。

3. 根据上述分析及给定的条件，可以编制如下的合并消除分录：

借：无形资产——土地	20 000 000	
股本	20 000 000	
资本公积	8 000 000	
留存收益	28 000 000	
商誉	51 200 000	
贷：长期股权投资		112 000 000
少数股东权益		15 200 000

第七节　间接控股及相互持股

有时母公司对子公司的控制不是直接的，而是通过其他子公司持股加上母公司的持股达到控制，即子公司和母公司联合控制一家公司，这被称之为间接控股。间接控股也有可能是子公司本身也是另一公司的母公司，形成链条式的控制。有时子公司会持有母公司的股权，这会形成相互持股。

> **原理**
>
> 间接持股与相互持股。间接持股是指母公司不是直接控制子公司，而是通过其他子公司持股加上母公司的持股达到控制。间接持股也有可能是子公司本身也是另一公司的母公司，形成链条式的控制。相互持股是指子公司同时持有母公司的股权。

如果涉及母公司控制一个子公司，而该子公司又控制另一个子公司的情况，一般是先发生合并的母子公司先编制合并财务报表，然后再去合并后发生合并的子公司。需要注意的是，在合并时，无论是最终的母公司，还是中间的母公司（其实也是子公司），其对子公司的长期股权投资均要调整到权益法基础。其合并程序遵循的是一般的母子公司合并程序。

如果是母公司和子公司联合控制另一家子公司，在合并消除时，需要同时消除子公司账上的长期股权投资，并计算商誉。

［**例6－20**］20×7年12月31日，永盛公司以13 668 088元（含直接成本）购入4 592 000股吉利公司股权，占80%股份；同时以5 223 400元（含直接成本）购入1 033 200股吉昌公司股权，占45%股份。20×7年12月31日，吉利公司拥有574 000股吉昌公司股权，占25%股份。因此，永盛公司和吉利公司联合起来，对吉昌公司形成控制（见图6－1）。

吉利公司、吉昌公司20×7年12月31日可辨认净资产公允价值与账面价值相同。20×7年吉利公司“长期股权投资——吉昌公司”的科目余额如表6－70所示。

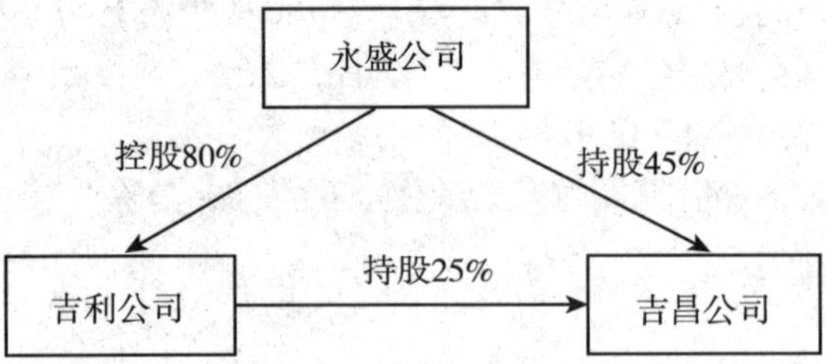

图 6-1 交叉控股

表 6-70 吉利公司"长期股权投资" 单位：元

长期股权投资——吉昌公司				
日 期	摘 要	借 方	贷 方	余 额
20×6 年				
12 月 31 日	购买吉昌公司股权	2 353 400		2 353 400
20×7 年				
12 月 28 日	吉昌公司宣布现金红利		143 500	2 209 900
31 日	反映所享吉昌公司当年净收益	430 500		2 640 400

永盛公司、吉利公司、吉昌公司 20×7 年 12 月 31 日的报表如表 6-71 所示。

表 6-71 永盛公司、吉利公司及吉昌公司合并前资产负债表

20×7 年 12 月 31 日 单位：元

项 目	永盛公司	吉利公司	吉昌公司
流动资产	40 180 000	10 342 045	5 470 220
长期股权投资——吉利	13 668 088		
长期股权投资——吉昌	5 223 400	2 640 400	
固定资产净额	109 060 000	18 386 655	18 350 780
资产总计	168 131 488	31 369 100	23 821 000
流动负债	17 220 000	6 032 740	2 310 350
长期借款	86 100 000	8 610 000	11 178 650
负债合计	103 320 000	14 642 740	13 489 000
股本（面值 1 元）	34 440 000	5 740 000	2 296 000
资本公积	14 350 000	4 305 000	3 444 000
留存收益	16 021 488	6 681 360	4 592 000
股东权益合计	64 811 488	16 726 360	10 332 000
负债和股东权益总计	168 131 488	31 369 100	23 821 000

在编制合并工作底稿时，因为合并是同时发生的，所以要同步消除。虽然是同步消除，消除分录还是要区分个别公司。

1. 永盛公司与吉利公司之间的合并消除。吉利公司有形资产的公允价值与账面值一致，因而在合并报表中无需确认公允价值的溢价，只要分别计算永盛公司和吉利公司的商誉：

永盛公司的购买成本	13 668 088
所享净资产（16 726 360 × 80%）	13 381 088
商誉	287 000

吉利公司少数股东占20%的股份，所享权益为3 345 272元（16 726 360 × 20%）。经过这些分析，消除分录就很简单了，合并日（20×7年12月31日）永盛公司和吉利公司之间的合并消除分录如下：

借：股本（吉利公司）	5 740 000	
资本公积（吉利公司）	4 305 000	
留存收益（吉利公司）	6 681 360	
商誉	287 000	
贷：长期股权投资——吉利公司（永盛公司）		13 668 088
少数股东权益		3 345 272

2. 永盛公司、吉利公司和吉昌公司的合并消除。吉昌公司有形资产的公允价值与账面值一致，因而在合并报表中无需确认公允价值的溢价，只要分别计算永盛公司和吉利公司的商誉（见表6－72）。

表6－72　　永盛公司、吉利公司的商誉

项　目	永盛公司	吉利公司
购买成本	5 223 400	2 640 400
所享净资产	4 649 400（10 332 000 × 45%）	2 583 000（10 332 000 × 25%）
商誉	574 000	57 400

计算商誉时，吉利公司的购买成本按长期股权投资的账面值2 640 400元计。

少数股东权益的金额为吉昌公司可辨认净资产公允价值10 332 000元的30%，即3 099 600元。合并日（20×7年12月31日）永盛公司、吉利公司和吉昌公司之间的合并消除分录如下：

借：股本（吉昌公司）	2 296 000	
资本公积（吉昌公司）	3 444 000	
留存收益（吉昌公司）	4 592 000	
商誉（574 000 + 57 400）	631 400	
贷：长期股权投资——吉昌公司（永盛公司）		5 223 400
长期股权投资——吉昌公司（吉利公司）		2 640 400
少数股东权益		3 099 600

3. 从上面的消除分录，即可编制如表6－73所示的合并工作底稿。根据合并工作底稿，即可编制购买日的合并报表了。

表6－73 **永盛公司及其子公司合并工作底稿**

20×7年12月31日

单位：元

项目	永盛公司	吉利公司	吉昌公司	合并消除	合并消除	合并金额
				借方	贷方	
流动资产	40 180 000	10 342 045	5 470 220			55 992 265
长期股权投资——吉利	13 668 088				13 668 088	0
长期股权投资——吉昌	5 223 400	2 640 400			7 863 800	0
固定资产净额	109 060 000	18 386 655	18 350 780			145 797 435
商誉				918 400		918 400
资产总计	168 131 488	31 369 100	23 821 000			202 708 100
流动负债	17 220 000	6 032 740	2 310 350			25 563 090
长期借款	86 100 000	8 610 000	11 178 650			105 888 650
负债合计	103 320 000	14 642 740	13 489 000			131 451 740
股本（面值1元）	34 440 000	5 740 000	2 296 000	8 036 000		34 440 000
资本公积	14 350 000	4 305 000	3 444 000	7 749 000		14 350 000
留存收益	16 021 488	6 681 360	4 592 000	11 273 360		16 021 488
少数股东权益					6 444 872	6 444 872
股东权益合计	64 811 488	16 726 360	10 332 000			71 256 360
负债和股东权益总计	168 131 488	31 369 100	23 821 000			202 708 100

[例6－21] 承接[例6－20]，20×8年吉利公司实现净利润4 305 000元（不包括吉昌公司收益），并于12月31日宣布现金红利1 722 000元。吉昌公司20×8年实现净利润2 296 000元，并于12月31日宣布现金红利574 000元。永盛公司和吉利公司对商誉进行减值测试，没有发现减值迹象。

合并消除时仍然涉及永盛公司股权投资和吉利公司权益的消除，以及永盛公司、吉利公司股权投资和吉昌公司权益的消除。

1. 永盛公司和吉利公司的消除。吉利公司宣布现金红利时，将做如下记录：

借：股利分配　　1 722 000

　　贷：公司间应付股利　　1 377 600

　　　　应付股利　　344 400

永盛公司对吉利公司的投资采用成本法核算，在吉利公司宣布红利时，已记录：

借：公司间应收股利 1 377 600

　　贷：投资收益 1 377 600

在编制合并报表时，应先将母公司的长期股权投资从成本法调整为权益法：

（1）冲回成本法下的记录。

借：投资收益 1 377 600

　　贷：公司间应收股利 1 377 600

（2）按权益法反映应享投资收益[（4 305 000 + 2 296 000 × 25%）× 80%]。

借：长期股权投资 3 903 200

　　贷：投资收益 3 903 200

（3）记录子公司现金红利。

借：长期股权投资 1 377 600

　　贷：公司间应收股利 1 377 600

经过上述调整，长期股权投资余额如表6－74所示。

表6－74　　永盛公司对吉利公司的长期股权投资　　单位：元

长期股权投资——吉利公司				
日　期	摘　　要	借　方	贷　方	余　额
20×7年				
12月31日	购买吉利公司股权	13 668 088		13 668 088
20×8年				
12月31日	吉利公司宣布现金红利	1 377 600	2 755 200	12 290 488
31日	反映所享吉利公司当年净收益	3 903 200		16 193 688

永盛公司对吉利公司长期股权投资的余额（见表6－75）由两部分组成：一是吉利公司可辨认净资产公允价值（与账面价值一致）；二是商誉。

表6－75　　永盛公司对吉利公司“长期股权投资”余额分析　　单位：元

项　　目	吉利公司账面净值	商　　誉	合　　计
20×7年			
12月31日余额	13 381 088	287 000	13 668 088
20×8年			
净收益	3 903 200		3 903 200
分红	（1 377 600）		（1 377 600）
期末余额	15 906 688	287 000	16 193 688

少数股东权益的余额为 3 976 672 元，包括期初少数股东权益 3 345 272 元（16 726 360 × 20%），加上本期所享收益 975 800 元，并扣除分红 344 400 元。当期少数股东损益为 975 800 元。

（4）根据上述分析，可编制如下的消除分录。

借：股本（吉利公司）	5 740 000	
资本公积（吉利公司）	4 305 000	
留存收益（吉利公司）	6 681 360	
投资收益	3 903 200	
商誉	287 000	
少数股东损益	975 800	
贷：长期股权投资——吉利公司（永盛公司）		16 193 688
少数股东权益		3 976 672
股利分配		1 722 000

2. 永盛公司、吉利公司和吉昌公司的消除。吉昌公司宣布现金红利时，将做如下记录：

借：股利分配	574 000	
贷：公司间应付股利——永盛		258 300
公司间应付股利——吉利		143 500
应付股利		172 200

永盛公司对吉昌公司的投资采用权益法核算，先反映应享吉昌公司当年净收益（2 296 000 × 45%）：

借：长期股权投资——吉昌	1 033 200	
贷：投资收益		1 033 200

然后，记录吉昌公司的分红（574 000 × 45%）：

借：公司间应收股利——吉昌	258 300	
贷：长期股权投资——吉昌		258 300

永盛公司按权益法核算的 20×8 年 12 月 31 日长期股权投资科目余额如表 6－76 所示。

表 6－76　　永盛公司对吉昌公司的长期股权投资　　单位：元

长期股权投资——吉昌公司				
日 期	摘 要	借 方	贷 方	余 额
20×7 年				
12 月 31 日	购买吉昌公司股权	5 223 400		5 223 400
20×8 年				
12 月 31 日	吉昌公司宣布现金红利		258 300	4 965 100
31 日	反映所享吉昌公司当年净收益	1 033 200		5 998 300

吉利公司对吉昌公司的投资也采用权益法核算，首先反映应享吉昌公司当年净收益（2 296 000 × 25%）：

借：长期股权投资——吉昌　　574 000
　　贷：投资收益　　574 000

然后，记录吉昌公司的分红（574 000×25%）：

借：公司间应收股利——吉昌　　143 500
　　贷：长期股权投资——吉昌　　143 500

吉利公司按权益法核算的20×8年12月31日长期股权投资科目余额如表6－77所示。

表6－77　吉利公司对吉昌公司的长期股权投资　单位：元

长期股权投资——吉昌公司				
日　期	摘　　要	借　方	贷　方	余　额
20×6年				
12月31日	购买吉昌公司股权	2 353 400		2 353 400
20×7年				
12月28日	吉昌公司宣布现金红利		143 500	2 209 900
31日	反映所享吉昌公司当年净收益	430 500		2 640 400
20×8年				
12月31日	吉昌公司宣布现金红利		143 500	2 496 900
31日	反映所享吉昌公司当年净收益	574 000		3 070 900

永盛公司对吉昌公司的长期股权投资余额，以及吉利公司对吉昌公司的长期股权投资余额均由两部分组成：一是吉昌公司可辨认净资产公允价值（与账面价值一致）；二是商誉。两个公司“长期股权投资”的余额分析如表6－78和表6－79所示。

表6－78　永盛公司对吉昌公司“长期股权投资”余额分析　单位：元

项　　目	吉昌公司账面净值	商誉	合计
20×7年			
12月31日余额	4 649 400	574 000	5 223 400
20×8年			
净收益	1 033 200		1 033 200
分红	（258 300）		（258 300）
期末余额	5 424 300	574 000	5 998 300

表 6－79　　吉利公司对吉昌公司“长期股权投资”余额分析　　单位：元

项　目	吉昌公司账面净值	商誉	合计
20×7 年			
12 月 31 日余额	2 583 000	57 400	2 640 400
20×8 年			
净收益	574 000		574 000
分红	（143 500）		（143 500）
期末余额	3 013 500	57 400	3 070 900

吉昌公司的少数股东损益为吉昌公司当期利润 2 296 000 元中少数股东应享的 30%，即 688 800 元。少数股东权益为期初少数股东权益 3 099 600 元（10 332 000 元的 30%），加上当期应享利润 688 800 元，减去分红 172 200 元后的金额，如表 6－80 所示。

表 6－80　　吉昌公司少数股东权益分析　　单位：元

项　目	吉昌公司账面净值	商誉	合计
20×7 年			
12 月 31 日余额	3 099 600		3 099 600
20×8 年			
净收益	688 800		688 800
分红	（172 200）		（172 200）
期末余额	3 616 200		3 616 200

永昌公司、吉利公司和少数股东对吉昌公司期初账面净值的分享额 10 332 000 元（4 649 400＋2 583 000＋3 099 600）与吉昌公司的期初所有者权益一致。永昌公司、吉利公司的投资收益 1 607 200 元（1 033 200＋574 000）和少数股东对吉昌公司当期利润的分享额 688 800 元之和与吉昌公司当期收益 2 296 000 元一致。

（5）根据上述分析，可编制如下的消除分录。

借：股本（吉昌公司）	2 296 000	
资本公积（吉昌公司）	3 444 000	
留存收益（吉昌公司）	4 592 000	
投资收益	1 607 200	
商誉	287 000	
少数股东损益	631 400	
贷：长期股权投资——吉昌公司（永盛公司）		5 998 300
长期股权投资——吉昌公司（永盛公司）		3 070 900
少数股东权益		3 616 200
股利分配		574 000

根据分录（1）～（5），即可编制合并工作底稿，并据以编制 20×8 年的合并财务报表。

第八节 合并财务报表的披露

根据第33号企业会计准则《合并财务报表》第31条的要求，企业应当在附注中披露下列信息：

1. 子公司的清单，包括企业名称、注册地、业务性质、母公司的持股比例和表决权比例。

2. 母公司直接或通过子公司间接拥有被投资单位表决权不足半数但能对其形成控制的原因。

3. 母公司直接或通过其他子公司间接拥有被投资单位半数以上的表决权但未能对其形成控制的原因。

4. 子公司所采用的与母公司不一致的会计政策，编制合并财务报表的处理方法及其影响。

5. 子公司与母公司不一致的会计期间，编制合并财务报表的处理方法及其影响。

6. 本期增加子公司，按照《企业会计准则第20号——企业合并》的规定进行披露。

7. 本期不再纳入合并范围的原子公司，说明原子公司的名称、注册地、业务性质、母公司的持股比例和表决权比例，本期不再成为子公司的原因，其在处置日和上一会计期间资产负债表日资产、负债和所有者权益的金额以及本期期初至处置日的收入、费用和利润的金额。

8. 子公司向母公司转移资金的能力受到严格限制的情况。

9. 需要在附注中说明的其他事项。

本章小结

本章讲述了购买日（合并日）以后的报表合并、公司间交易的消除、合并报表中的所得税问题、合并现金流量表的编制、分期取得控制权的合并、间接控股的合并以及合并报表的披露问题。

购买日（合并日）以后，母公司将以“长期股权投资”科目反映子公司的经营成果。我国会计准则规定，投资企业能够对被投资单位实施控制的长期股权投资，采用成本法核算，编制合并财务报表时，母公司按照权益法调整对子公司的长期股权投资后再编制。由于母公司的长期投资已按权益法反映，在消除母公司的长期投资时，除了消除对应的子公司权益外，还要消除母公司确认的投资收益。合并报表中子公司的可辨认净资产系按公允价值反映，因而合并报表还要反映公允价值的增值。母公司的长期股权投资还包括购买商誉，在合并消除时，该商誉亦应体现在合并报表中。由于母公司或子公司的单个报表并未反映公允价值的增值和商誉，当然也无法消化这一部分溢价，从而在合并报表中还需对公允价值溢价进行摊销，并对商誉进行减值测试。对于部分控制的子公司还要确认少数股东权益，和当期子公司利润中少数股东应享部分。少数股东应享损益需扣除公允价值的溢价摊销。

公司间交易包括两类：一类交易涉及公司间损益；另一类不涉及公司间损益。不涉及损益的公司间交易不涉及未实现利润消除。由于这些交易所涉及的应收及应付、收入及费用是对等的，在合并时自然抵销了。

商品销售、固定资产或无形资产的转让、融资租赁等公司间交易往往涉及未实现的损益，在编制合并报表时需要消除，消除可采用分析余额的方式，也可以采用还原法。如果母公司或子公司在公开市场购买其联属公司发行的债券，可能购买价与联属公司的发行价有差异，虽然在单个公司的账上并不会出现损益，在合并报表中必须反映这一损益。

根据国内的纳税环境，合并报表中的所得税调整主要涉及两个方面：一是购买时公允价值和账面价值存在差额导致的所得税问题；二是已实现或未实现公司间损益所导致的所得税问题。企业合并的购买法下，被购买子公司的净资产按公允价值反映于合并报表，但在纳税中，可能符合免税重组的定义，即不需要改变计税基础，这使得计税基础往往与合并报表的账面值有所不同，这就产生了暂时性差异。在确认递延所得税负债或递延所得税资产的同时，相关的递延所得税费用（或收益）调整企业合并中所确认的商誉。由于公司间交易会导致个别报表的利润合计数与合并净利润有时间性差异，这也需要在合并报表中确认递延所得税负债或递延所得税资产。如果是合并纳税，则无需调整所得税差异，因为公司间交易的损益在合并纳税时被消除了。

合并股东权益变动表可以根据合并资产负债表和合并利润表编制。合并现金流量表的编制可以采用直接法，也可以按间接法编制。在直接法下，是通过母公司和子公司个别现金流量表加以合并，再消除公司间影响现金流的交易。间接法则是通过分析资产负债表的期初期末余额，从合并利润开始调整。计算经营活动的现金流量时，少数股东损益应加回合并净利润，折旧费和摊销费的调整是基于被购买方折旧或摊销资产公允价值基础之上。只有母公司的分红，以及子公司对非控股股东的分红才被视为筹资活动的现金流出。母公司以现金对子公司增加投资不会改变整个合并主体的现金流量；母公司从子公司的少数股东购买股份，则会减少合并主体的现金流量；母公司出售子公司的股份会增加合并现金流。

母公司若采用逐步收购的方式取得子公司的控股权，以母公司取得子公司控制权的时点作为合并报表公允价值的确认时点，累次购买公允价值的差异调整资本公积。

如果母公司控制一个子公司，而该子公司又控制另一个子公司，一般是先发生合并的母子公司先编制合并财务报表，然后再去合并后发生合并的子公司。如果是母公司和子公司联合控制另一家子公司，在合并消除时，需要同时消除子公司账上的长期股权投资，并计算商誉。

复习思考题

1. 购买日（合并日）以后编制合并报表时，母公司长期股权投资如何与子公司权益进行消除？
2. 何谓不涉及损益的公司间交易？
3. 何谓涉及损益的公司间交易？
4. 合并时，被收购方可辨认净资产的公允价值如何影响所得税？
5. 交叉控股时如何消除母公司的长期股权投资和子公司的权益？

第七章　金融工具会计（上）[①]

本章目标

通过本章学习，你应该能够：

1. 了解市场风险和信用风险的形成。

2. 了解用于对冲市场风险和信用风险的各种最基本的衍生金融工具，包括远期、期货、期权和互换。

3. 进一步认识衍生金融工具游离于表外所产生的巨大风险。

4. 了解金融工具会计准则的研究和发展，以及公允价值的确定。

5. 了解金融工具的确认和计量。

案例 7－1

金融工具准则与市场泡沫

新会计准则的颁布为股票炒作者提供了新的机会。第 22 号“金融工具确认和计量”要求公司将金融资产分为四类：按公允价值计量而且变动计入当期损益的金融资产（主要是交易性金融资产）、持有至到期的投资、贷款和应收款、可供出售的金融资产。新准则要求交易性金融资产按公允价值计量而且变动计入当期损益，这对一些大量持有上市公司股票的公司无疑是飞来之福。而对于善于捕捉商机的“股票投资大师”同样是一桌盛宴。

柳州两面针股份有限公司 2006 年年报显示，按旧会计准则的股东权益为 7.6 亿元，而按新准则调整公允价值的差额增加期初权益 11.77 亿元，调整后的股东权益为 18.1 亿元（还有递延所得税的影响）。该公司大幅的净资产增加主要得益于大量持股中信证券。根据该公司 2007 年第 3 季季报，尚持股中信证券 3 400 万股，初始投资成本只有 3.06 亿元，而当时的市值已高达 32.88 亿元！公司第 3 季季报所显示的每股收益为 2.08 元，来自于经营活动的每股收益只有 0.15 元，大量的收益源于中信证券的出售和交易性金融资产的公允价

---

① 2009 年 11 月，国际会计准则理事会（IASB）发布了第 9 号国际财务报告准则（IFRS 9）《金融工具》，其生效日是 2013 年 1 月。根据 IFRS 9，按后续计量模式的不同，金融资产被分为按摊余成本计量和按公允价值计量两类，分类的基础是企业管理金融资产的模式和金融资产合同现金流的特征，如果持有目的是为了按合同取得现金流，而且某特定日现金流的回收只是本金和利息，则按摊余成本计量该金融资产。至本书截稿日，我国会计准则还没有做相应变动，所以本书介绍的金融工具还是采用第 22 号企业会计准则《金融工具确认和计量》（2006）所规范的方法。

值变动。

与业绩的剧增相适应的是股票的暴涨。该公司的股价从2006年11月的7元左右涨至2007年12月的68元左右（复权后），涨幅近10倍。

这只是众多交叉持股收益带来暴富神话的缩影。持有交易性金融资产成为投资者众所周知的“概念”。这一幕悲喜剧的导演或许早已悄然引退，最终买单的又是众多无知的投资者。直到目前，还有些执著的人在网上鼓吹：“两面针2007年每股收益将达3元，现在的股价只有34元（每10股送10股红利除权后），市盈率只有10倍左右，按平均市场市盈率应涨至80元以上”。稍有财务常识的人都知道，市盈率估值的基础为持续收益，而该公司经营活动的每股收益只有0.15元左右。

第一节 市场风险和信用风险

第22号企业会计准则“金融工具确认和计量”将金融工具定义为：形成一个企业的金融资产，并形成其他单位的金融负债或权益工具的合同。根据这一定义，金融工具分为基本金融工具和衍生金融工具。广大实务工作者对基本金融工具（如现金、贷款、应收款项、存款、应付款项、债券投资、股权投资等）已耳熟能详，但对于衍生品还缺乏很深的了解。理解金融工具会计必须具备一定的金融衍生品知识，而衍生品多为对冲风险而生，因此本章从风险开始论述。

> **原理**
>
> 第22号企业会计准则“金融工具确认和计量”将金融工具定义为：形成一个企业的金融资产，并形成其他单位的金融负债或权益工具的合同。

衍生金融工具主要对冲的风险是市场风险和信用风险。市场风险是由于市场价格（包括金融资产价格和商品价格）波动而导致表内表外头寸遭受损失的风险①。在2005年修订的《纳入市场风险的资本协议补充规定》中，巴塞尔银行监管委员会将市场风险分为利率风险、汇率风险、权益风险、商品风险四种。

一、利率风险

利率风险是指由于利率的不利变化导致投资或贷款收益降低、金融工具市场价格下跌进而导致企业利润减少的风险。如市场利率的上涨会导致公司持有的固定收益证券的价格下跌。2007年7~9月连续加息3次，导致国债价格连续下跌。10月份居民消费价格

> **原理**
>
> 利率风险指由于利率的不利变化导致投资或贷款收益降低、金融工具市场价格下跌进而导致企业利润减少的风险。如市场利率的上涨会导致公司持有的固定收益证券的价格下跌。

① Amendment to the capital accord to incorporate market risks. Basel Committee on Banking Supervision, Nov. 2005. www.bis.org.

总水平比上一年同月上涨6.5%，月环比涨0.3%。市场预期央行会进一步采取加息措施，引起了国债价格的进一步下跌。2007年12月17日，央行发行1年期票据利率继续持平，平息了市场的加息忧虑，受市场充裕流动性的影响，国债价格小幅上扬（见图7－1）。

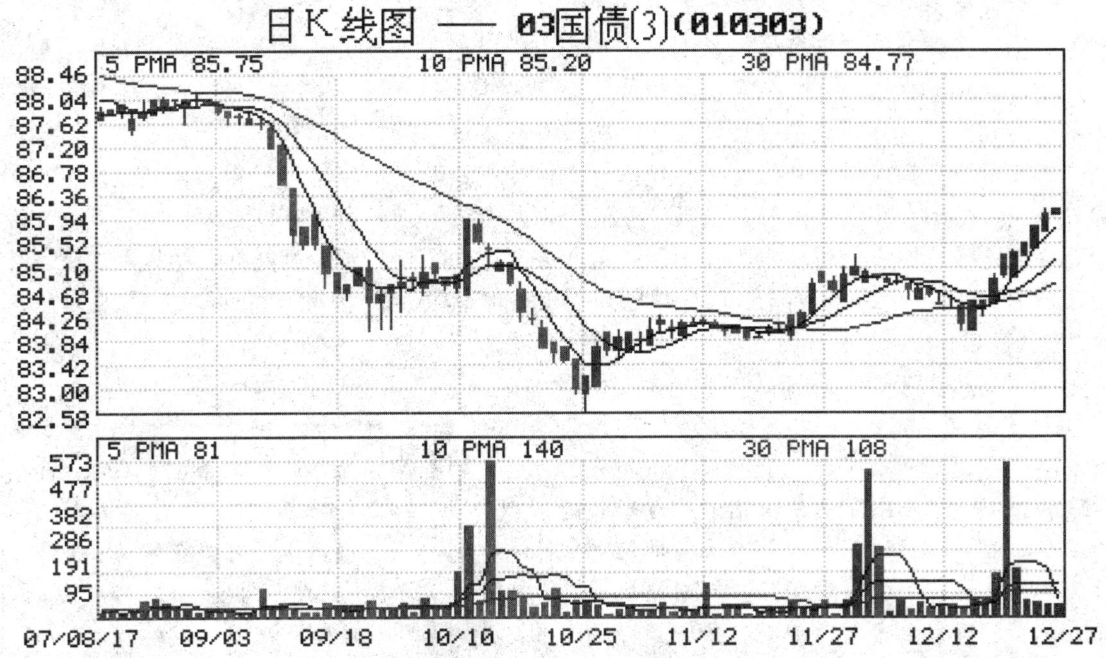

图7－1　03国债〔3〕受加息预期影响下跌

市场利率的下跌会导致浮动利率的贷款在未来收到的利息减少。在贷款利率随市场利率上浮的情况下，市场利率的过度上涨可能会导致房产抵押贷款客户的提前还贷，这会使银行的资产负债头寸发生变化，从而增加银行对冲风险的成本。为降低对冲风险的成本，银行往往会对提前还贷收取违约金。2007年以来连续6次加息，由于多数银行的房贷利率都是一年一调，老客户们到下一年才感受得到加息的压力。为此，一些城市早早地就出现了提前还贷浪潮。2005年各银行曾出台政策，向贷款发放1年之内提前还贷的市民收取“违约金”，由于这种做法引起广泛争议，为争取客户，银行现已先后停止违约金的收取。

二、汇率风险

> **原理**
>
> 汇率风险是指由于汇率的不利变动导致的投资组合价值的下降。在外币出现升值时，举债外币借款会给公司带来损失。

汇率风险是指由于汇率的不利变动导致的投资组合价值的下降。在外币出现升值时，举债外币借款会给公司带来损失。某彩电生产厂家1986年举贷10年期贷款110亿日元，当时的汇率为1日元折0.02469元人民币（由1美元兑150日元和1美元兑3.7036元人民币套算）。按当时的外汇牌价该公司兑换2.716亿元。至1996年，由于美元兑日元和人民币兑美元的双重贬值，需还外债的人民币等值高达8.32亿元，该公司累计的汇兑损失高达5.6

亿元之巨，报表上的“待转销汇兑损失”长期挂账直到企业会计准则颁布实施。而在本币升值周期中，大量持有外币债务反而会带来收益，2006～2007年航空公司股票出现大涨，主要原因之一是因为其巨额的外币融资租赁应付款余额。

如果大量持有美元债券，在美元下跌时会遭受损失。我国的外汇储备中的相当一部分是美国国债，我国外汇储备持续增长，其中相当一部分运用于投资美元资产，在美元发生贬值时产生了巨额汇兑损失。为减少美元贬值所带来的损失，中国人民银行在2007年分批出售了部分美元资产，并成立中国投资公司，积极寻求多渠道的投资途径。

如果企业存在大量的外汇业务，这些外汇业务本身及其形成的外汇敞口均会带来汇率风险。中国银行因存在大量的结汇业务，在人民币升值周期内具有潜在的汇率风险；同时中国银行在境外投资许多分行从事人民币以外的业务，这些境外投资也暴露在汇率风险之下。中国银行的2006年年报所披露的外汇净敞口为298.8亿美元，由此产生的汇兑损失为98.2亿元。

三、权益风险

权益风险是指由于股票价格的变动导致投资组合价值的下降。权益风险可以分解为一般市场风险和与个别权益证券相关的个别风险。一般市场风险与整个市场相关，受经济景气、利率、货币政策等宏观环境的影响；个别风险主要是指个别股票的特有风险。

原理

权益风险是指由于股票价格的变动导致投资组合价值的下降。权益风险可以分解为一般市场风险和与个别权益证券相关的个别风险。

上证指数创下10年来的最大周跌幅

昨日上证指数再次下跌128.81点。这不仅使众多的投资者资产大幅缩水，而且也极大地影响了那些交叉持股的上市公司的净资产或者第4季度的盈利状况，如果到年底股价不能回升到3季度末的水平的话。

据本报信息部不完全统计，从9月末到昨日收盘的下跌行情中，所有上市公司交叉持有的股份市值减少总额在215亿元上下，跌幅在5.4%左右。其中所持有股份市值下跌绝对值最高的是建设银行，该公司所持有的中国铝业、葛洲坝、*ST建机、*ST石岘等公司的股份，下降的绝对市值合计达到106.37亿元，跌幅为29%；其次为中国远洋持有的中集集团的股份，市值下降38.46亿元，跌幅为32%；其他所持股份市值下降绝对值超过10亿元以上的还有中国铝业、大众公用、特变电工、S哈药等公司。

从持股市值下跌幅度以及下跌绝对值综合来看，跌幅最大的为3家持有新疆众和股份的公司——博闻科技、特变电工以及宝钢股份，3家公司所持新疆众和的股份市值均下跌41%，市值数额下降均超过数亿元，其中特变电工所持市值减少额达到13.54亿元，比特变电工前3季净利润总额的4倍还多。其他所持股份市值下降超过亿元以上，跌幅超过30%以上的公司还有建设银行、S哈药、雅戈尔、中国远洋、海螺水泥等公司。

从被持有的公司来看，持有股份市值下降数额和跌幅均靠前主要是有色金属类公司，如建设银行持有的中国铝业、中国铝业持有的焦作万方，以及长江电力持有的云南铜业。此外，大量持有南京银行和宁波银行股权的公司也缩水较大，如雅戈尔、杉杉股份和南京高科，这主要是由于这些股票近期跌幅较大，如宁波银行自3季度末以来已下跌了22%。

由于按照新会计准则，上市公司持有的其他上市公司的股份，要么划归为可供出售的金融资产，要么划归为交易性金融资产。其中，前者影响持股公司的净资产，后者影响持股公司的未来盈利状况。因此，如果此轮大盘大幅调整所引起的股价下跌不能恢复，那么最终将极大地影响一些公司第4季度甚至今年全年的净资产状况或者盈利状况。

资料来源："继上周上证指数创下10年来的最大周跌幅"，《证券时报》，2007年11月13日。

四、商品风险

商品风险是指由于商品（如石油、粮食等）价格的波动而导致投资组合价值下降或者导致企业销售收入减少或采购成本增加的风险。2004年2月28日，宝钢代表中国钢厂与巴西淡水河谷公司（CVRD）以及澳大利亚的Hamersley铁矿公司就2005年铁矿石长期供货价格达成一致，进口铁矿石价格将同比上涨71.5%。受此消息影响，宝钢公司股价在一周内下跌了近10%。有色金属板块的股价一直与有色金属期货价格关联度很高，主要原因在于期货价格与有色金属厂商的销售价格息息相关。自2006年有色金属的价格大涨也催生了金属板块的大牛市行情。受锌、锗、铝等金属价格大涨的影响，有色金属股的龙头驰宏锌锗的股价从2007年年初的每股13元左右上涨至2007年4月底的154元，受惠于价格上涨及产能扩张，公司2007年上半年收入同比增长40%，净利润也同比增长了64%。但自2007年10月以来，国际金属价格出现了短期的下跌，市场预计公司的利润会受负面影响，股价也从每股118元下落到每股70元下方。

原理

商品风险是指由于商品（如石油、粮食等）价格的波动而导致投资组合价值下降或者导致企业销售收入减少或采购成本增加的风险。

五、信用风险

信用风险的主要表现是违约风险，即客户无法履行偿债责任的风险。信用风险还包括客户信用等级降低的风险。客户信用等级降低，使偿债的能力受到影响。信用风险是商业银行所有风险中重要性排在首位的风险。企业之间从事的信用交易也存在信用风险。

我国商业银行所存在的信用风险一直为世界所瞩目。1999年，国有商业银行和国家开发银行在世纪末加快清理坏账，预备在3~5年内整体上市。4 000亿美元的坏账！这是某外资机构的估计。实际情况确实不容乐观，在某些分支银行，不良贷款

原理

信用风险的主要表现是违约风险，即客户无法履行偿债责任的风险。信用风险还包括客户信用等级降低的风险。客户信用等级降低，使偿债的能力受到影响。

占到70%，资本充足率几乎为零。资产管理公司就在这个时候受命于危难。信达、东方、长城、华融四大资产管理公司，从银行手中接过14 000亿元不良资产。据中国银监会统计，截至2003年6月30日，四家金融资产管理公司累计阶段性处置不良资产3 618.41亿元（不含政策性债转股），回收现金792.29亿元，占阶段性处置不良资产的21.90%。尽管央行用“成效明显”等字眼来形容资产管理公司的渐入佳境，民间对这种处理方式却有不同看法，认为国有商业银行是“被宠坏的孩子”。事隔多年再来评判当时饱受争议的举措，会发现政府的果断决策恰逢其时。9年以后，工商银行、中国银行、建设银行分别在A股市场和H股市场同时上市，并纷纷挤入世界银行前20强。这些银行的风险管理水平正逐步向跨国银行靠拢。2002年年底，四大银行不良贷款的官方统计数据是25%（大约3 740亿美元），而评级机构标准普尔的报告称，实际比例可能高达50%（大约7 490亿美元）。至2006年9月末，我国主要商业银行不良贷款余额为1.2万亿元，不良贷款比例为7.6%。其中，国有商业银行不良贷款余额1.1万亿元，比年初减少164亿元，不良贷款率为9.3%，比年初下降1.2个百分点；12家股份制商业银行不良贷款余额1 168亿元，比年初减少305亿元，不良贷款率为2.9%，比年初下降1.3个百分点。①

第二节　基本的衍生金融工具——远期和期货

案例7－2

327国债

1992年12月28日，上海证券交易所首先向证券商自营推出了国债期货交易。从正式上市到暂停交易，当时的国债期货仅运行了近30个月。

最初，国债期货并未对公众开放。因为交投清淡，上证所国债期货交易于1993年10月25日向社会公众开放。与此同时，北京商品交易所在期货交易所中率先推出国债期货交易。1994～1995年春节前，国债期货飞速发展，全国开设国债期货的交易场所从两家陡然增加到14家（包括2个证券交易所、2个证券交易中心以及10个商品交易所）。由于股票市场的低迷和钢材、煤炭、食糖等大宗商品期货品种相继被暂停，大量资金云集国债期货市场尤其是上海证券交易所。1994年全国国债期货市场总成交量达28万亿元，而市场也经常出现异动，如上证所“314”国债合约日价格波幅竟达3元。1995年2月23日，财政部公布1995年新债发行量，该发行量被市场人士视为利多，加之“327”国债本身贴息消息日趋明朗，致使全国各地国债期货市场均出现向上突破行情。上证所327合约空方主力（其中之一是当时投行的领头羊“万国证券”）在148.50价位封盘失败、行情飙升后蓄意违规。16点22分之后，空方主力大量透支交易，以千万手的巨量空单，将价格打压至147.50元收盘，使327合约暴跌3.8元，并使当日开仓的多头全线爆仓，造成了传媒所称的“中国的巴

① 资料来源：中国银监会2006年第4季度经济金融形势通报会。

林事件”。

“327”风波之后，各交易所采取了提高保证金比例、设置涨跌停板等措施以抑制国债期货的投机气氛。但投机气氛不减并于5月10日酿出“319”风波。5月17日，中国证监会鉴于中国目前尚不具备开展国债期货的基本条件，作出了暂停国债期货交易试点的决定。至此，中国第一个金融期货品种宣告夭折。

设想你是一个生产生猪的农场主，生猪的价格波动不定，受出栏时生猪供应数量的影响。如果当时供应量少，你会卖一个好价格，反之你可能会亏损。你很希望将生猪的供应量和供应价格锁定，这样你就可以专注于如何科学养猪了。生猪的消费厂商如火腿生产商则担心到生猪出栏时供应量不足，或者价格暴涨。火腿生产商也希望将生猪的采购量和供应价格锁定。当你把你的烦恼告诉一个中介，而中介又恰好认识该火腿生产商时，一笔远期交易就可达成了。比如你和火腿生产厂商约定下年的8月按每公斤16元供应生猪20 000公斤，这样双方都锁定了价格风险。

由于规避风险的要求，一些避险工具应运而生，而衍生金融工具是最重要的对冲风险的途径。所谓“衍生”是指其价格由其他资产的价格所派生。衍生金融工具是指这样一类合约，其价值由标的资产（Underlying Assets，如股票、债券、货币、商品）的价格、利率或汇率、或指数的波动所决定。与资产或负债相关的价格、利率或汇率被称为定价基础。定价基础不是资产，而是与之相关的价格、利率或汇率，因为价格、利率或汇率波动，才会导致衍生金融工具价值的变化。如在上例中，定价基础是生猪的价格，在合约签订后，如果生猪价格下跌了，这个合约对于你便有了正的价值，反之则是负价值。

衍生品合约通常会约定一定的名义金额或名义数量，通常以一定量的货币、股数、吨或其他的数量单位表示。如签订一项于20×9年10月15日到期向银行出售1 000万美元的协议，兑换汇率为1美元兑7.00元。在这项远期结汇协议中，1 000万美元就是名义金额。

到期交割时，合约双方并不需要完全交割资产或名义金额。或者说，履行合约时，并不一定要真正地买卖资产，可以以净额结算。在上例中，到期后银行可以直接给企业交付7 000万元，同时收到1 000万美元；也可以只支付价格波动部分（这是合约的价值），如到期汇率为1美元兑6.9元，则银行到期支付100万元的净额。

早期的衍生品主要是为了对冲商品价格风险、权益风险、利率风险及汇率风险等市场风险。近年来，针对信用风险的衍生品增长迅速。衍生金融工具的种类数以千计，不仅在持续膨胀，而且变得越来越复杂，但最基本的衍生金融工具只有四种：远期合约、期货、期权和互换（SWAP，或掉期）。绝大多数衍生金融工具是它们的变种或复合。

一、远期合约

远期合约是这样一类合约，即约定在将来某一时点，按某一固定价格，买入或卖出某一特定金额的资产。如某电缆生产厂商与某电解铜生产厂商于20×7年12月1日签订合约，约定20×8年12月1日由电解铜生产商向电缆生产商按每吨50 000元售出电解铜1 000吨，现在的价格为每吨48 000元。资产的卖出方被称为卖方（或空方，Short Position），如例中的电解铜生产厂商。同意买入的一方被称为买方（或多方，Long Position），如电缆厂生产商。现时的价格、利率或汇率被称为即期价格、即期利率或即期汇率，如例中的即期价格为每吨48 000元。合约约定的将来价格、利率或汇率被称为远期价格、远期利率或远期汇率，如例中的远期价格为每吨50 000元。到期可以按净额结算，如果到期的即期价格为每吨51 000元，则由电解铜生产商向电缆生产商支付100万元现款，两方均在市场上按市价销售或采购。远期合约可用以对冲风险。

原理 远期合约是这样一类合约，即约定在将来某一时点，按某一固定价格，买入或卖出某一特定金额的资产。

[**例7－1**] 昆大铝业预计在5个月后生产出1 000吨电解铝，由于对未来铝价没有把握，希望规避铝价风险。该电解铝生产商可以卖出一份期限5个月，标的资产为1 000吨电解铝的远期合约来规避价格风险（见表7－1）。签订的远期价格为17 000元/吨。

无论到期的即期价格为多少，昆大铝业的现金流入都是每吨17 000元。

表7－1　　昆大铝业利用远期合约对冲价格风险　　单位：元

项　目	到期收到现金
产出电解铝按价格 X 出售	$1\,000 \times X$
签订远期合约卖出电解铝（净额结算）	$1\,000 \times (17\,000 - X)$
净结果	$1\,000 \times 17\,000$

如何能确定远期合约的价格呢？假定需要在时刻 T 拥有1单位的某种资产，有两种途径可达此目的：购买到期日为 T 的远期合约，或者现在购买现货并持有到 T。这两种途径的差别在于：一是现价和远期价的时间价值差，即无风险的收益 r_f。二是储存成本（C）。三是储存收益（D），包括商品的便利性收益（如汽油）、金融产品的红利或利息等。

假定无储存成本和便利收益，可按现货价格 S_0 购买一个单位，并持有到 T。或将等额现金 S_0 进行无风险的投资，到 T 获得现金 $S_0(1+r_f)$，再按远期价格 F 购买，购买的数量为 $S_0(1+r_f)/F$。由无套利原理，这两种途径的成本必须相等（如果 $S_0(1+r_f)/F>1$，便会有人现在借入一个单位的现货，按 S_0 售出后进行无风险投资，到期获得 $S_0(1+r_f)$，按 F 换得多于一个单位的现货，从而空手套白狼），即有

$1=S_0(1+r_f)/F$，从而

$F=S_0(1+r_f)$

考虑储存成本 C 的远期价格为 $F=S_0(1+r_f)+C$，因为储存成本越高，储存商品的商家越需要从远期价格获得成本补偿。考虑便利收益 V 的远期价格为 $F=S_0(1+r_f)-D$，因为便利收益越高，现在持有资产越有利，会使远期价格折价。同时考虑储存成本 C 和便利收益 V 时，远期价格 $F=S_0(1+r_f)+(C-D)$。

[**例7－2**] 假定20×1年8月2日的黄金现货价格为267美元/盎司，两个月期的利率为4.58%（年利率），那么2个月以后到期的黄金期货价格是多少呢？

黄金的储存成本可忽略不计，持有黄金也不存在什么便利收益。那么2个月以后到期的

期货价格为：

267 × (1 + 4.58%/6) = 269（美元/盎司）

远期合约具有流动性差、违约风险高两个局限性。由于远期合约往往是有特殊需求的两方签订的合约，当一方不想履约时，该合约很难在市场上出售。如在上述的电解铝远期合约中，假如电解铝生产厂商生产线出故障，无法生产出合约要求数量的电解铝，虽然该厂商中途已明知合约对自己不利，也很难找到一个下家及时将合约脱手，从而只能到期赔偿违约损失或者支付差价。远期合约对合约双方的信用也具有很高要求。如果电解铝价格大幅度下跌（比如跌去50%），这将使远期合约的买方产生违约动机。

二、期货

由于远期合约具有流动性差、信用风险高的缺点，其运用大受局限，期货弥补了远期合约的不足。期货是交易所交易的远期合约，交易所规定每天进行净额结算。交易清算所成为交易中介，并履行交割义务。由于有交易清算所担保，交易双方不会有违约风险。

原理

期货是交易所交易的远期合约，交易所规定每天进行净额结算。交易清算所成为交易中介，并履行交割义务。由于有交易清算所担保，交易双方不会有违约风险。

假定某粮油集团在芝加哥交易所买入50份11月玉米合约。每份合约的名义数量为5 000浦式耳(bushels，等于8加仑)，期货价格为每浦式耳2.5美元。作为中介，芝加哥交易所与该粮油集团（买方，The Long）签订卖出合约，同时与另一方（卖方，The Short）签订买入合约（见图7-2）。

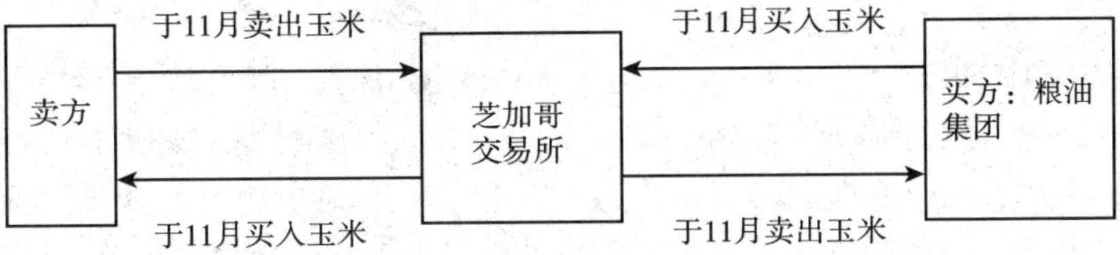

图7-2 交易清算所作为交易中介

期货合约是标准化的远期合约，相关商品或资产标的、单位量和交易期限均由交易所规定。利用期货合约可以随时建立多头或空头头寸，但要求通过保证金账户提前支付定金。如果保证金账户余额低于最低余额要求，将会被强制平仓。保证金制度是交易清算所作为中介承担信用风险的保障。在交易所的期货交易是连续的，即在交易时间内每时每刻均有报价，这保证了期货合约的流动性。期货合约也可用以对冲风险。

［**例7-3**］昆大铝业预计在3个月后（6月30日）生产出1 000吨电解铝。如果希望规避铝价风险，该电解铝生产商可以在交易所卖出一份6月到期、价格为17 000元/吨、标的资产为1 000吨电解铝的期货合约（见表7-2）。

表 7－2　　昆大铝业利用期货合约对冲价格风险　　单位：元

项　　目	到期收到现金
3 月初存入保证金，建仓 6 月到期的期货空头合约，价格17 000 元/吨	
产出电解铝按价格 X 出售	$1\ 000 \times X$
期货空头合约平仓	$1\ 000 \times (17\ 000 - X)$
净结果	$1\ 000 \times 17\ 000$

无论到期的即期价格为多少，昆大铝业的现金流入都是每吨 17 000 元，因为现货即期价格与期货的到期价格一致（不考虑交易成本）。

期货合约是标准化合约，往往不能与现货交易完全配比以满足对冲的需要，可能会出现期限不匹配、合约规模不匹配、资产不匹配等情况。只有在期货合约的期限与现金流相匹配、合约规模与现有头寸规模相匹配、对冲目标的现金流与期货线性相关的情况下，才能完全对冲风险。

利用期货合约对冲风险需要特别注意期限的匹配。上例中如果电解铝的产出和销售月份是5 个月之后，公司只能买到3 个月期或6 个月期的铝锭期货合约，那么对冲就不完美。假定 S_t为 t 期现货价格，$H_{t,T}$为期限为 T 的期货合约在 t 时的价格。假定公司考虑利用6 个月期的铝期货来规避风险，不考虑交易成本的现金流如表 7－3 所示。

表 7－3　　期货合约对冲风险的期限不匹配　　单位：元

项　　目	5 个月后价值
电解铝在 5 个月之后出售	$1\ 000 \times S_5$
电解铝期货多头头寸在 5 个月之后平仓	$1\ 000 \times (H_{5,6} - H_{0,6})$
净结果	$1\ 000 \times [S_5 - (H_{5,6} - H_{0,6})]$

如果现货的销售时间正好是6 个月以后，期限就匹配了。因为期货合约的到期日为 $t = 6$，6 个月后期货的交割价与即期价格一致，即 $S_6 = H_{6,6}$。到期日对冲后的净结果为每吨收到$[S_6 - (H_{6,6} - H_{0,6})]$，亦即 $H_{0,6}$（例中为17 000 元/吨）的现金流。但是仅过了5 个月以后，期货的价格 $H_{5,6}$（是在5 个月之后所交易的6 月到期的期货价格，而不是5 月到期的价格）不等于现货价格 S_5，这样所得到的金额就不会正好是 $H_{0,6}$。

由于期货是在交易所交易的远期合约，期货合约的定价与远期合约相仿。

第三节　基本的衍生金融工具——期权

案例 7－3

克莱斯勒的期权

1980 年，克莱斯勒（Chrysler）汽车公司濒临倒闭。后经游说，美国政府给予其贷款担保以助其渡过难关。作为对政府提供担保的回报，克莱斯勒公司给予政府一项期权（即公司发行的权证），可以在1990年之前按每股13美元购入克莱斯勒公司股票。在公司发行该项权证时，其股票价格只有7.5美元。

1983上半年，Chrysler股价超过了每股30美元，同年7月，Chrysler完全偿还了贷款。李·艾科卡（Lee Iacocca）是当时的CEO，他认为政府只是提供了一些担保，一个子也没掏，要求政府把该项期权无代价或以较小代价还给公司。

许多国会议员认为政府在提供担保时承担了风险，如果要还也要按市价还。最终，政府对期权进行公开拍卖。克莱斯勒公司参加了竞价，并以每份期权约22美元的价格在竞标中胜出。当时股价在28美元左右。

一、期权及其特征

> **原理**
>
> 期权代表着在未来某期限内按一定价格买入或卖出一定数量资产的权利。期权持有人可按照某一特定价格卖出或是买入某标的。期权的发行人承担了较大的风险。

远期和期货合约均是双向的对冲工具，即在合约签订后锁定了价格、利率或汇率，即使未来价格、利率或汇率出现了对自己有利的变动，也无法享受相应的收益。如电解铝生产厂家按17 000元/吨建立空头期货合约后，如果交割日与产品的销售日一致，则市场价格无论涨到多少，最终的现金流均锁定在17 000元/吨。有没有既能对冲不利的价格风险，又同时享受有利价格波动的对冲工具呢？这种工具就是期权。

期权代表着在未来某期限内按一定价格买入或卖出一定数量资产的权利。期权在某一特定时间段内有效，根据行权的时限可分为欧式期权和美式期权。欧式期权的持有人只有在到期日执行期权；美式期权的持有人可以在到期日或者之前执行期权。例中的克莱斯勒股票期权为美式期权，可在到期日前的任何一天行权。

期权持有人可按照某一特定价格卖出或是买入某标的，这一特定价格被称为行权价（Strike Price或Exercise Price）。如果持有人可以按行权价格买入某项标的，该期权则被称之为看涨期权（Call Option）。如果持有人可以按行权价格卖出某项标的，该期权则被称之为看跌期权（Put Option）。如例中的美国政府持有了克莱斯勒汽车公司的看涨期权，政府有权在1990年以前按每股13美元（行权价）买入克莱斯勒汽车公司的股票。

一般期权合约要求持有人先支付一部分金额，该金额不会返还（被称为溢价，或权利金，Premium）。该权利金的金额由期权目前的价值决定。

期权的收益具有不对称或单向的特征。理论上，看涨期权持有人具有不封顶的盈利上限，但损失仅限于权利金，而看涨期权的发行人承担了更大的风险，因为持有人要求行权时，发行人必须履约。假定某投资者以每份3港元购买了行权价为15港元的中国移动股票看涨期权，每份期权可购一股中国移动公司的股票。在可行权期内，如果股价低于15港元，投资者最多损失3港元。但如果股价达到150港元，则每份获利147港元，而发行人只收到3港元的期权费，到期每份要支付147港元。看跌期权的持有人持有每份期权最多可获得相当于行权价的收益，损失仅限于权利金；看跌期权的发行人发行每份期权的收益仅限于权利金，但亏损可能相当于行权价。如某投资银行发行了工商银行的看跌期权，每份期权的购买价为1元，持有1份期权可按每股6元向该投资银行卖出一股工商银行，当工商银行的股价低于1元时，期权持有人每份会获得5元的补偿，而该投资银行则需支付这一对价。当工商银行的股价维持在6元以上时，期权持有人的亏损为期权的购买成本，而该投资银行则无偿地获得了权利金。

由于期权的发行人承担了较大的风险，因而在发行权证时需要十分谨慎。2004年11月，中国航油（新加坡）公司披露在金融衍生产品交易中亏损了5.5亿美元。公开信息显示，中国航油（新加坡）公司合计卖出了5 200万桶的原油看涨期权。据估计卖出看涨期权的行权价为每桶40美元左右，到期行权日的油价或达50美元。这样中国航油（新加坡）公司仍要按每桶40美元左右的价格向合约对方供应石油，或者支付每桶10元左右的差价，5 200万桶的名义数量最终使其亏至破产。

二、期权的时间价值

在会计上往往要将期权的时间价值和内在价值分开。要确定时间价值，必须先确定内在价值。只有实值期权（价内期权）才具有内在价值。如果一份期权立即行权就能带来价值，该期权就被称为实值期权（或价内期权）；反之，则被称之为虚值期权（价外期权），如表7－4所示。

表7－4　　平值、虚值和实值期权

期权类型	行权价格等于现行价格	行权价格大于现行价格	行权价格小于现行价格
看涨期权	平值	虚值	实值
看跌期权	平值	实值	虚值

对于虚值和平值期权，内在价值是零，交易价格（或期权价值）全部是时间价值。比如20×7年8月21日招商银行股票看跌期权的交易价格为每份1.2元，其行权价为7.0元，而招商银行的股价为34元。此时该看跌期权没有任何内在价值，期权的交易价格1.2元全部是时间价值。对于实值期权，超过内在价值的部分为时间价值。内在价值是指假如立即行权可获得的价值。比如深发展认购权证SFC2于20×7年12月28日的交易价格为26.6元。行权价为每股19元，深发展A股的交易价格为38.6元。该看涨期权的内在价值为每份19.6元（38.6－19），时间价值为7元（26.6－19.6）。

三、期权的定价

期权的定价可采用二叉树或B－S模型（Black－Scholes）。B－S模型是一种封闭的计算公式，而二叉树是一种逼近的方法。利用二叉树方法分解到一定程度（比如50步）时，其结果跟B－S模型的结果很接近。在B－S模型下，影响期权的5个主要因素为对应资产的

价格 S、行权价 K、期限 T、无风险利率 r 和对应资产的波动性 σ。对于一项看涨期权：

1. 对应资产的价格 S 越高，期权价值越大。如果是实值期权，行权后获得资产可按较高的价格售出。如果是虚值期权，转换为实值期权的可能性越大。

2. 行权价 K 越低，期权价值越大。如果是实值期权，获得的差价越大。如果是虚值期权，转换为实值期权的可能性越大。

3. 期限 T 越长，期权价值越大。时间越长，机会越多。

4. 无风险利率 r 越高，期权价值越大。期权赋予持有人在未来购入资产的权利，相当于给持有人一段无息贷款。利率越高，这项权利的价值越大。

5. 对应资产的波动性 σ 越高，期权价值越大。由于期权收益的非对称性，持有人只享受有利的价格波动，从而波动越大，想象空间越大，对持有人越有利。

6. 在一定假设下：金融资产收益率服从对数正态分布；在期权有效期内，无风险利率和金融资产收益变量是恒定的；市场无摩擦，即不存在税收和交易成本；金融资产在期权有效期内无红利及其他所得（该假设后被放弃）；该期权是欧式期权，即在期权到期前不可实施。

一项看涨期权可由 B－S 期权定价模型来估计：

$$C(S,K,T)=SN(x)-KR^{-T}N(x-\sigma\sqrt{T})$$

其中：$x=\dfrac{\ln\ (S/KR^{-T})}{\sigma\sqrt{T}}+\dfrac{1}{2}\sigma\sqrt{T}$；$T$ 为换算为年的时间单位；R 为 1 加上无风险年利率；σ 为对应资产收益率的年度化方差；$N(\cdot)$ 为正态分布的累计概率函数。

［**例 7－4**］ 股票 600030 的现价 S 为 50 元，基于该股票的欧式看涨期权行权期 T 为 30 天，行权价 K 为 50 元，该股票的波动性 σ 为年 30%，当前年利率为 5.895%。该股票的欧式看涨期权价格是多少?

可计算看涨期权的价值 C 如下：

$$x=\frac{\ln(50/50(1.05895))^{-\frac{30}{365}}}{(0.3)\sqrt{\frac{30}{365}}}+\frac{1}{2}(0.3)\sqrt{\frac{30}{365}}=0.0977$$

$$C=50N(0.0977)-50(1.05895)^{-\frac{30}{365}}N\left(0.0977-0.3\sqrt{\frac{30}{365}}\right)$$

$$=50(0.53890)-50(0.99530)(0.50464)=1.83$$

四、利用期权对冲风险

如果你有一定的资产组合，你担心价格下跌，则可买入一项看跌期权。这种组合被称之为“保护性看跌期权”。假定某公司持有 1 000 万股的工商银行股票，购买价格为 5 元/股。该公司一方面担心股票会下跌，另外一方面又不想失去股票上涨带来的好处，于是买入一项看跌期权。持有一份期权到期可以按 5.1 元的行权价售出工商银行股票一股，该公司想完全对冲股票下跌风险，买入了 1 000 万份看跌期权，每份期权的买价为 0.5 元。假定到期的股价为 X。这样在股票下跌到 5.1 元以下时，该公司的收益如下：

出售股票　　　　　　　X－5
看跌期权获得补偿　　　5.1－X
期权成本　　　　　　　－0.5
合计　　　　　　　　　－0.4（元）

当工商银行的股价高过5.1元时，该公司的收益如下：

出售股票　　　　　　　X－5
期权成本　　　　　　　－0.5
合计　　　　　　　　　X－5.5（元）

公司利用看跌期权，保证最多亏损为0.4元。在工商银行股价超过5.1元时，虽然白付了期权费用，但同时享受了股价上涨带来的好处。

如果公司预计未来有一项采购，比如电缆厂家未来需要采购电解铜，或者是一家保险公司未来有一笔现金流入，准备买入股票，它们均担心未来资产价格会上涨，这时可以买入一项看涨期权。如果未来资产价格下跌，则可以从较低的购买价中获得好处；如果资产价格上涨，则从看涨期权中获得好处，可以弥补价格上涨所增加的成本。反之，如果公司未来预计要销售资产，比如电解铜生产厂家将要出售电解铜，或者是一家保险公司未来有一笔现金支出，准备卖出股票，它们均担心未来资产价格会下跌，这时可以买入一项看跌期权。如果未来资产价格上涨，则可以从较高的出售价格中获得好处；如果资产价格下跌，则从看跌期权中获得好处，以弥补资产售价降低带来的损失。

公司也可以在持有股票的情况下卖出看涨期权，这被称为“有保护的看涨期权”。许多投资银行在持有蓝筹公司股票的情况下，往往会发行该公司的备兑权证，目的是降低股价下跌的风险。如果股价下跌或股价涨得不太多，股票价格低于行权价无需行权，或者收到的权利金大于支付给持有人的补偿金，从而收益得到改善。但在股价大幅上涨时，发行人需按既定的行权价售出股票，获得的是稳定的现金流（净额结算时的结果一致），放弃了因股价上涨而获利的可能。

第四节　基本的衍生金融工具——互换

央行推人民币利率互换交易试点

据中国人民银行网站消息：日前，中国人民银行发布了《中国人民银行关于开展人民币利率互换交易试点有关事宜的通知》，明确了开展人民币利率互换交易试点的有关开展利率互换交易试点，是为了满足银行间债券市场投资者利率风险管理及资产负债管理的迫切需要，也是加快利率市场化改革进程的必然要求。近年来，我国银行间债券市场发展迅速，市场规模不断扩大，金融产品日益丰富，初步满足了市场投资者的投资需要，但也为广大市场投资者带来了新的挑战。一方面市场投资者持有大量固定利率债券，积聚了较大的利率风险；另一方面投资者资产负债结构日益复杂，迫切需要人民币利率互换等金融衍生工具实施资产负债管理。同时，随着我国利率市场化改革的进一步推进，金融机构尤其是商业银行管理利率风险的要求日益迫切。特别是在贷款利率上限放开和固定利率贷款并存的情况下，商业银行可能出现大量存贷款利率不匹配的情况，从而加大利差风险。开展利率互换交易试点，有利于丰富银行间债券市场投资者风险管理及资产负债管理工具，解决资产负债结构错配问题，从而对促进我国金融市场健康发展，维护金融稳定，加快利率市场化进程具有深远意义。

资料来源：人民网，北京，2006年2月10日讯。

一、互换合约的特征

互换（Swap）合约是一种柜台交易（OTC）合约，系根据一定协议交换一系列的现金流。如可以用一个浮动的利率贷款去交换一个固定利率的贷款。互换合约的定价基础可以是利率、汇率，也可以是权益、商品价格或指数。比如在高通胀国家，收到固定利率的互换方可以要求对方支付指数挂钩债券（Index-linked Bonds），即按通货膨胀率来调整债券本金，各期利息则按固定的利率对调整后的本金进行计息。通常情况下，互换的期限比期货和远期长。

> **原理**
> 互换（Swap）合约是一种柜台交易（OTC）合约，系根据一定协议交换一系列的现金流。如可以用一个浮动的利率贷款去交换一个固定利率的贷款。互换合约可以视为远期合约的叠加。最常见的互换合约是利率互换和货币互换。

互换合约可以视为远期合约的叠加。比如一项支付美元固定利率和收到英镑固定利率的互换，可以理解为作为借入方签订了一项远期利率的美元借款协议，又作为借出方签订了一项远期利率的英镑贷款协议。

最常见的互换合约是利率互换和货币互换。绝大部分的衍生金融工具是在银行间市场交易，而不是在交易所交易，因而主要的合约是柜台交易合约。在全部的柜台交易合约中，利率互换协议往往占了一半以上。以2005年12月的衍生品合约为例，全部柜台交易合约的名义金额为284万亿美元，其中利率互换协议的名义金额为173万亿美元，占了一半以上（见表7－5）。

表7－5　利率互换是最大宗的衍生品合约　单位：10亿美元

项　目	2001年12月	2002年12月	2003年12月	2004年12月	2005年12月
全部合约	111 178	141 665	197 167	251 499	284 819
外汇合约	16 748	18 448	24 475	29 289	31 609
远期	10 336	10 719	12 387	14 951	15 915
货币互换	3 942	4 503	6 371	8 223	8 501
期权	2 470	3 226	5 717	6 115	7 193

续表

项　目	2001 年 12 月	2002 年 12 月	2003 年 12 月	2004 年 12 月	2005 年 12 月
利率合约	77 568	101 658	141 991	190 502	215 237
远期利率协议	7 737	8 792	10 769	12 789	14 483
利率互换	58 897	79 120	111 209	150 631	172 869
期权	10 933	13 746	20 012	27 082	27 885
权益合约	1 881	2 309	3 787	4 385	5 057
远期和互换	320	364	601	756	1 111
期权	1 561	1 944	3 186	3 629	3 946
商品合约	598	923	1 406	1 443	3 608
黄金	231	315	344	369	334
其他商品	367	608	1 062	1 074	3 273
其他	14 384	18 328	25 508	25 879	29 308

资料来源：www. bis. org.

二、利率互换（Interest Swap）

利率互换是指两笔货币相同、债务额相同（本金相同）、期限相同的资金，作固定利率与浮动利率的调换。这个调换是双向的，如甲方以固定利率换取乙方的浮动利率，乙方则以浮动利率换取甲方的固定汇率，故称互换。

> **原理**
> 利率互换是指两笔货币相同、债务额相同（本金相同）、期限相同的资金，作固定利率与浮动利率的调换。这个调换是双向的，如甲方以固定利率换取乙方的浮动利率，乙方则以浮动利率换取甲方的固定汇率，故称互换。

利率互换主要用于银行的利率风险管理。假如银行有一项固定利率的贷款（资产），为降低风险需要有一项固定利率的资金来源与之匹配，而往往资金来源于储户的浮动利率存款，这时就产生了利率互换的需求。

为更方便地进行利率风险管理，银行家们引入了“重新定价”（或“再定价”，Re-price）的概念。一项带息资产或负债若利率发生变动，便称之为重新定价，就好像超市里价格的调整一样。浮动利率的贷款每时每刻都在重新定价，因为利率每时每刻都在变动。固定利率的贷款只有在贷款到期时才重新定价，到时收回本金，并按新利率贷给新的借款人或者修订贷款利率。同样，固定利率的负债只有在到期日才重新定价。利用“重新定价”差额表，可以很方便地确定利率风险头寸。建设银行 2006 年年报财务报表披露了重新定价时间的差额，从表中可见，3 个月～1 年的利率风险头寸为 11 497亿元（见表 7－6）。

表 7－6　　建设银行 2006 年重新定价差额表　　单位：百万元

项　目	实际利率（%）	2006 年					
		合计	不计息	3 个月内	3 个月～1 年	1～5 年	5 年以上
资产							
现金及存放中央银行款项	1.7	539 673	30 191	509 482	—	—	—
应收银行及非银行金融机构款项	3.33	82 185	—	77 067	4 879	239	—
客户贷款及垫款	5.57	2 795 976	—	1 200 810	1 532 253	38 106	24 816
投资	2.92	1 909 392	9 617	269 623	618 099	597 663	414 390
其他	—	121 285	121 285	—	—	—	—
总资产	4.28	5 448 511	161 093	2 056 973	2 155 231	636 008	439 206
负债							
应付中央银行款项	2.58	1 256	—	1 256	—	—	—
应付银行及非银行金融机构款项	2.21	243 968	—	239 020	4 698	250	—
客户存款	1.53	4 721 256	36 346	3 348 482	989 439	335 151	11 838
已发行存款额	4.17	6 965	—	4 718	1 443	796	—
其他	—	104 953	104 953	—	—	—	—
已发行次级债券	4.72	39 917	—	—	9 917	30 000	—
总负债	1.59	5 118 307	141 299	3 593 476	1 005 497	366 197	11 838
资产负债缺口	2.69	330 204	19 794	(1 536 503)	1 149 734	269 811	427 368

注：表列示建设银行于资产负债表日资产与负债于本年的实际利率及下一个预期重定价日期（或到期日以较早者为准）。

如果银行的资产和负债重新定价的日期不匹配，就会出现利率风险。假定有一项 6% 的固定利率贷款（资产）于 5 年内到期，该贷款的来源是 1 年期的储蓄存款（负债），当时利率为 2%。贷款将在 5 年以后重新定价，而存款 1 年重新定价一次。目前的利差是 4%，如果一年期利率涨到 2.5%，在储蓄存款（负债）重新定价时，利差就只剩 3.5% 了。如果负债和贷款资产均在同时重新定价（比如贷款来源于 5 年期定期存款），则利差将一直保持在 4%，无论市场利率如何变化。通过利率互换可以对冲利率风险。

［**例 7－5**］实业银行有一笔 5 000 万元、5% 的固定利率贷款，于 2 年内到期，以及另一笔 5 000 万元、6% 的固定利率贷款，于 5 年内到期。上述贷款的资金主要来源于 9 000 万元的一年期储蓄存款（负债），所有存款均在来年进行重新定价。对冲前的重新定价差额如表 7－7 所示。

表 7－7　　实业银行对冲前的差额表　　单位：10 万元

项　　目	重新定价时间					
	1 年以内	1～2 年	2～3 年	3～4 年	4～5 年	合计
5% 固定利率贷款		50				50
6% 固定利率贷款					50	50
计息存款	－90					－90
对冲前的资产（负债）差额	－90	50	0	0	50	10

实业银行可以采用两个互换，对冲其风险。在第一个互换合约中，取得一项 1 年浮动一次的利率收入，同时承担支付 2 年期固定利率的义务，名义金额为 4 500 万元。在第二个互换合约中，取得一项 1 年浮动一次的利率收入，同时承担支付 5 年期固定利率的义务，名义金额为 4 500 万元。两项 4 500 万元互换的应收利息均在来年重新定价，与存款应付利息的重新定价期限一致。这样短期差额就变为零，从而短期负债不存在利率风险。假定利率上涨，银行将从两笔 5 000 万元贷款中收到固定的利率，但要支付较高的短期存款利率，但同时将从两项 4 500 万元的互换中收到较高的 1 年期利率，而互换中支付的金额是固定的。这样利差就基本锁定了，利率风险头寸也大大降低了（见表 7－8）。

表 7－8　　实业银行运用利率互换对冲利率风险　　单位：10 万元

项　　目	重新定价时间					
	1 年以内	1～2 年	2～3 年	3～4 年	4～5 年	合计
5% 固定利率贷款		50				50
6% 固定利率贷款					50	50
计息存款	－90					－90
对冲前的资产（负债）差额	－90	50	0	0	50	10
2 年期互换的资产方	45					45
5 年期互换的资产方	45					45
2 年期互换的负债方		－45				－45
5 年期互换的负债方					－45	－45
对冲后的资产（负债）差额	0	5	0	0	5	10

假定借款人突然提前偿还借款，这样资产负债重新定价的差额将发生变化，又有新的风险头寸暴露了，这时需引入第 3 个互换工具。银行的风险头寸时常发生变化，从而银行需不断地引入互换。频繁的互换使利率互换成为交易量最大的衍生品。

注意在上例中，即使对冲后还存在一定的利率风险头寸，这是合理的。银行一般不会对冲所有的风险，在一个完美的市场中，银行要获得超额回报必须承担一定风险。即使市场是不完美的，银行家们往往需要估计未来的利率走势，从而有意识地暴露一些风险头寸，以获得额外收益。

三、货币互换（Currency Swap）

货币互换是指两笔金额相同、期限相同、计算利率方法相同，但货币不同的债务资金之间的调换，同时也进行不同利息额的货币调换。简单地说，利率互换是相同货币债务间的调换，而货币互换则是不同货币债务间的调换。货币互换双方互换的是货币，它们之间各自的债权债务关系并没有改变。初次互换的汇率一般以协定的即期汇率计算。货币互换可用于降低筹资成本。

原理

货币互换是指两笔金额相同、期限相同、计算利率方法相同，但货币不同的债务资金之间的调换，同时也进行不同利息额的货币调换。

[**例7-6**] 银行A是一家跨国银行，可以以较低的利率举债日元和美元。银行B的海外业务主要集中在美元区，举债日元的成本很高，即举债美元有相对优势。银行B需发行日元票据，银行A也正需要发行美元票据。两家银行分别融资的利率如表7-9所示。

表7-9　银行A和银行B分别融资的利率　单位：%

机　构	日元	美元
银行A	2	6.50
银行B	3.50	7

当然银行A可以同时发行美元和日元，并将日元贷给银行B，但这样做会增加其信用风险头寸，并增加风险加权资产。如果不想增加其信用风险，银行A和银行B可以签订一项互换合约。由银行B发行美元票据，银行A发行同期限、等金额的日元票据。银行A向银行B到期支付6%的美元利率和本金，银行B向银行A到期支付2%的日元利率和本金。互换后的融资成本如表7-10所示。

表7-10　银行A和银行B利用货币互换节约融资成本　单位：%

项　目	银行A		银行B	
	日元	美元	日元	美元
发行债券	支付2			支付7
互换	收到2	支付6	支付2	收到6
净差额		支付6	支付3	
直接融资		支付6.5	支付3.5	
节约成本		0.5	0.5	

在上例中，银行A和银行B分别节约了0.5%的利息。两家银行也可根据各自的相对优势，重新对利率进行定价，这样优势更强的一方可能节约更多的利息。

货币互换的方式很灵活，还有很多变种，如平行贷款（Parallel Loan，实际上平行贷款是互换的早期形式）和背对背贷款（Back-to-back Loan）。平行贷款的最初目的是为了逃避外汇管制。在20世纪50年代，英格兰银行对英国公司的对外投资换汇有限制，一些跨国公司便发明了一种特殊的贷款安排。假定一个英国母公司准备以美元向其美国子公司投资，同时另有一个美国母公司也准备向其英国子公司提供英镑贷款。双方便可签订合约，由英国母公司向美国公司在英国的子公司提供英镑贷款，同时由美国母公司向英国公司的美国子公司提供等额的美元贷款。这种安排的结果等效于两个母公司分别向其子公司提供贷款，但却避免了英镑和美元的兑换，这样就绕开了外汇管制。

背对背贷款从平行贷款发展而来，通过这类贷款，跨国公司可以将其被限制汇出的资金“激活”。例如，某跨国公司A在W国设立了子公司，W国外汇管制很严，A公司的子公司有富余资金但却无法汇回母公司。与此同时，另一跨国公司B设在W国的子公司缺少资金，B公司担心W国货币贬值，不愿意兑换当地货币投资。针对这一情况，两个跨国公司可以安排一个“背对背贷款”，即让A公司的子公司贷款给B公司的子公司，同时，A公司从B公司获得等额贷款。这样A公司被限制汇出的资金就被激活了，而B公司也避免了外汇风险。

货币互换与利率互换可以分别进行，也可结合同时进行。同时进行便称之为“货币利率互换”，操作原理与上述单个互换一样。

四、互换类信用衍生品

信用衍生品被称为21世纪最具有吸引力的金融风险管理工具。信用衍生品最初是20世纪90年代在纽约互换市场推出的。1993年信孚银行和瑞士信贷银行金融产品部（SCFP）为了防止其向日本金融界的贷款遭受损失，开始出售一种偿还价值取决于具体违约事件的债券，成为最早的信用衍生品。由于该产品交易是否能完成受到质疑，以及标准普尔公司拒绝对其评级，最初的几年（1993～1995年）信用衍生品市场并未获得发展。信用衍生品初次扬名是在1997～1998年的金融危机时期，危机证实了它能够在货币危机期间支持债务市场的需求，并使银行等金融机构在危机中得到保护。金融危机后信用衍生品市场得到了迅猛发展，根据英国银行家协会（BBA）的报告，1995年全球信用衍生品交易的名义金额仅为100亿美元，2004年已高达48 000亿美元。2007年始于美国的次贷危机又使之迅猛增长。传统上信用衍生品主要在银行间市场交易，现在交易所开始积极参与。全球最大的衍生品交易所欧洲期货交易所（Eurex）最近已经率先推出了信用衍生品期货，芝加哥商品交易所（CME）也不甘落后。

> **原理**
>
> 最早的信用衍生品是一种偿还价值取决于具体违约事件的债券。目前主要包括信用违约互换和总收益互换。传统上信用衍生品主要在银行间市场交易，现在交易所开始积极参与。

（一）信用违约互换（Credit Default Swaps）

如果某机构持有一项具有信用风险的资产，它可以通过购买互换合约转移信用风险。互换合约的购买者（即信用风险的出售方）向互换合约的出售者（即信用风险的购买方）支付一定的固定费用（类似期权费）获取信用违约互换协议以对冲资产的信用风险（见图7－3）。

图7－3　信用违约互换

当信用事件发生时，信用风险的出售方将获取购买方支付的一笔补偿金；当信用事件没有发生时，信用风险的出售方什么也得不到。信用事件包括债券发行人或借款人发生违约、标的资产价格下跌、标的资产发行人信用评级降低。

信用风险的出售方支付的金额等于协商好的基本点乘以标的债券或贷款的面值；信用风险的购买方支付的金额等于标的物面值减去标的资产违约后价值或预先确定的回收因子。

［**例7－7**］A公司购买了XYZ公司发行的10年期债券，名义金额为1亿元。A公司不愿承担XYZ公司的信用风险，于是与公司B签订了10年期的信用违约互换合约。标的信用资产为A公司购买的XYZ公司10年期债券。

A公司每年向B公司支付50个基点。每期期初公司A向公司B支付500 000元（1亿元×50/10 000）。假如到期后XYZ公司违约，1元面值的债券只值0.4元（抵押物价值），于是公司B需向公司A支付6 000万元[1亿元×(1－0.4)]。

（二）总收益互换

总收益互换指信用风险的买方（即互换的卖方）以支付浮动金额来交换信用风险的卖方的某项资产（如债券、投资组合、贷款或指数）的总收益。其中，浮动金额包括资产的浮动利息（如LIBOR加一定基点）和当资产市场价值下降（即资产信用风险增加时）的资产损失。总收益包括从资产收取的固定利息和当资产市场价值上升时的资产利得（见图7－4）。

图7－4　总收益互换

［**例7－8**］银行A给XYZ公司贷款1亿元，贷款利率为10%。为规避XYZ的信用风险，银行A与保险公司B签订一项总收益互换合约：公司B向银行A支付浮动的利率

LIBOR +50 个基点，银行 A 向公司 B 支付贷款的利息，以及贷款价值的变动。如果贷款价值上涨，银行 A 将支付涨价部分，但若下跌，则将收到相应金额。

假定 1 年后的 LIBOR 是 9%，同时贷款的价值下跌到 9 500 万元。银行 A 将支付 1 000 万元利息（固定利率），收到 950 万元利息（浮动利率），并收到公司 B 的补偿 500 万元，银行 A 实际现金流入为 450 万元。

从上例中可见，保险公司 B 保证银行 A 不承担风险，并获得了与 XYZ 公司贷款相关的全部风险和收益。银行 A 只能获得相当于市场利率的收益，实际上是公允价值不再受市场因素和 XYZ 公司信用风险的影响。

第五节　公允价值与金融工具会计

案例 7 – 4

奥特华市富兰克林储蓄协会的倒闭

奥特华市富兰克林储蓄协会是一家储蓄银行。20 世纪 80 年代，富兰克林储蓄协会吸收存款，购买抵押证券和其他风险较高的衍生金融工具，并以复杂的对冲工具对冲前述金融工具的利率风险。

到 1989 年的会计年度结束前，这些对冲工具的损失累计达 3.65 亿美元，按第 80 号财务会计准则（SFAS 80）要求，该损失可做递延处理。

储蓄银行监管部门越来越关注该公司的投资和对冲策略，并对递延的 3.65 亿美元损失提出质疑。因为对冲所形成的损失 3.65 亿美元与已经报告的收益是直接相关的。储蓄银行监管部门最终裁定转销递延损失，由于富兰克林储蓄协会的资本金只有 3.8 亿美元，这将导致它的技术性破产。

一、海水下的冰山

阿祥经营着比邻德法国际学校的一个水果摊，周围是德国人聚集的别墅，由于他诚实经营，这些德国人很快成为他的客户，多数情况下由他们的保姆来买水果，按市价付钱拿水果。最近，几个德国老友突然找到他，要求一年按一个稳定的价格向他买水果，保姆来选好水果称好重量按既定的价格付钱。他想大概德国老友不相信保姆了，因为重量是好核实的，价格一旦锁定保姆便没有操纵的空间了。但这给阿祥带来了难题，一年下来水果的价格波动很大啊。但他不想失去这些客户，于是他找到一个水果批发商，跟他也锁定价格。由于该批发商离他很远，他不可能向批发商购货，只能采用净额结算的方式每月结算月平均市价和约定价格的差价。比如香蕉，他与德国老友签订的价格是每公斤 6 欧元，与批发商锁定的价格是每公斤 5 欧元。虽然他平常还是按市价采购，但每月月末需要与批发商结算差额。如果当月的平均市价是5.5欧元/公斤，他就会得到0.5欧元/公斤的补偿。

这星期是香蕉上市的旺季，价格特别便宜，每公斤采购价才3欧元。他从德国老友那里一公斤赚了3欧元，他不懂会计，但他知道他并没有赚这么多，他还要给批发商补钱呢。

在金融工具会计准则形成之前，会计上并不确认公允价值的变动损失或收益，只是按成本记录资产，并遵循实现原则确认收益。在上述的例子中，阿祥与批发商的协议并不需要支付任何成本，因而直到净额结算前，是不需要记录的。日常记录的是采购和销售的差价。比如香蕉的采购价格是3欧元的时候，就在账上按每公斤3欧元的差价确定收益，而不考虑可能的补偿！因为补偿还未实现。

前述的衍生金融工具都有一个共同的特点，其价值是在不断变化的，在不利的情况下可能给企业带来巨大风险。原有的会计准则遵循实现原则并不确认公允价值的变化。由于传统会计确认和计量的局限，衍生金融工具在表上的披露只是冰山露出海平面的一角，真正的风险被掩盖了。

二、金融工具会计艰难破冰

许多金融机构在没有预警的情况下破产，这使准则制定和监管机构意识到，表上所反映的价值缺乏相关性。SFAS 前 SEC 主席 Richard Breeden 曾表示，历史成本模型在我们这个多变的世界里不再具有相关性。前 SEC 首席会计师 Walter Schuetze 也认为历史成本不利于中小投资者和准则制定者。因为中小投资者采用由投资服务中心提供的信息，而这些信息是未包括报表附注的。同时政策制定者只会看全行业的统计数字，也不会去读报表附注。这两类使用者对信息的使用建立在历史成本反映真实资本的假设之上，而这一假设是不成立的。于是美国证券管理委员会（SEC）开始大力推动公允价值在金融机构的运用。

从1986年开始，财务会计准则委员会（FASB）致力于金融工具的研究。1990年，FASB发布了第105号财务会计准则公告（SFAS 105）《涉及表外风险的金融工具和信用风险集中的金融工具的披露》（被SFAS133取代），要求披露金融工具的表外风险以及集中的信用风险。1991年又发布了SFAS 107《金融工具公允价值的披露》（经SFAS 133修订），要求在报表或报表附注中披露金融工具的公允价值，同时需披露估计公允价值的方法和假设。

至此以前的准则都只是要求在表外披露金融工具的公允价值。1995年SFAS 115《特定债券和权益证券投资的会计处理》征求意见稿的出炉立即引起轩然大波。

在吸收各方意见后，最终SFAS 115将债券和权益证券（除采用权益法核算和合并报表的投资外）分为三类：交易性证券、持有至到期证券和可供销售证券，分别采用摊余成本和公允价值计量属性。

此后又发布了SFAS 119《衍生金融工具和金融工具公允价值的披露》（被SFAS 133取代）。1998年6月，FASB在经过10余年的反复论证后，发布了SFAS 133《衍生金融工具和套期活动的会计处理》[①]（后经SFASB138和SFAS149修订）。SFAS 133要求所有的衍生金融产品均按公允价值确认为资产和负债，并建立了套期会计的示范。SFAS 133的出炉经过了

---

① Accounting for Derivative Instruments and Hedging Activities，在前面的论述中称“hedging”为“对冲”是为了与本义更相符，在以后的论述中为与会计准则相一致，统称为“套期保值”。

74 次委员会会议和 10 次咨询委员会会议，委员会成员 9 次与外部代表磋商，并考察了大量不同行业的企业，参加了各种各样的代表不同利益集团的会议。SFAS 138《特定衍生工具和特定套期活动的会计处理》对 SFAS 133 进行了补充，并将 SFAS 133 生效日期推至 2000 年 6 月。

国际会计准则委员会（IASC，后更名为国际会计准则理事会 IASB）紧随其后，于 1990 年发布了第 30 号国际会计准则（IAS30）《银行及类似金融机构的财务报表披露》（后被 IFRS 7所取代）。1993 年，IASC 发布了 IAS32“金融工具：披露和列报”。IAS32 中的披露要求被第 7 号国际财务报告准则（IFRS7）所取代，仍然保留了列报要求。1998 年，IASC 批准了 IAS39，并于 2004 年进行了修订。2005 年，IASB 发布 IFRS 7“金融工具：披露”。

我国的金融工具会计准则的制定还是以对国际准则的借鉴为主。在消化吸收相应的国际会计准则后，财政部于 2005 年 12 月发布了《金融工具确认和计量》、《金融资产转移》、《套期保值》和《金融工具列报和披露》征求意见稿，随后于 2006 年 2 月发布了《企业会计准则第 22 号——金融工具确认和计量》、《企业会计准则第 23 号——金融资产转移》、《企业会计准则第 24 号——套期保值》和《企业会计准则第 37 号——金融工具列报》4 项金融工具会计准则。

第六节 金融工具的确认和计量（一）

工商银行 2006 年金融工具的确认和计量

本集团将持有的金融资产分成以下 4 类：以公允价值计量且其变动计入当期损益的金融资产；持有至到期类金融资产；贷款及应收款类金融资产或可供出售类金融资产。金融资产初始确认时以公允价值计量，对于不属于以公允价值计量且其变动计入当期损益的金融资产，在初始确认时还需要加上可直接归属于该金融资产购置的交易费用。

1. 以公允价值计量且其变动计入当期损益的金融资产。以公允价值计量且其变动计入当期损益的金融资产包括为交易而持有的金融资产，或是初始确认时就被管理层指定为以公允价值计量且其变动计入当期损益的金融资产。为交易而持有的金融资产包括为了在短期内出售而买入的金融资产，以及衍生金融工具。这类金融资产在后续计量期间以公允价值计量。所有已实现和未实现的收益均计入当期损益。

2. 持有至到期类投资。持有至到期类投资指具有固定或可确定回收金额及固定到期日的，且本集团有明确意图和能力持有至到期的非衍生金融资产。持有至到期类投资以实际利率法计算的摊余成本减去减值准备计量。当持有至到期类投资被终止确认、出现减值或在摊销时所产生的利得或损失，均计入当期损益。

如果本集团在本会计年度，于到期日前出售或重分类了较大金额的持有至到期类投资（较大金额是指相对持有至到期类投资总金额而言），则本集团将该类投资的剩余部分重分类为可供出售类金融资产，且不能在本会计年度及以后2个会计年度内再将任何金融资产分类为持有至到期类投资，满足下述条件的出售或重分类除外：（1）出售日或重分类日距离该项投资的到期日或赎回日很近（如到期前3个月内），以至于市场利率的变化对该项投资的公允价值没有重大影响；（2）根据约定的偿付或提前还款的方式已经收回了该项投资几乎全部初始本金后发生的出售或重分类；或（3）出售或重分类是由于某个本集团无法控制、预期不会重复发生且难以合理预计的独立事项所引起。

贷款及应收款项类投资贷款及应收款项类投资指具有固定或可确定回收金额，缺乏活跃市场的非衍生金融资产，且本集团没有意图立即或在短期内出售的资产。贷款及应收款项类投资的价值以按实际利率法计算的摊余成本减去减值准备计量。

当贷款及应收款项类投资被终止确认、出现减值或在摊销时所产生的利得或损失，均计入当期损益。

3. 可供出售类金融资产。可供出售类金融资产指那些被指定为可供出售的非衍生金融资产，或未划分为贷款及应收款项类投资、持有至到期类投资或以公允价值计量且其变动计入当期损益的金融资产这三类的其他金融资产。在后续计量期间，该类金融资产以公允价值计量。划分为可供出售类的金融资产中，在活跃市场中没有报价、公允价值不能可靠计量的权益性金融工具以成本计量。可供出售类金融资产持有期间获得的利息收入采用实际利率法确认在损益中。可供出售类金融资产的公允价值变动所带来的未实现收益，在该金融资产被终止确认或发生减值之前，在资本公积中单项列示。在该金融资产被终止确认或发生减值时，以前计入在资本公积中的累计公允价值变动应转入当期损益。

资料来源：2006年工商银行年报。

一、金融工具的定义和分类

金融工具是指形成一个企业的金融资产，并形成其他单位的金融负债或权益工具的合同。金融工具分为基本金融工具和衍生金融工具。基本金融工具包括：现金、贷款、应收款项、存款、应付款项、债券投资、股权投资等。衍生金融工具包括：远期、期货、期权和互换，及其混合工具。

> **原理**
>
> 金融工具是指形成一个企业的金融资产，并形成其他单位的金融负债或权益工具的合同。

金融资产被分为4类：以公允价值计量且变动进入损益的金融资产（FVPL）、持有至到期的投资、贷款和应收账款以及可供出售的金融资产。金融负债分为两类：公允价值计量且变动进入损益的金融负债（也称为FVPL）和其他金融负债。

在初始计量时，各类金融资产的计量属性均是公允价值，多数情况下是交易成本。直接归属于该金融资产购置的交易费用一般计入初始入账价值。对于FVPL类，由于后续计量采用公允价值，而且变动计入当期损益，将交易费用计入初始入账价值和直接计入当期费用结果并无差异，为简化核算直接计入当期损益。

后续计量时，FVPL和可供出售金融资产均按公允价值计量，前者的公允价值变动差异计入当期损益，后者计入权益。其余的金融资产或金融负债采用摊余成本或成本属性。各类金融资产或负债的计量属性如表 7－11 所示。

表 7－11　　金融资产和金融负债的计量属性

<table>
<tr><th>类　别</th><th>初始计量</th><th>后续计量</th></tr>
<tr><td>FVPL（可以是资产或负债）</td><td>公允价值，交易费用计入当期损益</td><td>公允价值，变动计入当期损益</td></tr>
<tr><td>持有至到期投资</td><td rowspan="4">公允价值，交易费用计入初始入账金额，构成成本组成部分</td><td rowspan="2">摊余成本</td></tr>
<tr><td>贷款和应收款项</td></tr>
<tr><td>可供出售金融资产</td><td>公允价值，变动计入权益</td></tr>
<tr><td>其他金融负债</td><td>摊余成本或其他基础</td></tr>
</table>

二、公允价值计量且变动计入损益的金融资产

以公允价值计量且变动计入损益的金融资产又分为两类：第一类是交易性金融资产，包括为赚取价差为目的所购的有活跃市场报价的股票、债券投资、基金投资等，及不为对冲目的持有的衍生金融工具；第二类是直接指定为以公允价值计量且其变动计入当期损益的金融资产。第二类主要是指企业基于风险管理战略或操作策略而将一些资产组合直接指定为以公允价值计量且其变动计入当期损益的金融资产。如金融机构的交易部门，他们的持仓盈亏主要是以公允价值衡量，相应的其负债也是以公允价值衡量，这样可以将整个资产组合连同其负债同时指定。有时是为解决资产负债的计量属性不匹配问题，比如金融资产划分为可供出售类，而其负债来源却以摊余成本计量，同时指定后通常能提供更相关的信息。有时是为了避免涉及复杂的套期有效性测试，而将衍生金融工具直接指定。

原理

以公允价值计量且变动计入损益的金融资产分为两类：第一类是交易性金融资产，包括以赚取价差为目的所购的有活跃市场报价的股票、债券投资、基金投资等，及不为对冲目的持有的衍生金融工具；第二类是直接指定为以公允价值计量且其变动计入当期损益的金融资产。

中信证券公司 2007 年中报披露的交易性金融资产为 28.55 亿元，其中债券 16.97 亿元、基金 6.11 亿元、股票 3.38 亿元及其他类 2.09 亿元（主要是创设的权证）。来自于交易性金融资产的收益为 7.83 亿元，其中 6.71 亿元来自于已经出售的交易性金融资产，另有 1.12 亿元来自于尚未出售的交易性金融资产的公允价值变动。公司将近期回购而承担的金融负债确定为交易性金融负债，包括公司发行或创设的权证，该部分负债的公允价值余额为 16.91 亿元，公允价值变动的损失为－1.067 亿元。

企业取得交易性金融资产，按其公允价值借记"交易性金融资产"，按发生的交易费用借记"投资收益"。按已到付息期但尚未领取的利息或已宣告但尚未发放的现金股利，借记"应收利息"或"应收股利"，按实际支付的金额贷记"银行存款"等科目。

交易性金融资产持有期间被投资单位宣告发放的现金股利，或在资产负债表日按分期付息、一次还本债券的票面利率计算的利息，借记"应收股利"或"应收利息"，贷记"投资

收益”。

资产负债表日，交易性金融资产的公允价值高于其账面余额的差额，借记“交易性金融资产——公允价值变动”，贷记“公允价值变动损益”。公允价值低于账面余额的做相反分录。

出售交易性金融资产时，按实际收到的金额借记“银行存款”等科目，按交易性金融资产的账面余额做贷方记录，按差额借记或贷记“投资收益”。同时将原记入“公允价值变动损益”的余额转出，借记或贷记“投资收益”。

对于一项衍生品，如果没有指定为套期保值的工具，就要通过“衍生工具”核算，记录其公允价值的变动，并将变动差额计入当期损益。

［例 7－9］ 20×3 年 4 月 1 日，某法国公司向某美国公司出口葡萄酒，应收款 \$1 200 000 将于 6 月 29 日到期。4 月 1 日美元兑欧元的汇率为 \$1.2/ EUR。如果欧元对美元持续升值，可能导致法国公司的亏损。为对汇率风险进行套期保值，法国公司与银行签订了一项远期外汇合约，约定于 90 天后按 \$1.2/ EUR 向银行售出 \$1 200 000。

假定到期日（6 月 29 日）的即期汇率为 \$1.25/ EUR。对于法国公司，远期合约的价值为：

\$1 200 000 按远期汇率（套期保值后）	EUR 1 000 000
\$1 200 000 按 6 月 29 日即期汇率（无套期保值）	EUR 960 000
远期合约的到期价值	EUR 40 000

对于银行，如果将该远期合约作为一项投资，则到期后将蒙受损失：

\$1 200 000 按远期汇率	EUR1 000 000
\$1 200 000 按 6 月 29 日的即期汇率	EUR 960 000
远期合约到期损失	EUR 40 000

需知这些损失不是在最后一天形成的，是逐步累积下来的。按照历史成本模式下的会计惯例，日常并不记录远期合约，因为在期初的时候并不需要支付对价，即初始交易时的公允价值为零。到期净额结算时银行一次性确认损失 40 000 欧元，这样在结算前风险一直在表外积聚。而在公允价值模式下，则每个会计期末均要确认公允价值的变化，这样风险就在表内确认了。

假定 90 天内的远期汇率如表 7－12 所示。

表 7－12　　　　某法国公司 90 天内远期汇率

合同剩余期限	远期汇率*	名义金额（美元）
90 天（4 月 1 日）	1.20	1 200 000
60 天（4 月 30 日）	1.22	1 200 000
30 天（5 月 31 日）	1.24	1 200 000
0 天（6 月 29 日）	1.25	1 200 000

注：* 离到期日还有 90 天时，远期汇率为 1.20，到期日的远期汇率与当日的即期汇率一致。

远期合约的价值计算如表 7－13 所示。

表 7－13 某法国公司远期合约的价值

合同剩余期限	远期汇率	名义金额（美元）	按远期汇率需支付的金额（欧元）	远期合约价值累计变化（欧元）
90 天	1.20	1 200 000	1 000 000	0
60 天	1.22	1 200 000	983 607	（16 393）
30 天	1.24	1 200 000	967 742	（32 258）
0 天	1.25	1 200 000	960 000	（40 000）

但合约的到期结算是到期日，因而在会计记录日远期合约的实际价值是到期日价值的折现值。如在离到期日还有 60 天时，所观察到的远期汇率（假定重新签订远期合约的汇率）为 1.22，此时签订远期合约到期只需支付 983 607 欧元，4 月 1 日签订的远期合约使银行到期多支付 16 393 欧元，假定到期净额结算，该金额只有在到期才支付。假定折现率为 6%（每月 0.5%），在当日需确认的损失为 16 230 欧元（即 16 393 欧元 60 天的折现值），如表 7－14 所示。

表 7－14 某法国公司当期确认损失情况 单位：欧元

项　目	60 天剩余	30 天剩余	合约到期
合约价值的累计变化	（16 393）	（32 258）	（40 000）
累计变化现值	（16 230）	（32 098）	（40 000）
前期确认损失	0	16 230	32 098
当期确认损失	（16 230）	（15 868）	（7 902）

假定银行在到期前 30 日预计欧元还将继续升值，则可支付 32 098 欧元将合约平仓。银行将该项远期合约记录为交易性金融资产，相关分录如下：

4 月 1 日（取得合约）

备忘分录，记录合约定立。最初合约本身的价值为 0。

4 月 30 日（离到期日 60 天）

借：公允价值变动损益　　16 230
　　贷：衍生工具——远期合约　　16 230

5 月 31 日（离到期日 30 天）

借：公允价值变动损益　　15 868
　　贷：衍生工具——远期合约　　15 868
借：衍生工具——远期合约　　32 098
　　贷：银行存款　　32 098
借：投资收益　　32 098
　　贷：公允价值变动损益　　32 098

三、持有至到期日的投资

持有至到期的投资是指到期日固定、回收金额固定或可确定，且企业有明确意图和能力持有至到期日的非衍生金融资产，它具有以下特征：到期日固定；回收金额固定或可确定；有明确意图持有至到期；有能力持有至到期，企业有足够的财务资源，并不受外部因素影响将投资持有至到期；一般有活跃市场；非衍生金融工具。

原理

持有至到期日的投资是指到期日固定、回收金额固定或可确定，且企业有明确意图和能力持有至到期的非衍生金融资产。

通常情况下，企业持有的在活跃市场上有公开报价的国债、企业债券、金融债券等，可以划分为持有至到期投资。中国银行在IPO时持有至到期日的投资包括政府债券、公共部门和准政府债券、金融机构债券、公司债券等。

根据准则指南，企业取得持有至到期投资时，应按该投资的面值，借记“持有至到期投资——成本”，按支付的价款中包含的已到付息期但尚未领取的利息，借记“应收利息”。按实际支付的价款，贷记“银行存款”等科目，按差额借记或贷记“持有至到期投资——利息调整”。需要特别注意的是，指南中所指的“持有至到期投资——成本”不是购买时的成本，而是面值。

资产负债表日，持有至到期投资为分期付息、一次还本债券投资的，应按票面利率计算的应收未收利息，借记“应收利息”，按摊余成本和实际利率计算的利息收入贷记“投资收益”，按其差额借记或贷记“持有至到期投资——利息调整”。

持有至到期投资为一次还本付息债券投资的，应于资产负债表日按票面利率计算确定的应收未收利息，借记“持有至到期投资——应计利息”，按持有至到期投资摊余成本和实际利率计算确定的利息收入贷记“投资收益”，按其差额借记或贷记“持有至到期投资——利息调整”。

在没有减值的情况下，债券具有到期收敛到面值的特征。无论是折价还是溢价发行，最终都会以面值偿还。如果是溢价或折价购买，最初通过“持有至到期投资——利息调整”反映面值和购买价的差额，逐期按实际利率摊销（即折价摊销），最终摊销完毕，按面值获得偿还。

持有债券投资的公司其实际利息收入不应受债券票面利率的影响。换言之，无论购买的是折价发行还是溢价发行的债券，在同等条件下（同等市场利率、风险及流动性等），每1元所获得的利息收入应该是一致的而不受发行方式的影响（折价或溢价发行）。因而，应按实际利率和摊余成本（相当于投资余额）确定利息收入。会计准则应该是中立的，不应该影响公司的投资决策。如果公司按票面利率确认当期的利息收入，则需要高回报利润的公司会选择溢价发行的债券，这样的会计处理显然是不合理的。

［**例7－10**］20×7年1月1日，A公司购入一项公司债，剩余年限5年，划分为持有至到期投资，买价（当时的公允价值）为1 000万元。债券面值1 250万元，年票面利率4.7%（即每年支付利息58.75万元），利息于每年1月1日支付。2×12年最后一次付息并偿还本金。该债券发行方可以提前赎回，且不付罚金。A公司预期发行方不会提前赎回。假

定无交易费用。20×7~2×11 年 A 公司该如何记录呢?

要计算利息收入和溢、折价金额必须知道实际利率。根据未来现金流和现在的买价，用 Excel 求 IRR 的方式可求得实际利率为 9.9722%。摊余成本的计算如表 7-15 所示。

表 7-15　　A 公司持有至到期的摊余成本表　　单位：万元

年份	年初摊余成本	利息收益	现金流量	年末摊余成本
	a	b=a×r	c	B=a+b-c
20×7	1 000.00	99.72	58.75	1 040.97
20×8	1 040.97	103.81	58.75	1 086.03
20×9	1 086.03	108.30	58.75	1 135.57
2×10	1 135.57	113.24	58.75	1 190.06
2×11	1 190.06	118.68	1 308.75	0.00

相关的分录如下：

20×7 年 1 月 1 日

借：持有至到期投资——成本　　1 250

　　贷：银行存款　　1 000

　　　　持有至到期投资——利息调整　　250

(记录购买债券，按面值记录“持有至到期投资——成本”，差额（折价）计入“持有至到期投资——利息调整”)

20×7 年 12 月 31 日

借：应收利息　　58.75

　　持有至到期投资——利息调整　　40.97

　　贷：投资收益　　99.72

(计提债券利息收入，并摊销折价)

20×8 年 1 月 1 日

借：银行存款　　58.75

　　贷：应收利息　　58.75

(记录收到债券利息)

20×8 年 12 月 31 日

借：应收利息　　58.75

　　持有至到期投资——利息调整　　45.06

　　贷：投资收益　　103.81

(计提债券利息收入，并摊销折价)

20×9 年 1 月 1 日

借：银行存款 58.75

贷：应收利息 58.75

（记录收到债券利息）

20×9 年 12 月 31 日

借：应收利息 58.75

持有至到期投资——利息调整 49.55

贷：投资收益 108.30

（计提债券利息收入，并摊销折价）

2×10 年 1 月 1 日

借：银行存款 58.75

贷：应收利息 58.75

（记录收到债券利息）

2×10 年 12 月 31 日

借：应收利息 58.75

持有至到期投资——利息调整 54.49

贷：投资收益 113.24

（计提债券利息收入，并摊销折价）

2×11 年 1 月 1 日

借：银行存款 58.75

贷：应收利息 58.75

（记录收到债券利息）

2×11 年 12 月 31 日

借：应收利息 58.75

持有至到期投资——利息调整 59.93

贷：投资收益 118.68

（计提债券利息收入，并摊销折价）

2×12 年 1 月 1 日

借：银行存款 58.75

贷：应收利息 58.75

（记录收到债券利息）

借：银行存款 1 250

贷：持有至到期投资——成本 1 250

（记录收回债券本金）

[例 7－11] 承上例，假定 20×9 年 1 月 1 日，公司 A 预期 20×9 年 12 月 31 日将收回本金的 50%，剩余的 50% 在 2×11 年年末收回。20×9～2×11 年 A 公司该如何记录呢？

此时需要调整 20×9 年 1 月 1 日的摊余成本。20×9 年 1 月 1 日摊余成本的新基础是按实际利率计算的未来现金流的现值。注意计算未来现金流现值所采用的折现率是期初（20×7年 1 月 1 日的实际利率）实际利率，这表明在未来现金流发生变化时只修正现金流，不修正折现率。修正后的摊余成本表如表 7－16 所示。

表 7-16　　A 公司修正后的摊余成本表

年份	年初摊余成本	利息收益	现金流量	年末摊余成本
	a	b = a × r	c	B = a + b - c
20×7	1 000	99.72	58.75	1 040.97
20×8	1 040.97	103.81	58.75	1 086.03
20×9	1 138.06	113.49	683.75	567.80
2×10	567.79	56.62	29.38	595.03
2×11	595.04	59.34	654.38	0.00

20×9 年 1 月 1 日以后相关的分录如下：

20×9 年 1 月 1 日

借：银行存款　　58.75

　　贷：应收利息　　58.75

（记录收到债券利息）

借：持有至到期投资——利息调整　　52.03

　　贷：投资收益　　52.03

由于预期现金流发生了变化，在折现率（期初实际利率）不变的情况下，折价金额也发生了变化，所以要按摊余成本差额调整“持有至到期投资——利息调整”，调整后的折价为 111.94 万元(1 250 - 1 138.06)，调整前余额为 163.97 万元。也可以这么理解，该投资在 20×8 年年末的价值为 1 086.03 万元，到了 20×9 年 1 月 1 日因可提前赎回，使价值变为 1 138.06万元，相当于实现了 52.03 万元的投资收益。

20×9 年 12 月 31 日

借：应收利息　　58.75

　　持有至到期投资——利息调整　　54.74

　　贷：投资收益　　113.49

（计提债券利息收入，并摊销折价）

借：银行存款　　625

　　贷：持有至到期投资——成本　　625

记录后，年末“持有至到期投资——成本”余额为 625 万元，“持有至到期投资——利息调整”余额为 57.2 万元(250 - 40.97 - 45.06 - 54.74 - 52.03)，摊余成本为 567.8 万元(625 - 57.2)，与摊余成本表一致。

2×10 年 1 月 1 日

借：银行存款　　58.75

　　贷：应收利息　　58.75

（记录收到债券利息）

2×10 年 12 月 31 日

借：应收利息　　29.38

　　持有至到期投资——利息调整　　27.24

贷：投资收益		56.62
（计提债券利息收入，并摊销折价）		
2×11 年 1 月 1 日		
借：银行存款	29.38	
贷：应收利息		29.38
（记录收到债券利息）		
2×11 年 12 月 31 日		
借：应收利息	29.38	
持有至到期投资——利息调整	29.96	
贷：投资收益		59.34
（计提债券利息收入，并摊销折价）		
2×12 年 1 月 1 日		
借：银行存款	29.38	
贷：应收利息		29.38
（记录收到债券利息）		
借：银行存款	625	
贷：持有至到期投资——成本		625
（记录收回债券本金）		

第七节　金融工具的确认和计量（二）

一、贷款和应收款

贷款和应收款项主要是指金融企业发放的贷款和一般企业销售商品或提供劳务形成的应收款项等债权。贷款和应收款项在活跃市场中没有报价。

金融企业按当前市场条件发放的贷款，应按发放贷款的本金和相关交易费用之和作为初始确认金额。一般企业对外销售商品或提供劳务形成的应收债权，通常应按从购货方应收的合同或协议价款作为初始确认金额。贷款的合同金额与实际支付金额有差异时，借记或贷记“贷款——利息调整”。

> **原理**
>
> 贷款和应收款项主要是指金融企业发放的贷款和一般企业销售商品或提供劳务形成的应收款项等债权。贷款和应收款项在活跃市场中没有报价。

贷款的后续计量属性也是摊余成本，如果合同本金与实际支付金额差异较大，其核算类似持有至到期投资。贷款持有期间所确认的利息收入，应当根据实际利率计算。实际利率应在取得贷款时确定，在该贷款预期存续期间或适用的更短期间内保持不变。在资产负债表日计提利息收入时，按贷款的合同本金和合同利率确定应收利息，按贷款的摊余成本和实际利率确定利息收入，借“应收利息”，贷“利息收入”，差额借记或贷记“贷款——利息调整”。实际利率与合同利率差别较小的，也可按合同利率计算利息收入。

资产负债表日应收款发生减值的，按减记的金额借记“资产减值损失”，贷记“坏账准备”。应计提的金额大于“坏账准备”账面余额的，按差额计提；反之则应冲回。确定无法收回的应收款项，经报批后转为坏账，借记“坏账准备”，贷记“应收账款”、“应收票据”、“应收分保账款”、“其他应收款”、“长期应收款”等科目。坏账核销后再收回的，借记“应收账款”、“应收票据”、“应收分保账款”、“其他应收款”、“长期应收款”等科目，贷记“坏账准备”；同时借记“银行存款”或其他现金等价物，贷记“应收账款”、“应收票据”、“应收分保账款”、“其他应收款”、“长期应收款”等科目。

资产负债表日确定贷款减值的，应按减记的金额借记“资产减值损失”，贷记“贷款损失准备”。计提贷款损失准备的资产包括贴现资产、拆出资金、客户贷款、银团贷款、贸易融资、协议透支、信用卡透支、转贷款和垫款等。计提贷款损失准备后，应将贷款的摊余成本转入“已减值”科目，借记“贷款——已减值”，贷记“贷款——本金”、“贷款——利息调整”。资产负债表日，按贷款摊余成本和实际利率计算的利息收入借记“贷款损失准备”，贷记“利息收入”。按合同应收的利息作表外登记。

收回减值贷款时，按实际收到的金额借记“吸收存款”、“存放中央银行款”等科目，按相关贷款损失准备余额借记“贷款损失准备”，按相关贷款余额贷记“贷款——已减值”，差额贷记“资产减值损失”。对确实无法收回的贷款，按管理权限报批后转销，借记“贷款损失准备”，贷记“贷款——已减值”，同时减少表外的应收未收利息。已确认转销的贷款又收回的，按原转销的已减值贷款余额，借记“贷款——已减值”，贷记“贷款损失准备”，按实际收到的金额借记“吸收存款”、“存放中央银行款项”等科目，按原转销的已减值贷款余额，贷记“贷款——已减值”，并按差额贷记“资产减值损失”。

计提贷款损失准备时，可按组合计提，也可按个别计提。按组合计提贷款时，可采用迁徙矩阵（MM）的方法，也可采用更精确的内部评级法。按个别计提则是采用现金流量折现的方法，一般对于贷款金额重大且损失较大的贷款采用。

企业收回或处置贷款和应收款项时，应将取得的价款与该贷款和应收款项账面价值之间的差额计入当期损益。

二、可供出售金融资产

可供出售的金融资产通常是指企业没有划分为以公允价值计量且其变动计入当期损益的金融资产、持有至到期投资、贷款和应收款项的金融资产。比如，企业购入的在活跃市场上有报价的股票、债券和基金等，没有划分为以公允价值计量且其变动计入当期损益的金融资产或持有至到期投资等金融资产的，可归为此类。按可供出售金融资产的类别和品种，分别设置“成本”、“利息调整”、“应计利息”、“公允价值变动”等科目核算。

原理

可供出售的金融资产通常是指企业没有划分为以公允价值计量且其变动计入当期损益的金融资产、持有至到期投资、贷款和应收款项的金融资产。

可供出售金融资产应当按取得该金融资产的公允价值和相关交易费用之和作为初始确认金额。支付的价款中包含的已到付息期但尚未领取的债券利息或已宣告但尚未发放的现金股利，应单独确认为“应收股利”或“应收利息”。

［例7－12］宝同钢铁集团取得了寒当钢铁公司5%的可流通股权，取得成本和交易费用合计11 600万元，该金额包括已宣布但未派发的股利600万元。如果宝同钢铁集团将该类投资归类为可供出售金融资产，则将做如下的记录：

借：可供出售金融资产　　11 000

　　应收股利　　600

　　贷：银行存款　　11 600

企业取得的可供出售金融资产为债券投资的，按债券面值借记“可供出售金融资产——成本”，按支付价款中包括的利息借记“应收利息”，按实际支付的价款贷记“银行存款”等科目，按差额借记或贷记“可供出售金融资产——利息调整”。

资产负债表日，可供出售金融资产为分期付息、一次还本债券投资的，应按票面利率计算的应收未收利息，借记“应收利息”，按可供出售债券摊余成本和实际利率计算的利息收入贷记“投资收益”，按其差额借记或贷记“可供出售金融资产——利息调整”。

可供出售金融资产为一次还本付息债券投资的，应于资产负债表日按票面利率计算确定的应收未收利息，借记“可供出售金融资产——应计利息”，按可供出售金融资产摊余成本和实际利率计算确定的利息收入贷记“投资收益”，按其差额借记或贷记“可供出售金融资产——利息调整”。

［例7－13］20×7年1月1日，A公司购入一项公司债，剩余年限5年，划分为持有至到期投资，买价（当时的公允价值）为1 000万元。债券面值1 250万元，年票面利率4.7%（即每年支付利息58.75万元），利息于每年1月1日支付。2×12年最后一次付息并偿还本金。假定无交易费用。A公司将该项债券投资归类为可供出售金融资产。

根据未来现金流和现在的买价，用EXCEL求IRR的方式可求得实际利率为9.9722%。该债券摊余成本的计算如表7－17所示。

表7－17　　A公司可供出售金融资产的摊余成本表　　单位：万元

年份	年初摊余成本	利息收益	现金流量	年末摊余成本
	a	b = a × r	c	B = a + b − c
20×7	1 000.00	99.72	58.75	1 040.97
20×8	1 040.97	103.81	58.75	1 086.03
20×9	1 086.03	108.30	58.75	1 135.57
2×10	1 135.57	113.24	58.75	1 190.06
2×11	1 190.06	118.68	1 308.75	0.00

相关的分录如下：

20×7年1月1日

借：可供出售金融资产——成本　　1 250

　　贷：银行存款　　1 000

　　　　可供出售金融资产——利息调整　　250

（记录购买债券，按面值记录“可供出售金融资产——成本”，差额（折价）计入“可供出售金融资产——利息调整”）

20×7 年 12 月 31 日

借：应收利息　　58.75

　　可供出售金融资产——利息调整　　40.97

　　贷：投资收益　　99.72

（计提债券利息收入，并摊销折价）

资产负债表日需按公允价值对可供出售金融资产进行后续计量。公允价值若高于其账面值，按其差额借记“可供出售金融资产——公允价值变动”，贷记“资本公积——其他资本公积”。公允价值低于账面余额的差额作相反分录。

承上例，假定 20×7 年 12 月 31 日该债券的公允价值为 990 万元，而摊余成本为 1 040.97万元，则需记录 50.97 万元的公允价值变动。

借：资本公积——其他资本公积　　50.97

　　贷：可供出售金融资产——公允价值变动　　50.97

确定可供出售金融资产发生减值的，按应减记的金额借记“资产减值损失”，按应从所有者权益中转出原计入资本公积的累积损失金额贷记“资本公积——其他资本公积”，按其差额贷记“可供出售金融资产——公允价值变动”。

[例 7－14] 承上例，假定 20×8 年该债券由于发行公司信用恶化发生减值，减值后的金额为 800 万元。则相应的分录如下：

20×8 年 1 月 1 日

借：银行存款　　58.75

　　贷：应收利息　　58.75

（记录收到债券利息）

20×8 年 12 月 31 日

借：应收利息　　58.75

　　持有至到期投资——利息调整　　45.06

　　贷：投资收益　　103.81

（计提债券利息收入，并摊销折价）

借：资产减值损失　　286.03

　　贷：资本公积——其他资本公积　　50.97

　　　　可供出售金融资产——公允价值变动　　235.06

（20×8 年年末摊余成本为 1 086.03 万元，已有公允价值变动 50.97 万元，原计入资本公积，现出现减值，应将资本公积项下的公允价值变动直接转为损失。累计公允价值的变动为贷方 286.03 万元，正是可供出售金融资产的减项。）

对于已确认减值损失的可供出售金融资产，在随后会计期间公允价值上升且确与原减值事项有关的，应按原确认的损失借记“可供出售金融资产——公允价值变动”，贷记“资产减值损失”。但可供出售金融资产为股票等权益工具的（不含在活跃市场没有报价、公允价值不能可靠计量的权益投资），借记“可供出售金融资产——公允价值变动”，贷记“资本公积——其他资本公积”。这意味着权益类的减值损失一旦发生，不能再转回。

处置可供出售金融资产时，应将取得的价款与该金融资产账面价值之间的差额，计入投资损益；同时，将原直接计入所有者权益的公允价值变动累计额对应处置部分的金额转出，计入投资损益。

[例7-15] 承上例，假定20×9年1月2日以820万元出售上述债券。“资本公积——其他资本公积”中记录公允价值变动的金额已于20×8年12月31日转入损失。相应分录如下：

借：银行存款	820	
可供出售金融资产——利息调整	163.97	
(250－45.06－40.97)		
可供出售金融资产——公允价值变动	286.03	
贷：可供出售金融资产——成本		1 250
投资收益		20

三、可供出售金融资产和持有至到期投资之间的重分类

银行出售或重分类持有至到期投资，金额相对出售或重分类前的总额较大的（5%以上），剩余部分应划为可供出售类。因为交易性金融资产不可重分类，这样就不能通过重分类对当期损益进行调节。交易性金融资产一旦指定就不可变更，而公允价值的变化在指定之后，因而很难根据需要制造利润。持有至到期投资一般回收金额固定或可确定，不确定性低从而公允价值的波动幅度较小，操纵空间不大。从持有至到期投资转入可供出售金融资产所发生的公允价值变动只记入“资本公积——其他资本公积”，对当期损益没有影响。

银行出售或重分类持有至到期投资，金额相对出售或重分类前的总额较大的（5%以上），剩余部分应划分为的可供出售类。可供出售金融资产满足下列条件之一，即可重分类为持有至到期投资：一是企业的持有意图或能力发生改变，满足持有至到期的要求；二是可供出售金融资产的公允价值不再能够可靠计量；三是持有可供出售金融资产的期限超过两个完整的会计年度。

将持有至到期投资重分类为可供出售金融资产的，在重分类日按公允价值借记“可供出售金融资产”，按账面余额贷记持有至到期投资摊余成本（包括“成本”及“利息调整”），按差额借记或贷记“资本公积——其他资本公积”。有减值准备的还应同时结转减值准备。

将可供出售金融资产重分类为持有至到期投资的，在重分类日按可供出售金融资产的摊余成本，借记“持有至到期投资——成本”，贷记（或借记）“持有至到期投资——利息调整”。有减值准备的还应同时结转减值准备。

四、嵌入式金融工具

有时一项衍生金融工具嵌在另一个合同里（被称为主合同）。在满足下列条件，应拆分主合同和衍生金融工具：一是衍生金融工具的经济特性和风险与主合同并非紧密关系；二是拆分后本身独立时符合衍生性金融工具的定义；三是衍生金融工具没有指定为公允价值计量

且变动计入当期损益的金融资产。

[例 7-16] 招农银行 20×7 年 1 月 1 日发行 200 万份的可转债。每份面值为 1 000 元，按面值发行，取得收入 20 亿元。债券期限为 3 年，票面利率为年 1.2%，利息按年支付。每份债券均可在债券发行 1 年后按每股 10 元转为 100 股普通股。二级市场同期限，同等风险的无转债权利的回报率为年 6%。假定不考虑其他相关因素，并需拆分出衍生金融工具，该如何记录这项发行呢?

要拆分衍生金融工具，必须知道它的公允价值。发行时可转债的公允价值为已知，无期权债券的公允价值可合理确定，这样期权的价值就确定了。可转债公允价值的分离如表 7-18所示。

表 7-18　招农银行可转债公允价值的分离　单位：亿元

项　目	第 1 年年末	第 2 年年末	第 3 年年末
债券现金流入	0.24	0.24	20.24
折现因子	0.94	0.89	0.84
折现现金流入	0.23	0.21	16.99
债券现值	17.43		
期权公允价值	2.57		

相关的分录如下：

借：银行存款　20

　　贷：应付公司债　17.43

　　　　资本公积——其他资本公积　2.57

分离后，主合同是金融工具的，按照金融工具准则核算；主合同非金融工具的，按照其他会计准则的规定处理。

本章小结

市场风险是由于市场价格（包括金融资产价格和商品价格）波动而导致表内表外头寸遭受损失的风险。市场风险一般包括利率风险、汇率风险、权益风险、商品风险。信用风险的主要表现是违约风险，即客户无法履行偿债责任的风险。信用风险还包括客户信用等级降低的风险。

用于对冲风险的最基本的衍生金融工具包括远期、期货、互换和期权。远期合约是这样一类合约，即约定在将来某一时点，按某一固定价格，买入或卖出某一特定金额的资产。由于远期合约具有流动性差、信用风险高的缺点，其运用大受局限，期货弥补了远期合约的不足。期货是交易所交易的远期合约，交易所规定每天进行净额结算。交易清算所成为交易中介，并履行交割义务。由于有交易清算所担保，交易双方不会有违约风险。期权代表着在未来某期限内按一定价格买入或卖出一定数量资产的权利。期权在某一特定时间段内有效，根据行权的时限可分为欧式期权和美式期权。互换合约是一种柜台交易合约，系根据一定协议交换一系列的现金流。信用类衍生品包括信用违约互换和总收益互换。

许多金融机构在没有预警的情况下破产，这使准则制定和监管机构意识到，表上所反映的价值缺乏相关性。于是以公允价值为计量基础的金融工具会计被相继推出。在 SFAS157 中，公允价值被定义为：于计量日，假定市场参与各方在有序的交易中，出售一项资产或转移一项债务，将会收到或支付的价格。

金融工具是指形成一个企业的金融资产，并形成其他单位的金融负债或权益工具的合同。金融工具分为基本金融工具和衍生金融工具。金融资产被分为 4 类：以公允价值计量且变动进入损益的金融资产（FVPL）、持有至到期的投资、贷款和应收账款，以及可供出售的金融资产。金融负债分为两类：公允价值计量且变动进入损益的金融负债（FVPL）和其他金融负债。

在初始计量时，各类金融资产的计量属性均是公允价值，多数情况下是交易成本。直接归属于该金融资产购置的交易费用一般计入初始入账价值。对于 FVPL 类，由于后续计量采用公允价值，而且变动计入当期损益，将交易费用计入初始入账价值和直接计入当期费用结果并无差异，为简化核算直接计入当期损益。

后续计量时，FVPL 和可供出售金融资产均按公允价值计量，前者的公允价值变动差异计入当期损益，后者计入权益。其余的金融资产或金融负债采用摊余成本或成本属性。

复习思考题

1. 市场风险通常包括哪些风险？请举例说明。
2. 最基础的衍生金融工具包括哪些？
3. 期货和远期合约有什么异同点？
4. 期权合约有什么特征？
5. 通常可采用哪些衍生品来对冲信用风险？
6. 为什么金融工具的计量要引入公允价值？
7. 金融资产在会计上分为哪几类？
8. 何为摊余成本？请举例说明如何确定摊余成本。
9. 可供出售金融资产的计量属性是什么？其公允价值的变动如何反映？

第八章　金融工具会计（下）

本章目标

通过本章学习，你应该能够：

1. 了解资产证券化和债券回购两类最常见的金融资产转移业务。
2. 了解金融资产转移的会计处理。
3. 了解套期保值会计的基本原理。
4. 了解公允价值套期保值和现金流量套期保值的会计处理。
5. 了解年报金融工具的披露要求。

案例 8 - 1

国债回购黑洞

人们对2004年的国债回购风波还记忆犹新，5.8亿元违规国债回购使鞍山证券寿终正寝；24亿元虚假国债使大连证券断魂；富友证券39亿元国债回购毁灭“上海首富”，也毁了“农凯系”；新华证券动用20多亿元国债回购资金为庄家接盘，最终没能度过3周年庆；而爱建证券的高管挪用20多亿元国债回购资金炒港股，使爱建陷入万劫不复。

这些金融风险为何一定要集聚到盖不住的时候才曝光？类似金融资产转移业务应该如何在报表上反映？以前的会计制度为何在揭示风险方面滞后？现有的会计制度能揭示这一类融资风险吗？

同样，套期保值业务的报表反映也让人迷惑。2005年8月14日，《21世纪经济报道》以显著标题“海外期货投资又亏2.5亿元，江西铜业伦敦期市失足”报道了江西铜业的期货业务：“8月10日，香港、上海两地上市的江西铜业股份有限公司（SH600362，HK0538）发布半年报称，上半年期货投资产生24 828万元的亏损。一石激起千层浪。尽管美国期货业协会（FIA）同日首次在中国召开亚洲衍生品大会，鼓动中国的投资者进入国际市场投资，但是接二连三曝出的企业海外期货投资产生巨亏的消息，还是把国人心头的阴霾不断加深：中国人在国际市场上的期货投资怎么几乎总是失败？”

套期保值真的有罪吗？为什么会计上反映了亏损？

第一节 金融机构的资产证券化

一、何为资产证券化

2007年11月21日，上海浦东发展银行股份有限公司2007年第一期优先C级资产支持证券上市，并在全国银行间债券市场交易流通，相关的要素如表8-1所示。

表8-1 浦发银行的优先C级资产支持证券

债券名称	浦发2007年第一期优先C级资产支持证券	债券简称	07浦元1C
债券代码	734013	发行总额	2.498458亿元
发起人	上海浦东发展银行股份有限公司	发行人	华宝信托投资有限责任公司
债券期限	38个月	票面年利率	9.00%
基准利率*	3.60%	利差	5.40%
计息方式	附息式（浮动利率）	付息频率	3个月/次
发行日	2007年9月11日	起息日	2007年9月14日
首次还本付息日	2007年10月22日	债权债务登记日	2007年9月17日
交易流通起始日	2007年11月22日	交易流通终止日	2010年10月19日
预期到期日	2010年10月22日	法定到期日	2012年4月22日

注：*本期债券基准利率为人民银行公布的1年期定期存款利率，基准利率将于人民银行调整一年期定期存款利率生效日后第6个自然月的对应日进行调整，对基准利率调整日所在的计息期间实行分段计息。

一般而言，资产证券化是指发起人将缺乏流动性、但又可以产生稳定可预见现金流的资产或资产组合（即基础资产），通过一定的结构安排，对基础资产中风险与收益要素进行分离与重组，进而转换成为在金融市场上可以出售的流通的证券的过程。该基础资产可出售给特定的发行人，也可信托给特定的受托人，通常是专门从事资产证券化业务的特殊目的公司（Special Purpose Vehicle，SPV）。SPV通过创立以该基础资产现金流为支持的一种金融工具或权利凭证（即资产支持证券），在金融市场上出售给投资者。

原理

资产证券化是指发起人将缺乏流动性、但又可以产生稳定可预见现金流的资产或资产组合（即基础资产），通过一定的结构安排，对基础资产中风险与收益要素进行分离与重组，进而转换成为在金融市场上可以出售的流通的证券的过程。

金融机构的资产证券化业务主要包括“住房抵押贷款支撑的证券化”（Mortgage-Backed Secuitization，MBS）和“资产支撑的证券化”（Asset-Backed Secuitization：ABS）。图8-1是一个典型的资产证券化流程。某银行将10亿元，利率为6.5%的抵押贷款出售给SPV，SPV再向投资者发行一定评级的5%固定利率债券，以募集资金向银行购买这项抵押贷款。

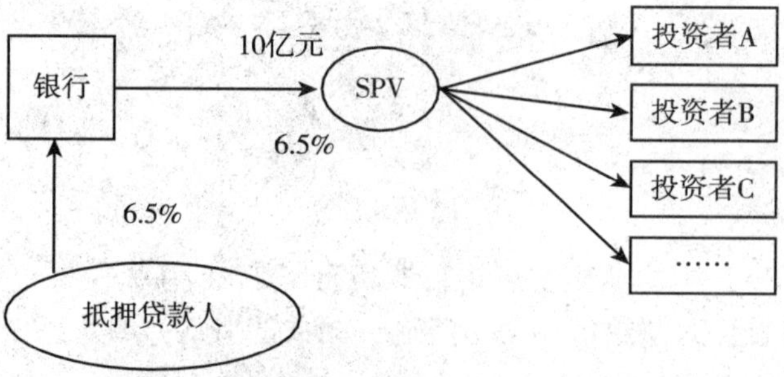

图8-1 典型的资产证券化流程

二、最初的资产证券化业务

资产证券化业务兴起于美国的住房抵押贷款市场。在传统的住房融资体制下，吸收储蓄的银行类金融机构（包括商业银行和储蓄贷款协会等）集住房贷款的发放、贷后服务、承担风险和筹集资金等职能于一身。银行依靠吸收的储蓄存款给购房人贷款，再从借款人处收回本息，其间承担了信用风险（借款人违约）、利率风险（利率波动所致）及流动性风险（资金来源为短期储蓄存款，发放贷款为长期住房抵押贷款）。由于这些风险的存在，银行不愿意发放长期贷款，而且希望收款的速度越快越好，这样低收入者的还款压力相当大，从而购房能力受限，一方面房地产市场得不到发展，另一方面房贷业务也受到抑制。

"大萧条"之后，为改善国民住房状况并刺激经济增长，美国国会于1934年建立了联邦住房管理委员会（FHA），为符合条件的银行等金融机构的抵押贷款提供保险，意在为中低收入居民购房提供担保。FHA提供的保险大大降低了贷款者的信用风险。贷款人的信用风险降低后，更愿意延长贷款期并降低首付款。贷款期从5~10年延长到30年，首付款从40%~50%降到20%再降到2.25%。这大大方便了中低收入者的购房。

1938年，联邦全国抵押协会（Fannie Mae，FNMA）成立，主要职能是购买由FHA保险的住房贷款，促进由FHA等联邦机构保险或担保的抵押贷款形成有效的二级市场。1968年美国国会将FNMA一分为二，FNMA成为一个私有的股份公司，脱离政府机构职能；同时建立政府全国抵押协会（Ginnie Mae，GNMA）。GNMA继承原来FNMA的政府机构职能，主要是收购政府担保的抵押贷款并将其证券化。FNMA的业务范围比GNMA广泛得多，它可以收购任何金融机构发放的住房抵押贷款。由于GNMA成立时的政府背景，在收购抵押贷款时也具有政策倾向性，收购贷款的最高额度是241 000美元，显然是为了协助中低收入阶层的融资。GNMA于1971年发行了美国第一张抵押证券（MBS），由于其担保的MBS得到了美国政府信用的支持，因而具有最高的信用等级，这保证了其二级市场上的流动性。

1970年，联邦住房贷款抵押公司（FHLMC，Freddie Mae）成立，专门从事住房抵押贷款的证券化。FHLMC大量收购住房抵押贷款，并以此为支撑发行证券。至此，美国住房抵押贷款市场的资产证券化市场开始发展壮大。到1999年年底，全美住房贷款余额4.76万亿美元，证券化余额2.57万亿美元，占贷款余额的55%，证券化已成为住房融资的主要方式。GNMA、FNMA和FHLMC三家政府性公司在MBS市场占有接近90%的份额。由于政府性公司都有自己特定的业务要求，在其不能覆盖的领域，私人机构如雷蒙兄弟公司、所罗门兄弟公司和美林证券公司便成为二级市场的主角，它们除了作为发起人参与二级市场外，还是政府性公司重要的承销商和技术伙伴。近年来，抵押贷款证券发行数量越来越庞大，在美国的市场份额已经接近国债。

美国政府通过FHA、GNMA等机构，为住房抵押贷款建立了统一的贷款制度、形成标准化合约。如FHA在提供保险的过程中，就对住房抵押贷款的品种、金额、借款人月收入、月还款额占借款人家庭收入的最高比例等作出严格规定，使被证券化的住房抵押贷款具备了低风险性、统一性、分散性的特征。此外，GNMA还对MBS发行者的资格有严格的要求：首先，发行者必须是FHA批准的抵押贷款机构；其次，发行者在MBS发行和服务方面必须具有相应的经验、管理能力和必要的设施；最后，发行者必须达到最低的资产标准。这些标准化特征的形成仅依靠市场的能力是很难在短时间形成的。住房抵押贷款的标准化为证券化创造了有利条件。

美国政府通过信用增强机制吸引了大量投资者。从美国住房抵押贷款证券化的流程来看，信用和流动性的增强是证券化成功的关键步骤。依靠美国政府的信用支持，GNMA、FNMA和FHLMC在住房抵押贷款二级市场上获得了极高的信用等级，其发行的抵押贷款支持证券因安全性高受到了世界范围投资者的青睐，从而吸引了世界范围内的投资者，投资群体的形成与壮大为抵押贷款证券化市场的飞速发展补充了血液。

三、我国金融机构的资产证券化体验

由于银行有短存长贷的矛盾，资产管理公司有回收不良资产的压力，因此资产证券化在我国得到了银行和资产管理公司的青睐。2005年3月21日，中国人民银行宣布信贷资产证券化试点启动。国家开发银行和中国建设银行作为试点单位，将分别进行信贷资产证券化和住房抵押贷款证券化试点。

2005年12月15日，中国建设银行举行发行仪式，标志着国内首单个人住房抵押贷款证券化产品正式进入全国银行间债券市场。此后，国家开发银行、中国工商银行、上海浦东发展银行相继发行了类似的资产证券化产品。

中国建设银行从上海、江苏和福建的一级分行筛选出了15 000余笔、金额总计约31亿元的个人住房抵押贷款，组成“建元2005－1个人住房抵押贷款支持证券”的资产池。此次推出的个人住房抵押贷款支持证券设计了不同档次、不同还款期限、不同收益率和风险，以满足投资者对风险和收益的多样化需求。按照现金流分配的先后顺序，该证券分为优先级和次级（即S级）两个部分。其中，优先级证券再按本息支付顺序先后分为A、B、C三档，分别获得诚信AAA、A和BBB级评级。次级证券向建设银行定向发行，未予评级。本次证券发行后，依照相关法规，A档和B档证券将在发行后2个月内在银行间债券市场上市交易流通，C档证券可通过协议转让交易流通。这是一种更为流行的抵押贷款支持证券发行方式，与传统的资产证券化（见图8－1）相比，它将现金流根据风险细分，设定不同回报，以满足不同投资者的偏好（见图8－2）。

金融机构发行资产支持证券受中国银行业监督管理委员会2005年发布的《金融机构信贷资产证券化试点监督管理办法》（以下简称“办法”）指导。“办法”对信贷资产证券化

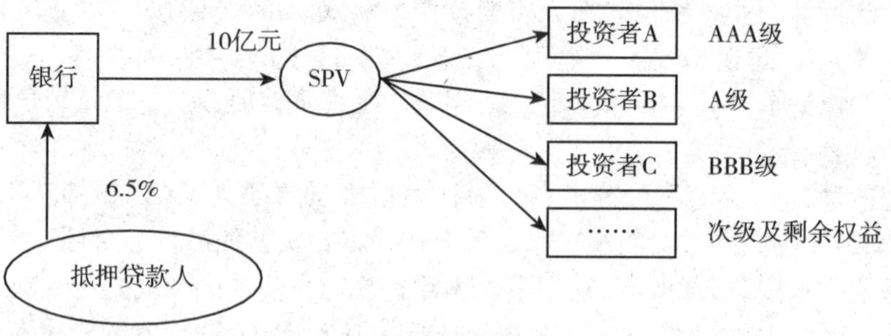

图8－2 资产证券化现金流的细分

发起机构设置了一定的市场准入条件，包括：具有良好的社会信誉和经营业绩，最近3年内没有重大违法、违规行为；具有良好的公司治理、风险管理体系和内部控制；具有合理的目标定位和明确的战略规划，并且符合其总体经营目标和发展战略；具有适当的特定目的信托受托机构选任标准和程序；具有开办信贷资产证券化业务所需要的专业人员、业务处理系统、会计核算系统、管理信息系统以及风险管理和内部控制制度；最近3年内没有从事信贷资产证券化业务的不良记录。

"办法"要求特定目的信托受托机构由依法设立的信托投资公司或者银监会批准的其他机构担任。受托机构必须根据国家有关规定完成重新登记3年以上，注册资本及最近3年年末的净资产不低于5亿元。发行申请由银行业金融机构（发起人）与获得特定目的信托受托机构资格的金融机构向银监会联合提出。担任建设银行个人住房抵押贷款支持证券受托机构和发行人的是中信信托投资有限责任公司。

"办法"就信用增级作出了相关规范。信用增级是指在信贷资产证券化交易结构中通过合同安排所提供的信用保护。信用增级机构根据在相关法律文件中所承诺的义务和责任，向信贷资产证券化交易的其他参与机构提供一定程度的信用保护，并为此承担信贷资产证券化业务活动中的相应风险。信用增级可以采用内部信用增级和/或外部信用增级的方式提供。内部信用增级包括但不限于超额抵押、资产支持证券分层结构、现金抵押账户和利差账户等方式。外部信用增级包括但不限于备用信用证、担保和保险等方式。建设银行采用的是资产支持证券分层结构的增级方式，发行证券是仅基于基础资产信用的固定收益产品，其还本付息来源是资产池内贷款产生的现金流、贷款抵押房产、其他附属权益以及证券分层和各项储备账户的信用增级安排，建设银行和中信信托不以自身信用为证券担保。

"办法"还就贷款服务机构和资金保管机构作出规范。贷款服务机构是指在信贷资产证券化交易中，接受受托机构委托，负责管理贷款的机构。建设银行在2005年的资产支持证券发行过程中，同时承担了发起机构、贷款服务机构的角色。资金保管机构是指在信贷资产证券化交易中，接受受托机构委托，负责保管信托财产账户资金的机构。信贷资产证券化发起机构和贷款服务机构不得担任同一交易的资金保管机构。

"办法"要求信贷资产证券化的其他参与机构投资在同一证券化交易中发行的资产支持证券，应当建立有效的内部风险隔离机制，由于在证券化交易中履行其他职责（如贷款服务和资金保管职责）相独立的部门负责资产支持证券的投资管理，并且不得利用信息优势进行内幕交易或者操纵市场。发起机构需证明对被转让的信贷资产不再拥有实际的或者间接的控制，并至少需要由执业律师出具法律意见书，表明发起机构与被转让的信贷资产实现了破产隔离。

金融机构资产证券化还涉及众多的中介机构。2005 年建设银行的资产证券化聘请了金杜律师事务所、富而德律师事务所、渣打银行、中国国际金融公司、北京穆迪投资服务有限公司、中诚信国际信用评级公司、德勤会计师事务所和毕马威会计师事务所等团队，为证券的发行提供相关中介服务。

四、非金融企业的资产证券化

非金融企业也常常采用资产证券化的方式将未来预期的现金流转变成即期现金流，这样企业既可以迅速回笼资金，提高资金的利用效率，又能降低负债率，转移项目风险。2006 年 6 月 28 日，国内首只 BT① 项目资产证券化产品“浦东建设 BT 项目资产支持收益专项资产管理计划”在深交所正式挂牌转让，这是国内首个在市政基础设施领域进行证券化尝试的项目，也是首只向基金公司发售的企业资产证券化产品。该证券化产品由上海浦东建设股份有限公司作为发起人，它以控股的上海浦兴投资发展有限公司和无锡普惠投资发展有限公司所拥有的 13 个市政道路 BT 项目的回购款合同债权组成资产池，实现了基础资产的收益转让。该证券化产品总规模 4. 25 亿元，其中优先级受益凭证 4. 1 亿元，期限为 4 年，预期收益率达 4%。最近几年上海浦东建设股份有限公司分别在上海、安徽、江苏等地区以 BT 形式对当地的市政道路和公路进行了投资建设。截至 2006 年 4 月，公司已签署 BT 项目 25 个，累计合同金额 13 亿元，其中有 7. 5 亿元进入回收期。在此基础上，公司把其中 13 个项目实施了资产证券化，将 4. 25 亿元预期收入提前实现，不仅为其节约了近一半的财务费用，也对其当年利润形成贡献。

第二节 债券回购及其他形式的资产转移

一、债券回购

债券回购交易是买卖双方在成交的同时约定于未来某一时间以某一价格双方再行反向成交。亦即债券持有者（融资方）与融券方（资金提供方）在签订的合约中规定，融资方在卖出该笔债券后须在双方商定的时间，以商定的价格再买回该笔债券，并支付原商定的利率利息。债券回购业务的标的可以是国债，也可以是企业债。回购方式可以是质押式也可以是买断式。最常见的是质押式国债回购和买断式国债回购。

（一）质押式国债回购

质押式债券回购（又称“封闭式回购”）实际上是以债券为抵押的一种融资方式。上海

① Build-Transfer 的缩写，意为建设—转让，即政府通过特许协议，引入国外资金或民间资金进行基础设施建设，项目完工后该项目设施的有关权利按协议由政府赎回。

证券交易所（以下简称“交易所”）很早就开办了质押式债券回购，并于20×6年实行新的质押式债券回购规则。融资方需在回购申报前，通过交易所交易系统申报提交相应的债券作质押，用于质押的债券按照证券登记结算机构的相关规定，转移至专用的质押账户。可作回购的债券品种由交易所在债券上市通知中予以公布。国债回购交易按证券账户进行申报，企业债回购交易按席位进行申报。国债回购交易设1天、2天、3天、4天、7天、14天、28天、91天和182天等回购期限；企业债券回购交易设1天、3天和7天等回购期限。国债回购中申报提交的质押券应当为国债；企业债回购中提交的质押券应当为企业债。

原理

债券回购交易是买卖双方在成交的同时约定于未来某一时间以某一价格双方再行反向成交。亦即债券持有者（融资方）与融券方（资金提供方）在签订的合约中规定，融资方在卖出该笔债券后须在双方商定的时间，以商定的价格再买回该笔债券，并支付原商定的利率利息。

具有交易所会员资格的证券经营机构（以下简称“会员”），可在交易所进行债券经纪业务或自营业务（包括现货交易及质押式回购交易）；符合规定条件的其他机构，可向交易所申请取得债券专用席位，用于债券自营业务；其他投资者可委托会员在交易所进行债券交易（包括现货交易及质押式回购交易），会员应当承担其申报所产生的交易、交收责任。投资者参与交易所市场债券回购交易，应事先指定一家会员作为其债券交易受托人，并与其订立全面指定交易协议及债券回购交易委托协议。会员接受投资者的债券回购交易委托时，应要求投资者提交质押券，并对其证券账户内可用于债券回购的标准券余额进行检查。标准券余额不足的，债券回购的申报无效。

原理

质押式债券回购，又称“封闭式回购”，是以债券为抵押的一种融资方式。

质押式国债回购的融资抵押品必须是在交易所交易的国债。按照交易所的规则，质押式国债回购按照证券账户进行回购交易和核算标准券库存。质押式回购的融资方在进行回购申报前必须申报质押券，作为质押券的现券将被实行“转移占有”。即投资者必须指明哪些现券作为质押券，这些债券被过户到质押库中，作为质押券的债券不可以卖出。在回购交易时，交易系统按证券账户对回购交易进行前端检查，只有在标准券足额的情况下，融资回购申报才有效，这意味着，投资者在进行回购融资前，必须首先申报足额的质押券，否则不能进行回购交易。融券方的资金检查还是由证券公司系统实行前端控制。

国债回购交易申报中，融资方按“买入”予以申报，融券方按“卖出”予以申报。当日购买的国债当日可用于质押券申报，并可进行相应的国债回购交易业务。质押券对应的标准券数量有剩余的，可以通过本所交易系统将相应的质押券申报转回原证券账户。当日申报转回的国债，当日可以卖出。国债回购交易集中竞价时，申报单位为手，1 000元标准券为1手，申报数量为100手或其整数倍，单笔申报最大数量应当不超过1万手。计价单位为每百元资金到期年收益，申报价格最小变动单位为0.005元或其整数倍。

国债回购交易实行“一次成交、两次结算”制度。回购到期日，证券登记结算机构根据购回价公式计算应进行交割的资金和质押券数量。国债回购交易期限按日历时间计算。购回价计算公式为：

购回价 = 100元 + 年收益 × 100元 × 回购天数/360

交易所质押式国债回购的交易代码如表 8－2 所示。

表 8－2　　上海证券交易所的国债回购代码

代码	简称	品种
204001	GC001	1 天国债回购
204002	GC002	2 天国债回购
204003	GC003	3 天国债回购
204004	GC004	4 天国债回购
204007	GC007	7 天国债回购
204014	GC014	14 天国债回购
204028	GC028	28 天国债回购
204091	GC091	91 天国债回购
204182	GC182	182 天国债回购

从交易环节来看，交易所质押式国债回购涉及提交质押券、转回质押券、融券回购交易以及融资回购交易 4 种申报类型。

1. 提交质押券。客户委托证券公司通过交易系统将其证券账户中的债券现券申报提交入结算公司的质押库。根据客户委托，证券公司通过交易系统向结算公司申报提交质押券。交易系统根据现券可用余额核查质押券的提交指令，如果申报数量大于现券可用余额，则申报指令无效。对于有效申报，交易系统在现券可用余额中根据申报数量进行实时扣减，同时记增该证券账户的可融资额度。

当日买入的现券当日可申报入库，当日转回的质押券也可以再次申报入库。交易系统中现券可用余额的控制如下：

$$现券可用余额=\begin{matrix}昨日\\余额\end{matrix}+\left(\begin{matrix}当日\\买入\end{matrix}-\begin{matrix}当日\\卖出\end{matrix}\right)+\left(\begin{matrix}当日转回\\质押券\end{matrix}-\begin{matrix}当日提交\\质押券\end{matrix}\right)$$

2. 转回质押券。如果证券账户提交的质押券对应的标准券剩余，客户可委托证券公司向交易系统提出质押券转回的申请。根据客户委托，证券公司向交易系统申报转回质押券指令，交易方向为“买进”。交易系统进行前端检查，如果转回申报指令中的转回数量大于该账户当时的同品种可转出数量，则转回失败。转回成功后，交易所前端实时扣减该账户的可融资额度，并实时增加现券的可用余额。投资者可在交易系统将当日转回的现券卖出。

3. 融券回购交易。客户委托证券公司进行融券回购交易。根据客户委托，证券公司检查相应资金，并向交易系统下达回购交易指令，交易方向为“卖出”。回购交易指令必须申报证券账号，否则回购申报无效。交易所主机将有效的融资交易申报和融券交易申报撮合配对，回购交易达成。结算公司以结算备付金账户为单位，将回购成交应付资金数据，与当日其他证券交易数据合并清算，轧差计算出证券公司经纪和自营结算备付金账户净应收或净应付资金余额，并在T+1日办理资金交收。

4. 融资回购交易。客户委托证券公司进行融资回购交易。根据客户委托，证券公司向交易系统下达回购交易指令，交易方向为“买入”。回购交易指令必须申报证券账户，否则回购申报无效。交易系统将融资回购交易申报中的融资金额和该证券账户的实时最大可融资额度进行比较，如果申报的融资金额超过该证券账户实时最大可融资额度则属于无效申报。交易所主机将有效的融资交易申报和融券交易申报撮合配对，回购交易达成，交易系统根据相应成交金额实时扣减相应证券账户的最大融资额度。结算公司每日日终以证券账户为单位进行标准券核算，如果某证券账户提交质押券折算成的标准券数量小于融资未到期余额，则为“标准券欠库”，登记公司对相应参与人进行欠库扣款。结算公司以结算备付金账户为单位，将回购成交应收资金数据，与当日其他证券交易数据合并清算，轧差计算出证券公司经纪和自营结算备付金账户净应收或净应付资金余额，并在T+1日办理资金交收。

[例8-1] 证券账户XYZ初始无国债、无质押券、无回购。10月10日，XYZ买入0702国债3.5亿元（对应标准券3亿元，即债券面值为3亿元），并通过交易系统将该笔国债申报转入质押库。交易系统实时冻结XYZ的0702国债3.5亿元，同时增加该投资者可融资额度（标准券）3亿元。结算公司将XYZ申报提交的0702国债3.5亿元转入质押库。10月11日9点50分，XYZ申报GC007回购融资3.5亿元，由于融资金额3.5亿元大于融资额度3亿元，前端检查未通过，该笔申报失败。10点，XYZ申报GC007回购融资2亿元，通过前端检查成交。此时该账户可融资额度减为1亿元（3亿元-2亿元）。10点20分，XYZ买入国债0711 1.5亿元，折合标准券1.2亿元，10点21分XYZ将该笔买入的国债申报转入质押库。交易所系统检查该笔转入申报有效，将该笔国债冻结，同时将XYZ的可融资额度变为2.2亿元（1.2亿元+1亿元）。10点22分，XYZ申报GC007回购融资1.8亿元，通过前端检查成交。此时该账户可融资额度减为4 000万元。10点25分，XYZ申报将质押券0711转回1亿元（对应标准券8 000万元）。交易系统进行前端核查，由于将引起XYZ欠库，申报无效。10点40分，XYZ申报转出国债0711券5 000万元（对应标准券4 000万元）。交易所前端核查后，标准券数量足额，转出成功。10月18日，XYZ的两笔融资回购到期，合计3.8亿元（2亿元+1.8亿元），交易系统根据当日到期数量增加XYZ的融资额度3.8亿元。10点，XYZ回购融资3.2亿元，通过前端检查成交。此时该账户可融资额度减为6 000万元（3.8亿元-3.2亿元）。10点15分，XYZ申报0702转回7 000万元（对应标准券6 000万元），6 000万元转出后不会导致融资额度为负，转回申报成功。XYZ现券0702可用余额增加7 000万元，融资额度减为0。10点20分，XYZ卖出0702国债7 000万元，成交金额7 000万元。

证券账户XYZ应付资金3.8亿元，为到期回购款；应收资金3.9亿元（3.2亿元+0.7亿元），其中3.2亿为新收融资款。应收净额为1 000万元。

（二）国债买断式回购

国债买断式回购是指国债持有人在将一笔国债卖出的同时，与买方约定在未来某一日期，再由卖方以约定价格从买方购回该笔国债的交易行为。买断式回购可以被看做两笔现券交易的组合，第一笔是成交当日的即期现券交易，第二笔是在回购到期日的反向现券交易。

我国的买断式回购业务最早是2004年5月于银行间市场推出。2004年12月，上海证券交易所也推出国债买断式回购，目前是基于竞价交易系统。交易所定期公布符合国债买断式回购参与主体标准的公司名单，目前仅限于机构投资者。交易所也定期公布可作为买断式国债回购交易的标的，一般是选择发行量大、市场流动性好、期限较为合适、新发行的基准国债。买断式回购的期限设置从现有质押式（封闭式）国债回购的期限品种中选择。质押式回购实行“标准券”质押制度，买断式回购的标的券种则为指定的单只国债。买断式回购具有如下特征：

原理

国债买断式回购是指国债持有人在将一笔国债卖出的同时，与买方约定在未来某一日期，再由卖方以约定价格从买方购回该笔国债的交易行为。买断式回购可以被看做两笔现券交易的组合，第一笔是成交当日的即期现券交易，第二笔是在回购到期日的反向现券交易。

第一，实券过户制度，买断式回购直接以证券账户为基础进行交易，回购成交后，融资方的国债即被过户到融券方的账户中，回购到期再反向过户。

第二，买断式回购实行履约金保证制度，参与者必须交纳一定比例的履约保证金，冻结在结算公司，回购期满才可解冻。交易所对不同品种设定不同的履约金比率，履约金比率由交易所发布。

第三，买断式回购引入了不履约申报制度。回购到期时，无论融资方还是融券方如果无法或不愿意按期履约，均可进行到期回购的“不履约申报”。

第四，买断式回购实行有限责任交收制度，到期日一方违约或申报不履约后，履约金划归守约的对手方，双方交收责任解除。如果交易双方均为违约方或申报不履约方，则双方的履约金转入结算风险基金。

质押式国债回购成交后，相应国债所有权并没有发生转移，仅具有融资功能。而买断式回购是一种“实券过户”的交易，回购成交后，相应国债从融资方账户过户至融券方账户，融券方在回购期间拥有相应国债的所有权和使用权。因此，买断式回购不仅是一种融资的工具，同时也可以作为融券的工具。买断式回购可以满足持券方传统的融资需求，同时在市场看涨时提供一种做多机制；对于其对手方而言，买断式回购满足了融券的需求，可以提供一种做空机制。当投资者预期国债现券市场价格下跌时，可以通过买断式回购融入现券并卖出，如果回购期间现券价格下跌，该投资者就可以较低的价格再买入现券，并在回购到期时归还对手方，这样就可利用买断式回购和现券交易的组合获利。

买断式回购还具有远期价格发现功能，买断式回购的成交价格实际上就是该债券的远期价格，它反映了市场对于债券未来一定时间内的价格预期，投资者可以根据买断式回购所揭示出来的远期价格制定相应的投资策略，规避市场风险。

买断式回购涉及成交当日的即期现券交易，又涉及回购到期日的反向现券交易，因而有两次结算，被称之为首次结算和到期结算。

（1）买断式回购的首次结算。买断式回购成交后，融资方国债余额减少，融券方国债余额增加相应的数量。结算公司分别冻结买卖双方的履约金，履约金只有该笔交易到期并完成交收后方可解冻。

首次结算价格 = 上一交易日国债收盘净价 + 当日应计利息

首次结算金额 = 首次结算价格 × 成交数量

履约金 = 首次结算金额 × 履约金比率

（2）买断式回购的到期结算。在交易双方都没有违约或申报不履约的情况下，结算公司在交收时对相应账户进行国债与资金的划转交收，并在购回交收日的下一工作日解冻交易双方的履约金。

到期结算价格＝购回价格＋到期日应计利息

到期结算金额＝到期结算价格×成交数量

二、其他形式的金融资产转移

金融资产转移的方式非常灵活，除了资产证券化和债券回购业务外，银行可将贷款本金或利息的一定比例转让，可以将持有的债券本金或利息转让，也可将某一项权益有条件地转让，甚至可以转让一项待执行的商品销售合同。还有一种常见的业务是应收账款转让。应收账款转让融资是企业理财很重要的内容。为迎合企业的需求，许多银行也推出了基于应收账款的理财业务。

交通银行融资业务——“应收账款转让”指南

应收账款转让是指我行为解决客户因应收账款增加而造成的现金流量不足，而及时向客户提供的应收账款转让的融资便利。在受让期间，我行委托转让人（销售商）负责向购货商催收已转让的应收账款，如在规定期限内我行未能足额收回应收账款，则由转让人无条件地回购未收回的部分。

1. 功能和特点。

（1）及时回笼资金，避免企业因赊销造成的现金流量不足。

（2）改善企业的财务状况、提高资产的流动性。

（3）为企业的赊销提供了便利。

2. 申办条件。

（1）转让人应符合的条件：原则上是我行高信用评级的优质客户；经营状况良好，经营的产品处于快速发展阶段；符合我行规定的免担保借款人资格；应本行要求能如实提供财务状况、经营状况、购货商名录及资信等情况；转让人在我行开立结算账户。

（2）受理的应收账款须符合的条件：转让人采用赊销方式进行商品交易所产生的应收账款；产生于合法真实的、无贸易纠纷的商品交易；转让人与购货商已签订了销售合同，且已出具该销售合同项下的销售发票和发货证明；应收账款原则上属于30天内新发生的。

3. 申办程序。转让人除向我行提交流动资金贷款要求的材料之外，还需办理以下手续：一是提交应收账款转让业务申请书，并附应收账款明细清单；二是提交销售合同正本或副本，应收账款的商业发票和发货证明；三是提交购货商的基本情况及资信情况；四是我行审批同意后，与转让人签订《应收账款债权转让协议》；五是转让人应在协议签订后的3个工作日内，将《应收账款转让通知书》原件提交购货商，将复印件提交我行留存。

利用应收账款转让融资主要有两种方式：应收账款抵借和应收账款让售。应收账款抵借是指持有应收账款的企业与其他企业订立合同，以应收账款为抵押，以一定金额和期限为限借款的一种融资方式。合同明确规定银行等金融机构或代理人借给企业借款所占应收账款的比率，该比率一般会考虑企业的信用和应收账款的信用风险确定。借款企业除以应收账款为抵押外，还需按实际借款数据出具票据，如果作为抵押的应收账款到期出现违约，银行有权向借款企业追索违约损失。

> **原理**
> 应收账款抵借是指持有应收账款的企业与银行订立合同，以应收账款为抵押，以一定金额和期限为限借款的一种融资方式。

应收账款让售是指企业将应收账款出售给银行等金融机构的一种方式。转让的定价要考虑现金折扣、可能发生的销售退回和折让、受让方收取的佣金、转让企业的增量贷款利率以及可能存在的信用风险等因素。应收账款让售后如果出现信用风险，企业无需承担任何责任，受让方不能向企业追索，只能自己承担违约损失。

> **原理**
> 应收账款让售是指企业将应收账款出售给银行等金融机构的一种方式。

第三节 金融资产转移的会计处理

一、金融资产转移的分类

金融资产转移是指企业（转出方）将金融资产让与或交付给该金融资产发行方以外的另一方（转入方）。金融资产转移有两种情形：

1. 将收取现金流的权利转移给另一方，如将一项有信用风险的应收账款打折转让给代理收账的财务公司，财务公司负责收账，在无法追讨时对原转让公司无追溯权。又如国债买断式回购，国债在第一次过户后，买入国债的一方就完全获得了收取现金流量的权利。

2. 将金融资产转移给另一方，但保留收取现金流量的权利，并承担将收取的现金流量支付给最终收款方的义务，同时满足下列条件：

> **原理**
> 金融资产转移是指企业（转出方）将金融资产让与或交付给该金融资产发行方以外的另一方（转入方）。转移的情形有将收取现金流的权利转移和金融资产转移两种。

（1）从该金融资产收到对等的现金流量时，才有义务将其支付给最终收款方。企业发生短期垫付款，但有权全额收回该垫付款并按照市场上同期银行贷款利率计收利息的，视同满足本条件。

（2）根据合同约定，不能出售该金融资产或作为担保物，但可以将其作为对最终收款方支付现金流量的保证。

（3）有义务将收取的现金流量及时支付给最终收款方。企业无权将该现金流量进行再投资，但按照合同约定在相邻两次支付间隔期内将所收到的现金流量进行现金或现金等价物投资的除外。企业按照合同约定进行再投资的，应当将投资收益按照合同约定支付给最终收款方。

比如企业将一项应收账款让售给银行，虽然应收账款的所有权已属银行，但收款责任还在企业，企业收到款项就要支付给银行。如果该项应收账款是长期应收款，按照合同每收到一笔就要给银行支付一笔，不得将前面收到的部分进行再投资。

金融资产转移又可区分为金融资产整体转移和部分转移。金融资产部分转移，包括下列三种情形：一是将金融资产所产生现金流量中特定、可辨认部分转移。如某银行有一项本金1 000万元，年利率6%的贷款，该银行可将该项贷款6%年利率的应收利息转移。二是将金融资产所产生全部现金流量的一定比例转移，如某银行有一项本金1 000万元，年利率6%的贷款，该银行可将该项贷款本金和利息的50%转移。三是将金融资产所产生现金流量中特定、可辨认部分的一定比例转移，如某银行有一项本金1 000万元，年利率6%的贷款，该银行可将该项贷款应收利息中的50%转移，即保留了3%的年利率。

二、转移或保留风险和报酬

（一）转移或保留风险和报酬的确认

> **原理**
>
> 终止确认指将金融资产或金融负债从企业的账户和资产负债表内予以转销，即视同一项金融资产或金融负债的买卖行为，而且这种买卖没有后续责任。

企业已将金融资产所有权上几乎所有的风险和报酬转移给转入方的，应当终止确认该金融资产；保留了金融资产所有权上几乎所有的风险和报酬的，不应当终止确认该金融资产。“几乎所有”通常是指达到或超过全部风险和报酬95%的情形。终止确认，是指将金融资产或金融负债从企业的账户和资产负债表内予以转销，即视同一项金融资产或金融负债的买卖行为，而且这种买卖没有后续责任。企业面临的风险因金融资产转移发生实质性改变的，表明该企业已将金融资产所有权上几乎所有的风险和报酬转移给了转入方，如不附任何保证条款的应收账款或债券（可归类为交易性金融资产、持有至到期投资或者可供出售金融资产）出售。企业面临的风险没有因金融资产转移发生实质性改变的，表明该企业仍保留了金融资产所有权上几乎所有的风险和报酬，如将贷款整体转移并对该贷款可能发生的信用损失进行全额补偿。

企业在判断是否已将金融资产所有权上几乎所有的风险和报酬转移给了转入方时，应当比较转移前后该金融资产未来现金流量净现值及时间分布的波动使其面临的风险。比如一项无附加条件的企业债买断式回购，在首次结算完成后，融券方持有企业债并获得与之相关的现金流，如果该企业债的发行人信用急剧恶化，该企业债的未来现金流金额、回收的时间都会发生变化，融券方（假如还继续持有企业债）将因此承担相应的损失，但这些未来现金流量净现值及时间分布的波动与融资方已毫无关系。对于融资方而言，就需要终止确认该项企业债。

企业需要通过计算判断是否已将金融资产所有权上几乎所有的风险和报酬转移给了转入

方，在计算金融资产未来现金流量净现值时，应当考虑所有合理、可能的现金流量波动，并采用适当的现行市场利率作为折现率。比如国债0213，它的未来现金流是确定的，每年按票面利率2.6%付息，但市场利率的变化会导致其价格的波动，市场利率上涨，国债价格将下跌，20×7年由于央行连连加息，其价格大大跌破面值，最低达到79元。一项贷款的转让，可能同时涉及未来现金流的变动和市场利率的变动，企业在判断风险和报酬是否转移时，要同时考虑未来收款的金额和时间、市场利率波动是否对自己造成影响。

以下情形表明企业已将金融资产所有权上几乎所有风险和报酬转移给了转入方：

第一，不附追索权的金融资产出售。如在没有追索权情况下，企业将应收账款转让给银行。

第二，企业将金融资产出售，同时与买入方签订协议，在约定期限结束时按当日该金融资产的公允价值回购，如银行间的某些国债买断式回购，国债持有人在将一笔国债卖出的同时，与买方约定在未来某一日期，再由卖方以市场价格从买方购回该笔国债。国债一旦从融资方出手，就不再承担其价格的波动。交易所推出的国债买断式回购与此不同，融资方支付了保证金，保证将来按约定价格（竞价报价）买回，如果融资方未来不履约，有保证金被没收的风险。

第三，企业将金融资产出售的同时与买入方签订看跌期权合约，即买入方有权将该金融资产返售给企业，但从合约条款判断，该看跌期权是一项重大价外期权，即期权合约的条款设计，使得金融资产的买方极小可能会到期行权。比如，某企业将所持有的中信证券股票1 000万股转让给某证券公司，约定将来证券公司可按每股10元返售给该企业，而中信证券现在的股价是每股80元，则可判断证券公司到期行权的可能性极小。

以下情形表明企业保留了金融资产所有权上几乎所有风险和报酬：

第一，附回购协议的金融资产出售，回购价固定或是原售价加出借方的合理回报。交易所推出的国债买断式回购约定融资方将来按约定价格（竞价报价）买回，并支付一定的履约保证金，如果融资方未来不履约，有保证金被没收的风险。虽然在到期后融资方有选择履约或不履约的权利，在期初保证金的比例一般比国债的预期下跌或上涨幅度大，因而一般预期双方均会履约，可以认为融资方保留了与国债相关的收益和风险。一些银行间的买断式回购往往会签订原售价加合理回报的回购方式，债券价格上涨或下跌的风险和收益由原融资方承担。

第二，附总回报互换的金融资产出售，该互换使市场风险又转回给了金融资产出售方。总回报互换指风险的买方（即互换的卖方）以支付浮动金额来交换风险的卖方的某项资产（如债券、投资组合、贷款或指数）的总回报。其中，浮动金额包括资产的浮动利息（如LIBOR加上一定浮动）和当资产市场价值下降的损失。总回报包括从资产收取的固定利息和当资产市场价值上升时的利得。互换以后，金融资产的出售方又购回了与金融资产相关的所有收益和风险，未来现金流的波动和时间性、利率变化对出售方均会造成影响。而对于金融资产的买入方，则不承担与转让金融资产相关的任何风险。

第三，附重大价内看跌期权的金融资产出售，持有该看跌期权的金融资产买方很可能在期权到期时或到期前行权。如某企业将所持有的100万份0702国债按每份90元转让给某证券公司，约定1年以后证券公司可按每份100元返售给该企业，而0702国债现在的价格是每份82元，则可判断证券公司到期行权的可能性极大。

第四，附重大价内看涨期权的金融资产出售，持有该看涨期权的金融资产卖方很可能在期权到期时或到期前行权。如某企业持有100万份0702国债，现在价格是每份82元，该公司不想立即在市场出售该国债，但又急需资金，于是按每份70元转让给某证券公司，约定一年以后企业可按每份75元购回该国债，并约定了很苛刻的违约责任，则可判断企业到期行权的可能性极大。

第五，将信贷资产或应收款项整体出售，同时保证对金融资产买方可能发生的信用损失进行全额补偿。如交通银行的应收账款转让理财，交通银行委托转让企业（销售商）负责向购货商催收已转让的应收账款，如在规定期限内银行未能足额收回应收账款，则由转让企业无条件地回购未收回的部分。因而风险还在转让企业。

（二）转移或保留风险和报酬的会计处理

1. 转移风险和报酬的会计处理。金融资产所有权上的风险和报酬已转移给转入方的，应当终止确认该金融资产。金融资产整体转移满足终止确认条件的，应当将下列两项金额的差额计入当期损益：

（1）所转移金融资产的账面价值。

（2）因转移而收到的对价，与原直接计入所有者权益的公允价值变动累计额（涉及转移的金融资产为可供出售金融资产的情形）之和。

因金融资产转移获得了新金融资产或承担了新金融负债的，应当在转移日按照公允价值确认该金融资产或金融负债，如看涨期权、看跌期权、担保负债、远期合同、互换等，并将该金融资产扣除金融负债后的净额作为上述对价的组成部分。

企业与金融资产转入方签订服务合同提供相关服务的（包括收取该金融资产的现金流量，并将所收取的现金流量交付给指定的资金保管机构等），应当就该服务合同确认一项服务资产或服务负债。服务负债应当按照公允价值进行初始计量，并作为上述对价的组成部分。

[**例8-2**] 富民银行持有一项国债，初始成本和面值均为10亿元，其公允价值11亿元，该债券被归类为可供出售的金融工具，已有1亿元的公允价值变动记入权益。富民银行将其以无追溯权方式转给另一银行，收到现金10亿元，以及一项面值1亿元，公允价值为9 000万元的企业债。该银行拟将收到的企业债归为持有至到期的投资。

富民银行的有关分录如下：

借：现金	10	
资本公积——其他资本公积	1	
持有至到期投资——成本	1	
贷：可供出售金融资产——成本		10
可供出售金融资产——公允价值变动		1
持有至到期投资——利息调整		0.1
投资收益		0.9

金融资产部分转移满足终止确认条件的，应当将所转移金融资产整体的账面价值，在终止确认部分和未终止确认部分（在此种情况下，所保留的服务资产应当视同未终止确认金融资产的一部分）之间，按照各自的相对公允价值进行分摊，并将下列两项金额的差额计

入当期损益：一是终止确认部分的账面价值；二是终止确认部分的对价，与原直接计入所有者权益的公允价值变动累计额中对应终止确认部分的金额（涉及转移的金融资产为可供出售金融资产的情形）之和。原直接计入所有者权益的公允价值变动累计额中对应终止确认部分的金额，应当按照金融资产终止确认部分和未终止确认部分的相对公允价值，对该累计额进行分摊后确定。

［例 8－3］ 富民银行持有一项国债，初始成本和面值均为 10 亿元，其公允价值 11 亿元，该债券被归类为可供出售的金融工具，已有 1 亿元的公允价值变动记入权益。富民银行将该项国债的 90% 无追溯权地转给另一银行，收到现金 9.9 亿元。

富民银行的有关分录如下：

借：现金	9.9	
资本公积——其他资本公积	0.9	
贷：可供出售金融工具——成本		9
可供出售金融工具——公允价值变动		0.9
投资收益		0.9

企业将所转移金融资产整体的账面价值按相对公允价值在终止确认部分和未终止确认部分之间进行分摊时，如果企业出售过与未终止确认部分类似的金融资产，或发生过与未终止确认部分有关的其他市场交易的，应当按照最近实际交易价格确定。未终止确认部分在活跃市场上没有报价，且最近市场上也没有与其有关的实际交易价格的，应当按照所转移金融资产整体的公允价值扣除终止确认部分的对价后的余额确定。该金融资产整体的公允价值确实难以合理确定的，按照金融资产整体的账面价值扣除终止确认部分的对价后的余额确定。

2. 保留风险和报酬的会计处理。企业仍保留与所转移金融资产所有权上几乎所有的风险和报酬的，应当继续确认所转移金融资产整体，并将收到的对价确认为一项金融负债。该金融资产与确认的相关金融负债不得相互抵销。在随后的会计期间，企业应当继续确认该金融资产产生的收入和该金融负债产生的费用。所转移的金融资产以摊余成本计量的，确认的相关负债不得指定为以公允价值计量且其变动计入当期损益的金融负债。

［例 8－4］ 富民银行持有一项国债，初始成本和面值均为 10 亿元，其公允价值为 11 亿元，该债券被归类为可供出售的金融工具，已有 1 亿元的公允价值变动记入权益。富民银行将该项国债的 90% 转给另一银行，收到现金 10 亿元。富民银行约定 1 年以后以 10.5 亿元回购该国债。

富民银行的有关分录如下：

借：现金	10	
贷：应付银行及非银行机构款项		10

三、控制和继续涉入

企业既没有转移也没有保留金融资产所有权上几乎所有的风险和报酬的，应当分析是否放弃了对转出金融资产的控制。如果放弃了对转出金融资产的控制，则应终止确认该金融资产。未放弃控制的，应当按照其继续涉入所转移金融资产的程度确认有关金融资产，并相应确认有关负债。继续涉入所转移金融资产的程度，是指该金融资产价值变动使企业面临的风险水平。继续涉入所形成的相关资产和负债不应当相互抵销，并按相应的金融工具准则进行持续计量。

> **原理**
> 继续涉入所转移金融资产的程度是指该金融资产价值变动使企业面临的风险水平。继续涉入所形成的相关资产和负债不应当相互抵销，并按相应的金融工具准则进行持续计量。

企业在判断是否已放弃对所转移金融资产的控制时，应当注重转入方出售该金融资产的实际能力。如果转入方能够单独将转入的金融资产整体出售给予其不存在关联方关系的第三方，且没有额外条件对此项出售加以限制，说明转入方有出售该金融资产的实际能力，同时表明企业（转出方）已放弃对该金融资产的控制，从而应终止确认所转移的金融资产。

转入方是否能够将转入的金融资产整体出售给予其不存在关联方关系的第三方，应当关注该金融资产是否存在活跃市场。如果不存在活跃市场，即使合同约定转入方有权处置金融资产，也不表明转入方有"实际能力"。转入方是否可以自由地处置所转入金融资产，主要关注是否存在与出售密切相关的约束性条款。例如，转入方出售转入的金融资产时附有一项看涨期权，且该看涨期权又是重大价内期权，以至于可以认定转入方将来很可能会行权。在这种情况下，不表明转入方有出售所转入金融资产的实际能力。

在采用保留次级权益或提供信用担保等进行信用增级的金融资产转移中，转出方只保留了所转移金融资产所有权上的部分（非几乎所有）风险和报酬且能控制所转移金融资产的，应当按照其继续涉入所转移金融资产的程度确认相关资产和负债。

[**例 8-5**] 银行 A 有一项可提前还贷的贷款，贷款利率和实际利率均为 10%。贷款本金和摊余成本均为 10 000 万元。银行 A 与另一银行 B 达成一项交易，将贷款 9 000 万元的本金、9.5% 的利息转让给银行 B。银行 B 支付了 9 115 万元。银行 A 保留了 1 000 万元的本金和利息，以及 9 000 万元 0.5% 的利息。提前还款部分在银行 A 和银行 B 之间按 1∶9 分摊，但违约部分要从银行 A 保留的 1 000 万元本息中扣减，直到减完为止。比如贷款客户提前偿还了 5 000 万元的本息，银行 A 收回了 500 万元本金和 10% 利息加上 4 500 万元的 0.5% 利息，银行 B 收到 4 500 万元本金及 9.5% 的利息。假如到期贷款客户无法足额偿还银行 B 的 4 500 万元本金和 9.5% 的利息（如只能偿还 4 000 万元），则偿还金额全部由银行 B 收取，银行 A 没有现金流入，剩余 500 万元贷款本息全部损失。交易日贷款的公允价值是10 100万元，剩余利息（根据 9 000 万元计息，利率 0.5%）的公允价值是 40 万元。

银行 A 保留了 1 000 万元的全部本息，在转移了大部分收益和风险的同时，也保留了部分的收益和风险。银行 A 还采用了保留次级权益（9 000 万元 0.5% 的利息）的方式进行信用增级。显然，银行 A 应当按照其继续涉入程度确认相关资产和负债。

在转让日，如果无法取得转出部分和留下部分的公允价值，则按摊余价值进行分摊（见表 8-3）。

表 8-3　　银行 A 按摊余价值分摊情况

	摊余价值（万元）	比例（%）	估计公允价值（万元）
转移部分	9 000	90	9 090
保留部分	1 000	10	1 010
合计	10 000		10 100

银行A转出部分的公允价值为9 090万元，收到对价9 115万元超过转出部分公允价值的25万元（9 115－9 090），可以视为对银行A承担剩余信用风险的补偿。这样剩余风险的补偿达到65万元，包括9 000万元0.5%的利息的公允价值40万元，和对价超过公允价值的25万元。

银行A将按转出部分的公允价值和摊余价值的差额确定收益，即90万元（9 090－9 000），保留部分贷款的账面值是1 000万元。同时，银行A需确认承担信用风险的留剩权益，因而需确认资产1 000万元（可能的最大损失）和相应的负债1 065万元（可能的最大损失加上对承担剩余权益的补偿65万元）。

借：现金　9 115
　　金融资产（也可计入贷款）　1 000
　　（根据次级债权和留剩权益确认的资产：反映继续涉入程度）
　　金融资产（也可计入贷款）　40
　　（根据收取溢价确认的留剩权益资产：9 000万元0.5%的利息）
　　贷：贷款　9 000
　　　　金融资产转移收益　90
　　　　金融负债　1 065
　　　　（反映继续涉入程度）

贷款资产的余额变为2 040万元，包括原摊余价值1 000万元和新确认的1 040万元金融资产，代表银行A在该项贷款中的继续涉入。此后，银行A分阶段按实际利息法确认65万元的利息收入。

实际发生的损失冲减确认的资产。比如发生信用损失300万元，则作如下分录：

借：资产减值损失　300
　　贷：贷款　300
借：金融负债　300
　　贷：金融资产（或贷款）　300

新确认的资产和负债各冲减了300万元，表明承担剩余风险的责任已经减少到700万元。

第四节　套期保值会计初步

一、套期保值

案例8-2

江西铜业巨额"保险费"

江西铜业公布的年报显示，去年实现净利润46.1亿元，同比增长149%。不过，该公司为其主业付出的"保险费"也相当惊人，在套期保值业务上亏损了13.5亿元。

去年上半年，铜价迅猛上涨，在短短5个月内，铜价由年初的每吨4 440美元，上涨至每吨8 790美元。下半年，全球经济增长趋缓，加上对铜价过高抑制铜消费增长的忧虑，铜价开始有所回落，呈现高位盘整态势。

去年上半年全球铜价的大幅震荡和攀升，使江西铜业为外购原料加工成阴极铜的套期保值业务损失了投机性盈利13.5亿元，在境内财务报表中列为其他业务利润亏损，亏损金额较上年增加8亿元。

对于套期业务的巨额亏损，江西铜业仍然认为“值得”。该公司表示相信，在20×6年上半年铜价按日波幅甚至超过生产商所收取的铜加工费的情况下，为外购铜原料加工成阴极铜业务进行保值，符合大型铜生产商的稳健性原则，有利于避免铜价剧烈波动导致加工阴极铜业务利润流失。

资料来源：《中国证券报》，20×7年4月19日。

传统概念的套期保值（或风险对冲）是指通过购买与标的资产（Underlying Asset）收益波动负相关的某种资产或衍生产品，来冲销标的资产潜在的风险损失的一种风险管理策略。套期保值是管理利率风险、汇率风险、权益风险、商品风险和信用风险非常有效的办法。利用套期保值策略管理风险的关键问题在于对冲比率的确定，这一比率直接关系到风险管理的效果和成本。

会计概念中的套期保值（以下简称套期），是指企业为规避外汇风险、利率风险、商品价格风险、股票价格风险和信用风险，指定一项或一项以上套期工具，使套期工具的公允价值或现金流量变动，预期抵消被套期项目全部或部分公允价值或现金流量变动。套期主要涉及套期工具、被套期项目和套期关系三个要素。套期关系决定了套期种类和套期有效性，以下将专题介绍套期种类和套期有效性，现在先解释套期工具和被套期项目。

原理

传统概念的套期保值（或风险对冲）是指通过购买与标的资产（Underlying Asset）收益波动负相关的某种资产或衍生产品，来冲销标的资产潜在的风险损失的一种风险管理策略。会计概念中的套期保值（以下简称套期），是指企业为规避外汇风险、利率风险、商品价格风险、股票价格风险和信用风险，指定一项或一项以上套期工具，使套期工具的公允价值或现金流量变动，预期抵消被套期项目全部或部分公允价值或现金流量变动。

（一）套期工具

套期工具，是指企业为进行套期而指定的、其公允价值或现金流量变动预期可抵消被套期项目的公允价值或现金流量变动的衍生工具。衍生工具包括远期合同、期货合同、互换和期权，以及具有远期合同、期货合同、互换和期权中一种或一种以上特征的工具。例如，企业为规避库存电解铜价格下跌的风险，可以通过卖出一定数量电解铜的期货合同实现，其中卖出电解铜的期货合同即是套期工具。衍生工具如无法有效地降低被套期项目的风险，不能作为套期工具。例如，对于利率上下限期权或由一项发行的期权和一项购入的期权组成的期权，其实质相当于企业发行一项期权（即企业收取了净期权费），不能将其指定为套期工具。非衍生金融资产或非衍生金融负债不能作为套期工具，但被套期风险为外汇风险的除外。

套期工具的公允价值变动是指衍生工具本身随市场利率、汇率、价格波动而产生的波动，如宝钢的权证580000会因为宝钢的股价上涨而上涨。套期工具的现金流量波动是指衍生工具本身现金流量的不确定性，如期货合约本身的现金流存在不确定性，由未来的期货价格所确定。

> **原理**
>
> 套期工具是指企业为进行套期而指定的、其公允价值或现金流量变动预期可抵消被套期项目的公允价值或现金流量变动的衍生工具。衍生工具包括远期合同、期货合同、互换和期权，以及具有远期合同、期货合同、互换和期权中一种或一种以上特征的工具。

被套期项目的公允价值变动，是指承受风险而被套期保值的存货、外币债权等资产或未来需偿还的固定利率负债，因利率、汇率、价格波动而产生的公允价值变动。如某外贸公司账上有应收账款1 500万美元，将因人民币兑美元的汇率变化而使其公允价值发生变化，并产生汇兑损益。被套期项目的现金流量变动是指未来利率、汇率或价格波动引起的未来现金流入或流出的变化。如未来有一项铝锭的采购，铝价的上涨会导致现金流出的增加。

对外汇风险进行套期还可以将非衍生金融资产或非衍生金融负债作为套期工具。如某公司在美国投资设立了一个合资公司，该外币投资承担的汇率风险可通过母公司举贷长期美元借款来对冲。

企业在确立套期关系时，应当将套期工具整体或其一定比例（不含套期工具剩余期限内的某一时段）进行指定。如用5 000吨电解铜的卖出期货去对冲存货价格下跌的风险，应该将该期货合约的全部或5 000吨合约中的一部分指定，不可以只是指定某一段时间，比如在价格下跌的一段指定为套期保值，而在上涨的时候不指定，这是不允许的。如果允许，企业就可以在价格上涨时销售存货而推迟期货的平仓，这样就可以高报利润。例外情况是：

（1）对于期权，企业可以将期权的内在价值和时间价值分开，只就内在价值变动将期权指定为套期工具。对于虚值和平值期权，内在价值是零，交易价格（或期权价值）全部是时间价值。对于实值期权，超过内在价值的部分为时间价值。内在价值是指假如立即行权可获得的价值。就内在价值变动部分将期权指定为套期工具是因为内在价值的波动与现货的波动一致，这样可使套期关系更为清楚。如前面提到的例子，深发展的SFC2，于20×7年12月28日的交易价格为26.6元。行权价为每股19元，深发展A股的交易价格为38.6元。该看涨期权的内在价值为每份19.6元（38.6－19），时间价值为7元（26.6－19.6）。深发展正股的价格每涨1元，内在价值也上涨1元。如果不区分内在价值和时间价值，有可能现货价格的一点波动会带来期权价格的大幅波动，尤其是在接近平值期权的时候。

（2）对于远期合同，企业可以将远期合同的利息和即期价格分开，只就即期价格变动将远期合同指定为套期工具。由于远期合约的执行是到期日，从而在执行前任何时点计算的价格差异所导致的公允价值变化需扣除到执行日的利息。

单项衍生工具通常被指定为对一种风险进行套期。附有多种风险的衍生工具也可以被指定为对一种以上风险进行套期，前提是可以清晰地辨认这些被套期风险、可以证明套期有效性，同时可以确保该衍生工具与不同风险之间存在具体指定关系。例如，某企业的记账本位币是人民币，发行了一批5年期美元浮动利率债券。为规避该金融负债的外汇风险和利率风险，该企业与某金融企业签订一项交叉货币利率互换合同，并将其指定为套期工具，定期收取浮动利率美元利息，支付固定利率人民币利息。执行此项合同后，该企业将从金融企业定期收到浮动利率美元利息，以支付债券持有者，并按固定利率支付人民币利息给金融企业。在此例中，该企业将浮动利率美元利息转化成了固定利率人民币利息，从而规避了美元对人民币的汇率及美元利率变动风险。

（二）被套期项目

被套期项目，是指使企业面临公允价值或现金流量变动风险，且被指定为被套期对象的下列项目：一是单项已确认资产、负债、确定承诺、很可能发生的预期交易，或境外经营净投资；二是一组具有类似风险特征的已确认资产、负债、确定承诺、很可能发生的预期交易，或境外经营净投资；三是分担同一被套期利率风险的金融资产或金融负债组合的一部分（仅适用于利率风险公允价值组合套期）。

单项已确认资产或负债毫无疑问可以作为被套期项目。如电解铝生产厂商有一项500吨的铝存货，由于担心电解铝的价格下跌，于是卖出电解铝的期货进行套期保值。又如，某美国公司有一笔1 000万欧元应付款，为担心欧元升值，可以买入一项欧元对美元的看涨期权。

一组具有类似风险特征的已确认资产或负债也可以作为被套期项目。如某银行一组固定利率的贷款（包括2年期3亿元、3年期5亿元和6年期1亿元），这一组贷款都有可能承担市场利率上涨的风险，因而可引入浮动利率的互换进行套期保值。又如某企业集团一组固定利率的借款（包括2年期500万元、3年期1 000万元和5年期2 000万元）这一组借款都有可能承担市场利率下跌的风险，也可引入浮动利率的互换进行套期保值。

确定承诺也可作为被套期项目。确定承诺是指在未来某特定日期或期间，以约定价格交换特定数量资源、具有法律约束力的协议。如某贸易公司签订了一项5 000吨电解铜的销售合同，合同价格为每吨6 000美元，合同在3个月后执行。如果担心市场价格上涨，可以在期货市场上买入同等数量和标的的资产。

预期交易亦可作为被套期项目，预期交易是指尚未承诺但预期会发生的交易。如某航空公司预期6个月内将会消耗1 000吨的航油，可以在市场上买入汽油期货对冲航油价格上涨的风险。因航油价格和汽油价格走势并不完全一致，可能存在对冲品种不匹配的风险。

境外经营的净投资也可以作为套值保值项目。如国内许多公司在欧洲设立了子公司，当这些投资收回时，可能承担人民币对欧元升值的风险而产生汇兑损失，为对这些风险进行套期保值，可借入期限较长的欧元贷款。

被套期项目可以是同一被套期利率风险的金融资产或金融负债组合的一部分，这仅适用于利率风险的公允价值组合套期，如某银行有一项1 000万元6%的5年期固定利率贷款，由于预期前2年利率可能会上涨，银行可以只对冲前2年的利率风险。

二、套期保值的分类

按照套期关系可以将套期业务区分为公允价值套期、现金流量套期和境外经营净投资套期三类。

（一）公允价值套期

公允价值套期是指对已确认资产或负债、尚未确认的确定承诺、或该资产或负债、尚未确认的确定承诺中可辨认部分的公允价值变动风险进行的套期。

例如，中国化学工业公司 20×6 年 12 月 1 日从杜邦公司进口商品，货款总计 100 万美元。合同约定于 20×7 年 3 月 1 日以美元结算。为规避美元汇率升值的风险，当日中国化学工业公司与银行签订了买入金额为 100 万美元、期限为 3 个月的远期合约。

> **原理**
> 公允价值套期是指对已确认资产或负债、尚未确认的确定承诺、或该资产或负债、尚未确认的确定承诺中可辨认部分的公允价值变动风险进行的套期。

上例中被套期项目的典型风险是公允价值的波动。又如某电解铜生产商账上有 5 000 吨电解铜产成品库存，电解铜价格下跌会使其公允价值发生波动产生损失。对于银行，一项 1 000 万元固定利率 6% 的贷款将因市场利率的上涨而导致该贷款公允价值下跌，从而产生损失。对于企业，一项固定利率 1 000 万元 6% 的借款将因市场利率的下跌而导致该借款公允价值上涨，从而产生损失。上述情况是已确认的资产或负债的公允价值变动。

被套期项目如果是一项确定承诺，同样会承担公允价值变动的风险。如某贸易公司签订了一项 5 000 吨电解铜的销售合同，合同价格为每吨 6 000 美元，合同在 3 个月后执行。如果市场价格上涨，该贸易公司将不得不从市场上以高价采购来履约。从而该确定承诺会导致贸易公司的损失，亦即该合约本身公允价值发生了变化，为解除合约必须支付相当于合约本身价值的代价（上限不超过违约金）。为对其公允价值的变化进行套期保值，该贸易公司可以建立一项同等数量和标的的期货买入合约。如某炼油厂签订了一项购买 100 万桶石油的合同，价格为每桶 80 美元，合同在 1 个月后执行。如果预期石油价格将大幅度下跌，该合同将导致公司采购的成本加大。换言之，该确定承诺的公允价值发生了变化，刚签订时没有公允价值，现在变成负价值了。为对该确定承诺的公允价值进行套期保值，公司可建立一项同等数量和标的的卖出期货合约。

（二）现金流量套期

现金流量套期，是指对现金流量变动风险进行的套期。该类现金流量变动源于与已确认资产或负债、很可能发生的预期交易有关的某类特定风险，且将影响企业的损益。

> **原理**
> 现金流套期是指对现金流量变动风险进行的套期。该类现金流量变动源于与已确认资产或负债、很可能发生的预期交易有关的某类特定风险，且将影响企业的损益。

例如，王元建设发展公司于 20×7 年 6 月 30 日以基准利率上浮 300 个基点的利率签订了一笔 2 年期的 1 000 万元的借款协议，每年付息一次。由于利率是浮动的，从而未来支付的利息也是变动的，未来利率的上涨会使其多付利息从而导致更多的现金流出。为规避利率上涨风险，该公司可引入一项固定利率的互换。

现金流量变动还可能产生于预计的交易。如某电缆生产厂家按其生产安排，预计未来 3 个月可能会消耗 1 000 吨电解铜。如果未来铜价上涨，会增加其现金流出。该公司如果认为目前的铜价可接受，就可买入一项 1 000 吨同期限的电解铜期货，这样就锁定了未来可能发生交易的现金流。

（三）境外经营净投资套期

境外经营净投资套期指对境外经营净投资外汇风险的套期。境外经营净投资是指报告企业在境外经营净资产中的权益份额。

例如，黄河实业公司是一家母公司位于北京的多国经营公司，在美国子公司及控股公司的净权益份额为8 000万美元。该公司向国家开发银行借入10年期1亿美元的借款，以对冲在美国投资的汇率风险。

原理

境外经营净投资套期指对境外经营净投资外汇风险的套期。境外经营净投资是指报告企业在境外经营净资产中的权益份额。

三、对冲有效性的衡量

企业需持续地对套期有效性进行评价，并确保该套期关系在被指定的会计期间高度有效。常见的套期有效性评价方法主要有：主要条款比较法、比率分析法以及回归分析法等。

（一）主要条款比较法

主要条款比较法，是通过比较套期工具和被套期项目的主要条款，以确定套期是否有效的方法。如果套期工具和被套期项目的所有主要条款均能准确地匹配，可认定因被套期风险引起的套期工具和被套期项目公允价值或现金流量变动可以相互抵消。套期工具和被套期项目的“主要条款”包括：名义金额或本金、到期期限、内含变量、定价日期、商品数量、货币单位等。如某外贸企业因出口发生了一笔信用期3个月、金额为500万美元的应收账款，该企业当天与银行签订了3个月期、500万美元、美元兑人民币的远期协议。从期限、名义金额和货币单位分析，套期工具和被套期项目均匹配，可认定因被套期风险引起的套期工具和被套期项目公允价值变动可以相互抵消，套期保值被认为高度有效的。

（二）比率分析法

比率分析法，是通过比较被套期风险引起的套期工具和被套期项目公允价值或现金流量变动比率，以确定套期是否有效的方法。运用比率分析法时，企业可以根据自身风险管理政策的特点选择以累积变动数（即自套期开始以来的累积变动数）为基础比较，或以单个期间变动数为基础比较。如果上述比率在80%～125%的范围内，可以认定套期是高度有效的。如某基金公司因浦发银行增发而购得1 000万股，成本为50元，该股票要1年以后才能流通。现在浦发银行的股价为60元。该基金公司担心股价下跌，于是按每份0.8元卖出1 000万份浦发银行的看涨期权。2个月后，股票累计上涨了10元，权证上涨了12元。套期工具和被套期工具公允价值变动的比率为120%，在80%～125%的范围内，该基金公司认定套期是高度有效的。

（三）回归分析法

回归分析法是在掌握一定数量观察数据基础上，利用数理统计方法建立自变量和因变量之间回归关系函数的方法。将此方法运用到套期有效性评价中，需要分析套期工具和被套期项目价值变动之间是否具有高度相关性，进而判断套期是否有效。运用回归分析法，自变量反映被套期项目公允价值变动或预计未来现金流量现值变动，因变量反映套期工具公允价值变动。相关回归模型如下：

$$Y=\alpha+\beta X+\varepsilon$$

其中：Y 为因变量，即套期工具的公允价值变动；β 为回归直线的斜率，反映套期工具价值变动/被套期项目价值变动的比率；α 为 y 轴上的截距；X 为被套期风险引起的被套期项目价值变动；ε 为均值为零的随机变量，服从正态分布。

企业运用线性回归分析确定套期有效性时，套期只有满足以下全部条件才能认为是高度有效的：一是回归直线的斜率必须为负数，且数值应在 $-1.25\sim-0.8$ 之间；二是决定系数（R^2）应大于0.96，该系数反映 Y 和 X 之间的相关性，其数值越大，表明回归模型对观察数据的拟合越好，用回归模型进行预测效果也就越好；三是整个回归的统计检验（F 检验）必须是显著的。

四、套期会计方法

套期会计方法，是指在相同会计期间将套期工具和被套期项目公允价值变动的抵消结果计入当期损益的方法。例如，12 月 1 日，某黄金股份公司 3 个月之后很可能销售黄金 100 千克，为规避黄金价格下跌的风险，该公司在期货市场上卖出 100 千克 3 个月期的黄金。12 月 31 日（资产负债表日），期货合同上浮动亏损 53 万元，对应的黄金预期销售价格的现值上涨了 50 万元。假定上述套期符合运用套期会计方法的条件，该企业需将期货合同的公允价值变动 53 万元计入所有者权益（其他资本公积），待预期销售交易实际发生时，抵消该部分亏损，调整销售收入。

套期会计的主要目的是为了解决套期工具和被套期项目之间在确认时间和计量属性上的不匹配，适当调整常规会计程序，对称地确认套期工具和被套期项目公允价值和现金流量变动形成的损益，恰当地反应企业规避风险的结果。

为了解决套期计量上的不一致性问题（如套期工具采用市价基础，被套期项目采用历史成本基础），美国曾经提出了递延法、盯市法、全面收益法和综合套期会计法等方法。递延法要求将套期工具利得或损失递延到以后期间，盯市法要求套期双方采用市价处理，使一方利得或损失能够与另一方损失或利得同期相抵。全面收益法要求将衍生工具划分为交易性的与非交易性的两类，交易性衍生工具的公允价值变动在收益中报告；非交易性衍生工具的公允价值变动，实现之前在其他全面收益中报告，待实现时再转入到盈利中确认。综合套期会计法要求，衍生工具作为套期工具按照公允价值计量；被套期项目按照所承受的风险分成公允价值风险和现金流量风险。对于公允价值套期，衍生工具利得或损失在变化期间的盈利与被套期风险引起的被套期项目的损失或利得一起确认；对于现金流量套期，衍生工具套期有效性部分先在其他全面收益中报告。最终，SFAS133 采纳了综合套期会计法，并为国际会计准则所效仿。我国会计准则也采用此方法。

因为套期会计打破了常规的会计计量模式（下节会详细介绍），因而准则制定者为启动套期会计限定了严格的标准。我国会计准则（CAS 26）规定，公允价值套期、现金流量套期或境外经营净投资套期同时满足下列条件的，才能运用本准则规定的套期会计方法进行处理：(1) 在套期开始时，企业对套期关系（即套期工具和被套期项目之间的关系）有正式指定，并准备了关于套期关系、风险管理目标和套期策略的正式书面文件。该文件至少载明了套期工具、被套期项目、被套期风险的性质以及套期有效性评价方法等内容。套期必须与具体可辨认并被指定的风险有关，且最终影响企业的损益。(2) 该套期预期高度有效，且符合企业最初为该套期关系所确定的风险管理策略。(3) 对预期交易的现金流量套期，预期交易应当很可能发生，且必须使企业面临最终将影响损益的现金流量变动风险。(4) 套期有效性能够可靠地计量。(5) 企业应当持续地对套期有效性进行评价，并确保该套期在套期关系被指定的会计期间内高度有效。

第五节　公允价值套期的会计处理

对于公允价值的套期，套期工具和被套期项目都以公允价值计量。套期工具为衍生工具的，其公允价值变动形成的利得或损失计入当期损益；套期工具为非衍生工具的，套期工具账面价值因汇率变动形成的利得或损失计入当期损益；被套期项目因被套期风险形成的利得或损失应当计入当期损益，同时调整被套期项目的账面价值。被套期项目为按成本与可变现净值孰低进行后续计量的存货、按摊余成本进行后续计量的金融资产或可供出售金融资产的，也应当按此规定处理。

现有准则可能不允许某些已确认资产和负债的公允价值变动计入当期损益，如贷款、存货等，更不会确认一项确定承诺的公允价值，因而需要特别会计程序。

特别会计程序允许把对冲项目公允价值的变动计入当期损益。假定某企业存在一项固定利率的借款，市场利率的下降将使该借款的公允价值增加。如果没有对该风险进行套期保值，则不记录贷款公允价值增加带来的损失。如果针对该风险采用了套期保值措施，则套期工具上的收益，以及该贷款上的损失，均要被反映在当期损益表中。又如一项按摊余成本进行后续计量的国债投资，如果没有对其进行套期保值，是不会按公允价值进行期末的重新计量的，但若进行了套期保值，则套期工具和该国债一起均要按公允价值计量，其公允价值会出现相反变化，二者同时计入当期损益，风险部分或全部抵消了。这种处理突破了现有会计准则体系下的常规（如存货按成本与市价熟低、贷款按摊余成本等），所以需要谨慎采用，准则一般规定很严格的应用条件。

下面举例说明公允价值的会计处理。

一、运用期货对存货价格下跌的风险进行套期保值

[**例 8-6**] 20×7 年 4 月 1 日，某粮油公司的主要产量为玉米，现有 80 000 万千克的玉米存货。由于担心玉米价格下跌，该粮油公司下单 2 万份 6 月到期的玉米空头期货合约，按每千克 1.3 元卖出玉米，每份合约的名义数量为 40 000 千克。6 月 15 日，该粮油公司在现货市场上按每千克 1.222 元售出 80 000 万千克的玉米，同时平仓期货合约 。所售玉米的账面成本为 80 000 万元。

假定符合公允价值对冲条件。价格变动及期货合约的公允价值如表 8－4 所示。

表 8－4　　20×7 年某粮油公司玉米价格变动及期货合约的公允价值

项　目	4 月 1 日	4 月 30 日	5 月 31 日	6 月 15 日
名义数量（万千克）	80 000	80 000	80 000	80 000
现货价格（元/千克）	1.280	1.256	1.244	1.220
期货价格（元/千克）	1.300	1.270	1.248	1.220
合约公允价值*（万元）		2 400	4 160	6 400
(a) 当前公允价值变动（万元）		2 400	1 760	2 240
(b) 当前现货价值变动**（万元）		1 920	960	1 920
(a)－(b)＝当前时间价值变动***（万元）		480	800	320

注：*（当期期货价格－上期期货价格）×名义数量；**（当前现货价格－上期现货价格）×名义数量；***当前合约公允价值变化－当前现货价值变动。

在下单期货合约时，期货价格为每千克 1.3 元，而当期现货价格为 1.28 元，在会计上不区分储藏成本、便宜收益和货币的时间价值，把期货价格和即期价格的差异全部定义为时间价值，每期时间价值的变动直接计入当期损益。在例中，建立空仓的期货价格比现货价格高 0.02 元，这一差异随着时间的推进逐步减少（一般而言，不排除中间差额会拉大），到结算日，现货价格与期货价格基本一致，时间价值为零。这个慢慢变为零的过程，在会计上就是逐期转入收益的过程。

由于公允价值套期需同时记录套期工具和被套期工具的公允价值变动，因而记录是双边的。相关的分录如下（金额单位：万元）：

玉米存货（被套期项目）

4 月 1 日

借：套期项目——库存商品　　80 000
　贷：库存商品　　80 000
　　（指定为被套期项目）

4 月 30 日

借：公允价值变动损益　　1 920
　贷：被套期项目——库存商品　　1 920
　（记录被套期项目公允价值变动）

5 月 31 日

借：公允价值变动损益　　960
　贷：被套期项目——库存商品　　960
　（记录被套期项目公允价值变动）

期货合约（套期工具）

4 月 1 日

备忘：（下单 2 万份玉米期货合约
　每份名义数量 40 000 千克
　价格：1.30 元/千克）

4 月 30 日

借：套期工具——期货　　1 920
　贷：公允价值变动损益　　1 920
借：套期工具——期货　　480
　贷：公允价值变动损益　　480
　（记录套期工具公允价值变动）

5 月 31 日

借：套期工具——期货　　960
　贷：公允价值变动损益　　960
借：套期工具——期货　　800

贷：公允价值变动损益　800
（记录套期工具公允价值变动）

6月15日

借：公允价值变动损益　1 920
　贷：被套期项目——库存商品　1 920
　（记录被套期项目公允价值变动）

借：套期工具——期货　1 920
　贷：公允价值变动损益　1 920
借：套期工具——期货　320
　贷：公允价值变动损益　320
　（记录套期工具公允价值变动）

借：存货　75 200
　贷：被套期项目——库存商品　75 200
　（存货上的套期关系中止）

借：银行存款　3 200
　贷：套期工具——期货　3 200
　（期货平仓）

借：银行存款　97 760
　贷：销售收入　97 760
借：销售成本　75 200
　贷：存货　75 200
（销售存货和结转成本）

从以上的分录可以看出，被套期项目和套期工具都是按公允价值计量，公允价值变化产生的损失和利得确认为变动期间的损益。被套期项目上公允价值变动的损失合计4 800万元，套期工具上的公允价值变动为6 400万元，其中1 600万元作为时间价值直接计入损益，4 800万元与被套期项目匹配，同步计入损益。假如不进行套期保值的话，该粮油公司将损失4 800万元。其结果如表8－5所示。

表8－5　某粮油公司套期保值后的结果　单位：万元

项　目	希望结果	没有套期保值	存在套期保值
销售收入	102 400	97 760	97 760
销售成本	（80 000）	（80 000）	（75 200）
毛利	22 400	17 760	22 560
对冲工具的盈利			4 800
存货损失			（4 800）
小计	22 400	17 760	22 560
对冲以外的收益			1 600
对净收益的影响	22 400	17 760	24 160

二、利用互换对利率风险进行套期保值

计息货币性项目（如贷款、债券等）除了归为按公允价值计量而且变动计入当期损益

的金融资产（或负债）或可供出售金融资产外，一般是按摊余成本进行后续计量。如果对该部分项目进行了套期保值，则也将其改为公允价值计量属性，公允价值变动计入当期损益。如果原来是归类为可供出售的金融资产，则应将原计入权益项下的公允价值变动转入损益。

准则规定，对于金融资产或金融负债组合一部分的利率风险公允价值套期，企业对被套期项目形成的利得或损失可按下列方法处理：一是被套期项目在重新定价期间内是资产的，在资产负债表中资产项下单列项目反映（列在金融资产后），待终止确认时转销；二是被套期项目在重新定价期间内是负债的，在资产负债表中负债项下单列项目反映（列在金融负债后），待终止确认时转销。这表明对于利率风险的套期，无需将被套期项目转到“被套期项目”这一科目，只需在原资产或负债项下另设科目单独反映。

[例8-7] 20×9年1月1日，荣仁达公司向奋发银行借入18个月，2 000万元的贷款，利率为7%，半年付息一次。该借款合同签订后不久，央行降低了基准利率，由于担心市场利率持续下跌，荣仁达公司与通达公司达成了一项名义金额为2 000万元的互换。通达公司给荣仁达公司支付年7%的固定利率，荣仁达公司向通达公司支付浮动利率。固定利率和浮动利率的差额半年结算一次，采用净额结算。浮动利率按3个月的央行票据利率上浮3.5%。互换的期限与荣仁达公司的银行借款的到期日一致。

利率重新定价日的浮动利率和相关的互换公允价值如表8-6所示。

表8-6　　利率重新定价日的浮动利率和互换公允价值变化

利率重新定价日	下期浮动利率（%）	互换的公允价值（元）	公允价值变化（元）
20×9年1月1日	7.2		
20×9年6月30日	6.8	38 000	38 000
20×9年12月31日	6.7	29 000	(9 000)

表中互换的公允价值可通过即期利率和远期利率的变化以及名义金额计算而得，但在此例中是给定的。利率重新定价日的浮动利率是从该日开始的下一个半年期的执行利率。如6.7%的利率是从2×10年1月1日到2×10年6月30日的利率，是2×10年6月30日浮动利率和固定汇率结算的利率。

由于借款公允价值和互换公允价值的变化同时计入当期损益，会计记录是双边的。相关的分录如下：

银行借款			互换合约	
20×9年1月1日				
借：银行存款	20 000 000			
贷：银行借款（借款）		20 000 000		
20×9年6月30日				
借：财务费用	700 000		借：财务费用	20 000

银行借款	利率互换
贷：银行存款　　　　　700 000	贷：银行存款　　　　　20 000
（到期向银行付息）	（支付互换方利息）
借：公允价值变动损益　　　　38 000	借：套期工具——利率互换 38 000
贷：银行借款——公允价值变动　　38 000	贷：公允价值变动损益　　38 000
（银行借款公允价值变动作为负债单独列示）	（套期工具公允价值变动）
20×9 年 12 月 31 日	
借：财务费用　　　　700 000	借：银行存款　　　　20 000
贷：银行存款　　　　　700 000	贷：财务费用　　　　　20 000
（到期向银行付息）	（收到互换方净额结算利息）
借：银行借款——公允价值变动　　9 000	借：公允价值变动损益　　9 000
贷：公允价值变动损益　　　9 000	贷：套期工具——利率互换　9 000
（银行借款公允价值变动作为负债单独列示）	（套期工具公允价值变动）
2×10 年 6 月 30 日	
借：财务费用　　　　700 000	借：银行存款　　　　30 000
贷：银行存款　　　　　700 000	贷：财务费用　　　　　30 000
（到期向银行付息）	（收到互换方净额结算利息）
借：银行借款——公允价值变动　　29 000	借：公允价值变动损益　　29 000
贷：公允价值变动损益　　　29 000	贷：套期工具——利率互换 29 000
（银行借款公允价值变动作为负债单独列示）	（套期工具公允价值变动）
借：银行借款　　　20 000 000	
贷：银行存款　　　　20 000 000	
（偿还银行借款）	

当下期（20×9 年 6 月 30 日开始的期限）利率降低时，互换开始有了正价值，离到期日越近，互换的价值越低，因为计息的期限越来越短。到期时，互换的价值为零，银行借款的公允价值也恢复到面值，这与贷款、债券类工具到期收敛到面值的特征是相符的。

从以上的分录可以看出，银行借款和互换的公允价值变化方向相反，但同步计入了损益表。互换合约有效地对利率风险进行了套期保值，会计记录和报表也恰当地反映了这一结果。

如果被套期项目是以摊余成本计量的金融工具，而且实际利率和票面利率不一致，被套项目账面价值需按公允价值进行相应调整，按调整日重新计算实际利率在调整日和到期日的期间进行摊销，计入当期损益。摊余成本按实际利息率摊销已在上一章论述，调整后的账面价值与到期日价值之间的差额按实际利息率摊销同持有至到期日金融资产和金融负债的摊销方法是相同的，在此不再赘述。

第六节　现金流量套期的会计处理

现金流量套期如果满足运用套期会计方法条件，应区分有效套期部分和无效套期部分分别进行处理。套期工具利得或损失中属于有效套期的部分，应当直接确认为所有者权益，并单列项目反映。套期工具利得或损失中属于无效套期的部分（即扣除直接确认为所有者权益后的其他利得或损失），应当计入当期损益。为使套期工具和被套期项目能有效匹配，有效套期部分的金额，按照下列两项的绝对额中较低者确定：一是套期工具自套期开始的累计利得或损失；二是被套期项目自套期开始的预计未来现金流量现值的累计变动额。

若被套期项目为预期交易且将使企业随后确认一项金融资产或一项金融负债，原直接确认为所有者权益的相关利得或损失，应当在该金融资产或金融负债影响企业损益的相同期间转出，计入当期损益。但是，企业预期原直接在所有者权益中确认的净损失全部或部分在未来会计期间不能弥补时，应当将不能弥补的部分转出，计入当期损益。预期交易使企业随后确认一项非金融资产或一项非金融负债的，企业可以选择类似前者的方法处理（权益中确认的相关利得或损失在该非金融资产或非金融负债影响企业损益的相同期间转出，计入当期损益），也可将原直接在所有者权益中确认的相关利得或损失转出，计入该非金融资产或非金融负债的初始确认金额。

一、利用期权对预计交易进行套期保值

［**例8－8**］维维食品公司以加工豆制品为主，根据公司的业务安排，预计将要在6月采购300吨的大豆。3月10日，由于担心大豆价格上涨，该加工厂购入了3份6月到期的看涨平值期权，每份期权可按每吨1 650元购入大豆100吨，大豆现货价格（即期价格）为每吨1 650元。期权到期日为6月25日，该期权交易价格为每份8 000元。假定没有交易费用。

6月25日，按每吨1 780元采购大豆300吨，采购成本534 000元。大豆价格及期权合约的公允价值变动如表8－7所示。

表8－7　　维维食品公司大豆价格变动及期权合约的公允价值

项　目	3月10日	3月31日	4月30日	5月31日	6月25日
每份合约名义数量（吨）	100	100	100	100	100
大豆即期价格（元/吨）	1 650	1 670	1 640	1 720	1 780
期权行权价格（元/吨）	1 650	1 650	1 650	1 650	1 650
期权价格（给定）（元）	8 000	9 200	7 000	11 000	13 000
期权内在价值（元）	0	2 000	0	7 000	13 000
期权时间价值（元）	8 000	7 200	7 000	4 000	0
调整权益金额（元）	0	2 000	(2 000)	7 000	6 000
计入损益金额（元）	0	(800)	(200)	(3 000)	(4 000)

期权价格受大豆即期价格、行权价、利率、价格波动性和期限等因素的影响，但例中的期权价格是给定的。根据准则规定，对于期权，企业可以将期权的内在价值和时间价值分开，只就内在价值变动将期权指定为套期工具。对于虚值和平值期权，内在价值是零，交易价格（或期权价值）全部是时间价值。对于实值期权，超过内在价值的部分为时间价值。内在价值是指假如立即行权可获得的价值。比如3月31日，期权的交易价格是每份9 200

元，当时的大豆即期价格为每吨 1 670 元，行权价为每吨 1 650 元，立即行权每份期权可获利 2 000 元。因而，内在价值是 2 000 元，先计入权益，等采购实现时与存货成本匹配；时间价值为期权价格 9 200 元超过内在价值 2 000 元的部分，为 7 200 元，直接计入当期损益。

由于现金流量套期只记录套期工具的公允价值变动，被套期项目是预期交易还未实现，因而记录是单边的。相关的分录如下：

3 月 10 日

借：套期工具——期权 24 000

　　贷：银行存款 24 000

（购入 3 份大豆期权，每份 8 000 元）

3 月 31 日

借：套期工具——期权 3 600

　　公允价值变动损益 2 400

　　贷：资本公积——其他资本公积 6 000

（每份期权价格上涨 1 200 元，内在价值增加 2 000 元，时间价值减少 800 元。内在价值变动计入权益，时间价值变动计入当期损益。）

4 月 30 日

借：公允价值变动损益 600

　　资本公积——其他资本公积 6 000

　　贷：套期工具——期权 6 600

（每份期权价格下跌 2 200 元，内在价值减少 2 000 元，时间价值减少 200 元。内在价值变动计入权益，时间价值变动计入当期损益。）

5 月 31 日

借：套期工具——期权 12 000

　　公允价值变动损益 9 000

　　贷：资本公积——其他资本公积 21 000

（每份期权价格上涨 4 000 元，内在价值增加 7 000 元，时间价值减少 3 000 元。内在价值变动计入权益，时间价值变动计入当期损益。）

6 月 25 日

借：套期工具——期权 6 000

　　公允价值变动损益 12 000

　　贷：资本公积——其他资本公积 18 000

（每份期权价格上涨 2 000 元，内在价值增加 6 000 元，时间价值减少 4 000 元。内在价值变动计入权益，时间价值变动计入当期损益。）

借：原材料——大豆 534 000

　　贷：银行存款 534 000

（按即期价格采购大豆）

借：资本公积——其他资本公积 39 000

　　贷：原材料——大豆 39 000

本例中，期权的时间价值随着时间的推移逐步趋近于零，每份期权最初的时间价值为

8 000元分期逐步转为损失。套期工具上的公允价值变动先计入权益项下，待采购实现时转入原材料成本，采用的是“计入该非金融资产或非金融负债的初始确认金额”的方法。当然也可选择“在该非金融资产或非金融负债影响企业损益的相同期间转出”的处理方式，即在结转销售成本时，将“资本公积——其他资本公积”冲减“销售成本”科目。但对于原材料，本例中的处理更为恰当。

二、利用互换对冲浮动利率的风险

如果企业借入一项浮动利率的借款，随着市场利率的提高，其未来支付的现金流出会增加；如果银行贷出一项浮动利率的贷款，随着市场利率的降低，其未来现金流入会降低。为对这一类现金流量变动的风险进行套期保值，一般是引入一项固定利率的互换。

［**例8－9**］2012年1月1日，富民银行向奋发银行贷出了1 000万元、2年期的浮动利率贷款，利息半年一付，基于6个月期的LIBOR。2012年6月30日，由于担心浮动利率下跌，富民银行签订了一项互换合约，支付6个月期LIBOR，并收到7%固定利率。互换的名义金额为1 000万元。互换的利息半年结算一次，按净额结算。

每半年互换清算一次，浮动利率要变一次以计算下期利息。重新定价日的利率及互换合约公允价值如表8－8所示。

表8－8　富民银行2012年重新定价日的利率及互换合约的价值变化

利率重新定价日	下期LIBOR（%）	互换公允价值（元）	公允价值变化（元）
2012年6月30日	6.8		
2012年12月31日	6.9	9 500	9 500
2013年6月30日	6.6	19 360	9 860

互换的公允价值可通过即期利率和远期利率的变化以及名义金额计算而得，但表中的互换公允价值是给定的。利率重新定价日的浮动利率是从该日开始的下一个半年期的执行利率。如6.8%的利率是从2012年6月30日到2012年12月31日的浮动利率，2012年12月31日互换以此利率和固定利率的差额结算。

由于是现金流量对冲，只需记录互换合约公允价值的变化。对于该项贷款，由于是浮动利率，公允价值不会因利率波动发生变化。相关的分录如下：

2012年12月31日

借：银行存款　340 000

　　贷：利息收入　340 000

（按年6.8%的浮动利率收取利息，半年计息一次）

借：银行存款　10 000

　　套期工具——利率互换　9 500

　　贷：资本公积——其他资本公积　19 500

（收到半年期、固定利率和浮动利率的差额0.2%，同时记录互换公允价值的变化

19 500元，其中9 500元是2012年12月31日互换的价值，而10 000元是已经实现的价值）

借：资本公积——其他资本公积　　10 000

　　贷：利息收入　　10 000

（准则规定，原直接计入所有者权益中的套期工具利得或损失，应当在被套期预期交易影响损益的相同期间转出。在收到当期利息时，与之相关的互换结算差额同时转为当期损益。）

也可将两笔分录合二为一，即为：

借：银行存款　　10 000

　　套期工具——利率互换　　9 500

　　贷：资本公积——其他资本公积　　9 500

　　　　利息收入　　10 000

2013年6月30日

借：银行存款　　345 000

　　贷：利息收入　　345 000

（按年6.9%的浮动利率收取利息，半年计息一次）

借：银行存款　　5 000

　　套期工具——利率互换　　9 860

　　贷：资本公积——其他资本公积　　14 860

（收到半年期、固定利率和浮动利率的差额0.1%，同时记录互换公允价值的变化14 860元，当期增加了9 860元，同时收到利息5 000元。2013年12月31日互换公允价值为19 360元，比2012年12月31日多了9 860元。实际签订互换公允价值为19 360元加上已收取的15 000元利息，这与计入权益的发生额34 360元是一致的。）

借：资本公积——其他资本公积　　5 000

　　贷：利息收入　　5 000

（在收到当期利息时，与之相关的互换结算差额从权益转为当期损益。）

2013年12月31日

借：银行存款　　330 000

　　贷：利息收入　　330 000

（按年6.6%的浮动利率收取利息，半年计息一次）

借：银行存款　　20 000

　　贷：套期工具——利率互换　　19 360

　　　　资本公积——其他资本公积　　640

（收到半年期、固定利率和浮动利率的差额0.4%。到期后，互换公允价值为零，所以将“套期工具——利率互换”的余额转出。“套期工具——利率互换”余额与收到净额结算金额的差额为当期互换公允价值的变动并计入权益，实际收到利息高，表明上期互换公允价值余额被低估了。）

借：资本公积——其他资本公积　　20 000

　　贷：利息收入　　20 000

（在收到当期利息时，与之相关的互换结算差额从权益转为当期损益。）

从以上的分录可见，该互换的公允价值实际上就是净额结算多收到的利息 35 000 元，这与计入权益的金额一致（19 500 + 14 860 + 640）。该权益项下的金额在每期利息结算的时候有一部分与收到的浮动利率一起计入损益，使实际结果就像是收到固定利率的贷款利息一样，这与该套期保值的经济实质是一致的。

第七节 金融工具的披露

金融工具披露，是指企业在附注中披露已确认和未确认金融工具的有关信息。根据《企业会计准则第37号——金融工具列报》的披露要求，企业对金融工具的披露包括对金融工具所采用的重要会计政策和计量基础、金融资产或金融负债的账面价值、公允价值的取得、金融资产的重分类、未终止确认的金融资产转移、金融资产的减值、作为套期的金融资产套期关系的描述，以及市场风险和信用风险的定性定量描述。

> **原理**
>
> 金融工具披露是指企业在附注中披露已确认和未确认金融工具的有关信息。

一、重要会计政策和计量基础

在披露对金融工具所采用的重要会计政策和计量基础等信息时，应披露如下信息：

（1）对于指定为以公允价值计量且其变动计入当期损益的金融资产或金融负债，应披露指定的依据、指定的金融资产或金融负债的性质、指定后如何消除或明显减少原来由于该金融资产或金融负债的计量基础不同所导致的相关利得或损失在确认或计量方面不一致的情况，以及是否符合企业正式书面文件载明的风险管理或投资策略的说明。

（2）指定金融资产为可供出售金融资产的条件。

（3）确定金融资产已发生减值的客观依据以及计算确定金融资产减值损失所使用的具体方法。

（4）金融资产和金融负债的利得和损失的计量基础。

（5）金融资产和金融负债终止确认条件。

（6）其他与金融工具相关的会计政策。

二、公允价值信息

1. 企业应当按照每类金融资产和金融负债披露下列公允价值信息：

（1）确定公允价值所采用的方法，包括全部或部分直接参考活跃市场中的报价或采用估值技术等。采用估值技术的，按照各类金融资产或金融负债分别披露相关估值假设，包括提前还款率、预计信用损失率、利率或折现率等。

（2）公允价值是否全部或部分采用估值技术确定，而该估值技术没有以相同金融工具的当前公开交易价格和易于获得的市场数据作为估值假设。这种估值技术对估值假设具有重大敏感性的，披露这一事实及改变估值假设可能产生的影响，同时披露采用这种估值技术确定的公允价值的本期变动额计入当期损益的数额。

企业在判断估值技术对估值假设是否具有重大敏感性时，应当综合考虑净利润、资产总额、负债总额、所有者权益总额（适用于公允价值变动计入所有者权益的情形）等因素。

金融资产和金融负债的公允价值应当以总额为基础披露（在资产负债表中金融资产和金融负债按净额列示的除外），且披露方式应当有利于财务报告使用者比较金融资产和金融负债的公允价值和账面价值。

2. 对于不存在活跃市场的金融资产或金融负债，根据规定，采用更公允的相同金融工具的公开交易价格或估值结果计量的，应当按照金融资产或金融负债的类别披露下列信息：

（1）在损益中确认原实际交易价格与公允价值之间形成的差异所采用的会计政策。

（2）该项差异的期初和期末余额。

三、金融资产重分类

如果企业对金融资产进行重分类，使该金融资产后续计量基础由成本或摊余成本改为公允价值，或由公允价值改为成本或摊余成本的，应当披露该金融资产重分类前后的公允价值或账面价值和重分类的原因。

四、未终止确认的金融资产转移

对于不满足金融资产终止确认条件的金融资产转移，企业应当披露下列信息：

（1）所转移金融资产的性质；

（2）仍保留的与所有权有关的风险和报酬的性质；

（3）继续确认所转移金融资产整体的，披露所转移金融资产的账面价值和相关负债的账面价值；

（4）继续涉入所转移金融资产的，披露所转移金融资产整体的账面价值、继续确认资产的账面价值以及相关负债的账面价值。

五、套期保值

1. 企业需披露与每类套期保值有关的下列信息：

（1）套期关系的描述。

（2）套期工具的描述及其在资产负债表日的公允价值。

（3）被套期风险的性质。

2. 对于公允价值套期，企业需披露本期套期工具形成的利得或损失，以及被套期项目因被套期风险形成的利得或损失。对于境外经营净投资套期，企业需披露本期无效套期形成的利得或损失。对于现金流量套期，企业需披露：

（1）现金流量预期发生及其影响损益的期间。

（2）以前运用套期会计方法处理但预期不会发生的预期交易的描述。

（3）本期在所有者权益中确认的金额。

（4）本期从所有者权益中转出、直接计入当期损益的金额。

（5）本期从所有者权益中转出、直接计入预期交易形成的非金融资产或非金融负债初始确认金额的金额。

（6）本期无效套期形成的利得或损失。

六、利得或损失

企业需披露与金融工具有关的下列收入、费用、利得或损失：

（1）本期以公允价值计量且其变动计入当期损益的金融资产或金融负债、持有至到期投资、贷款和应收款项、可供出售金融资产、按摊余成本计量的金融负债的净利得或净损失。

（2）本期按实际利率法计算确认的金融资产或金融负债利息收入总额或利息费用总额。

（3）下列项目形成的、在确定实际利率时未包括的手续费收入或支出：一是以公允价值计量且其变动计入当期损益的金融资产或金融负债以外的金融资产或金融负债；二是企业为他人管理信托财产和其他托管行为。

（4）已发生减值的金融资产产生的利息收入。

（5）持有至到期投资、贷款和应收款项、可供出售金融资产本期发生的减值损失。

七、风险披露

1. 企业应当披露与各类金融工具风险相关的描述性信息和数量信息。描述性信息包括：风险敞口及其形成原因；风险管理目标、政策和过程以及计量风险的方法。数量信息包括：资产负债表日风险敞口总括数据，以及资产负债表日风险集中信息等。风险集中信息应当包括管理层如何确定风险集中点的说明、确定各风险集中点的参考因素（包括交易对手、地理区域、货币种类、市场类型等）、各风险集中点相关的风险敞口金额。

2. 企业应当披露与每类金融工具信用风险有关的下列信息：

（1）在不考虑可利用的担保物或其他信用增级（如不符合相互抵消条件的净额结算协议等）的情况下，最能代表企业资产负债表日最大信用风险敞口的金额，以及可利用担保物或其他信用增级的信息。

（2）尚未逾期和发生减值的金融资产的信用质量信息。

（3）原已逾期或发生减值但相关合同条款已重新商定过的金融资产的账面价值。

3. 企业需披露金融资产和金融负债按剩余到期日所作的到期期限分析，以及管理这些金融资产和金融负债流动风险的方法。企业在披露金融资产和金融负债到期期限分析时，应当运用职业判断确定适当的时间段。列入各时间段内的金融资产和金融负债金额，应当是未经折现的合同现金流量。企业可以但不限于按下列时间段进行到期期限分析：

1 个月以内（含本数，下同）；1 个月 ~3 个月以内；3 个月 ~1 年以内；1 年 ~5 年以内；5 年以上。

4. 企业需披露与敏感性分析有关的下列信息：

（1）资产负债表日所面临的各类市场风险的敏感性分析。该项披露应当反映资产负债表日相关风险变量发生合理、可能的变动时，将对企业当期损益或所有者权益产生的影响。

（2）本期敏感性分析所使用的方法和假设。该方法和假设与前一期不同的，应当披露发生改变的原因。

5. 企业采用风险价值法或类似方法进行敏感性分析能够反映风险变量之间（如利率和汇率之间等）的关联性，且企业已采用该种方法管理财务风险的，可不披露敏感性分析的信息，但应当披露：

（1）用于该种敏感性分析的方法、选用的主要参数和假设。

（2）所使用方法的目的，以及使用该种方法不能充分反映相关金融资产和金融负债公允价值的可能性。

八、金融资产减值

企业需按照类别披露已逾期或发生减值的金融资产的下列信息：

（1）资产负债表日已逾期但未减值的金融资产的期限分析。

（2）资产负债表日单项确定为已发生减值的金融资产信息，以及判断该金融资产发生减值所考虑的因素。

（3）企业持有的、与各类金融资产对应的担保物和其他信用增级对应的资产及其公允价值。相关公允价值确实难以估计的，应当予以说明。

本章小结

资产证券化是指发起人将缺乏流动性，但又可以产生稳定可预见现金流的资产或资产组合（即基础资产），通过一定的结构安排，对基础资产中风险与收益要素进行分离与重组，进而转换成为在金融市场上可以出售的流通的证券的过程。债券回购交易是买卖双方在成交的同时约定于未来某一时间以某一价格双方再行反向成交。资产证券化和债券回购是常见的金融资产转移的方式，此外，应收账款融资、贷款转让也会形成金融资产的转移。

企业已将金融资产所有权上几乎所有的风险和报酬转移给转入方的，应当终止确认该金融资产；保留了金融资产所有权上几乎所有的风险和报酬的，不应当终止确认该金融资产。企业在判断是否已将金融资产所有权上几乎所有的风险和报酬转移给了转入方时，应当比较转移前后该金融资产未来现金流量净现值及时间分布的波动使其面临的风险。

企业既没有转移也没有保留金融资产所有权上几乎所有的风险和报酬的，应当分析是否放弃了对转出金融资产的控制。如果放弃了对转出金融资产的控制，则应终止确认该金融资产。未放弃控制的，应当按照其继续涉入所转移金融资产的程度确认有关金融资产，并相应确认有关负债。继续涉入所转移金融资产的程度，是指该金融资产价值变动使企业面临的风险水平。继续涉入所形成的相关资产和负债不应当相互抵消，并按相应的金融工具准则进行持续计量。

会计概念中的套期保值（以下简称套期），是指企业为规避外汇风险、利率风险、商品价格风险、股票价格风险和信用风险，指定一项或一项以上套期工具，使套期工具的公允价值或现金流量变动，预期抵消被套期项目全部或部分公允价值或现金流量变动。套期主要涉及套期工具、被套期项目和套期关系三个要素。套期工具，是指企业为进行套期而指定的、其公允价值或现金流量变动预期可抵消被套期项目的公允价值或现金流量变动的衍生工具。被套期项目，是指使企业面临公允价值或现金流量变动风险，且被指定为被套期对象的下列项目：(1) 单项已确认资产、负债、确定承诺、很可能发生的预期交易，或境外经营净投资；(2) 一组具有类似风险特征的已确认资产、负债、确定承诺、很可能发生的预期交易，或境外经营净投资；(3) 分担同一被套期利率风险的金融资产或金融负债组合的一部分(仅适用于利率风险公允价值组合套期)。

按照套期关系可以将套期业务区分为公允价值套期、现金流量套期和境外经营净投资套期三类。公允价值套期是指对已确认资产或负债、尚未确认的确定承诺、该资产或负债、尚未确认的确定承诺中可辨认部分的公允价值变动风险进行的套期。现金流量套期，是指对现金流量变动风险进行的套期。该类现金流量变动源于与已确认资产或负债、很可能发生的预期交易有关的某类特定风险，且将影响企业的损益。境外经营净投资套期指对境外经营净投资外汇风险的套期。境外经营净投资是指报告企业在境外经营净资产中的权益份额。

对于公允价值的套期，套期工具和被套项目都以公允价值计量。套期工具为衍生工具的，其公允价值变动形成的利得或损失计入当期损益；套期工具为非衍生工具的，套期工具账面价值因汇率变动形成的利得或损失计入当期损益；被套期项目因被套期风险形成的利得或损失应当计入当期损益，同时调整被套期项目的账面价值。被套期项目为按成本与可变现净值孰低进行后续计量的存货、按摊余成本进行后续计量的金融资产或可供出售金融资产的，也应当按此规定处理。

现金流量套期如果满足运用套期会计方法条件，应区分有效套期部分和无效套期两部分分别处理。套期工具利得或损失中属于有效套期的部分，应当直接确认为所有者权益，并单列项目反映。套期工具利得或损失中属于无效套期的部分（即扣除直接确认为所有者权益后的其他利得或损失)，应当计入当期损益。

复习思考题

1. 举例说明债券回购在什么情况下会形成风险和报酬的转移。
2. 举例说明什么是资产证券化。
3. 金融资产转移在什么情况下终止确认?
4. 什么是公允价值套期保值?
5. 什么是现金流量套期保值?
6. 公允价值套期保值和现金流量套期保值在会计处理上有何不同?

第九章　外币交易与外币报表折算

本章目标

通过本章的学习，你应该能够：

1. 了解国际货币体系和人民币汇率改革的一般常识。
2. 熟悉外汇风险管理的一般原理。
3. 掌握外币交易的会计核算。
4. 掌握外币套期保值业务的会计核算。
5. 掌握外币报表折算。

案例 9-1

中国银行的外币折算差额

2008 年 3 月 25 日，中国银行（SH601988）发布了 2007 年年报。2007 年度，中国银行股东应享税后利润达到 562.29 亿元，较上年增长 136.05 亿元，增幅达 31.92%。这出乎不少机构的意料，此前很多机构的研究报告都认为，受美国次贷危机的拖累，中国银行 2007 年的盈利将会受到较大影响，利润甚至有可能出现下降。

中国银行年报显示，其税后利润的增长来自营业利润的大幅增长。营业收入从 2006 年的 1 460.74 亿元增加到 2007 年的 1 806.69 亿元，增加了 345.95 亿元，而营业费用仅仅增加了 164.32 亿元。因此，营业利润从 2006 年的 659.54 亿元增加到 2007 年的 882.07 亿元，增加了 222.53 亿元。营业收入的 23.68% 的增长幅度尤其引人注目，营业收入由净利息收入和非利息收入两部分构成，净利息收入从 2006 年的 1 213.71 亿元增长到 2007 年的 1 527.45亿元，增加 313.74 亿元，增幅达到 25.85%。净利息收入的增加来自贷款规模的扩大和利差扩大两方面的因素。

作为银行类股票最好的行业研究员，李先生早料到中国银行的超预期增长，但对次贷的影响有些捉摸不定。现在情况已明了，次贷的影响已为净利差收入的大幅增长所弥补。但新的问题冒出来了：中国银行的外币报表折算差额从 2006 年的 36.89 亿元增长为 2007 年的 89.05 亿元，折算差额反映在权益项下。它是怎么形成的呢？对后期有何影响？

第一节 国际货币体系和人民币汇率改革

一、开放的经济增长

没有人再怀疑经济全球化的进程。由于信息科技的发展、跨国公司的全球化生产和采购、金融的全球化，使世界各国和地区的经营日益形成环环相扣的不可分割的链条。国际分工的细化和深化加之跨国公司的全球经营成为经济全球化的基础。各国放松金融管制，使利率和汇率市场化，为全球化的金融市场和资本的国际流动创造了条件。全球化的金融市场又为全球化的金融服务提供了土壤。信息和通讯技术的突飞猛进为产业链全球化和金融服务全球化提供了信息平台。在经济全球化、对资本流出入国境的限制和歧视大大消除，以及贸易壁垒逐步削弱的大背景下，国际直接投资和国际贸易迅猛增长。

国际直接投资

2004年以来，国际直接投资以每年20%以上的速度递增。根据联合国贸发会议、IMF和OECD等国际经济组织发布的相关统计数据，这一流入规模在2005年突破万亿美元大关之后，2006年便迅即达到了1.42万亿美元。全球的直接投资主要是在发达国家推动下而实现的。在1997～2006年的10年中，流入OECD国家的FDI总额达到6.84万亿美元，流出总额则达到了8.08万亿美元，净流出约1.24万亿美元。美国是全球最大的直接投资吸收地，也是全球最大对外投资国。在过去的10年中，美国吸收的直接投资总额达到1.64万亿美元，而流出总额也达到了1.58万亿美元。

资料来源：www. imf. org，www. oecd. org。

在过去的30年里，中国吸引了大量的国外直接投资。按照中国商务部统计，2007年1～6月间，中国实际使用外资金额318.89亿美元，同比增长12.17%。中国已连续多年成为吸收直接投资最多的发展中国家。截至2007年6月底，中国累计实际利用外资金额超过7 500亿美元①。

近年来，随着中国劳动力成本的上升，以及税收优惠的逐步减少等因素影响，一些重要发达国家的跨国公司已开始把对中国的注意力逐渐转向印度等其他亚洲国家。

世界贸易格局

据世贸组织发布的《2006年世界贸易报告》，2006年世界贸易总额首次突破11万亿美元，达117 600亿美元，增长15%，创6年来最高增幅。扣除石油、天然气和金属等价

① 资料来源：www. mofcom. gov. cn.

格上涨因素后，实际增幅为8%。中国的进出口成为经济增长的重要支柱。2006年中国商品和服务出口（不包括香港）达9 690亿美元，达到27%的增长速度，居所有经济大国之首。2007年，中国进出口总额首次超过2万亿美元，达到21 738亿美元；欧盟成为中国第一大贸易伙伴，双边贸易总额达3 561.5亿美元，增长27%。2007年中国外贸顺差达到2 622亿美元。2007年中国一般贸易进出口额达9 672.2亿美元，增长了29.1%。全年加工贸易进出口额为9 860.5亿美元，增长18.5%。

资料来源：www.wto.org，www.customs.gov.cn。

二、国际货币体系简述

经济增长是开放的，汇率体系在全球经济中的地位不言而喻。国际货币体系一般可分为三大类：金本位制、固定汇率制和浮动汇率制。浮动汇率又可分为自由浮动汇率和管理浮动汇率。

> **原理**
>
> 国际货币体系可分为三大类：金本位制、固定汇率制和浮动汇率制。其中浮动汇率又分为自由浮动汇率和管理浮动汇率。

在金本位制下，大多数国家的货币都与黄金挂钩，从而国与国之间在金本位的基础上建立了汇率体系。因为世界贸易的大规模发展，金演变成了最理想的世界货币，各国的货币都与黄金挂钩后，自然确立了金本位制。英国于1816年实行金本位的，法国和美国分别于1928年和1900年步入这一体系。发展中国家实行金本位制稍晚于发达国家。中国长期实行银本位制直至1935年废除。金本位制下，每个国家都发行自己的金币，选择不同的金币单位。由于世界的通货是黄金，于是要购买别国的商品需支付相当于商品价格的黄金，此时不存在货币兑换的问题，所有国家都按金本位的固定汇率交换，该固定汇率由各国货币单位的含金量决定。第一次世界大战以后，随着国际贸易的发展，国际结算量日益增多，各国意识到金作为支付手段不方便，于是逐渐过渡为使用信用货币，银行券等各种信用货币可以自由兑换金币或黄金。随着大多数国家黄金储备日益减少，这种制度无法再维持下去，到20世纪20年代，金本位制进入金块本位制和金汇兑本位制。在金块本位制之下，国内不流通金币，银行券在一定数额以上才能按含金量兑换金块。金块本位制在20世纪30年代的大萧条后逐步消亡。在金汇兑本位制下，银行券可以兑换外汇，持有的外汇只能到国外才能兑换黄金。这种制度，是把本国货币同另一金本位国家的货币保持固定比价，并在该国存放大量黄金或外汇基金，以备随时出售外汇。大萧条后，金块本位制、金汇兑本位制和仅存在于美国的金本位制都无法继续维持下去了。许多国家改为实行不能兑换黄金的纸币本位制。美国虽也改为纸币本位制，但在布雷顿森林协议解体前，对外国银行持有的美元还始终允许以35美元换1盎司黄金的比率兑换黄金。在纸币制的基础上，主要发达国家又把一些在贸易、金融上与其有密切联系的国家以及其殖民地联在一起，形成英镑集团、美元集团和法郎集团，后来先后发展为英镑区、美元区和法郎区。

第二次世界大战以后，以布雷顿森林体系为代表的固定汇率制取代了金本位制，这一体系一直延续到70年代初。战后的经济复兴迫切需要建立一个统一的货币汇率体系。经过两次世界大战，美国取代了英国成为世界的经济霸主，建立以美元为中心的货币体系顺理成章，美国剩余产能的国际输出也需要稳定的国际货币体系维护其利益。1944 年，美、英、苏、法等 44 个国家的代表在美国新罕布什尔州布雷顿森林举行“联合国货币金融会议”，又称“布雷顿森林会议”。会议通过了《联合国货币金融会议最后决议书》及由美国提出的设立“国际货币基金组织”和“国际复兴开发银行”两个协议，从而确立了布雷顿森林体系。在布雷顿森林体系之下，黄金不再是唯一的国际货币。美元直接与黄金挂钩，确立比价为 35 美元 1 盎司黄金。其他货币都与美元和黄金挂钩。比如，1 盎司黄金兑 12.5 英镑，在既定的黄金与美元比价之下，这就意味着 1 英镑的官定比价为 35 美元 = 12.5 英镑，或者 1 英镑兑 2.8 美元。实际上布雷顿汇率体系是以美元为基准通货的国际金汇兑本位制，其他国家只要取得美元，就能按 35 美元兑 1 盎司的黄金，美元同黄金一样成为许多国家的储备。布雷顿森林体系在 1945 ~ 1971 年间成功地保持着固定汇率，同时，在一国货币偏离基本价值线太远时，比价可以得到调整。德国马克曾好几次向上调整，而英镑在 1967 年从 2.8 美元兑 1 英镑贬到 2.4 美元。这种体系维持了 20 多年的全球经济增长，但当美国国际收支逆差逐步增长和通货膨胀加剧时，美元的实际含金量已经降低，加之国际美元储备迅速增加，美国政府越来越难以维持黄金兑换的压力。1971 年 8 月，尼克松总统正式切断了美元与黄金的联系，布雷顿森林体系到此结束。1971 年年底，美元第一次贬值，35 美元 1 盎司黄金贬为 38 美元，各国的外汇储备遭到巨额损失。此后美元又继续贬值，乃至最终同黄金脱钩。布雷顿森林体系的终结带来了浮动汇率时代。

布雷顿森林体系解体以后，主要发达国家进入了浮动汇率体系。在浮动汇率体系下，理论上外汇汇率主要由供给和需求的市场力量决定，中央银行没有义务予以维持。实际上，中央银行或多或少还是有所干预的。因而浮动汇率可以根据不同程度的政府干预分为两类：自由浮动汇率和管理浮动汇率。自由浮动汇率纯粹由供给和需求决定，没有任何政府干预。当政府干预外汇市场从而影响汇率时，就成为管理浮动体系。纯粹的自由浮动汇率体系在步入浮动汇率的早期确实存在过，现在各国政府用买卖货币的方式去阻止汇率的急剧动荡已是司空见惯了。

三、人民币汇率改革进程

中国人民银行于 1948 年 12 月成立，并发行人民币作为新中国的货币。在中国 1953 ~ 1972 年的苏联式计划经济全盛期，人民币固定在 1 美元兑 2.42 元。为维持这种汇率水平，政府采取严格的兑换规定，要求所有企业和个人向指定银行出售手中外汇。20 世纪 70 年代末期，我国推行经济改革，以建立比较市场化的体制，并实施货币双轨制，人民币只在内部通行，外籍人士则必须使用外汇兑换券。1980 年，中国银行设立外汇调剂中心，持有外币者可在调剂中心向需要者出售外币。1981 年起，官方牌价与贸易内部结算价并存，人民币汇率为 1 美元兑 1.50 元。1985 年 1 月 1 日起，我国取消贸易内部结算价，重新实行单一汇率，1 美元兑 2.7963 元。此后人民币发生了几次大的单向贬值，1986 年 7 月，由 1 美元兑 3.1983 元贬至 3.7036 元；1989 年 12 月，再次由 1 美元兑 3.7036 元贬至 4.7221 元；1990 年 11 月，又由 1 美元兑 4.7221 元贬到 5.2221 元。1994 年 1 月 1 日，我国汇率体制进行了重大改革，实行以市场供求为基础的、单一的、有管理的浮动汇率制，当时主要是盯住单一美元。人民币汇率一步并轨到1美元兑换8.70元。与此同时，国家外汇储备大幅度上升。1996年12月1日，我国实施经常性项目可兑换，人民币汇率小幅升值为8.3元兑1美元。在此之后，汇价固定在8.28元兑1美元，上下浮动的幅度很小，波幅不超过120个基本点。2005年7月21日，中国人民银行正式宣布开始实行以市场供求为基础、参考一篮子货币进行调节、有管理的浮动汇率制度。当天，人民币对美元汇率升值2%，为8.11:1。此后，人民币对美元每天在0.3%的范围内浮动，非美元货币对人民币汇率每天浮动幅度在1.5%以内。从此人民币汇率不再盯住单一美元，逐渐形成更富弹性的汇率机制。

> **原理**
>
> 蒙代尔的三元悖论：一个国家在完全的资本开放、独立的货币政策和稳定的汇率这三者之间只能选其二，不可能三者兼得。

根据蒙代尔的三元悖论，一个国家在完全的资本开放、独立的货币政策和稳定的汇率这三者之间只能选其二，不可能三者兼得。如果要保持本国货币政策的独立性和资本的完全流动性，则必须牺牲汇率的稳定性，实行浮动汇率制。这是由于在资本完全流动条件下，频繁出入的国内外资金带来了国际收支状况的不稳定，如果本国的货币当局不进行干预，亦即保持货币政策的独立性，那么本币汇率必然会随着资金供求的变化而频繁的波动。目前主要发达国家采用的是这种模式。如果要保持本国货币政策的独立性和汇率稳定，必须牺牲资本的完全流动性，实行资本管制。目前，中国就是实行的这种政策组合，一方面是由于需要相对稳定的汇率制度来维护对外经济的稳定；另一方面是由于监管能力较弱，无法对自由流动的资本进行有效的管理。如果要维持资本的完全流动性和汇率的稳定性，必须放弃本国货币政策的独立性。根据蒙代尔－弗莱明模型，资本完全流动时，在固定汇率制度下，本国货币政策的任何变动都将被所引致的资本流动的变化而抵消其效果，本国货币丧失自主性，比如香港就是典型例子。

从长远来讲，中国在国际货币支付体系中的地位越来越重要，出于更进一步地推进市场经济改革、融入国际资本市场、在国际货币支付体系上有一席之地的需要，以及承担大国责任的使命，资本市场的开放成为必然。中国要在保持本国货币政策的独立性的同时，实施资本项下的完全可自由兑换，则必须实行浮动汇率制，这是人民币汇率改革的大方向。

第二节　外汇风险管理

保罗·萨缪尔森说，国际贸易和国际金融是国家之间的经济纽带，国际的商品贸易和服务贸易，使得人们能够受惠于各国比较优势下的专业分工所带来的好处。通过出口那些本国生产相对有效率的商品和服务，进口那些本国生产缺乏效率的商品和服务，就可以提高本国人民的生产水平①。

随着经济的全球化，各国之间的依存度越来越高，国际贸易额呈逐年增长趋势。一方面是全球贸易额的高涨，另一方面则是金融局势的动荡。由于全球资本流动加速，投资资本迅

① 保罗·萨缪尔森，威廉·诺德豪斯著，萧琛主译：《宏观经济学》，人民邮电出版社2004年版，第211页。

速膨胀，经济波动加剧，发展中国家经济透明度增加，外汇管制放松，90年代以来爆发了一系列金融危机，如1991～1992年欧洲汇率体制的信心危机①，1994～1995年南美的货币危机，1997年的东南亚的银行、股市和货币危机，1997年的俄罗斯债务危机。以东南亚金融危机为例，在受冲击最严重的国家，汇率贬值超过80%（如表9－1所示）。

表9－1　东南亚国家（或地区）的汇率贬值　单位：%

地　区	汇率贬值幅度	
	1997年比1996年	1998年比1997年
泰国	－19.2	－24.16
韩国	－15.44	－32.12
印度尼西亚	－19.49	－70.95
新加坡	－5.04	－11.28
香港	－0.1	－0.04
台湾省	－4.34	－14.21

资料来源：林毅夫、李永军：2000，按照比较优势调整产业结构，减少金融风险，working paper。原数据系采用Asian Development Bank（1999）数据计算得出。

国际贸易是拉动我国经济增长的动力之一，反映在微观，则是企业参与国际经营的高度活跃。我国企业对全球贸易的影响，可以用“有超市必有中国制”来概括。而国际金融局势的动荡导致汇率的大幅波动，汇率的波动给这些企业带来了极大的风险。

在多数企业，CFO管理着货币的支付和兑换，因而对管理外汇风险责无旁贷。许多情况下，CFO是公司外汇风险管理的最高负责人。但也有例外，如在一些贸易部门独立核算并独立考核的公司里，可能由贸易部门承担汇率风险，这时CFO作为经营伙伴，更多的是提供决策信息。本节的重心在于外币交易的外汇风险控制，探讨CFO如何识别风险、计量风险并有效地管理风险。

一、风险计量（Measuring Risk）

没有外汇风险的计量便无法管理外汇风险。影响汇率的因素错综复杂，判断汇率的短期波动和长期趋势并非易事，从而使得汇率风险难以计量。计量风险常用蒙地卡罗模拟（Monte Caro Simulation）、决策树（Decision Tree）、在险价值（Value at Risk，VaR）等方法。对于外币货币性项目头寸的风险计量，VaR是一种较好的工具。

VaR的概念源于证券组合理论，其含义是：在极坏的情况下，某一证券组合的最大可能损失。更为确切的是指，在一定概率水平（置信度）下（比如5%），某一证券组合在未

① 由于索罗斯及其他对冲基金的冲击，英镑在1992年夏季发生了大幅贬值，从1英镑兑2.95马克跌至2.70马克以下（欧洲汇率体系规定的下限为1英镑兑2.778马克）。英国最终于1992年9月15日退出欧洲汇率体系。意大利里拉也同时受到冲击。

来特定时期内的最大可能损失。VaR 假定收益呈正态分布，这样市场价值的波动超过 1.65 个标准差的概率只有 5%。某一证券组合可能由多项金融产品组成，其市场价值波动的标准差将不仅取决于单个项目的标准差，还取决于单个证券两两之间相互影响的程度。

假定某公司有美元和欧元两项外币应收款。并将该证券组合的 *VaR* 定义 5% 置信度下的最大可能损失。则 *VaR* 为 1.65 乘以标准差，或

原理

风险计量：计量风险常用蒙地卡罗模拟（Monte Caro Simulation）、决策树（Decision Tree）、在险价值（Value at Risk，VaR）等方式。

$$VaR = 1.65\sigma_p = 1.65\sqrt{a^2\sigma_a^2 + b^2\sigma_b^2 + 2ab\sigma_{ab}\sigma_a\sigma_b}$$

式中：σ_p 表示两项外币应收款的证券组合的标准差；a 表示美元应收款的当前人民币价值；b 表示欧元应收款的当前人民币价值；σ_a 表示投资于美元应收款的日收益率的标准差；σ_b 表示投资于欧元应收款的日收益率的标准差；σ_{ab} 表示美元和欧元回报的单相关系数。

假定每一项外币应收款的人民币等值是 1 元，美元和欧元回报的标准差分别是 0.01 和 0.02，美元和欧元的相关系数是 0.5，即美元和欧元的回报在一定程度上协力波动，但不完全相关。在这些假定下，*VaR* 为：

$$0.02646 = 1.65\sqrt{1^2 \times 0.01^2 + 1^2 \times 0.02^2 + 2 \times 1 \times 1 \times 0.5 \times 0.01 \times 0.02}$$

这样，以 2 元人民币投资于两项外币应收款，在 5% 的置信度下，最坏的可能损失为 0.02646。单项投资之间的相关系数很重要，如果美元和欧元完全相关（相关系数为 1 而不是 0.5），*VaR* 会更大。如果美元和欧元波动方向相反（二者的相关系数为负），*VaR* 将会更小。

二、交易中的外汇风险管理

计量风险的目的，在于进行风险管理。外汇风险的管理常会涉及衍生金融工具。最基本的衍生金融工具包括期权合约、远期合约、期货合约和互换合约。

原理

最基本的衍生金融工具包括期权合约、远期合约、期货合约和互换合约。

如前所述，如果报告货币和外币交易结算所用货币不同，在二者之间的汇率发生波动时，将给企业的外币交易带来风险。这种风险可能存在于业已发生的外币交易、已承诺的交易或预计未来可能发生的交易。

比如某美国公司于 20×1 年 11 月 1 日从瑞士购买一批商品，共计 100 万瑞士法郎。款项将于 20×2 年 2 月 1 日支付。假定 20×1 年 11 月 1 日和 20×2 年 2 月 1 日的即期汇率分别为 \$1 = SWF0.50 和 \$1 = SWF0.55。如果没有任何对冲风险的措施，则该美国公司将损失 5 万美元。如果出于锁定风险的目的，该美国公司于 20×1 年 11 月 1 日买入一项远期合约，约定在 20×2 年 2 月 1 日购入 100 万瑞士法郎，假定当日的远期汇率为 \$1 = SWF0.506。则无论 20×2 年 2 月 1 日的汇率如何，该美国公司均只需支付 50.6 万美元，从而规避了大部

分风险。这种对冲针对的是已发生的外币交易。

企业也可针对固定承诺可能发生的外汇风险进行对冲。前面述及的某法国出口商约定以固定价格向某美国公司出口葡萄酒，在美元贬值10%的情况下，可能连成本都难以弥补。该法国出口商可以买入一项远期合约，约定在货款结算日，按远期价格售出3 000 000美元。在时间匹配的情况下，也可买入外汇期货合约。这样风险和收益就被锁定了。

企业同样可针对未来可能发生的交易进行对冲。如前述的某日本钢铁企业预计未来将以澳元采购铁矿石，在澳元对日元升值的情况下将遭受汇兑损失。常见的做法是买入一项外汇期权。在澳元上涨超过行权价时，则按行权价购买澳元，在澳元下跌低于行权价时，可以按市场价购买澳元。

货币互换也可用于外汇风险对冲。比如某中国公司出口商品至越南，最理想的是以人民币或美元标价并以人民币或美元结算。但往往结算条款的苛刻意味着其他条款的让步。中国公司也可考虑选择一个当地出口商，该出口商可能大量向中国或美国出口货物，两个公司可以进行离岸交易，中国公司以在越南收到的越南盾交换当地出口商的人民币或美元。当地出口商可以通过中介寻找，或通过中介与几家当地公司撮合。

熟练地运用衍生金融工具是CFO的一项基本技能，但并不意味着“谈外汇风险管理，言必称衍生金融工具”。一方面，企业很少通过衍生金融工具对冲所有的外汇风险，往往可以衡量自己的风险承受能力，适度地暴露一些风险敞口。主要原因在于，有时很难找到与企业完全对应的风险对冲工具；有时在对冲风险的同时，丧失了有利外汇波动可能带来的利益；如果希望享受有利波动的好处，期权等单项的对冲工具又需支付很高的溢价。

另一方面，外汇风险管理与其说是一门技术，不如说是一门艺术。在衍生金融产品相对欠发达的国家尤其如此。在我国改革开放的初期，不少企业以日元标价进行融资，由于后期人民币兑美元、美元兑日元均发生了大幅贬值，其中一些企业至今还有待处理的汇兑损失。而另一些企业则适时地转换为美元贷款，或转换为人民币贷款，虽然多支付了一些利息，但在一定程度上避免了大量的汇兑损失。现在人民币升值的呼声甚嚣尘上，我国正处于汇率改革的前夜，企业更应做好充分的应对措施。

作为一名有全球视野的CFO，除了掌握一些对冲汇率风险的工具外，还需了解汇率形成的机制、影响汇率的因素、各国的经济和外贸政策、汇率波动惯性等综合因素，对企业的外汇风险管理作出前瞻性的规划，使企业在全球化的浪潮中稳步发展。

三、对境外经营实体的外汇风险管理

由于信息技术的发展、外汇管制的松动、发展中国家透明度的增加和管理思维的变迁，跨国公司全球逐利成为一种时尚。随着我国经济的发展，企业的实力逐步增强，许多企业已逐步具备跨国经营的能力。人民币汇率正稳步有序地往自由兑换机制过渡。我国经济增长强劲，人民币汇率坚挺可期。本国货币的升值一般会成为资本输出的诱因。在可以预见的未来，将会有更多的中国企业进行跨境投资。国际商业领域是动态的、错综复杂的，这将对公司的CFO提出新的挑战。一方面需选择合适的跨境经营方式；另一方面需要管理汇率波动给跨境经营带来的风险。

（一）合理选择跨境经营的方式

跨国公司可能出于分散经营风险、选择低成本劳工、降低原料采购成本、扩展境外市场、避开关税壁垒、取得当地经营许可[①]等种种原因，寻找跨境经营的机会。国际经营并不是一夜之间完成的，它要求公司具有相当坚实的基础，并对国际环境有充分的认识。选择跨境经营的公司往往有自己的国际化战略，并有相应的实施步骤和人才队伍配套。

进出口业务是比较初级的跨境经营方式，但进出口业务可以为更进一步的跨境经营奠定基础，如稳定的市场、精通国际业务的人才、对国际市场的感觉、对各国法律环境及文化习俗的了解等。有了一定基础，企业可以考虑向纵深拓展，即在境外建立实体。一般建立境外实体可在以下几种方式中选择：分支机构（办事处）或销售代理、特许经营实体、合资企业、100%子公司。

设立自己的分支机构或成立100%的子公司，母公司（或总部）可以享受100%的收益，并能完全控制技术和产品，也更有利于商誉的形成。设立分支机构是风险最小的一种方式，因为几乎不需要什么投资。借助分支机构可以搜集当地信息、建立销售网络或进行业务拓展。但在一些国家，不允许分支机构从事销售业务。同时关税壁垒或进口许可证管理使成品销售成本很高（如中国对整车进口的限制）。有时，客户还需承担高昂的运费。当这些不利条件影响到市场的扩张时，当地建厂不失为一种选择。

在境外建立自己的工厂可以绕过关税壁垒并节约海运成本。在发展中国家还可享受税收优惠，并能降低劳工成本。但在享受种种便利的同时，也承担了最大的风险。一方面，需要一大笔的投资；另一方面，成功所依赖的因素更多，包括市场、成本、管理团队、劳工素质、供应商水平等多个方面。因而在事前、事中及事后，均要充分地估计风险，除了政治、经济、市场等风险外，外汇风险也是不可忽视的因素。在没有充分把握时，通过出售经营许可或设立合资公司可以降低风险。

经营许可协议允许当地公司使用本公司技术，生产本公司产品，并在指定的市场销售。让渡经营权的公司可以获得无风险的回报，并不需要任何增量投资。但经营许可协议的不足之处在于，往往收取的费用相对于产品销售利润而言，只是很小的一部分。因而在重要的市场，很少有公司愿意放弃深度参与。让当地公司进行市场拓展也存在问题，当地公司根据自己的需要和能力拓展市场，可能受到资本或能力的限制；当地公司也有可能只拓展自己的产品，而将许可经营的产品晾在一边；更有甚者，可能剽窃被许可的技术，开发自己的产品。再好的许可协议也防不胜防。在重要的市场上或者技术很关键的情况下，可以考虑设立合资公司。

海外经营的成败最终决定于市场，而设立合资公司往往出于市场的考虑。尽管产品质优价廉，要击败当地产品也并非易事。当地产品具有一定的忠诚度，且营销网络系长期积累，加上当地的人脉和政府关系，以及供应商的休憩与共，正面竞争并非上策。建立合资企业能将上述劣势转化为优势。此外，当地的合资方可能具备成熟的经营团队，或许还有互补的产品。但合资企业涉及两个以上的股东委派管理人员，因而存在经营理念和经营文化的不协调，这在一定程度上耗去了经营效率。

---

① 比如在中国销售药物，必须取得药监局的许可证。一些跨国医药公司便在中国设厂，并完成临床试验。

上述经营方式并不互相排斥，可以根据不同的情况互相交织，甚至可以有所创新。如可以建立合资企业负责产品的销售，同时授权给当地一家企业生产许可，然后由合资企业向当地企业采购产品，这样可以节省资本投入但同时避免许可经营的弱点，也可以合资建立经营设施，然后通过售后回租协议售给当地合营者，然后每年支付租金回租经营，这样可以减少资本支出的风险。

（二）建立境外实体的事前风险计量

建立境外实体必须慎而又慎，事前需仔细地进行可行性研究，在财务上最常用的方法还是现金流量折现的方法。而对外汇风险的计量不是孤立的，一般是结合政治风险、经济风险、市场风险、金融风险等因素，综合调整折现现金流，也可具体分析每个因素对现金流或折现率的独立影响，而对折现现金流进行敏感性分析。调整折现现金流的方式一般有以下几种：

1. 缩短目标投资回收期。这是最简单的一种方式，但这种方式不适于终值很大，或者在后期有较高现金流的项目。另外，由于汇率的波动往往与经济周期有关，因而时间越长，波谷（或波峰）出现的可能性越大，汇率波动引起的风险越大。同时，汇率的长远趋势往往比短期更容易预测。投资回收期只反映近期的现金流，其适用范围因此受到限制。

2. 调整折现率。调整折现率具有理论基础，因为折现率（资本成本）本身需要反映风险的溢价。调整折现率同样操作简便。对于熟悉跨国经营的公司尤其如此。如已经在马来西亚有建立子公司历史的母公司，可以将在马来西亚适用的资本成本作些微调，适用于泰国。但调整折现率时需注意，不同现金流的外汇风险是不一致的。比如在某些国家子公司利润汇回的外汇管制，要比货品采购的外币支付严格得多，因而风险是不一样的。虽然在项目分析时，可以区分不同类型的现金流（如离岸的或在岸的现金流，资本项下的或贸易项下的现金流），但总是较为烦琐。调整折现率的另一弱点在于，越远期的现金流所受影响越大（复利因素）。

3. 调整现金流。调整现金流的方法常用于对汇率风险的估计。因汇率有其形成机制，可以根据对影响汇率因素的预测，调整外币折算为本币所适用的汇率。比如一些美资企业最初进入中国大陆，在进行投资分析时，需将当地销售收入折算为美元。所用的方法是购买力平价的方法，即根据当初以及未来预期的中国通货膨胀率与美国通货膨胀率，来预测汇率走势。该方法原理完美但可靠性不高，因为影响汇率的因素太复杂。比如，根据通货膨胀率预测，一些美资企业估计到2005年美元兑人民币将超过1∶15，实际情况是人民币还有升值压力。

上述方法也可结合使用，也可灵活变通。比如，在调整现金流时，可以分不同类型的现金流进行调整，也可同时调整这些现金流的折现率。在风险因素很复杂时，还可采用蒙地卡罗模拟。在事件发生的概率可大致确定时，也可结合采用决策树的方法。

（三）境外实体的风险管理

如果境外实体纯粹只是母公司境外业务的延伸，即境外的代理商，其外币交易就好像母公司自身发生的交易一样，用于一般外币交易的风险管理技巧同样适用。如果母公司在境外实体拥有长期投资，或者有长期占用的资金或借款，就需要对这些净头寸的外汇风险进行对冲。否则，即使子公司一直处于盈利状态，到清算时，由于子公司所在国货币贬值，可能难以回收原始的投资额。

假定某日本母公司在美国设立了一个子公司，公司设立于1985年1月1日，即期汇率为\$1 = JP￥200。母公司以资本投入2 000万日元，并借款4 000万日元给美国子公司长期使用。子公司以母公司的投资款及借款换入30万美元，并购入价值30万美元的物业。不考虑税费因素，假定子公司每年获得2万美元租金，但未汇回母公司。1990年1月1日，母公司决定终止子公司的经营，即期汇率为\$1 = JP￥100。美国子公司将物业以40万美元出售，加上累计租金收入10万美元，获得现金50万美元。尽管子公司年年盈利，清算时母公司亏损了1 000万日元。

对外币净头寸风险的对冲，可采用期权、远期合约或外汇期货等方式，但由于子公司清算日期难以确定，采用上述方式在期限上难以选择。若采用滚动的外汇期货来对冲风险，在外汇期货交割日，可能出现即期汇率与远期汇率的背离，这样反而产生了新的风险。所以最常见的方式，还是使用等量的外币借款，在借款到期继续滚动即可。

上例中，假如该日本公司感觉到日元升值的压力，向银行借入30万美元，兑换为日元使用（假如汇率为\$1 = JP￥110），便可部分对冲外汇波动的风险。到期清算时，在子公司投资净头寸上的汇兑损失，部分地被美元借款的汇兑收益所对冲。母公司到期获得了1 700万日元的收益。

对境外投资外汇风险的管理并没有一成不变的原理。风险管理的意识必须渗透到各个环节。如境外公司为减少外汇风险，可增加当地原料的采购，并以当地货币支付更多的费用，以保持当地货币收入支出的平衡。在有条件时，也可保持与净资产头寸相当的资产以母公司货币标价，其余资产和负债的外汇风险大至抵消。

在国际经营的风险管理方面，CFO则承担着全责。尤其是近年来汇率波动加剧，许多公司将跨境经营的风险管理视为公司战略的重要组成部分。CFO在该领域的专长受到越来越多的重视，他们不仅进行事前的分析，而且负责境外投资自始至终的风险监控。但全球经营环境瞬息万变，CFO不仅要谙熟建立境外实体的各个环节，还需要对各个风险因素了如指掌。这对CFO提出了更高更严格的要求。

第三节　外币交易会计

一、汇率变动的影响

如果一项交易是以报告货币[①]标价和结算，并在会计上以报告货币计量，则企业不承担汇率风险；如果一项交易以报告货币计量，但以报告货币以外的币种标价和结算，则企业将承担汇率风险。企业承担风险的头寸为发生外币交易、尚未结算的外币货币性项目[②]余额。已经结算的部分并不产生汇率风险。

---

① 指报告主体编报财务报告所用的货币。

② 按国际会计准则委员会的定义，货币性项目是指企业拥有的货币和应以货币结算的资产和负债。

比如某美国公司于2000年4月1日向某英国公司出口电脑，出口货值459 000美元，当日1英镑兑1.7美元。货款于2000年7月1日结算，结算日的汇率为1英镑兑1.6美元。交易发生日美国公司将记录459 000美元的应收账款，而英国公司将记录270 000英镑的应付账款。如果交易以美元标价并结算，则美国出口商没有损失，而英国公司将因多付16 875英镑而亏损。如果交易以英镑标价并结算，则英国进口商没有损失，而美国公司将因少收27 000美元而亏损。货币性项目是指企业拥有的货币和应以货币结算的资产和负债，货币性项目的实质特征是收到（或有义务交付）一个固定数量或可确定数量的外币，如应收款、应付款、退休金等。

企业有可能签订了一项出口（进口）协议，由于外币的金额和结算时间均已确定，该项固定承诺同样暴露在汇兑风险之下。比如某法国出口商约定于180天之后向某美国公司出口葡萄酒。售价确定为3 000 000美元，合同签订日的汇率为1美元兑0.85欧元。葡萄酒的销售成本为2 400 000欧元。如果汇率保持不变，则法国出口商将有150 000欧元的收益。但若美元贬值10%，则法国公司将损失105 000欧元。

企业在未来可能发生的交易也存在汇率风险。与固定承诺不一样的是，未来可能发生的交易并没有合同约束，因而不存在固定的价格和固定的金额。比如某日本钢铁企业预计将来要向某澳大利亚公司采购铁矿石，不仅将来铁矿石价格不确定，日元兑澳元价格也不确定。如果澳元对日元升值，则该钢铁企业将遭受汇兑损失。

二、一般外币交易的会计处理

外币业务是指企业以记账本位币以外的货币进行款项收付、往来结算等业务。具体包括企业购买或销售以外币计价的商品或劳务、借入或贷出外币资金、取得或处理外币计价的资产、承担或清偿以外币计价的负债等业务。

外币交易的处理有两种观念：“单项交易观”和“两项交易观”。二者的差异主要表现在对外币债权债务发生时到结算时由于采用不同汇率进行折算所产生的差额处理不同。“单项交易观”将该差额调整相关账户原入账金额，“两项交易观”则将其作为汇兑损益处理。现在各国均倾向于采用“两项交易观”。

根据《企业会计准则第19号——外币折算》的规定，企业对于发生的外币交易，应当将外币金额折算为记账本位币金额。外币交易应当在初始确认时，采用交易发生日的即期汇率将外币金额折算为记账本位币金额，也可以采用按照系统合理的方法确定的、与交易发生日即期汇率近似的汇率折算。企业在资产负债表日，应当按照下列规定对外币货币性项目和外币非货币性项目进行处理：

1. 外币货币性项目，采用资产负债表日即期汇率折算。因资产负债表日即期汇率与初始确认时或者前一资产负债表日即期汇率不同而产生的汇兑差额，计入当期损益。

2. 以历史成本计量的外币非货币性项目，仍采用交易发生日的即期汇率折算，不改变其记账本位币金额。

[例9-1] 东方企业有限公司对本月发生的外币业务均按当日的市场汇率折合为人民币记账。该企业20×7年12月31日有关科目余额如表9-2所示。

表 9-2 东方企业 20×7 年 12 月 31 日外币科目余额表

科目	美元金额（美元）	折算汇率	人民币等值（元）
银行存款	2 000 000	7.30	14 600 000
应收账款	10 000 000	7.30	73 000 000
应付账款	4 000 000	7.30	29 200 000
长期借款	2 000 000	7.30	14 600 000

20×8 年 1 月，该企业发生如下经济业务：

（1）该企业收回客户所欠商业账款 6 000 000 美元存入银行，当日市场汇率为 1 美元 = 7.25 元。

（2）将 2 000 000 美元存款兑换为人民币存款，兑换当日汇率为：银行买入价 1 美元 = 7.23 元，银行卖出价 1 美元 = 7.25 元，当日市场汇率为 1 美元 = 7.24 元。

（3）用银行存款 2 000 000 美元偿还应付账款，当日市场汇率为 1 美元 = 7.22 元。

（4）用银行存款 2 000 000 美元归还长期借款，当日市场汇率为 1 美元 = 7.2 元。

20×8 年 1 月 31 日国家外管局发布的汇率为 1 美元 = 7.18 元。

要求：根据上述经济业务编制会计分录，并按期末汇率对外币货币性项目进行调整（其汇兑损益计入当期损益，无需资本化）。

（1）收回客户所欠商业账款 6 000 000 美元

借：银行存款——美元户　　43 500 000

　　贷：应收账款——美元户　　43 500 000

（6 000 000 美元按当日汇率 7.25 折算）

（2）将 2 000 000 美元存款兑换为人民币存款

借：银行存款——人民币户　　14 460 000

　　财务费用　　20 000

　　贷：银行存款——美元户　　14 480 000

（2 000 000 美元按当日汇率 7.24 折算）

（3）用银行存款 2 000 000 美元偿还应付账款

借：应付账款——美元户　　14 440 000

　　贷：银行存款——美元户　　14 440 000

（2 000 000 美元按当日汇率 7.22 折算）

（4）用银行存款 2 000 000 美元归还长期借款

借：长期借款——美元户　　14 400 000

　　贷：银行存款——美元户　　14 400 000

（2 000 000 美元按当日汇率 7.2 折算）

（5）期末外币项目余额的人民币调整

A. 银行存款——美元户的期末调整

银行存款——美元户的余额为：

2 000 000 +6 000 000 −2 000 000 −2 000 000 −2 000 000 =2 000 000

银行存款——美元户的人民币折算余额为：

14 600 000 +43 500 000 −14 460 000 −14 440 000 −14 400 000 =14 780 000

银行存款——美元户的期末余额调整：

借：汇兑损益　　420 000

　　贷：银行存款——美元户　　420 000

（2 000 000 美元按期末汇率 7.18 折算，差额作为汇兑损益）

B. 应收账款——美元户的期末调整

应收账款——美元户的余额为：

10 000 000 −6 000 000 =4 000 000

应收账款——美元户的人民币折算余额为：

73 000 000 −43 500 000 =29 500 000

应收账款——美元户的期末余额调整：

借：汇兑损益　　780 000

　　贷：应收账款——美元户　　780 000

（4 000 000 美元按期末汇率 7.18 折算，差额作为汇兑损益）

C. 应付账款——美元户的期末调整

应付账款——美元户的余额为：

4 000 000 −2 000 000 =2 000 000

应付账款——美元户的人民币折算余额为：

29 200 000 −14 440 000 =14 760 000

应付账款——美元户的期末余额调整：

借：应付账款——美元户　　400 000

　　贷：汇兑损益　　400 000

（4 000 000 美元按期末汇率 7.18 折算，差额作为汇兑损益）

D. 长期借款——美元户的期末调整

长期借款——美元户的余额为：

2 000 000 −2 000 000 =0

长期借款——美元户的人民币折算余额为：

14 600 000 −14 400 000 =200 000

长期借款——美元户的期末余额调整：

借：长期借款——美元户　　200 000

　　贷：汇兑损益　　200 000

（美元户为 0，其人民币等值的余额记录为汇兑损益）

第四节　外币套期保值业务的会计处理

案例 9－2

平安试水外币掉期

7 月 27 日，平安保险（2318. HK）发布公告称，公司将与中国工商银行上海分行进行为期 3 年、上限为 3 亿美元的外汇掉期业务，以满足当前境外投资的资金需求，同时规避汇率风险。

所谓人民币外汇掉期交易，是指交易双方约定一前一后两个不同的交割日、方向相反的两笔本外币交易，在前一次交易中，一方用外汇按照约定汇率从另一方换入人民币，在后一次交易中，该方再用人民币按照另一约定汇率从另一方换回外汇。由于两笔交易的汇率是事先确定的，可以有效规避汇率波动可能造成的损失，将风险转化为确定的成本，因此起到了管理汇率风险的作用。

这份外汇掉期协议规定，平安保险可从工商银行上海分行以人民币购入美元，再于未来某时间换回人民币。具体购入及回售的兑换汇率将参考交易当时美元兑人民币的汇率以及美元和人民币利差而定。根据协议，平安保险需要在购入美元时，在工商银行上海分行存入外汇掉期总额 3% 的人民币作为保证金。掉期总额的人民币对价及保证金全部由平安以自有资金支付。

公告还称，平安于 2005 年获批外汇资金境外运用资格以来，积极开展各项外汇资金境外运用业务，取得了良好的投资收益。但由于 2005 年之前国内保险公司尚未被允许进行外汇资金境外运用，因此本公司的外币资产大部分以定期存款的形式存在，流动性较差，难以在短时间内变现，无法满足当前境外投资的资金需求。

今年 4 月，银行间外汇掉期交易正式推出，由于外汇掉期业务两笔交易的汇率是事先确定的，因此起到了管理汇率风险的作用。

外汇风险可能存在于业已发生的外币交易、已承诺的交易或预计未来可能发生的交易。企业可以采用远期、期货、期权和互换合约对外币交易的汇率风险进行套期保值。企业也可以对国外实体的净投资进行套期保值，但由于在国外投资的期限一般较长，而且未来清理投资的可回收金额具有极大的不确定性，一般很少采用远期、期货、期权或互换等衍生品对其进行套期保值，常见的方式是举债长期的与投资同币种的外币借款。

对于满足准则规定条件的套期保值，企业可运用套期会计方法进行处理。《企业会计准则第 24 号——套期保值》规定了三种形式的套期：公允价值套期、现金流量套期和境外经营净投资套期。

对已确认外币资产或负债（或其可辨认部分）的公允价值变动风险进行的套期保值显然符合公允价值套期的定义。对于尚未确认的确定承诺，将来需支付或收到确定的外币金额，其外汇风险属于公允价值波动风险，因而符合公允价值套期的定义，同时其未来以本币表现的现金流也是不确定的，因而也符合公允价值套期的定义。所以准则规定，对确定承诺的外汇风险进行的套期，企业可以作为现金流量套期或公允价值套期处理。

对境外经营净投资外汇风险进行的套期保值，准则规定按照类似于现金流量套期会计的规定处理：套期工具形成的利得或损失中属于有效套期的部分，直接确认为所有者权益，并单列项目反映。处置境外经营时，上述套期工具的利得或损失从所有者权益转出，计入当期损益。套期工具形成的利得或损失中属于无效套期的部分，直接计入当期损益。

［**例 9－2**］20×5 年 11 月 1 日，华南钢铁公司的美国分公司向澳洲托尼公司购买铁矿石。款项 1 000 000 澳元于 20×6 年 2 月 1 日支付。同日，华南钢铁公司的美国分公司与银行签订了一项远期合约，以 1 澳元＝0.506 美元的远期汇率于 20×6 年 2 月 1 日购入澳元。远期合约价值的变化按 6%折现。

此后，美元兑澳元发生贬值。相关的即期和远期汇率如表 9－3 所示。

表 9－3　　美元兑澳元的即期汇率与远期汇率

日　　期	即期汇率	剩余期限的远期汇率
20×5 年 11 月 1 日	1 澳元＝0.50 美元	1 澳元＝0.506 美元
20×5 年 12 月 31 日	1 澳元＝0.52 美元	1 澳元＝0.53 美元
20×6 年 2 月 1 日	1 澳元＝0.55 美元	1 澳元＝0.55 美元

要求：作出 20×5 年 11 月～20×6 年 2 月购买存货及签订远期合约相应的会计记录。

准则规定，对于远期合同，企业可以将远期合同的利息和即期价格分开，只就即期价格变动将远期合同指定为套期工具。在本例中，我们将只就即期价格的变动作为套期有效的部分。

存货购买			远期合约		
20×5 年 11 月 1 日					
借：存货	500 000		借：套期工具——远期合约应收款	506 000	
贷：应付账款		500 000	贷：套期工具——远期合约应付款		506 000
借：应付账款	500 000				
贷：套期工具		500 000			
20×5 年 12 月 31 日					
借：公允价值变动损益	20 000		借：套期工具——远期合约应收款	20 000	
贷：套期工具		20 000	贷：公允价值变动损益		20 000
			借：套期工具——远期合约应收款	3 881	
			贷：汇兑损益		3 881*
20×6 年 2 月 1 日					
借：公允价值变动损益	30 000		借：套期工具——远期合约应收款	30 000	
贷：套期工具		30 000	贷：公允价值变动损益		30 000

借：套期工具 550 000
　贷：应付账款 550 000
借：应付账款 550 000
　贷：银行存款——澳元 550 000
（1 000 000 澳元折美元 550 000）

借：汇兑损益 9 881 **
　贷：套期工具——远期合约应收款 9 881
借：现金——澳元 550 000
　套期工具——远期合约应付款 506 000
　贷：套期工具——远期合约应收款 550 000
　　现金（美元） 506 000

注：* 到期合约价值为 1 000 000 ×（0.53 − 0.506）= 24 000（美元），折现到 20×5 年 12 月 31 日的价值为 23 881 美元。其中与即期汇率波动相对应的部分 20 000 美元作为有效套期部分，剩余部分为 3 881 美元直接计入当期损益。

** 到期合约价值为 1 000 000 ×（0.55 − 0.506）= 44 000（美元），已确认公允价值变动损益 23 881 美元(20 000 + 3 881)，剩余部分为 20 119 美元，其中 30 000 美元对应于即期汇率的波动并作为有效对冲部分，直接计入当期损益部分为损失 9 881 美元。

第五节　外币折算①

一、境外实体的外汇风险

无论境外实体采用何种表面形式，我们均可以将其分为两类，一类对母公司的依赖度较高，另一类对母公司的依赖度较低。前者所从事的业务被认为是母公司业务的一种延伸，后者被认为是独立的经营实体（见表 9 − 4）。

表 9 − 4　境外经营实体对母公司的依赖程度

项　目	母公司业务延伸	独立经营实体
现金流	现金流随时可汇回母公司，直接影响母公司的现金流	现金流以当地货币发生，对母公司现金流影响较小
销售价格	销售价格受汇率影响大	销售价格主要由当地竞争状况决定，受汇率影响小
销售市场	销售市场在母公司所在国	销售市场主要在当地，且市场活跃
费用支付	原料、货品或服务主要从母公司采购	原料、货品或服务主要从当地采购，并以当地货币标价
融资	母公司负责融资，并以母公司所在国标价	当地融资，并以当地货币标价
公司间交易	与母公司交易与往来频繁，大部分资产或负债与母公司有关	几乎没有公司间交易与往来

① 外币折算部分参照了第 21 号国际会计准则和美国第 52 号财务会计准则。

两种不同类型的境外实体所面临的汇率风险对母公司的影响是不一样的。假定某美国母公司在英国设立了一个子公司，公司设立于20×1年1月1日，即期汇率为£1 = $1.5。子公司从母公司购入货品150 000美元（以美元标价），按当时汇率折算的货值为100 000英镑。子公司以110 000英镑销售，货款于6月30日收取并偿还母公司，即期汇率为£ 1 = $1。很显然子公司的业务对母公司的依赖度较高。子公司在经营上略有盈余，但将因汇率波动而损失50 000英镑，该部分损失将直接传导至母公司（在按权益法反映或合并子公司报表时，直接形成损失），这与母公司按110 000英镑售出货品并以英镑标价的结果一致。如果该子公司在当地采购100 000英镑的货物，则子公司对母公司的依赖度较低，英镑汇率的涨跌不会形成亏损，对母公司的短期影响不大。

可见，作为母公司的延伸，子公司所暴露的汇率风险随时传导给了母公司，而作为独立经营的实体，只是到子公司清算时才对母公司有影响。

二、外币折算的宗旨和原理

美国第52号财务会计准则公告（SFAS 52）《外币折算》① 认为，汇率变化将对企业的现金流或权益产生经济影响，折算后所提供的会计信息要大致与该经济影响相容；在合并报表中所反映的财务状况和账户关系，与各子公司根据公认会计原则按功能货币计量的财务状况和账户关系一致。

美国会计准则和国际会计准则都提出了功能货币和报告货币（或表述货币）的概念。功能货币是指实体经营的主要经济环境的货币。报告货币指报告财务报表所使用的货币。外币折算就是指将功能货币折算为报告货币。

在区分子公司所处地区的境外货币是否是功能货币时，主要考察其赖以经营的环境，表9－5提供了一些线索用以判断境外货币是否是功能货币。

表9－5　　　　功能货币影响因素

	境外货币不是功能货币	功能货币是境外货币
子公司性质	只是作为母公司的延伸。交易货币主要为母公司的功能货币	作为一个独立的实体运作。交易货币主要是子公司的功能货币
汇率变动对母公司财务状况的影响	直接影响母公司的财务状况	不会立即影响母公司的财务状况
汇率变动对母公司净收益的影响	汇率变动影响母公司当期损益	汇率变动影响只是到投资处置时才会体现
汇率变动对母公司现金流的影响	汇率变动立即影响母公司现金流，或有可能对母公司的现金流立即产生影响	在投资被处置前，不会立即对母公司的现金流产生影响

① 详见Statement of Financial Accounting Standards No. 52. Foreign Currency Translation. Financial Accounting Standard Board. 1981.

三、外币折算示例

所谓外币折算，是指将功能货币折算为报告货币。美国会计准则和国际会计准则对外币折算均采用现行汇率法或称功能法，我国也不例外。根据《企业会计准则第19号——外币折算》，企业对境外经营的财务报表进行折算时，应当遵循下列规定：

> **原理**
> 外币折算是指将功能货币折算为报告货币。

（1）资产负债表中的资产和负债项目，采用资产负债表日的即期汇率折算，所有者权益项目除“未分配利润”项目外，其他项目采用发生时的即期汇率折算。

（2）利润表中的收入和费用项目，采用交易发生日的即期汇率折算，也可以采用按照系统合理的方法确定的、与交易发生日即期汇率近似的汇率折算。

按照上述（1）、（2）折算产生的外币财务报表折算差额，在资产负债表中所有者权益项目下单独列示。

对处于恶性通货膨胀经济中的境外经营的财务报表，《企业会计准则第19号——外币折算》规定：“应当对资产负债表项目运用一般物价指数予以重述，对利润表项目运用一般物价指数变动予以重述，再按照最近资产负债表日的即期汇率进行折算。在境外经营不再处于恶性通货膨胀经济中时，应当停止重述，按照停止之日的价格水平重述的财务报表进行折算。”

对于境外经营的处置，《企业会计准则第19号——外币折算》规定：“应当将资产负债表中所有者权益项目下列示的、与该境外经营相关的外币财务报表折算差额，自所有者权益项目转入处置当期损益；部分处置境外经营的，应当按处置的比例计算处置部分的外币财务报表折算差额，转入处置当期损益。”

[**例9-3**] 索欧公司于20×1年1月1日开始经营。其功能货币为欧元（EUR），并按EUR记账。20×2年1月1日，索欧公司90%的股份被位于中国境内的飘马公司购买。索欧公司净资产为EUR 100 000。飘马公司的功能货币和报告货币均为人民币。

索欧公司所有销售均以EUR标价，其全年的销售和采购比较均衡。飘马公司的期末存货不包括从索欧公司采购的存货。

相关的汇率如表9-6所示。

表9-6　　索欧公司相关汇率表

日　期	汇　率
20×1年1月1日	1 EUR = RMB 4.90
20×2年1月1日	1 EUR = RMB 5.00
20×2年12月31日	1 EUR = RMB 5.25
20×2年全年平均	1 EUR = RMB 5.15

索欧公司20×2年的年度试算平衡如表9-7所示。

表 9-7　　索欧公司 20×2 年的年度试算平衡表　　单位：欧元

科　目	金　额
现金	10 000
应收账款	21 000
坏账准备	(1 000)
其他应收款	14 000
存货（按市价，成本 =32 000）	30 000
预付费用	3 000
土地使用权	18 000
固定资产	120 000
累计折旧	(15 000)
销售成本	180 000
折旧费	10 000
所得税	30 000
其他费用	23 000
合计	443 000
应付账款	20 000
应缴税金	30 000
应计利息	1 000
其他应付款	10 000
普通股	80 000
留存收益（1/1/20×2）	20 000
销售收入——对母公司	80 000
销售收入——对外	200 000
固定资产清理损益	2 000
合计	443 000

将索欧公司的报表折算为母公司报告货币基础的报表（见表 9-8）。

表 9-8　　索欧公司 20×2 年折算为人民币后的年度试算平衡表

科　目	金额（EUR）	折算汇率	折算为人民币（元）
现金	10 000	5.25	52 500
应收账款	21 000	5.25	110 250
坏账准备	(1 000)	5.25	(5 250)

续表

科　　目	金额（EUR）	折算汇率	折算为人民币（元）
其他应收款	14 000	5.25	73 500
存货（按市价，成本 =32 000）	30 000	5.25	157 500
预付费用	3 000	5.25	15 750
土地使用权	18 000	5.25	94 500
固定资产	120 000	5.25	630 000
累计折旧	（15 000）	5.25	（78 750）
销售成本	180 000	5.15	927 000
折旧费	10 000	5.15	51 500
所得税	30 000	5.15	154 500
其他费用	23 000	5.15	118 450
合计	443 000		2 301 450
应付账款	20 000	5.25	105 000
应缴税金	30 000	5.25	157 500
应计利息	1 000	5.25	5 250
其他应付款	10 000	5.25	52 500
普通股	80 000	5.00	400 000
留存收益（1/1/20×2）	20 000	5.00	100 000
销售收入——对母公司	80 000	5.15	412 000
销售收入——对外	200 000	5.15	1 030 000
固定资产清理损益	2 000	5.15	10 300
外币报表折算差额			28 900
合计	423 000		2 301 450

如果反映为报表形式，则形成如下的折算之后的简单财务报表（见表9－9）。

表9－9　　　　索欧公司20×2年折算为人民币后的简单财务报表

科　　目	金额（欧元）	汇率	金额（元）
收入和清理损益合计	282 000	5.15	1 452 300
费用合计	243 000	5.15	1 251 450

续表

科目	金额（欧元）	汇率	金额（元）
净收益	39 000		200 850
资产总额	200 000	5.25	1 050 000
负债总额	61 000	5.25	320 250
外币报表折算差额			28 900
权益总额	139 000		729 750
外币报表折算差额			28 900
负债和权益合计	200 000		1 050 000

四、将记录货币重新计量为功能货币

如果境外实体的记账货币不是功能货币，在报表折算前必须将财务报表项目重新计量为功能货币。最常见的情况是子公司未以功能货币报告财务报表，而母公司货币就是功能货币。也有可能子公司未以功能货币报告财务报表，母公司的货币也不是功能货币，那么就需要先重新计量，再按外币折算程序折算。

重新计量一般是采用历史汇率法或时态法。历史汇率法的概念为美国第 8 号财务会计准则公告所提出，第 8 号后来被第 52 号取代，第 52 号没有再提时态法的概念，将折算统一到现行汇率法下。但第 52 号认为外币是指“功能货币”以外的货币，外币交易需按发生时的汇率折算为功能货币，货币性项目按期末汇率调整，交易时发生的汇率可以采用系统的汇率(如全年平均的汇率去近似)①。这实际上隐含了与时态法的方法。

第 21 号国际会计准则规定②，如果子公司所采用的记录货币（或报表所采用的货币）与功能货币不一致，则需按外币交易的方法对报表进行重新计量，计量后的结果就好像子公司原本就是按功能货币记录一样。我国会计准则规定：“外币交易，是指以外币计价或者结算的交易。外币是企业记账本位币以外的货币。”注意外币是记账本位币（类似功能货币）以外的货币，而不一定是人民币以外的货币。

将子公司的非功能货币报表重新计量为功能货币基础的报表时，货币性项目要按期末汇率换算，非货币性项目采用发生时的历史汇率，损益科目采用发生时的汇率，也可以采用全年平均的汇率去近似，这样就好像其本来就是采用功能货币记录一样了。

本章小结

全球的经济增长处于开放的环境中，每年的国际贸易和直接投资都是天文数字，并继续

① 详见 Statement of Financial Accounting Standards No. 52. Foreign Currency Translation. Financial Accounting Standard Board. 1981.

② 详见 International Accounting Standard 21. The Effects of Changes in Foreign Exchange Rates. par. 34.

保持增长。在这个增长环境中，稳定的货币和汇率体系至关重要。发达国家的汇率体系经历了由固定汇率到浮动汇率的变迁，但许多发展中国家还在采用固定汇率制。作为最大的发展中国家，中国在不久的将来必然迎来浮动汇率时代。

由于汇率的剧烈波动，外汇风险管理是 CFO 的基本技能。风险计量是首要的，在风险计量的基础上，CFO 可以采用各种衍生品或者非衍生品管理外汇风险。由于中国国力的持续增强，企业将会进行越来越多的跨境投资。采用恰当的跨境投资方式，并管理好外汇风险也是 CFO 的本职。

在会计上，外币业务涉及外币交易和外币折算。外币交易应当在初始确认时，采用交易发生日的即期汇率将外币金额折算为记账本位币金额，也可以采用按照系统合理的方法确定的、与交易发生日即期汇率近似的汇率折算。企业在资产负债表日，应当对外币货币性项目，采用资产负债表日即期汇率折算。因资产负债表日即期汇率与初始确认时或者前一资产负债表日即期汇率不同而产生的汇兑差额，计入当期损益。以历史成本计量的外币非货币性项目，仍采用交易发生日的即期汇率折算，不改变其记账本位币金额。

对已确认外币资产或负债（或其可辨认部分）的公允价值变动风险进行的套期保值显然符合公允价值套期的定义。对确定承诺的外汇风险进行的套期，企业可以作为现金流量套期或公允价值套期处理。对境外经营净投资外汇风险进行的套期保值，准则规定按照类似于现金流量套期会计的规定处理。

外币折算是指将功能货币折算为报告货币。企业对境外经营的财务报表进行折算时，采用现行汇率法。资产负债表中的资产和负债项目，采用资产负债表日的即期汇率折算，所有者权益项目除“未分配利润”项目外，其他项目采用发生时的即期汇率折算。利润表中的收入和费用项目，采用交易发生日的即期汇率折算，也可以采用按照系统合理的方法确定的、与交易发生日即期汇率近似的汇率折算。外币财务报表折算差额，在资产负债表中所有者权益项目下单独列示。

如果子公司的报表不是按功能货币记录的，需要采用外币交易的处理原则，重新计量为功能货币后再进行折算（假如有必要）。

复习思考题

1. 请举例说明 CFO 如何对外汇风险进行套期保值？
2. 跨境投资可采用哪些方式？
3. 外币交易的会计处理原则是什么？
4. 如何决定功能货币？
5. 外币折算的原理是什么？

第十章　破产清算与重组会计

本章目标

通过本章学习，你应该能够：

1. 了解企业破产、清算、重组与破产法的相关概念。
2. 了解破产程序，持续经营假设和历史成本原则不再适用。
3. 了解会计、信托人在企业破产清算中的角色。
4. 掌握企业破产清算、债务重组的记录和报告。

第一节　企业破产与破产法

一、现行破产法的困惑

（一）破产法概述

> **原理**
>
> 破产是指债务人基本无力偿付到期债务，或者债务人负债超过其资产价值的状态。

传统破产法以破产清算为核心构成。破产清算发端于意大利的商人破产和罗马法的个人破产。据学者考证，英文中的bankrupt（破产）一词源于意大利语“banca rotta”，banca意为“板凳”，rotta意为“砸烂”。它来源于中世纪后期意大利商业城市的习惯。当时，商人们在市中心交易市场中各有自己的板凳。当某个商人不能偿付债务时，他的债权人就按照惯例砸烂他的板凳，以示其经营失败。[1] 所以在传统破产法上，“破产”首先意味着法律地位的丧失，其结果必然是倒闭清算。其次，在法律上，破产常常被用作指称在债务人无力偿债的情况下以其财产对债权人进行公平清偿的法律程序。在传统破产法上，这种法律程序主要指破产清算程序。公元前118年罗马法上的“财产趸卖”程序，被认为是破产清算程序的雏形。根据该程序，罗马执政官应债权人的申请，对于不能清偿人数众多的债权人的债务人（自然人）的财产进行接管，选举财产拍卖人，把债务人的全部财产公开趸卖，以卖价所得清偿债务。破产清算的基本目的是强制

---

① 具体参见王卫国：《破产法》，人民法院出版社1999年版，第2页。

地将债务人的财产加以变卖并在债权人中间进行公平分配，其结果必然是债务人解体。在企业破产的场合，破产清算必然地导致企业法律人格的消灭和出资人权益的丧失。

而现代破产法以破产拯救为核心构成。破产指的是债务人基本无力偿付到期债务，或者债务人负债超过其资产价值的状态①。破产首先是一种事实状态。这种事实状态，并不等同于传统意义上的破产事件，因为它并不必然地导致清算程序的发生。首先，当债务人处于无力偿债的状态时，债务人和债权人可以有各种不同选择。通常的做法是，通过协商找出解决债务问题的办法（例如，延期偿还），或者依照破产法向法院提出受理破产案件的申请。其次，破产案件被法院受理以后，无力偿债的债务人可以寻求通过再建型程序（如和解程序、重整程序）清理债务。也就是说，现代破产法对无力偿债案件的处理，并不以清算为唯一的程序手段。所以，倒闭清算并不是无力偿债的必然结局。

现代破产在法律程序的意义上，也不再与倒闭清算相等同。破产法不再是单纯的清算法；它可以担负起救助债务人特别是拯救困境企业的任务。自20世纪70年代以来，各发达国家纷纷改革破产法，采用重整程序，以强有力的法律手段对陷于债务困境的企业予以拯救。与此相适应，作为法律程序的破产概念也在内涵上发生显著的变化。当代的破产程序不仅包括以变价分配为目标的清算制度，而且包括以企业再建为目标的重整及和解制度。除此之外，法庭外的协商解决也是处理无力偿债的重要手段。它实际上是当事人遵循合同自由原则，在平等协商的基础上达成的涉及债的变更、（部分）免除的协议。在当代的许多国家，协商解决在治理企业困境的社会工程中正发挥着越来越重要的作用。

（二）现行破产法到底保护了谁

《中华人民共和国企业破产法（试行）》（以下简称《破产法》）第3条规定，“企业因经营管理不善造成严重亏损，不能清偿到期债务的，依照本法规定宣告破产”。《民事诉讼法》第199条规定：“企业法人因严重亏损，无力清偿到期债务，债权人可以向人民法院申请宣告破产还债”。但我国没有企业破产原因的公示制度，按照现行的企业管理体制，除上市公司须定期公告财务报表外，其余企业仅注册资金悬照公布。至于生产经营情况，盈亏情况，资金现状则处理保密状态，债权人无法了解破产企业的负债状况，企业破产的预警系统没建立，债权人无从把握自身利益的受损程度。

> **原理**
>
> 破产制度是指当债务人无力清偿到期债务时，为维护债权人的合法权益，使各债权人平等受偿，将债务人的全部财产公平分配给全体债权人的程序。

破产制度是指当债务人无力清偿到期债务时，为维护债权人的合法权益，使各债权人平等受偿，将债务人的全部财产公平分配给全体债权人的程序。破产制度的核心是维护债权人的合法权益。世界银行认为，中国国有企业破产过程中对债权人保护相当不够，很难起到促进企业改善业绩的作用，在很多情况下，破产对企业来说更多的是一种诱惑而不是一种威胁，由于程序和制度上的缺陷，破产可能并没有引致资源的有效再配置②。现行破产制度对债权人权益保

① 具体参见《UNCITRAL破产法立法指南》，联合国国际贸易法委员会，2006年。

② 2001年3月19日，世界银行正式发表了《中国国有企业的破产研究——改革破产制度的必要性和途径》的中文版，这份研究报告是世界银行与中国有关专家合作，在国家经贸委的配合和支持下完成的。

护的规定存在着不够完善的地方，部分地可归因于社会优先性和金融有效性之间的矛盾。在处理涉及企业破产的各种矛盾和问题时，保护职工利益、企业利益一直被置于保护债权人利益之上，破产的社会成本实际上被隐蔽地转嫁给了债权人。但从另一方面来讲，债权人的利益保护也事关社会稳定、社会发展的大问题，必须引起执法人员的高度重视。

二、新破产法矛盾重重

（一）十年怀胎

历时十余年，历经无数次的修改讨论，我国企业破产法第3次审议稿终于提请全国人大常委会审议。这部被誉为“经济宪法”的法律是如此重要，既会深刻地影响中国经济的市场化进程，更关乎中国企业是否具备一个正常的新陈代谢环境。任何经济体都不可能由封闭圆组成，有进有退、有破有立才能健康持久。新破产法被寄予重任，各界也给予了很高的评价。大致集中于以下三点：首先解决了老破产法只能适用于国企的困局，扩大到所有企业类型；其次是金融机构破产被提上议事日程，银行、券商等机构不再是自外于经济体的独立王国；最后是巧妙解决了保护者权益与担保权债务之间的矛盾。

（二）争论的焦点

正如我们不可能拔着头发离开地球，一部法律也不可能脱离实际来解决中国经济目前面临的所有困难，尤其对于一部涉及经济体制深层次改革的法律。远的不说，十几年来纠缠于破产法的因破产而导致的社会保障难题、破产的金融风险，以及借破产出现的大量逃废债，就暂时看不到有解决之术。而这些问题不解决，想要超前产生一部与国际接轨的彻底市场化的破产法，既是不可能的，也是自寻烦恼。不难理解，我们在这部法律中看到的更多的是折中与平衡。如新破产法对劳动债权进行具体分类，将其中破产企业拖欠职工工资部分设定期限，在法定的期限内部分劳动债权优于抵押债权清偿。以往完全无视金融机构债务权益的做法被部分纠正，但距离金融界人士要求对接“担保的债权优先清偿”的国际惯例，仍然有地球到火星之遥。由此，我们看到这样的评论：“该法律既切实保障了职工的利益，也在努力与市场、与国际惯例接轨”。这样的评价潜台词无疑是有保留的，是半市场化的，而金融机构破产由监管部门主导无疑也是有保留的革命。

我们庆幸于破产法的进步与市场特性的增强，但更应该认识到法律工具理性、立法至上论的弊端，中国经济的深层次矛盾不可能通过一部法律得到根治，大干快上的结果只能是事与愿违。事实上，立法的循序渐进才是国际惯例，欧洲19世纪最后20年，贯穿了社会对于管制竞争、加强市场秩序的努力，不管出台的法律是叫反垄断法还是叫反不公平竞争法，其追求的价值是一以贯之的。因此，我们应该着眼于法律细节之处所体现出的法治公平精神和可操作性，而不是苛求在现阶段出现一部四角俱全、满足各方面要求的完备法律。另外，破产法的核心并不仅在于政府、金融机构、企业各方利益的博弈和妥协，我们更应该忧虑的是业已出现的破产案例中大面积出现的深入骨髓的互不信任。从郑百文案、广国投案到各地一些企业在地方利益的驱使下保护一些企业破产，破产在诚信沦丧的环境下，成为常用手段。

三、美国的破产法

（一）1898～1994年对《破产法》的修正

伴随着社会的发展，美国破产法从无到有，从单一到全面，从仿效到独立，经历了多次变革的发展历程。根据美国宪法，破产立法的权力属于联邦立法机关。根据这一授权，美国国会于1800年颁布了第1部破产法，该法几乎完全是以当时的英国破产法为蓝本而制定，接收了英国破产法的传统术语和原则，并只适用于商人，没有规定债权人自愿申请破产的程序。1841年，美国国会又通过了第2部破产法，该法适用于所有的债务人，并且允许债务人自愿申请破产，确立了破产免责主义。1867年，美国国会颁布了第3部破产法，该法在采用一般破产主义的同时，承认了商人的自愿破产，同时还对债权人表决同意的免责作出了限制性规定，也即债务人若要获得免责需得到简单多数的债权人同意，还特别引进了破产程序中的和解制度。上述3部破产法最终均在实施后不久被废止。1898年，美国国会颁布了第4部破产法。该法共14章，对破产程序的所有方面都予以了详细的规定，特别规定了公司的重整程序，扩大破产法适用于所有的自然人和法人。该法所适用的破产程序和使用的术语，基本上来源于英国破产法，只在个别方面作了适合美国国情的变通。1938年，美国国会通过坎特勒法，对1898年破产法进行了全面的修正并在众多方面对其予以发展和完善，尤其是强化了法院监督破产程序的广泛的权力，以保证债权人的利益和兼顾债务人的利益。此外，在这部法案中，重整作为破产预防的一种重要方式在破产制度中得到了确立。

1938年之后的40年间，国会对破产法进行了多次修订，但是只涉及一些具体的细节性问题。1978年，美国国会对其破产制度进行了重要的变革，并以美国联邦破产法典的形式公布施行，通常被称为“破产法典”，排列于美国法典第11章。该法典废除了1898年破产法和1938年坎特勒法，是美国破产立法史中唯一一部非经济萧条时期产物的破产法。它对美国1938年以来的破产法进行了全面和实质性的修正，特别是对美国的税法、证券法和其他相关法律产生了巨大的影响；赋予联邦法院对破产案件的专属管辖，提高了法官在破产程序中的地位；突出了破产受托人的作用，引进了破产无溯及主义，创立了撤销权制度；丰富了抵销、待履行的合同以及律师、破产受托人的赔偿等相关制度；强调了公司重整程序，并完善了破产免责和财产豁免等保护债务人的制度；重申政府不得因破产而歧视债务人等。该法典于1979年10月1日施行，自此之后提出的破产申请一律适用新破产法典进行处理。其后，美国国会并没有停止其完善破产立法的努力。

1984年破产法修正和联邦法官法案在以下方面把破产法向前推进了一步：增加了几类不可免责的债务；废除并取代了1978年破产法中关于破产案件的管辖权、管辖地、陪审团审判和上诉等方面的规定；明确确立了破产法院对联邦地区法院的隶属关系，并明确了破产法院专门审理破产案件的管辖权属性。1986～1994年期间，国会又陆续为破产法增加了一些新的条款，内容涉及退休金、知识产权的被许可人对知识产权的继续使用、机场租约等。1994年破产法修正案对破产法典提出了多达几十处的大面积修改，国会借助于该修正案的通过解决了许多破产法典适用中产生的特殊问题，并推翻了法院过去作出的许多判决，同时也对加强破产案件的管理给予了特别关注。该修正案共8部分，78个条文，涉及破产程序的管理、商事破产、消费者破产、市政府破产等方面内容①。

（二）破产申请

由当事人或利害关系人向法院提出的宣告债务人破产以清偿债务的诉讼请求。具有破产申请权的人称为破产申请权人。从各国破产立法看，享有破产申请权的通常包括债权人、债务人和准债务人即法人理事、有限公司董事、无限公司无限责任股东、清算人等。个别国家还赋予国家机关以破产申请权，如英国公司法规定，贸易部和官方接管人在特定情况下有申请权；意大利《1942年破产法》规定，检察官有申请权；中国《企业破产法（试行）》规定，债权人和债务人具有破产申请权，但债务人申请破产须经其上级主管部门同意。破产申请应向对案件有管辖权的法院以书面形式提出，申请人申请时应履行法律规定的举证义务，提供必要的证据材料。破产案件由债务人提出破产申请的，称为自愿破产，由债权人提出申请的，称为非自愿破产。

（三）法院的角色和法官的责任②

破产法是整个商业法律制度的一部分，它的正确适用不仅大大依赖于一个成熟的商业法律制度，而且也大大依赖于一个成熟的司法体制框架。因此，在制订或改革破产法的过程中，所作的选择将需要与现有机构的能力紧密相关。只有在法院和负责执法的官员拥有必要的能力向破产制度的受益者提供最有效、最及时和最公正的结果时，破产制度才会行之有效。如果尚不具备这种体制能力，则十分可取的做法是，在对破产法进行改革的同时进行机构改革。为此，建立和维护必要体制框架的成本将与提供一种高效率、有效和公众信赖的制度所带来的利益相权衡。尽管详细讨论发展或提高这种机构能力的办法超出本指南的范围，但也可以提出一些一般性意见。

在大多数法域，破产进程由司法当局掌控，常常是通过商事法院或具有一般管辖权的法院进行，或者少数通过专门的破产法院进行。有时法官只具有有关破产事务的专门知识并只对破产事务负责，而在其他情况下破产事务只是诸多更广泛的司法责任之一。在一些法域，非司法或准司法机构履行在其他法域由法院发挥的作用。对破产案中涉及的常常十分复杂的商业问题，法院的处理能力常常不仅是一个具体法律和商业做法的知识和经验问题，而且是一个该知识和经验是否是最新的和是否定期更新的问题。为了解决司法能力的问题，特别强调对法院人员（不仅对法官而且对书记员和其他法院行政管理人员）的教育和继续培训，将有助于对破产制度提供支持，使之拥有有效和高效的承办破产案的能力。

与法院监督破产案的能力有关的另一项考虑是破产法中强制部分与自由裁量部分之间的平衡问题。虽然自动启动或中止的自动适用等强制性内容可以给债务人和债权人带来很大程度的确定性和可预测性，并且可以限制要求由法院审议的事项，但如果这类内容太多也有可能导致僵化。自由裁量的办法可以让法院在考虑到先例、公众利益和受判决影响者的利益和

---

① 1997年10月20日，破产法审查委员会提交了一份包括170多条立法建议的改革报告，其中以消费者破产部分最为引人注目。这份改革报告标志着破产审查委员会历史使命的终结，同时也标志着另外一个破产法改革进程的开始。在此之后，国会以这份报告为基础，多次提出了修改破产法的议案。但这些议案一经提出便成为美国民主、共和两党进行政治博弈的筹码，并不断遭受挫折。

② 具体参见王卫国：《破产法》，人民法院出版社1999年版，第285～292页。

市场状况的情况下对事实和案情加以权衡。在法院不具备权衡这些考虑所需的知识或经验或及时作出反应所需的资源的情况下，自由裁量的办法也可能对法院造成负担。例如，在破产法规定由法院确认重组计划的情况下，不宜让法院对计划的可行性或可取性进行复杂的经济上的评价，而是应将其审议范围限制在批准过程和其他特定的问题上。在破产法要求由作出决定机关如法院行使自由裁量权的情况下，最好还要规定关于正确行使这种自由裁量权的适当准则，尤其是在涉及经济或商业问题时。这一做法符合破产制度关于透明度和可预测性的一般目标。

第二节　会计在破产清算中的角色

一、债务人的财务状况——财务状况表

（一）从持续经营假设到清算假设或放弃经营假设

会计假设这一名词，在1922年佩顿所著的《会计理论》一书中首次提出。最早是1961年美国的坎宁在《会计的基本假设》中进行的论述，他把会计基本假设看成是会计赖以存在的经济、政治和社会环境的基本前提或基本假设，他的这种看法和现在对会计假设的看法基本是一致的，会计假设来自环境，是比会计原则上更为基础和理论性的概念，它不是人们的主观想象，而是客观实践的产物，是有客观依据的，一般在会计实践中长期奉行，无须证明便为人们所接受，是从事会计工作、研究会计问题的前提。

原理

持续经营假设：假定每一个企业在可以预见的未来，为会面临破产和清算，因而它所拥有的资产将在正常的经营过程中被耗用或出售，它所承担的债务，也将在同样的过程中被偿还。

持续经营假设。20世纪初，迪克西就指出资产按照持续经营假设估价时，对流动资产和固定资产不严加区分会引起原则性错误，流动资产应按可变现净值计价。后来，哈特菲尔德也对持续经营进行了全面剖析，得出：如果持续经营是资产估价的关键，由于固定资产不是为销售而购进，其售价是不相关的，可以按历史成本计价；存货的存在是为了销售，则应在资产负债表上反映其售价。1981年佩顿发展了持续经营的含义，主张按资产的市价而不是成本记录。总之，理论上持续经营假设仅仅排斥了清算价格，要求按使用目的对资产计价，即对固定资产按历史成本计价，对流动资产按变现净值计价，而现行的持续经营假设强调对所有的资产按历史成本计价，这种观念的形成有其历史原因。

20世纪20年代，大多数国家通货膨胀已很明显，稳健主义阻止了对流动资产按变现净值计价的做法，那里开始占支配地位的收益实现原则又为历史成本提供了理论依据：任何较高的计价会产生未实现的收益。最后，政府的所得税法等强化了保守的资产计价观点，使得持续经营假设被不完整地应用于会计实务中。而今天清算前提被频繁运用，不断发生的公司合并、重组，使任何环境下的企业必须具有迅速变现的能力，才能迅速改变其产品和业务经营，不仅流动资产应该按变现价值反映，固定资产变现价值也绝非不相关的。尤其是20世

纪后期以来，全球正进入各种经济时代，电子商务产生的网上虚拟公司，由于知识以思维的速度更新、扩散，网上公司的经营活动面临着空前的风险，并呈现短暂性，而不是永久经营。因此，以持续经营为假设的传统会计的主流地位渐渐受到了清算假设或放弃经营假设的挑战。

（二）从账面成本到现行公允价值

原理

历史成本是指取得一项资产时支付的现金或其他等值。

历史成本是指取得一项资产时支付的现金或其他等值。历史成本计量是建立在币值稳定假设的基础上，要求资产和负债按其取得或交换时的实际交易价格入账，入账后的账面价值在该资产存续期内一般不作调整。历史成本计量强调会计信息的客观性、可靠性和可验证性，往往只对实际交易活动产生的结果进行确认，而不对尚未发生的交易进行估计。从股东及债权人的角度看，这种以交易事实为依据的金额是客观的、可验证的，以此计算的收益亦是可信且可靠的。因此，反映企业活动的实际收支额被认为是一种客观计算可分配利润的非常好的计量模式，也是历史成本计量属性在会计实践中得以广泛应用的原因。然而，由于历史成本不涉及后续确认问题，忽视了对经济事项做全面、立体、动态的衡量，因此所提供的数据与不断变化的现时价格脱节，缺乏可加性和配比性。在历史成本会计下，经营状况和信用质量的恶化得不到反映，报表使用者无法根据报表所提供的信息对企业的财务状况和经营成果作出评价，从而影响其投资决策。

公允价值（Faire Value）是指熟悉情况并自愿的双方，在公平交易的基础上进行资产交换或者债务结算的金额。公允价值作为新的会计计量属性，摆脱了历史成本会计模式，一直在寻求价值计量的变革。它坚持动态反映观，摒弃按初始交易价格入账后一成不变的静态反映观，认可资产价值随时间的流逝而变动，否定资产价值会一直稳定在最初的交易价格基础上，强调资产计价必须坚持对客观价值的计量，价格要能准确反映资产的真实价值。相对历史成本会计而言，公允价值会计提供的信息更具相关性，能较充分地反映企业的潜在收益和风险，有利于投资者了解企业的实际情况，作出符合其利益的决策。虽然公允价值计量与历史成本计量相比，更强调资产和负债的当前价值，因而更具有参考意义，但采用公允价值计量模式编制的财务报告主观性过强，各种数值波动幅度过大，另一方面受市场频繁变动的影响，一些金融工具的公允价值并不容易估计和取得，统计口径之间也存在差异，可能造成投资者和市场分析人士无法对企业的数据进行比较，给投资者的决策带来负面影响。

二、从资产负债表到财务状况表

随着金融工具的广泛应用和衍生金融工具的日新月异，用公允价值计量取代历史成本计量的呼声越来越高。但由于我国现阶段正处在经济转型期，资本市场还只是弱势有效，金融市场还处在发展初期，规模较小，公允价值估计技术所需的参数难以获得和预计。在客观环境还不具备的情况下，广泛使用公允价值计量反而会使公允价值计量的会计信息失去其相关性和可靠性。在现行会计实务中，可以考虑采用以下处理方式：

1. 适当增加会计科目。

（1）对于初始交易就能一次完成确认的资产，可采用双重反映形式，既记录该资产取得或交换时的历史成本，又反映该资产后续持有的公允价值。具体做法是，在资产类账户中增设“公允价值计量差额”科目，用以核算资产后续确认时公允价值与历史成本之间的差额。报告期末当某项资产的公允价值高于历史成本或账面价值时，将两者之间的差额借记“公允价值计量差额”科目；当公允价值低于历史成本或账面价值时，贷记“公允价值计量差额”科目。期末，该资产的账面余额（历史成本）与该资产“公允价值计量差额”账面余额之和（相减后的差额）就是该资产期末的公允价值（对需计提折旧或摊销的资产，还应扣除已折旧或已摊销金额）。即：

期末某资产公允价值 = 该资产期末账面余额 - 该资产累计折旧或摊销额 + 该资产期末公允价值计量差额借方余额

或：期末某资产公允价值 = 该资产期末账面余额 - 该资产累计折旧或摊销额 - 该资产期末公允价值计量差额贷方余额

[**例 10 - 1**] 某公司于2008年6月购入交易性金融资产50万元，2008年及2009年末公允价值分别为52万元和60万元，2010年2月出售，收到银行存款58万元。请根据业务作出相关会计处理。

答案：

会计处理如下：

2008年6月购入交易性金融资产时

借：交易性金融资产　　500 000

　　贷：银行存款或其他账户　　500 000

2008年12月31日反映其公允价值

借：公允价值计量差额——交易性金融资产　　20 000

　　贷：公允价值计量损益——交易性金融资产　　20 000

2008年末，反映在资产负债表上的该交易性金融资产公允价值为52万元（“交易性金融资产”账面余额50万元 + “公允价值计量差额”账面余额2万元）。

2009年12月31日反映其公允价值①

借：公允价值计量差额——交易性金融资产　　80 000

　　贷：公允价值计量损益——交易性金融资产　　80 000

2010年2月出售，收到款项

借：银行存款　　580 000

　　公允价值计量损益——交易性金融资产　　20 000

　　贷：交易性金融资产　　500 000

　　　　公允价值计量差额——交易性金融资产　　100 000

（2）对在初始交易中尚无法确认或无法一次确认完成，需待后续确认和终止确认的资产和负债，可设置“递延××成本”和“递延××损益”科目，用于反映价值确认的未来

① 后续确认的公允价值计量差额等于本期公允价值与上期公允价值之间的差额（60万元 - 52万元）。

补偿成本或未来可实现收益，并在后续期间内逐步摊销，直至终止确认。如员工股票期权，在授予日，规定的行权价格低于股票市价时，将二者差额借记“递延报酬成本”科目，贷记“股票期权”科目；又如为规避汇率风险而签订的远期外汇合约，在签订日，将按远期汇率折算的应收本币金额借记“应收（本币）远期合约款”科目，按即期汇率折算的应付外币金额贷记“应付（外币）远期合约款”科目，并将即期汇率与远期汇率之间的汇兑差额贷记“递延升水损益”科目。

2. 适当改进财务报表。

（1）由于金融工具将成为企业未来的主要交易活动之一，会计准则也要求金融工具按公允价值确认、计量，为使报表使用者认识金融工具可能带来的潜在收益和风险，提高财务报表的决策有用性，可将现行资产负债表中的资产和负债按是否为金融工具分为两大类，一类为金融资产和金融负债，另一类为非金融资产和非金融负债，增设金融资产、金融负债和权益工具3个项目，将金融资产和金融负债分别列示于资产负债表的最上方，并按会计准则划分的类型依次顺序排列；将权益工具列示在资产负债表的所有者权益项下反映。

（2）在资产负债表下增设附表“公允价值计量差额明细表”，按公允价值计量的资产或负债明细账户列示，并设3列分别反映其历史成本、公允价值及历史成本与公允价值之间的差额。该附表可按金融工具确认和计量准则规定来设计，并将应计入当期损益的部分与应计入资本公积账户的部分归类分别反映，以方便报表使用者将其与资产负债表和利润表的相关科目进行钩稽对比，并对其中信息进行分析。

（3）在利润表的“投资收益”与“补贴收入”项目之间增设一栏“公允价值计量损益”，单独反映企业当期由于采用公允价值计量所形成的利得和损失。由于公允价值是在非实际交易情况下，以当前市场信息为参照的价值估计，因此将公允价值计量形成的损益与历史成本计量形成的损益区别开来，有利于报表使用者分析和比较相关指标。

总之，增加会计科目、改进财务报表的目的都是为了摆脱历史成本会计与传统财务报表的局限，增加财务报告信息的及时性和相关性，提高报告信息的可靠性和可比性，使报表使用者能更直观地审阅报表，并对金融工具公允价值计量可能带来的潜在收益和风险给予重视。除了在表内列报有关数据外，企业在公布财务报告时，还应在表外及时披露更多的相关信息，以给报表使用者提供有助于揭示和评价金融工具可能存在风险的相关资料，对采用公允价值计量模式得出的数据还应进行必要的解读，如：公允价值计量是采用何种方法确定的，并揭示运用这些方法所做的任何重要假设，还应分析由此得出的数据对企业利润状况和资产负债水平的影响，以便报表使用者阅读时能一目了然，为其投资决策提供有用的资料和信息。

第三节　信托人在破产清算中的角色

在破产程序中，破产财产的管理和处分是整个程序得以顺利进行的关键。应该由谁来负责对破产财产的管理和处分呢？是法院、债权人还是破产人？可以说，在管理和清算破产财产的过程中，既要维护债务人和债权人双方的利益，又要减轻法院的负担，就必须在法院、债权人和破产人之间寻找一个平衡点，这就是设立一个专门管理破产财产的机构，即信托人。不同国家和地区的破产法对信托人有不同的称谓。例如，在美国破产法中存在“破产托管人”、“临时管财人”和“政府破产托管人”的概念和制度。英国破产法中存在“官方接管人”、“受托人”和“清理人”的概念和制度。法国商法典中的信托人制度则分为两种：一是司法信托人；二是受托清理人。德国新颁布的《支付不能法》称为支付不能信托人。日本法称为破产管财人，我国台湾地区称其为“信托人”。这些差异是各国在对信托人制度的理解和翻译方面的原因，同时也反映了不同国家和地区的破产法在立法模式、信托人的法律地位以及作用等问题上的不同见解。但是尽管各国的称谓不同但就其在破产程序中负担的“管理破产财产、处理破产事务”的基本职责是相同的，因此我们在研究这个专题时用“信托人”这个称谓。

我国的旧破产法中没有使用“信托人”这个称谓，而是采用了“清算组”这样一个概念。新法中规定了“信托人”。《破产法》第24条第1款、第2款中指出：信托人可以由有关部门、机构的人员组成的清算组或者依法设立的律师事务所、会计师事务所、破产清算事务所等社会中介机构担任。我们看到，新法依然保留了“清算组”这样的概念，我们认为虽然同名清算组，但相较于旧法中清算组由“人民法院，同级人民政府从企业上级主管部门，政府财政、工商行政管理、计委、审计、税务、物价、劳动、人事等部门和有关专业人员中用公函指定组成”，此处的清算组应是与我国2005年修订的《公司法》中的“清算组”概念进行立法上的协调。《公司法》第188条规定，清算组在清理公司财产、编制资产负债表和财产清单后，发现公司财产不足清偿债务的，应当依法向人民法院申请宣告破产。

一、信托人在清算中的责任

（一）破产法中信托人在清算中的责任

说起责任类型，不外乎民事责任、刑事责任以及行政责任这几种。各国法关于信托人责任的规定，主要是民事责任。所以，我们把讨论的重点放在民事责任之上。其主要内容分为三个部分：信托人所承担的民事责任的性质、责任标准以及责任限制（免责事由）。

> **原理**
>
> 民法理论：信托人在执业过程中因出现差错而发生的民事责任，可以分为违约责任与侵权责任两种。违反约定义务承担违约责任，而违反法定义务则须承担侵权责任。

1. 信托人民事责任的性质。侵权责任抑或违约责任？在历史上，合同法一直是法官用以控制专业人士行为的主要手段。法律用隐含条款的方式载明专业人士必须运用合理的注意和技能来弥补合同条款的漏洞和不足。所不同的是，信托人尽管也以专业人士的身份提供服务，但法院从一开始就在信托人的选任中扮演着重要角色，成为不可替代的部分，这在很大程度上削弱了信托人作为全体债权人受托人的色彩。考虑到破产程序一般强制执行程序的性质和信托人法定受托人的法律地位，不论信托人是由法院任命还是由债权人会议任命，均不能降低信托人的执业注意标准。立法和判例中总结确立的信托人民事义务是在对社会公共政策审度后的一种概括，目的是为了制约处于优势地位的信托人，保护债权人和其他利害关系人的合法利益。因此，由违反法定注意义务和忠实义务引起的侵权责任在信托人执业过程中的作用是基础性的。在侵权法迅速发展的今天，信托人的责任承担对象不再仅仅是债权人了，而且扩展到有利害关系的第三人，侵权责任以其开放性、灵活性备受法官青睐。

2. 信托人民事责任的标准。在侵权法领域，主要有两种归责原则：过错责任与无过错责任。过错责任以行为人的主观意志状态作为确定责任归属的根据，其在行为指导、道德评判等方面的独有功能已获公认。它对于信托人执业活动的规范化同样具有重要意义。相反，无过错责任原则不考虑行为人的主观状态，不区分其行为是“应受谴责”抑或“可以原宥”，它适用于信托人执业活动的结果并不必然激励信托人提高执业活动的质量，反而可能因为过重的法律负担导致影响众多专业人士参加破产管理行业的积极性。在破产管理执业最为发达的普通法国家，从历史上看，信托人由于不当执业引起的法律责任一直适用过错责任原则。不仅如此，在整个专业人士的执业活动领域，法官始终拒绝接受将专业人士提供的服务作为一种担保责任或者绝对责任的观点。目前，大陆法系和英美法系在信托人民事责任领域都不约而同地采取了过错责任的归责原则。信托人的过错，实际上是指信托人在管理破产财产时没有达到法律要求的民事义务标准。过错实际上包括两种形式即故意和过失。所谓故意，是指信托人知道自己的行为违法或知道他人所从事的行为违法而仍然从事此种行为或仍然参与此种行为。通常故意的过错形态是针对信托人违反忠实义务而言。所谓过失，是指信托人的行为违反了他们对债权人和其他利害关系人所承担的注意义务。

（二）信托人承担责任的限制[①]

1. 信托人的抗辩。信托人在履行职责过程中受到诸多限制，这在一定程度上增加了管理的难度，如果法律无视信托人执业风险过高的事实，则显失公平，不利于这一职业的生存和发展，所以在考虑破产管理职责特点的基础上赋予信托人一定的责任豁免权，以此作为不承担民事责任的抗辩理由。在美国，法院对此形成了一套相对完善的做法，在考察破产管理职责特点的基础上赋予信托人一定的责任豁免权，以此作为不承担民事责任的法定抗辩理由。主要有以下 2 种：一种是商业判断规则。商业判断规则最初是为了规范董事行为而建立起来的，适用于董事履行勤勉注意义务时责任豁免的特定场合。后来这一规则扩展适用到信托人诚信义务场合，其基本含义是信托人直接控制破产财团经营决策时，只要基于合理的商业目的进行风险性经营活动，即使失败，亦免于责任追究。它具有这样的效果：即除非存在充分证据表明信托人的决策是违反诚信义务，法院不会以自己的判断就信托人的经营决策说三道四。这一规则的最大特点是兼顾了几方利益的协调和平衡，但这一标准使得信托人的注意义务水平大为降低，与信托人的职业地位不符。实践中，商事判断规则作为绝对法定抗辩的做法开始松动，加入了例外情况的考虑。这种例外指的是信托人的经营决策行为达到了重大过失或故意的程度。这无疑间接提高了信托人的注意水平，与其职业地位和责任相适应。另一种是第三人诉讼。法官注意到信托人享有的责任豁免程度是与其对利害关系人承担的民事义务相联系的。要求信托人对并不承担民事义务的第三人尽同等的注意显然很荒谬。因

---

① 英国法 304（3.1）受托人占有或者处置非破产人的财产的任何财产时，以及（3.2）在该占有或者处置时，受托人相信并且有合理理由相信他有权（无论根据法院令或其他）占用或处置该财产。则受托人关于该占有或处置产生的任何损失或损害不向任何人承担责任，但是，该损失或损害因受托人的疏忽所致的除外；并且关于该占有或处置产生的破产费用，他享有对于该财产或出售该财产的受益的留置权。

此，法院应具体考察信托人民事义务来确定其责任豁免的范围。一般而言，信托人对债权人和债务人承担的民事责任最为详尽，其责任豁免的情形也是最少的。依此类推，信托人对其他利害关系人的责任豁免范围相对较大，而其对无利害关系第三人则享有完全的责任豁免，不受诉讼或仲裁的影响。

2. 时效限制。罗马法上有句法谚："法律不保护权利的睡眠者"。旨在促使权利人积极行使手中权利，以维护长期存在的事实状态，从而维持社会秩序的稳定。时效制度设立的初衷，就在于对民事权利的限制。对破产程序中的利害关系人而言，要求信托人承担民事损害赔偿责任的权利属于请求权，适用诉讼时效。信托人执业活动颇为复杂，其所造成的损害或明显易见，或潜伏一段时间，因此单一的诉讼时效难以全部涵盖，需要引入可供选择的长短不一的诉讼时效制度。英国 1980 年的《时效法》为我们提供了良好的借鉴。该法第 14 条规定，对潜在的损害有两种诉讼时效：诉讼之日起 6 年或开始之日起 3 年。"开始之日"的定义为：原告或诉权人最早获知与损害赔偿相关的信息并取得诉权之日。这样的设计目的在于应对各种潜在的损害，给法官以自由裁量的余地。我国立法通常都以"知道或应当知道权利受到侵害之日"作为诉讼时效的计算起点，后者的确定亦需要依赖法官的自由裁量，和英国的规定并无实质差异。不足的是两种诉讼时效采取了相同的期间，没能体现计算起点不同的影响。

3. 最高赔偿限额。根据"有损害就有赔偿"的理论，信托人应当对其失职而造成的损害予以赔偿，但是这种赔偿不应过高，虽然信托人在破产过程中可以取得一定的报酬（建议对其报酬可借鉴美国的做法，即规定最高限额，不能超过破产财产总额的 3% ~15%），从鼓励信托人工作的积极性角度考虑，其赔偿额不能过高。虽然从理论上讲，信托人承担的民事赔偿数额应为破产程序利害关系人应该获得的清偿数额与实际获得清偿的数额之间的差额。但随着破产企业规模的不断扩大，实践中破产涉及的经济数额巨大，已远非一般会计师事务所、律师事务所、个人等信托人所能承受。通常来说，信托人的执业报酬与其所经营管理的破产财产数额相去甚远，如果要求信托人就利害关系人的实际损失承担全额赔偿责任，显然不符合风险收益均衡原则，影响各专业人士从事破产经营管理的积极性。因此，有必要对信托人的赔偿额予以限制，使信托人的执业风险降至合理程度。至于具体的标准问题，我们可以采用合同法中的预期利益原则，即赔偿额不得超过信托人实施该行为时可预见或者应当预见到的失职行为可能造成的损失。

4. 职业责任保险。民事责任制度要求加害人承担填补受害人损失的赔偿责任。在社会经济、政治、文化急剧变化的时代，民事责任制度也发生急剧的变化。生产的高度社会化和专业化，在诸多的领域使得违约责任和侵权责任的界限发生重合，受害人选择利用更有利于其自己的侵权责任制度或者违约责任制度时，侵权人承担民事责任的可能性迅速膨胀，对其民事责任承担的估计出现难以预料的局面，促使侵权人不得不寻找可以转化其民事赔偿责任的方法或途径。以分散危险和消化损失为目的的保险制度，能够满足民事责任制度急剧变化而出现的分散责任的社会需求。责任保险有助于消除被保险人承担的经济上的损失危险而具有利用价值，但其还有一个主要的益处，即责任保险可以使被保险人免受因必须抗辩受害人提出的各种形式的索赔而不得不承受的紧张、不便和劳顿。对专业人士而言，其面对的潜在民事责任难以估计，责任保险的保障对降低执业风险的意义尤为突出。信托人责任保险制度的确立，从客观上加强了他们对执业过失损害的赔偿能力，转嫁了部分执业风险，使执业过失赔偿控制在可容忍的范围内，不至于危及这一职业群体的生存与发展。

二、履行受托责任记录

记录财产的处置和现金的收回，收回金额与财务状况表中金额的差异记录在“财产逆差”中。财产逆差最终往往表示无法偿还的无优先权未担保债务。因此，在清算会计中，应依据企业破产法的有关规定，正确区分各种不同性质的债务，如担保债务、抵消债务、优先偿付债务、破产债务等，并分别按其债务与相应资产的对等关系，依据一定的顺序进行清偿。如，以担保资产偿付担保债务，以抵消资产偿付抵消债务，以破产财产优先清偿优先偿付债务后，再偿付破产债务。

（一）资产

在破产清算会计下，资产按归属对象分为担保资产、抵消资产、受托资产、应追索资产、破产资产和其他资产。

> **原理**
>
> 担保资产是指根据法律或协议规定，对企业的债务提供担保，使债权人享有物资保证的资产。

1. 担保资产。担保资产是指根据法律或协议规定，对企业的债务提供担保，使债权人享有物资保证的资产。对于特定债权人而言具有排他性，债权人对担保资产拥有优先受偿权。如果企业不能履行偿债义务，债权人有权取得担保物用以抵偿债款。因此，担保资产实际上是在符合一定条件时，支配权和处分权属于债权人而不是债务人的资产。担保资产包括抵押担保资产、质押担保资产和留置担保资产。抵押担保资产是指为债务人的债务提供抵押的特定资产，这种资产不为债权人所占有，但当债务人不履行债务时，债权人有权依法将该资产折价或者以拍卖、变卖该资产的价款优先受偿；质押担保资产是指为债务人的债务提供质押的动产，该资产由债务人或第三人移交债权人占有，以担保债务的履行。当债务人不履行债务时，债权人有权将该动产折价或者以拍卖、变卖该动产的价款优先受偿；留置担保资产是指按合同规定由债权人行使留置权的动产，该资产由债权人占有，当债务人不按合同约定的期限履行债务时，债权人可以依法以该资产折价或者以拍卖、变卖该动产的价款优先受偿。

2. 抵消资产。抵消资产是指破产企业与债权人互为债权、债务人时，以债权抵消债务的那部分资产。

3. 受托资产。受托资产是指破产企业在破产前接受其他企业委托，为其加工、代销，所有权属于其他企业的资产。

4. 可追索资产。可追索资产是指所有权属于破产企业，但由其他企业、个人非法占有或因破产企业发生破产法所特指的无效行为或欺诈行为而转移的资产，这部分资产应予追回，归入破产资产。

5. 破产资产。破产资产是指根据企业破产法规定可以用来偿付破产债务的资产。它是破产企业担保资产、抵消资产、受托资产以外的资产以及上述资产可变现净值高于相关债务的部分。

6. 其他资产。其他资产是指根据有关法律法规的规定，属于国家专有、个人或社团组织所有的资产以及为满足社会保障需要而限定的资产。破产企业不再具有所有权不能确定的财产、按照法律规定不能进行清算分配的财产以及不具备清偿债务或变现能力的财产，如待摊费用、递延资产和递延所得税借项等，进入破产程序后不再列作资产加以确认。

（二）负债

在破产清算会计下，负债按其对资产要求权的不同分为担保债务、抵消债务、受托债务、次优先清偿债务、破产债务和其他债务。

1. 担保债务。担保债务是指与担保资产相对应的债务，它也可以进一步分为抵押担保债务、质押担保债务和留置担保债务。抵押担保债务是指企业（债务人）或第三人以财产抵押给债权人，以此为债务履行担保的债务。当债务人不履行偿债义务时，债权人可以依法将抵押物变卖或折价，使其债权优先得到偿付。质押担保债务是指债务人或第三人将其动产移交债权人占有，以此为债务履行担保的债务。当债务人不履行偿债义务时，债权人有权依法将动产折价或变卖，使其债权优先得到偿付。留置担保债务是指债权人按合同规定占有债务人的动产，以此为债务履行担保的债务。

> **原理**
> 担保债务是指与担保资产相对应的债务，它也可以进一步分为抵押担保债务、质押担保债务和留置担保债务。

2. 抵消债务。抵消债务是指与抵消资产相对应的债务。

3. 受托债务。受托债务是指与受托资产相对应的债务。

4. 次优先清偿债务。次优先清偿债务是指根据破产法规定在偿还担保债务之后，次优先偿付的债务①，其包括破产费用和共益债务；破产企业所欠职工的工资和医疗、伤残补助、抚恤费用，所欠的应当划入职工个人账户的基本养老保险、基本医疗保险费用，以及法律、行政法规规定应当支付给职工的补偿金；破产人欠缴的除前项规定以外的社会保险费用和破产人所欠税款。破产费用包括破产案件的诉讼费用；管理、变价和分配债务人财产的费用；管理人执行职务的费用、报酬和聘用工作人员的费用。共益债务是指破产管理人在清算过程中为了债权人的共同利益而新增的各项债务，包括：因管理人或者债务人请求对方当事人履行双方均未履行完毕的合同所产生的债务；债务人财产受无因管理所产生的债务；因债务人不当得利所产生的债务；为债务人继续营业而应支付的劳动报酬和社会保险费用以及由此产生的其他债务；管理人或者相关人员执行职务致人损害所产生的债务；债务人财产致人损害所产生的债务等。

5. 破产债务。破产债务是指按规定由破产企业以破产财产清偿的普通债务。它是破产企业担保债务、抵消债务、受托债务、次优先清偿债务以外的债务以及上述债务高于相对应资产的可变现价值的部分。

6. 其他债务。其他债务是指根据有关法律法规的规定，为满足社会保障等需要而发生的债务，如应支付的破产安置费用等。破产企业不能确定为破产企业的债务以及不会导致企业现金流出或者其他经济利益减损的负债，如预提费用、递延所得税贷项等，进入破产程序

---

① 根据新《破产法》规定，在企业破产法公布之前形成的职工工资拖欠，必须优先清偿给职工，即使设定了担保权的财产也要随后清偿；而法律公布后形成的拖欠，则是担保权优先清偿，职工工资只能通过无担保的财产清偿。

后均不确认为负债。

（三）清算净资产

清算净资产是指破产企业所有者权益净额，它表现为资产可实现净值总额大于确定的债务总金额的差额。

> **原理**
> 清算损益是指破产企业破产清算过程中发生的净损益。包括清算收益、清算费用和清算损失。

（四）清算损益

清算损益是指破产企业破产清算过程中发生的净损益。包括清算收益、清算费用和清算损失。信托人需在中期或清算期末通过“处置清算表”报告资产的处置情况。

三、定期报告[①]

> **原理**
> 破产清算会计报告是综合反映被清算企业的清算过程和结果的一系列财务报表。

破产清算会计报告是综合反映被清算企业的清算过程和结果的一系列财务报表。信托人在清算期间应向人民法院、主管部门、债权人以及投资者报送下列会计报告：破产清算资产负债表、破产清算财产表、破产清算损益表和破产财产分配表。

（一）破产清算资产负债表

破产清算资产负债表是全面反映破产企业的资产、负债、清算净资产和清算损益的报表。信托人应在破产清算开始日编制。××公司在清算开始日的破产清算资产负债表如表10－1所示。

表10－1　××公司破产清算资产负债表

2009年×月×日　　单位：元

资　产	账面金额	预计可变现金额	债务及清算净损益	账面金额	确认数
担保资产：			担保债务：		
原材料			短期借款		
产成品			长期借款		
固定资产（净值）			小计		
小计			优先清偿债务：		
其他资产：					
破产安置资产			应付工资		

① 具体参见石本仁：《高级财务会计》，中国人民大学出版社2010年版。

续表

资　产	账面金额	预计可变现金额	债务及清算净损益	账面金额	确认数
破产资产：			应交税金		
现金			小计		
银行存款			破产债务：		
短期投资			应付账款		
应收账款			应付票据		
在产品			小计		
低值易耗品			清算净资产		
在建工程			清算损益		
小计			小计		
资产总计			债务及清算净损益总计		

表中的“账面金额”栏，反映破产企业破产清算日的资产、负债、破产清算净资产以及清算净损益的账面金额，该栏应根据信托人接管日企业编制的资产负债表中的有关资料，并在全面清理的基础上按照破产资产、非破产资产、破产债务、非破产债务和清算净资产的确认标准进行确认后予以填列。表中的“预计可变现金额”栏反映在破产清算日破产企业的各种资产的可出售价格或该项资产可以抵偿债务的金额。该栏应在由专门的资产评估机构运用专门的计量方法，对每种资产进行充分分析的基础上予以填列。“确认数”栏反映在债务清理过程中重新确认债务的金额，该栏应在各种债务的账面金额的基础上，扣除因债权人原因而无需偿付的债务额，加上依据有关法律规定而增加的债务额后计算而得，它可以根据破产债务、非破产债务和清算净资产得到确认后的各账户的余额直接填列。另外，在破产清算资产负债表附注中应进一步说明资产可实现金额和债务金额的确定方法和依据、有争议资产和债务的具体情况以及未列作资产和债务的具体情况等。

（二）破产清算财产表

破产清算财产表反映破产清算企业财产的期初账面金额、预计可变现金额、实际已变现金额以及实际变现损益的报表，它是破产清算资产负债表的附表。其基本格式如表 10－2 所示。

表 10－2　　××公司破产清算财产表

2009 年×月×日　　单位：元

项　　目	期初账面金额	预计可变现金额	实际变现金额	实际变现损益
担保资产				
有价证券				
房屋				

续表

项　　目	期初账面金额	预计可变现金额	实际变现金额	实际变现损益
设备				
原材料				
在产品				
产成品				
……				
破产资产				
现金				
银行存款				
有价证券				
应收账款				
应收票据				
其他应收款				
房屋				
设备				
原材料				
在产品				
产成品				
场地使用权				
专利权				
……				

表中的“期初账面金额”栏，反映破产企业破产清算开始日各种资产的账面价值，该栏应根据破产清算开始日确认的各种破产资产和非破产资产的账面价值填列。“预计可变现金额”栏，反映破产企业各种资产预计可实现的价值，该栏应根据有关评估机构及信托人的评估结果填列。“实际变现金额”栏，反映破产企业各种资产实际已变现金额，该栏应根据各种资产账簿中所记录的实际变现结果填列。“实际变现损益”栏，反映破产企业各种资产账面价值与实际变现价值的差额。

（三）破产清算损益表

破产清算损益表是反映破产清算企业在清算期间所发生的清算收益、清算损失、清算费用以及最终结果的报表，一般在破产清算结束时编制。前述××公司破产清算损益表如表10－3所示。

表 10－3 ××公司破产清算损益表

2009 年×月×日 单位：元

项　目	金　额
清算收益：	
预提费用核销	
固定资产溢价	
追回设备	
土地使用权溢价	
小计	
清算损失：	
财产盘亏与报废	
无价值资产核销	
存货折价	
应收账款损失	
短期投资折价损失	
在建工程折价	
营业税等	
追回设备折价	
职工安置支出	
小计	
清算费用：	
职工生活费	
诉讼费	
审计评估费	
财产保管费	
拍卖广告费	
水电费	
债权人会议费	
公证费	
其他	
小计	
清算损益	

表中的“清算收益”项目，反映破产清算企业在处置破产资产过程中取得的资产的变

卖收入超过资产的账面价值所发生的收益、重新确认债务中发生的负债的减少金额以及由于其他原因而增加的收益。该项目可根据"清算损益"账户的贷方发生额分析填列。"清算损失"项目反映破产清算企业在处置破产资产过程中取得的资产的变卖收入小于资产的账面价值所发生的损失、不能收回的应收款项、重新确认债务中发生的负债增加额以及由于其他原因而发生的损失。该项目可根据"清算损益"账户的借方发生额分析填列。"清算费用"项目反映破产清算企业在破产清算过程中发生的破产清算费用。该项目应根据"清算费用"账户的借方发生额分析填列。"清算损益"项目反映破产清算企业在破产清算期间的清算结果，它等于破产清算收益减去破产清算损失和破产清算费用的余额。

（四）破产财产分配表

破产财产分配表又称债务清偿表，是反映破产清算企业分配破产财产以及清偿债务的报表，它是破产清算会计所特有的报表。以××公司为例，其破产财产分配表如表10－4所示。

表10－4　　××公司破产财产分配表

2009年×月×日　　单位：元

债务项目	账面数	确认数	偿还比例	实际需偿还数	累计偿还数	尚未偿还数
担保债务						
短期借款						
其中：××银行						
长期借款						
其中：××银行						
优先清偿债务						
应付清算费用						
应付工资						
应交税金						
小计						
破产债务						
应付账款						
其中：Y企业						
应付票据						
其中：Y企业						
合计						

表中的"账面数"栏，根据破产企业破产清算开始日的账面数填列。"确认数"栏，根据破产企业依据破产债务的确认标准对破产债务和非破产债务进行确认后的数额填列。"偿还比例"栏，根据破产企业不同的债务偿还情况分别填列，其中担保债务的偿还比例应同

时考虑以担保资产偿还数额以及以破产资产偿还数额两部分。"实际需偿还数"栏，分别以各种债务的确认数乘以其偿还比例计算填列。"累计偿还数"栏，根据各种债务的累计实际偿还数额填列。"尚未偿还数"栏，分别以各种债务的实际需偿还数栏减去其累计偿还数额栏的差额填列。

在破产清算会计报告编好以后，信托人应将其连同接收的会计账册、在清算期间形成的会计档案等一并移交破产企业的业务主管部门或者人民法院，由业务主管部门或者人民法院指定有关单位保存。会计档案保管要求和保管期限应当符合《会计档案管理办法》的规定。最后，信托人应向破产企业原登记机关办理注销登记并解散信托人和债权人会议及其债权人委员会，破产企业的破产清算工作宣告结束。

第四节　破产重组

一、破产重组与资产重组

从法律形式上看，破产重组与资产重组有着本质的区别。破产重组往往是债务的重组，如一部分债务被豁免，债务期限被延长，部分债务转为股权。资产重组涉及重大的资产置换或核心业务的置换，往往还涉及控股权的转让。

美国电信巨人世界通讯公司（WorldCom）在其虚报巨额利润丑闻被曝光4周后，于2002年7月21日正式向法院递交破产保护申请。受命于危难之际的世通新首席执行官西杰摩尔表示，将尽一切努力对公司进行重组，以期扭转乾坤，重整旗鼓。世通公司据以申请破产保护的法令名为《破产法》第11章。那么，《破产法》第11章是怎么回事儿？在美国，一个上市公司依据联邦破产法申请破产保护，对该公司、股东、债权人、供货商和其他关系方来说，意味着什么？谁来保护投资人的利益？如果该公司得到重组后，公司以前的证券还有什么价值？在冗长繁杂、前景难料的破产案中，这些是人们最为关注的问题。

1. 破产对公司意味着什么？美国联邦破产法管辖着公司如何停止经营或如何走出债务深渊的行为。当一个公司临近山穷水尽之境地时，可以援引《破产法》第11章来"重组"业务，争取再度赢利。破产公司，也就是"债务人"，仍可照常营运，公司管理层继续负责公司的日常业务，但所有重大经营决策必须得到一个破产法庭的批准。如果依据《破产法》第7章申请破产，公司全部业务必须立即完全停止。由破产财产托管人来"清理"（拍卖）公司资产，所得资金用来偿还公司债务，包括对债权人和投资人的债务。

2. 破产清算中谁首先得到偿还？按照《破产法》，清偿的原则是：谁承担的风险最小，谁最先得到偿还。具体顺序是：最先偿还的是有担保债权人；然后是无担保债权人，如银行、供货商和债券持有人；最后是股东。这一顺序的道理在于，有担保债权人所拥有的债权通常由抵押品或公司的其他资产进行担保。这类债主知道一旦公司破产，他们将最先得到赔付。债券持有人比股东享有优先偿付权，因为债券代表公司债务，公司当初就承诺支付利息并返还本金。股东是公司的所有者，因而承担的风险也应最大。理由很简单，如果公司赚钱，他们赚得也最多；如果公司赔钱，他们也理当共担风险。

3. 破产公司为何选择《破产法》第11章？多数上市公司会按照第11章申请破产保护，

而不是第7章直接进行破产清算，因为他们仍希望继续运营并控制破产程序。第11章规定了一些复兴公司业务的程序，确有一些公司重组计划成功，重新开始赢利，但有些公司最后还是以清算告终。按第11章的重组计划，公司可继续运营，其股票和债券也在市场继续交易，公司也必须继续向证券交易委员会提交报告。

4.《破产法》第11章如何操作？在一个公司按《破产法》第11章申请破产保护后，美国司法部下属的专门负责破产事务的“美国托管财产管理会”将指定一个或多个委员会，代表债权人和股东利益，与破产公司制订出一个重组方案。方案必须得到债权人、债券持有人和股东的认可，并得到法院的批准。如果债权人和股东反对某个方案，而法院认为该方案公正合理时，法院可忽略债权人和股东意见而通过该计划。一旦计划通过，这个负责破产事务的委员会需要向证券交易委员会（证交会）提交一份称为8-K表格的更为详尽的报告。在制定重组计划时，由债权人和股东组成的委员会与公司谈判，可以解除公司部分债务，以便提供一个喘息空间，为公司重新站稳脚跟创造条件。

二、我国上市公司中ST公司的重组

（一）不是债务重组，胜似债务重组

同样是陷入困境中的公司重组，我国上市公司中ST公司重组具有中国特色。东方宝龙为何遭遇今天这样的局面？众行业分析师认为主要原因还是它在技术和资金都不具备的前提下，盲目进入MPV市场。分析师们都不讳言，东方宝龙想突围在情理之中，关键是突围的方向。从其最初招股项目来看，东方宝龙想在其他专用车特别是环保清洁车上大展拳脚。正因为如此，东方宝龙在这些项目上一直没能打开市场，找不到除防弹运钞车以外第二个专用车增长点。然而，成功的路还是存在的。作为东方宝龙头号竞争对手、同为上市公司的重庆迪马股份有限公司（600565）在经历了2003年运钞车行业的寒冬以后，一直试图向其他领域拓展，最后终于在2003年6月以资本运作方式，间接进入有线数字网络产品领域。其后，迪马股份于2007年12月完成定向增发募集到将近4.9亿元资金，全力进军房地产业，主营业务正式从特种车转变成房地产，尽管迪马股份仍不忘“旧业”。

（二）ST公司资产重组的一般程序

在我国ST公司资产重组操作流程中，一般要经过两个步骤[①]：首先是收购股权，分协议转让和场内收购；其次是换壳，即资产置换。具体而言，第一阶段是买壳上市。包括：目标选择；明确并购的意图与条件，草拟并购战略；寻找、选择、考察目标公司；评估与判断；全面评估分析目标公司的经营状况、财务状况；制定重组计划及工作时间表；设计股权转让方式，选择并购手段和工具；评估目标公司价值，确定购并价格；设计付款方式，寻求最佳的现金流和财务管理方案；沟通：与目标公司股东和管理层接洽，沟通重组的可行性和必要性；谈判与签约：制定谈判策略，安排与目标公司相关股东谈判，使重组方获得最有利的金融和非金融的安排；资金安排：为后续的重组设计融资方案，必要时协助安排融资渠

① 这里ST公司资产重组特指非上市公司购买上市公司一定比例的股权来取得上市的地位。

道；申报与审批：起草相应的和必要的一系列法律文件，办理报批和信息披露事宜。

第二阶段是资产置换及企业重建。包括宣传与公关：对中国证监会、证券交易所、地方政府、国有资产管理部门以及目标公司股东和管理层开展公关活动，力图使资产重组早日成功。制订全面的宣传与公共关系方案，在大众媒体和专业媒体上为重组方及其资本运作进行宣传；市场维护：设计方案，维护目标公司二级市场；现金流战略：制订收购、注资阶段整体现金流方案，以利用有限的现金实现尽可能多的战略目标为重组后的配股、增发等融资做准备；董事会重组：改组目标公司董事会，取得目标公司的实际控制权；制订反并购方案，巩固对目标公司的控制；注资与投资：向目标公司注入优质资产，实现资产变现；向公司战略发展领域投资，实现公司的战略扩张；ESOP（员工持股计划）；在现行法律环境下，为公司员工制定持股计划。

第三阶段是资产重组的操作实务。具体包括：明确合理的重组动机；重组目标的选择；资产重组的前期准备；展开资产重组行动；申报与审批；企业重建；公共关系。其中明确合理的重组动机又包含：获取直接融资的渠道；产业发展的战略需求；二级市场套利；提升公司形象；资产上市套现；收购股权增值转让。在目标公司的选择中，合适壳资源的一般条件为：符合重组战略；合适的产业切入点；资产规模和股本规模；符合重组方的现金流；资源能被迅速整合。目标不同的两种重组方式：战略式重组关注行业背景、公司运营状况、重组难度和地域背景；财务式重组关注股权设置、公司再出让、融资能力和现金流。

三、相关经验证据

国外对公司重组问题也是非常关注的。主要研究集中在以下两方面：一方面是有关财务困境的预测问题；另一方面是有关破产程序的研究问题，即处于财务困境的公司是进行破产清算还是破产重组的问题。

（一）财务困境预测的文献

国外很多学者都对财务困境的问题非常关注。有关财务困境预测模型因所用的信息类型不同分为财务指标信息类模型、现金流量信息类模型和市场收益率信息类模型。Altman（1968），Altman et al.（1977），Collins（1980），Platt（1991）等学者使用常规的财务指标，如负债比率、流动比率、净资产收益率和资产周转速度等，作为预测模型的变量进行财务困境预测。虽然财务指标被广泛地用来进行财务困境预测，但是如何选择财务指标以及是否存在最佳的财务指标来预测财务困境的发生却一直存在分歧。Harmer（1983）指出所选择的财务指标如果相互独立能提高模型的预测能力。Boritz（1991）筛选出可以作为预测模型变量的65个财务指标。但是，自Z模型（1968）和ZETA模型（1977）建立后，还未出现比它们更好的财务困境预测模型。现金流量类信息的财务困境预测模型基于一个理财学的基本原理：公司的价值应等于预期的现金流量的净现值。如果公司没有足够的现金支付到期债务，而且又无其他途径获得资金时，那么公司最终将破产。因此，过去和现在的现金流量应能很好地反映公司的价值和破产概率。在Gentry et al.（1985a；1985b）研究的基础上，Aziz et al.（1988）发展了现金流量信息预测财务困境模型。公司的价值来自经营的、政府的、债权人的、股东的现金流量的折现值之和。他们根据配对的破产公司和非破产公司的数据，发现在破产前5年内两类公司的经营现金流量均值和现金支付的所得税均值有显著的差异。显然，这一结果是符合现实的。破产公司与非破产公司的经营性现金流量会因投资质量和经营效率的差异而不同，二者以现金支付的所得税也会因税收会计的处理差异而不同。Aziz et al.（1989）比较了Z模型、ZETA模型、现金流量模型预测企业发生财务困境的准确率，发现现金流量模型的预测效果较好。

Beaver（1968）是使用股票市场收益率信息进行财务困境预测研究的先驱。他发现在有效的资本市场里，股票收益率也如同财务指标一样可以预测破产，但时间略滞后。Altman和Brenner（1981）的研究表明，破产公司的股票在破产前至少1年内在资本市场上表现欠佳。Clark和Weinstein（1983）发现破产公司股票在破产前至少3年内存在负的市场收益率。然而，他们也发现破产公告仍然向市场释放了新的信息。破产公司的股票在破产公告日前后的两个月时间段内平均将经历26%的资本损失。Aharony et al.（1980）提出了一个基于市场收益率方差的破产预测模型。他们发现在正式的破产公告日之前的4年内，破产公司的股票的市场收益率方差与一般公司存在差异。在接近破产公告日时，破产公司的股票的市场收益率方差变大。财务困境的预测模型因选用变量多少不同，分为单变量预测模型和多变量预测模型。

此外，值得注意的是，近年来财务困境预测的研究方法又有了新的进展。网络神经遗传方法已经开始被应用于构建和估计财务困境预测模型。国内对财务困境预测研究越来越多。在国内财务困境预测研究中，吴世农和黄世忠（1986）介绍企业的破产分析指标和预测模型。陈静（1999）进行了单变量分析和二类线性判定分析。在单变量判定分析中，发现在负债比率、流动比率、总资产收益率、净资产收益率4个财务指标中，流动比率与负债比率的误判率最低；在多元线性判定分析中，发现由负债比率、净资产收益率、流动比率、营运资本/总资产、总资产周转率6个指标构建的模型，在ST发生的前3年能较好地预测ST。张玲（2000）以120家公司为研究对象，使用其中60家公司的财务数据估计二类线性判别模型，并使用另外60家公司进行模型检验，发现模型具有超前4年的预测结果。

（二）破产程序研究文献

破产程序研究是对处于财务困境公司是进行破产清算还是重组进行决策。White（1984，1989年和1991年修订）研究了破产、清算和重组问题；Casey et al.（1986）研究了如何区分破产清算和重组的公司；Iraj（1997）研究了破产清算和破产重组的经济问题。James和David（2000）运用契约理论研究了财务困境，公司重组和重组业绩的问题。目前国内关于破产清算和重组的实证研究非常少，主要集中在单独研究上市公司破产和公司重组的一些问题上。在国内破产实证研究中，郑玉光（1999）实证分析了国有企业破产案例，提出了规范破产的三大要素（计划破产、民主破产、依法破产），阐述了最佳破产和企业新生相连，探讨了破产成本负担及惩治破产犯罪问题。在重组实证研究中，陈德强（1999）从资产重组的数学模型及其局限性角度来研究资产重组实证研究的理论基础，希望在资产重组操作中充分利用基本模型和个别模型使资产重组的决策数量化与科学化。而关于区分破产清算和重组的实证研究国内还没有相关文献。

四、债务重组

一般在债务重组过程中，债务人可以在受限情况下继续经营。在特殊情况下，法院可能聘请信托人或检查者。

（一）债务重组的定义

> **原理**
>
> 债务重组是指在债务人发生财务困难的情况下，债权人按照其与债务人达成的协议或法院的裁定作出让步的事项。

广义上讲，所有涉及修改债务条件的事项（包括修改债务的金额或时间）都应视作债务重组，包括：债务人处于财务困难条件的债务重组；债务人不处于财务困难条件下的债务重组；债务人处于清算或改组时的债务重组。债务人处于财务困难时的债务重组又分为两种：一是债权人作出了让步的债务重组，即债权人同意债务人现在或将来以低于重组债务账面价值的金额偿还债务；二是债权人未作出让步的债务重组，即债务人现在或将来偿还债务的金额不低于重组债务的账面价值。美国财务会计准则第 15 号公告将债务重组定义为：债权人因债务人发生财务困难，基于经济上或法律上的原因，对债务人作出平常不愿考虑的让步。这与我国会计准则定义的债务重组大致相同，存在的差别仅在于其引入现值计算来判断债权人是否作出了让步。所以第 15 号公告的范围比我国债务重组准则的范围要宽一些。澳大利亚会计指南第 11 号将债务重组定义为：为了改变或解除债务人对现存债务的责任而采取的行动，其中不包括债务的消除或可转换债券转为股权。由此可见，澳大利亚的这份指南所指的债务重组基本上是广义的。

我国《企业会计准则第 12 号——债务重组》对债务重组的定义是：在债务人发生财务困难的情况下，债权人按照其与债务人达成的协议或法院的裁定作出让步的事项。根据我国会计准则，债务重组发生应符合以下条件：一是，必须是债务人处于持续经营状态。这是区分债务重组和破产清算的主要标准。二是，必须是债务人发生了财务困难。只有债务企业在经营上出现困难，或因资金调度不灵而又筹集不到足够的资金偿还到期债务时，才有债务重组的必要。三是，必须是债权人作出了让步。由此可见，我国会计准则定义的债务重组是狭义的。新准则将债务重组界定在“债务人发生财务困难的情况下，债权人按照其与债务人达成的协议或法院的裁定作出了让步的事项。”说明我国具体准则的范围限定在对债务人处于财务困难时债权人作出了让步的债务重组，突出了债务人发生财务困难的前提和债权人最终让步的业务实质。原因主要有以下几点：一是债务人没有发生财务困难时发生的债务重组的会计核算，其实质属于捐赠，使用其他准则。二是企业破产清算时发生的债务重组，属于非持续经营条件下的债务重组，非持续经营条件下的债务重组不属于债务重组准则涉及的范围，其会计处理由相关的会计规范予以规定。在企业进行公司制改造时，情况比较复杂，其债务重组无论是否属于持续经营，本准则也不予涉及。三是债务人发生财务困难时所进行的债务重组，如果债权人没有让步，而是采取以物抵债或诉讼方式解决，没有直接发生权益或损益变更，不涉及会计的确认和披露，也不必进行会计处理。只有在让步的情况下才是新准则规定的债务重组，适用债务重组具体准则。

（二）债务重组的方式

根据我国《企业会计准则第12号——债务重组》，债务重组方式可以概括为以下4种：（1）以资产清偿债务。即债务人转让其资产给债权人以清偿债务。债务人常用于偿债的资产主要有：现金、存货、短期投资、固定资产、长期投资、无形资产等。（2）债务转为资本。债务转为资本是站在债务人的角度看的，就债权人而言则为债权转为股权。债务转为资本时，对股份有限公司而言，即将债务转为股本；对其他企业而言，即将债务转为实收资本。（3）修改不包括上述（1）和（2）两种方式在内的债务条件（下称修改其他债务条件）。如减少债务本金、减少债务利息等。（4）以上三种方式的组合。如以转让资产、债务转为资本等方式的组合清偿某项债务。

（三）债务重组日确认和债务重组损益

债务重组日即为债务重组完成日，即债务人履行协议或法院裁定，将相关资产转让给债权人、将债务转为资本或修改后的偿债条件开始执行的日期。债务重组可能发生在债务到期前、到期日或到期后。对于以资产方式进行债务重组的，债务重组日为资产已经到达债权人手里或已经交付债权人使用，并办理了有关债务解除手续的日期。

债务重组损益应于债务重组日确认和计量。因其与其日常经营活动无直接关系，应在“营业外损益”账户进行核算。以非现金资产清偿债务的，债务人应分清债务重组利得和转让资产损益的界限。债务人应将重组债务账面价值与转让的非现金资产公允价值之间的差额确认为债务重组利得；转让的非现金资产公允价值与其账面价值之间的差额确认为转让资产损益。转让非现金资产时涉及相关税费的，在计算转让资产损益时，还要区别相关税费的不同性质，考虑其是否计入转让资产损益。债务人核算转让资产损益时一般不需要单独设置账户进行核算。如：债务人以存货清偿债务的，把转让的存货作为销售处理，转让资产损益为销售收入与其成本及相关减值准备之间的差额；债务人以固定资产清偿债务的，把转让的固定资产作为固定资产清理处理，转让资产损益作为固定资产清理收入与清理支出之间的差额，如为收益，在“营业外损益”账户下的“处置固定资产净收益”明细账户核算；如为损失，在“营业外损益”账户下的“处置固定资产净损失”明细账户核算；债务人以无形资产清偿债务的，把转让的无形资产收入与其相关成本之间的差额计入当期损益。

第五节　债务重组的记录和报告

一、债务重组的会计处理

（一）以低于债务账面价值的现金清偿债务时的会计处理

根据《企业会计准则第12号——债务重组》的规定，债务人以低于债务账面价值的现金清偿债务时，债务人应将重组债务的账面价值与支付的现金之间的差额，确认为资本公积；债权人应将债权的账面价值与收到的现金之间的差额，确认为当期损失。债务人以低于债务账面价值的金额清偿债务，相当于债权人给予了债务人一项捐赠，因此，当债务人以现金清偿债务时，对于债务人而言，债务账面价值与支付的现金之间的差额应确认为资本公积；而对于债权人而言，债权的账面价值与收到的现金之间的差额，应确认为当期损失。需要注意的是，债权人已对债权计提了坏账准备的，在确认当期损失时，应先冲减坏账准备。

（二）以非现金资产清偿任务的会计处理

以非现金资产清偿某项债务的，债务人应将重组债务的账面价值与转让的非现金资产账面价值和相关税费之和的差额，确认为资本公积或当期损失；债权人应按重组债权的账面价值作为受让的非现金资产的入账价值。如果涉及多项非现金资产，债权人应按各项非现金资产的公允价值占非现金资产公允价值总额的比例，对重组债权的账面价值进行分配，以确定各项非现金资产的入账价值。

依据以上原则，下面分别就债务人所转让资产的类型加以说明。

1. 债务人以存货清偿债务。（1）以存货清偿债务的，债务人应按债务账面价值转销债务，按存货的账面价值结转存货，将债务账面价值扣除增值税销项税额和存货账面价值后的差额确认为当期损失或资本公积。（2）受让的非现金资产作为存货管理的，债权人应按债权的账面价值结转债权，按债权的账面价值扣除可抵扣的增值税进项税额后的差额，加上应支付的相关税费，确认存货。受让的存货是否发生减值，在重组日不涉及，待期末与其他资产一并考虑减值问题。涉及补价的，按以下规定确定受让存货的入账价值或实际成本：一是收到补价的，按重组债权的账面价值减去可抵扣的增值税额和补价，加上应支付的相关税费，作为实际成本；二是支付补价的，按重组债权的账面价值减去可抵扣的增值税进项税额，加上支付的补价和应支付的相关税费，作为实际成本。受让的非现金资产中，除存货外，如果还涉及其他非现金资产，则应按存货的公允价值和其他各项非现金资产的公允价值占非现金资产公允价值总额的比例，对重组债权的账面价值进行分配，以确定存货和其他各项非现金资产的入账价值。

2. 债务人以固定资产清偿债务。（1）以固定资产清偿债务的，债务人应先将固定资产进行清理，再按债务账面价值转销债务，将债务账面价值扣除固定资产净值和清理费用（扣除残值收入）等之后的差额确认为当期损失或资本公积。如固定资产计提了减值准备，还应结转相关的减值准备。（2）受让的非现金资产作为固定资产管理的，债权人应按债权的账面价值加上应支付的相关税费，确认固定资产。受让的固定资产是否发生减值，在重组日可暂不考虑，待期末与其他资产一并考虑减值问题。

涉及补价的，按以下规定确定受让固定资产的入账价值或实际成本：一是收到补价的，按重组债权的账面价值减去补价，加上应支付的相关税费，作为入账价值；二是支付补价的，按重组债权的账面价值加上支付的补价和应支付的相关税费，作为入账价值。受让的资产中，除固定资产外，如果还涉及其他非现金资产，则应按固定资产的公允价值与其他各项非现金资产的公允价值和其他各项非现金资产公允价值占非现金资产公允价值总额的比例，对重组债权的账面价值进行分配，以确定固定资产和其他各项非现金资产的入账价值。

[例 10－2] 20×9 年 2 月 10 日，深广公司销售一批材料给红星公司，不含税价格为

100 000 元，增值税税率为 17%。当年 3 月 20 日，红星公司财务发生困难，无法按合同规定偿还债务，经双方协议，深广公司同意减免红星公司 20 000 元债务，余额用现金立即偿清。深广公司未对债权计提坏账准备。请对红星公司和深广公司之间的债务重组作出相关记录。

答案：

红星公司：

（1）计算。债务重组日，重组债务的账面价值与应支付的现金之间的差额 = 117 000 - 97 000 = 20 000（元）

（2）会计分录。

借：应付账款	117 000	
贷：银行存款		97 000
资本公积——其他资本公积		20 000

深广公司：

借：银行存款	97 000	
营业外支出——债务重组损失	20 000	
贷：应收账款		117 000

［**例 10 - 3**］20×9 年 1 月 1 日，深广公司销售一批材料给红星公司，含税价为 105 000 元。20×9 年 7 月 1 日，红星公司发生财务困难，无法按合同规定偿还债务，经双方协议，深广公司同意红星公司用产品抵偿该应收账款。该产品市价为 80 000 元，税率为 17%，产品成本为 70 000 元。红星公司为转让的材料计提了存货跌价准备 500 元，深广公司为债权计提了坏账准备 500 元。假定不考虑其他税费。请对红星公司和深广公司之间的债务重组作出相关记录。

答案：

红星公司：

（1）计算。债务重组日，重组债务的账面价值		105 000 元
减：所转让产品的账面价值(70 000 - 500)		69 500 元
增值税销项税额（80 000 × 17%）	13 600 元	
资本公积	21 900	

（2）会计分录。

借：应付账款	105 000	
存货跌价准备	500	
贷：产成品		70 000
应交税金——应交增值税（销项税额）		13 600
资本公积——其他资本公积		21 900

深广公司：

借：应交税金——应交增值税（进项税额）	13 600	
坏账准备	500	
存贷	90 900	
贷：应收账款		105 000

假定红星公司转让的材料成本为100 000元，市价为100 000元，从而相应的增值税销项税额（进项税额）为17 000元。其他资料保持不变。此时，红星公司和深广公司的账务处理分别如下：

红星公司：

（1）计算。债务重组日，重组债务的账面价值 105 000元

减：所转让产品的账面价值(100 000－500)99 500元

增值税销项税额（100 000×17%） 17 000元

差额11 500元转入营业外支出。

（2）会计分录。

借：应付账款 105 000

存货跌价准备 500

营业外支出——债务重组支出 11 500

贷：产成品 100 000

应交税金——应交增值税（销项税额） 17 000

深广公司：

借：应交税金——应交增值税（进项税额） 17 000

坏账准备 500

存货 87 500

贷：应收账款 105 000

[**例10－4**] 20×9年2月10日，深广公司销售一批材料给红星公司，同时收到红星公司签发并承兑的一张面值100 000元、年利率7%、6个月期、到期还本付息的票据。当年8月10日，红星公司发生财务困难，无法兑现票据，经双方协议，深广公司同意红星公司用一台设备抵偿该应收票据。这台设备的历史成本为120 000元，累计折旧为30 000元，清理费用等1 000元，计提的减值准备为9 000元。深广公司未对债权计提坏账准备。假定不考虑其他相关税费。请对红星公司和深广公司之间的债务重组作出相关记录。

答案：

红星公司：

借：固定资产清理 90 000

累计折旧 30 000

贷：固定资产 120 000

借：固定资产清理 1 000

贷：银行存款 1 000

“固定资产清理”科目余额＝90 000＋1 000＝91 000（元）

借：应付票据 103 500

固定资产减值准备 9 000

贷：固定资产清理 91 000

资本公积——其他资本公积 21 500

深广公司：

借：固定资产　　103 500
　　贷：应收票据　　103 500

假定红星公司用于偿债的设备的历史成本为150 000元，其他资料保持不变，则红星公司和深广公司的财务处理如下：

红星公司：

借：固定资产清理　　120 000
　　累计折旧　　30 000
　　贷：固定资产　　150 000
借：固定资产清理　　1 000
　　贷：银行存款　　1 000

“固定资产清理”科目余额＝120 000＋1 000＝121 000（元）

借：应付票据　　103 500
　　固定资产减值准备　　9 000
　　营业外支出——债务重组损失　　8 500
　　贷：固定资产清理　　121 000

深广公司：

借：固定资产　　103 500
　　贷：应收账款　　103 500

二、债务重组的报告和披露

不管是新旧准则都要求债务人在财务报告附注中披露以下信息：（1）债务重组方式。（2）将债务转为资本所导致的股本（或者实收资本）增加额。（3）或有应付金额/或有支出。不同的是，新准则增加了两项披露要求：一是确认的债务重组利得总额。二是债务重组中转让的非现金资产的公允价值、由债务转成的股份的公允价值和修改其他债务条件后债务的公允价值的确定方法及依据。新准则关于债权人在附注中披露的信息也增加了一项披露要求：债务重组中受让的非现金资产的公允价值、由债权转成股份的公允价值和修改其他债务条件后债权的公允价值的确定方法及依据。

本章小结

本章从破产的法律规范入手，介绍了破产程序，以及在破产过程中利益相关方的角色。企业在处理破产程序中，持续经营假设和历史成本原则不再适用。同时，本章也分析了信托人在破产清算企业中扮演了很重要的角色。另外，破产清算中的会计直接涉及各方利益，更能反映清算状态的财务状况表取代了资产负债表。因此，在协商一致的情况下，债权人也可选择债务重组。此外，债务人也可获得一定程度的债务豁免，或直接涉及股权的调整。最后，介绍了企业破产清算、债务重组的记录、报告和披露过程。

复习思考题

1. 企业破产的一般程序是什么？
2. 清算组接管破产企业后如何设置会计科目？
3. 清算组清理破产企业资产、负债等应如何编制会计报表？
4. 清算损益的构成内容有哪些？
5. 阐述清算会计对传统财务会计理论的改变？

第十一章　所得税会计

本章目标

通过本章学习，你应该能够：

1. 了解企业所得税法的主要内容。
2. 熟悉所得税与会计之间的差异。
3. 掌握所得税的会计处理方法。

案例 11-1

中信证券的成长历程、注册地变迁及所得税

中信证券（600030）是国内首家上市证券公司，其成长历程与我国资本市场的发展密切相关。中信证券发展壮大的历程，体现出公司管理层超前的战略思维和敏锐的市场感觉，也反映出公司发展规划与所得税的协调处理。

1995 年 10 月 25 日，中信证券有限责任公司在北京成立，注册资本 3 亿元。公司虽小，但“苗红根正”，既有大股东中信集团的扶持照顾，又有当地政府的政策优待，仿佛温室中的花朵备受眷顾。同时公司也“天生”地具备国企的行动缓慢，激励不足等顽疾。公司管理层不愿“偏安一隅”，提出股份制改革，引进新股东，改进公司治理结构等若干计划。为突破当时的体制约束，以及利用所得税优惠政策，公司管理层回绝了北京市政府的大力挽留，克服重重阻力，申请将公司注册地从北京迁往当时市场化程度最高的深圳。

1999 年，中国证监会机构字［1999］121 号文件批准公司增资改制为股份有限公司和注册地迁往深圳。注册地的变迁，直接减轻了中信证券所得税税负，同时也带来了间接的好处，如政府管制放松，实施市场化的薪酬政策更易于激励管理层和招揽金融市场人才等。

当时君安、万国、南方、大鹏等一拨又一拨的券商在业内翻云覆雨，又一拨接一拨地倒下时，中信证券严控风险，低调地进行体制改革，筹备上市工作。2002 年 12 月 13 日，中国证监会发行字［2002］129 号文件核准公司向社会公开发行 4 亿股普通 A 股股票。2003 年 1 月 6 日，中信证券在上海证券交易所挂牌上市。自此，中信证券一改以往籍籍无名的状态，逐渐被市场所关注，各项业务开始占据市场领先地位，成为国内的金融巨头——其流通

市值在国内金融行业稳居首位。甚至，中信证券的市值在全球券商中一度排名第八，超过了美国的同行雷曼兄弟和贝尔斯登①。

中信证券迁址深圳的决定给股东节省了大量的税金——公司2007年利润总额199亿元，特区内比特区外所得税税率低18%，仅此一年少缴的企业所得税就足以让人惊叹。然而好景不长，自2008年1月1日起施行的《中华人民共和国企业所得税法》取消了特区企业所得税的优惠政策。中信证券顺应政策趋势，及时作出响应。2008年3月13日，公司股东大会审议通过将注册地从深圳迁回北京。2008年7月1日，公司完成迁址手续并对外公告。而后受到深圳市政府的挽留和办公用地返还30%地价等优惠政策的影响，中信证券在同年10月6日召开2008年第一次临时股东大会审议通过公司《章程》修订预案，“基于深圳市政府对公司的支持和公司业务发展的需要，公司将注册地址迁至深圳”。

尽管中信证券将注册地址在北京和深圳之间迁来迁去，但公司总部的实际运作地址一直在北京京城大厦。注册地址的变迁，只改变了公司的工商登记、税收管辖和证券主管部门，并未改变公司的实质。

从所得税的角度，中信证券的案例展示了如何顺应趋势、利用国家政策发展壮大。同时，作为一家极具创新精神的金融上市公司，中信证券在财务报表中已经展现了（或将率先展现）较多前沿事项的所得税处理情况，如创设权证如何进行所得税处理，有兴趣的学员可以仔细研读中信证券近期财务报告，相信必有所收获。

第一节　企业所得税法

案例 11 - 2

万科的外资企业？

根据中国经营报2006年6月10日刊登的《“假外资”大行其道　四部委联手启动“外资打假”》②，2005年来自中国香港、维尔京群岛、开曼群岛、萨摩亚等离岸中心的对华投资超过240亿美元，远超当年美国24.39亿元的对华投资。香港、维尔京群岛、开曼群岛等弹丸之地的对华投资远远超过美国等发达国家，其中包括了很多“假外资”——国内资金通过对外贸易、账款互换等方式，将人民币兑换成港币、美元划往境外，再通过离岸中心周转，以股权投资的角色进入境内，顺利转换成“外资”。

上市公司较为公开透明的信息披露机制给我们提供了管中窥豹的机会。以万科企业股份有限公司（000002）为例，万科拥有的香港全资子公司，从2004年年底的3家发展

① 截至2007年9月27日，中信证券市值达到407亿美元，比雷曼兄弟高出88.4亿美元，超过贝尔斯登244亿美元，一跃成为全球市值排名第八的券商。详见 http：//finance. sina. com. cn/stock/s/20070927/02024019371. shtml。

② 详见 http：//news. xinhuanet. com/fortune/2006 - 06/10/content_4674938. htm。

为 2007 年年底的 5 家，注册资本从 2004 年年底的 11 万港币发展为 2007 年年底的 8 800 万港币。而万科直接或间接持有 50% 以上表决权的以美元注册的境内“外资”子公司，由 2004 年年底的 3 家发展为 2007 年年底的 22 家，注册资本由 2004 年年底的 0.29 亿美元发展为 2007 年年底的 6.79 亿美元；万科直接或间接持有的 50% 以上表决权的以港币注册的境内“外资”子公司，由 2004 年年底的 0 家发展为 2007 年年底的 3 家；注册资本则从 0 发展至 8.64 亿港币。

“假外资”的大行其道，很大程度上源自于所得税政策的税收优惠政策。通过本节的学习，您将了解到“假外资”存在的原因，以及万科为何这样设置子公司。

我国现行企业所得税的基本规范，是 2007 年 3 月 16 日第十届全国人民代表大会第 5 次全体会议通过的《中华人民共和国企业所得税法》（以下简称《企业所得税法》）。在该企业所得税法实施之前，内资企业和外资企业分别由不同的税法进行规范，如国营企业、集体企业和私营企业适用 1993 年 12 月 13 日颁布的《中华人民共和国企业所得税暂行条例》，所得税税率为 33%；外资企业则适用《中华人民共和国外商投资企业和外国企业所得税法》，虽然也是 33% 的所得税税率，但是可以享受两免三减半、15% 或 24% 的优惠税率等若干优惠政策。新企业所得税的实施，标志着在中国并行了 20 多年的内、外资两套所得税法的合并，为营造各类企业公平竞争的税收环境，推进税制改革，将产生深远影响。下文将从税法的纳税义务人、税率、应纳税所得额、征收管理这四个基本要素进行介绍和分析。

一、纳税义务人

原理

纳税义务人是指在中华人民共和国境内，企业和其他取得收入的组织。

根据《企业所得税法》的规定，企业所得税的纳税义务人是指在中华人民共和国境内，企业和其他取得收入的组织。企业所得税的纳税义务人分为居民企业和非居民企业。居民企业，是指依法在中国境内成立，或者依照外国（地区）法律成立但实际管理机构在中国境内的企业；非居民企业是指依照外国（地区）法律成立且实际管理机构不在中国境内，但在中国境内设立机构、场所的，或者在中国境内未设立机构、场所，但有来源于中国境内所得的企业。

把纳税义务人划分为居民企业和非居民企业，是依据纳税义务范围进行划分，不同的企业在向我国缴纳企业所得税时，纳税义务不同。居民企业应当就其来源于中国境内、境外的所得缴纳企业所得税。在中国境内设立机构、场所的非居民企业，应当就其所设机构、场所取得的来源于中国境内的所得，以及发生在中国境外但与其所设机构、场所有实际联系的所得，缴纳企业所得税；在中国境内未设立机构、场所的，或者虽设立机构、场所但取得的所得与其所设机构、场所没有实际联系的非居民企业，应当就其来源于中国境内的所得缴纳企业所得税。

二、企业所得税税率

企业所得税税率是体现国家与企业分配关系的核心要素。税率的设计，既要保证财政收入的稳定增长，又要促进企业的发展。我国现行的《企业所得税法》规定基本税率为25%。该档税率适用于居民企业和在中国境内设立机构、场所且所得与机构、场所有关联的非居民企业。同时也设定20%的低档税率，适用于在中国境内未设立机构、场所，或者虽设立机构、场所但取得的所得与其所设机构、场所没有实际联系的非居民企业①。关于纳税义务人与所得税税率关系见表11－1。

表11－1　　纳税义务人与所得税税率表

<table>
<tr><th colspan="3">纳税义务人</th><th>企业所得税税率（%）</th></tr>
<tr><td colspan="3">居民企业</td><td rowspan="2">25</td></tr>
<tr><td rowspan="3">非居民企业</td><td rowspan="2">在中国境内设立机构、场所</td><td>取得所得与机构、场所有关联</td></tr>
<tr><td>取得所得与机构、场所没有实际联系</td><td rowspan="2">20</td></tr>
<tr><td colspan="2">未在中国境内设立机构、场所，却有来源于中国的所得</td></tr>
</table>

三、应纳税所得额

根据《企业所得税法》的规定，应纳税所得额为企业纳税年度的收入总额，减除不征税收入、免税收入、各项扣除以及允许以前年度亏损的余额。

（一）收入总额、不征税收入和免税收入

企业的收入总额包括以货币形式和非货币形式从各种来源取得的收入，包括销售货物收入、提供劳务收入、转让财产收入、股息和红利等权益性投资收益、利息收入、租金收入、特许权使用费收入、接受捐赠收入、其他收入。

国家为了扶持和鼓励某些特殊的纳税人和特定的项目，或者避免因征税影响企业的正常经营，对企业取得的某些收入予以不征税或免税的特殊政策，以减轻企业的负担，促进经济的协调发展。不征税收入包括财政拨款、依法收取并纳入财政管理的行政事业性收费和政府性基金，以及国务院规定的其他不征税收入。而免税收入主要为国债利息收入、符合条件的居民企业之间的股息或红利等权益性收入等。

这些不征税收入和免税收入在税法与会计处理上是有差异的，税法不确认为收入，不缴纳企业所得税；会计则认为符合收入确认的条件，确认为收入，因此税法与会计产生差异。事实上，税法与会计在多方面存在不一致，为了更好地解决所得税与会计处理差异的事项，所得税会计应运而生。

---

① 根据《企业所得税法》的税收优惠政策，实际征税时减半征税，即按10%的税率进行征税。

（二）纳税扣除

《企业所得税法》规定，企业实际发生的与取得收入有关的、合理的支出，包括成本、费用、税金、损失和其他支出，准予在计算应纳税所得额时扣除。

1. 企业发生的职工福利费、工会经费、职工教育经费按标准扣除，未超过标准的按实际数扣除，超过标准的只能按标准扣除。如企业发生的职工福利费支出，不超过工资、薪金总额的14%部分准予扣除。企业拨缴的工会经费，不超过工资、薪金总额的2%部分准予扣除。企业发生的职工教育经费支出，不超过工资、薪金总额的2.5%部分准予扣除，超过部分准予结转以后纳税年度扣除。

2. 企业发生的与生产经营活动有关的业务招待费支出，按照发生额的60%扣除，但最高不超过当年销售收入的5‰。企业发生的符合条件的广告费和业务宣传费支出，不超过当年销售收入15%部分，准予扣除；超出部分，准予结转以后纳税年度扣除。

3. 企业发生的公益性捐赠支出，不超过年度利润总额的12%部分，准予扣除。

4. 固定资产的折旧需要按税法规定的最低年限计算折旧额进行扣除。例如房屋、建筑物的折旧年限不少于20年；飞机、火车、轮船不少于10年；与生产经营活动有关的器具、工具不少于5年；电子设备不少于3年。

5. 税法规定无形资产按直线法进行摊销，同时摊销年限不得低于10年。研发费用计入当期损益后，再按照研究开发费用的50%加计扣除；如果已经形成无形资产的，按照无形资产成本的150%摊销。

（三）不得扣除项目

《企业所得税法》在规定允许扣除项目的同时，也指出某些项目不得扣除，例如向投资者支付的股息或红利等权益性投资收益款项，税收滞纳金，行政或司法机关的罚金、罚款，超过规定标准的捐赠支出，企业之间支付的管理费，企业内营业机构之间支付的租金和特许权使用费等。此外，税法还规定未经核定的准备金支出，不允许税前扣除。

正是由于税法在固定资产折旧、无形资产摊销、各项减值准备的计提等方面，与会计处理不完全一致，形成了所得税与会计处理的差异。

四、征收管理

《企业所得税法》规定，企业所得税纳税年度为公历1月1日~12月31日。企业在一个纳税年度的中间开业，或者由于合并、关闭等原因终止经营活动，使该纳税年度的实际经营期不足12个月，应当以其实际经营期为1个纳税年度。

企业应当按月或季预缴的，应当自月份或季度终了之日起15日内，向税务机关报送预缴企业所得税纳税申报表，预缴税款。企业应当自年度终了之日起5个月内，向税务机关报送年度企业所得税纳税申报表，并汇算清缴，结清应缴应退税款。企业在年度中间终止经营活动的，应当自实际经营终止之日起60日内，向税务机关办理当期企业所得税汇算清缴。

第二节　所得税法与会计差异

案例 11－3

缩股与递延所得税资产

2006 年，招商证券股份有限公司为了吸引新股东增资和争取公司上市，对账面金额巨大的累计未弥补亏损进行了缩股处理。一方面缩股是新股东出资的前提条件——原股东按照公司亏损比例减少其持股金额，新股东在缩股后的基础上增资，按其出资比例方可获得公平、合理的股权比例；另一方面缩股也是公司上市的内在迫切要求——申请 IPO 账面不得存在累计未弥补亏损。

根据中国证券业协会网站上公布的招商证券 2006 年度财务报告①："本公司 2005 年股东大会决议通过，先以 2005 年 12 月 31 日审定的净资产人民币 1 726 915 266.00 元为准，各股东同比例缩股，然后再增资注册资本人民币 1 500 000 000.00 元。2006 年 8 月 3 日，本公司缩股并增资事项已经中国证券监督管理委员会证监机构字［2006］179 号文件批复同意。本验资事项已分别经天职国际会计师事务所天职京验字［2006］第 013 号、第 014 号验资报告审验。"

根据公开披露的报表，截至 2005 年年底，招商证券股本总额 24 亿元，累计未弥补亏损 7.01 亿元。2006 年年底，招商证券股本总额 32.27 亿元，根据股本变化情况可推算招商证券实际缩股 6.73 亿元，即弥补了 6.73 亿元的累计亏损。然而招商证券在缩股时未预料到证券市场景气公司业绩暴增，2006 年公司税前利润高达 13 亿元，弥补以前年度亏损后尚有大量剩余，但此时公司早已完成缩股工作。2006 年的盈利只能全额缴纳企业所得税，原本可以扣除以前年度累计未弥补亏损的那部分盈利也缴纳了企业所得税，多缴税金高达 1 亿元（6.73×15%）。所幸公司于 2008 年 9 月 8 日通过证监会发审委审核，成为近 5 年来继光大证券之后，第二家通过 IPO 发审会审核的证券公司。

招商证券在缩股前是否考虑累计未弥补亏损形成的递延所得税资产的经济利益，我们不得而知。在熟悉本节内容后，学员应该清晰地理解所得税会计的核心概念，遇到类似情况，至少不会轻易放弃递延所得税资产。

在上一节简要介绍了企业所得税的内容的基础上，本节讨论所得税法与会计差异，并为下一节所得税会计处理做好准备。

企业的税收处理与会计核算分别遵循不同的原则，服务于不同的目的。税法以课税为目的，根据国家有关税收法律、法规的规定，确定一定时期内纳税人应缴纳的税额，从所得税的角度，主要是确定企业的应纳税所得额，以对企业的经营所得征税。而会计的确认、计

① 详见 http：//www.sac.net.cn/cn/download_nbpl/1156275.pdf。

量、报告则应当遵从企业会计准则的规定，目的在于真实、完整地反映企业的财务状况、经营成果和现金流量等，为投资者、债权人以及其他会计信息使用者提供对其决策有用的信息。因此所得税法规和会计准则规定相互分离促成了所得税会计的产生。

一、所得税会计核算方法

在2006年《企业会计准则》颁布前，所得税会计处理的相关规定详见于1994年颁布的《企业所得税会计处理的暂行规定》和2000年颁布的《企业会计制度》。原有制度允许采用两种所得税核算方法：应付税款法和纳税影响会计法。

应付税款法，是指企业不确定时间性差异对所得税的影响金额，按照当期计算的应交所得税确认为当期所得税费用的方法，在这种方法下，当期所得税费用等于当期应交所得税。纳税影响会计法，是指企业确认时间性差异对所得税的影响金额，按照当期应交所得税和时间性差异对所得税影响金额的合计，确认为当期所得税费用的方法。原制度规定的方法主要是基于收入费用观。

所谓收入费用观，是指通过收入和费用的直接配比来计量损益，资产负债表只是为了确认与合理计量收益的跨期摊配的中间产品，资产负债表成为利润表的附属。收入费用观注重时间性差异，将时间性差异对未来所得税的影响看作是对本期所得税费用的调整，重点在于确认利润表中的当期所得税费用。

而2006年《企业会计准则第18号——所得税》颁布后，只允许采用一种所得税处理方法，即资产负债表债务法。资产负债表债务法是指以资产负债表为基础，按企业资产、负债的账面价值与税法规定的计税基础之间的差额，计算暂时性差异，据以确认递延所得税负债或递延所得税资产，再确认所得税费用的会计核算方法。这种方法是基于全面收益概念的资产负债观。

资产负债观是基于资产和负债的变动来计量收益，除所有者增资、减资及利润分配以外的净资产变动都应计入当期损益，即全面收益的概念。全面收益包括经营损益和持有损益双重含义，比净利润的含义广泛。在资产负债观下，资产的计价（负债可以视为资产贷项）是会计计量的重心，不管交易是否发生，或是资产的风险、报酬是否转移，只要资产（或负债）的公允价值发生变化，就应该确认损益（或利得、损失），并相应地确认递延所得税资产和递延所得税负债。即先确认资产或负债，进而根据资产、负债的变动情况确认损益——利润表是资产负债表的附属产品。在资产负债观下，所得税会计处理的重点不仅在于确认当期所得税费用，还包括确认企业未来期间应缴纳所得税的义务，或可抵减未来期间应缴纳所得税的经济利益，从而完整地反映企业整体的资产、负债状况。资产负债观和收入费用观两者之间的具体差别可归纳为表11-2。

表11-2　　资产负债观与收入费用观的主要差别

比较项目	资产负债观	收入费用观
理论出发点	从资产的本质出发	从收益实现原则出发
会计目标	提供的信息符合决策有用观	提供的信息符合受托责任观

续表

比较项目	资产负债观	收入费用观
会计要素	资产要素的定义是其他会计要素定义的基础	收入与费用配比后得到利润，收入费用要素的定义最重要
会计确认	除了交易因素，还考虑非交易因素，确认非交易原因产生的未实现损益	只考虑交易因素特征（已发生的交易才可以确认损益），只有当交易实现时才确认损益，因此不存在未实现损益的确认问题
会计计量属性	为了及时反映资产价值的变动，强调公允价值的运用	历史成本属性强调根据过去交易计量，符合交易因素的特征
会计信息质量特征	所提供的信息更符合相关性	所提供的信息更符合可靠性
会计报告的内容	形成包括未实现损益在内的全面收益报表	只形成报告净损益的传统报表

二、所得税会计核算程序

在所得税会计准则的规定下，除发生特殊交易或事项外（例如企业合并），企业一般仅在资产负债表日进行所得税的会计处理。企业进行所得税核算时一般遵循以下程序：

1. 按照企业会计准则，确定资产负债表中除递延所得税资产和递延所得税负债以外的其他资产和负债的账面价值。

2. 以税法为基础，确定资产负债表中除递延所得税资产和递延所得税负债以外的其他资产和负债的计税基础。

3. 逐项比较资产、负债的账面价值与其计税基础，分析其差异性质。除企业会计准则中规定的特殊情况外，区分应纳税暂时性差异和可抵扣暂时性差异，并乘以适用的所得税税率，确定递延所得税资产和递延所得税负债的金额，并与期初递延所得税负债和递延所得税资产的金额相对比，确认当期应进一步确认（或转销）的递延所得税负债或递延所得税资产的金额，作为利润表中所得税费用的递延所得税。

4. 确定利润表中的所得税费用。利润表中的所得税费用包括当期所得税和递延所得税两个组成部分。当期所得税是指当期发生的交易或事项按照税法规定，确定的当期应交所得税，即按照适用的税法规定计算当期应纳税所得额，将应纳税所得额与适用税率相乘，得出当期应交所得税。递延所得税是当期确认的递延所得税资产（或递延所得税负债金额）或予以转销的金额的综合结果（已由第三步得出递延所得税费用）。

第一步和第二步是所得税会计核算的基础，技术上不存在难度；第三步是所得税会计核算的核心内容；在完成第三步后，自然得出第四步的递延所得税，而第四步确认当期所得税是税务会计的内容，不属于本章关注的要点。因此，所得税会计核算的重点和难点，在于核算递延所得税资产和递延所得税负债，以及确认对应的借方或贷方会计科目。而核算递延所得税资产和负债，无非是根据暂时性差异，乘以适用的所得税税率。在搞清楚了暂时性差异和适用的所得税税率之后，所得税会计的核算难题也就迎刃而解。所得税会计的核算程序如图 11 -1 所示。

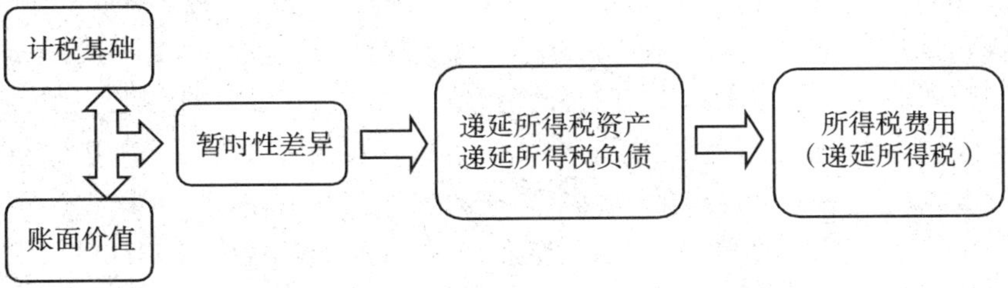

图 11－1 所得税会计核算程序

三、资产、负债的计税基础

如上文所得税会计核算程序所述，处理所得税会计事项，首先应当确定资产和负债的账面价值，然后再确定资产和负债的计税基础。而所得税会计的关键就在于确定资产、负债的计税基础。计税基础是税法上对资产、负债的认可价值，与会计上的账面价值不同。下面将分别阐述资产的计税基础和负债的计税基础。

（一）资产的计税基础

> **原理**
> 资产的计税基础是指企业收回资产账面价值的过程中，计算应纳税所得额时，按照税法规定可以从应税经济利益中抵扣的金额，即某一项资产在未来期间计税时按照税法规定可以从税前扣除的金额。

资产的计税基础，是指企业收回资产账面价值的过程中，计算应纳税所得额时，按照税法规定可以从应税经济利益中抵扣的金额，即某一项资产在未来期间计税时按照税法规定可以从税前扣除的金额。通常情况下，在资产的初始确认时，其计税基础等于入账价值；在资产的后续计量时，其计税基础等于资产的取得成本减去按照税法规定已经在税前扣除的金额后的余额，该余额代表的是，该项资产在未来期间计税时仍可以税前扣除的金额。下面举例介绍几种常见资产的计税基础。

1. 固定资产。以各种方式取得的固定资产，初始确认时按照会计准则规定确定的入账价值基本上是被税法认可的，即取得时其账面价值一般等于计税基础。

固定资产在持有期间进行后续计量时，账面价值等于成本减去累计折旧，减去固定资产减值准备之差。而税收则是按照“成本减去按照税法规定已在以前期间税前扣除的折旧额之差”进行计量。由于会计与税收处理规定的不同，固定资产的账面价值与计税基础的差异主要产生于折旧方法、折旧年限的不同以及固定资产减值准备的提取。

[例 11－1] 某上市公司一项电子设备的取得成本为 100 万元，预计使用年限为 5 年，当年已按直线法计提折旧 20 万元，同时计提 10 万元的减值准备。那么该项固定资产的账面价值为 70 万元（100－20－10）。假设按税法规定，该项固定资产允许按加速折旧法计提折旧，该公司当年可从应纳税所得额中扣除 40 万元的折旧费，但不认可对这项固定资产计提减值准备，因此这项固定资产的计税基础为 60 万元。

应收款项、其他应收款项计提坏账准备，与固定资产计提减值准备类似，均可能导致其账面价值与计税基础不一致，与本例类似，可比照处理。

2. 公允价值计量且其变动计入当期损益的金融资产。按照《企业会计准则第22号——金融工具确认和计量》的规定，对于以公允价值计量且其变动计入当期损益的金融资产，其于某一会计期末的账面价值为该时点的公允价值。税法规定，企业以公允价值计量的金融资产，持有期间公允价值的变动不计入应纳税所得额，在实际处置或结算时，处置取得的价款扣除其历史成本后的差额应计入处置或结算期间的应纳税所得额。

因此公允价值计量且其变动计入当期损益的金融资产初始计量时，在会计上，以公允价值计量金融资产，相关交易费用直接计入当期损益；税务处理上，该项金融资产的计税基础等于入账价值。在后续计量时，会计上，确认金融资产公允价值变动形成的利得或损失，并计入当期损益；税务处理上，该项金融资产的计税基础仍然等于其初始入账价值，不考虑其公允价值变动情况。

［**例11-2**］某上市公司中签中国石油（601857）100万股，持有成本为16.7元/股，根据持有意图，公司将该项投资作为交易性交融资产核算。中国石油上市首日最高价48.62元/股，极大地鼓舞了广大投资者的热情。可中国石油自上市后一路走低，到2007年年底股价跌至30.96元/股，该公司仍未售出持有的100万股中国石油。2007年年底，该笔投资的账面价值为3 096万元，其中包括计入净利润的公允价值变动1 426万元（3 096-1 670）。从税务处理来看，账面浮动盈利1 426万元仍未实现，不属于应税所得额，因此该项交易性金融资产的计税基础仍为1 670万元。

企业持有的可供出售金融资产计税基础的确定，与以公允价值计量且其变动计入当期损益的金融资产类似，可比照处理。

3. 无形资产。除内部研究开发形成的无形资产以外，以其他方式取得的无形资产，初始确认时按照会计准则规定确定的入账价值与按照税法规定确定的成本之间一般不存在差异。无形资产的账面价值与计税基础之间的差异主要产生于内部研究开发形成的无形资产以及使用寿命不确定的无形资产。

（1）对于内部研究开发形成的无形资产，会计准则规定有关内部研究开发活动区分为两个阶段，研究阶段的支出应当费用化计入当期损益，开发阶段符合资本化条件以后至达到预定用途前发生的支出应当资本化作为无形资产的成本。按税法规定，究开发费用，未形成无形资产计入当期损益的，在按照规定据实扣除的基础上，按照研究开发费用的50%加计扣除；形成无形资产的，按照无形资产成本的150%摊销。

由于内部研究开发形成的无形资产初始确认时，其成本为符合资本化条件以后发生的支出总额，因该部分研究开发支出在发生当期已经税前扣除，所以内部研究开发形成的无形资产在以后期间可税前扣除金额为零，其计税基础为零。

［**例11-3**］某上市公司当期发生研究开发支出共计100万元，其中研究阶段的支出20万元，开发阶段符合资本化条件后发生的支出60万元，符合资本化条件前的支出20万元。假定按税法规定，公司研究开发支出可按税前150%加计扣除。该公司开发形成的无形资产在本期已经达到预定用途。该公司形成无形资产账面价值60万元，但其计税基础为0。

（2）无形资产在后续计量时，会计与税收的差异主要产生于对无形资产是否需要摊销及无形资产减值准备的提取。

会计准则规定，应根据无形资产使用寿命情况区分为使用寿命有限的无形资产与使用寿命不确定的无形资产。对于使用寿命不确定的无形资产，不要求摊销，但持有期间每年应进行减值测试。税法规定，企业取得的无形资产成本应在一定期限内摊销。对于使用寿命不确定的无形资产，会计处理时不予摊销，但计税时其按照税法规定确定的摊销额允许税前扣除，造成该类无形资产的账面价值与计税基础的差异。

在对无形资产计提减值准备的情况下，因税法对按照会计准则规定计提的无形资产减值准备在形成实质性损失前不允许税前扣除，即无形资产的计税基础不会随减值准备的提取发生变化，但其账面价值会因资产减值准备的提取而下降，从而造成无形资产的账面价值与计税基础的差异。

4. 其他资产。因会计准则与税法相关规定不同，企业持有的其他资产的账面价值可能与其计税基础存在差异，如采用公允价值模式计量的投资性房地产、计提减值准备的各项资产等。

[例 11-4] 国脉科技（002093）2007 年度年报显示，其投资性房地产在 2007 年年初的公允价值为 55 744 203.74 元，本年交易新增 47 718 716.22 元，年末公允价值为 104 111 991元，公允价值变动收益为 649 071.04 元。假设国脉科技 2007 年初的投资性房地产的计税基础为 55 744 203.74 元，则 2007 年年末的投资性房地产的计税基础为 103 462 919.96元。

（二）负债的计税基础

负债的计税基础，是指负债的账面价值减去未来期间计算应纳税所得额时按照税法规定可予抵扣的金额。一般情况下，负债的确认与偿还不会影响企业的损益，也不会影响其应纳税所得额，未来期间计算应纳税所得额时按照税法规定可予以抵扣的金额为零，其计税基础即为账面价值，如企业的应付账款、短期借款等。

> **原理**
> 负债的计税基础是指负债的账面价值减去未来期间计算应纳税所得额时按照税法规定可予抵扣的金额。

[例 11-5] 国元证券（000728）2007 年度年报显示，截至 2007 年年末，公司代理买卖证券款为 11 999 704 178.19 元，应交税费为 442 010 474.07 元，应付利息为 3 068 351.63 元。由于上述 3 项负债在未来期间计算应纳税所得额时，均无法抵扣所得税，因此这 3 项负债的计税基础均为原账面价值。

但某些情况下，负债的确认可能会影响企业的损益，从而影响后续期间的应纳税所得额，使其计税基础与账面价值之间产生差异，如按会计准则确认的某些预计负债。

1. 预计负债。按照《企业会计准则第 13 号——或有事项》的规定，企业应将预计提供的售后服务费用、很可能发生的诉讼损失等确认预计负债。但税法可能规定相关的支出应当在发生时税前扣除，这样产生了预计负债的计税基础与其账面价值的差异。

[例 11-6] 某上市公司 2007 年因销售产品承诺提供 3 年的保修服务，并预计未来 3 年将发生 100 万元的保修费用。因此，该公司在当年资产负债表中确认 100 万元的预计负债，在利润表中确认了 100 万元的销售费用。假定税法规定，与产品售后服务相关的费用在实际发生时才允许税前扣除，则与该项预计负债相关的保修费用在未来发生时才允许从税前扣除，即未来期间计算应纳税所得额时按税法规定可以抵扣的金额为 100 万元。那么，该项预计负债的计税基础为 0。

2. 应付职工薪酬。2008 年 1 月 1 日起施行的《企业所得税法实施条例》第 34 条规定

“企业发生的合理的工资薪金支出，准予扣除”，改变了以前内资企业工资税前扣除的限额计税工资政策（即允许税前扣除的人均工资不得超过 1 600 元/月）。但在上市公司 2007 年度年报中，仍然存在应付职工薪酬与税法允许扣除的标准不一致的情况。如顺络电子（002138）2007 年年底应付职工薪酬为 8 771 755.86 元，公司对预提工资确认了 202 545.99 元的递延所得税资产。2008 年以后，应不存在应付职工薪酬的账面价值与计税基础的差异。

会计准则规定，企业为获得职工提供的服务给予的各种形式的报酬以及其他相关支出均应作为企业的成本费用，在未支付之前确认为负债。税法对于合理的职工薪酬基本允许税前扣除，但税法如果规定了税前扣除标准的，按照会计准则规定计入成本费用的金额超过规定标准部分，应进行纳税调整。因超过部分在发生当期不允许税前扣除，在以后期间也不允许税前扣除，即该部分差额对未来期间计税不产生影响，所产生应付职工薪酬负债的账面价值等于计税基础。

［**例 11－7**］某企业 20×7 年 12 月计入成本费用的职工工资总额为 3 200 万元，至20×7 年 12 月 31 日尚未支付；假定按照适用税法规定，当期计入成本费用的 3 200 万元工资支出中，按照计税工资标准的规定，可予税前扣除的金额为 2 400 万元。

按会计准则的规定，该项应付职工薪酬负债的账面价值为 3 200 万元。按税法规定，企业实际发生的工资支出 3 200 万元与允许税前扣除的金额 2 400 万元之间所产生的 800 万元差额在发生当期即应进行纳税调整，并且在以后期间不能够再税前扣除，该项应付职工薪酬负债的计税基础等于账面价值 3 200 万元减去未来期间计算应纳税所得额时按照税法规定可予抵扣的金额 0，即 3 200 万元。该项负债的账面价值 3 200 万元与其计税基础 3 200 万元相同，不形成暂时性差异。

3. 应交罚款和滞纳金。公司应交的罚金、罚款和滞纳金等，在实际缴纳前按照会计准则规定应确认为费用，并作为负债反映。但按税法规定，罚款和滞纳金等不能在税前扣除，即该部分费用无论是在发生当期抑或在以后期间均不允许税前扣除，其计税基础为账面价值减去未来期间计税时可以税前扣除的金额（可税前扣除的余额为 0）之间的差额，即计税基础即为其账面价值，不形成暂时性差异。

四、暂时性差异

暂时性差异，是指资产或负债的账面价值与其计税基础之间的差异。资产、负债的账面价值与其计税基础不同，将导致未来收回资产或清偿负债期间的应纳税所得额和应交所得税的增、减变化。未作为资产和负债确认的项目，按照税法规定可以确定其计税基础的，该计税基础与其账面价值之间的差额也属于暂时性差异。根据暂时性差异对未来期间应交所得税金额的不同影响，可将暂时性差异分为应纳税暂时性差异和可抵扣暂时性差异。

（一）应纳税暂时性差异

应纳税暂时性差异，是指在确定未来收回资产或清偿负债期间的应纳税所得额时，将导致产生应纳税金额的暂时性差异，该差异在未来期间转回时，会增加转回期间的应纳税所得额和应交所得税金额。在应纳税暂时性差异产生的当期，应当确认相关的递延所得税负债，作为对未来期间应付所得税义务的确认。

应纳税暂时性差异通常产生于以下情况：资产的账面价值大于其计税基础；负债的账面价值小于其计税基础。

（二）可抵扣暂时性差异

可抵扣暂时性差异，是指在确定未来收回资产或清偿负债期间的应纳税所得额时，将导致产生可抵扣金额的暂时性差异，该差异在未来期间转回时，会减少转回期间的应交所得税。在可抵扣暂时性差异产生的当期，应当确认相关的递延所得税资产，作为对未来期间抵减应付所得税利益的确认。

可抵扣暂时性差异通常产生于以下情况：一是资产的账面价值小于其计税基础；二是负债的账面价值大于其计税基础。

（三）特殊项目产生的暂时性差异

1. 某些交易或事项发生后，因为不符合资产、负债的确认条件而未体现为资产负债表中的资产或负债，但按照税法规定，能够确定其计税基础的，其账面价值（为0）与计税基础之间的差异也构成暂时性差异，如开办费，也应确认相应的递延所得税资产或递延所得税负债。

［**例11－8**］丽江旅游（002033）2007年新设立了昆明龙房旅游发展有限公司。按照企业会计准则，企业在筹建期间内发生的开办费，包括人员工资、办公费、培训费、差旅费、印刷费、注册登记费以及不计入固定资产价值的借款费用等，借记“管理费用”科目，贷记“银行存款”等科目，因而在资产负债表中无法体现开办费。但按照税法规定，企业在筹建期间发生的费用，允许在开始正常生产经营活动之后5年内分期计入应纳税所得额。因此，丽江旅游在财务报表附注中披露，因开办费产生的暂时性差异为482 543.01元，确认相应的递延所得税资产为120 635.75元。

2. 可抵扣亏损及税款抵减产生的暂时性差异。对于按照税法规定，可以结转以后年度的未弥补亏损及税款抵减，虽不是因资产、负债的账面价值与计税基础不同产生的，但本质上可抵扣亏损和抵减税款与可抵扣暂时性差异具有同样的作用，均能减少未来期间的应纳税所得额，进而减少未来期间的应交所得税，在符合条件的情况下，应确认与其相关的递延所得税资产。

［**例11－9**］ST鼎立（600614）2007年度年报显示，公司当年盈利72 327 423.95元，截至2007年年末，公司未分配利润为－183 632 412.89元，仍未完全弥补以前年度亏损。公司因以前年度未弥补亏损，账面确认了1 199 672.49元的递延所得税资产。

［**例11－10**］ST仁和（000650）2007年度年报显示，由于公司当年及以前年度累计亏损，且无法预计公司未来可获得的用于抵扣可抵扣暂时性差异的应纳税所得额，故对ST仁和母公司账面计提坏账准备的余额与计税基础差异产生的递延所得税资产120 904.94元未确认；同时，对母公司未弥补亏损产生的递延所得税资产106 192 061.75元也未确认。

第三节 所得税会计处理

案例 11－4

所得税会计准则在上市公司的实施情况

2008年7月4日，财政部会计司司长刘玉廷就新会计准则在上市公司实施情况答记者问①，其中关于所得税会计准则的内容摘录于下：

所得税准则是一项新准则。1 570家上市公司中，有1 041家上市公司确认了递延所得税资产，占1 570家的66.31%；752家上市公司确认了递延所得税负债，占1 570家的47.90%；244家上市公司确认了与所有者权益项目相关的递延所得税资产或递延所得税负债，占1 570家的15.54%，其中，与所有者权益相关的主要项目是可供出售金融资产公允价值的变动，26家上市公司因此确认了递延所得税资产，218家上市公司因此确认了递延所得税负债。

2007年上市公司年报显示，与子公司、联营企业、合营企业相关的递延所得税资产对递延所得税资产总额的影响达79.10%。固定资产折旧对递延所得税负债总额的影响为33%；与交易性金融资产、可供出售金融资产和以公允价值计量的投资性房地产的公允价值变动相关的递延所得税对递延所得税负债总额的影响分别为1%、13%、0.001%。

1 546家上市公司披露了当期所得税费用（收益）的主要组成部分，占1 570家的98.47%；1 422家上市公司披露了当期所得税费用（收益）与会计利润关系的说明，占1 570家的90.57%。424家上市公司披露了当期未确认递延所得税资产的可抵扣暂时性差异、可抵扣亏损的金额，占1 570家的27.01%。1 491家上市公司披露了当期递延所得税资产和递延所得税负债涉及的资产、负债的类别，确认金额和确认依据，占1 570家的94.97%。

所得税会计准则已经在我国上市公司得到了全面有效实施。要熟练地运用所得税会计准则，必须掌握所得税费用的确认与计量方法。第二节已经阐述了所得税法与会计之间的差异，并详细讨论了资产、负债的计税基础，以及暂时性差异。本节将在暂时性差异的基础上，进一步分析递延所得税负债和递延所得税资产，然后进行所得税费的确认与计量。

一、递延所得税负债

递延所得税负债产生于应纳税暂时性差异。因应纳税暂时性差异在转回期间将增加企业的应纳税所得额和应交所得税，导致企业经济利益的流出，在其发生当期，构成企业应支付税金的义务，应作为负债确认。

① 详见 http：//www.gov.cn/gzdt/2008－07/04/content_1036212.htm。

（一）递延所得税负债的确认

企业在确认因应纳税暂时性差异产生的递延所得税负债时，应遵循以下原则：

1. 除所得税准则中明确规定可不确认递延所得税负债的情况以外，企业对于所有的应纳税暂时性差异均应确认相关的递延所得税负债。

［例11－11］ 沿用［例11－2］中有关资料，2007年12月31日，该上市公司持有的交易性金融资产账面价值3 096万元，计税基础为1 670万元，应纳税暂时性差异为1 426万元，A公司应确认相关的递延所得税负债。

2. 不确认递延所得税负债的特殊情况，主要包括：

（1）商誉的初始确认。非同一控制下的企业合并中，企业合并成本大于合并中取得的被购买方可辨认净资产公允价值份额的差额，按照会计准则规定应确认为商誉。因会计与税收的划分标准不同，按照税收法规规定作为免税合并的情况下，计税时不认可商誉的价值，即从税法角度，商誉的计税基础为0，两者之间的差额形成应纳税暂时性差异。

准则规定不确认与其相关的递延所得税负债，是因为确认该部分暂时性差异产生的递延所得税负债，意味着购买方在企业合并中获得的可辨认净资产的价值量下降，企业应增加商誉的价值，商誉的账面价值增加以后，可能很快就要计提减值准备，同时其账面价值的增加还会进一步产生应纳税暂时性差异，使得递延所得税负债和商誉价值量的变化不断循环。

（2）除企业合并以外的其他交易或事项中，如果该项交易或事项发生时既不影响会计利润，也不影响应纳税所得额，则所产生的资产、负债的初始确认金额与其计税基础不同，形成应纳税暂时性差异的，交易或事项发生时不确认相应的递延所得税负债。

该规定主要是考虑到由于交易发生时既不影响会计利润，也不影响应纳税所得额，确认递延所得税负债的直接结果是增加有关资产的账面价值或是降低所确认负债的账面价值，使得资产、负债在初始确认时，违背历史成本原则，影响会计信息的可靠性。

（二）递延所得税负债的计量

所得税准则规定，资产负债表日，对于递延所得税负债，应当根据适用税法规定，按照预期清偿该负债期间的适用税率计量，即递延所得税负债应以相关应纳税暂时性差异转回期间按照税法规定适用的所得税税率计量。

无论应纳税暂时性差异的转回期间如何，准则中规定递延所得税负债不要求折现。因为在实务中，要求企业折现的工作量较大、包含的主观判断因素较多，且很多情况下无法合理确定暂时性差异的具体转回时间，所以准则中规定递延所得税负债不予折现。

二、递延所得税资产

（一）递延所得税资产的确认

递延所得税资产产生于可抵扣暂时性差异。资产、负债的账面价值与其计税基础不同产生可抵扣暂时性差异的，在估计未来期间能够取得足够的应纳税所得额用以利用该可抵扣暂时性差异时，应当以很可能取得用来抵扣可抵扣暂时性差异的应纳税所得额为限，确认相关的递延所得税资产。

确认递延所得税资产时，应关注以下问题：

1. 递延所得税资产的确认应以未来期间很可能取得的用来抵扣可抵扣暂时性差异的应纳税所得额为限。在可抵扣暂时性差异转回的未来期间内，企业无法产生足够的应纳税所得额用以利用可抵扣暂时性差异的影响，使得与可抵扣暂时性差异相关的经济利益无法实现的，则不应确认递延所得税资产。

2. 对于按照税法规定可以结转以后年度的未弥补亏损（可抵扣亏损）和税款抵减，应视同可抵扣暂时性差异处理。在预计可利用可弥补亏损或税款抵减的未来期间内很可能取得足够的应纳税所得额时，应当以很可能取得的应纳税所得额为限，确认相应的递延所得税资产，同时减少确认当期的所得税费用。

值得注意的是，国际会计准则委员会（IASB）于 2010 年 12 月 20 日发表了对 IAS12 所得税法的修订稿，此次修订是基于对标的资产价值收回相关的递延税项的问题，于 2012 年 1 月 1 日生效。IAS12 要求企业在计量递延所得税资产时要基于对企业是否希望通过出售或者使用来收回其账面价值的考虑，但是这对当企业使用 IAS40 - 投资资产的相关准则采取公允价值来计量资产价值，评估此项资产价值能否被收回时就显得比较困难以及主观了。该修正案提供了一个实用的解决这个问题的方法，即通过引入推定其账面价值能否收回，通常是通过出售来衡量的这一标准。如果此修订稿被应用后，SIC - 21 所得税——重新估值的未计提折旧资产价值的收回这一准则将不会再被应用于以公允价值计量的投资资产中。此次修订也是 IASB 同 FASB 的一种趋同的表现，随着我国开放程度的增加，我国是否也会采取这样的处理方法是学员值得考虑的问题。

3. 某些情况下，如果企业发生的某项交易或事项不属于企业合并，并且交易发生时既不影响会计利润也不影响应纳税所得额，且该项交易中产生的资产、负债的初始确认金额与其计税基础不同，产生可抵扣暂时性差异的，所得税准则中规定在交易或事项发生时不确认相关的递延所得税资产。其原因同该种情况下不确认递延所得税负债相同，如果确认递延所得税资产，则需调整资产、负债的入账价值，对实际成本进行调整将有违会计核算中的历史成本原则，影响会计信息的可靠性。

（二）递延所得税资产的计量

与递延所得税负债的计量原则相一致，确认递延所得税资产时，应当以预期收回该资产期间的适用所得税税率为基础计算确定。并且无论相关的可抵扣暂时性差异转回期间如何，递延所得税资产均不要求折现。

在资产负债表日，企业应当对递延所得税资产的账面价值进行复核。如果未来期间很可能无法取得足够的应纳税所得额用以利用可抵扣暂时性差异带来的经济利益，应当减计递延所得税资产的账面价值。

三、所得税费用的确认与计量

企业核算所得税，主要是为确定当期应交所得税以及利润表中应确认的所得税费用。按照资产负债表债务法核算所得税的情况下，利润表中的所得税费用由两部分组成：当期所得税和递延所得税。确定了当期所得税和递延所得税，即确定了所得税费用。图 11－2 为所得税几个核心概念之间的关系。

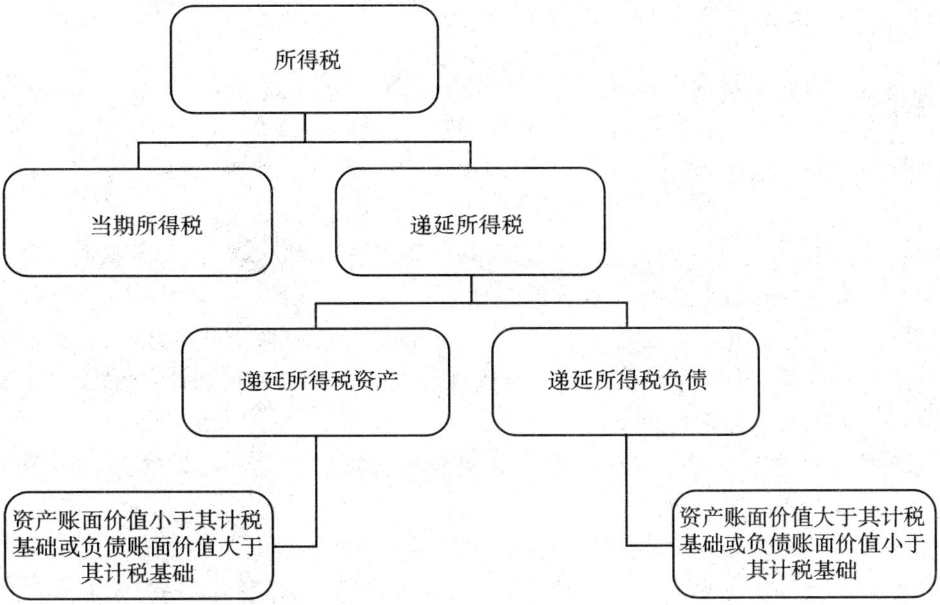

图 11－2　所得税几个核心概念之间的关系

（一）当期所得税

当期所得税是指企业按照税法规定计算确定的针对当期发生的交易和事项，应缴纳给税务部门的所得税金额，即应交所得税，当期所得税应以适用的税收法规为基础计算确定。

企业在确定当期所得税时，对于当期发生的交易或事项，会计处理与税收处理不同的是，应在会计利润的基础上，按照适用税收法规的规定进行调整，计算出当期应纳税所得额，按照应纳税所得额与适用所得税税率计算确定当期应交所得税。

（二）递延所得税

递延所得税是指按照所得税准则规定应予确认的递延所得税资产和递延所得税负债在期末应有的金额相对于原已确认金额之间的差额，即递延所得税资产及递延所得税负债当期发生额的综合结果。用公式表示即为：

递延所得税＝（期末递延所得税负债－期初递延所得税负债）－（期末递延所得税资产－期初递延所得税资产）

但是应予说明的是，企业因确认递延所得税资产和递延所得税负债产生的递延所得税，一般应当计入所得税费用，但是如果某项交易或事项按照会计准则规定应计入所有者权益的，由该交易或事项产生的递延所得税资产或递延所得税负债及其变化亦应计入所有者权益，不构成利润表中的递延所得税费用（或收益）。国际会计准则解释公告第 25 号[①]对此也

① 详见 SIC Interpretation 25：Income Taxes-Changes in the Tax Status of an Entity or its Shareholders 第 4 段。

做了类似的规定，当交易涉及其他综合损益的金额确认，则应当将递延所得税计入其他综合损益。

（三）所得税费用

计算确定了当期所得税及递延所得税以后，利润表中应予确认的所得税费用为两者之和，即：所得税费用 = 当期所得税 + 递延所得税。熟悉［例 11 - 12］和［例 11 - 13］有利于我们掌握所得税的会计处理。

［例 11 - 12］ 某公司 20×7 年利润表中利润总额为 4 800 万元，该公司适用的所得税税率为 33%。递延所得税资产和递延所得税负债不存在期初余额。20×7 年发生的有关交易或事项中，会计处理与税收处理存在差异的包括：

（1）20×7 年年初开始计提折旧的一项固定资产，成本为 2 400 万元，使用年限为 10 年，净残值为 0，会计处理按双倍余额递减法计提折旧，税收处理按直线法计提折旧。税法规定的使用年限与会计规定相同。

（2）向关联企业捐赠现金 800 万元。假定按税法规定，企业向关联方的捐赠不允许在税前扣除。

（3）当年发生研究支出 2 000 万元，其中 1 200 万元资本化计入无形资产成本。税法规定企业发生的研究开发支出可按实际发生额的 150% 扣除。假定所开发的无形资产尚未达到预定使用状况。

（4）缴纳税务部门的罚款 400 万元。

（5）期末存货账面原值为 3 200 万元，计提了 120 万元的存货跌价准备。

请计算出 20×7 年度应缴纳的所得税金额，同时分别确定递延所得税资产、递延所得税负债、递延所得税金额，并写出所得税费用的会计处理。

计算 20×7 年度应缴纳的所得税金额，首先应计算 20×7 年应纳税所得额，等于 4 800 + 240 + 800 - 2 200 + 400 + 120 = 4 160（万元），故 2007 年应交所得税为 4 160 × 33% = 1 372. 8（万元）。

20×7 年度资产负债表的相关项目金额与其计税基础的差异如表 11 - 3 所示。

表 11 - 3　　某公司 20×7 年暂时性差异表　　单位：万元

项　目	账面价值	计税基础	暂时性差异	
			应纳税暂时性差异	可抵扣暂时性差异
存货	3 200	3 320		120
固定资产				
固定资产原价	2 400	2 400		
减：累计折旧	480	240		
固定资产账面价值	1 920	2 160		240
无形资产	1 200	0	1 200	0
合计			1 200	360

因此由表 11－3 我们可以得到：

递延所得税资产＝360×33%＝118.8（万元）；递延所得税负债＝1 200×33%＝396（万元）；递延所得税＝396－118.8＝277.2（万元）。

因此会计处理如下：

借：所得税费用	1 650	
递延所得税资产	118.8	
贷：递延所得税负债		396
应交税费——应交所得税		1 372.8

[例 11－13] 承接 [例 11－12]，假定该公司 20×8 年应交所得税为 1 848 万元，资产负债表中的资产、负债的账面价值与其计税基础存在差异（见表 11－4）。

表 11－4　　某公司 20×8 年暂时性差异表　　单位：万元

项　目	账面价值	计税基础	暂时性差异	
			应纳税暂时性差异	可抵扣暂时性差异
存货	6 400	6 720		320
固定资产	0	0		
固定资产原价	2 400	2 400		
减：累计折旧	864	480		
减：固定资产减值准备	80	0		
固定资产账面价值	1 456	1 920		464
无形资产	1 080	0	1 080	
预计负债	400	0		400
合　计			1 080	1 184

假设 20×8 年的所得税税率为 33%，请计算递延所得税资产、递延所得税负债、递延所得税金额，并进行会计处理。

根据表 11－3，我们可以得到：

递延所得税资产＝1 184×33%＝390.72（万元），较期初增加 271.92（万元）；

递延所得税负债＝1 080×33%＝356.4（万元），较期初减少 39.6（万元）；

递延所得税＝(356.4－396)－(390.72－118.8)＝－311.52（万元）

会计处理如下：

借：所得税费用	1 536.48	
递延所得税资产	271.92	
递延所得税负债	39.6	
贷：应交税费——应交所得税		1 848

四、所得税的列报

企业对所得税的核算结果，除利润表中列示的所得税费用以外，在资产负债表中形成的应交税费（应交所得税）以及递延所得税资产和递延所得税负债应当遵循准则规定进行列报。其中，递延所得税资产和递延所得税负债一般应当分别作为非流动资产和非流动负债在资产负债表中列示，所得税费用应当在利润表中单独列示，同时还应在附注中披露与所得税有关的以下信息：一是所得税费用（收益）的主要组成部分；二是所得税费用（收益）与会计利润关系的说明；三是未确认递延所得税资产的可抵扣暂时性差异、可抵扣亏损的金额（如果存在到期日，还应披露到期日）；四是对每一类暂时性差异和可抵扣亏损，在列报期间确认的递延所得税资产或递延所得税负债的金额，确认递延所得税资产的依据；五是未确认递延所得税负债的，与对子公司、联营企业及合营企业投资相关的暂时性差异金额。

本章小结

企业的税收处理与会计核算分别遵循不同的原则，服务于不同的目的。税法以课税为目的，根据国家有关税收法律、法规的规定，确定一定时期内纳税人应缴纳的税额，从所得税的角度，主要是确定企业的应纳税所得额，以对企业的经营所得征税。而会计的确认、计量、报告则应当遵从企业会计准则的规定，目的在于真实、完整地反映企业的财务状况、经营成果和现金流量等，为投资者、债权人以及其他会计信息使用者提供对其决策有用的信息。因此所得税法规和会计准则规定相互分离促成了所得税会计的产生。

在所得税会计准则的规定下，除发生特殊交易或事项外（例如企业合并），企业一般仅在资产负债表日进行所得税的会计处理。企业进行所得税核算时一般遵循以下程序：首先，按照企业会计准则，确定资产负债表中除递延所得税资产和递延所得税负债以外的其他资产和负债的账面价值；其次，以税法为基础，确定资产负债表中除递延所得税资产和递延所得税负债以外的其他资产和负债的计税基础；再次，逐项比较资产、负债的账面价值与其计税基础，分析其差异性质，除企业会计准则中规定的特殊情况外，区分应纳税暂时性差异和可抵扣暂时性差异，并乘以适用的所得税税率，确定递延所得税资产和递延所得税负债的金额，并与期初递延所得税负债和递延所得税资产的金额相对比，确认当期应进一步确认（或转销）的递延所得税负债或递延所得税资产的金额，作为利润表中所得税费用的递延所得税；最后，确定利润表中的所得税费用。利润表中的所得税费用包括当期所得税和递延所得税两个组成部分。当期所得税是指当期发生的交易或事项按照税法规定，确定的当期应交所得税，即按照适用的税法规定计算当期应纳税所得额，将应纳税所得额与适用税率相乘，得出当期应交所得税。递延所得税是当期确认的递延所得税资产（或递延所得税负债金额）或予以转销的金额的综合结果。

复习思考题

1. 资产负债观和收入费用观的差异主要体现在哪些方面？

2. 所得税会计的核算程序是怎样的?

3. 试举例说明如何确定资产、负债的计税基础?

4. 试举例说明如何确定应纳税暂时性差异和可抵扣暂时性差异?

5. 利润表中的所得税费用由哪几部分构成?请详细分析各部分构成如何核算。

6. 请列举出一个因为所得税处理不当而被税务机关、审计局或证监会等监管部门处罚的案例。

第十二章　股票期权的会计处理

本章目标

通过本章学习，你应该能够：

1. 了解经理人相关激励措施与股票期权的概念。
2. 了解中国上市公司股票期权与激励效应。
3. 掌握我国股票期权的确认、计量及其会计处理和信息披露。

股票期权后患大，利维特不战而退悔断肠

随着网络泡沫的破灭和“9·11”恐怖袭击的双重打击，美国经济形势急转直下，掩藏在8年“新经济”光环下的各种弊端逐一暴露，特别是能源巨头安然公司的破产，引发了一系列戏剧性的惊人后果：包括副总统在内的多名高层官员牵涉入案，参议院甚至为此向白宫发出传票，要求提供白宫和安然管理人士之间联系的资料；包括美林、瑞士信贷第一波士顿、花旗集团、摩根大通在内的美国9家主要银行和证券公司被控参与了安然高层欺诈投资者和债权人的计划，进而美国媒体纷纷披露华尔街在美国多家公司丑闻中扮演帮凶角色；安然公司的外部审计公司安达信因毁坏与安然有关的文件被指控妨碍司法公正，于2002年6月被判有罪，随之解体；其他四大会计公司也不清不白；更多大公司账目受到质疑，施乐、世界通讯、时代华纳甚至包括IBM，美国股市因信任危机一跌再跌，甚至超过了“9·11”的影响；终于，美国国会通过了萨班斯－奥克斯法案，对美国证券业和会计业进行了1928年以来最大一次变革。

面对这些光怪陆离的景象，有一个人看在眼里，痛在心里：他在几年前就提出慎重对待股票期权，他一直想规范美国会计业，他在职的7年多时间一直与会计行业激战却屡战屡败，因为“众人皆醉我独醒”。他就是美国证券交易委员会（SEC）前主席亚瑟·利维特（Arthur Levitt）。他在《旁观华尔街：美国公司和华尔街不希望你知道的故事，你会怎样反击》一书中写道：“在我1993年进入美国证券交易委员会后，发现几乎所有的美国公司都合起伙来反对美国财务会计准则委员会（FASB）。矛盾都围绕着公司是否应把股票期权作为费用记入公司损益表，就像记录工资、奖金和其他形式的补贴一样。每个公司都说不应该这么做，理由是没有实质性的金钱流出公司保险箱。作为一个独立机构，FASB负责制定会计标准，它认为应该这么做，因为股票认购权的拥有者是获得了实实在在的价

值，对股东而言也是实际的付出。1993 年 6 月，FASB 全体投票通过一项准则，要求企业将期权视为一种支出，按期权的未来预测价值计算成本。没想到这个决议掀起一场政治上的滔天巨浪。

美国公司对 FASB 的这一准则非常恼火，特别是硅谷的高科技公司，因为收入少利润薄，直接支付现金做奖金是非常不实际的，而股票期权是很好的激励法宝。他们说服国会召开听证会，甚至克林顿政府都表态反对这条规定。”

请问利维特为什么会说这番话？其原因是什么？

资料来源：Arthur Levitt. 2002. Take on the Street：What Wall Street and corporate America don't want you to know/what you can do to fight back. Knopf Group E-Books.

第一节 经理人激励与股票权期

案例 12－1

认股权的巨大作用

1994 年 3 月 1 日，反对财务会计准则委员会职工认股权会计处理方案的组织，建议给硅谷的每一家高科技公司发出一份通知，希望他们参加将于 3 月 25 日召开的“硅谷职工认股权群众大会”，当天正是 FASB 举行为时两天听证会的第一天。该通知的开头写道：

“美国电子协会、美国经济发展企业家协会和海湾地区风险资本企业协会将举行一次大型的职工大会，反对 FASB 的建议，因为该建议是灾难性的，而且直接威胁到我们的工作。抗议大会是我们最好的机会，我们将以此来向克林顿政府证实，FASB 的建议对硅谷是极其不利的。全国和各地方的电视台及新闻媒体都将对此次大会进行报导”。

同时附上的传单上给出了大会的主题：

是什么使硅谷与众不同？
认股权
我们靠什么来吸引最优秀的人员？
认股权
我们仅有的激励方式是什么？
认股权

聚会的当天，硅谷的公司都给它们的员工放假，而且还向大会派出大量高层代表，会场内外，攻击 FASB 的海报、T 恤等宣传物到处散发，激情演讲不断，大会还雇用了一所高校的军乐队为其演奏背景音乐。所有地方电视台的晚间新闻都对这次喧闹的会议进行了报导。正如《华尔街日报》所说的，反对 FASB 的私营部门“将这看成是一次生死攸关的斗争”。

在硅谷，股份认购权是个很普遍的概念，即便是一家名不见经传的小公司，大家可能并不注重薪水，但股份认购权一定要谈清楚。股份认购权不要员工自己掏腰包就可以享有，是自己的能力和价值的一种体现。股份认购权使每个员工都能成为公司的主人，使每个员工都能为公司的发展竭尽全力。如果公司发展了，员工可以通过股份认购权获得经济上的实惠。如果公司倒闭，员工也没有资金风险①。

资料来源：朱金荣、李志伟：《硅谷如何造就高级人才》，《硅谷》，2000 年第 4 期。

讨论：

为什么认股权有如此巨大的诱惑力？

一、股票期权的基础知识

原理

股票期权是企业赋予经营者一种权利，经营者在规定的年限内可以以某个固定价格购买一定数量的企业股票。

近年来，欧美国家在对经营者进行激励时表现出一个显著的特点，即越来越多的企业采用股票期权方式。所谓股票期权就是由企业赋予经营者一种权利，经营者在规定的年限内可以以某个固定价格购买一定数量的企业股票。经营者在规定年限内的任何时间，按事先规定的价格买进企业股票，并在他们认为合适的价位上抛出。股票期权的最大作用是按企业发展成果对经营者进行激励，具有长期性，使经营者的个人利益与企业的长期发展更紧密地结合在一起，促使经营者的经营行为长期化。

期权原属经济学范畴中的一个专用名词。《经济百科辞典》认为：“期权是一种可在一定日期，按买卖双方所约定的价格，取得买进或卖出一定数量的某种金融资产或商品的权利”。戴维·皮尔斯主编的《现代经济学辞典》中对期权的定义是：“期权，一种契约，允许另一当事人，在给定的时期内按照约定的价格，购买或销售商品或有价证券的契约。它相当于一种类型的投机，如果价格显著地变动，买进很可能按照充分低于当前交易价格的约定价格购买，如果差价大于期权的成本，他就将受益。销售契约是出售期权，购买契约是购买期权，而买或卖的契约是双重期权。这些通常简称为限价卖出和限价买进”。

对于股票期权制，美国企业组织结构专家、布鲁金斯研究中心高级研究员玛格丽特·布莱尔女士作过一个生动的解释。她说：“股票期权制，也可称为股票选择权。它的基本含义是，用事先议定的某一时期的股票价格，购买未来某一时期的该种股票，通常，这种股票应该是升值的。举例而言，一位公司经理被公司股东允诺，可以用当年的本公司股票价格（如 5 美元），购买 3 年后的股票若干股，那时，每一股股票的价格可能已升至 20 美元。这样做的好处是，对企业经营者改善经营、增大盈利产生很大的压力和诱惑，他只有努力创新才能使公司股票大幅度增值，公司产力增强了，而他个人得到的利益也通过股票期权实现了”。她又说：“据我了解，在实行员工持股计划的美国公司中，一般员工与高层管理人员在持有现有股份上的数量差异并不是很大，对经营人员的重要激励机制就是在股票期权

---

① 对于一个优秀的人才，硅谷公司往往会给予较多的股份认购权，这是硅谷尊重人才的一个体现。很多人就是通过股票认购权而成为富翁，一个成功的公司往往能有上百个百万富翁，这是硅谷的一种很有效的激励模式。

上。”对主要经营者允诺的股票期权一般数量较大，但亦有明确的股票增值目标。通常只有达到增值目标才有权利用低价购买，达不到增值目标则失去了这种选择权。从运作层面上看，股票期权仅仅是一种预期，并不需要企业或经营者用现金支付。因此是一种较为方便的激励方式，在美国还有一种现实的考虑：通过期权的安排，可以避免税收上的麻烦。

可见，股票期权是公司给予高级管理人员的一种权利。持有这种权利的高级管理人员可以在规定时期内以股票期权的行权价格购买本公司股票，这个购买的过程称为行权。在行权以前，股票期权持有人没有任何的现金收益；行权过后，个人收益为行权价与行权日市场价之间的差价。高级管理人员可自行决定在任何时间出售行权所得股票。因此，股票期权实际上是一种选择权，即以一定的当前成本 E 获得未来某一时间、按某一约定价格，买进（或卖出）一定数量的股票的权利。这一权利在未来可以行使，也可以放弃，从而降低当前直接拥有股票可能造成的市场风险。股票期到期日的价值为：$V = \max(S - X, 0)$，其中 S 为期权到期日的股票市场价格，X 为购买期权时的股票协议价格。买方以成本 E 购买期权，只有权利而无义务，其潜在的盈利是将无限的亏损有限化，亏损最大不超过期权费 E。

二、经理人激励：基于代理理论的分析

> **原理**
>
> 代理理论是企业由一系列契约所组成，包括资本的提供者（股东和债权人等）和资本的经营者（管理当局）、企业与供贷方、企业与顾客、企业与员工等的契约关系。

1932 年，阿道夫·贝利和格迪恩·米恩斯在论及“公司所有者（委托人）和管理人员（代理人）相互分离”这一问题提请人们注意时，他们特别指出了所有权和控制权相互分离可能造成的后果，并为后来众所周知的代理理论奠定了基础。在这样的前提之下，人们普遍认为，公司法不仅不利于公司的债权人，而且不利于股东本身。在公众持股公司中，所有权（股东）与管理权（经理人员）是分离的。亚当·斯密早在 200 多年以前就对此种两权分离的现象提出了质疑，并进一步进行了悲观的预测。他在《国民财富的性质和原因的研究》中指出：“在钱财的处理上，股份公司的董事为他人尽力，而私人合伙公司的伙员，则纯是为自己打算。所以，要想股份公司的董事监视钱财用途，像私人合伙公司伙员那样用意周到，那是很难做到的……疏忽和浪费，常为股份公司业务经营上多少难免的弊端”。

（一）传统的利益冲突

公司，尤其是上市公司，拥有大量的股东，这些股东大都没有参与到企业的经营中，同时也不行使对企业的监督权利。在这种情形下，公司的业务就由代理人所控制和经营。由于双方的力量差距过大，股东与管理层之间进行讨价还价实质上是不可能的。虽然一般来说，如果股东的利益得到满足，那么管理层利益也将有保障，然而同所有的委托—代理人模式相同，股东和管理层也存在利益上的冲突。

代理人在工作中有漫不经心的倾向，在应付诸如新技术出现等的环境变化上，代理人为了免予劳神而对环境变化采取放任的态度，因此而享受潜在的利益。这个问题人们称为偷懒。所有代理人都有可能通过不公正的自我交易，把委托人的财产占为己有或为己所用，从而享受潜在的利益。人们通常把这一问题归入传统的利益冲突。

（二）职位利益冲突

与其他大多数代理模式不同的是，公司高级管理层享有很大程度上的自主权，包括法律上的和事实上的。由于这种广泛自主权的存在，又会导致公司管理层在运用权力的过程中不可避免地和股东出现利益分歧，即以牺牲股东的利益来维护和巩固其自身的地位。M. V. 爱森伯格教授把这种利益分歧称为职位利益冲突。职位利益冲突的表现方式繁多，诸如：

1. 目标函数的不一致。委托－代理关系普遍存在于所有权和经营权相分离的现代企业中，一般的情形是，委托人通过契约的方式，授予代理人某些决策权，代理人代表委托人从事经济活动。具体地说，股东是委托人，而董事会和高层经理人员是代理人。在这一委托代理关系中，由于委托人和代理人有各自不同的目标函数，即公司所有者的利益和公司管理者在利益追求上存在严重的冲突。在经理人员持有特别少的股权和股东因太分散而无法坚持价值最大化目标时，经理人员很可能利用公司资产使自身受益，而不是使股东受益。一种比较典型的情况是，公司股东想实现收益的最大化，但管理人员却常常希望公司的规模最大化。合理的解释是，"经理人员的一揽子报酬"结构过多地强调了公司规模。当然，管理人员因为可以从担任较大规模公司的首脑而获得某些社会利益，在公司规模不断增长的时候，在社会和同事的眼中，他们实际上是获得了更大的权利和变得更加重要。这种荣誉感和虚荣心也使得公司的管理人员可能会不顾与公司扩张潜在相关的长期利润而努力去扩大公司规模。

2. 多元化经营。除了上述的情况外，还存在其他的情形。根据专家的研究，管理者和股东一样具有风险规避的本能。但是，股东的风险规避可以通过分散自己的证券组合来达到，而管理人员却不能有效地分散自己的雇佣风险。在这种情况下，他们可以通过多角化扩张作为降低公司风险和增加自己工作安全性的方法（所谓多元化的扩张，是指从事多种不同行业的经营，比如，家电行业的巨头进入通讯领域）。这种风险规避的本能使得管理者和股东的利益会背道而驰。

3. 管理阶层的堑壕。史雷夫和威施尼还提出了管理人员所享有的另一种形式的特惠，中文翻译暂译为"管理阶层的堑壕"。该理论揭示了管理人员可能因为自己的能力不足，而采取的一系列自己谋求最大利益的行为。虽然管理人员按照与其技能相一致的方式来管理公司，但未必能以最大限度地代表公司利益的方式进行扩张。

委托－代理关系的存在必然产生代理成本。所谓代理成本，即指由前述代理问题所衍生的成本。因为一般而论，对委托人或对被代理人而言，实难以零成本得以确保代理人所作决策可以永恒达到委托人所希望的最佳决策，因此造成代理成本的产生。然而代理成本的具体内涵应如何表述？根据学者詹森和麦克林的研究，代理成本应该包括下列三项内容：一是委托人所支出的监控成本，例如设计防范代理人有超常规行为的花费；二是代理人所支出欲令委托人相信其将忠实履约的成本，这一成本包括金钱与非金钱的成本在内；三是因代理人所作决策并非最佳决策，致使委托人财产上所受的损失。

> **原理**
>
> 代理成本指股东与经理人之间订立、管理、实施合约的全部费用。

现代企业的特点是股权高度分散，这势必赋予经理人较大的决策空间。由于监督的不到位以及信息的不对称，很容易产生道德风险。股东与经理层之间的道德风险主要是经理人的偷懒行为和机会主义行为。前者是经理人的消极不作为，付出的努力不能匹配其应得的收入。后者是代理人为了增加自己的利益，在作出经济决策时，不考虑所有者的利益。而监督的到位必须以信息的对称为前提条件。从逻辑关系上来看，克服代理人道德风险的关键在于处理信息不对称的问题。但是从实际的情况来看，解决信息对称几乎是不可能的任务。一方面，正如波斯那所描述的那样，典型的股东（非公众持股公司或某人持有某公司很大比例股份的情况外）是不了解企业的业务状况的，而且他们并不将投资收益作为获得生计的一个重要组成部分，所以就不希望也没有积极性来参加企业的管理。他只是一个消极的投资者，而且由于其利益的流动性，他与企业只具有一种松散和暂时的关系。他的利益像债权人的利益一样，是一种金融利益而不是一种管理利益。虽然在机构投资者盛行的今天，该论断也没有完全失去意义。因为机构投资者虽然比单个股东更有实力和动机去参与管理公司，但是由于分散风险的证券投资组合方式使机构投资者没有太多的精力来参与管理，信息不对称问题仍然得不到有效的解决。另一方面，由于公司信息披露所采用的术语和工具日渐专业化和技术化，作为普通的投资者，完全没有能力对信息进行合理的分析以得出正确的结论。所以要克服经理人的道德风险，就需要从委托代理制度内部着手，建立一种利益共享、风险共担的运行机制。让经理人的利益和投资者的利益最大化的目标能达成一致，那么就能在很大程度上解决治理成本过高的问题。

当然还有其他的方式，如经理人市场的建立、代理权争夺以及管理层收购等制度，都可以降低管理人员的代理成本。但这些是公司外部治理机构所关注的问题，本书不作更多的阐述。问题的关键很自然地过渡到了设计出这样一种激励机制，赋予经理人足够的激励，使代理人成为企业剩余的分享者，把企业经营成果在所有者和经理人之间进行最优的分配，并由双方共同承担经营风险，诱使追求自身利益的经理人作出符合所有者目标的行为选择，使代理人在追求企业剩余的过程中，自身效益也随之增进，从而力求经理人自身效用最大化的目标与所有者效用最大化的目标相一致，实现两者之间的激励与约束相容。

三、经理人激励与股东价值创造

从委托－代理理论的观点看，代理人的行为是自我利益导向的，因此需要用制衡机制来对抗潜在的权力滥用，用激励来激发经理人员为自身谋取利益的同时实现股东利益的最大化。权力的制衡需要通过公司治理结构的完善来实现，而经理人员积极性的激发则需要通过赋予其一定限度的剩余索取权来实现。一般而言，公司的剩余索取权与控制权相匹配，谁拥有控制权，谁就应享有与之相匹配的所有者剩余，否则控制权将变成一种廉价投票权；剩余索取权应尽可能分配给最具有信息优势且监督成本过高的人员，才可能避免其从制度外获益。最有效地防止办法就是通过剩余索取权的赋予达到利益兼容，降低监督成本。从这两点来看，剩余索取权应部分授予经理。

哈佛管理学的经典理论告诉我们，能够战胜对手的公司都有两个共同的经验：高级管理人员具有长远的战略眼光；高层管理班子具有长期稳定性。公司对于诸如公司购并、公司重组以及长期投资等影响长远的计划，其效果往往需要 3 年、5 年、甚至 10 年以后才能在公司财务报表上有所反映。为了解决长期激励的问题，西方近几十年来的一个重大发明就是经理人股票期权。股票期权设置的理由有二：一是风险防范。即企业家是风险的制造者，最难监督、最有私人信息优势。把企业的部分所有权售予企业家，可以协调股东和管理层的利益，弱化股东和管理层之间的冲突，促使管理层行为趋向股东利益目标。二是激励约束。股票期权可以改善企业家的报酬水平与报酬结构，提高经理层偷懒和寻租的成本。在一个有效的资本市场中，公司的股价要反映公司真实的业绩。股票期权持有人只有在计划实施期限内保持公司业绩上扬，才能获得因业绩上升带来的股票行权收益。反之，如果偷懒，则会付出经济上的代价。股票期权的设计目的恰好能够克服所有权和经营权相分离后带来的问题，并且由此决定的首席执行官的报酬也比较容易判定。

四、经理人股票期权的定价

股票期权取得的依据为股票期权计划。股票期权计划由一系列文件构成。通常包括：股票期权契约；公司已建立的有效的业绩考核体系的说明；律师事务所就股票期权计划出具的法律意见书；独立财务顾问对股票期权计划的有效性的意见；独立财务顾问对业绩考核方法的意见。具体来说，与股票期权计划有关的主要内容如下：

（一）授予方式

究竟什么样的人才能得到股票期权，最终的决策完全由公司的薪酬决策者决定，而具体实施则通过这些计划文件来控制。这些计划文件要经过股东的批准，计划的修改也要求征得股东的同意。具体地说，国外股票期权计划制定的通常程序为：由董事会下设的薪酬委员会制定股权激励计划，然后由董事会审议，审议通过后召开股东大会审议，同时由监事会（如果有监事会的话）进行审议，在股东大会审议通过并且监事会没有提出异议的情况下，由薪酬委员会负责具体实施。

但实践中很多公司为避免需要进一步争取股东的同意，在进行期权设计计划时，都尽可能为未来可能出现的调整保留余地。在股票期权计划方案的设计上，公司经常将所有的职员纳入股票期权计划的潜在对象范围。值得注意的是，公司的上述行为仅使员工获得股票期权的资格，但不一定给所有的员工提供股票期权。给予资格的目的主要是保持股票期权计划执行中的灵活性，在未来任何时间，如果有必要给一般员工提供股票期权，就不必再请示股东，这种保持灵活性的操作方法，在现实中非常流行。不过，安然事件后，美国也在逐渐改变这一传统做法。美国目前正准备修订该项制度，美国证监会将明确规定股票期权计划必须经股东大会批准同意后才能实施，以增加公司股票期权计划的透明度。

（二）有效期

股票期权的有效期是指从授予时间算起股票期权可以执行的期间。最常用的执行权利有效期为从期权授予后满 10 年。采用 10 年的有效期，部分原因是因为法律上限定激励性股票期权不能超过 10 年，从报酬的角度来看，10 年的股票期权也同样有实际意义。因为如果有效期太长，股票期权计划就更像某种退休机制从而起不到应有的激励作用。

（三）股票期权的行权

> **原理**
>
> 行权是指被授予股票期权的相关人员在规定的时间内购买公司股票的行为。

行权是指被授予股票期权的相关人员在规定的时间内购买公司股票的行为。行权期是期权授予后到有效期结束前的那一段时期。在该期限内，被授予期权的人员可以为行权的意思表示，即决定是否购买。

1. 行权价格。各国关于股票期权行权的确定有3种方法：一是低于现值法，即行权价低于市价；二是等现值法，即行权价等于市价；三是高于现值法，即行权价高于现值。有资料声称，目前美国的做法是不能够低于或应高于授予股票期权时股票的公平市场价格。根据作者掌握的资料来看，员工股票购买计划就不属于此种情形（在员工股票期权购买计划下，期权的执行价格不得低于期权授予当时公司股票公允市场价格的85%，或者在期权计划中规定，不能低于股票期权执行时公司股票公允市场价值的85%；对于执行价格至少为公司股票公允市场价值85%的期权，最长的期权执行时间是从期权授予之日起5年），有必要澄清这种错误的观点。对于公开市场价格，不同公司规定不同。有些公司规定为行权日前一交易日收盘价，也有些公司规定为赠与日最高市价与最低市价的平均价。对于拥有公司控制权10%以上的管理人员，在股东大会同意后，其股票期权行权价必须高于或等于公平市价的110%。中国香港的规定是，行权价不低于股票期权日前5个交易日的平均收市价的80%或股份的面值（以较高者为准）。

2. 行权方式。在美国公司，行使股票期权的方式比较灵活，一般有以下4种：一是现金或支票；二是欠款单（即员工向公司短期借款用于购股）；三是透支（即员工向银行或证券公司协议透支购股）；四是用公司愿意接受的股票进行交换。在香港还有无现金行权并出售的做法。具体规定是：获受人部分或全部行使期权前，需以书面形式通知公司表示行权的股份数量，每次通知单必须附有按行使价计有的相应股份认购汇款单，公司在附有审计员确认书的通知单及汇款单28日内，把相应股份全部划拨到获受人（或其个人合法私人代表）账户上。

3. 等待期。等待期是指在期权可以执行之前需要等待的时间。其目的是为了保持公司管理层的稳定，维护普通投资者的利益。公司在决定股票期权的等待期时，通常需要确定两方面的因素，第一方面是等待期的类型，一般有4种选择：一是一次性等待期：一个员工所有的股票期权都在某天某个时间全部获得执行权利。二是直线等待期：在一定时期内，员工所持有的股票期权每年等比例地获得执行权利。三是梯级等待期：又称变动等待期。按照某种计算方式，在一定时期内，员工所持有的股票期权按不同的比例获得执行。四是业绩等待期：是公司达到一个具体目标时，持有的股票期权就会全部变成可以执行的。

等待期的第二个方面需要考虑的因素是股票期权可以执行以前必须等待的时间长度。一般来说，与业绩相关的等待期没有事先确定的年限，达到目标业绩所需要的时间也许是几个月，也许是几年，这取决于公司的运营状况、宏观经济趋势、消费者需求以及其他因素。而变动的等待期经常有明确的做法，但各个公司采用了不同的具体方法。根据美国国家员工所有权中心的调查问卷显示的数据来看，有以下几种情况：一是用直线等待期，每个月获得2%的执行权利，50个月获得全部股票期权的执行权。二是满1年、2年、3年后分别获得20%的执行权利，而满第4年后，再获得最后40%的执行权。三是在满1年时，获得25%的执行权，随后，每一季度获得6.25%的执行权利，直到最终获得全部的执行权利。四是在满 1 年时，获得 40% 的执行权，在随后的 3 年中，每年获得 20% 的执行权。五是在第 3 年获得 50% 的执行权，在第 5 年获得另外 50% 的执行权。六是在一年半中，按照每季度相同的比例获得执行权。

（四）股票期权的来源

公司必须储备一定数量的股票，才能实行股票期权计划。国外的通行做法有 3 种：一是股票发行时预留期权额度。这部分预留股票即形成留存股票，成为日后授予员工期权的主要来源。二是通过增发新股获得，以解决留存股票不足的问题。三是通过二级市场回购。在美国，上市公司可以通过留存股票账户回购股票。留存账户是指公司将自己发行的股票从市场购回的部分，这些股票不再由股东持有，其性质为已经发行但不能流通在外的股票。公司将回购的股票存入留存股票账户，根据股票期权的需要，在未来的某个时间再次出售。

（五）股票期权计划的执行和调整

股票期权计划的执行在很大程度上是通过授权来完成的。在国外，股票期权的授予多是分批、持续进行的。分批授权是为了防止高级管理人员到期一次性套现获利，并且又能保证管理人员在一定期限后获得相应的收益，起到激励和制约的双重作用。授权的时期多为受聘、升职和每年一次的业绩评定。

公司在授予经理人员股票期权之后可能会遇到一些特殊情况，如股票除权、公司的合并、收购、员工的辞职、解雇、伤残死亡等情况，必须对已实施的股票期权计划作出调整。对于股票期权计划的调整，历来是一个比较敏感的话题。在美国，大部分研究股票期权计划的学者认为事后修改股票期权计划的重要条款相当于比赛进行至一半时修改游戏规则，因而对股东来说是不公平的。如果允许公司的董事会随意修改既定的期权计划条款，经理人员即使经营业绩再差也能通过事后修改行权价格、延长行权期等办法获得不应获得的利益，这样股票期权的激励作用就丧失殆尽。因此，美国大部分上市公司对于修改期权计划条款是比较谨慎的。但在股市暴跌或行业不景气的情况下，公司的业绩即使很好其股价却也可能下跌，甚至跌至期权的行权价之下。这时为了留住人才，发挥已授予的股票期权的激励作用，公司就有必要对股票期权计划的条款进行调整。方案包括调整参与者的范围、降低行权价格、延长期权的行权期甚至终止现行的期权计划。

第二节　中国上市公司股票期权与激励效应分析

案例 12－2

国有资产真的流失了吗？

2006 年 9 月 7 日，中信证券公司董事会审议并通过《关于公司首次股权激励计划分步实施的议案》。按照议案，董事长王东明获得 80 万股股权激励，其他 7 位高管各获得 52 万股。行权价为上一期经审计每股净资产价格也就是每股 2.28 元，而中信证券前一天收盘在 14 元以上，每股虽然也有 11 元以上的收益，但因为股票锁定期 60 个月，现在拿不到手，而且行权价与市场价之差由原股东与激励对象按财政部批复的原则共享，还受到诸如是否国有资产流失之类的质问①。

按照中信证券董事会办公室郑小姐的说法，公司的股权激励完全按照财政部的批复进行，共享比例的规定较为复杂，基本原则是按照不同的增值幅度设置不同的比例分级计算。也就是说激励对象行权时获利越多，原股东分享也越多，从而起到摊薄的作用。至于说国有资产流失，郑小姐反驳说，中信证券成立之初，国有股东每股投入 1 元，不考虑多次分红，经过今年增发，现在每股净资产在 3.5 元以上，这当然是与获授权股权激励的公司高管的贡献分不开的，国有资产增值如此明显，何来流失？中信证券的股权激励方案是当时与股改捆绑进行的，原非流通股东提供 3 000 万份激励股票，涉及 47 家股东，其中财政部监管的国有股股东 4 家，国务院国资委和地方国资委监管的国有股股东 28 家，一般法人股股东 15 家。董事会通过的首次股权分步实施的议案规定，3 000 万股首次股权激励股中的 2 216 多万股将成为公司首次股权激励计划第一步实施方案的来源股。中信证券的股权激励方案之所以是财政部批复，是因为此次分配的 2 216 多万股激励股票中，有 1 470 万股来自财政部监管的 4 家国有企业。

中信证券股权激励的其余 783 万多股未得到国资委的批复。现在财政部提出了增值收益共享的原则，一方面激励对象可以从市值增长中获利，另一方面也避免了出现过度激励的情形，也可以说缓和一下社会舆论的反对声音，郑小姐肯定地说，公司捆绑的股权激励方案是得到国资委同意的，只是具体实施时仍需要国资委批准而已。她还说，如果国资委不同意，股发方案能出台吗？

中信证券的股权激励方案所以受到舆论质疑，除了是国有控股企业外，另一重要原因是行权价与股价差距太大。在 2007 年内的牛市中，券商是最大受益者，中信证券的股价从股改后最低的 4.4 元左右到 2007 年涨到最高的 17 元。如果 2007 年不是牛市，像 G 中化（600500）和 G 韶钢（000717）如果现在实施其股权激励，估计质疑声音也会很弱，因为韶钢松山现在的股价还在 3 元以下挣扎，远远低于每股资产，中化国际相当长一段时间股价在 4 元左右徘徊，即使经过前期大涨，现在也只是 6 元出头，与股权激励行权价 5.5 元差别不大。国有企业股权激励“不患低而患高”。

资料来源：张景宇：《中信证券 2 亿“礼包”激励高管》，《北京商报》，2006 年 9 月 8 日。

讨论：

中信证券 2 亿“礼包”激励高管导致国有资产流失了吗？

---

① 按照议案，2 216.3116 万股用于实现首次股权激励计划，股票来源为暂存于中信集团股票账户下的总量为 3 000 万股的股权激励暂存股，限售期为过户之日起 60 个月。一般而言，股权激励应该是以未来的收益，作为对激励对象努力经营公司的一种奖励。然而在这个激励方案中，由于上市公司净资产与市场价之间存在巨大价差，“礼包”高达 2 亿多元。按照中信证券当日收盘价计算，高管们所持这些股份对应的市值约为 3.79 亿元。扣除两次认购这些股份的近 5 000 万元的成本，股份增值超 6 倍。

一、管理层权力与股权激励

> **原理**
>
> 管理层权力理论认为：(1) 董事会不可能完全控制管理层薪酬契约的设计，管理层有动机和能力影响自己的薪酬；(2) 企业不按业绩计酬，而是很可能运用权力寻租；(3) 管理层薪酬激励并不必然减轻代理问题，它本身也可能成为代理问题的一部分。

（一）管理层权力理论

近年来越来越多的文献表明，公司管理层在很大程度上影响甚至决定着自己的薪酬，由此形成了薪酬制定理论的新流派——管理层权力理论。管理层权力理论在国际上正成为解释高管薪酬水平、薪酬业绩相关性和敏感度、薪酬结构及其变化乃至企业绩效的重要变量。我国正处于经济转型过程中，旧的薪酬体系正在瓦解，新的薪酬体制尚未完善，内部人控制极有可能发展到管理层影响甚至自定薪酬。因此，全面、深入地总结国外薪酬制定的管理层权力理论，不仅是学术积累的需要，对我国也有一定的借鉴意义。

（二）管理层权力对股权激励的影响

薪酬契约是股东与管理层签订的一种长期的关系型契约。契约双方都可能实施机会主义行为，薪酬契约需要交易的保障机制，最优薪酬契约的设计要求管理层的薪酬与业绩相关、管理层的剩余索取权与剩余控制权匹配，从而有助于解决代理问题。但是，股东与管理层的自利和有限理性决定了在薪酬契约谈判过程中存在着契约开始前的逆向选择行为和契约履行后的道德风险行为，表现出非合作博弈特征。现实当中，董事会代替股东代为签订薪酬契约，包括独立董事在内的薪酬委员会成员有着自身的效用最大化目标，当各方的谈判力并不均等时，薪酬契约会偏离帕累托最优设计。越来越多的实证研究发现，管理层能够利用权力影响自身的薪酬。

1. 管理层对董事会薪酬制定过程的影响①。较早的文献可追溯到 Crystal（1991）。他发现在薪酬契约谈判中公司管理层掌握着大部分讨价还价的能力；Main（1993）进一步指出，一些 CEO 牢牢控制着董事的提名过程；Boyd（1994）发现，CEO 报酬与董事会的控制能力相关：如果董事会控制能力越弱，CEO 的报酬越高；Hallock（1997）发现，公司间互派董事结成关系网，造成管理层报酬的制定不独立、不公正；Conyon et al.（1997）发现，40%的公司薪酬委员是 CEO 或执行董事，说明薪酬委员会并不独立；Main et al.（1995）发现，外部董事成员往往不是作为 CEO 的业绩评价者而是合作伙伴；Hermalin 和 Weisbach（1998）、Shivadasani 和 Yermack（1999）提供证据表明，在制定 CEO 报酬时，独立董事并不比内部董事做得更好。比如，Boroktlovich et al.（1996）发现当独立董事的比例越高时，CEO 的报酬也越高。

2. 管理层权力对薪酬水平、薪酬业绩相关性和敏感度的影响②。Newmarl 和 Mozes（1997）发现，当薪酬委员会中至少有一位内部人时，CEO 的薪酬水平显著更高，薪酬与业

① 具体参见卢锐、魏明海：《薪酬制定的管理层权力理论进展》，《经济管理》，2008 年第 1 期。

② 具体参见卢锐：《管理层权力、薪酬与业绩敏感性分析——来自中国上市公司的经验证据》，《当代财经》，2008 年第 7 期。

绩的相关性显著更低；Borokhovich et al.（1997）发现，权力大的管理层能够影响薪酬委员会建立反收购条款，这些高管往往获得更高的薪金、更多的期权，更可能获得“金色降落伞”安排；Core et al.（1999）发现，当董事会规模较大且很多外部董事由CEO来“任命”时，CEO的薪酬往往很高，但业绩却更差；Grirlsteiil和Hribar（2004）发现，权力越大的管理层，越可能影响董事会的决策，从而使自己在完成并购交易后获得更多的奖金；Cheng（2005）在前人提出高管薪酬与盈利亏损业绩的敏感度存在非对称性的基础上，发现这些公司的管理层薪酬对于盈利和亏损业绩具有更为明显的非对称性，即薪酬与盈利业绩的敏感度更高，而与亏损业绩的敏感度更低。

3. 管理层权力对薪酬结构的影响。Brickley et al.（1997）发现，同时兼任董事长的CEO要比不同时兼任董事长的CEO拥有更多的股权；Anderson（1997）将CEO同时也是薪酬委员会委员的50家公司与另外50家控制样本公司进行对比，发现这类公司的CEO的薪酬更低但所持股权更多；Ryan and Wiggins（2004）发现，独立董事拥有对CEO讨价还价的优势，董事会中外部董事越多，越倾向于向董事支付基于股权的薪酬。但当CEO的权力增加时，具有较多内部董事和利益侵占动机的CEO的企业一般较少使用基于股权的薪酬。当具有利益侵占动机的CEO同时兼任董事长时，一般不太可能用股权去代替现金薪酬。

4. 管理层权力理论的检验。Dorff（2005）运用实验经济学获得了支持管理层权力理论的证据；Jensen和Murphy（2004）以及Holmstrom（2006）在辩证分析的基础上接纳了管理层权力理论；Bebchuk（2005）在案例和经验证据的基础上进一步提出增加股东权力、减少董事以及削弱管理层权力的观点。

（三）管理层权力、股权激励与盈余管理①

Yeriilack（1997）分析了有股票期权的CEO们在消息宣布时间掌握上的恰到好处，即让好消息在自己的股票期权到期之前放出去，坏消息在期权过期后放出，从而影响自身薪酬；Carter和Lyrlch（2001）、Chance et al.（2002）以及Chen（2004）发现，管理层能够在股价下滑且股票期权到期无法行权的情况下，要求董事会对期权重新确定行权价；Bebchuk et al.（2002）总结了管理层通过影响力能够建立起有利于自己的各种期权激励条款，不过滤市场或行业等非管理层业绩因素的影响，直接根据股价上升给予高管激励，平价期权的大量采用，对管理层所持期权行权后的股票变现行为不加任何限制等；Fenn和Liang（2001）发现，当管理层持有较多股票期权时公司往往发放很少的股利，更多地倾向于回购股票从而抬高股价；Ke（2002）发现，上市公司更愿意报告盈余的小额增加和连续增长，因为这与管理层股权激励相关；Bartov和Mohanram（2004）发现，管理层能够利用内部信息分析收益的未来变化从而作出期权行使的决策，而且会利用盈余管理提高自己行权的现金回报；Cheng和Warfield（2005）发现，具有高股权激励的经理更可能报告满足或刚刚达到分析师预测的盈余数据；Burn和Kedia（2005），Beigstresser和Philippon（2006）也发现，在股权激励占总薪酬较高比重的情况下，会计信息操纵更加严重。

---

① 具体参见卢锐、魏明海、黎文靖：《管理层权力、在职消费与产权效率——来自中国上市公司的证据》，《南开管理评论》，2008年第5期。

大股东的存在有利于对管理层实施监管，强有力的监管能够削弱经理对自身薪酬制定的影响。Hambrick 和 Firlkelstein（1995）发现，由所有者控制的公司的 CEO 薪酬总体上比管理层控制公司的 CEO 薪酬要低；Betrand 和 Mullainathan（2001）发现，在没有大股东监控的情况下，CEO 往往按运气获得酬劳，比如，薪酬的增加与外部因素诸如油价上涨导致的利润增加有关，而不是管理层努力水平提高的结果；Garvey 和 Milboum（2006）发现，被反收购条款保护的管理层更多地受到好运气的奖励，但很少受到坏运气的惩罚；Cyert 和 Kumar（2002）还发现，CEO 薪酬与薪酬委员会中董事的持股比例负相关。机构投资者在公司治理中发挥着越来越重要的作用；David et al.（1998）发现，机构投资者对 CEO 薪酬的影响取决于其与公司的关系；Hartzell 和 Starks（2003）则发现，机构投资者的集中持股往往导致更大的薪酬业绩敏感度，因为强有力的监管可以降低管理层侵占效应。

（四）我国管理层权力的制度演进及理论分析

自 20 世纪 80 年代初国有企业实施放权让利改革以来，整个企业改革历程实质上就是管理层权力不断形成、提升的过程。在董事长总经理两职兼任、经理长期在位以及大股东侵占动机强烈的公司中，管理层权力可能凌驾于公司治理机制之上。但从目前情况来看，我国企业管理层权力的制约因素并没有很好地发挥作用。比如，股东对管理层的制约主要表现在“用手投票”。同时，我国的法律环境对中小投资者的保护程度不容乐观，内部人的利益侵占行为往往承担较低的法律风险，也不利于遏制管理层权力滥用。我国还没有形成规范成熟的职业经理定价机制，将使职业经理市场对管理层薪酬侵占的制约作用降到很低水平。虽然近年我国政府监管的力度在不断加强，但监管的人力、手段和水平还远不能满足需要。证监会除了在《上市公司治理准则》中提及薪酬激励的基本原则外，并无其他进一步规范高管薪酬的监管意见，从而给高管在薪酬上实施利益侵占预留了空间。

此外，我国的儒家文化强调对上级的“服从”，也不利于缓解管理层权力的滥用。我国企业的管理层权力极有可能使得薪酬激励也成为代理问题的一部分。具体来看，管理层权力对我国企业薪酬激励已经造成诸多影响。薪酬制定的管理层权力理论的研究给我们的启示主要有：一要关注管理层权力滥用现象，重视薪酬激励中可能存在的代理问题；二要增强对管理层权力滥用的监管，探索公司治理权力体系的重构，进一步完善产权市场、资本市场和职业经理市场机制的作用，加强薪酬激励的信息披露；三要加强对管理层权力问题的研究，进一步完善管理层激励的相关政策（卢锐和魏明海，2008）。

二、我国上市公司股权激励的现状分析

（一）我国目前实施股权激励的制度及法规

2006 年 8 月 22 日，据《羊城晚报》证券版报道，《国有控股上市公司（境内）实施股权激励试行办法》即将由国务院国资委正式发布。该办法规定：股权激励对象原则上限于上市公司董事、高管以及对上市公司整体业绩和持续发展有直接影响的核心技术人员和管理骨干，不包括独立董事等外部董事和监事。授予（行权价格）价不低于市场价格，激励幅度不超过薪酬总水平的 30%，禁止大股东提供激励股票。

据广东省国资委披露，《广东省省属国有企业增量资产奖励股权试行办法》已经省政府常务会议通过，计划从2007年启动股权激励措施。“增量奖股”是指增量资产奖励股权，顾名思义是符合条件的企业（包括二级公司）从增量资产中超过考核目标值部分的经营性利润中，按一定比例给予企业班子成员和管理、技术骨干的股权奖励。其目的是探索通过增量资产奖股等有效形式建立健全长效激励机制。目前广东省国有资产总额约12 000亿元，在全国地方国有资产总量中名列前茅。其中，由广东省国资委监管的22家省属国有企业资产约3 800亿元，占全省国有资产的1/3。根据规划，这3 800亿元在5年内将力争壮大到6 000亿元。

（二）我国目前实施的股权激励模式

2005年12月31日，中国证监会颁布了《上市公司股权激励管理办法（试行）》（以下简称《办法》），为我国上市公司推行股权激励计划提供了规范和指导，越来越多的上市公司开始试行股权激励计划。股权激励在西方已有几十年的历史，已逐渐成长为一种比较成熟的激励制度。《财富》500强90%以上的公司都对其高级经理人员采取了股票期权激励制度。到1998年，经理人员的股票期权报酬占其总报酬的比重为35%。毫无疑问，股权激励制度对于美国20世纪90年代的经济发展、技术创新和股市繁荣起到了十分重要的作用。《办法》出台后，我国上市公司股权激励可以说已经步入正轨，但我国学者的相关研究还比较少，尤其是在《办法》出台以后，针对已经披露了股权激励方案的上市公司激励效应的研究还不多见。

在美国，公司独立董事的报酬可以采取以下三种方式：固定薪酬；延期支付计划；股票期权。但是对独立董事的股票期权和对普通高级管理人员的股票期权有所区别，具体方案有：一是固定津贴之外支付股票期权。在外部董事当选时，能够一次性获得一定数量的非法定股票期权。二是以每年赠予一定数量的非法定股票期权来替代每年支付给外部董事的固定津贴，固定收入转为浮动收入。在我国，包括董事在内的管理层的报酬组合主要包括工资、奖金和长期激励性报酬。长期激励形式至少有十种，较为常见的是股票期权计划。表12－1是关于我国部分上市公司激励模式和股权激励方案。

表12－1　　我国部分上市公司股权激励模式

股权激励模式	部分上市公司
股票认购权	中兴通讯、清华同方、东方电子、上海贝岭、长源电力
业绩股票	广州控股、彩虹股份、东阿阿胶、广东福地、泰达股份、中大股份、伊犁股份、华神集团、三木集团
业绩单位	东方创业、天大天财、天通股份
补贴购股	亚泰集团
短期支付	武汉中商、武汉中百、鄂武商、飞乐股份、飞乐音响
股份增值权	三毛派神
经营者持股	浙江创业、浙江海纳、隆平高科、浙江阳光

续表

股权激励模式	部分上市公司
员工持股	金地集团、张江高科、上海金陵、实达计算机、天通股份
虚拟股票认购权	上海贝岭
管理层收购/员工收购	尖峰集团、钱江生化、粤美的、大众科创、大众交通、吉林敖东、新天国际
复合模式①	吴忠仪表
间接模式②	天目药业、东大阿派、春兰股份、浙江阳光

注：① 复合模式是指综合采用了多种股权激励模式。

② 间接模式是指在上市公司的控股股东中进行股权激励安排。

资料来源：廖理主编：《公司治理与独立董事最新案例》，中国计划出版社 2002 年版。

三、我国上市公司股权激励的效应分析

（一）我国上市公司股权激励的总体分析

我国上市公司实施股权激励的效应如何呢？由表 12－2 可知，研究样本公司剔除行业因素后的平均净资产收益率有了一定程度的下降，而配对样本公司的下降幅度更大，这说明股权激励是存在一定成效的，这点从平均每股收益的增长率中得到了佐证。由此可以说明，上市公司披露股权激励方案后的业绩要好于其披露前的业绩，其业绩在总体上来说好于未披露股权激励方案的公司。

表 12－2　　样本公司 2005～2006 年股权激励效应总体分析

年　份	公　司	剔除行业因素后的平均净资产收益率（%）	平均净资产收益率（%）	剔除行业因素后的平均每股收益（元）	平均每股收益增长率（%）
2005	研究样本公司	7.101	—	0.2019	—
	配对样本公司	7.713	—	0.1768	—
2006	研究样本公司	6.773	－4.61	0.2527	25.21
	配对样本公司	4.681	－39.32	0.138	－21.95

注：表中剔除行业因素后的净资产收益率和每股收益是将全部公司的数据算术平均计算而得。

资料来源：米海霞：《中国上市公司股权激励的效应分析》，《金融经济》，2008 年第 12 期。

（二）我国上市公司股权激励的效应分析

从表 12－3 可以看出，披露股权激励方案的 43 家公司涉及上市公司 10 大行业，其中制

造业、信息技术业和房地产业的公司最多。披露股权激励计划后，与配对样本公司相比较，大部分公司剔除行业因素后的净资产收益率及每股收益都有了相对的提升，这说明股权激励是存在一定成效的。其中业绩改善最显著的是批发零售贸易；其次是房地产业；再次是制造业和信息技术业，虽然这两个行业的净资产收益率有一定程度的下降，但配对样本公司的净资产收益率下降更多，说明这两个行业披露股权激励计划后业绩也相对得到了提升；社会服务业、金融保险、建筑业、电力煤气及水的生产和供应业、传播与文化产业和综合类分别仅有一家公司，不具代表性。

表 12-3　　不同行业的股权激励效应统计分析

行业	公司家数	比例(%)	剔除行业因素后的平均净资产收益率(%)			剔除行业因素后的平均每股收益(元)		
			2005 年	2006 年	增长率(%)	2005 年	2006 年	增长率(%)
制造业	29	67.44	6.783 (8.276)	6.183 (6.242)	-8.85 (-24.58)	0.1902 (0.2090)	0.2169 (0.1824)	14.08 (-12.72)
信息技术业	3	6.98	9.951 (6.864)	3.578 (1.028)	-64.05 (-85.03)	0.5499 (0.1099)	0.3177 (0.0310)	-42.23 (-71.78)
房地产业	3	6.98	5.211 (16.948)	7.555 (3.941)	44.97 (-76.74)	0.1283 (0.3533)	0.3419 (0.2686)	166.48 (-23.99)
批发零售贸易	2	4.65	6.273 (6.858)	13.504 (1.181)	115.28 (-82.78)	0.0997 (0.1177)	0.4296 (-0.0069)	330.95 (-105.89)
社会服务业	1	2.33	17.505 (3.505)	15.789 (-0.391)	-9.80 (-111.15)	0.2977 (0.0640)	0.3987 (0.0377)	33.90 (-41.19)
金融保险	1	2.33	-0.514 (-6.824)	9.049 (-3.651)	-1815.96 (-46.50)	-0.0583 (-0.2163)	0.4648 (-0.1687)	-896.68 (-22.10)
建筑业	1	2.33	9.387 (5.727)	3.045 (3.805)	-67.60 (-33.56)	0.2187 (0.1845)	0.0509 (-0.0426)	-76.72 (-123.07)
电力、煤气及水的生产和供应业	1	2.33	13.130 (7.830)	9.295 (1.595)	-29.21 (-79.63)	0.2507 (0.0208)	0.5352 (-0.0430)	113.52 (-307.17)
传播与文化产业	1	2.33	11.681 (-3.009)	16.094 (2.244)	37.77 (-174.57)	0.2649 (-0.0831)	0.3813 (0.0583)	43.95 (-170.08)
综合类	1	2.33	-0.601 (-0.731)	-1.729 (-0.629)	187.52 (-13.99)	-0.0427 (-0.0527)	-0.0920 (-0.0820)	115.29 (55.52)

注：① 表中剔除行业因素后的净资产收益率和每股收益是将样本公司分行业算术平均计算的。

② 括号内的数据为同期配对样本净资产收益率和每股收益的算术平均值。

资料来源：米海霞：《中国上市公司股权激励的效应分析》，《金融经济》，2008 年第 12 期。

由表 12 -4 可知，采用股票期权及限制性股票的公司剔除行业因素后的净资产收益率都出现了小幅的下降，但同时配对样本公司的净资产收益率出现了更大幅度的下降，这说明股权激励还是有一定的效果的。采用股票期权模式公司的剔除行业因素后的净资产收益率的下降幅度略小于采用限制性股票模式的公司，并且其剔除行业因素后的每股收益的增长率大于采用限制性股票模式的公司。由此可以看出，股票期权的激励效果略好于限制性股票。

表 12 -4　　　　不同激励模式下激励效应的统计分析

激励方式	公司家数	比例（%）	剔除行业因素后的平均净资产收益率（%）			剔除行业因素后的平均每股收益（元）		
			2005 年	2006 年	增长率（%）	2005 年	2006 年	增长率（%）
股票期权	31	72. 09	7. 05 （7. 257）	6. 78 （4. 766）	-3. 80 （-34. 33）	0. 1711 （0. 1660）	0. 2228 （0. 1094）	30. 23 （-34. 13）
限制性股票	10	23. 26	7. 35 （8. 16）	6. 96 （3. 43）	-5. 23 （-57. 98）	0. 2845 （0. 1716）	0. 3524 （0. 1828）	23. 84 （6. 50）
股票期权结合限制性股票	1	2. 33	8. 537 （16. 107）	6. 531 （10. 911）	-23. 50 （-23. 26）	0. 2653 （0. 5153）	0. 2484 （0. 4583）	-6. 35 （-11. 03）
股票期权结合股票增值权	1	2. 33	4. 727 （9. 007）	4. 791 （9. 341）	1. 36 （-7. 39）	0. 2997 （0. 2253）	0. 1884 （0. 2584）	-28. 97 （14. 71）

资料来源：米海霞：《中国上市公司股权激励的效应分析》，《金融经济》，2008 年第 12 期。

（三）我国上市公司股权激励的个案分析

据《中国证券报》统计，自 2006 年 1 月 1 日《上市公司股权激励管理办法》实施以来，截至 2006 年 12 月 8 日，两市共有 43 家上市公司已经或者计划实施股权激励。与此相对应的是，新出台的《企业会计准则第 11 号——股份支付》首次对股权激励行为进行了会计规范，明确了上市公司股权激励的确认、计量和会计处理。下面将以佛山照明为例进行我国上市公司股权激励的个案分析。

案例 12 -3

佛山照明 MBO 激起千层浪

在佛山照明电器公司召开的 2002 年度股东大会上，佛山照明董事长钟信才向前来采访的媒体记者透露：2002 年年底，以他为首的公司 5 位高级管理人员联名向佛山市委市政府打了一个报告，要求以 MBO[①]（管理层收购）的形式买下佛山照明 8 592.21 万股的国有股（占总股本的 23.97%）。霎时间，一石激起千层浪，“佛山照明”与“MBO”的字样，频频见诸国内各大新闻媒体的报端，佛山照明董事长钟信才因此而成为“新闻人物”。

1. 立足长远：MBO 三思出台。

佛山照明经过多年的改革发展，虽然在生产经营方面取得了较好的业绩，但由于公司主营的电光源产品属于传统产业，市场竞争十分激烈，相关领域不但国内民营、合资等各种性质的企业林立，同时国际上一些跨国企业也积极参与我国市场的争夺，国内不少企业已在竞争中败下阵来，被迫停产、倒闭或被兼并、收购。而作为中国民族工业一面旗帜的佛山电器照明股份有限公司，理所当然就成为国内外企业竞争的主要对手和目标。

随着我国加入 WTO，这种竞争也越来越白热化。为应对今后日益激烈的市场竞争，留住和吸引人才，稳定经营管理层和技术业务骨干队伍，确保公司今后的稳定发展，佛山照明经营管理班子在广泛征询骨干员工意见的基础上，经过反复研究论证，决定进一步深化企业内部分配制度改革，借鉴国内一些上市公司的做法，利用共有资本退出竞争性行业及国有股减持的机会，由公司管理层和技术业务骨干受让总股本 23.97% 共 8 592.21 万股的国有股，建立员工持股制度。建立员工持股制度具有以下几个方面的优点：一是通过经营管理层和技术业务骨干持股，建立起吸引人才、稳定人才的股权机制，有利于稳定公司骨干队伍，确保佛山照明长期稳定发展；二是员工持股制度的建立，将进一步调动骨干员工的工作热情和创造性，有利于促进公司的发展；三是有利于维护佛山照明的品牌，保护民族工业，有利于确保地方的经济利益不受损害。

此外，目前佛山照明领导班子成员，基本都在公司工作了 10 年以上，对佛山照明的情况非常熟悉，对整个行业的发展变化也有深刻认识，因此，如果能实现 MBO，对公司长期、持续、稳定地发展无疑有很多不言而喻的好处。

2. 员工持股：风险共担收益共享。

佛山照明所谓的员工持股是指公司的经营管理和技术业务骨干在任期内，通过合法的渠道和合理的价格，获得适当比例的本企业股份，收益延期兑现，并享有相应权利和义务的一种产权制度形式。员工持股依照按比例有偿认购的原则，坚持激励与约束相结合，按劳分配与按生产要素分配相结合，大胆探索与稳健操作相结合等原则进行。

有关业内人士在就此进行认真的分析之后认为，通过建立员工持股制度，将有利于进一步完善对企业的经营管理和对技术业务骨干的激励与约束机制，探索生产要素参与分配的有效途径，充分体现社会主义的分配制度和人力资源的产权价值，把责任与权益、收益与风险紧密地结合起来，使企业骨干与企业实现风险共担、收益共享，增强其参与企业经营管理的

---

① MBO 即 Management Buy Out，译成中文是“管理层收购”或“经理层收购”、“经理层融资收购”。它是目标公司的管理者利用借贷所融资本购买本公司的股份，从而改变本公司的所有者结构、控制权结构和资本结构，进而达到重组本公司目的并获得预期收益的一种收购行为。在国外，MBO 是一种反收购机制，即公司的管理者通过购买公司的一部分或全部股份，来获得对公司的控制权。国际上普遍认为，MBO 后，因为管理层持有很大比例的公司股份，并拥有公司的控制权和利润分享权，企业的利益也就成为管理层的利益，企业成功与否关系着他们的切身利益，所以这种股权基础可以吸引优秀的人才，留住优秀的管理人员；而且 MBO 可以提高企业生产效率，改变股东结构和权力结构，提供合乎企业发展的产权结构，进而通过经济手段整合公司内外资源，淘汰低效的管理方式和管理者。所以 MBO 自 20 世纪 70 年代在美国产生以来，很快风行一时，许多企业纷纷效仿。

风险意识和责任意识，充分调动员工的积极性，实现企业技术骨干从业行为长期化，促进企业的长期稳定发展。

3. 规避风险：MBO 期待健康规范之路。

舆论普遍认为，中国 MBO 如果出现问题，很大程度上是因为相关法律政策的缺失。因此，要规避 MBO 带来的风险，就必须健全法律制度，完善监管体系。

目前对 MBO 争议最多的就是收购定价方式。对此，财政部只作了硬性规定：国有股减持不可低于净资产，而具体怎么操作和界定却只字未提。申银万国证券研究所所长庄东辰认为，这个规定存在很大的片面性，因为企业到底该值多少钱，不仅仅是根据净资产来评估，还应考虑到企业今后的盈利能力，即按照未来成长性估计，如果忽视企业这一部分无形资产，同样会造成国有资产的流失。中国 MBO 将何去何从，很多业内人士已经把目光注视在刚成立不久的国有资产监督管理委员会，期待它能给 MBO 创造出一条更加健康、规范的道路。

4. 大势所趋：国有资本选择 MBO 退出。

尽管如此，许多专家同时认为，国有企业改革是连续几届政府的中心任务。国有企业改革的核心就是产权制度改革，实现投资主体多元化，打破“国有股”一股独大的局面。2002 年 6 月 24 日，国有股停止在证券市场周刊网络版减持以后，用 MBO 方式转让国有股的步伐已经明显加快。事实上，MBO 在中国只是刚刚兴起。据了解，在中国 1 200 多家上市公司中，有 900 多家涉及国有资产，目前有 200 多家正在探索管理层持股的改革。据一份对浙江上市企业和拟上市企业的调查显示，绝大多数企业都表示正在考虑 MBO 和上市公司比较起来，操作起来相对容易的非上市公司实施 MBO 的就更多。

据上海荣正咨询公司执行董事兼总经理郑培敏估算，在中国现在大概要退出的 6.6 万亿元国有资本中，通过 MBO 方式退出的将占到 20%，达到 13 200 亿元。郑培敏说，在国有企业改革中，“MBO 是最能解放企业内部生产力的，因为管理层得到激励了。”不过，MBO 在具体实施的时候，肯定会出现一个磨合的过程，其中难免会带来一些负面后果。但是，这绝不是 MBO 制度本身的问题，而是操作层面上的问题。因此，随着 MBO 操作日趋透明，国有资本选择 MBO 方式退出，仍将是一个大趋势。

5. 最大悬念：MBO 会给佛山照明带来什么？

回顾中国股市，十多年的岁月大浪淘沙，真正算得上蓝筹股的上市公司到底能有几家？而佛山照明在股市的表现，是不折不扣、当之无愧地在中国证券市场这个大舞台上演绎着“蓝筹股”的魅力和风采！那么，未来呢？再过 10 年，佛山照明仍然还会作为一支高速成长的“蓝筹股”而受到市场和股民的青睐和追捧吗？这其中，MBO 的走向，已经微妙地成为影响和制约佛山照明未来发展的一个最大的悬念！

资料来源：张颂：《MBO 激起千层浪：佛山照明 MBO 的来龙去脉》，《佛山日报》，2003 年 6 月 3 日。

讨论：

佛山照明 MBO 到底给了我们什么启示？

四、股票期权在我国的未来发展

在安然事件之前中国的理论界对期权制度抱有很高的期望，希望通过该制度的引进来改善公司的治理结构，实现管理者和所有者之间的利益平衡。而安然事件让股票期权制度的缺点暴露无遗，而且在媒体狂轰滥炸的报道下，放大了股票期权的缺点，在《三联生活周刊》第33期上展开了关于“股票期权会不会死亡”的讨论。讨论本身就释放了这样一种信息：人们对于股票期权制度产生了极大的怀疑。在这种背景下来理性地看待我国引进股票期权制度的前景是有必要的，因为制度引进的前景直接决定了我们是否引进，以及引进的范围。同时这里的讨论将紧密的结合我国的实际情况来开展。

我国引进股票期权制度将面临的挑战第一个挑战是关于前提假设的。股票期权最终能够促进社会价值增加的假设前提是具有相对有效的金融市场。有效的金融市场使得股权激励能够增加所有者的价值，而具备了有效的产品市场才能使所有者价值的增加带来社会价值的增加。股票期权使经理人员对企业的所有权越来越多，他们更可能提高经营绩效，从而使公司股票价格上升。这些信息如果在资本市场上很好地公布，公司可以获得更多的资金进行发展，从而提高生产能力。但是前面已经分析过我国的金融市场存在严重的问题，有效金融市场的前提假设在我国是不成立的。不仅在我国关于有效金融市场的前提假设不成立，即使在美国这样相对完善的金融市场，其有效性也遭到了同样的质疑。在这种前提下，我们必须考虑引进股票期权制度所要承受的风险。

第二个挑战是我国公司治理结构存在严重问题。由于国有股减持被停止，所以我们仍需要面对这样一个现实问题：国有股在公司中股份占有比例畸高，由此而形成的国有股东的“超强控制”和“超弱控制”并存的难题依然没有得到解决。加上我们的公司制是从传统的“厂长经理负责制”演化过来的，董事长与总经理职位常常是合二为一的。另外，经营管理层占据董事会的大多数席位，是董事会的独立性大大减弱。再者，我国上市公司中引进的独立董事制度与监事会存在角色冲突的问题。如何协调二者之间的关系，关系到监督职能能否正常发挥。华盛顿大学法学院法学教授克拉克认为，中国引进独立董事制度，既缺乏市场压力，也不是为公司管理层和控股股东设置的，而是在政府主导下推行的独立董事制度。在权力容易被滥用的前提假设有效成立的情况下，监督对于权力的制约尤为重要。还有，我国公司治理结构的法制环境不完善，缺少一系列相关的法律制度。诸如为保护小股东而设计的代表诉讼制度。最后，外部控制机制不健全。比如，由于上市公司收购制度的存在，被收购对象的管理层因为受到潜在的威胁而不得不努力工作。同时，在有效的经理人市场下，管理者自然会约束自己过度追求自身利益的行为。

第三个挑战是怎样调整对风险接受者的激励。期权对风险偏好的经理人员的激励作用更大，这可能是一件好事也可能是一件坏事。问题的难点在于对于不同设计股票期权制度时不能有效的区分哪些经理人员是风险偏好型的，而另一些又是风险规避型的。对于风险偏好比较小的经理人员，我们应该采取其他的激励方式，比如股票激励的方法更符合这种类型经理的承受能力。而对于风险偏好较强的经理人员，则可以采用股票期权的激励方法。这是一个需要具体问题具体分析的特殊情况，由各个公司自行考察然后决定是否采取股票期权的激励制度是合理的。

第四个挑战是期权激励本身存在问题。第一个问题是期权的价值——成本效率很低，股票的经理人员价值和公司成本的比例是0.85，而期权的这一比例只有0.6，因此期权的风险更高。观察公司对经理人员提供的几种补偿选择：现金、股票和期权，经理人员往往会选择现金而不是贴现的股票和更高贴现的期权。第二个问题是期权的脆弱性，即期权可能缩水

(underwater)，1999年年底和2000年年底经理人员期权缩水的比例都在30%左右。期权激励发挥作用的条件是它没有价格下降的风险，如果它具有很强的价格下降风险，那么期权出现缩水，经理人员不会继续持有股权，激励作用也不能实现。因此，期权价值是脆弱的，存在能否保持的问题，从而期权激励也是脆弱的，存在能否实现激励的问题。

防止股票期权缩水的方式是对股票期权重新定价。如果我国引进股票期权制度，就必然要面临这个问题，即在股票期权严重缩水的情况下，是否对其重新定价？一方面，在股票价格的下跌不是管理人员的过错的情况下，如故不重新定价，对管理人员来说是不公平的；而另一方面，股票期权的重新定价可能使有过错或者碌碌无为的管理人员获得额外的好处，这对股东又是不公平的。如何实现股东和管理人员利益的平衡，在是否重新定价这个问题上还需要进一步的研究。在美国，这也是一个备受争议的问题。加里·贝克尔认为在股价下跌不是管理人员的过错的情况下，更改执行价是合理的。而更多的专家对更改执行价提出了批评意见。

第五个挑战就是如何防止股票期权的滥用。从目前中国的情况来看，由于经营者持股制度的实施时间不长，而且惩罚机制很严厉，所以经营者持股制度被滥用的事件没有发生。但是，正如前面所论及的，我国的经营者持股制度并不是真正意义上的股票期权制度。如果我国引进股票期权制度，将不可避免地要面对滥用的问题。从安然事件来看，滥用导致的后果是严重的。不仅打击了公众的投资信心，而且还可能引起股市的剧烈动荡。对于滥用的防止，萨班斯—奥克斯利法案为我们提供了一个蓝本，但是该法案的具体效用还有待进一步的研究。

第六个挑战在前面已经论及，即我国引进股票期权制度面临的法律障碍。由于法律的修改是一个烦琐而耗时的过程，不可能在短时期内完成。而且引进股票期权制度，对于相关法律的改动要求高、范围广，涉及公司、证券、税收、会计等方面法律制度的变动。可谓"牵一发而动全身"，部门法与部门法之间的衔接是必须解决的问题。这些浩大的工程，直接影响着股票期权制度在我国的实施。

第七个挑战是我国的特殊国情：通过一部法律容易，而实施一部法律则非常困难。在这种前提下，即使我们能够对相关的部门法律作出相应的调整，然而如果没有良好的实施效果，那么股票期权制度赖以存在的环境是无法培育起来的。举例来说，我国对证券交易当中犯罪行为的处罚规定可谓严厉，但是并没有建立起一个有效的证券市场。如果不解决该问题，那么我们引进股票期权制度时，即使进行了充分的探讨，有足够的理论依据，也难保其在中国能正常运作，制度变异的可能性很大。

第三节 股票期权的会计处理

案例12－4

股权激励魅力无穷

G金发（600143）董事会审议确定，股权激励计划的受权日是2006年9月1日。2005年股改时，大股东宋子明将其持有的非流通股份中的1 690万股支付股改对价175.5万股后的1 514.5万股，按每股净资产（约4.7元）转让给公司管理层、核心技术人员及核心业务员共118人，目前G金发的复权价在30元左右，打造了100多名百万富翁。在这一特别的股权激励实施后，2006年G金发又推出正式的股权激励计划，授予102名激励对象3 185万份股票期权，占总股本的10%。

按照《上市公司股权激励管理办法》，行权价格不应低于下列价格较高者：(1) 股权激励计划草案摘要公布前一个交易日的公司标的股票收盘价；(2) 股权激励计划草案摘要公布前30个交易日内的公司标的股票平均收盘价。按 (1) 款，G金发的行权价应为17.09元，按 (2) 款应为14.86元，但是董事会确定的行权价依据上述2个价格中的较高者上浮8%确定，为什么要在最高者之上的溢价？公司财务总监、董事会秘书吴诚说，这是体现董事会对公司发展前景有信心。吴诚说，“公司的股权激励计划给公司发展提供了巨大动力，激发员工与公司共兴衰、共存亡”。公司业绩持续增长，投资者投下信任票，股价不断上涨。由于G金发在此期间送股以及分红，行权价格为13.15元。2006年9月22日收盘价为23.75元。按照这一价格，102名股权激励对象分3年行权的3185万份股票期权，可以获利2亿元。

资料来源：陈道：《股权激励比不过“小非”解禁?》，《中国证券报》，2006年9月23日。

讨论：

股权激励的魅力在哪里？是否比得过“小非”解禁？

一、股票期权会计处理的制度变迁

股票期权（亦称认股权，Stock Option）是指企业根据股票期权计划的规定，授予其高层管理人员（或经理人）在某一规定的期限内（通常在5～10年内），按约定价格（认股价或行权价）购买本企业一定数量股票的权利（一般在10万元以上），持有这种权利的经理人可以在规定的时间内行权或弃权（杨家亲，2000）。由于股票期权通常授予公司的高级经理层，因此，经济学界将其称为经理股票期权（Executive Stock Option，ESO）。股票期权的最大作用是按企业发展成果对经营者进行激励，具有长期性，使经营者的个人利益与企业的长期发展更紧密地结合在一起，促使经营者的经营行为长期化。

1953年，美国会计程序委员会（Committee on Accounting Procedure，CAP）第43号研究公报首次涉及“股票期权和股票购买计划的补偿”的会计处理问题。1972年，会计原则委员会（Accounting Principle Board，APB）发布了APB第25号意见书：《关于发给员工股票的会计处理的意见书》（以下简称APB25）。该意见书规定，公司采用“内在价值法”计算期权费用，具体规定为：股票期权的行权价超过股票期权授予当日公允价值的部分，确认为期权费用，如果前者等于或小于后者，则期权费用为零。1973年6月，FASB又发布了《关于股票期权会计处理方法》的征求意见稿。该征求意见稿要求确认和处理由于授予员工股票而产生的薪酬费用，通过运用公允价值框架和期权定价模型来估计股票期权的公允价值，并确认为期权费用。由于受到来自许多方面的反对（特别是来自商业团体和来自国会的强烈反对，甚至直接威胁到FASB作为一独立的准则制定者的存在），FASB于1995年10月发布了一份妥协的准则：FASB 第 123 号公告《股票薪酬会计处理方法》。该准则鼓励但不是要求企业采用公允价值来核算股票期权，同时，该准则也允许企业沿用 APB25，如果企业运用 APB25 的会计处理方法，则要求其在年度财务报表的附注中披露匡算的净收益和每股盈余；国际会计准则委员会也发布了 IAS19“雇员福利”，英国会计准则紧急工作组制定的“雇员所有权计划基金会计”和“员工持股计划”都涉及了股票期权问题。

二、股票期权的确认

> **原理**
> 确认是指将符合要素定义和确认标准的项目计入资产负债表或损益表，确认一个项目需要符合一定的标准。

确认是指将符合要素定义和确认标准的项目计入资产负债表或损益表，确认一个项目需要符合一定的标准。在传统的会计理论中，资产是指因过去发生的交易事项而由企业控制的、能给企业带来未来经济利益的资源；负债则是指因过去的交易事项而发生的企业现有义务，这种义务结算将会引起含有经济利益的企业资源的流出（葛家澍、林志军，2001）。股票期权是否应被纳入会计系统进行核算，首先要看它是否形成了符合会计意义上的资产、负债等要素。其次要看相关的要素是否符合确认标准：一是与被确认的项目有关的任何未来经济利益有可能流入或流出该企业；二是被确认的项目的成本或价值能够可靠地被计量。

作为报酬支付方式的股票期权是作为一种衍生金融工具、一种股票发行的或有事项，还是作为一种雇员福利来表述呢？从已发布的国际会计准则来看，趋向于将其作为一项雇员福利来确认。因为作为报酬支付方式的股票期权尽管具有衍生金融工具的某些特征，但与衍生金融工具又有着本质的区别。首先，从企业的角度来看，它的目的不是投机、保值或融资，而是替代工资、奖金等来支付职员的报酬，达到一种激励和约束的目的；其次，在签订合约时，被授予者并不需要支付权利金，也就是说，企业并没有收到任何金融资产，相反却形成了一项金融负债或权益工具。既然股票期权报酬计划作为一种买卖合约在签约时为企业形成了一项资产和负债或权益（视股票期权的行使方式而定，如果是现金行权或无现金行权，则确认为一项权益；如果是无现金行权并出售，则确认为一项负债），那么，股票期权报酬计划形成的资产、负债或权益应在何时确认呢？按照确认标准，应该在其经济利益能可靠流入或流出且其成本或价值能可靠地计量时，具体来说，如果股票期权授予时能确定和计量，授权日即为确认日；如果股票期权授予时不能确定，其确认日应为可计量日，即授予股票的数量和执行价格都已知的第一天，但在授予日和计量日之间，应视为或有事项估计入账。

> **原理**
> 股份支付是指企业为获取职工和其他方提供服务而授予权益工具或者承担以权益工具为基础确定的负债的交易。

我国《企业会计准则第 11 号——股份支付》第 2 条规定，股份支付是指企业为获取职工和其他方提供服务而授予权益工具或者承担以权益工具为基础确定的负债的交易。股份支付的确认涉及两个方面的问题：一是股份支付应确认为费用还是利润分配，即所谓的费用观还是利润分配观；二是股份支付如何在资产负债表中列示，是否能够确认为股东权益或者负债。

1. 费用观和利润分配观比较。费用观和利润分配观的会计确认上的区别在于费用观将股份支付确认为本期费用，计入本期利润。而利润分配观将股份支付计入未分配利润，对本期利润不会产生影响。企业管理层大多赞成利润分配观，他们认为，获得股票期权的职工和企业所有者一样，拥有公司的股份，同股同权，享有剩余索偿权。但我们认为这种认识缺乏科学依据，实际上员工的股票支付未行权时，员工并不能享有普通股东所享有的权利，并且对员工的股权激励往往带有限制性的行权条件，所以同股同权的观点是不能成立的，如果此时将股权激励计入未分配利润，实际上就侵害了现有股东的利益。此外，企业授予职工期权，对职工进行激励或补偿，以换取职工提供的服务，实质上属于职工薪酬的组成部分，应将其费用化。将股份支付作为利润分配处理违反了谨慎性原则，将使企业本期业绩不受到股份支付的影响，会导致虚增本期利润，粉饰经营者业绩，抬高股票价格，这也是企业管理层普遍赞成利润分配观的真正原因，但这样会使投资者不能了解企业真实的经营状况，同样也损害了投资者的利益。综上所述，利润分配观不能成立。

当企业与职工就股份支付的协议条款和条件达成一致，并且该协议获得股东大会或类似机构的批准之日起，企业就已形成一项承诺，同意为获得员工在未来期间提供服务而支付另一项薪酬即股票期权，按照权责发生制基本假设，当员工按照协议在等待期提供了服务，公司就应将这项薪酬在整个等待期分期计入费用，在行权日以员工行权的方式支付这项费用。根据配比原则，这种补偿成本符合费用的基本特征，应该确认为费用。

2. 对将股份支付确认为负债或股东权益的辨析。我国《企业会计准则第 11 号——股份支付》第 2 条规定，股份支付分为以权益结算的股份支付和以现金结算的股份支付。其中，以现金结算的股份支付，是指企业因获取服务或商品，承担以股份或其他权益工具为基础计算确定交付现金或其他资产义务的交易。以权益结算的股份支付，是指企业因获取服务或商品，以股份或其他权益工具作为对价进行结算的交易。有观点认为，股份支付不符合现有负债和股东权益的定义，存在提前确认之嫌。之所以将其确认为负债和股东权益，是因“会计处理的需要而确认”。

（1）以现金支结算的股份支付确认为负债是恰当的。负债是指企业过去的交易或者事项形成的、预期会导致经济利益流出企业的现时义务。现时义务是指企业在现行条件下已承担的义务。未来发生的交易或者事项形成的义务，不属于现时义务，不应当确认为负债。对于授予后立即可行权的以现金结算的股份支付，企业在授予日就形成了一项现实义务，应当在授予日以承担该现实义务的公允价值计入相关成本或费用，相应增加负债。完成等待期内的服务或达到规定业绩条件以后才可行权的以现金结算的股份支付是否也是现实义务呢？回答是肯定的：其一，双方达成股份支付协议且已得到批准生效。其二，本期企业已经获得职工按协议规定提供的服务，在尚未获得服务的授予日和本期之后的等待期并不做会计确认处理。其三，该义务能以公开市场的公司股票市场价格为公允价值可靠地计量。因此，企业职工按照股份支付协议在等待期提供了服务之后，企业实际上承担了支付薪酬的义务，在等待期内的每个资产负债表日，以对可行权情况的最佳估计为基础，按照承担负债的公允价值金额，将当期取得的服务计入成本或费用和负债。从以上分析可以看出并不存在提前确认的问题，因此，以现金支结算的股份支付符合负债定义。

（2）以权益结算的股份支付确认为股东权益是恰当的。股东权益是指公司资产扣除负债后由所有者享有的剩余权益。根据股份支付协议条款，公司员工在协议规定的服务期提供服务，在行权日以获取公司股权的方式得到报酬，可以理解为职工以劳务入股。虽然员工在等待期并未行权，不能和公司现有普通股东同股同权，但在等待期的各会计期间公司获取了职工提供的服务，并且在未来行权数量和股权公允价值能可靠取得的情况下，以权益结算的股份支付实质上是直接计入所有者权益的利得，应该确认为股东权益，因此将其分期确认为资本公积是恰当的。

关于资本公积的确认时间，有观点认为，在等待期的第一个资产负债表日将股份支付全部确认为资本公积，并相应借记长期待摊费用，在等待期各会计期间的资产负债表日再分期摊销长期待摊费用计入费用或成本，如果行权数量发生变化，则重新调整资本公积和长期待摊费用的金额。对此观点，我们不予赞同。因为公司尚未获得未来等待期职工提供的服务，此时将股份支付一次性全部计入资本公积实际上构成了对资本公积的提前确认，而且这样的处理也会导致虚增资产和股东权益，粉饰公司的财务状况，违反了谨慎性原则。因此，应该在等待期各资产负债表日分期确认资本公积和费用或成本更加合理。

三、股票期权的计量

国际会计准则委员会（IASC）在《关于编制和提供财务报表的框架》中指出，计量是在资产和负债表或损益表中决定已确认报表项目的货币金额的过程①。计量所涉及的问题包括两个方面：一是计量属性；二是计量单位。由于以名义货币单位作为统一的会计计量单位已基本达成共识，因此，我们的重点是对计量属性的讨论。传统财务会计体系下采用的计量属性是历史成本，它反映了资产或负债交易时的历史记录，具有很好的可靠性。同时，在企业持续经营的前提条件下，整个报表体系在不同期间具有很好的可比性。但对股票期权来说，大多只是一种合约，它只产生相应的权利和义务，实际的交易事项尚未发生，自然也就没有历史成本可循。因此，如何对股票期权的计量属性的选择成了人们争议的焦点。一般来说，国际上常用股票期权的计量属性有两种：

> **原理**
>
> 内在价值是期权基础股份的市价与行权价格之间的差额。

1. 内在价值。内在价值是期权基础股份的市价与行权价格之间的差额。美国注册会计师协会（AICPA）研究公告第43号《关于酬劳型认股权与股票购买权计划》的会计准则，美国会计原则委员会（APB）1972年第25号意见书《员工发行股票的会计处理方法》，美国财务会计准则委员会（FASB）1978年第28号解释性公告《股票增值权计划和其他变动的认股权或奖励计划的会计处理》以及1995年发布的第123号公告《以股票为酬劳基础的会计处理方法》（以下简称SFAS123）等，这一系列准则与公告都规范了酬劳型认股权计划的会计揭示与计量要求，并认为认股权价值的衡量或酬劳成本的确定应该选择公允价值法或内在价值法。采用这种方法确认股票期权成本，只有在行权价格低于股票授予日的市场价格时，内在价值才会大于零。在行权价格不低于市场价格的条件下，股权期权的内在价值为零，即不确认薪酬费用，对当期会计利润不会造成影响。只有在市场价格高于行权价格的条件下，才就其差额部分确认薪酬费用，并在员工提供服务的一个或多个期限内分摊入账。

---

① 国际会计准则委员会（IASC）重组后的新名称为国际会计准则理事会（IASB）。

按照我国《上市公司股权激励管理办法》对上市公司股票期权行权价格所作的规范，股票期权行权价格有可能小于授予日股票市场价格，如果以内在价值计量，将不确认薪酬费用。

2. 公允价值。所谓的公允价值，是指在公平交易中，熟悉情况的交易双方自愿据以进行资产交换或负债清偿的金额。美国 FASB123 推荐企业采用公允价值计量。我国的新会计准则规定以公允价值计量股份支付。内在价值法部分确认或不确认薪酬费用扭曲期权的本质特征，并对投资者解读公司真实的财务状况和经营成果带来不利的影响，因此，上市公司股份支付以公允价值进行计量更加恰当。首先，随着国民经济的发展，上市公司的经营业绩总体上呈现向好的趋势，反映在股价上应是总体向上的。多数股份支付在未来行权，时间价值代表了其价值的一个重要部分，即使期权授予时其行权价格等于股票市场价格，股份支付也并不是没有价值，它还有时间价值。因此 IASB 也认为，采用内在价值计量基础不恰当，以这样一个低估的价值计量以股份为基础的支付交易，不能够在财务报表中真实地反映相关交易。其次，内在价值容易给公司管理层预留出操纵利润的空间，管理层以少确认或不确认薪酬费用的方式以虚增会计利润。而公允价值计量可以使报表信息更加公允。再次，与国际趋同的需要也要求以公允价值计量，2004 年 12 月颁布的 FASB123 修订版要求所有公司采用公允价值法进行期权的核算，为了使国内上市公司和赴海外上市的公司的会计准则统一起来，也要求我国采用公允价值法核算股份支付。最后，随着我国股权分置改革的成功进行，上市公司的股份支付的公允价值能够在公开市场可靠取得。

以公允价值法衡量认股权价值或确定酬劳成本时，采用布莱克－史科斯（Black-Scholes）期权定价模型。股票价格反映的是市场对企业利润的预期，由于期权价值与企业的经营业绩和股票价格波动的幅度正相关，企业利润高必然会推高股票价格。为减少实施认股权计划产生的消极面，避免企业虚增利润从而造成股市泡沫，美国财务会计准则委员会鼓励企业采用公允价值法，因为看涨期权必然使企业每期分摊的酬劳费用较高，这至少可以部分抵消公司为推高股价而有意操纵利润的可能性，更可靠地衡量酬劳成本与公司利润。以内在价值法衡量认股权价值或确定酬劳成本时，其认购价与市价是相对固定的。但是由于酬劳成本的衡量日有可能与认股权给予日不同步，因此内在价值法还需要考虑以下两种情况：第一种情况是，如果公司事先已经确定了认股权给予日的认购股数和认购价格，衡量日就是给予日，则酬劳成本 =（衡量日股票市场价格 - 认购价格）× 可认购股数。如果无法获得衡量日的股票市场价格，则用最合理的方法估计其市价，而酬劳成本在持有人服务期间予以分摊。第二种情况是，如果公司事先无法确定认股权给予日的认购股数和认购价格，衡量日就不是给予日，在这种情况下，酬劳成本仍然应该从认股权给予日起至每年年末予以估计。确认估计的酬劳成本为 =［每年末股票市价 - 估计（或已确定的）认购价格］× 估计（或已确定的）认购股数。第一年估计的酬劳成本在持有人服务年限内摊销，第二年再估计时如果与第一年年末估计的有差异，则按会计估计的未来适用法处理，直至认购股数和认购价格均确定时，再一并调整与计算酬劳总成本。

四、股票期权的会计处理

按照美国公认会计原则，企业关于股票期权的会计处理可自由选择 APB25 和 SFAS123，但如果企业采用 SFAS123，以后它就不能改用 APB25。对于所有生效的股票期权计划，企业只能选择一种准则，APB25 或 SFAS123，不能使用两种不同的准则来衡量不同的期权计划。

（一）会计原则委员会第 25 号意见书

根据 APB25 的规定，股票期权计划分为两种类型：补偿性的和非补偿性的。如果归入非补偿性的，该计划必须符合以下 4 个条件：一是达到一定雇用条件的全职雇员基本上全部有权参与计划；二是股份必须平等，或根据工资比例授予；三是必须有限定行使的时间；四是不能给予超过市场价格基础上所能给予的合理折扣。如在一般的配股中给予的折扣。只要不符合条件之一的，该股票期权计划就视为补偿性的。但是，这并不意味着一定要确认补偿成本，因为补偿成本可以等于零。这样，如果股票期权的行权价等于或大于授予日的市场价格，不论今后任何时间股票的价值如何变动均无须确认补偿成本。由于行使价格多数定为等于或高于授予日的市场价格，大多数的固定认股权计划因此无须确认补偿成本。根据 APB25，计算日期是指某一雇员得知可得到的认股权数量及认股权行使价格的最早日期。对于多数固定认股权计划，上述两个数据均在授予日得知。还需注意的是，即使受益人必须满足其他条件，如该受益人必须在授予日后继续服务该公司一段时间才可行使认股权，计算日仍然为授予日。如果认股权计划是补偿性的，补偿成本是以计算日市场价格与认股权行使价格之间的差额计算。除非在极少数情况下，股票是专门收购来满足认股权计划，并在收购后很快交付给认股权持有人，发行机构的股票机会成本不作参照。

（二）美国财务会计准则委员会第 123 号准则

1993 年 6 月，FASB 公布了人们期待已久的有关股票期权和其他以股票为基础的补偿安排的会计处理方案。这一方案如果采纳，将取代 APB25，对所有的固定或变动股票奖酬计划，以授予日的股票价格为基准，用公允价值计算补偿成本。这一方案的优点之一是它第一次运用同样的方法处理固定和变动计划，从而结束了现有准则（APB25 和 FASB 解释 28）最令人烦恼的一面。但是，如前所述，FASB 提出的方案遭到广泛抵制，结果 FASB 被迫提出一个较为中庸的解决方法，即对公允价值法的采用仅作推荐。在 SFAS123 的规定中，与当前做法差距最远的，是对基本按照市场价格或授予日（或计算日，假如两者不同）的公允价值授予的固定认股权的会计处理。根据 APB25，即使这类计划被划分为补偿性的，通常也无须确认补偿（因补偿成本为零）；而在 SFAS123 中，这类计划的价值必须至少要以最低价值计算支出，即确认认股权的可递延对行使价格的支付直至认股权的期间结束的价值，减去如果股票有股息支付而错过的股息，最低价值确认为在服务期间分摊的补偿成本。

近年来，美国股票期权会计因公司丑闻而备受指责，其突出的问题主要表现在：

1. 会计政策的可选择性：制度漏洞。按照 APB25，对于不同的股票期权，其会计处理方法是不同的：对于固定股票期权采用“内在价值法”计算期权费用，具体为：股票期权的行权价超过股票期权授予当日公允价值的部分，确认为期权费用，如果前者等于或小于后者，则期权费用为零，由于在授予时，其行权价与市价相同，没有期权费用发生；对于业绩股票期权和其他变动计划，其计量日是当员工可以收到的股票数量及其行权价都是固定时的日期，由于计量日可能比授予日要晚得多，任何费用都是不确定的，如果公司的股票价格上升，那么，业绩股票期权计划的期权费用将比固定股票期权计划的要大，因而，公司往往会选择固定股票期权。

而且，企业还可以在SFAS123与APB25之间进行选择，虽然，采用公允价值计量的SFAS123优于APB25，但实际上，很少有企业采用这一方法，因为该会计处理方法将导致企业的每股收益（EPS）的大幅度下降，Nicholas和Lawrence（2000）的研究证明了这一点。SFAS123规定：如果企业选择APB25，那么，要求其在年度财务报表的附注中披露匡算的净收益和每股盈余。我们看到，在这可选择的背后，是确认与披露之争，应该确认并达到确认标准的项目如果没有确认，而是选择披露的话，不但违背了一个基本的会计概念：披露财务信息并不能足以代替将其在财务报表中确认，而且也有损于财务报告的质量，这是美国股票期权会计处理的问题之一。

2. 解释公告：解释不清。为了克服这一"名存实亡"的局面，美国FASB发布了第44号解释公告：《关于涉及股票薪酬的会计处理》，该公告规定：企业必须费用化重新定价期权，但问题是当公司股价从原来的高位下跌时，企业会无从选择：如果将行权价重定位于低价位，收益就会降低；如果不重新定价，将可能失去员工，而且第44号解释公告也有漏洞，公司可以通过重新定价（注：通过取消那些行权价高于公司股票市价的"潜水期权"，然后重新定价，重新授予超过6个月有效的股票期权，就可以避免确认期权费用，Eastman Kodak，WorldCom就是利用了漏洞）避免了所有的薪酬费用。由此可见，该解释公告并没有从根本上改善美国股票期权会计处理存在的问题，这是问题之二。

3. 准则制定：有失中立。按照美国现行的会计准则SFAS123规定，企业可以在APB25和SFAS123之间选择，FASB承认，SFAS123以公允价值作为计量基础要优于APB25，SFAS123规定企业可以在SFAS123和APB25之间进行选择，并不是处于会计上的原因，而是出于政治上的压力，对于这一点，FASB也在SFAS123中承认了这一观点（SFAS123，第61~62页），作为一个独立性较强的准则制定结构，FASB一直是世人所推崇的标准，应该保持其中立性，不能对相同的交易规定受欢迎的和不受欢迎的处理方法，但在股票期权会计准则制定中，竟然屈服于政治压力（当然，政治因素是任何活动都要考虑的，而且有时还比较大），但这却导致准则失去了中立性，对于固定股票期权和业绩股票期权采用不同的会计处理方法，导致了企业选择固定股票期权激励方案，不但损害了准则的质量，也扭曲了经济，这是问题之三。

4. 财务报告：流于形式。正是美国GAAP庞大的体系，存在一些漏洞，给企业留有"打擦边球"的机会，使得期权费用没有被确认，没有反映在企业的损益表中，而我们知道，股票期权对企业、股东、雇员等利害关系人都有影响，不在企业的财务报表中反映期权费用，这样的财务报表，不但不"真实公允"，也不符合"决策有用"和"保护投资者"的财务报告技师评估观[①]，这样的"残缺的"财务报告，显然质量不高，这是美国股票期权会计种种问题的最终体现。

因此，鉴于近来股票期权会计存在的上述问题，美国近期对此有较大变动，具体为：（1）2002年7月30日，美国总统布什签署了《2002年萨班斯－奥克斯利法案》，该法内容广泛，其中就要求对会计进行改革（包括改革股票期权会计），这一法案的生效，将为

① 在评价财务报告质量时，学术界有两种观点，即用户需求观和投资者保护观。

股票期权会计的改革铺平道路，同时，该法中也规定了要强化公司财务报告的披露。（2）已经有一些公司，如 Cinergy，Citibank，Coca-cola，GE 等宣布他们将改变现有的员工股票期权的会计核算方法，将采用公允价值确认期权费用，其他公司也正关注这一事态的发展，FASB 也欢迎这种做法，而且，越来越多的投资者和会计信息的用户也对该做法表示支持。（3）为了向那些自愿改变股票期权处理方法，选择公允价值来核算基于股票的员工支付计划的公司提供过渡指导，FASB 于 2002 年 10 月 4 日，发布修订 SFAS123 的建议公告：股票薪酬会计——过渡与披露。该公告规定：企业可以采用追溯重报或沿用 SFAS123 的未来适用法作为过渡方法，也不要求企业在财务报表中披露按 SFAS123 所要求的匡算额。同时，该公告还要求企业向投资者提供更好、更高频率的有关股票期权成本的信息。（4）2002 年 12 月 31 日，美国 FASB 发布 SFAS148《股票薪酬会计——过渡与披露》，用于修订 SFAS123，该公告规定了企业采用公允价值确认股票期权费用，并要求企业更明显、更高频率地披露有关采用公允价值计量基于股票的薪酬对匡算额的影响。

IASB 与 FASB 于 2002 年 9 月 18 日举行联合会议，商讨共同致力于建立高质量、相互兼容的会计准则，以向国内和国际财务信息的用户提供高质量的财务报告；2002 年 10 月 29 日，美国 FASB 与 IASB 在伦敦发布了一份“谅解备忘录”，这表明在 9 月份诺沃克会议的基础上，FASB 与 IASB 在会计准则的协调上前进了重要的一步。由于没有可以涵盖有关股票期权会计处理的国际财务报告准则（International Financial Reporting Standard，IFRS），IASB 于 2002 年 11 月发布了以股票为基础的支付方式的征求意见稿，该意见稿涵盖了相当广的范围，如授予员工的股票或其他权益工具，团体间涉及股票支付的货物或服务的交易，还包括使用基于股票的现金或其他资产支付①的交易。同美国 SFAS123 一样，该征求意见稿也要求企业采用公允价值计量。

五、我国股票期权的会计处理

美国现行股票期权会计的种种问题的原因之一在于：美国的 GAAP 是以规则为基础的方法制定的，显得过于庞大、繁杂，有如此多的细节性规定，太多的例外、解释以及由 AICPA、FASB 的 EITF 发布的补充，使整个准则体系更加庞大，不但颁布一项新准则的效率不高，而且，准则使用者的学习成本也是非常高的，并且，使准则间的衔接有些松散，修订准则也不容易，我们不得不称赞美国 FASB 驾驭整个准则体系的能力，这恐怕令其他国家的准则制定者汗颜。而欧洲和 IASB 却走了另一条完全不同的路，他们的准则是基于原则的，正如 IASB 主席 David Tweedie 所言：“我们希望基于原则的、清晰的，可以让企业与其审计师运用职业判断而非求助于细节性的规则制定的陈报”。基于原则和规则基础的准则制定方法，让我们看到了准则制定方法的未来，在我国准则体系尚未达到美国 GAAP 的程度时，选择基于原则的准则制定方法将有助于提高我国会计准则的质量。

股票期权进入我国并开始实施只有仅仅两三年的时间，而且国家尚未出台相应的法律法规，因而，对股票期权的会计处理还不规范，有的方法甚至有明显的错误。2001 年 3 月，

① 因为支付的金额是以企业股票或其他权益工具的价格为基础的，如现金股票增值权。

财政部选定上市公司“中国联通”和中关村的8家高科技企业作为首批股票期权试点企业，对部分经理人和科技骨干进行股票期权试点。由于缺乏统一的规定，各试点企业在借鉴国外股票期权会计处理的基础上，主要运用了以下3种会计处理方法。

第一，或有事项处理法。在授予日按照行权价确定债权和所有者权益，借记“长期应收款”等，贷记“预计股本”等。行权时，将债权转为现金，借记“现金”，贷记“长期应收款”；将预计股本转为股本，借记“预计股本”，贷记“股本”。如果公司在规定期限内将股价与行权价之间的差额支付给经理人，则作为公司的费用处理，借记“管理费用”或“营业费用”，贷记“现金”。

该方法将股票期权视为或有事项进行会计处理，简单明了，容易操作，但它明显与现有会计准则相抵触。或有事项是由过去的事项或交易形成的一种状况，其结果须通过未来不确定事项的发生或不发生予以证实。国际会计准则第37号《准备、或有负债和或有资产》规定，股票期权在行权之前并没有发生现金和股票的实际收付，不应确认或有负债和或有资产，也无须在财务报告中披露，否则就违背了谨慎性原则。我国《企业会计准则第13号——或有事项》也提及“企业不应当确认或有负债和或有资产”，因其易导致资产的虚增，同时在股价与行权价之间的差额较大时，费用发生不均衡且没有在服务期内进行摊销，不符合配比原则。此外，经理人放弃行权时需冲减先前记录，有操纵利润之嫌。

第二，三阶段处理法。这种方法与或有事项处理法类似，只是设置的会计科目有所不同。授予时，确认股票的或有交付义务和股款的或有收入，借记“或有认股款”，贷记“或有股本”，两者之间的差额贷记“股票期权溢价”。在授予期内，当股价大于行权价时，其差额相当于公司给予经理人的报酬，应在会计期末计入“管理费用”。行权时，确认现金收入和股票的交付，借记“现金”，贷记“或有认股款”；同时，借记“或有股本”，贷记“股本”，并将股票期权溢价转为股票溢价，借记“股票期权溢价”，贷记“资本公积——股票溢价”。到期未行权或失效时，应冲销授予日记录的“或有认股款”、“或有股本”及“股票期权溢价”科目。三阶段处理法的缺陷在于没有反映股票期权的补偿成本，高估利润。

第三，模仿的内在价值法。按照APB25的规定，授予日股价低于行权价，股票期权的内在价值为零，不须进行会计处理；若股价高于行权价，其差额应作为公司的递延资产在以后的服务期内逐期摊销转为期间费用。待行权以后，将期权转为股本。如果是不确定的股票期权，由于在授权日行权价不确定，所以授权日不是计量日，不必进行会计处理。但在资产负债表日，应以股价为基础，估计费用，并记录期权，以后逐期进行摊销，直到计量日，才能调整确认预提费用，并将余额在剩下的服务期内摊销，并在行权后，将期权转为股本。这种方法比较容易掌握，也适应于我国目前实行的股票期权类型（主要是典型的和不确定的两种）以及我国国有控股企业比较多，股票市场又不十分完善的经济环境。在会计处理上，一方面记录股票期权，另一方面确认递延资产，借记“递延资产”，贷记“股票期权”；在随后的各会计期末，摊销期权的补偿成本，借记“管理费用”，贷记“递延资产”；经理人行权后将期权转为股本，借记“股票期权”，贷记“股本”。

2006年2月15日，财政部颁布的新会计准则中首次出现了《企业会计准则第11

号——股份支付》①。该准则是为适应2006年1月1日开始执行的《上市公司股权激励管理办法（试行）》及今后非上市公司将要执行的股权激励机制而制定的配套会计准则。在此之前，我国会计准则与会计制度中均没有股份支付概念而只有股利分配概念，新准则填补了对这一类特殊业务处理规定的空白，适应了相关法规和上市公司实务的要求。正确理解股份支付的性质及会计准则对其确认与计量的规定，是正确处理股份支付这类特殊会计业务的前提。根据《企业会计准则第11号——股份支付》规定，股份支付的会计处理应分别以下情况进行：

1. 对于授予后立即可行权的股份支付，不论是以现金结算还是以权益工具结算，在授予日应按该日本公司股份的公允价值和授予股份的数量计算，一次确认为薪酬费用，计入相关资产的成本或当期损益，同时对以现金结算的股份支付确认为应付职工薪酬；对以权益结算的股份支付，确认为资本公积。

2. 对授予后需要经过等待期、满足可行权条件时才能行权的股份支付（即股份期权），应区分是以现金结算还是以权益工具结算，分别进行会计处理。

（1）以权益结算的股份支付的会计处理。首先，作为确认和计量基础的股份支付协议应当是真实、完整、有效的，企业与职工就股份支付的协议条款和条件已达成一致，该协议获得股东大会或类似机构的批准。上市公司国有控股股东在股东大会审议批准股权激励计划之前，应将上市公司拟实施的股权激励计划报履行国有资产出资人职责的机构或部门审核，经审核同意后提请股东大会审议。其次，应注意股份支付确认和计量的时间属性的处理。因尚未取得员工按协议规定所提供的服务，授予日除了立即可行权的股份支付外，企业不应进行会计处理。等待期的各资产负债表日应根据授权日上市公司股票收盘价及对行权数量的最佳估计数确认当期的费用成本和资本公积，作为计量依据的公司股价的时间标准将固定为授予日，等待期内公司股价的变化不应影响到费用成本和资本公积的确认和计量。最后，行权日企业应根据行权情况，确认股本和股本溢价，同时结转等待期内确认的资本公积（其他资本公积）。可行权日之后，不再对已确认的成本费用和所有者权益总额进行调整。如行权日激励对象放弃行权或只是部分行权，则应冲减累计确认的资本公积，同时贷记未分配利润。

当期应确认的薪酬费用 = 截至当期累计应确认的成本费用金额 − 前期累计已确认金额

累计应确认的薪酬费用 = 预计行权人数 × 支付股权数 × 权益工具的公允价值 × 累计会计期间

[例12－1] A公司为上市公司，2009年1月1日，公司向其400名管理人员每人授予500份股份期权。到期行权的条件为：这些人员从2009年1月1日起必须在本公司连续服务

① 财政部会计司一份调查报告显示：截至2008年4月30日，在沪深两市1 570家上市公司中，41家上市公司在2007年度实施了股份支付计划。股份支付的授予对象多为公司董事、监事、高管及业务骨干。2007年，41家上市公司因以现金结算的股份支付确认的费用总额为28.06亿元，因以权益结算的股份支付确认的费用总额为18.92亿元。以权益结算的股份支付有33家，其中，以限制性股票作为支付工具的有4家，以股票期权作为支付工具的有11家，另有19家未披露具体类型（有1家同时具备两种支付工具）。23家上市公司明确披露了权益工具公允价值的确定方法。以现金结算的股份支付有11家，其中，以模拟股票作为支付工具的有2家，以现金股票增值权作为支付工具的有7家，有2家未披露具体支付类型。41家实施股份支付计划的上市公司中，以服务期限作为可行权条件的有1家，以非市场条件作为可行权条件的有19家，其余未明确披露可行权条件。分析还发现，有的股份支付计划在实施中，对设定的业绩条件作了较大调整。

3 年，行权价格为每股 4 元。A 公司股份期权在授予日的公允价值为人民币 18 元。授予股份期权后，A 公司管理人员的变动情况如下：第 1 年有 40 名管理人员离开，估计 3 年中离开的管理人员比例将达到 20%；第 2 年又有 20 名管理人员离开公司，估计第 3 年还将有 10 名管理人员离开；第 3 年实际离开的人数为 15 名。实际行权总人数为 325 人（400 - 40 - 20 - 15）。请对此作出相关会计处理。

答案：

A 公司对该股份期权的确认与计量过程如下：

① 2009 年 1 月 1 日，授予日不做账务处理。

② 2009 年 12 月 31 日，应确认薪酬费用：

$400 \times (1 - 20\%) \times 500 \times 18 \times 1/3 = 960\ 000$（元）

借：管理费用等　　960 000

　　贷：资本公积——其他资本公积　　960 000

③ 2010 年 12 月 31 日，应确认薪酬费用：

$(400 - 70) \times 500 \times 18 \times 2/3 - 960\ 000 = 1\ 020\ 000$（元）

借：管理费用等　　1 020 000

　　贷：资本公积——其他资本公积　　1 020 000

④ 2011 年 12 月 31 日，应确认薪酬费用：

$(400 - 75) \times 500 \times 18 - 960\ 000 - 1\ 020\ 000 = 945\ 000$（元）

借：管理费用等　　945 000

　　贷：资本公积——其他资本公积　　945 000

⑤ 可行权日及之后：不再对已确认的薪酬费用和所有者权益总额进行调整；全部或部分权益工具未被行权而失效或作废的，应在行权有效期截止日在所有者权益内部结转，不冲减成本费用。

⑥ 2011 年 12 月 31 日（假定 325 名人员全部行权）

借：银行存款　　650 000（325 × 4 × 500）

　　资本公积——其他资本公积　　2 925 000

　　贷：股本　　162 500（325 × 500）

　　　　资本公积——资本溢价　　3 412 500

（2）以现金结算的股份支付的会计处理。对于以现金结算的股份支付，应在等待期内的每个资产负债表日按当日本公司股份的公允价值和预计将行权的职工人数及授予的股份数量，计算当年职工提供服务应确认的薪酬费用，并计入应付职工薪酬。可行权条件满足后，不再确认薪酬费用，但应确认授予职工的股票增值权而产生的公允价值变动，并将其计入当期损益。

［**例 12 - 2**］2009 年 1 月 1 日，甲上市公司为其 400 名中层以上管理人员每人授予 500 份现金股票增值权。其行权条件是，这些人员从 2009 年 1 月 1 日起必须在本公司连续服务 3 年，即可自 2011 年 12 月 31 日起根据本公司股价的增长幅度获得现金，该增值权应在 2013 年 12 月 31 日之前行使完毕。甲公司估计，该增值权在负债结算之前的每一资产负债表日以及结算日的公允价值和可行权后的每份增值权现金支出额如表 12 - 5 所示。

表 12 -5　　增值权现金支付表　　单位：元

日　　期	公允价值	支付现金
2009 年 1 月 1 日	6	—
2009 年 12 月 31 日	7	—
2010 年 12 月 31 日	7.5	—
2011 年 12 月 31 日	9	8
2012 年	10.5	10
2013 年	—	12.5

假设该公司 2009 年末有 40 名管理人员离开，估计未来两年中还将有 50 名管理人员离开；第 2010 年末统计又有 20 名管理人员离开，估计 2011 年还将有 20 名管理人员离开；2011 年实际离开公司的人数为 15 名。2011 年末有 200 人行使股票增值权取得了现金。2012 年末有 80 人行权；2013 年末有 45 人行权。本例中，2009 年 1 月 1 日为授予日，2009 年 1 月 1 日至 2011 年 12 月 31 日三年为等待期，2011 年 12 月 31 日为可行权日，行权日分别为 2011 年末、2012 年末和 2013 年末。请对此作出相关会计处理。

答案：

甲公司对该股份期权的确认与计量过程如下：

① 2009 年 1 月 1 日，不要做账务处理。

② 2009 年 12 月 31 日，按预计行权职工的人数和授予股份的数量及该日本公司股份的公允价值计算确认应付职工薪酬和当年的薪酬费用。

应付职工薪酬余额为(400 - 90) ×500 ×7 ×1/3 = 361 667（元）

应确认职工薪酬费用为 361 667 元。

借：管理费用　　361 667

　　贷：应付职工薪酬——股份支付　　361 667

③ 2010 年 12 月 31 日，按预计行权职工人数和授予股份的数量及该日本公司股份的公允价值计算确认应付职工薪酬和当年的薪酬费用。

应付职工薪酬余额为(400 - 80) ×500 ×7.5 ×2/3 = 800 000（元）

应确认职工薪酬费用为 800 000 - 361 667 = 438 333（元）

借：管理费用　　438 333

　　贷：应付职工薪酬——股份支付　　438 333

④ 2011 年 12 月 31 日，按实际行权职工人数和授予股份的数量及该日本公司股份的公允价值计算确认应付职工薪酬和当年的薪酬费用。

累计应付职工薪酬为 325 ×500 ×9 = 1 462 500（元）

支付现金后应付职工薪酬账面余额 1 462 500 - 800 000 = 662 500（元）

期末应付职工薪酬应留余额为 125 ×500 ×9 = 562 500（元）

应确认职工薪酬费用为 1 462 500 - 800 000 - (662 500 - 562 500) = 562 500（元）

借：管理费用等　　562 500

　　贷：应付职工薪酬——股份支付　　562 500

2011 年末支付现金 200 × 500 × 8 = 800 000（元）

借：应付职工薪酬——股份支付　　800 000

　　贷：银行存款　　800 000

⑤ 2012 年由于已经达到可行权条件，职工服务期满不能再确认薪酬费用，但由于有一部分管理人员未行权，等待行使股份的现金股份增值权。因此年末应确认股份公允价值变动差异，并将其计入当期损益。

应留负债余额：(400 − 75 − 200) × 500 × 10.5 = 656 250（元）

应确认公允价值变动损益：656 250 − 562 500 = 93 750（元）

当年支付现金：80 × 500 × 10 = 400 000（元）

借：公允价值变动损益　　93 750

　　贷：应付职工薪酬——股份支付　　93 750

借：应付职工薪酬——股份支付　　400 000

　　贷：银行存款　　400 000

⑥ 2013 年 12 月 31 日，确认负债公允价值变动。

2013 年调整前负债余额：

656 250 − 400 000 = 256 250（元）

2013 年调整后负债余额：

(400 − 75 − 200 − 80) × 500 × 12.5 = 281 250（元）

应确认公允价值变动额：

281 250 − 256 250 = 25 000（元）

借：公允价值变动损益　　25 000

　　贷：应付职工薪酬——股份支付　　25 000

2013 年支付现金应为 281 250 元。

借：应付职工薪酬——股份支付　　281 250

　　贷：银行存款　　281 250

3. 限制性股票和股票期权的会计处理。按照《上市公司股权激励管理办法（试行）》的表述，限制性股票是指激励对象按照股权激励计划规定的条件，从上市公司获得的一定数量的本公司股票。股票期权是指上市公司授予激励对象在未来一定期限内以预先确定的价格和条件购买本公司一定数量股份的权利。激励对象可以在行权日行权或放弃行权。

以上两种股权激励方式在行权条件及行权或授予价格方面存在差异。《上市公司股权激励管理办法（试行）》没有规定限制性股票的定价原则，所以理论上上市公司在定价上具备了较高的自主权，呈现出比较高的折扣特征，公司将一定数量的限制性股票以较低价格售予或无偿赠与公司高级管理人员，但对其出售这种股票的权利进行限制。如华侨城实施以 56.7% 的高折扣价格授予激励对象限制性股票激励的上市公司。万科则是公司向员工无偿授予一定数量的公司限制性股票的上市公司。为探讨行权价对股权激励会计处理的影响，在此我们只讨论上市公司以权益工具无偿授予激励对象限制性股票的情形。对于股票期权，《上市公司股权激励管理办法（试行）》规定上市公司在授予激励对象股票期权时，确定行权价格不应低于下列价格较高者：一是，股权激励计划草案摘要公布前一个交易日的公司标的股票收盘价；二是，股权激励计划草案摘要公布前 30 个交易日内的公司标的股票平均收盘价。

依照规定，行权价格有可能高于授予日股票价格。

以上两种股权激励方式的初始及后续确认和计量是相同的，都是根据可靠估计的行权数量和授予日权益工具公允价值进行，不同点在于行权日对资本公积（股本溢价）的处理。对于股票期权来说，虽然存在期权内在价值很小甚至为零的可能，如前所述，在对费用成本和资本公积确认和计量时仍然采用授予日的公司股价作为计量标准，不考虑股份支付协议规定的行权价格。

[**例 12-3**] Y 股份有限公司是 A 股上市公司，2008 年 3 月 21 日 Y 公司公布了股权激励计划草案摘要，以发行新股的方式，向激励对象授予 480 万股人民币普通股票期权，该股权激励计划于 2008 年 4 月 1 日获股东大会批准，行权日为 2010 年 3 月 31 日，2008 年 4 月 1 日公司股票收盘价为 10 元。2008 年 12 月 31 日股价为 12 元，2009 年 12 月 31 日股价为 15 元，2010 年 3 月 31 日股价为 13 元。请对此作出相关会计处理。

答案：

① 2008 年 4 月 25 日为授权日，因该期权不能立即行权，故不作会计处理。

② 2008 年 12 月 31 日，估计未来行权数量为 480 万股，以授予日公司股票收盘价作为计量标准，确认本年度资本公积和管理费用（单位：万元）。

借：管理费用　　1 800（480×10×9/2/12）

　　贷：资本公积——其他资本公积　　1 800

③ 2009 年 12 月 31 日，因部分员工辞职，估计未来行权数量为 450 万股。

借：管理费用　　2 137.5（450×10×21/2/12－1 800）

　　贷：资本公积——其他资本公积　　2 137.5

④ 3 月 20 日股票收盘价为 9 元，股权激励计划草案摘要公布前 30 个交易日内的公司股票平均收盘价为 8.2 元。2010 年 3 月 31 日，根据前述《上市公司股权激励管理办法（试行）》规定，确定行权价格为 9 元。

借：管理费用　　562.5（450×10－1 800－2 137.5）

　　贷：资本公积——其他资本公积　　562.5

同时再确认行权的股本并调整资本公积。

借：资本公积——其他资本公积　　4 500

　　银行存款　　4 050（450×9）

　　贷：股本　　450

　　　　资本公积——资本溢价　　8 100

⑤ 如果该股权激励计划的行权方式是无偿赠与，则会计处理为：

借：资本公积——其他资本公积　　4 500

　　贷：股本　　450

　　　　资本公积——股本溢价　　4 050

⑥ 如行权日公司股价低于行权价或其他原因，激励对象放弃行权。

借：资本公积——其他资本公积　　4 500

　　贷：未分配利润　　4 500

4. 不同标的股票来源股份支付的会计处理。《上市公司股权激励管理办法（试行）》规定：拟实行股权激励计划的上市公司，可以根据本公司实际情况，通过以下方式解决标的股票来源：向激励对象发行股份；回购本公司股份；法律、行政法规允许的其他方式。向激励对象发行股份的方式会增加普通股数量，稀释现有股东的所有者权益，行权日的会计处理是借记银行存款等账户，贷记股本，同时调整资本公积明细账户（实例如上）。回购本公司股份的方式不会造成股本数量的变化，应按照《应用指南》的要求增设“库存股”账户。回购本公司股份时，按实际支付的金额，借记库存股，贷记银行存款，同时作备查登记。员工行权时，按奖励库存股的账面余额，贷记库存股，同时调整资本公积明细账户，不应增加股本数量。

[**例 12－4**] 接上 [例 12－3]，如果行权股票来源是 2009 年 12 月 31 日以 15 元的价格回购本公司股票 450 万股，行权价格仍然为 9 元。请对此作出相关会计处理。

答案：

回购本公司股票时（单位：万元）：

借：库存股	6 750（450×15）	
贷：银行存款		6 750

同时在备查簿登记回购股票的数量、价格和用途。

员工以行权价每股 9 元行权时：

借：资本公积——其他资本公积	4 500	
银行存款	4 050	
贷：库存股		6 750
资本公积——股本溢价		1 800

六、股票期权的披露

在股票期权的披露上，我国证监会发布的《关于公开发行证券的公司信息披露内容与格式准则第 2 号〈年度报告的内容与格式〉》的通知中，明确要求披露高级管理人员的报酬，要求以公司的支付为限，披露包括采用货币形式、实物形式和其他形式获得的工资、奖金、福利、特殊待遇等信息。根据此要求，我们认为经营者股票期权应当在年度报告中充分披露如下内容：一是股票期权的授予对象、授予条件、授予期以及行权价的确定方式等股票期权计划的基本内容。二是股票期权会计核算所采用的会计政策和方法。三是各高级管理人员被授予的股票期权的数量、行权价、行权期及每年可执行比例，以及股票期权在高级管理人员工资中的比例。四是当年授予的股票期权、当年执行的股票期权及其来源。五是年末累计未执行期权、到期期权及已执行期权。六是由于执行股票期权、高级管理人员所持公司股权的变动及结果。

本章小结

本章介绍了经理人报酬和股票期的基础知识、基于代理理论的经理人激励分析、经理人激励与股东价值创造。同时，也分析了我国有关职工及高管股权激励方案，具体包括我国上市公司实施股权激励方案现状的描述性分析；股权激励绩效分析；股权激励个案分析。最后，对股票期权的确认、计量、会计处理和披露等方面作了全面的阐述。通过本章学习，你应该能够：了解经理人相关激励措施与股票权期的概念，了解中国上市公司股票期权与激励效应，掌握股票期权的确认、计量及其会计处理和信息披露。

复习思考题

1. 什么是股票期权?
2. 股票期权方案的设计应遵循哪些原则?
3. 股票期权的最新发展形式有哪些?
4. 我国股票期权制度究竟是否可行?
5. 我国一些企业实行的期股和股票期权的差别是什么?

参考文献

（一）中文部分

[1]Abacus，2003年第3期中的9篇“Conceptual Framework”的论文。

[2]FASB编，娄尔行译：《论财务会计概念》，中国财政经济出版社1992年版。

[3]Scott，W. R. 著，陈汉文译：《财务会计理论》（原书第三版），机械工业出版社2007年版。

[4]于永生：《IASB与FASB公允价值计量项目研究》，立信会计出版社2007年版。

[5]于晓镭、徐兴恩：《新企业会计准则实务指南与讲解》，机械工业出版社2007年版。

[6]支晓强、童盼：《公允价值计量的逻辑基础和价值基础》，《会计研究》，2010年第1期。

[7]中国证监会：《上市公司股权激励管理办法》，2006年。

[8]中国注册会计师准则第1322号《公允价值计量和披露的审计》指南。

[9]中信证券：《中信证券股份有限公司2007年年度报告》，2008年，http：//www.cninfo.com。

[10]邓顺永：《世界通信财务舞弊案解析》，《中国农业会计》，2002年第2期。

[11]邓顺永、乔连华：《财务报告舞弊：来自COSO的研究成果》，《上海会计》，2002年第4期。

[12]石本仁：《高级财务会计》，中国人民大学出版社2010年版。

[13]卢锐：《管理层权力、薪酬与业绩敏感性分析——来自中国上市公司的经验证据》，《当代财经》，2008年第7期。

[14]卢锐、魏明海：《薪酬制定的管理层权力理论进展》，《经济管理》，2008年第1期。

[15]卢锐、魏明海、黎文靖：《管理层权力、在职消费与产权效率——来自中国上市公司的证据》，《南开管理评论》，2008年第5期。

[16]史尚宽：《民法总论》，中国政法大学出版社1997年版。

[17]吕长江、巩娜：《股权激励会计处理及其经济后果分析——以伊利股份为例》，《会计研究》，2009年第5期。

[18]任海松：《上市公司财务报告欺诈及其侦测研究》，东北财经大学博士学位论文2006年。

[19]全国人民代表大会常务委员会：《中华人民共和国企业破产法》，2006年。

[20]刘家松：《破产清算条件下会计要素研究》，《会计研究》，2005年第12期。

[21]米海霞：《中国上市公司股权激励的效应分析》，《金融经济》，2008年第12期。

[22]孙铮、王霞：《员工认股计划会计问题的探讨》，《会计研究》，2000年第11期。

[23]杨家亲：《对股票期权及其会计处理的系统认识》，《会计研究》，2000 年第 12 期。

[24]杨薇、姚涛：《公司治理与财务舞弊的关系——来自中国上市公司的经验证据》，《重庆大学学报》，2006 年第 5 期。

[25]李姝：《基于公司治理的会计政策选择》，《会计研究》，2003 年第 7 期。

[26]李勇、左连凯、刘亭立：《资产负债观与收入费用观比较研究：美国的经验与启示》，《会计研究》，2005 年第 12 期。

[27]丽江旅游：《丽江玉龙旅游股份有限公司 2007 年年度报告》，2008 年，http：//www. cninfo. com。

[28]财政部会计司：《企业会计准则讲解》，人民出版社 2008 年版。

[29]财政部：《企业会计准则应用指南——2006》，中国财政经济出版社 2006 年版。

[30]财政部、国家税务总局：《关于企业所得税若干优惠政策的通知（财税〔2008〕1 号）》，2008 年，http：//www. chinatax. gov. cn。

[31]财政部会计司：《企业会计准则讲解》，人民出版社 2007 年版。

[32]财政部会计司组织翻译：《对美国财务报告采用以原则为基础的会计体系的研究》，中国财政经济出版社 2003 年版。

[33]宋在科、王柱：《企业会计政策选择研究》，《会计研究》，2008 年第 6 期。

[34]张龙平、王泽霞：《美国舞弊审计准则的制度变迁及其启示》，《会计研究》，2003 年第 4 期。

[35]张先治：《股票期权理论及在公司激励中的应用研究》，《会计研究》，2002 年第 7 期。

[36]张怡：《论传统破产立法的根本缺陷》，《经济体制改革》，2000 年第 1 期。

[37]张勇健：《从郑百文重组案看重组制度法律化的迫切性》，《人民司法》，2002 年第 7 期。

[38]张维迎：《所有制、治理结构及委托代理关系——兼评崔之元和周其仁的一些观点》，《经济研究》，1996 年第 9 期。

[39]张维新：《企业理论与中国企业改革》，北京大学出版社 1999 年版。

[40]陆建桥：《后安然时代的会计与审计》，《会计研究》，2002 年第 10 期。

[41]陈小悦：《关于衍生金融工具的会计问题研究》，东北财经大学出版社 2002 年版。

[42]陈国进、林辉、王磊：《公司治理、声誉机制和上市公司违法违规行为分析》，《南开管理评论》，2005 年第 8 期。

[43]陈静：《上市公司财务恶化预测的实证分析》，《会计研究》，1999 年第 4 期。

[44]陈毓圭、朱海林、于小旺：《新构架、新格局——IASC 完成重大重组》，《会计研究》，2001 年第 3 期。

[45]林斌、杨德明：《信息技术环境下的投资者关系管理》，（工作论文），中山大学 2006 年。

[46]林斌、辛清泉、刘光友：《网络环境下的会计变革：理论与方法》，中国财政经济出版社 2005 年版。

[47]郁义鸿：《企业的性质：能力理论的阐释》，《经济科学》，2001 年第 6 期。

[48]国务院：《中华人民共和国企业所得税法》，2007 年，http：//www. gov. cn。

[49]国务院:《中华人民共和国企业所得税法实施条例》, 2007 年, http: //www.gov. cn。

[50]国务院国有资产监督管理委员会、财政部:《国有控股上市公司(境内)实施股权激励试行办法》, 2006 年。

[51]罗伯援·G·伊克利斯等著, 叶鹏飞等译, 张人骥校:《价值报告革命》, 中国财政经济出版社 2004 年版。

[52]周其仁:《公有制企业的性质》,《经济研究》, 2000 年第 11 期。

[53]周蓉蓉:《我国企业破产制度缺陷分析》,《技术经济与管理研究》, 2001 年第 4 期。

[54]周煊、程立茹:《我国企业破产机制的缺陷及改善思路》,《改革》, 2002 年第 5 期。

[55]郑鲁英:《对猴王集团破产案的法理评析——兼谈我国破产法的完善》,《法学》, 2001 年第 6 期。

[56]泽弗等主编, 夏冬林等译:《现代财务会计理论——问题与论争》, 经济科学出版社 2000 年版。

[57]段亚林:《美国股票期权会计准则比较及借鉴》,《证券市场导报》, 2002 年第 6 期。

[58]耿建新、徐经长:《衍生金融工具会计新论》, 中国人民大学出版社 2002 年版。

[59]原红旗、钱怡:《股权激励的会计确认与计量》,《财经研究》, 2003 年第 10 期。

[60]顾斌、周立烨:《我国上市公司股权激励实施效果的研究》,《会计研究》, 2007 年第 2 期。

[61]高锦萍、钟伟强:《上市公司财务欺诈与股价操纵——基于中国证监会处罚公告的研究》,《经济问题探索》, 2005 年第 1 期。

[62]唐国平、孙贤林:《会计要素及清算会计要素》,《会计研究》, 1999 年第 3 期。

[63]黄之骏、王华:《经营者股权激励与企业价值——基于内生性视角的理论分析与经验证据》,《中国会计评论》, 2006 年第 1 期。

[64]黄世忠:《财务报表分析: 理论、框架、方法与案例》, 中国财政经济出版社 2008 年版。

[65]黄琪:《安然公司破产原因及启示》,《审计与理财》, 2004 年第 10 期。

[66]崔之元:《财产权与宪法》,《读书》, 2003 年第 4 期。

[67]崔之元:《美国二十九个州公司法变革的理论背景》,《经济研究》, 1996 年第 4 期。

[68]盖地:《税务会计原则、财务会计原则的比较与思考》,《会计研究》, 2006 年第 2 期。

[69]葛家澍:《公允价值的定义问题——基于美国财务会计准则第 157 号〈公允价值计量〉》,《财会学习》, 2009 年第 1 期。

[70]葛家澍:《关于美国财务会计概念公告的若干问题》,《广州大学学报》, 2008 年第 1 期。

[71]葛家澍:《财务会计理论研究》, 厦门大学出版社 2006 年版。

[72]葛家澍：《试评 IASB/FASB 联合概念框架的某些改进》，《会计研究》，2009 年第 4 期。

[73]葛家澍、刘峰：《会计理论》，中国财政经济出版社 2003 年版。

[74]葛家澍、张金若：《FASB 与 IASB 联合趋同框架（初步意见）的评介》，《会计研究》，2007 年第 2 期。

[75]葛家澍、林志军：《现代西方会计理论》，厦门大学出版社 2001 年版。

[76]谢志华、曾心：《论资产负债观在新会计准则中的运用与思考——历[77]史演进、表征与思考》，《北京工商大学学报（社会科学版）》，2008 年第 1 期。

[78]谢诗芬：《公允价值：国际会计前沿问题研究》，湖南人民出版社 2004 年版。

[79]谢德仁、刘文：《关于经理人股票期权会计确认问题研究》，《会计研究》，2002 年第 9 期。

[80]裘宗舜：《财务会计概念研究》，立信会计出版社 2003 年版。

[81]潘晓江：《安然公司破产与美国会计危机》，《会计研究》，2002 年第 4 期。

[82]戴德明、姚淑瑜：《会计——税收差异及其制度因素分析》，《财经研究》，2006 年第 5 期。

[83]魏朱宝：《我国建立税务会计的理性思考》，《税务研究》，2005 年第 5 期。

[84]魏明海：《盈余管理其本理论及其研究评述》，《会计研究》，2000 年第 9 期。

（二）英文部分

[85] AAA. 2007. The FASB's Conceptual Framework for Financial Reporting: A Critical Analysis. Accounting Horizons. Jun 2007. Vol. 21 Issue 2, 229 - 238.

[86] Aboody, D. and R. Kasznik. 2000, CEO Stock Option Awards and the timing of corporate voluntary disclosures. Journal of Accounting and Economics. 29: 73 - 100.

[87] Accounting Principal Board (APB). Opinion 25. Accounting for stock issued to employees.

[88] Aharony J, Jones C. P. and Swary 1, 1980. An analysis of risk and return characteristics of corporate bankruptcy using capital market data. Journal of Finance. 35: 1001 - 1016.

[89] Altman, E. 1984. A further empirical investigation of the bankruptcy cost question. Journal of Finance. 39: 1067 - 1089.

[90] Altman, E. , 1968. Financial ratios, discriminate analysis and the prediction of corporate bankruptcy. Journal of Finance. 23: 589 - 609.

[91] ARB No. 51. Consolidated Financial Statements. AICPA.

[92] Ball . R and G. , 1982. Foster Corporate financial reporting: a methodological review of empirical research. Journal of Accounting Research. 20: 161 - 234.

[93] Beams F. A. J. H. Anthony R. P. Clement and S. H. Lowensohn. 2005. Advanced Accounting. Pearson Prentice Hall.

[94] Beasley M. S. 1996. An Empirical Analysis of the Relation Between the Board of Director Composition and Financial Statement Fraud. Accounting Review. 71 (4): 443 - 465.

[95] Beasley M. S. 2000. Fraudulent financial reporting: consideration of industrial and corporate governance mechanisms. Accounting Horizons. (12): 41 - 454.

[96] Beaver, W., 1966. Financial ratios as predictors of failure. Supplement to Journal of Accounting Research. 3: 71 - 111.

[97] Bell T. B. and J. V. Carcello. 2000. A Decision Aid for Assessing the Likelihood of Fraudulent Financial Reporting. Auditing. 19 (1): 169 - 184.

[98] Beneish M. D. 1999. Incentives and penalties related to earnings over statements that violate GAAP. Accounting Review. 74 (4): 42 - 457.

[99] Blue Ribbon Committee (BRC). 1999. Report and Recommendation of the BRC on Improving the Effectiveness of Corporate Audit Committees. The New York Stock Exchange and the National Association of Securities Dealers (NASD).

[100] Blum, M., 1974. Failing company discriminate analysis. Journal of Accounting Research. 15: 1 - 25.

[101] Bris, A., I. Welch and N. Zhu. 2006, The costs of bankruptcy: Chapter 7 liquidation versus Chapter 11 reorganization. Journal of Finance. 61: 1253 - 1303.

[102] Bulow. Jand J. shoven, 1978. The bankruptcy decision. Bell Journal of Economics. Autumn: 437 - 456.

[103] Casey, C. I, V. E. McGee and C. P. Stickney. 1986. Discriminating between reorganized and liquidated firms in bankruptcy. The Accounting Review. 61: 249 - 262.

[104] DeFusco, R. A., R. R. Johnson, and T. S. Zorn. 1989. The effect of executive stock option plans on stockholders and bondholders. Journal of Finance. 55: 617 - 627, 1990.

[105] FAS 107: Disclosures about Fair Value of Financial Instruments.

[106] FAS 115: Accounting for Certain Investments in Debt and Equity.

[107] FAS 133: Accounting for Derivative Instruments and Hedging Activities.

[108] FAS 157: Fair Value Measurement.

[109] FAS 160. Noncontrolling Interests in Consolidated Financial Statements—an amendment of ARB No. 51. FASB.

[110] FAS 52, Foreign Gurrency Translation. Financial Accounting Standard Board. 1981.

[111] FASB. ASU No. 2009 - 5 Measuring Liabilities at Fair Value. http: //www. fasb. org/. 2009 - 08 - 05.

[112] FASB. ASU No. 2010 - 6 Improving Disclosures about Fair Value Measurement. http: //www. fasb. org/. 2010 - 01 - 21.

[113] FASB. Codification Topic 820: Fair Value Measurements and Disclosures. http: //www. fasb. org/. 2009 - 07 - 09.

[114] FASB. 1976. An Analysis of Issues Related to Conceptual Framework for Financial Reporting: Elements of Financial Statements and Their Measurement. FASB Discussion Memorandum.

[115] FASB. 2010. Conceptual Framework for Financial Reporting. Chapter 1, The Objective of General Purpose Financial Reporting and Chapter 3, Qualitative Characteristics of Useful Financial Information.

[116] FASB. ASU No. 2009 - 12 Investments in Certain Entities That Calculate Net Asset

Value per Share (or Its Equivalent). http: //www. fasb. org/. 2009 – 09.

[117] FASB. FASB Staff Position No. FAS 157 – 3. Determining Fair Value of a Financial Asset When the Market for That Asset Is Not Active. http: //www. fasb. org/. 2008 – 10 – 10.

[118] FASB. FASB Staff Position No. FAS157 – 4. Determining Fair Value When the Volume and Level of Activity for Asset or Liability Have Significantly Decreased and Identifying Transactions That Are Not Orderly. http: //www. fasb. org/. 2009 – 04 – 09.

[119] Fields T. D. , T. Z. Lys, L. Vincent. 2001. Empirical research on accounting choice. Journal of Accounting and Economics. 31: 255 – 307.

[120] Financial Accounting Standards Board (FASB). Statement of Financial Accounting Standards 123 (SFAS 123). Accounting for stock-based compensation. Oct 1995.

[121] Fischer P. M. W. J. Taylor R. H. Cheng. 2002. Advanced Accounting, Thomson Learning Group.

[122] Fisher , T. C. and Martel. 1995. The creditors financial reorganization decision: new evidence from Canadian data. Journal of law. Economics and Organization. 11: 112 – 126.

[123] Floyd A. Beams, Joseph H. Anthony, Robin P. Clement, and Suzanne H. Lowensohn. Advanced Accounting. Pearson Prentice Hall. 20 × 5 (9th ed).

[124] Franks, J. R. and W. N. Torous 1989. An empirical investigation of U. S. firms in reorganization. The Journal of Finance. 44: 747 – 769.

[125] Gerald Searfoss and Dionne D. McNamee. Employer's accounting for employee stock ownership plans. Journal of Accounting. Feb 1993, 175: 53 – 60.

[126] Graham, J. R. 2000. How Big Are the Tax Benefits of Debt? The Journal of Finance. Issue 6.

[127] Grant. C. Terry and Ciccotello, Conard. S. 2002, The stock options accounting subterfuge. Strategic Finance. 83 (10): 37 – 41.

[128] Hamer, M. 1983. Failure Prediction: Sensitivity of classification accuracy to alterative statistical methods and variable sets. Journal of Accounting and Public Policy. 2: 289 – 307.

[129] Haugen, R. and L. Senbet. 1979. The insignificance of bankruptcy costs in the theory of optimal capital structure. Journal of Finance. 33: 385 – 392.

[130] IAS 21, the Effects of Changes in Foreign Exchange Rates. IASB.

[131] IAS 32. Financial Instruments: Presentation. IASB.

[132] IAS 39. Financial Instruments: Recognition and Measurement. IASB.

[133] IASB. 2009. International Accounting Standard 12: Income Taxes.

[134] IASB. 2009. SIC Interpretation 21: Income Taxes: Recovery of Revalued Non-Depreciable Assets.

[135] IASB. 2009. SIC Interpretation 25: Income Taxes-Changes in the Tax Status of an Entity or its Shareholders.

[136] IASB. 2010. Deferred Tax: Recovery of Underlying Assets-Proposed Amendments to IAS 12.

[137] IASB. Fair Value Measurements: Part 1: Invitation to Comment and relevant IFRS

guidance.

[138]IASB. Preliminary Views on an improved Conceptual Framework for Financial Reporting.

[139]IFRS 7. Financial Instruments: Disclosures. IASB.

[140]IFRS in Asia. 2008. Driving the Capital Markets of Tomorrow.

[141] John B. Guerard Jr. and Eli Schwartz 2008. Liquidation, failure, bankruptcy, and reorganization quantitative corporate finance. Springer US Chapter 14.

[142]John Hull. Options, Futures & Other Derivatives. Prentice Hall. 20 ×2 (5th ed).

[143] Katherine S. 1989. Commentary on earnings management. Accounting Horizons. 3: 91 - 102.

[144]Kathleen M. Kahle and Kaldeep Shastri. 2005. Firm performance, capital structure and the tax benefits of employee stock options. Journal of Financial and Quantitative Analysis. 40: 135 - 160.

[145] Kawaller, Ira, J. Ensminger. 2005. The Fallout from FAS 133. http://papers. ssrn. com/.

[146]Larson E. J. 2003. Modern Advanced Accounting, McGraw Hill.

[147] Littleton. 1953. Limititions on the Significance of Invested Cost: A Reply, The Accounting Review. Vol. 28, No. 1 (Jan 1953), 8 - 11.

[148] Melissa A. Williams and Ramesh P. Rao. 2006. CEO stock options and equity risk incentives. Journal of Business Finance and Accounting. 33: 26 - 44.

[149] Michael C. Jensen and Willian H. Mecking. 1976. Theory of the firm: managerial behavior, agency costs and ownership structure. Journal of Financial Economics. 3: 305 - 357.

[150]Michael R. Young. 2008. Fair value accounting and subprime. Working Paper.

[151]Mills, L. G. A. Plesko. 2003. Bridging the reporting gap: a proposal for more informative reconciling of book and tax income (MIT Sloan Working Paper). http://papers. ssrn. com/.

[152]Mills, L. K. Newberry, W. B. Trautman. 2002. Trends in book - tax income and balance sheet differences. http://papers. ssrn. com/.

[153]Neal Hannon. XBRL Fundamentals. Strategic Finance. Apr 2005.

[154]Nicholas. G. Apostolou and Lawrence Crumbey. 2000. Keys to understanding the financial news. John Wiley & Sons Press.

[155]Persons O. 1995. Using Financial Statement Data to Identify Factors Associated with Fraudulent Financing Reporting. Journal of Applied Business Research. (11): 38 - 46.

[156] Ramakrishnan and Thakor. 1984. Information reliability and a theory of financial Intermediation. Review of Economic Studies. 51: 415 - 432.

[157]Ross L. Watts. 2006. What has the invisible hand achieved? Accounting and Business Research, International Accounting Policy Forum, 51 - 61.

[158] Sansing, R. 1998. Valuing the Deferred Tax Liability. Journal of Accounting Research. Issue 2.

[159] Senbet, L. W. and J. K. Seward. 1995. Financial distress, bankruptcy, sand reorganization, in R. A. Jarrow, V. Maksimovic, and W. T. Ziemba, Editors. Handbooks in

Operations Research and Management Science. Finance 9: 921 - 961.

[160] Shleifer and R. W. Vishny. Management entrenchment: the case of manager-specifies investments. Journal of Financial Economics. 25: 123 - 139.

[161] Stephen G. Ryan. 2008. Accounting in and for the subprime crisis. Working Paper.

[162] Sugata R. 2006. Earnings management through real activities manipulation. Journal of Accounting and Economics. 42: 335 - 370.

[163] Titman, S. 1984. The effect of capital structure on a firm's liquidation decision. Journal of Financial Economics. 11, 137 - 152.

[164] Warner, J. B. 1977. Bankruptcy cost: some evidence. Journal of Finance. 32: 337 - 347.

[165] Wayne Guay. 2002. Discussion of real investment implications of employee stock option exercise. Journal of Accounting Research. 40 (2): 395 - 406.

[166] White, M. 1980. Public policy toward bankruptcy: me-first and other priority rules. Bell Journal of Economics. 11: 550 - 564.

[167] White, M. 1983. Bankruptcy costs and the new bankruptcy code, Journal of Finance. 38: 477 - 488.

[168] White, M. 1989. The corporate bankruptcy decision. Journal of Economics Perspectives. 3: 129 - 151.

[169] William R. Scott. Financial Accounting Theory. 4th ed. 2006. Pearson Prentice Hall.

[170] Yermack, D. 1997. Good timing: CEO stock option awards and company news announcements. Journal of Finance. 52: 449 - 476.

[171] Zeff, S. A. 1999. The Evolution of the Conceptual Framework for Business Enterprises in the United States. Accounting Historians Journal.

后　记

阳台的杜鹃姹紫嫣红，窗外的树枝冒出淡黄的嫩芽，春的气息扑面而来。时间过得真快，自从2005年底我们中标世界银行项目《财务报告、财务报表分析与管理信息系统》课程开发，转眼5年过去了。本书就是这些年来我们所研究课题的成果之一。

“财务报告”是财务人员生产的“产品”，看似简单，但其理论及实务却深奥且复杂，加之市面上各类有关财务报告的书籍可谓汗牛充栋。因此，要为具有一定理论知识又具丰富经验的CFO或准CFO们编写一本《财务报告》对我们来说真是一种挑战。好在上海国家会计学院的谢荣、张人骥、刘勤、邓传洲、赵春光、余坚、单喆敏等教授在书稿的内容确定、中期检查、后期评审等过程中，提供了大量的帮助，才使我们的任务得以完成。此外，要特别感谢邓传洲教授提供的许多宝贵资料和意见，这为本书增色不少。

本书的编写，我们试图突出以下特色：

第一，在体系上有所创新。与目前的有关中、高级财务会计不同，我们主要立足于中国的资本市场来谈财务报告问题。本书的主线是：资本市场与财务信息（资本市场需要信息披露，以保护投资者利益，会计信息是公司信息的核心内容）→财务报告基础（会计信息由于其重要性需要一定规范，这些规范形成了财务报告的基础，而规范的完善需要理论的支持，所以从这个意义上来说，作为应用性理论的概念框架是财务报告的基石）→会计政策选择（公司试图选择最有利的会计信息披露方式，投资者需要识别公司的政策差异）→高级财务会计专题（由于考虑到不少读者是较具规模公司的CFO，因而需要对一些复杂的会计准则进行专门讲解。主要涉及合并报表、衍生金融工具、外币交易和折算、所得税会计处理、破产清算和重组等传统的高级财务会计专题）。

第二，有一定的理论深度，但浅显易懂。如非对称信息、代理理论在课题中均有较深入的描述，但不是用枯燥的理论，而是用事例说明；从科学性方面来介绍财务报告概念框架；通过实例来解释盈余管理模型；阐述理论时大量引用案例，避免空洞的结论，说服力较强。

第三，引用了国外最前沿的发展成果。如FASB和IASB最新的“公允价值计量准则”、财务报告概念框架（第8号）、“企业合并”和“合并财务报表，包括子公司非控制权益的记录和报告”以及“变动权益实体”等引用的都是美国最新的公告。

第四，与传统教科书只重视会计处理不同。我们将业务实质的阐述作为会计处理的基础。这不仅仅是因为对业务实质的了解有助于对会计处理的理解，更重要的是，对于CFO层次的会计人员来说，他们需要从一个战略高度把握各种交易的实质及其对报表的潜在影响，进而分析其对公司价值创造的影响。在介绍会计处理之前，对交易背景及交易本身进行了详细的讲解，如在讲述企业合并会计和合并报表之前，详细地介绍了关于合并的法律形式、合并的机理；在讲述衍生金融工具会计之前，详细介绍了衍生金融工具的特征及其运用；在讲述外币业务之前，对汇率机制及外汇市场进行了较全面的介绍；在讲述破产清算会计之前，对《破产法》进行了深入的剖析等。

第五，实务导向，案例较为丰富。每章均安排有真实的案例分析，尽量减少枯燥的理论说教，更多地用数据和实例阐述实务问题。在文字表述上追求生动平实，通俗易懂。

本书由我负责完成，各章的作者分别是：第一章，林斌、饶静、万良勇；第二章、第三章，林斌；第四章，刘瑾、王林坚、陈莹；第五章、第六章、第七章、第八章、第九章，林斌；第十章、第十二章，石水平；第十一章，翁征（林东杰、曹健参与了本章的修改工作）。

本书的完成还要特别感谢在课题竞标过程中付出努力的辛清泉、杨德明、石水平、王彦超、刘善敏等。博士研究生李万福、刘瑾、孙烨、陈莹、周美华、王林坚、舒伟、林东杰、曹健，硕士刘悦、胡燕珊等参加了本书的校对工作。

书稿的写作前后共五年时间，历经多次修改，写作过程中我们也努力按“精品”的标准来要求自己，但由于水平有限，书中肯定还存在不少错误和不足（这当然应该由我承担责任），敬请读者指正！宝贵意见请发邮件至 mnslb@ mail. sysu. edu. cn，谢谢！

林　斌

2011 年 3 月于中山大学